Peter Gaubatz | Robert Grünewald | Tobias Kramny | Christian Müller | Jens Noormann | Alexander Schrehardt | Olaf Will | Robert Wolff

Kundenbedarfsfeld Vorsorge

Bachelor Professional in Versicherungen und Finanzanlagen

Peter Gaubatz | Robert Grünewald | Tobias Kramny |
Christian Müller | Jens Noormann | Alexander Schrehardt |
Olaf Will | Robert Wolff

Kundenbedarfsfeld Vorsorge

Bachelor Professional in Versicherungen und Finanzanlagen

Verlag Versicherungswirtschaft | BWV

Bibliografische Information der Deutschen Nationalbibliothek

Die Deutsche Nationalbibliothek verzeichnet diese Publikation in der Deutschen Nationalbibliografie; detaillierte bibliografische Daten sind im Internet über http://dnb.d-nb.de abrufbar.

Leopoldstraße 37, 76133 Karlsruhe
info@vvw.de

Berufsbildungswerk der Deutschen Versicherungswirtschaft (BWV) e. V.
Arabellastraße 29, 81925 München
info-bb@bwv.de

Gleichstellungshinweis
Aus Gründen der besseren Lesbarkeit wird auf die gleichzeitige Verwendung der Sprachformen männlich, weiblich und divers (m/w/d) verzichtet. Sämtliche Personenbezeichnungen gelten gleichermaßen für alle Geschlechter.

ISBN 978-3-96329-544-7
E-ISBN 978-3-86298-897-6

Vorwort

Der Titel **Bachelor Professional** steht seit 2020 für die Fortbildungen auf Fachwirt- und Meisterniveau. In der Versicherungswirtschaft bildet der neue Bachelor Professional in Versicherungen und Finanzanlagen – mit seinen Prüfungsbereichen „Kundenbedarfsfelder" (mit den Schwerpunkten Sach- und Vermögensschutz oder Vorsorge), „Kernprozesse gestalten" sowie „Steuerung, Zusammenarbeit und Leadership" – eine zentrale Grundlage für die Zukunftskompetenzen der Versicherungswirtschaft. Dabei rückt er Schlüsselthemen wie Kundenzentrierung, Leadership sowie den Umgang mit Nachhaltigkeit und technologischer Transformation in den Fokus.

In enger Zusammenarbeit mit führenden Expert:innen der Branche haben der **BWV Bildungsverband** und der **Verlag Versicherungswirtschaft** ein umfassendes Grundlagenwerk in mehreren Bänden geschaffen. Dieses dient als Standardwerk für die Kompetenzvermittlung in der neuen Fortbildung. Um den dynamischen Entwicklungen der Versicherungsbranche gerecht zu werden, werden die Inhalte regelmäßig überarbeitet und aktualisiert.

Der vorliegende Band ist ein praxisorientierter Begleiter für den Prüfungsbereich „Lösungen im Kundenbedarfsfeld Vorsorge". Im Mittelpunkt dieses Bandes steht das umfassende Analysieren und Ermitteln von Kundenbedarfen. Dabei werden sämtliche sozialversicherungsrechtlichen Ansprüche ebenso berücksichtigt wie bestehende betriebliche und private Vorsorgeinstrumente sowie private Kapitalanlagen. Auf dieser Grundlage werden kundenzentrierte Versicherungslösungen entwickelt, die alle relevanten Bereiche – Kranken-, Pflege-, Unfall-, Alters- und Arbeitskraftvorsorge – abdecken und durch die Einbeziehung von Finanzanlagen ergänzt werden.

Ein Augenmerk liegt zudem auf den sich stetig wandelnden Rahmenbedingungen: Rechtliche Vorgaben, ökonomische Anforderungen, Aspekte der Nachhaltigkeit sowie digitale und technologische Entwicklungen werden systematisch einbezogen. Ebenso gehört die kompetente Begleitung im Leistungsfall zu einer ganzheitlichen Vorsorgeberatung und wird in diesem Band thematisiert.

Die acht Autoren bringen ihre langjährige Berufserfahrung ein und stellen praxisnah alle relevanten Inhalte vor. Die thematische Auswahl orientiert sich konsequent an den Anforderungen der Beratungspraxis und verdeutlicht, wie eine umfassende und kundenorientierte Vorsorgeberatung gelingt, von der Risikoanalyse über die Lösungsgestaltung bis hin zur Unterstützung im Leistungsfall.

Inhalt

Bearbeiterverzeichnis

Kapitel 1: Robert Grünewald | Tobias Kramny | Jens Noormann | Robert Wolff

Kapitel 2: Robert Grünewald | Tobias Kramny | Christian Müller

Kapitel 3: Peter Gaubatz | Robert Grünewald | Tobias Kramny | Jens Noormann | Christian Müller

Kapitel 4: Peter Gaubatz | Tobias Kramny | Christian Müller | Robert Wolff

Kapitel 5: Robert Grünewald | Jens Noormann | Christian Müller | Olaf Will | Robert Wolff

Kapitel 6: Robert Grünewald

Kapitel 7: Tobias Kramny | Jens Noormann | Alexander Schrehardt

Kapitel 8: Tobias Kramny | Jens Noormann

Kapitel 9: Tobias Kramny

Profil Proximus Versicherung AG – 140 Jahre Erfahrung

Historie

1885	Gründung der Dresdner Feuerversicherung AG mit den Geschäftszweigen: Feuer-, Transport- und Haftpflichtversicherung
1924	Übernahme der Chemnitzer Lebensversicherung AG (gegründet 1910)
1945	Verlegung des Gesellschaftssitzes nach München
1951	Fusion der Chemnitzer Lebensversicherung AG mit der Düsseldorfer Lebensversicherung AG neuer Name: Proximus Lebensversicherung AG
1951	Gründung der Proximus Versicherung AG. Umfirmierung der Dresdner Feuerversicherung AG in Proximus Allgemeine Versicherung AG und Aufnahme des Geschäftszweiges Kraftfahrtversicherung
1965	Bestandsübernahme der Ambrosia Lebensversicherung AG (gegründet 1930)
1968	Aufnahme des Geschäftszweiges Unfallversicherung
1970	Gründung der Proximus Krankenversicherung AG als Tochter der Proximus Versicherung AG und der Proximus Lebensversicherung AG
1985	Gründung der Allgemeinen Deutschen Rechtsschutzversicherung AG gemeinsam mit fünf anderen Versicherern
1988	Kauf der Süddeutschen Handelsbank AG
1988	Gründung der Proximus Bausparkasse AG
1990	Gründung der Proximus Assicurazioni S. p. A., Italien
1991	Übernahme der Mehrheitsanteile der Allgemeinen Deutschen Rechtsschutzversicherung AG und Umbenennung zur Proximus Rechtsschutz Versicherung AG
1992	Gründung weiterer Gesellschaften in Belgien, Dänemark, Frankreich, Großbritannien, Niederlande und Polen
1998	Gründung der Proximus Invest GmbH
2008	Gründung der Proximus Kreditversicherung AG und Umbenennung der Proximus Bausparkasse AG in Proximus Bauspar AG
2014	Gründung der Proximus Vertriebs-GmbH

Adressen der Konzerngesellschaften

Proximus Versicherung AG

Proximus-Platz 1, 80333 München

Proximus Allgemeine Versicherung AG

Proximus-Platz 1, 80333 München

Proximus Krankenversicherung AG

Proximus-Allee 6–8, 80333 München

Proximus Lebensversicherung AG

Proximus-Platz 1, 80333 München

Proximus Rechtsschutz Versicherung AG

Proximus-Platz 1, 80333 München

Proximus Kreditversicherung AG

Proximus-Allee 7a, 80333 München

Suddeutsche Handelsbank AG

Proximus-Allee 7–9, 80333 München

Proximus Invest GmbH

Proximus-Allee 4, 80333 München

Proximus Bauspar AG

Proximus-Allee 3–5, 80333 München

Proximus Vertriebs-GmbH

Proximus-Allee 2, 80333 München

Filialnetz

Landesdirektion Nord

22297 Hamburg

Landesdirektion Ost

10333 Berlin

Landesdirektion Süd

70583 Stuttgart

Landesdirektion West

50117 Köln

30 Bezirksdirektionen

Weitere Betriebsstätten

Kunden-Service-Center Hannover

30625 Hannover

Leistungszentrum für die Krankenversicherung

44139 Dortmund

Proximus Akademie

34117 Kassel

Konzernstruktur Proximus Versicherung AG

Proximus Versicherung AG

100 %	Anteil an der Proximus Allgemeine Versicherung AG
100 %	Anteil an der Proximus Lebensversicherung AG
100 %	Anteil an der Proximus Kreditversicherung AG
100 %	Anteil an allen Auslandsgesellschaften
100 %	Anteil an der Proximus Vertriebs-GmbH
70 %	Anteil an der Proximus Rechtsschutz Versicherung AG
70 %	Anteil an der Proximus Invest GmbH
50 %	Anteil an der Proximus Krankenversicherung AG
10 %	Anteil an der Proximus Bauspar AG
10 %	Anteil an der Süddeutschen Handelsbank AG

Proximus Lebensversicherung AG

80 %	Anteil an der Proximus Bauspar AG
60 %	Anteil an der Süddeutschen Handelsbank AG
50 %	Anteil an der Proximus Krankenversicherung AG
25 %	Anteil an der Proximus Invest GmbH

Proximus Krankenversicherung AG

30 %	Anteil an der Süddeutschen Handelsbank
10 %	Anteil an der Proximus Bauspar AG

Süddeutsche Handelsbank AG

5 %	Anteil an der Proximus Invest GmbH

Weitere Angaben

Sitz: München, 3 HR B 62384711 AG, München

Gerichtsstand: München

USt-IdNr.: DE 199998888333

VersSt-Nr.: 1234/110/00011

Zum 31.12.2024 waren 8.305 Mitarbeiter bei der Proximus Gruppe beschäftigt, davon waren 588 Auszubildende. Hinzu kommen 3.068 selbstständige Handelsvertreter, die ausschließlich

für die Proximus Versicherungsgesellschaften vermitteln. Es bestehen zu 301 Maklern und Mehrfachvermittlern Geschäftsbeziehungen.

Darüber hinaus unterhält die Süddeutsche Handelsbank AG einen eigenen Versicherungsvermittlungsdienst in der Rechtsform einer GmbH, welcher ausschließlich für die Gesellschaften der Proximus Gruppe vermittelt. Die Süddeutsche Handelsbank AG fungiert als Verwahrstelle der Proximus Invest GmbH.

Die Hauptgeschäftsfelder der Proximus Gruppe sind die Lebens-, Kranken-, Kraftfahrt- und Haftpflichtversicherung. Die Lebensversicherung erzielt 50 % des gesamten Beitragsvolumens.

Die Versicherungsgesellschaften der Proximus Gruppe sind u. a.

Mitglied

- des Gesamtverbandes der Deutschen Versicherungswirtschaft e. V. (GDV)
- des Verbandes der Privaten Krankenversicherung e. V. (PKV-Verband, auch Ombudsmann für die Private Kranken- und Pflegeversicherung)
- des Arbeitgeberverbandes der Versicherungsunternehmen in Deutschland e. V. (AGV)
- des Berufsbildungswerks der Deutschen Versicherungswirtschaft (BWV) e. V.
- des Versicherungsombudsmann e. V.
- der Verkehrsopferhilfe e. V.
- der Deutschen Gesellschaft für Versicherungs- und Finanzmathematik e. V. (DGVFM)
- der Deutschen Kernreaktor-Versicherungsgemeinschaft (DKVG)
- der Pharma-Rückversicherungs-Gemeinschaft

Die Finanzdienstleistungsunternehmen der Proximus Gruppe sind

u. a. Mitglied

- des Bundesverbandes deutscher Banken e. V. (BdB)
- des Bundesverbandes Investment und Asset Management e. V. (BVI)
- der Entschädigungseinrichtung deutscher Banken (EdB)

Die Versicherungsgesellschaften sind

- dem Regressverzichtsabkommen der Deutschen Feuerversicherer (RVA),
- dem Teilungsabkommen Mieterregress,
- dem Code of Conduct,
- dem Verhaltenscodex für den Vertrieb und
- der Auskunftsstelle über den Versicherungs-/Bausparkassenaußendienst und Versicherungsmakler in Deutschland e. V. (AVAD) als Teilnehmer

beigetreten.

Rechtliche Auslegung der Proximus Gruppe

Die Gesellschaften der Proximus Gruppe nehmen im Falle der Einlösung der Erstprämie an, dass für den Begriff „unverzüglich" eine Dauer von 3 Tagen anzusetzen ist, es sei denn, dass besondere Umstände eine spätere Zahlung entschuldigen.

Ergebnisse der Proximus Gruppe (Gesamt)

Versicherung	**2024**	**2023**	**2022**
Gebuchte Beiträge, brutto, selbst abgeschlossenes Geschäft (in Mio. EUR)	9.909	9.760	9.702
Aufwendungen für Versicherungsfälle, brutto (in Mio. EUR)	8.997	8.921	8.708
Kapitalanlagen (in Mrd. EUR)	61,4	59,3	58,9
Verträge (in Mio. Stück)	10,39	10,2	10,14
Finanzdienstleistungen			
Proximus Bauspar AG			
Bausparsumme (in Mio. EUR)	4.928	4.926	4.843
Bauspareinlage (in Mio. EUR)	772	761	782
Bilanzsumme (in Mio. EUR)	944	937	939
Süddeutsche Handelsbank AG Bilanzsumme (in Mio. EUR)	3.354	3.351	3.347
Proximus Invest GmbH Fondsvermögen (in Mio. EUR)	7.924	7.911	7.903
Vermögensanlagen der Proximus Gruppe (in Mrd. EUR)	83,2	83,2	81,4

Kennzahlen Proximus Lebensversicherung AG	**2024**	**2023**	**2022**
Beitragseinnahmen (in Mio. EUR)	3.938	4.043	4.287
Anzahl Verträge (in Mio.)	4,4	4,52	4,79
Bestand VSu (in Mio. EUR)	125.483	126.090	136.893
Eigenkapitalquote			
Nettoverzinsung	2,6	2,4	2,5

Kennzahlen Proximus Krankenversicherung AG	2024	2023	2022
Beitragseinnahmen (in Mio. EUR)	577	552	540
Aufwendungen für Versicherungsfälle, brutto, (in Mio. EUR)	442	443	439
Versicherte Personen (in Tsd.)	501	501	496
Deckungsrückstellung (in Mio. EUR)	449	447	447
Stand RfB (in Mio. EUR)	368	354	338
RfB-Quote	63,9	64,1	62,7
Versicherungsgeschäftliche Ergebnisquote	10,4	10,3	10,8
Nettoverzinsung in Prozent	2,6	2,4	2,5

Ausgangsfall

Für Familie Müller aus München stehen umfangreiche Veränderungen in der Zukunft an. Horst Müller (45 Jahre alt) hat von seinem langjährigen Arbeitgeber die Möglichkeit erhalten, die Geschäftsführung für die Meier GmbH, ein mittelständisches Industrieunternehmen mit 45 Mitarbeitenden zu übernehmen. Sein Jahreseinkommen steigt dadurch von 100.000 € auf 120.000 € an. Durch diese berufliche Veränderung kommen verschiedenste Veränderungen in seiner Vorsorge-Versicherungslandschaft auf ihn zu. Auch um die betrieblichen Absicherungsmöglichkeiten für seine Mitarbeitenden möchte er sich vorrangig kümmern, da das Unternehmen hier bislang keine besonderen Angebote gemacht hat.

Als Frau Ida Müller (42 Jahre alt, versicherungsfrei in der GKV), die als angestellte Apothekerin tätig ist, von den verschiedenen Absicherungsmöglichkeiten für gesetzlich Versicherte erfährt, möchte sie ihren Versicherungsschutz so erweitern, dass sie möglichst einen gleichwertigen Versicherungsschutz genießt wie ein PKV-Versicherter. In diesem Atemzug möchte sie im Rahmen der Beratung auch erfahren, welche Absicherungsoptionen für sie als Angestellte im Bereich der Altersversorgung bestehen. Sie ist pflichtversichert im Apotheker-Versorgungswerk (Bayerische Apothekerversorgung bei der Bayerischen Versorgungskammer) und daher von der Versicherungspflicht in der gesetzlichen Rentenversicherung befreit.

Die beiden Töchter Maya und Frieda (17 Jahre) beenden im Sommer des laufenden Jahres ihre Schulausbildung – hoffentlich mit dem erfolgreichen Bestehen des Abiturs. Maya hat bereits eine Einstellungszusage als Verwaltungsbeamtin (Bund) der 3. Qualifikationsebene und fragt sich natürlich, welche Veränderungen dadurch auf sie zukommen. Frieda hingegen möchte studieren, ist sich jedoch noch nicht sicher, ob ein klassisches Studium oder ein Duales Studium für sie der richtige Weg ist. Dabei stellt sie die Frage, ob diese Unterscheidung Auswirkung auf ihren Versicherungsbedarf hat oder ob es dabei keine Rolle spielt.

Seit zwei Jahren wohnen die Eltern von Ida Müller im Haus der Familie Müller. Ernst Müller (77 Jahre alt) und seine Frau Helene Müller (75 Jahre alt) fühlen sich noch recht fit, jedoch hat ein Schlaganfall bei Ernst Müller die Familie im letzten Jahr an das Thema Pflege im Alter erinnert. Ernst Müller ist bei der Proximus seit mehr als 40 Jahren privat kranken- und pflegeversichert, seine Frau Helene genießt den identischen Versicherungsschutz.

Ernst und Helene Müller haben im letzten Jahre ihre Immobilie in der Nähe von München verkauft, das Geld ist derzeit bei der regionalen Bank angelegt, auch hier überlegt das Ehepaar Helene und Ernst Müller, ob sie einen Teil an die Kinder verschenken und einen weiteren Teil anlegen sollten – hier stehen viele Gedankenspiele im Raum.

Struktur der Meier GmbH

Allgemeine Informationen

Branche: Maschinenbau

Mitarbeiterzahl: 45 (inkl. Herrn Müller)

Mitarbeiterstruktur:

Geschäftsführung:

Geschäftsführer: 1 Person (Herr Müller)

Leitende Angestellte:

Produktionsleiter: 1 Person (Nachfolge von Herrn Müller)

Leiter Marketing/Vertrieb: 1 Person

Leiter Einkauf/Logistik: 1 Person

Leitung Verwaltung/QS: 1 Person

Verwaltung/Büro:

Controlling: 1 Person

Buchhaltung: 2 Personen

Personal: 2 Personen

IT: 2 Personen

Einkauf: 2 Personen

Logistikkoordinator: 1 Person

Außendienst:

Außendienstmitarbeiter: 3 Personen

Fertigung:

Teamleiter Produktion: 3 Personen

Produktion: 15 Personen (5 + 5 + 5)

Azubis in der Produktion: 3 Personen

Lager:

Lageristen: 2 Personen

Azubi im Lager: 1 Person

Transport:

Fahrer: 3 Personen

Beratungswunsch: Zur Mitarbeiterbindung sollen zusätzliche Absicherungen angeboten werden:

Krankenversicherung: Betriebliche Krankenversicherung

Unfallversicherung: Betriebliche Unfallversicherung

Lebensversicherung und betriebliche Altersversorgung: Direktversicherung, Pensionszusage

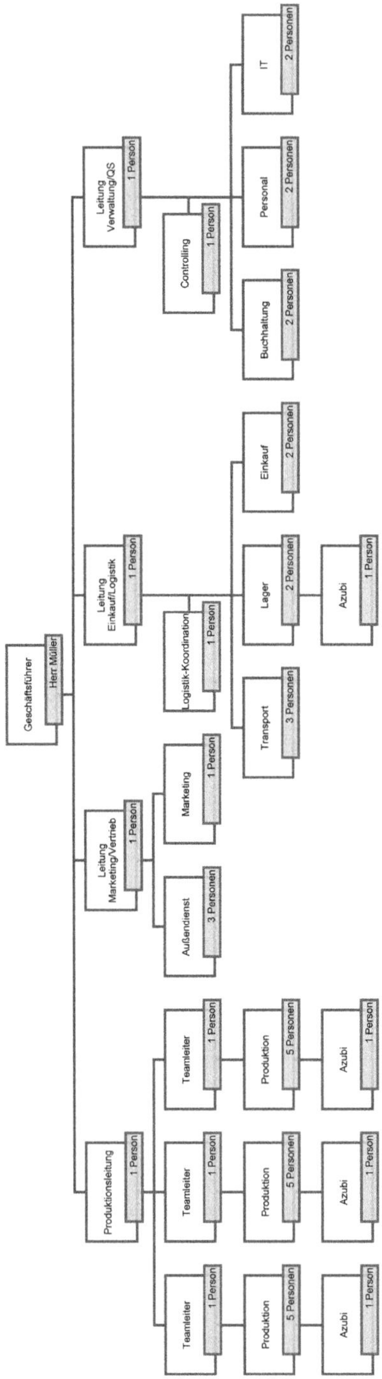
Geschäftsführer
Herr Müller
Leitung Verwaltung/QS
1 Person
Controlling
1 Person
Buchhaltung
2 Personen
Personal
2 Personen
IT
2 Personen
Leitung Einkauf/Logistik
1 Person
Logistik-Koordination
1 Person
Transport
3 Personen
Lager
2 Personen
Azubi
1 Person
Einkauf
2 Personen
Leitung Marketing/Vertrieb
1 Person
Außendienst
3 Personen
Marketing
1 Person
Produktionsleitung
1 Person
Teamleiter
1 Person
Produktion
5 Personen
Azubi
1 Person
Teamleiter
1 Person
Produktion
5 Personen
Azubi
1 Person
Teamleiter
1 Person
Produktion
5 Personen
Azubi
1 Person

1 System der sozialen Absicherung

Lernziel: Dieses Kapitel gibt einen Überblick über die Struktur und die Prinzipien der sozialen Sicherungssysteme, einschließlich der gesetzlichen Kranken-, Pflege-, Renten-, Unfall- und Arbeitslosenversicherung.

Vorbereitende Überlegungen: Beachten Sie vorab nachfolgende Grundprinzipien:

Solidaritätsprinzip: Das Solidaritätsprinzip besagt, dass alle Mitglieder der Gesellschaft entsprechend ihren finanziellen Möglichkeiten beitragen und im Bedarfsfall Leistungen erhalten. Beiträge richten sich in den meisten Fällen nach dem Verdienst. Leistungen werden in den meisten Fällen auf Antrag und nach Verwendung eines vorhandenen Vermögens gewährt.

Versicherungsprinzip: Das Versicherungsprinzip basiert auf dem Gedanken der Risikoabsicherung durch regelmäßige Beitragszahlungen. Der Gesamtsozialversicherungsbeitrag (§ 28 d SGB IV), welcher vom Arbeitgeber abgeführt wird, dient zur Finanzierung. Die Finanzierung des Gesamtsozialversicherungsbeitrags erfolgt durch Arbeitgebende und Arbeitnehmende.

Fürsorgeprinzip: Das Fürsorgeprinzip kommt insbesondere dann zum Tragen, wenn Personen keine ausreichenden Ansprüche aus den Versicherungssystemen haben.

Das System der sozialen Sicherung in Deutschland ist umfassend und basiert auf dem **Sozialgesetzbuch** (SGB). Das Sozialgesetzbuch (SGB) ist das zentrale Regelwerk, das die gesetzlichen Grundlagen und Rahmenbedingungen für die soziale Sicherung in Deutschland festlegt. Es besteht aus zwölf Büchern, die jeweils unterschiedliche Bereiche der sozialen Sicherheit abdecken.

Die soziale Absicherung zielt darauf ab, Bürgerinnen und Bürger vor den finanziellen Risiken zu schützen, die durch Krankheit (SGB V), Pflegebedürftigkeit (SGB XI), Alter (SGB VI), Arbeitslosigkeit (SGB III) und Unfälle (SGB VII) entstehen können. Die Regelungen im SGB gewährleisten, dass die soziale Sicherung systematisch und umfassend organisiert ist, um den Bürgerinnen und Bürgern ein hohes Maß an sozialem Schutz zu bieten.

Kernpfeiler der sozialen Sicherung in Deutschland sind insbesondere:

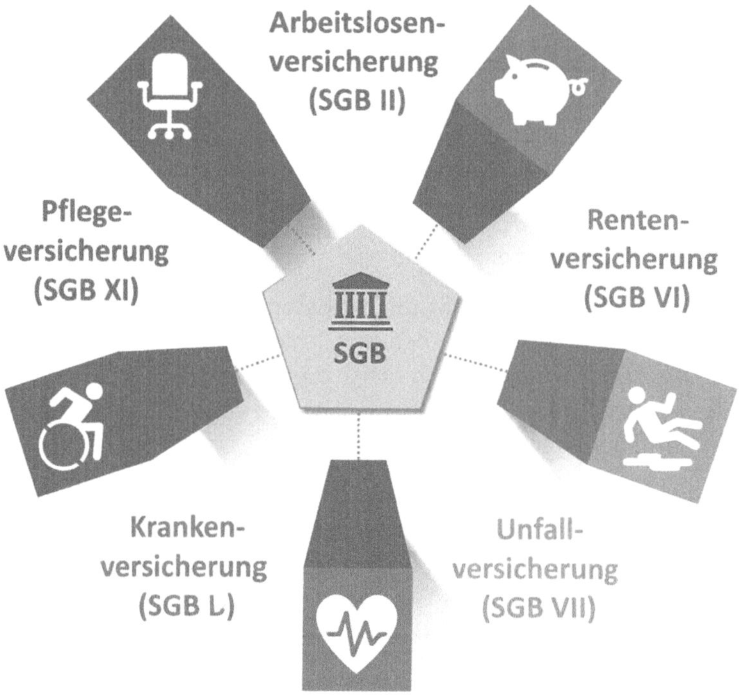

Abbildung 1.1: Säulen der Sozialversicherung

Gesellschaftliche Bedeutung und aktuelle Herausforderungen

Die soziale Absicherung trägt wesentlich zur sozialen Gerechtigkeit und zum sozialen Frieden bei. Sie ermöglicht es den Menschen, ein Leben in Würde zu führen, und sichert den sozialen Zusammenhalt.

Im Grundgesetz bekennt sich die Bundesrepublik Deutschland zur Sozialstaatlichkeit. Das Sozialstaatsprinzip ist in Art. 20 Abs. 1 und Art. 28 Abs. 1 S. 1 Grundgesetz (GG) verankert.

Das System der sozialen Absicherung steht vor verschiedenen Herausforderungen wie dem demografischen Wandel, der Digitalisierung der Arbeitswelt und insbesondere der Sicherstellung der langfristigen Finanzierbarkeit. Diese Herausforderungen verlangen kontinuierliche Anpassungen und Reformen, um die Nachhaltigkeit und Effektivität der sozialen Sicherungssysteme zu gewährleisten und den nachfolgenden Generationen Leistungen und Beitragsstabilität zu gewährleisten.

1.1 Aktuelle politische und gesellschaftliche Rahmenbedingungen und Entwicklungen

Inflation und Fachkräftemangel: Sinkende Realeinkommen beeinflussen die Nachfrage nach Versicherungen. Gleichzeitig steigen die Kosten für Behandlungen und Leistungen. Unternehmen reagieren auf den anhaltenden Fachkräftemangel. Sie möchten ihre Attraktivität und die Bindung der Mitarbeitenden stärken, indem sie gute Arbeitsbedingungen schaffen sowie Health & Benefits stärker in den Fokus rücken. Dazu gehören beispielsweise versicherungsförmige Angebote wie eine Gruppenunfallversicherung oder eine betriebliche Krankenversicherung, nicht versicherungsförmige Benefit-Programme wie Wellpass, Jobrad oder Gesundheitskurse sowie Maßnahmen zur ergonomischen Arbeitsplatzgestaltungen, etwa höhenverstellbare Schreibtische und ergonomische Stühle, die die Gesundheit der Beschäftigten fördern.

Entwicklung der privaten Haushalte: Die Zahl der Ein-Personen-Haushalte nimmt stetig zu, was auf den demografischen Wandel und verändertes Lebensverhalten zurückzuführen ist. Dies wirkt sich direkt auf die Nachfrage nach individuellen Versicherungsprodukten aus, die den spezifischen Bedürfnissen dieser Haushalte gerecht werden.

Demografie und alternde Gesellschaft: Der demografische Wandel in Deutschland hat erhebliche Auswirkungen auf das soziale Sicherungssystem. Eine alternde Bevölkerung erfordert gezielte Präventionsmaßnahmen zur Vermeidung altersbedingter Berufskrankheiten. Ebenso müssen sich Unternehmen bewusst sein, dass Unfälle bei älteren Beschäftigten schwerwiegendere Folgen haben können. Betriebliches Gesundheitsmanagement (BGM) und ergonomische Arbeitsplatzgestaltungen werden verstärkt genutzt, um die Gesundheit und Leistungsfähigkeit älterer Beschäftigter zu fördern und zum Beispiel die Folgen von Unfällen zu mildern.

Automatisierung von manuellen Tätigkeiten: Die Automatisierung manueller Tätigkeiten reduziert Risiken am Arbeitsplatz und verändert die Präventionsstrategien. Unternehmen investieren verstärkt in Technologien, die die Sicherheit am Arbeitsplatz erhöhen und manuelle, gefährliche Arbeiten minimieren.

1.1.1 Digitalisierung

Digitale Prozesse und Prävention 4.0: Die Digitalisierung revolutioniert die Vorsorgeversicherung durch den Einsatz innovativer Technologien. Digitale Gefährdungsbeurteilungen ermöglichen eine präzisere Identifizierung von Gefahren am Arbeitsplatz. Sensoren überwachen Bewegungsdaten von Beschäftigten und helfen, Vorfälle in Echtzeit zu erkennen und zu verhindern. KI-gestützte Systeme können Gefahrenquellen analysieren und Maßnahmen optimieren.

Telemedizin: Die Telemedizin bietet flexible und bequeme medizinische Versorgung, insbesondere in ländlichen Regionen oder bei eingeschränkter Mobilität. Videokonsultationen und Remote-Monitoring-Systeme verbessern den Behandlungsverlauf und reduzieren Krankenhausaufenthalte. Der Einsatz von Telemedizin hat während der Pandemie stark zugenommen und wird weiterhin als wichtige Ergänzung zur traditionellen Gesundheitsversorgung gesehen.

Big Data und KI: Die Analyse großer Datenmengen mit Big Data und KI hilft, Risikofaktoren zu identifizieren und präventive Maßnahmen zu optimieren. Individuelle Risikoprofile ermöglichen eine gezielte Beratung und Prävention, während Vorhersagen von Ereignissen via Predictive Analytics potenzielle Fälle frühzeitig erkennt und Gegenmaßnahmen ermöglicht. Diese Technologien werden zunehmend in die Entscheidungsprozesse integriert. Auch in der Vorsorgeversicherung – etwa in der Kranken- oder Pflegeversicherung – kann Predictive Analytics zum Einsatz kommen. Mithilfe von Big Data und KI können aus medizinischen Verlaufsdaten und Lebensstilinformationen individuelle Risikoprofile erstellt werden. Predictive Analytics, also die datenbasierte Vorhersage zukünftiger Ereignisse, erkennt Muster, die auf ein erhöhtes Krankheitsrisiko hinweisen – etwa für Diabetes oder Herz-Kreislauf-Erkrankungen. So können präventive Maßnahmen rechtzeitig empfohlen und Erkrankungen im besten Fall verhindert werden.

Künstliche Intelligenz wird indes auch im Risikomanagement zunehmend genutzt. Zwar setzen bisher nur wenige Unternehmen (ca. 10 %) KI zur Analyse von Risikodaten ein, jedoch bietet KI großes Potenzial für Vorhersagen und zur Unterstützung bei Risikotransferentscheidungen. Datengetriebenes Risikomanagement wird zum entscheidenden Faktor für das Treffen von präzisen Entscheidungen.[1]

1.1.2 Rechtliche Entwicklungen

DSGVO inklusive Anonymisierung und Pseudonymisierung: Die EU-Datenschutzgrundverordnung (DSGVO) stellt hohe Anforderungen an die Datenverarbeitung. Versicherte haben ein Recht auf umfassende Informationen darüber. Insbesondere die Anonymisierung und die Pseudonymisierung sind wichtige Verfahren zum Schutz der Daten. Versicherungsunternehmen müssen (zum Beispiel in puncto Künstliche Intelligenz) regelmäßig ihre Datenschutzmaßnahmen anpassen, um den gesetzlichen Anforderungen gerecht zu werden.

1 Vgl. WTW MarktSpot Report Q3-2024.

ESG-Kriterien: Nachhaltige Kapitalanlagen werden nach Umwelt-, Sozial- und Governance-Kriterien (ESG) ausgewählt, um eine nachhaltige Entwicklung zu fördern. Versicherer investieren zunehmend in Projekte, die einen positiven sozialen und ökologischen Einfluss haben. ESG-Kriterien werden immer mehr zum Standard bei Investitionsentscheidungen in der Versicherungswirtschaft.

Anpassung an neue Arbeitswelten: Die verstärkte Nutzung von Homeoffice führte insbesondere wegen der Abgrenzung zwischen beruflicher und privater Sphäre zu rechtlichen Auseinandersetzungen mit den Trägern der Gesetzlichen Unfallversicherung (GUV). Seit Juni 2021 erweitert das Betriebsrätemodernisierungsgesetz den Versicherungsschutz im Homeoffice. Grundsätzlich sind Arbeitnehmer bei Unfällen während der beruflichen Tätigkeit versichert. Allerdings bleiben Wege innerhalb des Hauses, wie der Gang zur Küche oder Toilette, oft als privat eingestuft und somit unversichert.

1.1.3 Entwicklung der Gesetzliche Krankenversicherung (GKV)

Die gesetzliche Krankenversicherung steht vor allem aufgrund der demografischen Entwicklung vor großen Herausforderungen. Nach Prognosen des IGES-Instituts wird der Beitragssatz zur GKV bis zum Jahr 2035 von derzeit rund 16,3 % auf bis zu 19,3 % steigen. Dieser Anstieg ist vor allem auf die Alterung der Bevölkerung und den medizinischen Fortschritt zurückzuführen, was die Gesundheitsausgaben deutlich erhöht. Ein weiteres Problem stellt die sinkende Zahl der Erwerbstätigen dar, die als Beitragszahlende zur Finanzierung beitragen.

Eine seit Jahren diskutierte Reformmöglichkeit ist die Einführung einer Bürgerversicherung. Dabei sollen alle Bürger unabhängig von ihrem Einkommen oder ihrer Erwerbstätigkeit in die GKV einbezogen werden. Damit würden auch die Beiträge der bisher privat Versicherten in das Solidarsystem fließen. Befürworter argumentieren, dass dies die Einnahmebasis der GKV verbreitern könnte, während Kritiker vor einem Qualitätsverlust und möglichen negativen Auswirkungen auf die privat finanzierte Gesundheitsversorgung warnen.

1.1.4 Entwicklung der Gesetzliche Rentenversicherung (GRV)

Auch die gesetzliche Rentenversicherung steht aufgrund der Alterung der Bevölkerung vor enormen Belastungen. Die Bundesregierung hat sich verpflichtet, das Rentenniveau bei 48 % des durchschnittlichen Arbeitseinkommens zu stabilisieren. Um dies langfristig zu sichern, wurde die Einführung eines sogenannten **Generationenfonds** beschlossen. Dabei sollen jährlich mehrere Milliarden Euro am Kapitalmarkt angelegt werden, um die Finanzierungslücke durch Renditen zu verringern.

Die **Aktienrente** wird dabei als langfristige Ergänzung zur umlagefinanzierten Rentenversicherung verstanden. Studien zeigen jedoch, dass die erhofften Renditen aus Kapitalmarktanlagen zu gering ausfallen könnten, um die steigenden Rentenlasten auszugleichen. Dies liegt unter anderem an der kurzen Wirkungsdauer und den Unsicherheiten des Kapitalmarktes.

Eine zentrale Frage bleibt, inwieweit Maßnahmen zur Anhebung des Renteneintrittsalters oder zur stärkeren Einbeziehung bisher nicht versicherter Einkommen (zum Beispiel Kapitaleinkünfte) umgesetzt werden können. Diese Schritte sind politisch umstritten, könnten aber mittelfristig zur Stabilisierung des Systems beitragen.

Fazit und Ausblick

Die Entwicklungen in beiden Sozialversicherungssystemen zeigen deutlich, dass Reformbedarf besteht, um die Stabilität der Systeme langfristig zu sichern. Während Maßnahmen wie die Bürgerversicherung und der Generationenfonds potenzielle Lösungsansätze bieten, bleibt unklar, ob sie die steigenden Belastungen tatsächlich kompensieren können. Die politischen und gesellschaftlichen Diskussionen zu diesen Themen dürften in den kommenden Jahren an Intensität gewinnen.

1.1.5 Entwicklungen der Gesetzlichen Unfallversicherung

Entwicklung von Unfallstatistiken und Berufskrankheiten

Arbeitsunfälle, insbesondere solche mit Todesfolge, sind seit Jahren rückläufig. **Wegeunfälle** haben nach der Covid-19-Pandemie wieder zugenommen. Dies ist zum einen auf den Wegfall der Homeoffice-Pflicht zurückzuführen und zum anderen auf die vermehrte Nutzung von Fahrrädern und E-Bikes. Gleichzeitig arbeiten heutzutage deutlich mehr Menschen im **Homeoffice** als vor der Pandemie. Dies führt zu neuen Anforderungen an die Unfallprävention. Auch **Berufskrankheiten** haben in den letzten Jahren deutlich zugenommen, was ein verstärktes Augenmerk auf betriebliche Präventionsstrategien erfordert.

Auch werden von Zeit zu Zeit neue Berufskrankheiten aufgenommen. So zählt seit 2025 beispielsweise auch die Schädigung der Rotatorenmanschette (Schulter) durch langjährige intensive Belastung ebenso als neue Berufskrankheit, wie eine Gonarthrose bei langjährigen Fußballprofis und eine chronische obstruktive Bronchitis einschließlich Emphysem durch langjährige Einwirkung von Quarzstaub. Die neuen Berufskrankheiten folgen der Empfehlung des Bundesministeriums für Arbeit und Soziales.

Unfallversicherungsschutz im Homeoffice und bei mobiler Arbeit

Homeoffice und mobile Arbeit sind gesetzlich nicht klar definiert. Die Unterscheidung zwischen Homeoffice und mobiler Arbeit ist nicht immer eindeutig und kann je nach konkretem Sachverhalt fließend sein. Während mobiles Arbeit an unterschiedlichen Orten wie beispielsweise Hotelzimmern, Cafés oder in Zügen stattfinden kann, meint Homeoffice das Arbeiten im häuslichen, privaten Umfeld. **Telearbeit** hingegen meint einen fest installierten Ort und ist in § 2 Abs. 7 ArbStättV streng reguliert, insbesondere bezüglich der Einrichtung und technischen Ausstattung des Arbeitsplatzes.

Unfallversicherungsschutz im Homeoffice:

Vereinbarung erforderlich: Unfallversicherungsschutz besteht nur bei einer ausdrücklichen Vereinbarung zwischen Arbeitgeber und Arbeitnehmer bzgl. der Homeoffice-Tätigkeit, idealerweise schriftlich festgehalten.

Wege innerhalb des Hauses: Die Versicherungspflicht für Wege innerhalb des Hauses ist komplex und hängt von verschiedenen Faktoren ab. Es gibt Ausnahmen, beispielsweise dann, wenn der Weg zu einem bestimmten Arbeitsbereich führt, der vom privaten Wohnbereich klar getrennt ist.

Gelegentliche Arbeit zu Hause: Versicherungsschutz bei Unfällen besteht nur, wenn der Arbeitgeber die Arbeit genehmigt hat.

■ BEISPIEL

Ein Unfall beim Kochen im Rahmen einer virtuellen Teamsitzung (mit Bezug zur Arbeit) kann, je nach konkreter Vereinbarung und Umstand, als Arbeitsunfall anerkannt werden. ■

Unfallversicherungsschutz bei mobiler Arbeit:

Versicherungsschutz gilt nur bei Kenntnis und Billigung durch den Arbeitgeber, zum Beispiel beim Arbeiten im Zug. Auch hier hängt der Versicherungsschutz von den konkreten Umständen ab. Wenn das Arbeiten im Zug zum Arbeitsvertrag gehört und vom Arbeitgeber genehmigt ist, besteht in der Regel Versicherungsschutz.

Seit dem Betriebsrätemodernisierungsgesetz aus dem Jahr 2021 sind erhebliche Verbesserungen in Kraft getreten. Konkret wurden folgende Punkte geregelt:

- **Gleichstellung von Homeoffice und Betriebsstätte:** Es wurde klargestellt, dass der Versicherungsschutz für Tätigkeiten im Haushalt oder an einem anderen Ort im gleichen Umfang besteht wie bei Ausübung der Tätigkeit auf der Unternehmensstätte (§ 8 Abs. 1 SGB VII). Das bedeutet, dass zum Beispiel auch der Weg von einem Zimmer zum anderen im Homeoffice unfallversichert sein kann, wenn er der versicherten Tätigkeit dient (zum Beispiel der Gang zum Drucker).

- **Wege zur Kinderbetreuung:** Der Unfallversicherungsschutz wurde auch auf den direkten Weg zu und von Kinderbetreuungseinrichtungen ausgedehnt, wenn die versicherte Tätigkeit im Homeoffice ausgeübt wird (§ 8 Abs. 2a SGB VII).

Diese Änderungen sind am **18. Juni 2021** in Kraft getreten.

1.2 Leistungen und rechtliche Rahmenbedingungen

1.2.1 Gesetzliche Rentenversicherung

Finanzierung

Die Solidarität zwischen Jung und Alt bildet das Fundament des Rentensystems, das im **Umlageverfahren** finanziert wird. Dabei werden die Beiträge der Rentenversicherten direkt an die Rentner ausbezahlt – ein Ansparen von Kapital für die zukünftigen Renten findet nicht statt.

Bei der demografischen Entwicklung der letzten Jahrzehnte müssen die Beitragszahler jedoch entweder immer höhere Beiträge einzahlen und/oder die Leistungen müssen eingeschränkt werden. Entscheidend ist nämlich das zahlenmäßige Verhältnis zwischen Versicherungspflichtigen und Leistungsempfängern. Wenn es viele Versicherungspflichtige und wenige Rentner mit kurzer Lebenserwartung gibt, kann eine gesetzliche Altersversorgung finanziert werden, die für viele ausreichend ist. Während 1962 noch sechs Beitragszahler auf einen Rentner kamen, liegt das Verhältnis heute bereits bei rund 2:1 und wird sich in Zukunft noch weiter reduzieren, da in den nächsten Jahren die geburtenstarken Jahrgänge der „Baby-Boomer" (zwischen 1955 und 1969) in den Ruhestand gehen werden. Hinzu kommt, dass unter anderem medizinische Fortschritte die durchschnittliche Lebenserwartung und damit auch die zukünftige Rentenbezugsdauer verlängern. Die erste Schicht der Altersversorgung, die gesetzliche Rentenversicherung, hat also seit langem ein Finanzierungsproblem.

Dies hat zur Folge, dass bei einer umlagefinanzierten Rente mehr Versicherte als bisher bis zum regulären Rentenbeginnalter von 65 beziehungsweise 67 Jahren arbeiten müssen. Früher in Rente zu gehen und gleichzeitig länger Rentenleistungen zu beziehen, kann ohne Beitragserhöhungen oder Leistungskürzungen nicht funktionieren.

Darüber hinaus werden die Rentenleistungen neben den laufenden Beitragseinnahmen zunehmend durch den sogenannten **Bundeszuschuss** aus Steuermitteln finanziert, sodass mittelbar auch nicht Rentenversicherungspflichtige das Rentensystem mitfinanzieren. Dieser Bundeszuschuss ist inzwischen der größte einzelne staatliche Ausgabenposten.

Weil keine planmäßige Kapitalbildung stattfindet, muss die Höhe des Beitragssatzes zur gesetzlichen Rentenversicherung vorausschauend so festgelegt werden, dass in absehbarer Zukunft keine finanziellen Engpässe entstehen. Um Einnahmeschwankungen im Laufe eines Jahres, zum Beispiel aufgrund der Wirtschaftslage oder saisonaler Effekte, abfangen zu können, bildet die Deutsche Rentenversicherung einen finanziellen Puffer, die sogenannte **Nachhaltigkeitsrücklage**.

Rechtsgrundlagen und Organisation

Details zur gesetzlichen Rentenversicherung sind in einem eigenen Sozialgesetzbuch (SGB VI) festgelegt. Als zusätzliche Rechtsgrundlagen gelten die Satzungen der Versicherungsträger (§ 34 SGB IV), die unter anderem Aufgaben und Befugnisse der vertretungsberechtigten Organe eines Versicherungsträgers regeln.

Die Deutsche Rentenversicherung Bund (entstanden aus der früheren Bundesversicherungsanstalt für Angestellte und dem Verband Deutscher Rentenversicherungsträger) ist der größte einzelne Versicherungsträger der gesetzlichen Rentenversicherung. Die Deutsche Rentenversicherung KnappschaftBahnSee als zweiter Träger ist aus der Zusammenlegung der Bundesknappschaft, der Bahnversicherungsanstalt und der Seekasse entstanden.

Darüber hinaus gibt es insgesamt 16 Regionalträger, zum Beispiel die Deutsche Rentenversicherung Baden-Württemberg oder Deutsche Rentenversicherung Nord. Diese verwalten vor allem das Auskunfts- und Beratungsdienststellennetz.

Neuversicherte Arbeitnehmer werden seit dem 1. Januar 2005 von der Datenstelle der Rentenversicherung gleichmäßig einem der Rentenversicherungsträger anhand der jeweiligen Versicherungsnummer zugeordnet. Für Fragen zur Rentenversicherung stehen grundsätzlich alle Rentenversicherungsträger zur Verfügung.

Höhe der Beiträge

Die Beiträge zur gesetzlichen Rentenversicherung werden als Prozentsatz vom Erwerbseinkommen des Versicherten berechnet, maximal bis zur Höhe der Beitragsbemessungsgrenze.

Für Arbeitnehmer übernimmt die Hälfte der Beiträge zur Rentenversicherung der Arbeitgeber, sodass bei einer Erhöhung des Beitragssatzes auch dessen Kosten steigen. Um die internationale Konkurrenzfähigkeit der deutschen Unternehmen nicht zu sehr zu beeinträchtigen, können demografische Entwicklungen nicht durch eine unbegrenzte Erhöhung des Beitragssatzes ausgeglichen werden.

Bei bestimmten Personenkreisen, beispielsweise pflichtversicherten Selbstständigen, wird die sogenannte Bezugsgröße zur Beitragsberechnung herangezogen. Sie errechnet sich aus dem Durchschnittsentgelt der Versicherten der gesetzlichen Rentenversicherung des jeweils vorletzten Kalenderjahres. Für 2025 beträgt die monatliche Bezugsgröße bundeseinheitlich 3.745 €.

Multipliziert mit dem Beitragssatz ergibt sich der Regelbeitrag, den alle pflichtversicherten Selbstständigen entrichten müssen. Alternativ ist auf Antrag eine Beitragsberechnung aus dem tatsächlichen Einkommen, maximal bis zur Höhe der Beitragsbemessungsgrenze, möglich. Dies ist vor allem bei einem geringen Einkommen sinnvoll.

Renteninformation und digitale Rentenübersicht

Alle Versicherten, die mindestens 27 Jahre alt sind und bereits Beitragszeiten von mindestens fünf Jahren auf ihrem Versichertenkonto gutgeschrieben haben, erhalten automatisch einmal jährlich eine Information der Deutschen Rentenversicherung über den aktuellen Stand ihrer Rentenanwartschaft (Renteninformation). Insgesamt werden pro Jahr etwa 30 Millionen Renteninformationen versandt.

Neben dem Zeitpunkt des Bezugs der Regelaltersrente enthält die Renteninformation Angaben über die bereits gesammelten Rentenansprüche (Alters- und Erwerbsminderungsrente). Zusätzlich wird eine Hochrechnung der möglichen Altersrente ausgewiesen, wenn das Einkommen der vergangenen Jahre in der Höhe unverändert weiter verdient wird. Sie gibt Hinweise zur Steuerpflicht der Rente, zu möglichen Rentenanpassungen sowie zur Notwendigkeit privater Vorsorge, verbunden mit einem Inflationsausgleich. Die Renteninformation ist ein wesentlicher Bestandteil für Beratungsgespräche zur Altersvorsorge: Von neutraler, staatlicher Seite wird die Notwendigkeit privater Vorsorge darin ausdrücklich bestätigt.

Mit dem Gesetz zur digitalen Rentenübersicht im Jahr 2021 hat der Gesetzgeber die Grundlage für eine zentrale Informationsplattform für Altersvorsorgeansprüche geschaffen. Bürgerinnen und Bürger sollen hier online jederzeit aktuelle Informationen zum Stand ihrer erworbenen beziehungsweise möglichen Anwartschaften abrufen können. Die Plattform hat inzwischen den Regelbetrieb aufgenommen und soll kontinuierlich ausgebaut werden.

In der digitalen Rentenübersicht werden Altersvorsorgeansprüche der gesetzlichen Rentenversicherung und von privaten Versorgungseinrichtungen in vereinfachter Form dargestellt. Darüber hinaus sind auch Renteninformationen beziehungsweise Standmitteilungen als Dokumente abrufbar. Ansprüche der Beamtenversorgung, der landwirtschaftlichen Versorgung, von berufsständischen Versorgungseinrichtungen und ein Großteil der Absicherungen aus der betrieblichen Altersversorgung sind derzeit noch nicht enthalten.

1.2.1.1 Versicherter Personenkreis

Versicherungspflichtig sind in der gesetzlichen Rentenversicherung grundsätzlich alle Arbeitnehmer (bis auf wenige Ausnahmen) ohne Rücksicht auf die Höhe ihres Einkommens.

Außerdem sind unter anderem pflichtversichert:

- Auszubildende
- Eltern während der Kindererziehungszeiten
- nicht erwerbsmäßig tätige Pflegepersonen (Pflege von Angehörigen)
- Menschen mit Behinderung, die in gesetzlich anerkannten Werkstätten tätig sind
- Personen im Bundesfreiwilligendienst (oder früher Wehrdienst)
- Personen, die Unterhaltsersatzleistungen beziehen (zum Beispiel Krankengeld oder Arbeitslosengeld)

Nicht versicherungspflichtig sind Personen, die in einem anderen Sicherungssystem Anwartschaften erwerben, wie etwa Beamte, Richter, Freiberufler, Berufs- und Zeitsoldaten oder Landwirte, sowie satzungsmäßige Mitglieder geistlicher Genossenschaften, geringfügig Beschäftigte (Minijobber), Selbstständige, bei denen keine Pflichtversicherung besteht, und Altersrentner. Ab dem 16. Lebensjahr können sie der Pflichtversicherung freiwillig beitreten (Antragspflichtversicherung).

Selbstständige

Selbstständige sind grundsätzlich nicht versicherungspflichtig. Ausgenommen sind unter gewissen Voraussetzungen Handwerker sowie Hebammen, Künstler, Publizisten, in der Pflege tätige Personen, Seelotsen, Küstenschiffer beziehungsweise -fischer sowie freiberufliche Lehrer und Erzieher. Sie sind per Gesetz versicherungspflichtig.

Selbstständige Handwerksmeister sind versicherungspflichtig, wenn sie in der sogenannten Handwerksrolle eingetragen sind und tatsächlich selbstständig arbeiten. Die Eintragung ist erforderlich, wenn der Inhaber ein zulassungspflichtiges Gewerbe ausübt. Nach einer Versicherungszeit von 18 Jahren besteht die Möglichkeit der Befreiung von der Rentenversicherungspflicht.

Ebenfalls versicherungspflichtig sind sogenannte Scheinselbstständige. Dabei handelt es sich um Personen, die zwar auf dem Papier selbstständig sind, in der Praxis aber grundsätzlich wie ein Arbeitnehmer handeln müssen. Meist arbeitet der Selbstständige in diesem Fall nur für einen einzigen Auftraggeber. Die Selbstständigkeit muss immer im Einzelfall geprüft werden. Besteht zum Beispiel die uneingeschränkte Verpflichtung, den Weisungen des Auftraggebers Folge zu leisten, bestimmte Arbeitszeiten einzuhalten, in bestimmten Räumen oder an einem bestimmten Ort zu arbeiten oder bestehen Berichtspflichten gegenüber dem Auftraggeber, dann liegt möglicherweise eine Scheinselbstständigkeit vor.

Geringfügig Beschäftigte – Minijobber

In Deutschland gibt es eine große Anzahl geringfügiger Beschäftigungsverhältnisse, die häufig dauerhaft bestehen. Für diese Minijobber mit monatlichen Einnahmen bis 556 € (seit 1. Januar 2025) gelten bezüglich der Rentenversicherungspflicht besondere Regelungen. Sie können mit reduzierten pauschalen Beiträgen Rentenansprüche für später erwerben.

Personen, die einen dauerhaften Minijob nach dem 31. Dezember 2012 begonnen haben, sind grundsätzlich rentenversichert, können sich auf Antrag jedoch davon befreien lassen. Für ältere Beschäftigungsverhältnisse gilt weiterhin: Der Versicherte ist grundsätzlich nicht versicherungspflichtig, kann aber seinen Verzicht auf die Versicherungsfreiheit erklären. Die Neuregelung zum 1. Januar 2013 sollte die meist sehr niedrigen Rentenansprüche geringfügig Beschäftigter verbessern.

Bei Versicherungspflicht bezahlt der geringfügig Beschäftigte einen Eigenbeitrag von 3,6 % seines Verdiensts an die Rentenversicherung. Der Arbeitgeber entrichtet einen Pauschalbetrag von 13 % zur Krankenversicherung (bei gesetzlich Versicherten), 15 % zur Rentenversicherung, insgesamt 1,47 % für weitere Umlagen (Lohnfortzahlung im Krankheitsfall, Mutterschaftsgeld, Insolvenzgeldumlage; Stand: 1. Januar 2025) sowie eine Pauschalsteuer von 2 %.

Kurzfristige geringfügige Beschäftigungen (bis zu zwei Monate) sind für Arbeitnehmer und Arbeitgeber sozialversicherungsfrei.

1.2.1.2 Leistungsarten und Leistungsberechnung

Die Leistungen der gesetzlichen Rentenversicherung gliedern sich in zwei zentrale Bereiche: einerseits die Zahlung von Altersrenten, die Absicherung bei verminderter Erwerbsfähigkeit und beim Tod des Ehepartners beziehungsweise der Eltern, andererseits die Rehabilitation, das Verbessern oder Wiederherstellen der Erwerbsfähigkeit kranker und behinderter Menschen.

Grundlagen der Rentenberechnung: Rentenformel

Die Höhe des Rentenanspruchs der Versicherten errechnet sich für alle Rentenformen aus einer einheitlichen Rentenformel, bestehend aus vier Faktoren:

Persönliche Entgeltpunkte (EP)	**Rentenartfaktor (RAF)**
Summe der Ansprüche des Versicherten über alle Versicherungsjahre Pro Jahr: Verhältnis Verdienst des Versicherten zum Durchschnittsverdienst aller Versicherten	Faktor abhängig von der Höhe der verschiedenen Rentenarten, zum Beispiel: Altersrente = 1 Volle Erwerbsminderungsrente = 1 Halbe Erwerbsminderungsrente = 0,5 Große Witwenrente = 0,55 (für ab 1. Februar 2002 geschlossene Ehen) Kleine Witwenrente = 0,25
Rentenzugangsfaktor (ZF)	**Aktueller Rentenwert (AR)**
Bewertung, wann der Versicherte die Rente bezieht (zum „Normalzeitpunkt", vorzeitig oder später): Gesetzlicher „Normalzeitpunkt", zum Beispiel Regelaltersgrenze = 1,000 vorzeitig: – 0,003 je Monat später: + 0,005 je Monat	Aktueller Gegenwert in € für einen Entgeltpunkt (1. Juli 2025: 40,79 €) Anpassung jeweils zum 1. Juli eines Jahres

Tabelle 1.1: Rentenformel in der gesetzlichen Rentenversicherung

Die Rentenberechnung erfolgt nach der Formel:

EP × RAF × ZF × AR = Monatsrente

Davon sind Beiträge für die Kranken- und Pflegeversicherung der Rentner (KVdR) beziehungsweise Beiträge zur privaten Krankenversicherung sowie die Einkommen- und gegebenenfalls Kirchensteuer zu entrichten.

Persönliche Entgeltpunkte

Basis für die individuelle Rentenhöhe ist die Anzahl der erreichten Entgeltpunkte. Die vom Versicherten geleisteten Rentenbeiträge werden jedes Jahr in eine „Vergleichswährung", die Entgeltpunkte, umgerechnet und dem Versichertenkonto gutgeschrieben. Dabei wird berücksichtigt, wie lange und in welcher Höhe der Versicherte Rentenbeiträge geleistet hat. So lassen sich die Rentenansprüche summieren und bewerten.

Zur Berechnung der Entgeltpunkte wird das Einkommen ins Verhältnis zum Durchschnittseinkommen aller Versicherten gesetzt. Hat der Versicherte genau im Durchschnitt verdient und dafür Beiträge gezahlt, erhält er einen Entgeltpunkt. Lag sein Verdienst bei 75 % des Durchschnittseinkommens, erhält er für das betreffende Jahr 0,75 Entgeltpunkte. Bei 50 % mehr als der Durchschnitt erhält er 1,5 Entgeltpunkte.

Da Beiträge nur bis zur Höhe der Beitragsbemessungsgrenze entrichtet werden müssen, ist die Anzahl der maximal möglichen Entgeltpunkte auf rund zwei pro Jahr begrenzt. Versicherte mit einem Jahreseinkommen oberhalb der Beitragsbemessungsgrenze haben daher einen zusätzlichen Vorsorgebedarf. Da sie für Teile ihres Einkommens keine Rentenanwartschaften erwerben, wird ihre spätere Versorgungslücke – die Differenz zwischen der gesetzlichen Altersrente und dem für den Lebensunterhalt benötigten Betrag – noch größer ausfallen.

Das Durchschnittseinkommen aller Versicherten wird durch Rechtsverordnung der Bundesregierung mit Zustimmung des Bundesrates jährlich unter Berücksichtigung der Daten des statistischen Bundesamtes festgestellt.

Beispielsweise für Zeiten der Kindererziehung, des Wehr- oder Zivildienstes, bei Krankheit, Arbeitslosigkeit oder der Pflege eines Pflegebedürftigen im eigenen Haushalt werden den Versicherten persönliche Entgeltpunkte gutgeschrieben, ohne dass sie Beiträge bezahlen.

Sowohl bei Versicherungsjahren als auch Entgeltpunkten ergeben sich deutliche geschlechtsspezifische Unterschiede. Frauen können aufgrund oft kürzerer und/oder unterbrochener Berufsbiografien häufig weniger Versicherungsjahre vorweisen. Da ihr Verdienst durch Teilzeitarbeit oder Arbeit in schlechter bezahlten Branchen zudem oft unter dem Durchschnittsverdienst liegt, sammeln Frauen in der Summe in vielen Fällen weniger Entgeltpunkte als Männer. Dies ist in der Beratungssituation besonders zu berücksichtigen.

Rentenartfaktor

Der Rentenartfaktor gibt abhängig von der Rentenart die relative Höhe des Rentenanspruchs an. Diese bezieht sich auf die vorhandenen Rentenansprüche des Rentenbeziehers oder im Fall der Hinterbliebenenrente auf die Rentenansprüche des Verstorbenen.

Rentenzugangsfaktor

Der Zugangsfaktor bewertet die Unterschiede bei der Rentenbezugsdauer. Je nach Geburtsjahrgang liegt die gesetzliche Regelaltersgrenze für die Versicherten individuell zwischen 65 und 67 Jahren. Beim Renteneintritt genau zur vorgesehenen Regelaltersgrenze beträgt der Rentenzugangsfaktor 1,0.

Wer unter bestimmten Voraussetzungen vorzeitig in Rente geht, hat einen Zugangsfaktor kleiner als 1 und erhält eine geringere Monatsrente. Pro Monat vor der Regelaltersgrenze erfolgt ein Abschlag von 0,3 %, der Rentenzugangsfaktor sinkt pro Monat um 0,003. Der Rentenbezug kann um maximal vier Jahre vorverlegt werden. Dann beträgt der Abschlag 48 × 0,3 % = 14,4 %. Der Abzug bleibt lebenslang bestehen, auch wenn die Regelaltersgrenze erreicht wird.

Beginnt die Rente erst nach der individuellen Regelaltersgrenze, so erhöht sich die Rente, der Zugangsfaktor ist in diesem Fall größer als 1,0. Die Rente erhöht sich um 0,5 % für jeden Kalendermonat, das heißt der Rentenzugangsfaktor steigt pro Monat um 0,005.

Aktueller Rentenwert

Der aktuelle Rentenwert ist der Betrag, der pro Entgeltpunkt als monatliche Rente gezahlt wird. Durch seine regelmäßige Angleichung wird die Rente an die wirtschaftliche Entwicklung angepasst. Der aktuelle Rentenwert beträgt einheitlich für Versicherte in Ost und West 40,79 € (Stand: 1. Juli 2025).

Rentenrechtliche Zeiten und Wartezeiten

In die Rentenberechnung fließen verschiedene Zeiträume ein, die die Versicherten zurückgelegt beziehungsweise erfüllt haben:

Beitragszeiten

Beitragszeiten sind Zeiten, in denen pflichtgemäß oder freiwillig Beiträge gezahlt wurden, aber auch Zeiten ohne eigene Beiträge, für die ein fiktiver Beitrag angerechnet wird:

- **Kindererziehungszeiten:** Der Staat übernimmt in diesen Zeiten die Pflichtbeiträge in einer fiktiven Höhe, abhängig vom aktuellen Durchschnittsverdienst. Für jedes vor dem 1. Januar 1992 geborene Kind werden seit dem 1. Januar 2019 der Mutter oder dem Vater 2,5 Jahre Kindererziehungszeit angerechnet, für nach dem 31. Dezember 1991 geborene Kinder drei Jahre. Jedes Jahr Kindererziehungszeit wird mit einem Entgeltpunkt bewertet, als sei der Durchschnittsverdienst erzielt worden. Zusätzlich können Entgeltpunkte aus Arbeitseinkommen erzielt werden.
- **Pflegezeiten:** Für nicht erwerbsmäßig tätige Pflegepersonen werden Pflichtbeiträge in die Rentenversicherung eingezahlt. Wer seit dem 1. Juli 2017 einen Pflegebedürftigen mit Leistungen aus der sozialen oder privaten Pflegeversicherung in häuslicher Umgebung pflegt, ist für diese Zeit versicherungspflichtig. Die Pflichtbeiträge zahlt die Pflegekasse. Der Pflegeaufwand muss mindestens zehn Stunden pro Woche betragen, verteilt auf mindestens zwei Tage, und mindestens zwei Monate andauern. Der Pflegende darf dabei maximal 30 Stunden/Woche erwerbstätig oder selbstständig arbeitend sein.
- **Wehr- und Zivildienst:** Für Wehr- und Zivildienstleistende werden durch den Staat seit dem Jahr 2020 Beiträge aus einem fiktiven Verdienst in Höhe von 80 % (vorher: 60 %) der sich jährlich ändernden Bezugsgröße gezahlt.
- **Zeiten mit Lohnersatzleistungen:** Für Zeiten des Bezugs von Lohnersatzleistungen, insbesondere bei Krankheit und Arbeitslosigkeit, werden ebenfalls Beiträge zur GRV gezahlt. Sie gelten daher grundsätzlich seit 1992 als Pflichtbeitragszeit, wenn zuvor

eine Versicherungspflicht bestand. Für Bezieher des Arbeitslosengeldes II werden seit 1. Januar 2011 keine Beiträge mehr zur Rentenversicherung gezahlt. Die Zeiten des Leistungsbezugs gelten seitdem als Anrechnungszeiten (s.u.).

Beitragsfreie Zeiten

Daneben gibt es auch beitragsfreie Zeiten, in denen kein Beitrag gezahlt oder angerechnet wurde, die dennoch den Rentenanspruch erhöhen können, wie Anrechnungszeiten, Zurechnungszeiten und Ersatzzeiten. In diesen Zeiten ist die Beitragszahlung an die Rentenversicherung aus bestimmten persönlichen oder politischen Gründen unterblieben.

- **Anrechnungszeiten:** Unter anderem: ambulante Rehabilitation, Arbeitsunfähigkeit, Schwangerschaft, Mutterschaft, Arbeitslosigkeit, Ausbildungssuche, Krankheitszeiten zwischen dem 17. und 25. Lebensjahr sowie schulische Ausbildungszeiten nach dem 17. Lebensjahr. Für die Anerkennung gelten Sonderregelungen beziehungsweise Ausschlussgründe, etwa, wenn aus dem gleichen Grund Sozialleistungen gezahlt werden (Arbeitsunfähigkeit, Arbeitslosigkeit).
- **Zurechnungszeiten:** Bei einer Rente wegen Berufsunfähigkeit, Erwerbsminderung oder wegen Todes, wenn der Versicherte vor der Regelaltersgrenze erwerbsgemindert wird oder verstirbt, als Ausgleich für betroffene junge Versicherte mit meist nur sehr geringen Rentenansprüchen. Sie wirkt auf die Rentenberechnung, als habe der Versicherte bis zu einer festgelegten Altersgrenze Beiträge entsprechend dem jährlichen Durchschnitt seiner bisher erworbenen Entgeltpunkte bezahlt.
- **Ersatzzeiten:** Im Wesentlichen Zeiten vor dem 1. Januar 1992, in denen die Beitragszahlung aus vom Versicherten nicht zu vertretenden Gründen unterblieben ist, vor allem aus politischen Gründen, zum Beispiel Militärdienst in den beiden Weltkriegen, Zeiten der Kriegsgefangenschaft, Vertreibung, Flucht, Umsiedlung oder Aussiedlung sowie gegebenenfalls Zeiten politischer Haft in der ehemaligen DDR.

Wartezeiten

Ob überhaupt Leistungen aus der gesetzlichen Rentenversicherung gezahlt werden, ist häufig von der Erfüllung von Wartezeiten (Mindestversicherungszeiten, § 51 SGB VI) abhängig, je nach Rentenart zwischen fünf und 45 Jahren. Darauf werden alle Beitragszeiten und unterschiedliche weitere rentenrechtliche Zeiten des Versicherten angerechnet. Die allgemeine Wartezeit von fünf Jahren ist beispielsweise für den Bezug einer Regelaltersrente oder einer Erwerbsminderungsrente zu erfüllen.

Grundrentenzuschlag

Seit dem 1. Januar 2021 wird für Personen, die viele Jahre lang gearbeitet, aber dabei unterdurchschnittlich verdient haben, ein individuell berechneter Grundrentenzuschlag gezahlt.

Den vollen Zuschlag erhält, wer mindestens 35 Jahre an sogenannten Grundrentenzeiten aufweisen kann und dabei durchschnittlich weniger als 80 % des Durchschnittseinkommens erzielt hat. Zu den Grundrentenzeiten gehören zum Beispiel Pflichtbeitragszeiten von Arbeitnehmern oder Selbständigen, Zeiten der Kindererziehung oder Zeiten der Pflege von Angehörigen. Zwischen 33 und 35 Jahren Grundrentenzeiten wird der Zuschlag der Höhe nach gestaffelt.

Höhe des Zuschlags

Zur Berechnung der Höhe des Zuschlags werden alle Grundrentenzeiten herangezogen, in denen das Einkommen bei mindestens 30 % des jeweiligen Durchschnittsverdienstes lag (das heißt insbesondere Minijobs werden nicht eingerechnet). Die durchschnittlichen Entgeltpunkte aus diesen Rentenzeiten – höchstens für 35 Jahre – werden verdoppelt, begrenzt auf einen Betrag, der 80 % des Durchschnittseinkommens entspricht. Der ermittelte zusätzliche Rentenbetrag wird um 12,5 % gekürzt.

Verfügen Versicherte neben der gesetzlichen Rente über weitere Einkünfte, werden diese ab einem monatlichen Einkommen von 1.250 € für Alleinstehende beziehungsweise 1.950 € für Ehepaare auf den Grundrentenzuschlag angerechnet.

Versorgungsausgleich

Bei einer Scheidung werden die während der Ehe erworbenen Ansprüche auf eine Altersversorgung aufgeteilt. Das Familiengericht führt den sogenannten Versorgungsausgleich durch, damit der Ehegatte, der während der Ehe das Haus geführt und Kinder betreut hat und deshalb nicht oder nur im geringen Umfang berufstätig war, im Alter eine eigenständige soziale Absicherung hat.

Der Versorgungsausgleich wird für die gesetzliche, betriebliche und private Altersversorgung im Regelfall als sogenannte interne Teilung beim jeweiligen Versorgungsträger durchgeführt. Dabei überträgt jeder Ehegatte jeweils die Hälfte seiner während der Ehe erworbenen Anrechte auf den anderen Ehegatten. Haben beide Ehepartner Anwartschaften beim gleichen Versorgungsträger (zum Beispiel der gesetzlichen Rentenversicherung) werden die übertragenen Ansprüche miteinander verrechnet.

Rentenanpassungen

Zum 1. Juli jedes Jahres wird eine Erhöhung der laufenden Rentenzahlungen geprüft. Die Höhe der gesetzlichen Renten orientiert sich dabei an der Entwicklung der Bruttolöhne.

Die Ermittlung der Rentenanpassung erfolgt für die alten und neuen Bundesländer getrennt nach der Rentenanpassungsformel. Diese enthält neben der Bruttolohnentwicklung den sogenannten Nachhaltigkeitsfaktor und eine Schutzklausel, die sinkende Renten verhindert.

Der Nachhaltigkeitsfaktor (seit dem 1. Juli 2005) soll die demografische Entwicklung der Bevölkerung in die Rentenanpassung einbeziehen. Er berücksichtigt das Verhältnis von Leistungsbeziehern zu versicherungspflichtigen Beschäftigten. Steigt die Zahl der Rentner gegenüber den Beitragszahlern, fallen die Rentenanpassungen geringer aus.

Ergibt sich aus der Berechnung eine Rentenkürzung, wird diese nicht durchgeführt, da die Schutzklausel des § 68a SGB VI absolute Rentenkürzungen ausschließt. Die unterbliebenen Kürzungen werden in Folgejahren durch geringere Rentensteigerungen ausgeglichen.

Die Höhe der Rentenanpassung wird von der Bundesregierung per Verordnung mit Zustimmung des Bundesrates festgelegt und der aktuelle Rentenwert gegebenenfalls entsprechend erhöht.

1.2.1.3 Besteuerung der Rente

Mit dem Alterseinkünftegesetz wurde 2005 die Besteuerung privater und gesetzlicher Renten sowie deren Beiträge überarbeitet und durch den langfristigen Übergang zur nachgelagerten Besteuerung einheitlich geregelt.

Beiträge für bestimmte Formen der Altersvorsorge, auch zur gesetzlichen Rentenversicherung, können als Vorsorgeaufwendungen vom steuerpflichtigen Einkommen abgezogen werden (seit 2023 zu 100 %). Die späteren Renteneinkünfte (gesetzliche Alters-, Hinterbliebenen- oder Erwerbsminderungsrenten) sind jedoch im Gegenzug gemäß § 22 EStG (sonstige Einkünfte) mit einem jährlich wachsenden Anteil steuerpflichtig.

Alle Renten mit Beginn bis 2005 werden zu 50 % besteuert. Der steuerpflichtige Rentenanteil stieg danach in Schritten von zwei Prozentpunkten auf 80 % für Rentenbeginne im Jahr 2020 an. Anschließend erfolgte eine Steigerung in Ein-Prozent-Schritten ab dem Jahr 2021.

Im Jahr 2024 wurde die Übergangsregelung durch den Gesetzgeber weiter gestreckt. Der Anstieg beträgt nun 0,5 Prozentpunkte pro Jahr, sodass die volle Besteuerung der Renten ab dem Jahr 2058 greift.

Der für das erste volle Kalenderjahr seit Rentenbeginn ermittelte Teil der Rente, der nicht zu versteuern ist, wird betragsmäßig festgeschrieben. Bei jeder Rentenerhöhung erhöht sich nur der steuerpflichtige Teil, nicht der steuerfreie Betrag. Daher ist jede Rentensteigerung nach Rentenbeginn voll zu versteuern.

Auf die Steuerpflicht der Renten weist die Deutsche Rentenversicherung zwar unter anderem in der Renteninformation hin, dennoch ist vielen Rentenversicherten nicht bewusst, dass von der ausgezahlten Rente noch Steuern, Pflege- und Krankenversicherungsbeiträge zu bezahlen sind.

Beratungsgespräche zum Altersvorsorgebedarf beziehungsweise zur Rentenlücke sollten unbedingt die tatsächlichen gesetzlichen Rentenansprüche (die Netto-Renten) berücksichtigen.

1.2.1.4 Ansprüche und Voraussetzungen einzelner Rentenarten

Altersrente

Nach den Vorschriften des Sechsten Buches des Sozialgesetzbuchs (SGB VI) gibt es in der gesetzlichen Rentenversicherung mehrere Arten der Altersrente. Jede ist mit unterschiedlichen Anforderungen für zum Beispiel Beitrags- oder Wartezeiten verbunden:

- Regelaltersrente: Voraussetzungen: Erfüllung der individuell geltenden Altersgrenze und der allgemeinen Wartezeit von fünf Jahren. Die Altersgrenze wird per Übergangsregelung derzeit von 65 auf 67 Jahre erhöht. Keine vorzeitige Inanspruchnahme möglich.
- Altersrente für langjährig Versicherte nach § 36 SGB VI: Rentenbezug ab Vollendung des 65. bis 67. Lebensjahres, nach Wartezeit von 35 Jahren möglich. Die exakte Altersgrenze ist abhängig vom Geburtsjahrgang der Versicherten analog zur Regelaltersgrenze. Vorzeitige Inanspruchnahme dieser Rentenart um bis zu vier Jahre mit Abschlag von 0,3 % pro Kalendermonat (maximal 14,4 %) auf die Rentenhöhe möglich; siehe Rentenzugangsfaktor.
- Altersrente für besonders langjährig Versicherte nach § 236b SGB VI (seit 1. Januar 2012): Wartezeit von 45 Jahren und Erreichen der maßgeblichen Altersgrenze von 63 bis 65 Jahren (je nach Geburtsjahrgang). Auszahlung der Rente erfolgt abschlagsfrei, auch vor Regelaltersgrenze, noch frühere Inanspruchnahme nicht möglich.
- Altersrente für schwerbehinderte Menschen: Altersgrenze je nach Geburtsjahrgang und Zeitpunkt des Eintritts der Schwerbehinderung zwischen 60 und 65 Jahren. Voraussetzungen: Erfüllung einer Wartezeit von 35 Jahren und Behinderungsgrad von mindestens 50 % nach § 2 Abs. 2 SGB IX.
- Altersrente für langjährig unter Tage beschäftigte Bergleute: In der Regel ab Vollendung des 62. Lebensjahrs und Erfüllung von 25 Jahren Wartezeit.

Erwerbsminderungsrente

Sind Versicherte nicht oder teilweise nicht mehr in der Lage, einer Erwerbstätigkeit auf dem allgemeinen Arbeitsmarkt nachzugehen, erhalten sie von der gesetzlichen Rentenversicherung unter gewissen Voraussetzungen eine Erwerbsminderungsrente.

Begriff der Erwerbsminderung

Die Erwerbsminderung unterscheidet sich deutlich von der Berufsunfähigkeit, bei der es darauf ankommt, ob der Versicherte nicht mehr in seinem zuletzt ausgeübten Beruf tätig sein kann. Bei Erwerbsminderung ist dagegen kein bestimmter Beruf, sondern die allgemeine Arbeitsfähigkeit betroffen. Eine Rentenleistung wird nur gewährt, wenn der Versicherte generell nicht mehr in der Lage ist, eine beliebige Erwerbstätigkeit auszuüben. Die Eintrittsschwelle für eine Erwerbsminderung ist deutlich höher als bei einer Berufsunfähigkeit.

Leistungsvoraussetzungen

Für die Zahlung einer Erwerbsminderungsrente muss die allgemeine Wartezeit von fünf Jahren erfüllt sein. Zusätzlich müssen in den letzten fünf Jahren vor Eintritt der Erwerbsminderung mindestens 36 Monate lang Pflichtbeiträge bezahlt worden sein. Ausnahme: Bei Arbeitsunfällen oder Berufskrankheiten sowie bei Wehr- oder Zivildienstbeschädigungen gilt der Schutz grundsätzlich ab der ersten Beitragszahlung. Für Berufsanfänger ist daher eine private zusätzliche Vorsorge zu empfehlen, weil sie im Ernstfall häufig keine oder nur eine sehr geringe Erwerbsminderungsrente erwarten können.

Vor der Gewährung einer Erwerbsminderungsrente wird geprüft, ob durch medizinische und/oder berufliche Rehabilitation (zum Beispiel Umschulungsmaßnahmen) die Erwerbsfähigkeit wiederhergestellt oder zumindest verbessert werden kann („Reha vor Rente").

Die Höhe der Erwerbsminderungsrente hängt vom Restleistungsvermögen des Versicherten ab. Bei unter drei Stunden Arbeit täglich wird die volle Erwerbsminderungsrente, bei drei bis unter sechs Stunden die halbe (bei Arbeitslosigkeit die volle), bei sechs und mehr Stunden keine Rente gewährt.

Ist eine teilweise Erwerbsminderung festgestellt und der Versicherte gleichzeitig arbeitslos, etwa, weil kein entsprechender Teilzeitarbeitsplatz zur Verfügung steht, kann gegebenenfalls eine volle Erwerbsminderungsrente gewährt werden. Damit soll berücksichtigt werden, dass auf dem freien Arbeitsmarkt eine angemessene Beschäftigung für gesundheitlich beeinträchtigte Menschen häufig besonders schwer zu finden ist.

Befristung

Renten wegen verminderter Erwerbsfähigkeit werden in der Regel nur befristet bewilligt. Falls die Aufhebung der Erwerbsminderung unwahrscheinlich ist und der Rentenanspruch unabhängig von der Arbeitsmarktlage besteht, kann die Rente auch unbefristet gezahlt werden. Bei Ablauf einer Befristung kann die Rente erneut beantragt werden. Eine befristete Rente wird frühestens ab dem siebten Kalendermonat nach Eintritt der Erwerbsminderung gezahlt (Karenzzeit).

Berechnung der Rentenhöhe

Die Rentenhöhe hängt von den bereits angesammelten Entgeltpunkten ab. Jedoch werden in diesem Fall nicht nur die bereits zurückgelegten Berufsjahre gewertet, da sich gerade für in jungen Jahren erwerbsgeminderte Personen sehr geringe Renten ergeben würden. Es wird eine sogenannte Zurechnungszeit berücksichtigt, als hätten sie mit ihrem bisherigen Durchschnittsverdienst bis zum Rentenalter weitergearbeitet. Der Durchschnitt an Entgeltpunkten der bisherigen Versicherungszeiten wird je nach Jahr des Rentenbeginns bis maximal zum Alter von 67 Jahren fortgeschrieben.

Falls die Erwerbsminderungsrente vor der maßgeblichen Altersgrenze bezogen wird, was in der Regel der Fall ist, wird ein Abschlag von insgesamt bis zu 10,8 % der Rente (0,3 % pro Monat des vorzeitigen Bezugs) vorgenommen. Im Durchschnitt beträgt die halbe Erwerbsminderungsrente ca. 15 bis 18 % des letzten Bruttoeinkommens, die volle Erwerbsminderungsrente ca. 30 bis 36 %.

Hinterbliebenenrenten

Im Todesfall des Ehepartners beziehungsweise des eingetragenen Lebenspartners oder eines Elternteils zahlt die gesetzliche Rentenversicherung unter bestimmten Voraussetzungen ebenfalls Rentenleistungen zur Sicherung des Lebensunterhalts. Es handelt sich dabei um abgeleitete Rentenansprüche, das heißt, sie werden nicht aus den Rentenansprüchen des Rentenempfängers berechnet, sondern aus der Versicherung des Verstorbenen.

Zum 1. Januar 2002 wurden die gesetzlichen Regelungen für Hinterbliebenenrenten und die Witwen-/Witwerrente geändert. Für viele Witwen und Witwer gilt heute aus Vertrauensschutzgründen noch das alte Hinterbliebenenrentenrecht, nämlich für diejenigen,

- deren Ehepartner bereits vor dem 1. Januar 2002 verstorben ist oder
- deren Ehe vor dem 1. Januar 2002 geschlossen wurde, wenn einer der Eheleute vor dem 2. Januar 1962 geboren ist.

Für heutige Beratungssituationen sind allerdings vor allem die aktuellen gesetzlichen Regelungen relevant. Daher werden im Folgenden vor allem diese betrachtet.

Witwen-/Witwerrente

Beim Tod des Ehepartners beziehungsweise eingetragenen Lebenspartners wird an den überlebenden Partner eine Witwen-/Witwerrente gezahlt, wenn die Ehe zum Todeszeitpunkt bestanden hat, das heißt nicht rechtskräftig geschieden, für nichtig erklärt oder aus sonstigen Gründen aufgehoben wurde. Ob die Partner zusammen oder getrennt gelebt haben, spielt keine Rolle. Die Ehe muss mindestens ein Jahr bestanden haben (Eheschließungen ab dem 1. Januar 2002). Ausnahmen gelten beispielsweise wenn der Ehepartner durch einen Unfall verstirbt.

Der verstorbene Partner muss die allgemeine Wartezeit von fünf Jahren erfüllt oder bereits eine Rente bezogen haben. Außerdem darf der Rentenempfänger nicht wieder geheiratet oder eine eingetragene Lebenspartnerschaft begründet haben. Die Witwenrente kann als kleine oder große Rente gezahlt werden.

- Kleine Witwen-/Witwerrente für Rentenempfänger, die das 47. Lebensjahr noch nicht vollendet haben, nicht erwerbsgemindert sind und kein Kind erziehen, in Höhe von 25 % der Rente, auf die der Verstorbene Anspruch gehabt hätte (gegebenenfalls unter Berücksichtigung einer Zurechnungszeit) oder die er bereits bezogen hat, mit Abschlag, falls der Partner vor seinem 65. Geburtstag verstorben ist. Die Zahlung ist auf zwei Jahre nach dem Tod des Ehepartners begrenzt (nach altem Recht unbefristet).
- Große Witwen-/Witwerrente für Rentenempfänger, die das 47. Lebensjahr bereits vollendet haben oder erwerbsgemindert sind oder ein eigenes Kind beziehungsweise Kind des Verstorbenen (bis 18 Jahre beziehungsweise ohne Altersbeschränkung bei Kindern, die sich aufgrund einer Behinderung nicht selbst unterhalten können) erziehen, in Höhe von 55 % (nach altem Recht: 60 %) der Rente, auf die der Verstorbene Anspruch gehabt hätte (gegebenenfalls unter Berücksichtigung einer Zurechnungszeit) oder die er bereits bezogen hat, mit Minderung um einen Abschlag, falls der Partner vor seinem 65. Geburtstag verstorben ist. Die Zahlung erfolgt unbefristet.

Waisenrenten

Wenn Vater, Mutter oder beide Eltern sterben, leistet die gesetzliche Rentenversicherung Halb- oder Vollwaisenrenten. Eine Waisenrente erhalten Kinder, wenn der Verstorbene Elternteil die allgemeine Wartezeit von fünf Jahren erfüllt hat oder er bis zum Tod eine Rente bezog. Eine Waisenrente erhalten sowohl leibliche als auch adoptierte Kinder, Stiefkinder und Pflegekinder (sofern sie im Haushalt des Verstorbenen lebten) sowie Enkel und Geschwister (sofern sie im Haushalt des Verstorbenen lebten oder von ihm überwiegend unterhalten wurden).

Waisenrenten werden normalerweise bis zum 18. Lebensjahr des Kindes gezahlt, in bestimmten Fällen auch bis zum 27. Lebensjahr (zum Beispiel während Schul-/Berufsausbildung, Ableistung des Bundesfreiwilligendienstes oder falls das Kind behindert ist und deshalb nicht selbst für sich sorgen kann).

Waisenrenten werden entweder als Halb- oder Vollwaisenrenten gezahlt:

- Halbwaisenrente, wenn noch ein unterhaltspflichtiger Elternteil lebt, in Höhe von 10 % der Rente, auf die der Verstorbene Anspruch gehabt hätte (gegebenenfalls unter Berücksichtigung einer Zurechnungszeit) oder die der Verstorbene bereits bezogen hat.

- Vollwaisenrente, wenn kein unterhaltspflichtiger Elternteil mehr lebt, in Höhe von 20 % der Rente, auf die der Verstorbene Anspruch gehabt hätte (gegebenenfalls. unter Berücksichtigung einer Zurechnungszeit) oder die der Verstorbene bereits bezogen hat.

Abhängig von den zurückgelegten Beitragszeiten des verstorbenen Elternteils wird ein Zuschlag zur Waisenrente gezahlt. Bei Anspruch auf mehrere Waisenrenten wird nur die jeweils höchste gezahlt. Ist der Elternteil beziehungsweise sind die Eltern vor Vollendung der Regelaltersgrenze verstorben, wird die Waisenrente um einen Abschlag gemindert.

Die Erwerbsminderungs- und Hinterbliebenenrenten reichen in den meisten Fällen für die Finanzierung eines angemessenen Lebensunterhalts nicht aus. Sie sind nur eine ergänzende, teilweise vorübergehende finanzielle Unterstützung.

1.2.2 Gesetzliche Krankenversicherung

In Deutschland haben Versicherte die Möglichkeit, sich entweder gesetzlich, freiwillig oder privatgegen die aus Krankheit resultierenden Kosten zu versichern. Allerdings ist es keine freiwillige Entscheidung, sondern es besteht eine Versicherungspflicht gemäß § 5 SGB V. Die genauen Voraussetzungen der möglichen Wahlfreiheit und auch die Beschreibung der Versicherungspflicht und -befreiung ergeben sich auf Grundlage der jeweiligen Vorschriften im SGB V.

1.2.2.1 Bundesministerium für Gesundheit

Das Bundesministerium für Gesundheit ist ermächtigt, Anpassungen des SGB V vorzunehmen. Ziel des Ministeriums und damit seiner vorstehenden Bundesministerin ist, dass das Gesundheitssystem stabil und zukunftsfähig aufgestellt ist. Neben der Sicherstellung der medizinischen Infrastruktur wird es immer wichtiger, dass Beiträge stabil bleiben beziehungsweise nicht überproportional steigen und auf der anderen Seite die Versorgung weiterhin auf einem stabilen Niveau sichergestellt wird. Herausfordernd ist neben den genannten Zielen, dass zunehmend der Fachkräftemangel im Gesundheitswesen die Stabilität des Gesundheitssystems gefährden könnte. Hier werden jüngst viele Dialoge geführt, um die Bezahlung der Mitarbeitenden in der Gesundheitsbranche attraktiver zu gestalten. Steigende Personalkosten bedeuten jedoch auch, dass die Leistungsausgaben steigen und es dadurch zu Beitragserhöhungen kommen kann.

Ausgaben der gesetzlichen Krankenkassen

Die nachfolgende Grafik zeigt, welche Ausgaben die gesetzlichen Krankenkassen in den Jahren 2018, 2020 und 2022 hatten.

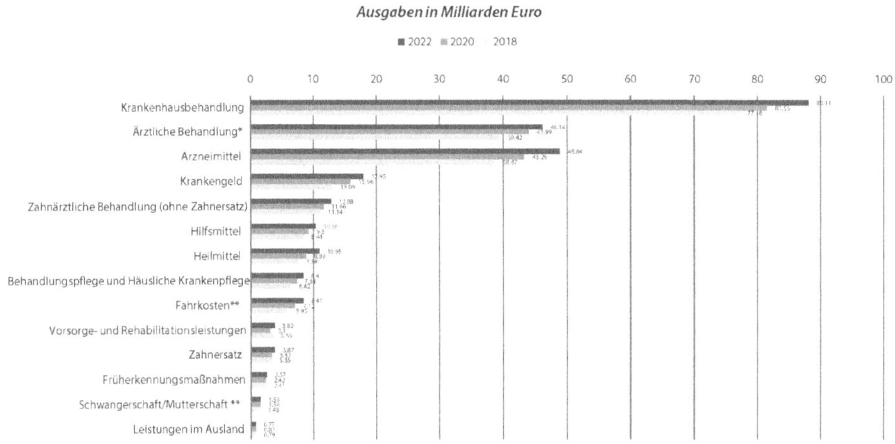

Abbildung 1.2: Ausgaben der gesetzlichen Krankenkassen – ausgewählte Leistungen

Quelle: BMG/Statista

1.2.2.2 Leistungen der gesetzlichen Krankenversicherung nach SGB V

Die gesetzliche Krankenversicherung ist eine obligatorische Versicherung für alle, die in Deutschland leben oder arbeiten und bestimmte Einkommensgrenzen nicht überschreiten. Weitere Einzelheiten finden Sie im Abschnitt 4.1.2.1 Versicherungspflicht und Freiheit.

Die gesetzliche Krankenversicherung ist ein Teil des sozialen Sicherheitssystems und zielt darauf ab, die Gesundheit der Versicherten zu schützen, zu verbessern oder wiederherzustellen.

In Deutschland hat sich die Anzahl der gesetzlichen Krankenkassen in den letzten Jahren permanent nach unten entwickelt. Der Grund ist, dass aus Kostengründen und Verschlankungen in der Verwaltung Fusionen stattfanden.

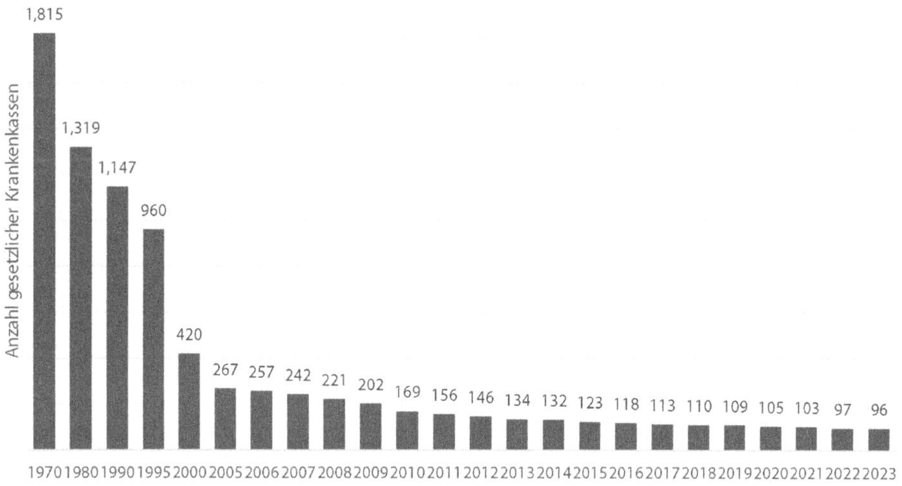

Abbildung 1.3: Entwicklung der Anzahl gesetzlicher Krankenkassen in Deutschland

Dadurch gibt es mittlerweile recht große Krankenkassen. Die nachstehende Übersicht zeigt die Krankenkassen gegliedert nach ihrer Größe.

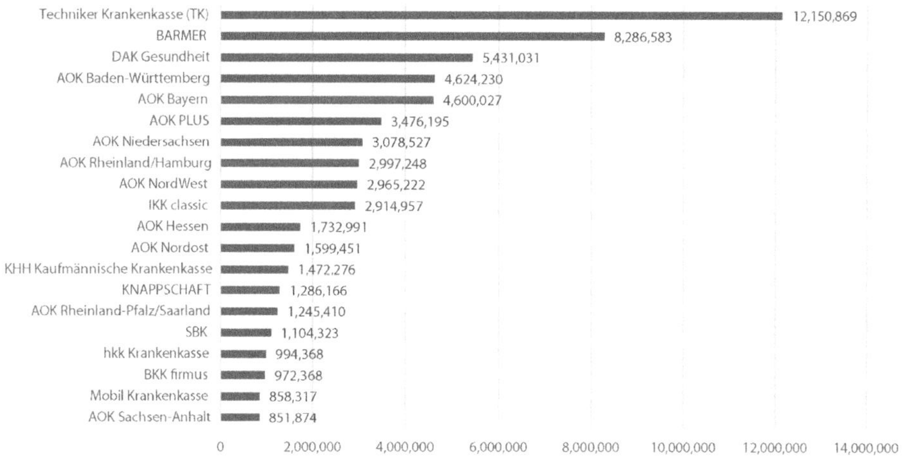

Abbildung 1.4: Größte gesetzliche Krankenkassen

Quelle: BMG/Statista

Die Leistungen der gesetzlichen Krankenversicherung basieren auf dem Prinzip der Sachleistung, dem Gebot der Wirtschaftlichkeit und dem Prinzip der Solidarität. (siehe §§ 1–13 SGB V).

In der gesetzlichen Krankenversicherung gibt es keine direkte Kostenerstattung an den Versicherten, das heißt, Versicherte der gesetzlichen Krankenversicherung müssen im Vergleich zur privaten Krankenversicherung nicht in Vorleistung gehen. Die Krankenkassen haben eine Vertragsbeziehung mit den jeweiligen Leistungserbringern und rechnen mit diesen, unter anderem über kassenärztliche Vereinigungen, ab.

Die Krankenbehandlung umfasst alle Leistungen, die notwendig sind, um eine Krankheit zu erkennen, zu heilen, ihre Verschlimmerung zu verhüten oder ihre Folgen zu mildern. Die Krankenbehandlung wird von Vertragsärzten, Vertragszahnärzten, Vertragspsychotherapeuten und anderen Leistungserbringern erbracht, die mit den gesetzlichen Krankenkassen einen Vertrag geschlossen haben. Die Krankenbehandlung gliedert sich in verschiedene Bereiche, die in diesem Kapitel näher erläutert werden (nachzulesen in §§ 27–52 SGB V).

Krankheit: Unter Krankheit wird ein regelwidriger körperlicher oder geistiger Zustand verstanden, welcher entweder Behandlungsbedürftigkeit oder Arbeitsunfähigkeit oder beides zur Folge hat.[2]

Folgende Übersicht zeigt auszugsweise die Leistungen, die beansprucht werden können, wenn eine gesetzliche oder freiwillige Krankenversicherung bei einem gesetzlichen Krankenversicherer besteht:

- Ärztliche Behandlung
- Zahnärztliche Behandlung
- Arznei- und Verbandmittel
- Heilmittel
- Hilfsmittel
- Häusliche Krankenpflege
- Krankenhausbehandlung
- Vorsorge- und Rehabilitationsleistungen
- Schutzimpfungen und andere Maßnahmen der individuellen Prävention
- Palliativversorgung
- Psychotherapie
- Krankengeld
- Mutterschaftsgeld
- Fahrkosten
- Haushaltshilfe
- Krankengeld bei Erkrankung des Kindes
- Sterbegeld

---

2 Vgl. BSG, SozR 4-2500 § 27 Nr. 20 Rdnr. 10, BSGE 26, 240, 242 = SozR Nr 23 zu § 182 RVO; BSGE 30, 151, 152 f = SozR Nr 37 zu § 182 RVO.

Hinweis

In diesem Abschnitt werden Ihnen die Leistungen der gesetzlichen Krankenversicherung und die Behandlungsform erläutert. Diese Erläuterung dient auch zur Vorbereitung auf das Kapitel 4.4.2.4 Leistungsumfang Krankenkostenversicherung.

Ob und welche Leistungspflicht in der gesetzlichen Krankenversicherung besteht, ist nicht ausschließlich und damit auch nicht abschließend im SGB V geregelt (Leistungskatalog). Vielmehr wird das SGB V durch den **Gemeinsamen Bundesausschuss (G-BA)** hinsichtlich der zu erbringenden Leistungen ergänzt. Am G-BA zeigt sich das System der Selbstverwaltung. Er ist vom Gesetzgeber beauftragt, rechtsverbindliche Entscheidungen zu treffen, ob und welche Leistungen für Versicherte in der gesetzlichen Krankenversicherung gelten. Mitglieder des G-BA sind die Kassenärztliche Bundesvereinigung (KBV), die Kassenzahnärztliche Bundesvereinigung (KZBV) sowie die Deutsche Krankenhausgesellschaft (DKG) und der GKV-Spitzenverband.

Selbstverwaltung bedeutet, dass der Gesetzgeber mit dem SGB V den gesetzlichen Rahmen vorgibt, die Organisation übernehmen jedoch die gesetzlichen Krankenkassen, kassenärztlichen und kassenzahnärztlichen Vereinigungen selbst.

Über die **Verwendung ihrer Mittel (Ausgaben)** müssen die gesetzlichen Krankenkassen, kassenärztlichen und kassenzahnärztlichen Vereinigungen ihren Mitgliedern gegenüber Rechenschaft ablegen.

Um die Aufgaben geordnet steuern zu können, gibt es jeweils gemeinsame und bundesweite Verbände:

GKV Spitzenverband (Spitzenverband Bund der Krankenkassen)	Mitglieder sind alle gesetzlichen Krankenkassen
Kassenärztliche Bundesvereinigung (KBV) und Kassenzahnärztliche Bundesvereinigung	Mitglieder sind die kassenärztlichen und kassenzahnärztlichen Vereinigungen der verschiedenen Bundesländer
Deutsche Krankenhausgesellschaft (privatrechtlich organisiert)	Zusammenschluss aller Landeskrankenhausgesellschaften sowie Trägerverbände

Tabelle 1.2: Übersicht Verbände

Ärztliche Behandlung

Die ärztliche Behandlung umfasst die Untersuchung, Beratung, Diagnose, Therapie und Nachsorge durch einen Vertragsarzt oder einen ermächtigten Arzt. Die ärztliche Behandlung kann ambulant oder stationär erfolgen. Die Versicherten haben grundsätzlich freie Arztwahl, müssen sich aber an die vertragsärztliche Versorgung halten, es sei denn, es liegt ein Notfall vor oder es besteht eine besondere medizinische Notwendigkeit für eine außervertragliche Behandlung. Die ärztliche Behandlung umfasst auch die Verordnung von Arznei-, Heil- und Hilfsmitteln (die im Folgenden näher beschrieben wird), die Überweisung zu anderen Ärzten (Fachärzte) oder Einrichtungen, die Ausstellung von Bescheinigungen und die Teilnahme an Programmen für chronisch erkrankte Versicherte (sogenannte Disease-Management-Programme).

→ Leistungen ärztliche Behandlung siehe § 28 SGB V

Zahnärztliche Behandlung

Die zahnärztliche Behandlung umfasst die Untersuchung, Beratung, Diagnose, Therapie und Nachsorge durch einen Vertragszahnarzt oder einen ermächtigten Zahnarzt. Die zahnärztliche Behandlung kann ambulant oder stationär erfolgen. Die Versicherten haben grundsätzlich freie Zahnarztwahl, müssen sich aber an die vertragszahnärztliche Versorgung halten, es sei denn, es liegt ein Notfall vor oder es besteht eine besondere medizinische Notwendigkeit für eine außervertragliche Behandlung. Die zahnärztliche Behandlung umfasst ebenfalls die Verordnung von Arznei-, Heil- und Hilfsmitteln, die Überweisung zu anderen Zahnärzten oder Einrichtungen, die Ausstellung von Bescheinigungen und die Teilnahme an zahnärztlichen Vorsorgeprogrammen. Die zahnärztliche Behandlung umfasst insbesondere die konservierende und chirurgische Zahnbehandlung, die zahnärztliche Prophylaxe (Vorsorge), die kieferorthopädische Behandlung, die kieferchirurgische Behandlung und den Zahnersatz.

→ Leistungen Zahnarzt siehe §§ 29, 55–58 SGB V

Psychotherapie

Die Zahl der psychotherapeutisch behandlungsbedürftigen Menschen stieg in den letzten Jahren permanent an. Nach § 27 Abs. 1 SGB V[3] haben Versicherte der GKV (im Rahmen des Sachleistungsprinzips) einen Anspruch auf Leistung und Erstattung für psychotherapeutische Leistungen.

Nach dem Psychologen Hans Strotzka ist die Definition für Psychotherapie: „Psychotherapie ist ein bewusster und geplanter interaktioneller Prozess zur Beeinflussung von Verhaltensstörungen und Leidenszuständen, die in einem Konsensus (möglichst zwischen Patient, Therapeut und Bezugsgruppe) für behandlungsbedürftig gehalten werden, mit psychologischen Mitteln (durch Kommunikation) meist verbal aber auch averbal, in Richtung auf ein definiertes, nach Möglichkeit gemeinsam erarbeitetes Ziel (Symptomminimalisierung und/oder Strukturänderung der Persönlichkeit) mittels lehrbarer Techniken auf der Basis einer Theorie des normalen und pathologischen Verhaltens."[4]

---

[3] (1) Versicherte haben Anspruch auf Krankenbehandlung, wenn sie notwendig ist, um eine Krankheit zu erkennen, zu heilen, ihre Verschlimmerung zu verhüten oder Krankheitsbeschwerden zu lindern. Die Krankenbehandlung umfaßt 1. Ärztliche Behandlung einschließlich Psychotherapie als ärztliche und psychotherapeutische Behandlung, ...

[4] Vgl. Strotzka, H. (1984). Psychotherapie und Tiefenpsychologie: Ein Kurzlehrbuch. Springer-Verlag.

Die psychotherapeutische Behandlung erfolgt meist in ambulanten Sitzungen, je nach Diagnose und Schwierigkeitsgrad können auch stationäre Formen der Durchführung stattfinden. Sie kann mittlerweile auch digital, zum Beispiel in Form von Video-Sitzungen (Einzel- oder Gruppentherapie) durchgeführt werden. Psychotherapeutische Leistungen werden verordnet und vor Inanspruchnahme von der jeweiligen Krankenkasse genehmigt oder unter Umständen abgelehnt.

Vorsorge- und Rehabilitationsleistungen

Vorsorgeleistungen, auch Präventionsleistungen genannt, sind Maßnahmen, die der Verhütung oder Früherkennung[5] von Krankheiten dienen. Dazu gehören unter anderem Schutzimpfungen, Früherkennungsuntersuchungen für Kinder, Krebsfrüherkennungsuntersuchungen und Check-up-Untersuchungen. Diese Leistungen sollen dazu beitragen, Gesundheitsrisiken und Krankheiten frühzeitig zu erkennen und entsprechende Behandlungsmaßnahmen einzuleiten.

Die effektivsten und damit auch kostengünstigsten Maßnahmen zur Vermeidung und Eindämmung von Infektionskrankheiten sind Schutzimpfungen. Dennoch gibt es in Deutschland keine direkte Impfflicht und es werden auch nicht alle Impfungen von den gesetzlichen Krankenkassen übernommen.

Ob und welche Leistungen für Impfungen durch die gesetzliche Krankenversicherung übernommen werden, wird in der **Richtlinie über Schutzimpfungen** geregelt, deren Grundlage wiederum die Empfehlungen der **Ständigen Impfkommission** (STIKO)[6] ist. Die Schutzimpfungs-Richtlinie wird vom G-BA (Gemeinsamer Bundesausschuss) beschlossen (siehe dazu auch § 20i Abs. 1 SGB V i.V.m. § 2 Nr. 9 Infektionsschutzgesetz).

Krankenversicherungen können im Rahmen ihrer Entscheidungskompetenz unterschiedliche Impfungen erstatten und sich somit auch voneinander differenzieren.

So gibt es beispielsweise Impfempfehlungen für Kinder, die im Rahmen der U-Untersuchungen einen ausreichenden und notwendigen Impfschutz erlangen können. Die empfohlenen Impfungen werden allesamt von den gesetzlichen Krankenkassen übernommen.

Anders kann es bei Impfungen sein, die zum Beispiel für eine Urlaubsreise benötigt werden. Diese fallen nicht unbedingt unter den Versicherungsschutz. Fraglich bleibt an dieser Stelle, ob eine ablehnende Haltung gegenüber Schutzimpfungen seitens der gesetzlichen Krankenkassen zielführend ist, da ohne Impfung auftretende Erkrankungen vom Versicherungsschutz umfasst sind und die Mehrkosten oftmals höher sind, als es die Kosten für eine Impfung gewesen wären.

---

5 Vgl. https://www.g-ba.de/themen/methodenbewertung/frueherkennungsuntersuchungen/, zuletzt abgerufen am 12. Juni 2025.

6 Vgl. https://www.bundesgesundheitsministerium.de/themen/praevention/impfungen/schutzimpfungen#:~:text=Hierzu%20zählen%20der%20von%20der,Windpocken%20(MMRV); https://www.rki.de/DE/Content/Infekt/Impfen/ImpfungenAZ/COVID-19/Impfempfehlung-Zusfassung.html, zuletzt abgerufen am 12. Juni 2025.

Sollte es seitens des Arbeitgebers Verpflichtungen zu Impfungen geben, die weder vom Leistungsumfang der gesetzlichen noch privaten Krankenversicherung umfasst sind, ist der Arbeitgeber in der Leistungspflicht. Diese Pflicht wird insbesondere durch notwendige Impfungen verstärkt, wenn tätigkeitsbedingt beispielsweise eine höhere Infektionsgefahr im Vergleich zur Allgemeinbevölkerung besteht (siehe dazu auch § 5 ArbSchG).

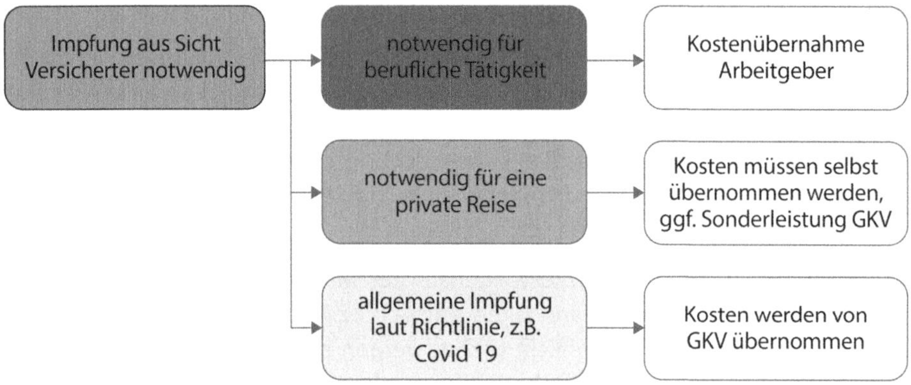

Abbildung 1.5: Kurzdarstellung Leistungen bei Impfungen (Jens Noormann)

Rehabilitationsleistungen sind Maßnahmen, die darauf abzielen, die Gesundheit der Versicherten nach einer Krankheit oder Verletzung wiederherzustellen und ihre Erwerbsfähigkeit zu verbessern oder zu erhalten. Dazu gehören die medizinische Rehabilitation, die Leistungen zur Teilhabe am Arbeitsleben und die Anschlussheilbehandlung. Diese Leistungen sollen dazu beitragen, die körperliche, geistige und seelische Gesundheit der Versicherten zu verbessern und ihre Lebensqualität zu erhöhen.

→ Leistungen Vorsorge- und Rehabilitation siehe § 40 SGB V

Krankenhausbehandlung

Die Krankenhausbehandlung umfasst die allgemeinen Krankenhausleistungen[7], die ärztlichen Leistungen und die Unterkunft und Verpflegung in einem zugelassenen Krankenhaus. Eine Krankenhausbehandlung erfolgt nach Einweisung durch einen Arzt oder Zahnarzt und darf nur von einem zugelassenen Krankenhaus erbracht werden. Die Krankenhausbehandlung muss notwendig sein, weil die Krankenbehandlung im Rahmen der vertragsärztlichen oder vertragszahnärztlichen Versorgung nicht ausreicht. Die Krankenhausbehandlung wird in der Regel für die Dauer der medizinisch notwendigen stationären Behandlung gewährt. Die Versicherten müssen in der Regel eine Zuzahlung von 10 € pro Kalendertag für maximal 28 Tage pro Kalenderjahr leisten. Sie haben grundsätzlich freie Krankenhauswahl, müssen sich aber an die

[7] Definition siehe § 2 Abs. 2 Krankenhausentgeltgesetz – KHEntgG.

vertraglichen Vereinbarungen zwischen den Krankenkassen und den Krankenhäusern halten. Die Versicherten können sich für eine wahlärztliche Behandlung durch einen Chefarzt oder einen anderen Arzt mit besonderer Qualifikation entscheiden, müssen aber die Mehrkosten selbst tragen. Hier kann eine Absicherung durch eine Zusatzversicherung bei einer privaten Krankenversicherung erfolgen. Die Versicherten können sich auch für ein Ein- oder Zweibettzimmer entscheiden, müssen aber ebenfalls die Mehrkosten selbst tragen.

→ Leistungen Krankenhaus siehe § 39 SGB V

Die Absicherungsmöglichkeiten von Wahlleistungen werden im Kapitel „Private Krankenzusatzversicherungen" erläutert.

Häusliche Krankenpflege

Die häusliche Krankenpflege umfasst die Behandlungspflege, die Grundpflege und die hauswirtschaftliche Versorgung, die im Haushalt des Versicherten oder in einer anderen geeigneten Unterkunft erbracht werden. Die häusliche Krankenpflege muss von einem Arzt oder Zahnarzt verordnet werden und darf nur von einem zugelassenen Pflegedienst oder einer geeigneten Pflegeperson erbracht werden.

Achtung: Diese Leistung wird oftmals fälschlicherweise der Pflegeversicherung zugeordnet, obwohl es sich um eine Leistung handelt, die unabhängig von einer Pflegebedürftigkeit erfolgen kann!

Die häusliche Krankenpflege muss notwendig sein, um eine Krankenhausbehandlung zu vermeiden, zu verkürzen oder zu ersetzen oder um den Erfolg der Krankenbehandlung zu sichern. Die häusliche Krankenpflege wird in der Regel für maximal vier Wochen pro Krankheitsfall gewährt, es sei denn, es besteht eine medizinische Begründung für eine Verlängerung. Die Versicherten müssen in der Regel eine Zuzahlung von 10 % der Kosten, zuzüglich 10 € pro Verordnung leisten.[8]

→ Leistungen häusliche Krankenpflege siehe § 37 SGB V

Gesundheitliche Versorgungsplanung für die letzte Lebensphase

Die gesundheitliche Versorgungsplanung für die letzte Lebensphase ist ein Angebot für Menschen, die sich aufgrund ihres Alters oder einer chronischen Erkrankung mit Fragen der Pflege, der medizinischen Behandlung und der psychosozialen Unterstützung auseinandersetzen müssen.

Die Planung umfasst eine individuelle Beratung über die medizinisch-pflegerische Versorgung und Betreuung in der letzten Lebensphase, einschließlich möglicher Notfallsituationen und geeigneter Maßnahmen der palliativen und psychosozialen Ver-

[8] Weitere Erläuterungen finden sich auch unter: https://www.g-ba.de/richtlinien/11/beschluesse/, zuletzt abgerufen am 12. Juni 2025.

sorgung. Betroffene können dabei ihre Vorstellungen und Wünsche entwickeln und kommunizieren. Die Planung darf von zugelassenen Pflege- und Eingliederungseinrichtungen angeboten werden.

Ein wichtiger Aspekt der Beratung ist die Aufklärung über rechtliche Vorsorgeinstrumente wie Patientenverfügung, Vorsorgevollmacht und Betreuungsverfügung.

Unter https://www.bmj.de/DE/service/formulare/form_vorsorgevollmacht/form_vorsorgevollmacht_node.html finden sich weitere Informationen zur Vorsorge- und Betreuungsverfügung.

Palliativversorgung

Palliativmedizin ist eine Versorgungsform für Menschen, welche nur noch eine begrenzte Lebenserwartung haben. Sie kommt zum Einsatz, wenn keine Behandlung mehr mit dem Ziel einer Heilung (**kurative Behandlung**) erfolgen kann. In der Palliativmedizin steht die Linderung von Schmerzen im Vordergrund, daneben die Steuerung von psychologischen und sozialen Herausforderungen in dieser komplexen Phase. Diese Form der Versorgung soll darauf abzielen, die Lebensqualität der Patienten zu verbessern. Aufgrund dieses ganzheitlichen Ansatzes kann es gelingen, dem Patienten und seinem Umfeld einen besseren Umgang mit seiner Krankheit zu ermöglichen.

Die Palliativmedizin wird von Ärzten auf einem speziellen Formular verordnet, siehe dazu Abbildung 1.6 und 1.7. Die Verordnung ist notwendig, um eine spezialisierte ambulante Palliativversorgung (SAPV) in Anspruch nehmen zu können, die Zuhause oder an dem Ort erbracht werden kann, den die versicherte Person wünscht. Neben der ambulanten palliativen Versorgung kann auch eine stationäre Palliativversorgung erfolgen, siehe auch § 37b SGB V.

Die Palliativversorgung erfolgt durch spezialisierte Mitarbeitende im Gesundheitswesen, darunter Ärzte und Pflegekräfte.

→ Ergänzend dazu siehe auch Gesundheitliche Versorgungsplanung für die letzte Lebensphase (§ 132g SGB V)

Sofern ein finales Stadium (begrenzte Lebenserwartung bei schwerer Erkrankung) erkennbar ist, keine Krankenhausbehandlung mehr erfolgt, kann die palliativmedizinische Pflege auch in einem **Hospiz** erbracht werden.

→ Siehe dazu auch § 39a Abs. 1 SGB V

Krankenkasse bzw. Kostenträger		
Name, Vorname des Versicherten		geb. am
Kassen-Nr.	Versicherten-Nr.	Status
Betriebsstätten-Nr.	Arzt-Nr.	Datum

Verordnung spezialisierter ambulanter Palliativversorgung (SAPV) **63**

☐ Erst-verordnung ☐ Folge-verordnung

☐ Unfall Unfallfolgen

vom ☐☐☐☐☐☐ bis ☐☐☐☐☐☐

Verordnungsrelevante Diagnose(n) (ICD-10; ggf. Organmanifestationen) ____________

Die Krankheit ist nicht heilbar, sie ist fortschreitend und weit fortgeschritten.

Komplexes Symptomgeschehen

☐ ausgeprägte Schmerzsymptomatik

☐ ausgeprägte urogenitale Symptomatik

☐ ausgeprägte respiratorische / kardiale Symptomatik

☐ ausgeprägte gastrointestinale Symptomatik

☐ ausgeprägte ulzerierende / exulzerierende Wunden oder Tumore

☐ ausgeprägte neurologische / psychiatrische / psychische Symptomatik

☐ sonstiges komplexes Symptomgeschehen

Nähere Beschreibung des komplexen Symptomgeschehens und des besonderen Versorgungsbedarfs zur Begründung, warum spezialisierte ambulante Palliativversorgung notwendig ist (z. B. therapierefraktäre Schmerzen, Ruhedyspnoe / Erstickungsanfälle, nicht beherrschbares Erbrechen / Durchfälle)

____

Aktuelle Medikation (ggf. einschließlich BtM) ____________

Folgende Maßnahmen sind notwendig

☐ Beratung

☐ a. des behandelnden Arztes

☐ b. der behandelnden Pflegefachkraft

☐ c. des Patienten / der Angehörigen

☐ Koordination der Palliativversorgung

mit folgender inhaltlicher Ausrichtung (Gegenstand, Häufigkeit, evtl. Beratung für Sonstige)

____

☐ Additiv unterstützende Teilversorgung

☐ Vollständige Versorgung

Nähere Angaben zu den notwendigen Maßnahmen der SAPV

____

Vertragsarztstempel / Unterschrift des Arztes

Für die Erstverordnung ist die Kostenpauschale 01425, für die Folgeverordnung die Kostenpauschale 01426 berechnungsfähig.

Muster 63 (4.2009)

Abbildung 1.6: Verordnung 63 – Palliativmedizin, Seite 1

Antrag des Versicherten

Die spezialisierte ambulante Palliativversorgung wird wie vom behandelnden Arzt verordnet beantragt.

Datenschutzhinweis (§ 67a Abs. 3 SGB X): Damit wir Ihren Antrag auf SAPV-Leistungen bearbeiten können, ist Ihr Mitwirken nach § 60 SGB I erforderlich. Ihre Daten sind im vorliegenden Falle aufgrund § 37b SGB V i. V. m. § 92 Abs. 1 SGB V zu erheben.

Datum

Unterschrift des Versicherten / Vertretungsberechtigten

Angaben des Leistungserbringers für die SAPV

Die verordnete spezialisierte ambulante Palliativversorgung wird für den Zeitraum vom ______ bis ______ erbracht.

Name des Leistungserbringers / ggf. Stempel

Anschrift (Straße, Hausnummer, PLZ, Wohnort) / ggf. Stempel

Institutionskennzeichen des Leistungserbringers

Ansprechpartner (Name)

Telefonnummer

Fax-Nummer

E-Mail

Datum

Stempel / Unterschrift des SAPV-Leistungserbringers

Genehmigung der Krankenkasse

Die spezialisierte ambulante Palliativversorgung wird nach den vereinbarten Sätzen

☐ entsprechend der Verordnung übernommen

☐ in folgendem Umfang übernommen

Die Genehmigung der Krankenkasse ist der Abrechnung beizufügen. Endet die Notwendigkeit vor Ablauf des angegebenen Zeitraums, so erlischt damit auch die Kostenverpflichtung.

Sollte die SAPV über den letzten Bewilligungstag hinaus erforderlich sein, so ist **rechtzeitig vor Ablauf** des genehmigten Zeitraums eine erneute Verordnung bei der Krankenkasse einzureichen.

Auszufüllen, soweit von Seiten der Krankenkasse Bedarf besteht

Name, Vorname des Versicherten

Straße, Hausnummer, PLZ, Wohnort

Versichertennummer

Geburtsdatum

Datum

Stempel / Unterschrift der Krankenkasse

Abbildung 1.7: Verordnung 63 – Palliativmedizin, Seite 2

Arznei- und Verbandmittel

Die Arznei- und Verbandmittel umfassen alle Mittel, die zur Behandlung einer Krankheit oder zur Linderung von Krankheitsfolgen geeignet und erforderlich sind. Die Arznei- und Verbandmittel müssen von einem Arzt oder Zahnarzt verordnet werden und dürfen nur von einer Apotheke (das inkludiert ebenso Versandapotheken) oder einem anderen zugelassenen Leistungserbringer abgegeben werden. Die Arznei- und Verbandmittel müssen sich im Rahmen des Festbetrags oder der ausgehandelten Rabatte bewegen, es sei denn, es besteht eine medizinische Begründung für eine Ausnahme (beispielsweise, wenn Präparate nur im Original des Herstellers abgegeben werden dürfen, da Rabattarzneimittel zur Unverträglichkeit führen könnten)[9]. Die Versicherten müssen in der Regel eine Zuzahlung[10] von 10 % des Abgabepreises, mindestens jedoch 5 € und höchstens 10 € je verschriebenem Arzneimittel, leisten.

→ Leistungen Arzneimittel siehe §§ 31–31c SGB V

Heilmittel

Heilmittel beinhalten alle Maßnahmen, welche in die Bereiche der Physiotherapie, Ergotherapie und Logopädie fallen. Diese Leistungen müssen von einem Arzt oder Zahnarzt verschrieben und von einem zugelassenen Leistungserbringer für Heilmittel durchgeführt werden. Sie müssen den Heilmittelrichtlinien[11] und den Heilmittelpreisverordnungen entsprechen. In der Regel müssen die Versicherten eine Zuzahlung von 10 % der Kosten plus 10 € pro Verordnung leisten. In § 34 SGB V sind Arznei-, Heil- und Hilfsmittel aufgeführt, welche in der gesetzlichen Krankenversicherung nicht versichert sind.

Bei der Verordnung und Inanspruchnahme von Heilmitteln muss immer die Verordnungsfrequenz, also ob die verordnete Anzahl der Behandlungen zur Erkrankung passt, beachtet werden.

→ Leistungen Heilmittel siehe § 32 SGB V

Hilfsmittel

Hilfsmittel sind all die Gegenstände, die dazu dienen sollten, den Erfolg der medizinischen Behandlung zu ergänzen, einer drohenden Behinderung vorzubeugen oder eine bestehende Behinderung auszugleichen.

Behinderung: „Menschen mit Behinderungen sind Menschen, die körperliche, seelische, geistige oder Sinnesbeeinträchtigungen haben, die sie in Wechselwirkung mit

---

9 Vgl. https://www.bundesgesundheitsministerium.de/zuzahlung-und-erstattung-arzneimittel, zuletzt abgerufen am 12. Juni 2025.

10 Vgl. https://www.bundesgesundheitsministerium.de/fileadmin/Dateien/3_Downloads/A/Arzneimittelversorgung/Zuzahlungsregelungen_GKV.pdf, zuletzt abgerufen am 12. Juni 2025.

11 Vgl. https://www.gkv-spitzenverband.de/krankenversicherung/ambulante_leistungen/heilmittel/heilmittelrichtlinie/heilmittel-richtlinie.jsp, zuletzt abgerufen am 12. Juni 2025.

einstellungs- und umweltbedingten Barrieren an der gleichberechtigten Teilhabe an der Gesellschaft mit hoher Wahrscheinlichkeit länger als sechs Monate hindern können."[12]

Hilfsmittel müssen von einem Arzt oder Zahnarzt verschrieben und von einem zugelassenen Hilfsmittelanbieter (zum Beispiel Sanitätshaus) bereitgestellt oder angepasst werden. Sie müssen sich im Rahmen des Hilfsmittelverzeichnisses[13] (§ 139 SGB V) und der Festbeträge[14] bewegen, es sei denn, es liegt eine medizinische Begründung für eine Ausnahme[15] vor, falls beispielsweise eine individuelle und sehr spezielle Versorgung/Anpassung erfolgen muss. In der Regel müssen die Versicherten eine Zuzahlung von 10 % des Abgabepreises, mindestens jedoch 5 € und höchstens 10 € pro Hilfsmittel leisten. Zu den Hilfsmitteln gehören insbesondere Prothesen, Orthesen, Rollstühle, Inkontinenz- und Stoma-Artikel, Beatmungsgeräte und Blutzuckermessgeräte.

→ Leistungen Hilfsmittel siehe § 33 SGB V

Krankengeld

Um Krankengeld beziehen zu können, muss eine Arbeitsunfähigkeit vorliegen. Diese kann aufgrund von Krankheit oder Unfall vorliegen, womit einhergeht, dass der Versicherte kein Einkommen aus einem Beschäftigungsverhältnis erhält.

Eine Krankengeldzahlung erfolgt durch die zuständige GKV erst dann, wenn die Entgeltfortzahlung beendet ist (das ist in der Regel nach sechs Wochen der Fall) oder unter Umständen kein Anspruch auf Entgeltfortzahlung besteht, beispielsweise im ersten Beschäftigungsmonat.

Nach 78 Wochen erfolgt meist eine Aussteuerung aus dem Krankengeld. Dann ist zu klären, ob eine Aussteuerung zu Lasten der Rentenversicherung und ihrer Leistungen ermöglicht werden kann. Denn bei einer Arbeitsunfähigkeit, welche mehr als 1,5 Jahre andauert, ist es recht unwahrscheinlich, dass eine Rückkehr in ein vollfunktionsfähiges Arbeitsverhältnis erfolgen wird.

Die nachfolgende Übersicht zeigt die Entwicklung des monatlichen Krankenstandes der Versicherten gesetzlicher Krankenkassen.

---

12 § 2 Abs. 1 SGB IX.

13 Vgl. https://hilfsmittel.gkv-spitzenverband.de/home, zuletzt abgerufen am 12. Juni 2025.

14 § 35 SGB V kann hier als Grundlage herangezogen werden; https://www.gkv-spitzenverband.de/krankenversicherung/hilfsmittel/festbetraege_3/festbetraege.jsp; beispielhaft die Festpreise für Einlagen: https://www.gkv-spitzenverband.de/media/dokumente/krankenversicherung_1/hilfsmittel/festbetraege/einzelne_himi_arten/Festbetraege_fuer_Einlagen_Inkrafttreten_01.04.2020.pdf; https://www.bundesverfassungsgericht.de/SharedDocs/Entscheidungen/DE/2002/12/ls20021217_1bvl002895.html, zuletzt abgerufen am 12. Juni 2025.

15 https://md-bund.de/fileadmin/dokumente/Publikationen/GKV/Begutachtungsgrundlagen_GKV/BGL_Hilfsmittel_240111.pdf, zuletzt abgerufen am 12. Juni 2025.

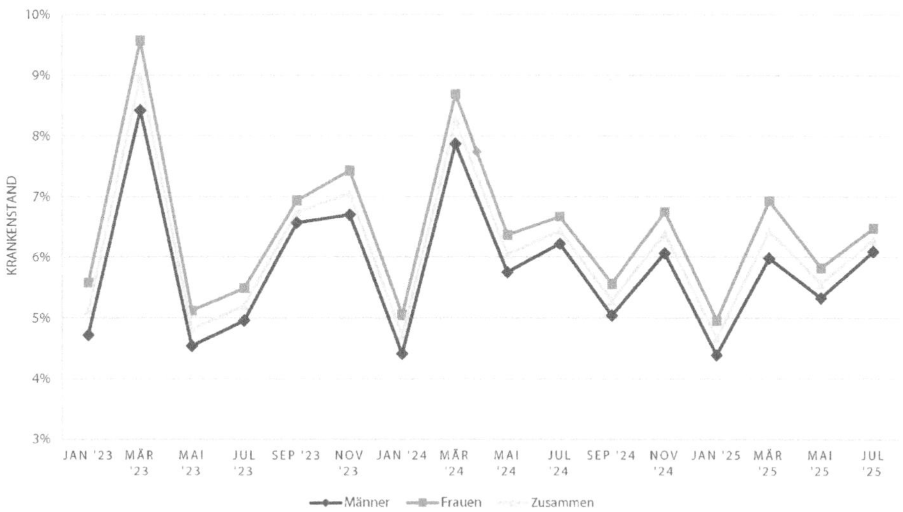

Abbildung 1.8: Krankenstand Versicherter der gesetzlichen Krankenkassen

Quelle: BMG/Statista

Krankengeld bei Erkrankung des Kindes

Ist ein Elternteil mit einem Kind gesetzlich krankenversichert, so kann im Falle der Erkrankung eines Kindes bis einschließlich des 12. Lebensjahrs ein Krankengeld für den Elternteil, welcher die Betreuung übernimmt, bei der gesetzlichen Krankenversicherung beantragt werden. Pro Jahr können maximal 15 Arbeitstage, bei Alleinerziehenden 30 Arbeitstage, beansprucht werden. Das Kinderkrankengeld beträgt regulär 90 % des nicht erhaltenen Nettogehalts. Es wird bei der gesetzlichen Krankenversicherung des betreuenden Elternteils beantragt.

Ist ein Elternteilt privatversichert und das erkrankte Kind ebenso, besteht kein Anspruch auf Kinderkrankengeld. Seit neuestem gibt es jedoch Produkte für Privatversicherte, die unter bestimmten Voraussetzungen ein Kinderkrankengeld zahlen.

Aufgrund der Corona-Krise wurde für die Jahre 2022 und 2023 der Anspruch auf Kinderkrankengeld erweitert: Jeder gesetzlich versicherte Elternteil hatte pro Kind Anspruch auf maximal 30 Arbeitstage (bei Alleinerziehenden 60 Arbeitstage). Insgesamt konnte jeder Elternteil maximal 65 Arbeitstage beanspruchen, Alleinerziehende sogar bis zu 130 Arbeitstage.

Mutterschaftsgeld

Schwangerschaft und Mutterschaft stellen im Sinne des § 24c SGB V einen eigenen Versicherungsfall dar. Gemäß § 24i SGB V erhalten weibliche Mitglieder der gesetzlichen Krankenversicherung Mutterschaftsgeld, das sechs Wochen vor dem voraussichtlichen Entbindungstermin beginnt und bis acht Wochen nach der Geburt gezahlt wird.

Haushaltshilfe

Wenn Versicherte aufgrund einer Krankenhaus- oder ambulanten Behandlung ihren Haushalt nicht weiterführen können, haben sie einen Anspruch auf Haushaltshilfe. Es gibt jedoch bestimmte Bedingungen:

- **Medizinische Notwendigkeit**: Die Haushaltshilfe ist erforderlich, um den Haushalt aufrechtzuerhalten, zum Beispiel während eines Krankenhausaufenthalts.
- **Keine andere Person im Haushalt**: Es darf keine andere im Haushalt lebende Person den Haushalt weiterführen können, sei es aufgrund von Berufstätigkeit, Alter, Gesundheitszustand oder Überforderung mit den Haushaltstätigkeiten (§ 38 Abs. 3 SGB V).
- **Kinder im Haushalt**: Wenn im Haushalt ein Kind unter zwölf Jahren oder ein behindertes Kind lebt, verlängert sich der Anspruch auf eine Haushaltshilfe auf bis zu 26 Wochen.
- **Kostenübernahme**: Die Krankenkasse übernimmt einen Teil der Kosten für die Haushaltshilfe. Versicherte leisten eine Zuzahlung von 10 % der erstattungsfähigen Kosten pro Kalendertag (mindestens 5 € und höchstens 10 € pro Tag). Bei Schwangerschaft oder Entbindung entfallen die Zuzahlungen.
- **Selbstbeschaffte Haushaltshilfe**: Falls die Krankenkasse keine Haushaltshilfe stellen kann, können die Versicherten die Kosten für eine selbstbeschaffte Haushaltshilfe erstattet bekommen. Verwandte bis zum zweiten Grad erhalten keine Erstattung der Kosten, jedoch können Fahrkosten und Verdienstausfall erstattet werden, siehe § 38 Abs. 4 SGB V.

Vor Inanspruchnahme der Haushaltshilfe muss ein Antrag bei der gesetzlichen Krankenversicherung gestellt werden und eine ärztliche Bescheinigung über die Notwendigkeit vorgelegt werden.

Fahrkosten

Versicherte haben Anspruch auf die Übernahme der Fahrkosten, wenn diese im Zusammenhang mit einer Leistung der Krankenkasse aus zwingenden medizinischen Gründen entstehen und vom Arzt verordnet wurden. Die Art des Fahrzeugs, welches verwendet werden kann, richtet sich nach der medizinischen Notwendigkeit. Der Gemeinsame Bundesausschuss hat eine Krankentransport-Richtlinie[16] erlassen, die die Verordnung von Krankenfahrten, Krankentransporten und Rettungsfahrten regelt. Siehe dazu auch § 60 SGB V.

[16] https://www.g-ba.de/richtlinien/25/, zuletzt abgerufen am 12. Juni 2025.

1.2.2.3 Bonusprogramme, Wahltarife und Zusatztarife

Gesetzliche Krankenversicherungen können gesundheitsbewusstes Leben fördern und belohnen. Mittels individueller **Bonusprogramme** werden Prämien bezahlt, beispielsweise für qualitätsgesicherte Sportkurse, nachgewiesene Anzahl an Schritten, welche in einer App der Krankenkassen getrackt werden können, regelmäßige Zahnvorsorge und vieles mehr (siehe dazu auch § 65a SGB V).

Der Bonus darf nicht ausschließlich eine Prämie für Gesunde sein. Das Bonusprogramm muss so ausgestaltet sein, dass auch chronisch kranke und behinderte Versicherte teilnehmen können (§ 2a, § 33c SGB I[17], Art. 25 UN-BRK[18]). Dazu können zum Beispiel Behindertensport, Funktionstraining und die Teilnahme an Selbsthilfegruppen einbezogen werden.[19]

Gesetzliche Krankenkassen haben die Möglichkeit, ihren Versicherten **Wahltarife** anzubieten. Ein solcher Wahltarif kann zum Beispiel vorsehen, dass bei einer Abwahl von Leistungen (beispielsweise Schutzimpfungen) für das Versicherungsjahr ein Bonus im Voraus gezahlt wird. Wird von einer Krankenkasse beispielsweise ein Tarif mit Hausarzt-Steuerung angeboten, sollten daraus Kosteneinsparungen für die Krankenkasse entstehen, siehe dazu auch § 53 SGB V.

Gesetzliche Krankenversicherungen können ihren Versicherten **Zusatztarife** bei privaten Krankenversicherungen anbieten. Durch diese **Kooperation** wird den privaten Krankenversicherern ein großes Vertriebsnetz geboten, da die gesetzlichen Krankenkassen oftmals eine starke Vertriebsstruktur haben. Die angebotenen Zusatztarife beinhalten oftmals Vergünstigungen für Versicherte der jeweiligen Krankenkasse, zum Beispiel den Wegfall von Wartezeiten oder erhöhte Leistungen.

Die gesetzliche Regelung findet sich in § 194 Abs. 1a SGB V:

[1]Die Satzung kann eine Bestimmung enthalten, nach der die Krankenkasse den Abschluss privater Zusatzversicherungsverträge zwischen ihren Versicherten und privaten Krankenversicherungsunternehmen vermitteln kann. [2]Gegenstand dieser Verträge können alle Leistungen sein, die den gesetzlichen Krankenversicherungsschutz ergänzen, insbesondere Ergänzungstarife zur Kostenerstattung, Wahlarztbehandlung im Krankenhaus, Ein- oder Zweibettzuschlag im Krankenhaus sowie eine Auslandskrankenversicherung.

1.2.2.4 Versicherungsschutz im Ausland

In allen Mitgliedstaaten der Europäischen Union (EU), im Europäischen Wirtschaftsraum (EWR), Island, Liechtenstein, Norwegen und der Schweiz haben Versicherte der

17 Sozialgesetzbuch 1 – Allgemeiner Teil.
18 Artikel 25 der UN-Behindertenrechtskonvention.
19 Becker/Kingreen/Welti, 8. Aufl. 2022, SGB V § 65a Rn. 5b.

gesetzlichen Krankenversicherung bei vorübergehenden Aufenthalten Anspruch auf medizinisch notwendige Leistungen. Dieser Anspruch gilt auch im Vereinigten Königreich mit Nordirland, das zum 1. Februar 2020 aus der EU ausgetreten ist.

Dabei gelten dieselben Bedingungen wie für die Versicherten des Gastlandes. Zudem wurden mit einigen weiteren Ländern, wie zum Beispiel Tunesien oder der Türkei, Sozialversicherungsabkommen getroffen, die ebenfalls den Krankenversicherungsschutz einschließen, siehe dazu auch § 13 Abs. 4 und 5 SGB V.

1.2.3 Gesetzliche Unfallversicherung

Die gesetzliche Unfallversicherung wurde in Deutschland im Jahr 1884 als Teil der Bismarckschen Sozialgesetzgebung eingeführt, um die wachsende Zahl von Arbeitsunfällen in der industriellen Revolution abzusichern und so den Arbeitern einen Schutz vor den finanziellen Folgen von Arbeitsunfällen zu bieten.

Sie spielt eine zentrale Rolle im System der sozialen Absicherung, indem sie nicht nur den Gesundheitsschutz und die Rehabilitation der Arbeitnehmer gewährleistet, sondern auch zur Prävention von Arbeitsunfällen beiträgt und somit die soziale Sicherheit und den sozialen Frieden in der Gesellschaft stärkt.

Die seit 1996 geltende Fassung der Gesetzlichen Unfallversorgung (GUV) ist im Siebten Buch Sozialgesetzbuch (SGB VII) geregelt. Der Gedanke vom Unfallversicherungsgesetz vom 6. Juli 1884, die Leistungen an den „Jahresarbeitsverdienst" zu koppeln, ist bis heute erhalten geblieben.

1.2.3.1 Grundzüge der GUV

Grundsatz und Finanzierung der GUV

Primär wird das Ziel verfolgt, Arbeitsunfälle und Berufskrankheiten zu verhüten. Falls dennoch ein Versicherungsfall eintritt, steht die Wiederherstellung der Leistungsfähigkeit des Versicherten im Fokus. Zusätzlich erhalten Versicherte oder ihre Hinterbliebenen Entschädigungen in Form von Geldleistungen.

Die Finanzierung der Gesetzlichen Unfallversicherung erfolgt in der gewerblichen Unfallversicherung allein von Unternehmern/Arbeitgebern. Bei öffentlicher Hand (Kinder, Schüler, Studierende, Ehrenamt) tragen Länder/Kommunen/Träger die Beiträge. Die Versicherten selbst zahlen leisten keine Beiträge. Diese Beiträge werden basierend auf der Lohnsumme und der Gefahrenklasse des Betriebs bemessen. Die Beitragsbemessung wird von den Berufsgenossenschaften und Unfallkassen ermittelt.

Rechtsweg und rechtliche Grundlagen der GUV

Bei Streitigkeiten oder Unzufriedenheit mit Entscheidungen der Unfallversicherungsträger besteht die Möglichkeit, Widerspruch einzulegen und den Klageweg über das zuständige Sozialgericht zu beschreiten.

Die GUV basiert auf dem SGB VII als Hauptgesetz.

Aufbau des SGB VII

Das SGB VII enthält neun Kapitel mit 216 Paragraphen. Diese behandeln allgemeine Vorschriften, den Versicherungsfall, die Leistungen, Präventionsmaßnahmen, die Organisation der Träger, die Finanzierung, die Zusammenarbeit und den Datenaustausch, den Rechtsweg sowie Übergangs- und Schlussvorschriften. Diese Untergliederung in Regelungsbereiche beziehungsweise Kapitel ist in Gesetzen üblich, um die Orientierung zu erleichtern.[20]

Neben dem SGB VII gelten zusätzlich die allgemeinen Vorschriften des SGB I, die auch für die GUV relevant sind, wie Regelungen zum Verwaltungsverfahren und Datenschutz.

Spezifische Verordnungen wie die Unfallversicherungsbeitragsverordnung (UVBV) und Verordnungen zu den Unfallversicherungsvorschriften (UVV) konkretisieren die Beitragsberechnung. Die Satzungen der Unfallversicherungsträger regeln deren Selbstverwaltung. Technische Regelwerke der Deutschen Gesetzlichen Unfallversicherung (DGUV) legen verbindliche Sicherheitsstandards und Pflichten für die Versicherten und Unfallversicherungsträger fest.

Für die Anwendung und Auslegung der GUV-Vorschriften sind die Rechtsprechung der Sozialgerichte und die Verwaltungsentscheidungen der Unfallversicherungsträger von Bedeutung.

Gesetze:

- **SGB VII:** Hauptgesetz der GUV, das die Versicherungspflicht, Leistungsansprüche, Beitragsbemessung und Organisation der Unfallversicherungsträger regelt.
- **SGB I:** Enthält allgemeine Vorschriften für die Sozialversicherung, die auch für die GUV relevant sind, zum Beispiel Regelungen zum Verwaltungsverfahren und Datenschutz.

Verordnungen:

- **Unfallversicherungsbeitragsverordnung (UVBV):** Definiert die Berechnung und Erhebung der Beiträge zur GUV.
- **Verordnungen zu den Unfallversicherungsvorschriften (UVV-Verordnungen):** Konkretisieren die Sicherheitsstandards und Pflichten der Versicherten und Unfallversicherungsträger.

[20] Vgl. Nichtamtliches Inhaltsverzeichnis: https://www.gesetze-im-internet.de/sgb_7/index.html#BJNR125410996BJNE004001308, zuletzt abgerufen am 10. Juni 2025.

Satzungen:

- **Satzungen der Unfallversicherungsträger:** Regeln die Selbstverwaltung der Unfallversicherungsträger, einschließlich der Zusammensetzung ihrer Organe und des Wahlverfahrens. (Informationen zu den Satzungen erhalten Sie direkt bei den jeweiligen Unfallversicherungsträgern.)

Unfallversicherungsvorschriften:

- **Deutsche Gesetzliche Unfallversicherung – Vorschriften (DGUV-Vorschriften):** Technische Regelwerke der DGUV, die verbindliche Sicherheitsstandards für verschiedene Branchen und Tätigkeitsbereiche festlegen.
- **Berufsgenossenschaftliche und kassenärztliche Unfallversicherungsvorschriften (BGV/KAS):** Frühere Unfallversicherungsvorschriften, die teilweise noch gültig sind. (Informationen erhalten Sie bei den jeweiligen Berufsgenossenschaften und Unfallkassen.)

Weitere Rechtsquellen:

- **Rechtsprechung der Sozialgerichte:** Entscheidungen der Sozialgerichte zu GUV-Fragen, die eine wichtige Rechtsquelle für die Auslegung und Anwendung des Unfallversicherungsrechts darstellen. (Urteile und Entscheidungen finden Sie in den jeweiligen Rechtsprechungsdatenbanken.)
- **Verwaltungsentscheidungen der Unfallversicherungsträger:** Entscheidungen in Einzelfällen bieten Orientierungshilfen für die rechtliche Beurteilung von GUV-Fragen. (Veröffentlichungen der Unfallversicherungsträger)

Träger der GUV

Die Träger der Gesetzlichen Unfallversicherung sind die Berufsgenossenschaften, die für private Unternehmen zuständig sind, und die Unfallkassen, die den öffentlichen Dienst und bestimmte Berufsgruppen abdecken.

Abbildung 1.9: Träger der GUV

Tipp

Im Serviceportal der DGUV kann man seinen zuständigen Unfallversicherungsträger ermitteln: https://serviceportal-uv.dguv.de/.

Rolle des DGUV

In der gesetzlichen Unfallversicherung übernimmt die Deutsche Gesetzliche Unfallversicherung eine vergleichbare Rolle wie der G-BA in der GKV. Die DGUV ist der Spitzenverband der Unfallversicherungsträger (Berufsgenossenschaften und Unfallkassen). Ihre Aufgaben umfassen:

- **Prävention:** Die DGUV entwickelt und überwacht Maßnahmen zur Unfallverhütung in Betrieben. Dies schließt Sicherheitsstandards und Schulungen ein.
- **Leistungsstandards:** Sie legt die Standards für die medizinische und berufliche Rehabilitation fest, um eine schnelle und umfassende Genesung der Versicherten zu gewährleisten.
- **Beratung und Unterstützung:** Die DGUV bietet Beratung und Unterstützung für Betriebe und Versicherte an, um die Prävention und Nachsorge zu verbessern.

Prinzip der Selbstverwaltung in der GUV

Wie die gesetzliche Krankenversicherung unterliegt auch die gesetzliche Unfallversicherung dem Prinzip der Selbstverwaltung. Das bedeutet, dass die Akteure innerhalb des Systems – wie Ärzte, Krankenhäuser, Krankenkassen und Unfallversicherungsträger – selbst die Regeln und Standards festlegen. Diese werden also nicht ausschließlich vom Staat vorgegeben. Dies sorgt dafür, dass die Leistungen regelmäßig überprüft, an neue Gegebenheiten angepasst und auf einem hohen Qualitätsniveau gehalten werden.

Wer ist in der Gesetzlichen Unfallversicherung versichert?

Kategorie	Beschreibung	Beispiele
Pflichtversicherung (§ 2 SGB VII)	„Kraft Gesetz" versicherte Personen. Sie schließen keinen Vertrag ab, sondern sind aufgrund der gesetzlichen Regelung versichert, sobald sie einer versicherten Kategorie zugeordnet werden können.	• Arbeitnehmende • Auszubildende • Kinder in Kitas/Tagesstätten • Schüler, Studierende • Teilnehmende beruflicher Fortbildungen • Behinderte in Werkstätten • Personen in berufsähnlichen Verhältnissen
Versicherung kraft Satzung (§ 3 SGB VII)	„Kraft Satzung" eines Unfallversicherungsträgers einbezogene Personengruppen.	• Vereinsmitglieder • Teilnehmer an best. Veranstaltungen • Schüler in privaten Bildungseinrichtungen

Kategorie	Beschreibung	Beispiele
Versicherungsfrei (§§ 4 und 5 SGB VII)	Versicherungsfreie Personengruppen unterliegen keiner Versicherungspflicht und sind somit nicht gesetzlich versichert.	• Selbstständige • Beamte, Richter, Soldaten • freie Dienstverhältnisse • mithelfende Familienangehörige
Freiwillige Versicherung (§ 6 SGB VII)	„Kraft Vertrag" können sich diese Personen freiwillig gesetzlich unfallversichern.	• Unternehmer und deren Ehegatten/Lebenspartner • Selbstständige ohne Pflichtversicherung • Beauftragte ohne Arbeitnehmereigenschaft • Pflegepersonen ohne Pflichtversicherung • Hausgewerbetreibende

1.2.3.2 Leistungen der Gesetzlichen Unfallversicherung gemäß SGB VII

Die Leistungen der GUV sind vielfältig. So finden sich zum Beispiel Regelungen zu Prävention und Rehabilitation, Berufskrankheiten, Wohnungshilfe und Kraftfahrzeughilfe, Teilhabeleistungen, Pflege und andere mehr. Die GUV hat sich also erheblich weiterentwickelt und bildet damit eine wichtige Säule im System der sozialen Sicherung.

In der GUV umfasst die Krankenbehandlung alle Leistungen, die notwendig sind, um die Folgen eines Arbeitsunfalls oder einer Berufskrankheit zu erkennen, zu heilen, ihre Verschlimmerung zu verhüten oder ihre Folgen zu mildern.

Die Krankenbehandlung wird von Ärzten, Zahnärzten, Psychotherapeuten und anderen Leistungserbringern durchgeführt, die speziell für die Behandlung von Versicherungsfällen der GUV zugelassen sind (**Durchgangsärzte**).

Diese Leistungserbringer haben oft Verträge mit den Unfallversicherungsträgern, wie den Berufsgenossenschaften (BG) oder Unfallkassen. Beispielsweise erfolgt die medizinische Versorgung nach einem Versicherungsfall durch einen sogenannten Durchgangsarzt, dessen Kosten von der Berufsgenossenschaft und nicht von der Krankenversicherung übernommen werden. Ebenso stellt die Berufsgenossenschaft Heil- und Hilfsmittel zur Verfügung.

Für Heilbehandlungen in der gesetzlichen Unfallversicherung wählt der Unfallversicherungsträger die Leistungserbringer aus und rechnet direkt mit ihnen ab (**Dienst- und Sachleistungsprinzip**). In Ausnahmefällen ist eine Kostenerstattung an Versicherte jedoch möglich, etwa bei unaufschiebbaren Leistungen oder ungerechtfertigter Ablehnung. Zudem gibt es direkte Geldleistungen wie Verletztengeld, Pflegegeld und Fahrtkosten.

I. Allgemeiner Leistungsanspruch

- **§ 26 SGB VII – Grundsatz**
  - begründet den allgemeinen Anspruch auf Leistungen nach Eintritt eines Versicherungsfalls (Arbeitsunfall, Wegeunfall, Berufskrankheit).
  - dient als Rahmennorm für die Einzelansprüche in den folgenden Paragrafen.

II. Heilbehandlung (Medizinische Rehabilitation)

- **Ziel**: Wiederherstellung der Gesundheit, Besserung oder Verhütung der Verschlimmerung von Unfallfolgen, Erhalt der Arbeitsfähigkeit
- **§ 27 SGB VII – Umfang der Heilbehandlung**

  ärztliche Behandlung, Arznei-, Verband-, Heil- und Hilfsmittel, häusliche Krankenpflege, stationäre oder ambulante Behandlung, Rehabilitation
- **§ 28 SGB VII – Ärztliche und zahnärztliche Behandlung**

  umfasst Behandlungen im allgemeinen, zahnärztlichen sowie im Kieferbereich
- **§ 29 SGB VII – Arznei- und Verbandmittel**

  notwendige Medikamente, Verbandstoffe, auch medizinische Produkte
- **§ 30 SGB VII – Heilmittel**

  zum Beispiel Krankengymnastik, Ergotherapie, Logopädie
- **§ 31 SGB VII – Hilfsmittel**

  zum Beispiel Prothesen, Orthesen, Hörhilfen, Rollstühle, einschließlich Wartung, Instandhaltung und Ersatz
- **§ 32 SGB VII – Häusliche Krankenpflege**

  zur Sicherstellung der Heilbehandlung im häuslichen Umfeld, zum Beispiel Wundversorgung
- **§ 33 SGB VII – Krankenhausbehandlung und Rehabilitation**

  stationäre/ambulante Behandlungen, einschließlich Anschlussheilbehandlungen und Reha
- **§ 34 SGB VII – Durchführung der Heilbehandlung**

  UV-Träger organisiert und stellt die Heilbehandlung sicher, gegebenenfalls durch eigene Einrichtungen oder Verträge

III. Teilhabe am Arbeitsleben (Berufliche Rehabilitation)

- **§ 35 SGB VII – Leistungen zur Teilhabe am Arbeitsleben**

  zum Beispiel Beratung, Qualifizierung, Umschulung, technische Arbeitshilfen, Mobilitätshilfen, Arbeitsplatzausstattung

- **§ 37 SGB VII – Leistungen an Arbeitgeber**

  Zuschüsse zum Beispiel zur Eingliederung oder behindertengerechten Anpassung von Arbeitsplätzen

IV. Soziale Teilhabe und ergänzende Leistungen

- **§ 39 SGB VII – Leistungen zur sozialen Teilhabe**

  zum Beispiel Hilfen zur Alltagsbewältigung, Teilhabe am gesellschaftlichen Leben

- **§ 40 SGB VII – Kraftfahrzeughilfe**

  Zuschüsse zu Fahrzeuganschaffung/-umbau oder zur Fahrerlaubnis, wenn notwendig

- **§ 41 SGB VII – Wohnungshilfe**

  Zuschüsse zu behindertengerechten Anpassungen (zum Beispiel Treppenlift, barrierefreies Bad)

- **§ 42 SGB VII – Haushaltshilfe und Kinderbetreuung**

  Übernahme der Kosten, wenn Versicherte wegen Unfallfolgen ausfallen

- **§ 43 SGB VII – Reisekosten**

  Erstattung von Fahrten zu medizinischen Behandlungen oder Reha

V. Pflegeleistungen

- **§ 44 SGB VII – Pflegeleistungen**

  Pflegegeld, häusliche Pflege, teilstationäre oder stationäre Pflege, je nach Umfang des Bedarfs. Pflegeversicherung wird dabei ergänzt.

VI. Geldleistungen zur Einkommenssicherung

- **§ 45 SGB VII – Voraussetzungen für Verletztengeld**

  Anspruch entsteht nach Ende der Entgeltfortzahlung, wenn Arbeitsunfähigkeit durch Versicherungsfall

- **§ 46 SGB VII – Höhe des Verletztengeldes**

  80 % des letzten regelmäßigen Bruttoentgelts, höchstens das Nettoarbeitsentgelt

- **§ 47 SGB VII – Bezugsdauer und Auszahlung**

  maximal bis zur Wiederherstellung der Arbeitsfähigkeit oder Beginn einer Rente

- **§§ 49, 50 SGB VII – Übergangsgeld**

  bei Teilnahme an Reha-Maßnahmen:

  - mit Kind/Pflege: 75 % des vorherigen Nettoeinkommens
  - ohne Kind/Pflege: 68 %

VII. Renten, Beihilfen und Abfindungen

- **§ 56 SGB VII – Rente an Versicherte**
  - Voraussetzung: Minderung der Erwerbsfähigkeit (MdE) von mindestens 20 % über 26 Wochen
  - Höhe: Abhängig vom **Jahresarbeitsverdienst (JAV)** und dem MdE-Grad (maximal 2/3)
- **§§ 57, 58 SGB VII – Anpassungen und besondere Erhöhungen**

  zum Beispiel bei Schwerverletzten, Einkommensausfall, Arbeitslosigkeit durch Unfallfolgen

VIII. Hinterbliebenenleistungen

- **§ 63 SGB VII – Allgemeine Anspruchsgrundlage**

  Leistungen bei Tod infolge eines Versicherungsfalls
- **§ 64 SGB VII – Sterbegeld und Überführungskosten**

  Das Sterbegeld ist **einmalig** und beträgt **ein Siebtel der jährlichen Bezugsgröße**. Es ist nicht an den Jahresarbeitsverdienst (JAV) gebunden.
- **§ 65 SGB VII – Witwen-/Witwerrente**

  2/3 JAV für drei Monate als Übergangsrente, danach:
  - **kleine Rente**: 30 % des JAV (meist auf 24 Monate begrenzt)
  - **große Rente**: 40 % bei bestimmten Voraussetzungen (Erziehung eines Kindes, Alter ≥ 47, Erwerbsminderung)
- **§ 66 SGB VII – Verteilung bei mehreren Berechtigten**

  Regelung bei früheren Ehegatten oder mehreren Anspruchsberechtigten
- **§§ 67, 68 SGB VII – Waisenrente**
  - Halbwaisen: 20 % JAV
  - Vollwaisen: 30 % JAV
  - Verlängerung bis max. 27. Lebensjahr bei Schul-/Berufsausbildung, Freiwilligendienst oder Behinderung
- **§ 69 SGB VII – Eltern- oder Großelternrente**

  nur in Ausnahmefällen, wenn wirtschaftlich abhängig und kein Ehegatte/Kind vorhanden
- **§ 70 SGB VII – Höchstgrenze**

  Gesamtleistungen an Hinterbliebene: max. 80 % des JAV
- **§ 71 SGB VII – Beihilfe statt Rente**

  Einmalzahlung, wenn Anspruch auf laufende Hinterbliebenenrente nicht besteht

1.2.4 Soziale Pflegeversicherung (SPV)

Die Pflegeversicherung ist ein Zweig der Sozialversicherung und zählt zu den Pflichtversicherungen. Das heißt, alle die gesetzlich krankenversichert sind, sind automatisch auch in der sozialen Pflegeversicherung versichert. Privatversicherte müssen neben der Krankenversicherung auch eine private Pflegeversicherung abschließen. Die soziale Pflegeversicherung ist im Elften Buch Sozialgesetzbuch (SGB XI) geregelt.

Das SGB XI wurde am 26. Mai 1994 im Bundesgesetzblatt veröffentlicht und trat zum 1. Januar 1995 in Kraft. Mit diesem Datum wurde die soziale Pflegeversicherung in Deutschland eingeführt und bietet seitdem Leistungen für Pflegebedürftige und Pflegepersonen.

Bedingt durch den demographischen Wandel, eine verbesserte medizinische Versorgung und eine höhere Lebenserwartung, steigt das Risiko, dass Menschen pflegebedürftig werden. Auch die Dauer der Pflegebedürftigkeit verlängert sich durch die immer bessere Entwicklung der Medizin, insbesondere der Arzneimittel.

Neben der altersbedingten Pflegebedürftigkeit gibt es auch altersunabhängige Fälle, bei denen durch eingetretene Risiken Pflegebedürftigkeit entsteht.

Systematik und Zielsetzung der Pflegeversicherung

Um die Systematik der Pflegeversicherung und ihre Ziele zu verstehen, eignet es sich, § 2 und § 3 SGB XI aufmerksam zu lesen:

§ 2 SGB XI

(1) [1]Die Leistungen der Pflegeversicherung sollen den Pflegebedürftigen helfen, trotz ihres Hilfebedarfs ein möglichst selbstständiges und selbstbestimmtes Leben zu führen, das der Würde des Menschen entspricht. [2]Die Hilfen sind darauf auszurichten, die körperlichen, geistigen und seelischen Kräfte der Pflegebedürftigen, auch in Form der aktivierenden Pflege, wiederzugewinnen oder zu erhalten.

(2) [1]Die Pflegebedürftigen können zwischen Einrichtungen und Diensten verschiedener Träger wählen. [2]Ihren Wünschen zur Gestaltung der Hilfe soll, soweit sie angemessen sind, im Rahmen des Leistungsrechts entsprochen werden. [3]Wünsche der Pflegebedürftigen nach gleichgeschlechtlicher Pflege haben nach Möglichkeit Berücksichtigung zu finden.

(3) [1]Auf die religiösen Bedürfnisse der Pflegebedürftigen ist Rücksicht zu nehmen. [2]Auf ihren Wunsch hin sollen sie stationäre Leistungen in einer Einrichtung erhalten, in der sie durch Geistliche ihres Bekenntnisses betreut werden können.

(4) Die Pflegebedürftigen sind auf die Rechte nach den Absätzen 2 und 3 hinzuweisen.

§ 3 SGB XI

[1]Die Pflegeversicherung soll mit ihren Leistungen vorrangig die häusliche Pflege und die Pflegebereitschaft der Angehörigen und Nachbarn unterstützen, damit die Pflegebedürftigen möglichst lange in ihrer häuslichen Umgebung bleiben können. [2]Leistungen der teilstationären Pflege und der Kurzzeitpflege gehen den Leistungen der vollstationären Pflege vor.

Der Grundsatz **„ambulant vor stationär"** ist in der deutschen Pflegeversicherung fest verankert, da es Pflegebedürftigen so lange es geht ermöglicht werden soll, im häuslichen Umfeld zu leben. Deshalb gibt es viele Unterstützungsangebote, wie beispielsweise ambulante Pflegedienste, Tagespflege oder auch finanzielle Unterstützung für Umbaumaßnahmen in der Wohnung, die Pflegebedürftigen helfen können, weiterhin selbstständig zu leben.

Auch Beratungsangebote und Pflegekurse für Angehörige sind wichtige Bestandteile, die zur Erreichung dieses Ziels beitragen können. Diese Leistungen finden sich im SGB XI für Versicherte in der sozialen Pflegeversicherung, ebenso für Versicherte in der privaten Pflegepflichtversicherung (Grundlage sind die jeweiligen Allgemeinen Versicherungs- und Tarifbedingungen, die gleichwert mit den Leistungen des SGB XI sind). Daneben gibt es in Deutschland **Pflegestützpunkte**. Diese dienen als zentrale Beratungs- und Unterstützungseinrichtungen im Bereich der Pflege. Sie richten sich nicht ausschließlich an pflegebedürftige Personen, sondern stehen ebenso Angehörigen und anderen Ratsuchenden offen. Selbst ohne bestehende Pflegebedürftigkeit können Interessierte Pflegestützpunkte aufsuchen, um sich über vorbeugende Maßnahmen, alltägliche Unterstützungsangebote oder gesundheitliche Vorsorge zu informieren. Für Privatversicherte übernimmt diese Leistung die „compass private Pflegeberatung GmbH".

Das SGB XI und damit synchron auch die Allgemeinen Versicherungsbedingungen für Privatpflegeversicherte wurden in den vergangenen Jahren aufgrund zahlreicher Pflegereformen mehrfach angepasst. Diese Anpassungen berücksichtigen den kontinuierlichen Wandel und die Weiterentwicklung der Pflegebedürfnisse sowie die gesellschaftlichen Anforderungen an die Pflegeversicherung. Es ist davon auszugehen, dass sich die Pflegeversicherung und damit das SGB XI auch zukünftig permanent weiterentwickeln werden. Die zunehmende Anzahl pflegebedürftiger Menschen, der Fachkräftemangel im Pflegebereich, die finanziellen Lücken, welche durch Pflege entstehen können und die hohe Komplexität im Umfeld Pflege, werden weitere Reformen nötig machen, um Lösungen, wenn auch nur teilweise, anbieten zu können.

Bis Sie im Kapitel 4.4.3.1 Pflegepflichtversicherung mehr zum Leistungsumfang der sozialen und privaten Pflegeversicherung erfahren, finden Sie nachfolgend kurze Informationen zur Orientierung:

- Für die Pflegeversicherung besteht analog zur Krankenversicherung eine Versicherungspflicht, die sich aus § 20 SGB XI ableiten lässt.
- Privatversicherte müssen ebenso eine private Pflegeversicherung abschließen (§ 23 SGB XI).
- Privatversicherte haben innerhalb der ersten drei Monate nach Eintritt der Versicherungspflicht das einmalige Befreiungsrecht von der Sozialen Pflegeversicherung zugunsten der Privaten Pflegeversicherung (§ 22 SGB XI).
- Familienangehörige von gesetzlich Versicherten sind ebenfalls einbezogen (§ 25 SGB XI).
- Privatversicherte und ihre Familienangehörigen sowie Beihilfe- und Heilfürsorgeberechtigte sind ebenfalls versicherungspflichtig (§ 23 SGB XI).
- Abgeordnete des Bundestages, der Länder- und der Europäischen Parlamente sind ebenfalls verpflichtet (§ 24 SGB XI).
- Die Träger der sozialen Pflegeversicherung sind die gesetzlichen Krankenkassen (§ 46 SGB XI).

1.2.5 Arbeitslosenversicherung

Neben den bereits vorgestellten Absicherungen, ist auch die Arbeitslosenversicherung in Deutschland ein zentraler Bestandteil des Sozialversicherungssystems. Sie spielt eine entscheidende Rolle bei der finanziellen Absicherung von Arbeitnehmenden im Falle von eingetretener Arbeitslosigkeit. Diese Absicherung wird durch Beiträge, die sowohl von Arbeitgebern als auch von Arbeitnehmenden geleistet werden, finanziert.

Gemäß den gesetzlichen Grundlagen des Sozialgesetzbuches (siehe unter anderem § 136–138 SGB III) bietet die Arbeitslosenversicherung Leistungen wie das Arbeitslosengeld an, um den Lebensunterhalt der Versicherten zu sichern, wenn sie ihren Job verlieren.

Zudem geht die Unterstützung der Arbeitslosenversicherung über die finanzielle Hilfe hinaus. Sie fördert auch Weiterbildungsmaßnahmen (siehe unter anderem § 81 SGB III) und hilft Arbeitslosen dabei, wieder in den Arbeitsmarkt einzusteigen. Insgesamt trägt die Arbeitslosenversicherung in Deutschland dazu bei, die soziale Sicherheit und Stabilität in der Gesellschaft zu gewährleisten, die wichtige Grundpfeiler unseres Sozialstaates sind.

Das Ziel der Arbeitslosenversicherung ist, Arbeitslosigkeit zu verhindern und die Zeit der Arbeitslosigkeit zu verkürzen. Sind Versicherte arbeitslos, so erhalten sie Leistungen der Bundesagentur für Arbeit, sogenanntes Arbeitslosengeld.

Beitrag und Beitragsbemessungsgrenze

Der Beitrag ist aufgrund der bestehenden Beitragsbemessungsgrenze gedeckelt und berechnet sich prozentual vom Bruttolohn (Stand 2025: 2,6 % vom Bruttoverdienst, dieser Beitrag wird zu je 50 % (1,3 %) von Arbeitgeber und Arbeitnehmenden getragen, siehe dazu auch § 341 SGB III). In 2025 liegt die Beitragsbemessungsgrenze bei 96.600 € Jahres-Bruttoverdienst. In 2025 entfällt erstmals die Rechtskreistrennung, es gibt also keinen Unterschied mehr zwischen Ost und West.

Die Beiträge zur Arbeitslosenversicherung werden mit dem Gesamtsozialversicherungsbeitrag vom Arbeitgeber abgeführt (§ 28d SGB IV).

Versicherungspflicht

Alle Arbeitnehmenden in Deutschland unterliegen der Versicherungspflicht (§ 24 und § 25 SGB III).

■ BEISPIEL

In der Arbeitslosenversicherung gibt es zudem Ausnahmen, die zu einer Versicherungsfreiheit führen, wie zum Beispiel:

- mit Erreichen der Regelaltersrente (Versicherungsfreiheit beginnt mit Ablauf des Monats, in dem das maßgebliche Lebensjahr vollendet wird)
- Beamte, Richter, Soldaten auf Zeit, Berufssoldaten der Bundeswehr sowie sonstige Beschäftigte des Bundes, eines Landes, eines Gemeindeverbandes, einer Gemeinde, einer öffentlich-rechtlichen Körperschaft, Anstalt, Stiftung oder eines Verbandes öffentlich-rechtlicher Körperschaften oder deren Spitzenverbänden, wenn sie nach beamtenrechtlichen Vorschriften oder Grundsätzen *bei Krankheit Anspruch auf Fortzahlung der Bezüge und auf Beihilfe oder Heilfürsorge haben* (siehe § 27 Abs. 1 Nr. 1 SGB III)
- Lehrende an privaten genehmigten Ersatzschulen, wenn sie hauptamtlich beschäftigt sind und *nach beamtenrechtlichen Vorschriften oder Grundsätzen bei Krankheit Anspruch auf Fortzahlung der Bezüge und auf Beihilfe haben* (siehe § 27 Abs. 1 Nr. 3 SGB III)
- Geringfügig Beschäftigte (§ 27 Abs. 2 SGB III) ■

Weitere Ausnahmen sind dem § 27 und § 28 SGB III zu entnehmen.

Freiwilliger Beitritt zur Arbeitslosenversicherung

Der Gesetzgeber hat zudem die Option geschaffen, dass ein freiwilliger Beitritt zur Arbeitslosenversicherung erfolgen kann. Der definierte Personenkreis findet sich in § 28a Abs. 1 SGB III, daneben sind die Voraussetzungen des § 28a Abs. 2 SGB III zu beachten. Die Frist für die Antragstellung muss spätestens innerhalb von drei Monaten nach Aufnahme der Tätigkeit oder Beschäftigung, die zur Antragspflichtversicherung berechtigt, gestellt werden.

Auszug § 28a SGB III, Versicherungspflichtverhältnis auf Antrag

(1) Ein Versicherungspflichtverhältnis auf Antrag können Personen begründen, die

...

2. eine selbstständige Tätigkeit mit einem Umfang von mindestens 15 Stunden wöchentlich aufnehmen und ausüben oder
3. eine Beschäftigung mit einem Umfang von mindestens 15 Stunden wöchentlich in einem Staat außerhalb eines Mitgliedstaats der Europäischen Union, eines Vertragsstaates des Abkommens über den Europäischen Wirtschaftsraum oder der Schweiz aufnehmen und ausüben,
4. eine Elternzeit nach § 15 des Bundeselterngeld- und Elternzeitgesetzes in Anspruch nehmen

oder

5. sich beruflich weiterbilden, wenn dadurch ein beruflicher Aufstieg ermöglicht, ein beruflicher Abschluss vermittelt oder zu einer anderen beruflichen Tätigkeit befähigt wird; ausgeschlossen sind Weiterbildungen im Sinne des § 180 Absatz 3 Satz 1 Nummer 1, es sei denn, die berufliche Weiterbildung findet in einem berufsqualifizierenden Studiengang an einer Hochschule oder einer ähnlichen Bildungsstätte unter Anrechnung beruflicher Qualifikationen statt.

Gelegentliche Abweichungen von der in den Satz 1 Nummern 2 und 3 genannten wöchentlichen Mindeststundenzahl bleiben unberücksichtigt, wenn sie von geringer Dauer sind.

...

(3) Der Antrag muss spätestens innerhalb von drei Monaten nach Aufnahme der Tätigkeit oder Beschäftigung oder dem Beginn der Elternzeit oder beruflichen Weiterbildung, die zur Begründung eines Versicherungspflichtverhältnisses auf Antrag berechtigt, gestellt werden. Das Versicherungspflichtverhältnis beginnt mit dem Tag, an dem erstmals die Voraussetzungen nach den Absätzen 1 und 2 erfüllt sind. Kann ein Versicherungspflichtverhältnis auf Antrag allein deshalb nicht begründet werden, weil dies wegen einer vorrangigen Versicherungspflicht (§§ 25, 26) oder Versicherungsfreiheit (§§ 27, 28) ausgeschlossen ist, muss der Antrag abweichend von Satz 1 spätestens innerhalb von drei Monaten nach dem Wegfall des Ausschlusstatbestandes gestellt werden.

1.2.6 Basiswissen Einkommensteuer

Da es für die Produktabgrenzung entscheidend ist, bekommen Sie hier einen kurzen Überblick zum Basiswissen zur Einkommensteuer.

Die persönliche Einkommensteuerpflicht ist in § 1 EStG geregelt und richtet sich nach dem Wohnsitz oder gewöhnlichen Aufenthalt einer natürlichen Person:

Unbeschränkte Steuerpflicht (§ 1 Abs. 1 EStG): Natürliche Personen, die im Inland einen Wohnsitz oder ihren gewöhnlichen Aufenthalt haben, sind unbeschränkt einkommensteuerpflichtig. Das bedeutet, dass alle inländischen und ausländischen Einkünfte der deutschen Einkommensteuer unterliegen.

■ BEISPIEL

Eine Person, die sich überwiegend im Inland aufhält, ist auch dann unbeschränkt steuerpflichtig, wenn sie ihren Wohnsitz im Ausland hat. ■

Beschränkte Steuerpflicht (§ 1 Abs. 4 EStG): Personen, die im Inland weder einen Wohnsitz noch ihren gewöhnlichen Aufenthalt haben, sind beschränkt steuerpflichtig, soweit sie inländische Einkünfte erzielen. Das bedeutet, dass nur die im Inland erzielten Einkünfte besteuert werden, zum Beispiel Einkünfte aus der Vermietung von in Deutschland gelegenen Immobilien.

Das Einkommensteuergesetz kennt insgesamt sieben Einkunftsarten, die gemäß § 2 EStG in Gewinneinkünfte und Überschusseinkünfte unterteilt werden:

- **Einkünfte aus Land- und Forstwirtschaft, § 13 EStG:** Hierunter fallen Einkünfte aus dem Betrieb eines land- und forstwirtschaftlichen Betriebs.
- **Einkünfte aus Gewerbebetrieb, § 15 EStG:** Gewinne aus selbständiger gewerblicher Tätigkeit. Dazu gehören auch die Gewinnanteile der Gesellschafter von Personengesellschaften wie OHG oder KG.
- **Einkünfte aus selbständiger Arbeit, § 18 EStG:** Einkünfte aus freiberuflicher Tätigkeit, zum Beispiel von Rechtsanwälten, Ärzten oder Steuerberatern.
- **Einkünfte aus nichtselbständiger Arbeit, § 19 EStG:** Einkünfte, die ein Arbeitnehmer aus einem Dienstverhältnis bezieht, wie Löhne, Gehälter oder Tantiemen.
- **Einkünfte aus Kapitalvermögen, § 20 EStG:** Einkünfte aus Kapitalvermögen wie Zinsen, Dividenden oder Veräußerungsgewinne.
- **Einkünfte aus Vermietung und Verpachtung, § 21 EStG:** Einkünfte aus der Vermietung und Verpachtung von unbeweglichem und beweglichem Vermögen.
- **Sonstige Einkünfte, § 22 EStG:** Zu den sonstigen Einkünften gehören zum Beispiel Renten oder Leistungen aus privaten Versicherungen.

Die Einkünfte werden entweder als Gewinneinkünfte oder als Überschusseinkünfte ermittelt:

- **Gewinneinkünfte:** Der Gewinn ergibt sich aus der Differenz zwischen dem Betriebsvermögen am Ende des Wirtschaftsjahres und dem Betriebsvermögen des Vorjahres. Dabei sind Einlagen und Entnahmen zu berücksichtigen.

- **Überschusseinkünfte:** Diese errechnen sich als Überschuss der Einnahmen über die Werbungskosten (§ 9 EStG). Werbungskosten sind alle Aufwendungen, die der Erwerbung, Sicherung und Erhaltung der Einnahmen dienen.

Veranlagung zur Einkommensteuer (§ 36 EStG)

Die Einkommensteuer wird als Jahressteuer erhoben. Steuerpflichtige Personen sind grundsätzlich verpflichtet, eine Einkommensteuererklärung bis zum 31. Juli des Folgejahres abzugeben, **wenn mindestens einer der folgenden Tatbestände erfüllt ist:**

- Es wurden **Freibeträge beim Lohnsteuerabzug** in Anspruch genommen (zum Beispiel für Werbungskosten, Sonderausgaben oder außergewöhnliche Belastungen).
- Im Kalenderjahr wurde **Arbeitslohn von mehreren Arbeitgebern** gleichzeitig bezogen (zum Beispiel bei mehreren Jobs).
- Es wurden **Lohnersatzleistungen** von mehr als 410 € im Jahr bezogen (zum Beispiel Arbeitslosen-, Kranken-, Eltern-, Kurzarbeiter- oder Mutterschaftsgeld).
- Es wurde eine **Abfindung oder ein sonstiger Bezug** für mehrjährige Tätigkeiten gezahlt.
- Ehe- oder Lebenspartner wurden **zusammen veranlagt** und haben die Steuerklassenkombination **III/V** oder **IV mit Faktor** gewählt.
- Es fand im selben Jahr eine **Scheidung oder Verwitwung mit anschließender Wiederverheiratung** statt.
- Das Finanzamt hat zur Abgabe der Steuererklärung **ausdrücklich aufgefordert**.

Keine Abgabepflicht besteht in der Regel, wenn ausschließlich **Arbeitslohn von einem Arbeitgeber** bezogen wurde, **keine Freibeträge** beantragt wurden, **keine Lohnersatzleistungen** über 410 € bezogen wurden und **nur Pauschbeträge** (zum Beispiel für Behinderte oder Kinderfreibeträge) berücksichtigt wurden.

Das Finanzamt berechnet daraufhin die endgültige Steuer und erlässt einen Steuerbescheid.

Einkommensteuertarif (§ 32a EStG)

Der Einkommensteuertarif ist progressiv gestaltet, das heißt, der Steuersatz steigt mit zunehmendem zu versteuerndem Einkommen (zvE):

- Grundfreibetrag 2025: Einkommen bis 12.096 € (für Ledige) beziehungsweise 24.192 € (für Verheiratete) bleibt steuerfrei.
- Progressionszone: Für Einkommen, die den Grundfreibetrag übersteigen, beträgt der Steuersatz in zwei Stufen zwischen 14 % und 42 %.
- Proportionalzone: Für Einkommen über 68.4360 € bei Ledigen gilt ein Steuersatz von 42 %.

Kirchensteuer und Solidaritätszuschlag (§ 51a EStG)

Die Kirchensteuer wird als Zuschlag zur Einkommensteuer erhoben und beträgt je nach Bundesland 8 oder 9 % der Einkommensteuer. Seit 2021 wird der Solidaritätszuschlag als Ergänzungsabgabe in Höhe von 5,5 % nur noch dann auf die Einkommensteuer erhoben, wenn der Einkommensteuerbetrag die Freigrenze übersteigt. Die Freigrenze liegt 2025 bei 19.950 € (für Ledige) beziehungsweise 39.900 € (für Eheleute/eingetragene Lebenspartnerschaft).

Veranlagungsarten (§§ 25, 26 EStG)

Für die Besteuerung können verschiedene Veranlagungsarten gewählt werden:

Einzelveranlagung: Sie gilt für Ledige, Geschiedene oder getrennt lebende Ehegatten. Die Besteuerung erfolgt nach dem Grundtarif.

Zusammenveranlagung: Ehegatten können die Zusammenveranlagung wählen, wenn sie nicht dauernd getrennt leben und beide unbeschränkt einkommensteuerpflichtig sind. In diesem Fall erfolgt die Veranlagung nach der Splittingtabelle, was in der Regel zu einer geringeren Steuerbelastung führt.

Kinderfreibetrag (§ 32 EStG)

Den Kinderfreibetrag erhalten Eltern, die ein Kind haben, welches das 18. Lebensjahr noch nicht vollendet hat oder sich noch in Ausbildung befindet (bis zur Vollendung des 25. Lebensjahres). Der Kinderfreibetrag setzt sich aus einem Betrag für das sächliche Existenzminimum und einem Betrag für den Betreuungs- und Erziehungs- oder Ausbildungsbedarf zusammen. Diese Freibeträge werden jedoch auf das Kindergeld angerechnet.

Altersentlastungsbetrag (§ 24a EStG)

Der Altersentlastungsbetrag steht Steuerpflichtigen zu, die vor Beginn des Kalenderjahres das 64. Lebensjahr vollendet haben. Der Betrag wird prozentual von den Einkünften (ohne Versorgungsbezüge) abgezogen und ist bis zu einem Höchstbetrag steuerlich begünstigt.

Steuerfreie und nicht steuerbare Einkünfte (§§ 3, 3b EStG)

Bestimmte Einkünfte sind entweder steuerfrei oder nicht steuerbar:

Nicht steuerbare Einnahmen: Dazu gehören unter anderem Lotteriegewinne, Erbschaften und Schenkungen (die der Erbschaft- und Schenkungsteuer unterliegen) sowie die Veräußerung von Privatvermögen, sofern bestimmte Voraussetzungen erfüllt sind (§ 23 EStG).

Steuerfreie Einkünfte: Steuerfreie Einnahmen im Sinne des EStG sind Einnahmen, die zwar grundsätzlich zu den Einkunftsarten gehören, aber durch Gesetz von der Steuer befreit sind, zum Beispiel Leistungen der Kranken- und Pflegeversicherung oder bestimmte Beiträge des Arbeitgebers zur betrieblichen Altersversorgung (§ 3 Nr. 63 EStG). Diese steuerfreien Einnahmen unterliegen jedoch teilweise dem Progressionsvorbehalt (§ 32b EStG), d.h. sie können den Steuersatz für das übrige Einkommen erhöhen.

Abzugsfähige und nicht abzugsfähige Aufwendungen (§ 4 EStG)

Abziehbare Aufwendungen, insbesondere Werbungskosten und Betriebsausgaben, sind im Rahmen der steuerlichen Gewinnermittlung von Bedeutung:

Werbungskosten, § 9 EStG: Werbungskosten sind Aufwendungen, die der Erwerbung und Erhaltung der Einnahmen dienen. Typische Werbungskosten sind zum Beispiel Fahrtkosten, Fortbildungskosten und Kosten für Arbeitsmittel.

Nicht abziehbare Aufwendungen, § 12 EStG: Hierunter fallen Kosten der privaten Lebensführung, zum Beispiel Aufwendungen für die eigene Wohnung oder für die Freizeitgestaltung.

Sonderausgaben (§§ 10 ff. EStG)

Sonderausgaben sind Aufwendungen, die weder Betriebsausgaben noch Werbungskosten darstellen und die der privaten Lebensführung zuzurechnen sind. Sie können jedoch unter bestimmten Voraussetzungen steuerlich geltend gemacht werden. Man unterscheidet zwischen allgemeinen Sonderausgaben und Vorsorgeaufwendungen:

Allgemeine Sonderausgaben: Hierzu zählen zum Beispiel Kirchensteuer, Spenden und bestimmte Kinderbetreuungskosten.

Vorsorgeaufwendungen: Beiträge zu Versicherungen wie Kranken- und Pflegeversicherung sowie zu Altersvorsorgeverträgen (zum Beispiel Riester-Rente) sind als Sonderausgaben abzugsfähig. Die Abzugsfähigkeit dieser Aufwendungen ist jedoch auf bestimmte Höchstbeträge begrenzt.

Außergewöhnliche Belastungen (§§ 33 ff. EStG)

Außergewöhnliche Belastungen sind Aufwendungen, die über das übliche Maß hinausgehen und weder Betriebsausgaben, Werbungskosten noch Sonderausgaben sind. Beispiele sind Krankheits- oder Pflegekosten, Aufwendungen wegen einer Behinderung oder Zuzahlungen zu medizinischen Behandlungen.

Die abziehbaren Aufwendungen müssen eine zumutbare Eigenbelastung übersteigen, die sich nach dem Einkommen und der Anzahl der Kinder richtet.

Einkommensteuervorauszahlungen (§ 37 EStG)

Steuerpflichtige, die Einkünfte aus anderen Einkunftsarten als nichtselbständiger Arbeit erzielen, haben Einkommensteuer-Vorauszahlungen zu leisten. Diese werden vierteljährlich festgesetzt und orientieren sich an der Einkommensteuer des Vorjahres.

Kapitalertragsteuer (§ 43 EStG)

Die Kapitalertragsteuer ist eine Form der Einkommensteuer-Vorauszahlung auf Kapitalerträge und wird vom Schuldner der Kapitalerträge (zum Beispiel Banken) einbehalten und an das Finanzamt abgeführt. Die Kapitalertragsteuer beträgt 25 % zuzüglich Solidaritätszuschlag und gegebenenfalls Kirchensteuer.

2 Analyse und Bewertung eines Betriebs im Rahmen der Vorsorgeberatung

2.1 Bedarf an betrieblichen Lösungen

Handlungssituation

Nachdem Horst Müller sich in das Tagesgeschäft seiner neuen Rolle als Geschäftsführer der Meier GmbH eingearbeitet hat, möchte er sich ausführlich über die betrieblichen Absicherungsmöglichkeiten für seine Mitarbeitenden informieren. In einem ersten Beratungsgespräch möchte er darüber aufgeklärt werden, welche Bedeutung betriebliche Vorsorgemodelle in der heutigen Zeit haben und welche Modelle für die Meier GmbH in Frage kommen.

Damit Horst Müller den Bedarf betrieblicher Lösungen nachvollziehen kann, werden ihm durch Henri Laurant, den Berater der Proximus AG, zunächst die wesentlichen Trends im betrieblichen Umfeld aufgezeigt.

In der modernen Arbeitswelt hat sich der Fokus der Arbeitnehmer deutlich verschoben. Der demografische Wandel verschärft den **Fachkräftemangel**, da bis 2036 fast 13 Millionen Erwerbstätige in den Ruhestand gehen. Unternehmen müssen daher attraktive Angebote schaffen, um qualifizierte Mitarbeiter zu gewinnen und zu binden. Gleichzeitig zeigt die „Employer Brand Research 2022" von Randstad, dass Arbeitsplatzsicherheit und Sozialleistungen für Arbeitnehmer besonders wichtig sind. Zusatzleistungen wie die betriebliche Unfallversicherung (bUV) gewinnen daher an Bedeutung, da sie den Mitarbeitern Sicherheit und ein Gefühl der Wertschätzung bieten.

Die **Bindung und Motivation von Mitarbeitenden** ist ein zentrales Anliegen für Unternehmen. In einer Zeit, in der der Arbeitsmarkt immer dynamischer wird und Fachkräfte stark nachgefragt sind, ist es wichtig, die Mitarbeiter langfristig an das Unternehmen zu binden. Dies erfordert nicht nur wettbewerbsfähige Gehälter, sondern auch eine attraktive Unternehmenskultur, Entwicklungsmöglichkeiten und eine gute Work-Life-Balance. Motivierte Mitarbeiter tragen wesentlich zur Produktivität und Innovation bei, während demotivierte Mitarbeiter eher zum Wechseln der Arbeitsstelle neigen und die Produktivität mindern. Auch mit zunehmender Unternehmensgröße kann es schwieriger werden, ein Gefühl der Zusammengehörigkeit und des Vertrauens aufrechtzuerhalten. Mitarbeiter in großen Organisationen fühlen sich oft anonym oder als „nur eine Zahl", was zu Entfremdung und Misstrauen gegenüber dem Management führen kann. Dies kann das Engagement und die Loyalität der Mitarbeiter beeinträchtigen und langfristig zu einer höheren Fluktuationsrate führen.

Eine hohe Fluktuationsrate ist für Unternehmen kostspielig und disruptiv. Sie führt zu höheren Rekrutierungs- und Einarbeitungskosten sowie zu einem Verlust von Wissen und Kontinuität.

Arbeitgeberattraktivität bedeutet, sich auf dem Arbeitsmarkt positiv abzuheben. Dies kann durch verschiedene Maßnahmen erreicht werden, wie zum Beispiel flexible Arbeitszeiten, Homeoffice-Möglichkeiten, Weiterbildungsmöglichkeiten und eine wertschätzende Unternehmenskultur. Ein attraktiver Arbeitgeber zu sein ist besonders wichtig, um die besten Talente zu gewinnen und zu halten. Unternehmen, die es hingegen versäumen, ein attraktives Arbeitsumfeld zu bieten, können Schwierigkeiten haben, qualifizierte Mitarbeiter zu rekrutieren und zu binden.

Die Covid-19-Pandemie hat das Bewusstsein für **Gesundheit und Sicherheit am Arbeitsplatz** nochmals verstärkt. Arbeitnehmer erwarten heute nicht nur sichere, sondern auch **mitarbeiterorientierte** Arbeitsbedingungen. Der Wunsch nach Homeoffice bleibt weiterhin bestehen und wirkt sich somit auch auf den Bedarf an der bUV aus. Diese kann beispielsweise bei der Absicherung von Remote-Work eine zentrale Rolle spielen, indem sie die Lücken der gesetzlichen Absicherung bestmöglich schließt. Dadurch gewährleistet die bUV den Schutz der Mitarbeitenden im Falle von Unfällen und trägt somit auch zu deren Work-Life-Balance bei.

Krankenstände sind ein weiterer signifikanter Faktor, der die Produktivität eines Unternehmens beeinträchtigen kann. Zunehmende Arbeitsbelastung, Stress, ungesunde Arbeitsumgebungen und mangelnde Unterstützung bei der psychischen Gesundheit können zu erhöhten Ausfallraten führen. Unternehmen müssen Maßnahmen ergreifen, um das Wohlbefinden ihrer Mitarbeiter zu fördern. Hier kommt beispielsweise das betriebliche Gesundheitsmanagement mit der bKV ins Spiel: Es können Fehlzeiten, Krankenstand und Krankheitskosten durch erstklassige und schnelle medizinische Versorgung der Mitarbeiter reduziert werden. So können die Ausfallzeiten durch schnellere Genesung der Mitarbeitenden verkürzt werden, indem eine qualitativ bessere Versorgung im Krankheitsfall zur Verfügung steht. So entsteht eine **Verringerung der Fehlzeitenquote durch Präventionsleistungen**.

Die Benefits Trends Studie von Willis Towers Watson (WTW) zeigt regelmäßig, dass viele Unternehmen Maßnahmen zur Mitarbeiterbindung ergreifen. **Betriebliche Benefits, die den Bedürfnissen der Mitarbeitenden entsprechen, sind ein starkes Mittel, um deren Loyalität zu erhöhen, das Wohlbefinden zu fördern und somit Engagement und Leistung zu steigern.**

Die aktuellen Global Findings der Studie (Juni 2025) zeigen deutlich: Es geht heute nicht mehr darum, möglichst viele Benefits anzubieten. Entscheidend ist, vorhandene Mittel gezielt und wirksam einzusetzen.

- **Kosten im Blick behalten:** Mehr als zwei Drittel der Unternehmen sehen steigende Ausgaben im Benefits-Bereich als zentrale Herausforderung. Statt Leistungen einfach zu streichen, investieren sie klüger – etwa durch bessere Verträge mit Anbietern, transparente Preisgestaltung, bevorzugte Netzwerke und Programme zur Prävention von besonders teuren Gesundheitsrisiken wie psychischen Erkrankungen, Herz-Kreislauf-Leiden oder Krebs.
- **Wirkung statt Masse:** Die alte Logik „je mehr, desto besser" verliert an Bedeutung. Stattdessen konzentrieren sich Unternehmen darauf, besonders wirksame Leistungen auszubauen und weniger relevante Angebote zurückzufahren.
- **Benefits als strategisches Werkzeug:** Neben Kostenaspekten gewinnen Benefits immer stärker an Bedeutung als Instrument für Engagement, Employer Branding und Mitarbeiterbindung. Gerade in wirtschaftlich unsicheren Zeiten wird dieser strategische Nutzen wichtiger denn je.

Fazit: Unternehmen erzielen mehr Wirkung, wenn sie ihre Benefits gezielt einsetzen – mit klaren Prioritäten und Investitionen, die echten Mehrwert für Mitarbeitende schaffen, statt durch bloße Ausweitung des Angebots.

Flexible Arbeitszeiten und Homeoffice werden mittlerweile als Standard angesehen. Um sich im hart umkämpften Arbeitsmarkt abzuheben, müssen Unternehmen darüber hinaus noch weitere Benefits bieten.

Laut einer Studie von November 2023[1] ist für rund 45 % der Befragten eine bKV wichtiger als andere Firmen-Extras wie etwa Fahrtkostenzuschüsse oder Mobiltelefone. In einer anderen Umfrage[2] empfanden sogar 64 % eine bKV als wichtigen Faktor für ihre Betriebstreue. Dieser Effekt lässt sich ansatzweise auch auf die bUV übertragen, da sie einen wichtigen Schutz und zusätzliche Sicherheit im Arbeitsalltag bietet. Jedoch ist die Kommunikation des Nutzens der bUV in der Praxis eine Herausforderung. Während die bKV für viele Mitarbeitende einen gut greifbaren finanziellen Vorteil darstellt, sind die Leistungen der Unfallversicherung abstrakter und daher weniger selbsterklärend. Erst eine gute Kommunikation der Leistungen erzeugt einen echten Mehrwert und steigert die Loyalität der Mitarbeitenden.

Betriebliche Altersversorgung, Gesundheitsförderung und Krankenversicherung sind bei Unternehmen zunehmend beliebt. Viele Arbeitgeber haben noch nicht erkannt, wie wirkungsvoll diese Versicherungen sein können, um Mitarbeiter zu binden und zu

---

1 Studie Arbeiten 2023 der Pronovia BKK Quelle: https://www.pronovabkk.de/unternehmen/presse/studien/arbeiten-2023.html, zuletzt abgerufen am 12.6.2025.

2 BKK Gesundheitsreport-Umfrage von 2019.

gewinnen. Trotz der wachsende Bedeutung von Zusatzleistungen und der Notwendigkeit für Unternehmen, in solche Benefits zu investieren, bieten beispielsweise erst 12 % der Unternehmen eine bUV an.

Horst Müller hört interessiert zu. Zwar wusste er um den demografischen Wandel und den dadurch verschärften Fachkräftemangel, in seiner vorherigen Tätigkeit hatte er sich allerdings bislang keine Gedanken um die Attraktivität der Meier GmbH als Arbeitgeber machen müssen. Zwar betrifft gerade das Homeoffice nicht alle seiner Mitarbeiter, einzelne Wünsche dahingehend sind ihm aber bekannt. Auch war er überrascht von der Information, dass betriebliche Vorsorgemodelle auf größere Resonanz stoßen als beispielsweise Fahrtkostenzuschüsse. Und mit der „Work-Life-Balance" hatte er bislang nur die Reduzierung der Wochenarbeitszeit in Verbindung gebracht und nicht an eine Absicherung durch Vorsorgemodelle gedacht.

2.1.1 Überblick betriebliche Vorsorgemodelle

Bevor Horst Müller sich mit den Vorteilen der betrieblichen Lösungen für die Arbeitgeber- und Arbeitnehmendenseite beschäftigt, bittet er den Berater Henri Laurent, ihm zunächst einen groben Überblick über mögliche Vorsorgemodelle zu verschaffen.

Betriebliche Vorsorgemodelle für Arbeitnehmende beziehen sich auf verschiedene Formen der betrieblichen Altersversorgung und sonstige Vorsorgeleistungen, die ein Arbeitgeber seinen Mitarbeitenden zusätzlich zum Gehalt anbietet. Die Modelle dienen der finanziellen Absicherung der Arbeitnehmenden über die gesetzlichen Ansprüche hinaus und können sowohl für die Altersvorsorge als auch für andere Lebensrisiken wie Krankheit oder Unfall genutzt werden.

Im Folgenden sind ein paar der häufigsten betrieblichen Vorsorgemodelle aufgeführt.

Betriebliche Altersvorsorge (bAV): Diese Vorsorgeform ist darauf ausgelegt, den Arbeitnehmenden im Ruhestand eine zusätzliche Rente zu bieten. Es gibt verschiedene Durchführungswege, zum Beispiel die Direktversicherung, die Pensionskasse, den Pensionsfonds, die Unterstützungskasse und die Direktzusage.

Beiträge können vom Arbeitgeber, vom Arbeitnehmenden oder von beiden gemeinsam getragen werden. In vielen Ländern, auch in Deutschland, sind die Beiträge zur bAV steuerlich begünstigt.

Betriebliche Krankenversicherung (bKV): Manche Unternehmen bieten ihren Mitarbeitenden eine betriebliche Krankenversicherung als Zusatzleistung an. Diese Versicherung kann bestimmte medizinische Leistungen abdecken, die über den gesetzlich versicherten Rahmen hinausgehen.

Betriebliche Unfallversicherung (bUV): Diese Versicherung bietet Schutz bei Arbeitsunfällen und, je nach Umfang der Versicherung, auch bei Unfällen in der Freizeit.

Betriebliche Invaliditäts- und Berufsunfähigkeitsversicherung: Diese Vorsorgemodelle sichern das Risiko einer Berufsunfähigkeit oder Invalidität ab und bieten eine finanzielle Unterstützung, wenn Arbeitnehmende aufgrund von Krankheit oder Unfall nicht mehr arbeiten können.

Vermögenswirksame Leistungen (VL): Arbeitgeber können VL-Zahlungen anbieten, die in bestimmte Sparformen wie Bausparverträge oder Investmentfonds eingezahlt werden. Diese sollen den Vermögensaufbau der Mitarbeitenden unterstützen.

2.1.2 Vorteile betrieblicher Vorsorgemodelle für Arbeitgeber und Arbeitnehmer

Betriebliche Vorsorgemodelle bieten sowohl Arbeitgebern als auch Arbeitnehmenden Vorteile.

Vorteile für Arbeitgeber

- Mitarbeiterbindung und Attraktivität

  Unternehmen, die betriebliche Versicherungen anbieten, positionieren sich als attraktive Arbeitgeber. Dies kann besonders in Zeiten von Fachkräftemangel einen Wettbewerbsvorteil darstellen, da potenzielle und bestehende Mitarbeiter solche Zusatzleistungen schätzen und sich langfristig an das Unternehmen gebunden fühlen.

- Mitarbeitermotivation und Zufriedenheit

  Der Zugang zu zusätzlichen Versicherungsleistungen trägt zur Zufriedenheit und Motivation der Mitarbeiter bei. Wenn Mitarbeiter wissen, dass sie im Falle eines Unfalls oder einer Krankheit abgesichert sind, erhöht dies ihr Gefühl der Sicherheit und Wertschätzung durch den Arbeitgeber.

- Kostenersparnis

  Durch den Abschluss von Gruppenversicherungen können Unternehmen oft von günstigeren Prämien profitieren als bei Einzelversicherungen. Diese Kostenvorteile können entweder direkt an die Mitarbeiter weitergegeben oder für das Unternehmen selbst genutzt werden.

- Reduzierung von Ausfallzeiten

  Eine gute Absicherung kann zur schnellen Genesung und Rückkehr von erkrankten oder verunfallten Mitarbeitern beitragen. Rehabilitationsmaßnahmen und eine umfassende medizinische Versorgung helfen, die Ausfallzeiten zu minimieren, was die Produktivität des Unternehmens erhält.

- Erfüllung der Fürsorgepflicht

  Arbeitgeber erfüllen mit einer betrieblichen Versicherung ihre Fürsorgepflicht gegenüber ihren Mitarbeitenden. Dies stärkt nicht nur das Vertrauen der Angestellten in das Unternehmen, sondern kann auch rechtlichen Auseinandersetzungen vorbeugen.

Vorteile für Arbeitnehmende

Auch für die Arbeitnehmenden gibt es zahlreiche Vorteile der Vorsorgemodelle.

- Zusätzliche finanzielle Absicherung

  Mitarbeiter erhalten durch betriebliche Versicherungen eine zusätzliche Absicherung, die über die gesetzliche Versicherung hinausgeht. Dies kann besonders im Falle schwerer Unfälle oder Krankheiten wichtig sein, wenn die gesetzliche Versicherung allein nicht ausreicht.

- Günstigere Konditionen

  Arbeitnehmer profitieren oft von günstigeren Versicherungsprämien, da Unternehmen als Großabnehmer bessere Konditionen aushandeln können. Dadurch erhalten sie umfangreicheren Schutz zu geringeren Kosten im Vergleich zu privaten Versicherungen.

- Umfassende, schnelle Versorgung

  Betriebliche Versicherungen bieten häufig eine schnellere medizinische Versorgung und Zugang zu Spezialbehandlungen. Dies kann entscheidend sein, um sich schnell zu erholen und wieder arbeitsfähig zu werden. Viele Versicherer bieten beispielsweise im Rahmen der bKV moderne digitale Gesundheitsservices an. Diese beinhalten unter anderem die Nutzung von Online-Arztbesuchen, digitale Gesundheitsakten, die Möglichkeit, Rezepte online zu erhalten, oder Gesundheits-Apps, die bei der Prävention und dem Management von Krankheiten unterstützen. Solche Services erleichtern den Zugang zu medizinischen Leistungen erheblich und tragen dazu bei, die Gesundheitskompetenz der Mitarbeitenden zu stärken. Zudem bieten sie einen schnellen und unkomplizierten Zugang zu medizinischer Beratung, was insbesondere in stressigen Arbeitssituationen oder bei gesundheitlichen Problemen, die einen sofortigen Rat erfordern, von großem Vorteil ist.

- Erhöhte Flexibilität und Anpassbarkeit

  Viele betriebliche Versicherungen bieten flexible Deckungsoptionen. Dies bedeutet, dass Mitarbeitende die Grundabsicherung, die der Arbeitgeber bietet, erweitern können. So können sie beispielsweise zusätzliche Leistungen oder höhere Versicherungssummen wählen, die ihren persönlichen Bedürfnissen und Lebensumständen entsprechen (beispielsweise könnten sie zusätzliche ambulante oder stationäre Leistungen oder Zahnzusatzversicherungen wählen). Diese Flexibilität ermöglicht es den Mitarbeitern, ihre Vorsorge maßgeschneidert zu gestalten, ohne dass sie komplett eigenständig eine Zusatzversicherung abschließen müssen.

Die Kosten für die zusätzlichen Leistungen sind in der Regel niedriger als bei einem privaten Abschluss, da sie oft über Gruppentarife angeboten werden.

- Beruhigendes Sicherheitsgefühl

  Zu wissen, dass sie im Notfall abgesichert sind, gibt den Mitarbeitenden ein beruhigendes Sicherheitsgefühl. Dies kann den Stress am Arbeitsplatz reduzieren und zu einem besseren allgemeinen Wohlbefinden beitragen.

Vorteile insbesondere in der betrieblichen Krankenversicherung:

- Absicherung auf Privatversicherten-Niveau

  Einer der größten Vorteile der bKV für Mitarbeitende ist die Möglichkeit, auf einem Niveau versichert zu sein, das normalerweise Privatpatienten vorbehalten ist. Dies umfasst unter anderem schnellere Terminvergaben bei Fachärzten, Zugang zu Chefarztbehandlungen und eine bevorzugte Unterbringung im Krankenhaus, beispielsweise im Einzel- oder Zweibettzimmer. Dies bedeutet eine deutlich höhere Qualität der medizinischen Versorgung und kann im Krankheitsfall ein enormer Vorteil sein – sei es durch eine bessere Diagnostik, eine kürzere Wartezeit oder eine intensivere Betreuung. Gerade in einem Gesundheitssystem, in dem gesetzliche Versicherte häufig längere Wartezeiten in Kauf nehmen müssen, stellt dies einen erheblichen Vorteil dar.

- Keine beziehungsweise wenige Gesundheitsprüfungen

  Im Rahmen einer bKV entfallen in vielen Fällen umfangreiche Gesundheitsprüfungen, die normalerweise Voraussetzung für den Abschluss einer privaten Zusatzversicherung wären. Dies ist besonders vorteilhaft für ältere Mitarbeitende oder solche mit Vorerkrankungen, die ansonsten möglicherweise Schwierigkeiten hätten, eine Versicherung abzuschließen oder nur mit sehr hohen Kosten Zugang zu einem adäquaten Schutz bekämen. Durch die Gruppentarife, die über den Arbeitgeber angeboten werden, erhalten sie Zugang zu Leistungen, die ihnen ansonsten möglicherweise verwehrt blieben. Dies führt zu einer geringeren finanziellen Belastung und einer höheren Absicherung, was wiederum das Wohlbefinden der Mitarbeitenden stärken kann.

- Mitversicherung von Familienangehörigen

  Ein weiterer großer Vorteil der bKV ist die Möglichkeit, Familienangehörige mitzuversichern. Dies bedeutet, dass nicht nur die Mitarbeitenden selbst, sondern auch deren Familien von den Vorteilen einer privaten Krankenversicherung profitieren können. Insbesondere für Mitarbeitende mit Kindern oder vorerkrankten Angehörigen stellt dies einen bedeutenden Mehrwert dar. Die Gesundheit der Familie ist für viele Arbeitnehmende ein entscheidender Faktor, der ihre Arbeitszufriedenheit und ihr Engagement im Unternehmen beeinflusst. Durch die Mitversicherung wird der Arbeitgeber zu einem wichtigen Partner in der Gesundheitsvorsorge der gesamten Familie, was zugleich das Vertrauen und die Bindung an das Unternehmen stärkt.

2.1.3 Fazit

Horst Müller versucht nach dem Gespräch alle gewonnen Informationen nochmals Revue passieren zu lassen, um zu prüfen, ob er die Zusammenhänge richtig verstanden hat.

Die wichtigsten Ursachen für den Bedarf an betrieblichen Vorsorgelösungen kennt er:

Der **demografische Wandel verschärft den Fachkräftemangel**, weshalb die Meier GmbH in einem verstärkten Wettbewerb um qualifizierte Mitarbeitende zu anderen Unternehmen steht. Die Arbeitgeberattraktivität ist bereits jetzt und vor allem zukünftig besonders wichtig, um die besten Talente gewinnen und halten zu können. Dazu kommt, dass die Corona-Pandemie das **Bewusstsein für Gesundheit und Sicherheit am Arbeitsplatz** nochmals verstärkt hat. Deshalb ist es notwendig, nicht nur wettbewerbsfähige Gehälter zu zahlen, sondern darüber hinaus eine attraktive Unternehmenskultur, Entwicklungsmöglichkeiten sowie eine gute Work-Life-Balance anzubieten.

Für Horst Müller hat sich das Gespräch bereits gelohnt. Er weiß jetzt: Es gibt Maßnahmen, die helfen können, die Mitarbeiterbindung bei der Meier GmbH zu stärken. Betriebliche Benefits, die den Bedarf der Mitarbeitenden gut abbilden, sind hierfür ein starkes Mittel. Ein Vorteil für die Meier GmbH ist, dass bisher viele Arbeitgeber noch nicht erkannt haben, wie wirkungsvoll betriebliche Vorsorgemodelle sein können, um Mitarbeitende zu binden und neue zu gewinnen.

Zu den **häufigsten betrieblichen Vorsorgemodellen** gehören unter anderem die betriebliche Altersversorgung, die betriebliche Krankenversicherung, die betriebliche Unfallversicherung sowie die betriebliche Invaliditäts- und Berufsunfähigkeitsversicherung, ebenso wie Vermögenswirksame Leistungen.

Die betrieblichen Vorsorgemodelle bieten nicht nur **Vorteile** für die Mitarbeitenden, auch der Arbeitgeber profitiert vom Einsatz solcher Modelle:

Vorteile für Arbeitgeber	Vorteile für Mitarbeitende
• Mitarbeiterbindung und Attraktivität • Mitarbeitermotivation und Zufriedenheit • Kostenersparnis • Reduzierung von Ausfallzeiten • Erfüllung der Fürsorgepflicht	• Günstige Konditionen • Umfassende Versorgung • Erhöhte Flexibilität und Anpassbarkeit • Beruhigendes Sicherheitsgefühl • Teilweise Absicherung auf Privatversicherten-Niveau • uvm.

Horst Müller weiß jetzt, dass betriebliche Versicherungen eine Win-Win-Situation darstellen: Die Investition in die betriebliche Vorsorge der Mitarbeiter kann beispielsweise Ausfallzeiten reduzieren und die Produktivität steigern, da gesunde und gut abgesicherte Mitarbeiter engagierter und motivierter arbeiten – Arbeitnehmende profitieren unter anderem von einem erweiterten Versicherungsschutz. Zudem wird dadurch das Image des Unternehmens als fürsorglicher Arbeitgeber, der sich um das Wohl seiner Belegschaft kümmert, gestärkt. Diese Kombination aus Vorteilen macht die betrieblichen Vorsorgemodelle zu zentralen Bausteinen einer nachhaltigen und zukunftsorientierten Personalstrategie, die sowohl den Unternehmenserfolg als auch das Wohlbefinden und die Bindung der Mitarbeiter fördert und so ein sicheres und gesundes Arbeitsumfeld schafft.

2.2 Bedarfsanalyse

Horst Müller weiß nun, dass der Bedarf an betrieblichen Lösungen wächst. Er möchte sich im nächsten Schritt informieren, welches Vorgehen sich am besten für die Meier GmbH eignet. Bei einem weiteren Termin mit Henri Laurant möchte er dargestellt bekommen, welche betrieblichen Absicherungsmöglichkeiten er umsetzen sollte und wie das weitere Vorgehen mit Henri Laurant aussieht.

Henri Laurant erklärt Horst Müller, dass idealerweise zunächst eine umfassende Bedarfsanalyse erstellt wird, um abbilden zu können, welche Absicherungen es bereits gibt und welche Absicherungsmöglichkeiten sinnvoll erscheinen. Horst Müller fragt nach, was eine Bedarfsanalyse in diesem Sinne sei, welche Vorteile eine Analyse bringe und wer diese erstelle.

Eine **Bedarfsanalyse** für betriebliche Vorsorgemodelle ist eine systematische Untersuchung, die Unternehmen dabei unterstützt, die spezifischen Bedürfnisse ihrer Mitarbeitenden in Bezug auf Vorsorgemaßnahmen wie betriebliche Altersvorsorge (bAV), betriebliche Krankenversicherung (bKV), betriebliche Unfallversicherung (bUV) und andere betriebliche Benefits zu ermitteln. Ziel ist es, Lösungen zu entwickeln, die sowohl den Anforderungen des Unternehmens als auch den Erwartungen der Mitarbeitenden gerecht werden.

Die Bedarfsanalyse umfasst typischerweise folgende Schritte:

1. **Erhebung der demografischen Struktur:** Die Altersverteilung, Geschlechterstruktur und andere demografische Merkmale der Belegschaft werden erfasst, da diese Faktoren Einfluss auf die Art und den Umfang der benötigten Vorsorgeangebote haben können.

2. **Analyse der Unternehmensziele:** Welche Ziele verfolgt das Unternehmen mit der Einführung oder Anpassung von Vorsorgemodellen? Dies kann etwa die Steigerung der Mitarbeiterbindung, die Förderung der Gesundheit oder die Steigerung der Arbeitgeberattraktivität sein.
3. **Ermittlung der Risikoprofile der Mitarbeitenden:** Es wird untersucht, welche Risiken die Mitarbeitenden des Unternehmens im Hinblick auf Gesundheit, Unfälle oder Altersvorsorge haben. Hierbei wird auch die berufliche Tätigkeit berücksichtigt, da sie Einfluss auf das Unfallrisiko oder den Gesundheitsbedarf haben kann.
4. **Berücksichtigung der Fluktuation und Mitarbeiterbindung:** In einem Unternehmen mit hoher Fluktuation könnten spezifische Modelle sinnvoll sein, um die Mitarbeiterbindung zu erhöhen, während Unternehmen mit einer stabilen Belegschaft möglicherweise von langfristigeren Vorsorgemodellen profitieren.
5. **Berücksichtigung der Finanzkraft des Unternehmens:** Die Analyse prüft, welches Budget das Unternehmen für Vorsorgemaßnahmen zur Verfügung stellen kann, und ermittelt die passenden Lösungen, die sowohl für das Unternehmen als auch für die Mitarbeiter finanzierbar sind.
6. **Abgleich mit bestehenden Angeboten:** Wenn das Unternehmen bereits Vorsorgemodelle anbietet, wird geprüft, ob diese den Bedürfnissen der Mitarbeitenden entsprechen oder ob Anpassungen notwendig sind.

Das **Ziel der Bedarfsanalyse** ist es, die richtigen Maßnahmen zu finden, die sowohl die Absicherung der Mitarbeitenden verbessern als auch zur Erreichung der Unternehmensziele beitragen. Die Ergebnisse der Analyse helfen, passende Vorsorgemodelle zu entwickeln, die den Anforderungen der Belegschaft gerecht werden und gleichzeitig zur Mitarbeiterbindung und -motivation beitragen.

Beteiligte einer Bedarfsanalyse

Bei einer Bedarfsanalyse wirken, je nach Unternehmensgröße und Struktur, verschiedene Beteiligte mit, unter anderem:

1. **Versicherungsmakler und Berater:** Sie analysieren die spezifischen Bedürfnisse des Unternehmens und der Belegschaft und entwickeln maßgeschneiderte Vorsorgemodelle.
2. **Personalabteilung:** Sie erhebt unter anderem Daten zur demografischen Struktur, Fluktuation und den Bedürfnissen der Mitarbeitenden.
3. **Unternehmensführung:** Verantwortlich für das Budget und die strategische Ausrichtung, sorgt sie dafür, dass die Analyse mit den Unternehmenszielen übereinstimmt.

Diese Zusammenarbeit gewährleistet eine fundierte Analyse, die sowohl die Bedürfnisse der Mitarbeitenden als auch die finanziellen und strategischen Ziele des Unternehmens berücksichtigt.

Vorteile einer Bedarfsanalyse

Die Bedarfsanalyse ist entscheidend, um die Bedarfe korrekt zu verstehen und passende Lösungen anzubieten. Sie wird zunehmend wichtiger, da das Geschäftsumfeld durch digitale, klimatische, politische und strukturelle Veränderungen schnell im Wandel ist. Unternehmen müssen ihre Versicherungsportfolios optimieren und datengestützte Risikoanalysen sowie alternative Versicherungsmodelle in Betracht ziehen. Standardisierte „One size fits all"-Ansätze sind nicht mehr ausreichend. Versicherungen müssen transparent und branchenspezifisch zugeschnitten sein. Durch Datenanalysen sollen Emerging Risks (neue Risiken) frühzeitig identifiziert werden.[3]

Viele Unternehmen bevorzugen eine All-in-one-Lösung und schätzen es, nur einen Ansprechpartner für ihre Versicherungen zu haben. Eine ganzheitliche Analyse ist jedoch komplex, und sowohl für Unternehmen als auch für Vermittler könnte der Aufwand einer umfassenden Untersuchung hoch erscheinen. Vermittler müssen selbstständig ganzheitliche Konzepte entwickeln, da viele Versicherer keine umfassenden Lösungen anbieten. Unternehmen könnten den hohen Aufwand einer vollständigen Analyse scheuen, daher ist es wichtig, vorsichtig vorzugehen und den Ansprechpartner schrittweise zu sensibilisieren.

Für Vermittler bietet eine solche Analyse die Möglichkeit, ihre Professionalität zu zeigen und Haftungsrisiken zu minimieren. Ein strukturiertes Vorgehen stellt sicher, dass keine Risiken übersehen werden. Ein umfassender Ansatz bietet zudem Potenzial für Cross-Selling und verringert das Risiko von Konkurrenzangeboten durch andere Vermittler.

Durch eine ganzheitliche Analyse wird das Risiko, bestehende Absicherungen zu übersehen oder doppelt abzusichern (zum Beispiel Krankenhaustagegeld in der Unfallversicherung und in der Krankenzusatzversicherung) verringert. Dies verhindert Überschneidungen, stellt zugleich aber sicher, dass alle Aspekte der Absicherung abgedeckt sind.

Arbeitshilfen zum Erstellen einer Bedarfsanalyse

Viele Versicherer bieten keine umfassenden Lösungen für die Bedarfsanalyse, weshalb Vermittler oft selbst ganzheitliche Konzepte entwickeln müssen. Um ihnen bei der Erstellung einer Bedarfsanalyse zu helfen, gibt es verschiedene Quellen und Arbeitsmaterialien. Eine wichtige Unterstützung bieten **Fragebögen von Versicherern, Vermittlern, Pools und Verbänden**, die im Internet zugänglich sind und als Orientierung die-

[3] WTW MarktSpot Report Q3-2024.

nen können. Vermittler können sich auch an ihre Kooperationspartner wenden, um spezifische Informationen und Formulare zu erhalten.

Der Arbeitskreis Beratungsprozesse greift in einer Beratungslandkarte auch Invaliditäts-Risiken im Rahmen der Personenrisiken für Geschäftsführung und Belegschaft auf (vgl. https://www.beratungsprozesse.de/download/beratungslandkarte_gewerbe/). Zudem stellt er Vorlagen für die Analyse von Betriebsrisiken zur Verfügung, allerdings fehlt derzeit eine Vorlage speziell für die betriebliche Unfallversicherung. Der Arbeitskreis empfiehlt, eine Basisanalyse (Risikoerfassungsbogen) sowie eine ergänzende Spartenanalyse durchzuführen, um eine umfassende Risikoerfassung zu gewährleisten.

Eine nützliche Ressource für Vermittler und Berater stellt die **DIN 77235** dar. Diese Norm fokussiert sich auf die Finanz- und Risikoanalyse für kleine und mittlere Unternehmen (KMUs), Freiberufler und Selbstständige. Sie deckt insbesondere Haftungsrisiken ab, lässt jedoch größere Unternehmen außen vor und behandelt freiwillige Absicherungen, wie z. B. Gruppen-Unfallversicherungen, nur am Rande. Gleichzeitig steckt unter A.34 „Fürsorgepflicht für Mitarbeiter auf Dienst- und Geschäftsreisen" ein relevanter Hinweis zur Pflicht zur Absicherung von Mitarbeitern auf Dienst- und Geschäftsreisen im Rahmen der betrieblichen Haftungsrisiken. Die Analyse kann bis zu 52 Themenfelder umfassen, die nach Prioritäten klassifiziert sind. Sie hilft Vermittlern, relevante Versicherungs- und Finanzthemen strukturiert mit ihren Kunden zu besprechen. Die Lösungen und Empfehlungen müssen jedoch individuell erarbeitet werden. Der Erwerb der Analyse ist kostenpflichtig (siehe https://www.dinmedia.de/de/norm/din-77235/343467665), bietet aber einen erheblichen Mehrwert bei der Reduzierung von Haftungsrisiken.

Zusätzlich zu den oben genannten Hilfsmitteln gibt es die **ISO Norm 31000**, die Prozessnorm für die Analyse von Risiken in einem Unternehmen. Diese Norm deckt sämtliche Unternehmensbereiche ab, einschließlich Produktionsprozesse, technische Anlagen und Sicherheitsvorkehrungen. ISO 31000 bietet Prinzipien und Leitlinien für das Risikomanagement, die an die spezifischen Bedürfnisse eines Unternehmens angepasst werden können. Sie hilft dabei, Unsicherheiten zu erkennen und proaktiv zu managen, um sowohl negative Auswirkungen zu minimieren als auch Chancen zu maximieren.

Wann werden die DIN- und ISO-Norm verwendet?

- Finanz-/Versicherungsvermittler nutzen die DIN 77235.
- Kunden mit umfassendem Risk-Management nutzen die ISO Norm 31000 für Risikoanalyse; Ausschreibungen für Risikodeckung basieren auf diesen Informationen.
- Für Kunden ohne umfassendes Risk-Management ist die DIN 77235 sinnvoll, besonders bei kleinen und mittleren Unternehmen.

Eine Befragung zu Absicherungswünschen könnte beispielsweise wie folgt aussehen:

In welchen der folgenden Bereiche wird weitere Beratung gewünscht?

Absicherung existenzieller betrieblicher Risiken:	Ergänzende Absicherung:
• Gebäudeversicherung • Haftpflichtversicherung (betriebliche Risiken) • Elektronikversicherung • Inhaltsversicherung • Maschinenversicherungen • Photovoltaikversicherung • Werkverkehrsversicherung • Cyber-Versicherung • Bauleistungsversicherung • Betriebsschließungsversicherung • Montageversicherung • Kraftfahrzeugversicherung • Vermögensschadenhaftpflichtversicherung • Rechtsschutzversicherung • Keyman-Police	Keine Absicherung von betrieblichen Risiken im engeren Sinne, aber dennoch zur Mitarbeiterbindung und zur Absicherung von Schlüsselkräften sehr relevant: • Directors & Officers Versicherung (D&O) • Todesfallabsicherung • Berufsunfähigkeitsversicherung • Krankenversicherung (zum Beispiel bKV) • Unfallversicherung (zum Beispiel bUV) • Betriebliche Altersvorsorge • Dienstreiseversicherung

Zusammenfassung

Die betriebliche Versicherungswelt stellt für Vermittler ein lohnendes Betätigungsfeld für die Zukunft dar. Hierfür ist jedoch entscheidend, dass der betriebliche Bedarf professionell ermittelt wird und passende Lösungen bereitgestellt werden. Unterstützung beim Erkennen von betrieblichen Risiken liefern die Fragebögen des Arbeitskreises Beratungsprozesse sowie die rechtssichere Befragung der DIN 77235. Darüber hinaus sind Vermittler gut beraten, sich mit Nachhaltigkeitsaspekten vertraut zu machen und diese in ihre Beratung mit einzubeziehen.

Vor der Risikoanalyse sollten Vermittler ihre Kunden entsprechend sensibilisieren. Während der Risikoanalyse bietet es sich an, die Themenfelder zu erfragen, zu denen kundenseitig ein Beratungswunsch besteht. Der Beratungswunsch und die vorhandenen Risiken des Betriebes können dann gegeneinander abgewogen werden.

Es ist immer wertvoll, die Beratungswünsche zu kennen. Zum Beispiel könnten Kunden ein Thema interessant finden, welches nur ein geringes Risiko für den Betrieb mit sich bringt. Das Motiv für eine zusätzliche Absicherung könnte jedoch in der Mitarbeiterbindung begründet sein und zahlt somit nicht auf die Absicherung betrieblicher Risiken ein. Auch bei Kenntnis solcher Beratungswünsche sollte die Priorität auf der Absicherung existenzbedrohender betrieblicher Risiken liegen. Sollten Kunden dennoch eine andere Absicherung vorziehen, empfiehlt es sich, dies zwingend zu dokumentieren.

Horst Müller sieht nun auch die Notwendigkeit einer Bedarfsanalyse. Er bittet Henri Laurant, ihm im Groben darzustellen, wie eine Bedarfsanalyse zur bAV, bKV und bUV aussieht.

2.2.1 Bedarfserhebung bAV

Im Bereich der betrieblichen Altersversorgung (bAV) ist eine fundierte Beratung und Bestandsaufnahme im Rahmen der Unternehmensanalyse von entscheidender Bedeutung, da sie die Grundlage für eine bedarfsgerechte und nachhaltige Gestaltung der Versorgungsmodelle bildet. Die Komplexität der bAV erfordert eine sorgfältige Analyse der unternehmensspezifischen Rahmenbedingungen, um sicherzustellen, dass die gewählte Versorgungslösung den gesetzlichen Anforderungen entspricht, die finanziellen Möglichkeiten des Unternehmens berücksichtigt und gleichzeitig den Bedürfnissen der Mitarbeiter gerecht wird. Wichtige Faktoren, die dabei berücksichtigt werden sollten, sind:

1. Bestandsaufnahme:

Die Beratung ermöglicht zunächst eine detaillierte Bestandsaufnahme der aktuellen Versorgungssituation im Unternehmen. Dabei werden die bestehenden Versorgungssysteme, deren Leistungszusagen und die damit verbundenen Verpflichtungen untersucht. Ziel der Analyse ist es, mögliche Versorgungslücken zu identifizieren und gleichzeitig die Effizienz und Nachhaltigkeit der bestehenden Modelle zu bewerten. Ohne eine solche Analyse könnten unerkannte Risiken bestehen, die langfristig zu finanziellen Belastungen für das Unternehmen führen können.

2. Demografische Struktur der Belegschaft

Die **Altersverteilung**, das durchschnittliche Eintrittsalter in den Ruhestand und die Fluktuationsraten spielen eine entscheidende Rolle bei der Gestaltung von Altersvorsorgelösungen, die sowohl den individuellen Bedürfnissen der Arbeitnehmenden als auch den strategischen Zielen des Unternehmens gerecht werden sollen. Ältere Mitarbeitende benötigen möglicherweise eine intensivere Altersvorsorge, da ihre Rentenlücke größer sein könnte, als jüngere Mitarbeitende, die gegebenenfalls mehr Wert auf flexible, wachstumsorientierte Modelle legen. Auch das **Geschlecht** kann die Präferenzen bei der bAV beeinflussen. In Unternehmen mit hoher **Fluktuation** könnten eher flexible bAV-Lösungen sinnvoll sein, während Unternehmen mit einer stabilen Belegschaft von langfristigen Vorsorgemodellen profitieren könnten. Eine differenzierte Analyse dieser Faktoren ermöglicht es, langfristig tragfähige und für die Mitarbeitenden attraktive Versorgungsmodelle zu entwickeln.

3. Rechtliche und regulatorische Rahmenbedingungen

Darüber hinaus müssen auch die rechtlichen und regulatorischen Rahmenbedingungen in die Analyse einbezogen werden. Da sich die bAV in einem komplexen rechtlichen Umfeld bewegt, müssen die Versorgungslösungen stets im Einklang mit den geltenden Vorschriften gestaltet werden. Eine sorgfältige rechtliche Prüfung und Beratung kann hier sicherstellen, dass das Unternehmen nicht nur die gesetzlichen Mindestanforderungen erfüllt, sondern auch Haftungsrisiken minimiert und möglichen finanziellen Belastungen durch Gesetzesänderungen proaktiv begegnet. Sowohl für das Unternehmen als auch für die Belegschaft kann es verschiedene steuerliche Vorteile geben, die im Rahmen der bAV genutzt werden können. Es ist wichtig, diese Faktoren bei der Auswahl der passenden bAV-Lösungen zu berücksichtigen.

4. Finanzielle Situation des Unternehmens

Auch finanzielle Aspekte spielen bei der Beratung und Analyse eine zentrale Rolle. Hier geht es um die Beurteilung der finanziellen Belastbarkeit des Unternehmens im Hinblick auf die Bereitstellung von Versorgungsleistungen. Dazu gehört die Berechnung der Kosten für die Einführung neuer oder die Anpassung bestehender Versorgungsmodelle ebenso wie die Bewertung der langfristigen Verpflichtungen, die das Unternehmen eingeht. Eine gründliche Analyse ermöglicht es, finanzielle Risiken frühzeitig zu erkennen und durch geeignete Maßnahmen zu begrenzen.

5. Mitarbeiterbindung und -motivation, Bedürfnisse der Belegschaft

Eine attraktive bAV kann ein wichtiges Instrument zur Bindung von Fachkräften und zur Steigerung der Mitarbeiterzufriedenheit sein. Die Analyse hilft, die Erwartungen und Bedürfnisse der Belegschaft zu erfassen und in die Gestaltung der Versorgungsmodelle einfließen zu lassen, um deren Akzeptanz und Wirksamkeit zu maximieren.

6. Kommunikation und Transparenz

Eine ausführliche Beratung kann dazu beitragen, das passende Modell zu finden und die bAV so zu gestalten, dass sie den Bedürfnissen des Unternehmens und der Belegschaft gerecht wird. Zudem ist eine Aufklärung über die Vorteile und Möglichkeiten der bAV wichtig, damit die Mitarbeitenden die Vorteile erkennen und optimal davon profitieren können. Um die Akzeptanz der bAV im Unternehmen zu steigern, sollte die Kommunikation klar und transparent sein.

Zusammenfassung

Zusammenfassend ist festzuhalten, dass eine gründliche Beratung und Erhebung im Rahmen einer Unternehmensanalyse für die betriebliche Altersversorgung unerlässlich sind, um sicherzustellen, dass die Versorgungsmodelle sowohl in rechtlicher, finanzieller als auch in strategischer Hinsicht optimal auf die Bedürfnisse des Unternehmens und seiner Mitarbeitenden abgestimmt sind. Nur durch eine umfassende Analyse und sorgfältige Planung kann sichergestellt werden, dass die bAV nicht nur den aktuellen Anforderungen gerecht wird, sondern auch langfristig einen positiven Beitrag zur Stabilität und Wettbewerbsfähigkeit des Unternehmens leistet.

Um den Beratungsprozess formal korrekt und zielorientiert durchführen zu können, ist es sinnvoll, ihn in einem Prozessmodell abzubilden. Dies sichert auch die Qualität des Prozesses.

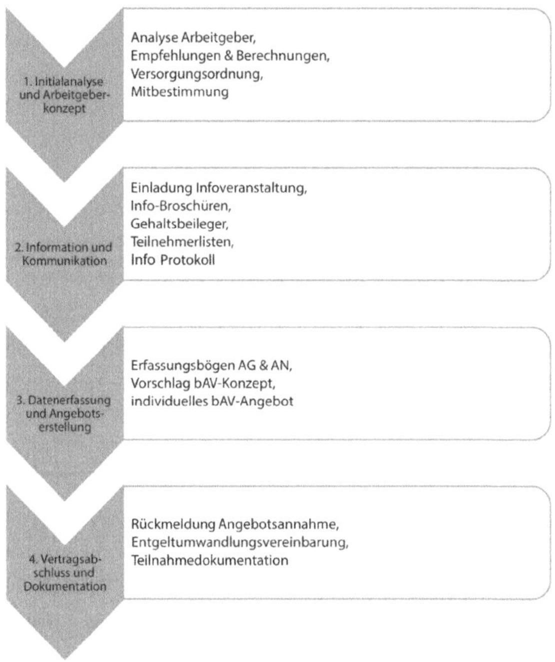

Abbildung 2.1: Prozessmodell zum Beratungsprozess

Im Mittelpunkt des Beratungsprozesses steht die **detaillierte Erfassung der für das Unternehmen relevanten Daten**. Mit Hilfe eines strukturierten Erfassungsbogens werden alle wesentlichen Informationen geordnet zusammengetragen, um ein auf die spezifischen Bedürfnisse des Unternehmens abgestimmtes Angebot für die betriebliche Altersversorgung formulieren zu können. Dieser Bogen ermöglicht eine umfassende Analyse und bildet die Grundlage für die Erarbeitung einer maßgeschneiderten Vorsorgelösung.

Muster: Erfassungsbogen für Beratungsdokumentation zur bAV

1. **Informationen zum Unternehmen**

   Name des Unternehmens: *Meier GmbH*

   Straße, Nr.: *Musterbetriebsplatz 1*

   PLZ, Ort: *99999 Musterstatt*

   Telefon: *0049 9999 99999*

   E-Mail: *personal@meier_gmbh.de*

   Geschäftsführer: *Horst Müller*

   Inhaber: *Familie Meier*

   Kaufmännische Leitung: *NN*

   Rechtsform des Unternehmens (AG, GmbH, GmbH & Co. KG, etc.): *GmbH*

   Branche des Unternehmens: *Maschinenbau*

   Jahresabschluss nach (HGB, IAS, US-GAAP): *HGB*

   Gewerbesteuerpflicht (Ja/Nein): *Ja*

2. **Informationen zur Belegschaft**

   Anzahl der Mitarbeiter (insgesamt, Vollzeit, Teilzeit): 45

   Bestehende Lohn-/Gehaltsvereinbarungen: *Ja*

   Jahreslohn und Gehaltssumme: 2.700.000 €

   Tarifgehälter: *Metall*

   Bonuszahlungen: *Ja*

   Tantiemenzahlung: *Nein*

   Vermögenswirksame Leistungen: *Ja*

   Sonderzahlungen (Urlaubsgeld, Weihnachtsgeld): *Urlaubs- und Weihnachtsgeld*

   Ist ein Betriebsrat vorhanden (Ja/Nein): *Ja*

3. **Betriebliche Altersversorgung (bAV)**

   Besteht eine betriebliche Altersversorgung (Ja/Nein):

   Form des Versorgungswerks: *Nein, nur einzelne Direktversicherungen*

   Personenkreis: X

   Letzte Überprüfung der bAV (Datum): X

   Durchgeführt von: X

   Möglichkeiten anderer Finanzierungsformen analysiert (Ja/Nein): *Nein*

4. **Weitere Fragen zur bAV**

   Sind Ihnen die aktuellen gesetzlichen Regelungen bekannt (Ja/Nein): *Ja*

   Gründe für die bisherige Nicht-Einrichtung der bAV: *War nicht im Fokus der alten Betriebsleitung*

   Ist eine Entgeltumwandlung über die steuerlichen Grenzen hinaus erwünscht (Ja/Nein): *Nein*

   Beschäftigen Sie Arbeitnehmer mit besonderen Fähigkeiten, die Sie an das Unternehmen binden möchten (Ja/Nein): Ja, *die betriebstreuen Führungskräfte*

   Wer betreut die bAV des Unternehmens: *Proximus Versicherung AG*

   Wird ein Beitragsvorteil für private und betriebliche Versicherungen genutzt (Ja/Nein): *Bisher nicht*

5. **Raum für Notizen**

   Notizen:

   - Geschäftsführung: Geschäftsführer: 1 Person (Herr Müller)
   - Leitende Angestellte: Produktionsleiter: 1 Person
     - Leiter Marketing/Vertrieb: 1 Person
     - Leiter Einkauf/Logistik: 1 Person
     - Leitung Verwaltung/QS: 1 Person
   - Verwaltung/Büro:
     - Controlling: 1 Person
     - Buchhaltung: 2 Personen
     - Personal: 2 Personen
     - IT: 2 Personen
     - Einkauf: 2 Personen
     - Logistikkoordinator: 1 Person
   - Außendienst:
     - Außendienstmitarbeiter: 3 Personen
   - Fertigung:
     - Teamleiter Produktion: 3 Personen
     - Produktion: 15 Personen
     - Azubis in der Produktion: 3 Personen

- Lager:
  - Lageristen: 2 Personen
  - Azubi im Lager: 1 Person
- Transport:
  - Fahrer: 3 Personen

Organigramm: *siehe Ausgangsfall*

2.2.2 Bedarfserhebung bKV

Die Einführung einer betrieblichen Krankenversicherung (bKV) in einem Unternehmen erfordert eine detaillierte Bedarfserhebung, die sicherstellt, dass die bKV sowohl den Anforderungen des Unternehmens als auch den Bedürfnissen der Mitarbeiter gerecht wird. Ein strukturiertes Vorgehen minimiert Haftungsrisiken und vermeidet das Übersehen relevanter Aspekte. Bei der Beratung zur bKV müssen unterschiedliche Faktoren berücksichtigt werden, welche die Wahl der Versicherung und ihre Anpassung an das Unternehmen beeinflussen.

1. Bestandsaufnahme

Bei der Analyse ist zu prüfen, welche Schutzmaßnahmen im Unternehmen bestehen, also welche **Gesundheitsangebote** im Unternehmen bereits **vorhanden** sind, wie zum Beispiel betriebliche Gesundheitsförderung, Betriebsarztangebote oder andere betriebliche Versicherungen.

Es sollte ermittelt werden, ob die bKV **in bestehende Angebote sinnvoll integriert** werden und diese ergänzen kann, oder ob dadurch Redundanzen entstehen. Dies kann unter Umständen zu einer Optimierung der Gesamtkosten führen.

2. Demografische Struktur, Mitarbeiteranzahl und bestehende Arbeitsverhältnisse

Die **demografische Struktur** des Unternehmens spielt insbesondere bei der Risikoanalyse und der darauf basierenden Prämiengestaltung eine bedeutende Rolle. So kann eine ältere Belegschaft zu höheren Versicherungsprämien führen, da ältere Mitarbeiter statistisch gesehen häufiger und intensiver medizinische Leistungen in Anspruch nehmen. Inzwischen bieten die führenden bKV-Anbieter jedoch einheitliche Alterskalkulationen an. Es sollte darüber hinaus geprüft werden, ob die bKV **Angebote für verschiedene Altersgruppen** enthält, wie zum Beispiel spezielle Programme für junge Familien oder Präventionsmaßnahmen für ältere Mitarbeiter. In einigen Fällen kann auch die **Geschlechterverteilung** innerhalb des Unternehmens relevant sein, insbesondere wenn es um Angebote für Schwangerschaftsvorsorge, Mutterschutz oder spezifische Gesundheitsvorsorgeprogramme geht.

Eine hohe **Mitarbeiteranzahl** kann die Verhandlungsmacht und die Auswahl der angebotenen Leistungen der bKV erhöhen. Größere Unternehmen können bessere Konditionen aushandeln und haben oft den Vorteil, dass weniger oder gar keine Gesundheitsfragen gestellt werden. Für kleinere Unternehmen ist es oft schwieriger, eine bKV ohne Gesundheitsprüfung zu erhalten.

Darüber hinaus muss geprüft werden, ob und wie die Mitarbeitergruppen unterschiedlicher **Arbeitsverhältnisse** (Voll- und Teilzeitkräfte, Leiharbeiter, befristet Angestellte und Azubis) in die bKV einbezogen werden können. Die Flexibilität des Versicherungsanbieters in Bezug auf verschiedene Arbeitsverhältnisse ist hier entscheidend. Zudem können auch hier neue Anreize für den Mitarbeiter geschaffen werden, indem beispielsweise höhere Positionen mehr Leistungen aus der bKV erhalten.

3. Branche des Unternehmens

Die **Risikoberufe** beziehungsweise die spezifischen Risiken der jeweiligen Branche müssen identifiziert werden. Branchen mit hoher körperlicher Belastung, wie das Baugewerbe oder Handwerk, können spezielle Anforderungen an den Versicherungsschutz haben. Zudem sind nicht alle Berufsgruppen versicherbar, zum Beispiel Bergungstaucher, Chemiker oder Feuerwerker. Auch die bestehenden **Sicherheitsvorschriften** der jeweiligen Branche müssen beachtet werden. Darüber hinaus sollte geprüft werden, inwiefern diese bereits durch das Unternehmen abgedeckt werden und ob die bKV zusätzliche Vorteile bieten kann.

4. Rechtskonformität und Datenschutz

Die Beratung muss sicherstellen, dass die bKV in Übereinstimmung mit geltenden **gesetzlichen Bestimmungen** steht, zum Beispiel dem Datenschutz, der Pflicht zur Gleichbehandlung und den arbeitsrechtlichen Rahmenbedingungen. Der **Datenschutz** ist besonders relevant, da Gesundheitsdaten äußerst sensibel sind. Deshalb sollte geprüft werden, wie der Versicherer den Datenschutz gewährleistet und ob das Unternehmen zusätzliche Maßnahmen ergreifen muss.

5. Kosten und Beitragsgestaltung

Es muss ebenfalls ein Blick auf die **Finanzierungsmodelle** geworfen und dabei entschieden werden, ob die Beiträge vollständig vom Arbeitgeber übernommen werden oder ob eine Teilung mit den Arbeitnehmenden erfolgt. Auch steuerliche Aspekte sollten hierbei berücksichtigt werden. Die Praxisempfehlung ist grundsätzlich immer die voll arbeitgeberfinanzierte bKV, da bei dieser die Gesundheitsfragen weg- und keine Wartezeiten für die Mitarbeitenden anfallen.

Die Beratung sollte auf einer **langfristigen Kalkulation** basieren und darauf abzielen, eine langfristig tragbare Lösung zu finden, die auch bei steigendem Durchschnittsalter oder veränderter Unternehmensstruktur stabil bleibt.

6. Spezifische Anforderungen und Wünsche des Unternehmens

Unternehmen haben oft spezifische Anforderungen, die nicht durch Standardprodukte abgedeckt werden. Die Beratung sollte daher die Möglichkeit der Anpassung der bKV an die individuellen Bedürfnisse des Unternehmens thematisieren (**Flexibilität der Versicherung**).

Darüber hinaus spielt die bKV auch eine Rolle bei der **Mitarbeiterbindung und -motivation**, weshalb sie beispielsweise auch geschickt in die Employer-Branding-Strategie integriert werden kann.

Die besondere Rolle der Mitarbeiterstruktur für die bKV

Die Mitarbeiterstruktur ist ein zentraler Aspekt bei der betrieblichen Krankenversicherung (bKV). Sie beeinflusst maßgeblich die Auswahl, Gestaltung und Konditionen der Versicherungsprodukte. Folgende Faktoren sind hierbei von besonderer Bedeutung:

1. Anzahl der Mitarbeiter

Die Belegschaftsgröße hat direkten Einfluss auf die Verhandlungsmacht des Unternehmens gegenüber dem Versicherer. **Größere Unternehmen** können in der Regel bessere Konditionen aushandeln, da sie eine größere Risikostreuung bieten und für den Versicherer eine attraktivere Kundengruppe darstellen. Ein hoher Anteil an versicherten Mitarbeitenden kann dazu führen, dass Gesundheitsfragen reduziert oder ganz weggelassen werden.

Bei **kleineren Unternehmen** kann der Versicherer individuelle Gesundheitsfragen stellen, um das Risiko besser einzuschätzen. Die Möglichkeit, Mitarbeitende ohne Gesundheitsprüfung in die bKV aufzunehmen, ist hier oft eingeschränkt. Bei Budgettarifen gibt es jedoch die Möglichkeit, ab 5 Mitarbeitenden eine Absicherung ohne Gesundheitsprüfung zu erhalten.

2. Versicherungsstatus der Mitarbeitenden

Unternehmen mit einer hohen Zahl **gesetzlich versicherter** Mitarbeitender profitieren besonders von einer bKV, da sie zusätzliche Leistungen bieten kann. Bei **privat versicherten** Mitarbeitenden könnte der Nutzen geringer sein, da sie oft schon umfassend abgesichert sind. Der Versicherungsstatus der Belegschaft kann die Entscheidung also beeinflussen, ob die bKV für alle Mitarbeitenden gleichermaßen sinnvoll ist oder ob spezifische Angebote für unterschiedliche Gruppen entwickelt werden sollten.

3. Arten der Beschäftigungsverhältnisse

Teilzeitkräfte könnten von den gleichen Vorteilen wie **Vollzeitkräfte** profitieren, jedoch können die Versicherungsbedingungen je nach Anbieter und Tarif variieren. Es ist wichtig, sicherzustellen, dass Teilzeitkräfte nicht benachteiligt werden und dass die bKV auch für diese Gruppe attraktiv bleibt.

Für **Leiharbeiter** und **befristet Beschäftigte** ist es entscheidend, ob das Unternehmen diesen Teil der Belegschaft miteinbeziehen möchte und welche Bedingungen für ihre Aufnahme gelten. Oftmals gibt es besondere Regelungen oder Einschränkungen für diese Gruppen, etwa in Bezug auf die Dauer des Arbeitsverhältnisses oder die Mindestbeschäftigungszeit.

Auszubildende stellen eine besondere Gruppe innerhalb der Belegschaft dar. Sie sind in der Regel jünger und gesetzlich krankenversichert. Insbesondere wenn Zusatzleistungen angeboten werden, die für junge Menschen von Interesse sind (beispielsweise Zahnzusatzversicherungen, Impfungen oder Gesundheitspräventionsprogramme), kann die bKV als wertvolles Bindungsinstrument dienen.

Für Mitarbeitende, die sich in **Elternzeit** befinden oder aufgrund einer **Langzeiterkrankung** abwesend sind, kann der Versicherungsschutz für die Dauer ihrer Abwesenheit in den meisten Tarifen gegen eine Mehrprämie mitversichert werden.

4. Demografische Struktur der Belegschaft

Die **Altersstruktur** der Belegschaft beeinflusst die **Risikoberechnung** und Prämiengestaltung der bKV. Ältere Mitarbeiter führen aufgrund höherer medizinischer Ausgaben zu höheren Prämien. In der Beratung sollte versucht werden, eine Lösung zu finden, die für alle **Altersgruppen** attraktiv ist und altersspezifische Angebote, wie Programme für junge Familien oder Präventionsmaßnahmen für ältere Mitarbeiter, berücksichtigt. Zudem kann die **Geschlechterverteilung** für Angebote wie Schwangerschaftsvorsorge oder spezielle Krebsvorsorgeuntersuchungen bei Männern relevant sein.

5. Berufliche Qualifikation und Tätigkeitsfelder

Die Struktur der Berufe innerhalb des Unternehmens kann ein entscheidender Faktor sein. Beispielsweise können **Berufe** mit körperlicher Belastung, wie in der Produktion oder im Baugewerbe, **höhere Risiken** für Arbeitsunfälle oder Berufskrankheiten mit sich bringen. Eine bKV kann hier durch spezielle Zusatzleistungen wie Rehabilitationsmaßnahmen, Privatkliniken bei Unfall oder Präventionsprogramme wertvolle Ergänzungen bieten.

In Berufen, die eine **hohe Qualifikation** erfordern, kann eine bKV als Instrument zur Mitarbeiterbindung dienen. Hier können zusätzliche Gesundheitsleistungen wie Check-ups, psychische Gesundheitsangebote oder Programme zur Work-Life-Balance besonders attraktiv sein.

6. Fluktuation und Mitarbeiterbindung

Eine **hohe Fluktuationsrate** im Unternehmen kann die langfristige Rentabilität der bKV beeinflussen. Versicherer könnten in solchen Fällen höhere Prämien verlangen oder besondere Bedingungen stellen. Unternehmen mit einer stabilen, **langjährigen Belegschaft** könnten von günstigeren Konditionen profitieren, da das Risiko kalkulierbarer ist. Langfristige Bindungsstrategien, die durch die bKV unterstützt werden, sollten in der Beratung thematisiert und die Fluktuationsgründe analysiert werden.

Zusammenfassung

Die Implementierung einer betrieblichen Krankenversicherung ist ein vielschichtiger Prozess, der eine detaillierte Analyse und maßgeschneiderte Lösungen erfordert. Verschiedenen Aspekte müssen berücksichtigt werden, um eine optimale Versicherungslösung zu finden, die sowohl den Bedürfnissen des Unternehmens als auch denen der Mitarbeiter gerecht wird.

Insbesondere die Mitarbeiterstruktur ist ein zentraler Aspekt der bKV. Entscheidend für die Gestaltung der betrieblichen Krankenversicherung, da sie die Auswahl, Konditionen und Prämien beeinflusst. Die **Belegschaftsgröße** hat einen direkten Einfluss auf die Verhandlungsmacht des Unternehmens gegenüber dem Versicherer, wobei größere Unternehmen oft bessere Konditionen erzielen. Der **Versicherungsstatus der Mitarbeitenden** ist ebenfalls wichtig, da gesetzlich versicherte Mitarbeitende besonders von einer bKV profitieren, während privat versicherte weniger Nutzen haben könnten. Auch die verschiedenen **Beschäftigungsverhältnisse** müssen berücksichtigt werden, da die bKV für diese spezifische Regelungen bieten sollte. Die **demografische Struktur**, insbesondere die Altersverteilung, beeinflusst die Prämiengestaltung, da ältere Mitarbeiter höhere Kosten verursachen und jüngere Mitarbeitende andere Präferenzen haben können. Schließlich sind auch **berufliche Qualifikationen** und Tätigkeitsfelder entscheidend, da bestimmte Berufe höhere Risiken mit sich bringen, die durch Zusatzleistungen in der bKV abgedeckt werden können.

2.2.3 Bedarfserhebung bUV

Die Einführung einer bUV in einem Unternehmen erfordert ebenfalls eine detaillierte Bedarfserhebung. Ein strukturiertes Vorgehen dabei minimiert Haftungsrisiken und vermeidet das Übersehen relevanter Aspekte. Auch bei der Beratung zur bUV müssen unterschiedliche Faktoren berücksichtigt werden, welche die Wahl der Versicherung und ihre Anpassung an das Unternehmen beeinflussen.

1. Bestandsaufnahme

Zunächst sollte die Police des gegebenenfalls bestehenden Vertrags eingeholt und genau analysiert werden. So können **bestehende Absicherungen** identifiziert werden, auch wenn der Betrieb diese nicht explizit erwähnt hat. Dabei sollte sowohl auf die Konditionen, die Laufzeit und auf die Kündigungsfrist geachtet werden, als auch darauf, ob es Vorschäden gab.

Nachdem die Leistungen und Ausschlüsse sowie die versicherten Personen identifiziert sind, muss überprüft werden, ob die bestehenden Verträge den Bedürfnissen des Unternehmens entsprechen. So kann der Vermittler wertvolle Argumente erhalten, um aufzuzeigen, an welchen Stellen der bestehende Versicherungsschutz möglicherweise nicht den betrieblichen Erfordernissen entspricht.

Zudem sollte berücksichtigt werden, ob bislang gegebenenfalls Risiken versichert sind, die im Rahmen von eigenen Angeboten nicht mehr versicherbar sind. Sollte dies der Fall sein, muss der Vermittler den VN zwingend darauf hinweisen und dies auch dokumentieren, bevor es zu einem Vertragswechsel kommt (vgl. BGH, Urteil v. 21.3.2024 – III ZR 71/23).

Zwar kann ein Versicherungsmakler den aktuellen Vertrag meist in seinem Bestand fortführen, jedoch muss beachtet werden, dass manche Makler mit den Versicherern Sonderkonditionen ausgemacht haben. In dem Fall könnten die Sonderkonditionen bei Übertragung entfallen oder der Vertrag wird versichererseitig zur Hauptfälligkeit gekündigt.

2. Demografische Struktur, Mitarbeiteranzahl und bestehende Arbeitsverhältnisse

Bei der bUV spielt die **demografische Struktur** des Unternehmers eine geringere Rolle. Zwar sind ältere Mitarbeiter potenziell einem höheren Unfallrisiko ausgesetzt, jedoch wird in der Unfallversicherung nicht nach dem Eintrittsalter kalkuliert. Altersgruppen sind aber denkbar. So könnten beispielsweise für ältere Altersgruppen besonders relevante (bedarfsgerechte) Leistungen wie Assistance, Unfälle durch Schlaganfall/Herzinfarkt oder Oberschenkelhalsbruch angeboten werden. Hierbei ist natürlich der Gleichbehandlungsgrundsatz zu berücksichtigen. Bezüglich der **Mitarbeiteranzahl** hat die Größe des Unternehmens (besser gesagt die Anzahl zu versichernder Personen), wie bei der bAV und bKV, auch bei der bUV Einfluss auf die Beitragssätze. Größere Unternehmen können bessere Konditionen aushandeln, da sie eine breitere Risikostreuung bieten (vgl. Tarifauszug zur Gruppen-Unfallversicherung Proximus Gewerbe AUB 2015 Seite 396):

Anzahl versicherter Personen	BB mit Namensangabe (S. 396 Proximus Gewerbe)	BB ohne Namensangabe (S. 396 Proximus Gewerbe)
3–10	20 %	25 %
11–30	25 %	30 %
31–50	30 %	35 %
51–100	40 %	45 %
> 100	50 %	55 %

Tabelle 2.1: Preisstufen Proximus Gruppenunfall

In der bUV wird das Unfallrisiko häufig unabhängig vom Beschäftigungsverhältnis (Vollzeit/Teilzeit) beurteilt. Bei befristeten Anstellungen oder Arbeitnehmerüberlassungen muss das Unternehmen somit selbst entscheiden, welcher Versicherungsschutz diesen Mitarbeitenden gewährt werden soll.

Der **Krankenversicherungsstatus** der Mitarbeitenden spielt in der bUV nur eine geringere Rolle. Zwar ist der Bedarf bei privat und gesetzlich Versicherten unterschiedlich, jedoch ist die Auszahlung der Unfallversicherungsleistungen meist unabhängig von der Leistung der Krankenversicherung. Eine Berücksichtigung ist dennoch sinnvoll, um Mehrfachabsicherungen zu vermeiden. Zum Beispiel könnten Gruppen (alle gesetzlich krankenversicherten Mitarbeitenden beziehungsweise alle privat krankenversicherten Mitarbeitenden) gebildet werden, um unterschiedliche Bedarfe zu berücksichtigen.

3. Branche des Unternehmens

Berufe mit erhöhtem Risiko sind sowohl in der bKV als auch in der bUV von besonderer Bedeutung, da sie ein höheres Risiko für Unfälle mit sich bringen. Im Falle der bUV ist es deshalb notwendig, **Risikogruppen** zu bilden, beispielsweise alle Kraftfahrer oder körperlich tätige Produktionsarbeiter. Hierbei sind die Gefahrengruppe sowie ausgeschlossene Berufe zu berücksichtigen.

Zu diesem Zeitpunkt sollten auch die Unfallhäufigkeit und deren Ursachen betrachtet werden. Zudem ist auch in der bUV zu überprüfen, ob bestehende **Sicherheitsvorschriften** eingehalten werden oder Verbesserungsbedarf besteht.

4. Rechtliche und regulatorische Rahmenbedingungen

Auch bei der bUV müssen die rechtlichen und regulatorischen Rahmenbedingungen in die Analyse einbezogen und darauf geachtet werden, dass die bUV alle gesetzlichen Anforderungen erfüllt (Unfallversicherungspflicht für bestimmte Berufsgruppen). Ebenfalls kann es steuerliche Vorteile geben, die beachtet werden sollten.

Der **Datenschutz** ist bei der Bedarfsanalyse besonders relevant. Deshalb ist es erforderlich, eine Einverständniserklärung zur Datenweitergabe und Speicherung gemäß

§ 6 DSGVO einzuholen. Dies ist wichtig, um sicherzustellen, dass die Verarbeitung personenbezogener Daten rechtmäßig erfolgt und die betroffenen Personen über den Zweck und Umfang der Datenverarbeitung informiert sind.

5. Kosten und Beitragsgestaltung

Natürlich haben Betriebe ein Interesse an geringen Kosten und Beiträgen. Zu unterscheiden sind Verwaltungskosten und Beiträge. So kostet der Direktanspruch von Mitarbeitenden laut Proximus Gewerbe Seite 396 (Tarifauszug) zwar mehr Beitrag – spart aber Verwaltungskosten beim Unternehmen. Dies gilt es sinnvoll mit dem Unternehmen abzuwägen. Gerade kleinere Unternehmen dürften schnell überfordert sein, wenn sie sich um die Schäden ihrer Mitarbeitenden kümmern sollen.

6. Spezifische Anforderungen und Wünsche des Unternehmens

Eine hohe **Fluktuationsrate** spielt hier keine übergeordnete Rolle, da das Unfallrisiko vor allem vom Tätigkeitsfeld und nicht von der Betriebszugehörigkeit abhängt.

In Zeiten, in denen Arbeitsplatzsicherheit und Gesundheitsvorsorge immer wichtiger werden, bietet eine bUV den Mitarbeitenden **Schutz und Sicherheit** und kann deren Loyalität und Zufriedenheit fördern. Auch weil erst wenige Betriebe diese Art der Absicherung bieten, stellt die bUV ein starkes Argument für Arbeitgeber dar, um sich von der Konkurrenz abzuheben und langfristig qualifizierte Mitarbeiter zu binden.

Zusammenfassung

Die Einführung einer betrieblichen Unfallversicherung (bUV) erfordert eine gründliche Bedarfserhebung, welche die bestehenden Versicherungspolicen des Unternehmens berücksichtigt und an die spezifischen Anforderungen angepasst wird. Es ist entscheidend, die demografische Struktur, die Mitarbeiteranzahl sowie die Art der Arbeitsverhältnisse zu analysieren, um die Versicherungslösungen entsprechend zu gestalten. Besondere Aufmerksamkeit sollte der Branche und den damit verbundenen Risiken geschenkt werden, um maßgeschneiderte Versicherungslösungen für risikobehaftete Berufsgruppen zu entwickeln. Zudem müssen rechtliche Rahmenbedingungen, Datenschutzanforderungen und steuerliche Vorteile berücksichtigt werden, um eine rechtskonforme und effektive bUV zu gewährleisten. Eine bUV kann nicht nur das Unfallrisiko absichern, sondern auch die Mitarbeiterbindung und -zufriedenheit steigern, was den Arbeitgeber von der Konkurrenz abhebt und langfristig qualifizierte Mitarbeiter sichert.

Muster: Erfassungsbogen für Beratungsdokumentation zur bUV

Unternehmensdaten

Versicherungsnehmer Firma:	Meier GmbH
Anschrift:	Musterbetriebsplatz 1, 99999 Musterstatt
Ansprechpartner:	Horst Müller
Telefon:	Tel: 0049 9999 99999
E-Mail:	Mail: mueller@meier_gmbh.de

Allgemeine Informationen

Wünsche und Bedürfnisse:	Priorität liegt auf: Preis: [] Leistung: [x] Andere:
Sollen alle mit den gleichen Versicherungssummen versichert werden?	[] ja [x] nein Falls nein, nähere Beschreibung: Verbesserte Absicherung Geschäftsführer: [x] ja [] nein Verbesserte Absicherung für leitende Angestellte: [x] ja [] nein Absicherung von Dienstreisen mit höheren Summen: [x] ja [] nein Verbesserter Schutz für körperlich tätige Personen: [x] ja [] nein Verbesserter Schutz für kaufm. tätige Personen: [] ja [x] nein
Weitere Wünsche:	Rabattmöglichkeiten nutzen, steuerliche Aspekte und Nachhaltigkeit berücksichtigen, der Versicherungsschutz soll sich in erster Linie auf berufliche Risiken erstrecken. Private Risiken werden mit abgesichert, haben jedoch keine Priorität. Im Falle von beruflichen Unfäl-len von Mitarbeitenden sollen Familienangehörige berücksichtigt werden.
Anzahl der Beschäftigten: (Mind. 2, max. 250)	Gesamt: 45 Leitend: 8 Erhöhte Gefährdung: 30 Mit Dienst/-Geschäftsreisen: 11

Risikofragen

Gibt es zu versichernde Auslandsstandorte?	[] ja [x] nein
Mitversicherung von nicht im Unternehmen beschäftigten Personen	[x] ja [] nein
Aufteilung nach Gefahrengruppen: (Personen, die Tätigkeiten der Gefahrengruppe A und B ausüben, werden der Gefahrengruppe A zugeordnet, sofern die Tätigkeit der Gefahrengruppe B nur max. zu 30 % ausgeübt wird.)	Gefahrengruppe A (kaufmännisch/verwaltend/Aufsicht führende Personen): 16 Gefahrengruppe B (handwerklich/körperlich tätige Personen): 29 Personen in besonderen Berufen tätig (zum Beispiel Akrobaten, Artisten): [] ja [x] nein
Personen mit Erstwohnsitz außerhalb Deutschlands?	[] ja [x] nein
Betriebsfeuerwehr mitversichern?	[x] ja [] nein

Vorversicherung

Besteht oder bestand eine Vorversicherung?	[] ja [x] nein (Wenn ja:) Gesellschaft: Leistungsumfang: Versicherungssummen: Vers.Nr: Ablauf: Kündigung erfolgt durch: [] VN [] Versicherer Anzahl und Höhe der Vorschäden in den letzten 3 Jahren:

Grundsätzliche Regelungen

Direktanspruch für Arbeitnehmende	[] ja [] nein
Mit Namensnennung: (Individuelle Summen möglich, jedoch unverzügliche Anzeige von Zu- und Abgängen erforderlich).	[] Mit Namensnennung (Name, Vorname, Geburtsdatum und Gefahrengruppe aller zu versichernden Personen in separater Liste)
Ohne Namensnennung: (Erfassung einer Gruppe zum Beispiel alle Angestellte, alle Fahrer o.ä. Gruppen haben jeweils die gleichen Summen. Jährliche Ermittlung der Personen.	[] Ohne Namensnennung (Anzahl der zu versichernden Personen je Gruppe)

Versicherungsumfang

Durchschnittlicher Beitrag je versicherter Person gewünscht:	**[x] ja [] nein** **Wenn ja, in Höhe von:** **400,00 € jährlich (Brutto)**
Sollen verschiedene Summenkombinationen festgelegt werden?	[x] ja [] nein **Falls ja, nähere Beschreibung:**
Grundsumme(n):	[x] Regulär: 2-faches Jahresbrutto (mind. 40.000 € und max. 100.000 €) [x] Für leitende Angestellte: 3-faches Jahresbrutto (max. 500.000 €)
Invalidität: (von 10.000 € bis 1,5 Mio. € Beträge ohne Progression und ohne Mehrleistung)	[] ohne Progression oder mit Progression: [] 225 % [] 350 % [x] 500 % [] 600 % [] 1.000 % oder mit Mehrleistung: [] 75 % [] 90 %
Deckungsumfang:	[x] 24-Stunden-Deckung [] Berufsunfälle mit Wegerisiko [] Berufsunfälle ohne Wegerisiko
Tagegeld ab Tag:	[] 1 [] 8 [] 15 [] 29 [x] 43 (Empfohlen: 1/3 vom Brutto für leitende Angestellte und körperlich tätige Personen)
Krankenhaustagegeld:	[] Basiswert [] verlängerte Zahlung inkl. doppeltem KHT im Ausland (21 Tage) [] (30 Tage)
Genesungsgeld:	[] Basiswert (für Büroangestellte) [] Verlängerte Zahlung (für leitende Angestellte und körperlich tätige Personen)
Tod: € (häufig ebenfalls als Vielfaches des Jahresgehalts berechnet)	[x] ja [] nein Prozentsatz der Grundsumme: [] 10 % [] 20 % [] 50 % [x] 100 %

Hinweis

Eine Unfallrente ist bei einer betrieblichen Unfallversicherung sehr unüblich, da die Arbeitgeber im Leistungsfall möglicherweise noch Jahrzehnte mit der Abwicklung zu tun haben. Üblich sind hingegen weitere Erweiterungen:

Verbesserte Bedingungen gewünscht?

Verlängerte Invaliditätsfristen:	[] ja [] nein
Verbesserte Gliedertaxe (in der bUV üblich)	körperlich tätige [x] ja [] nein kaufmännisch tätige [] ja [x] nein
Reha-Management (in der bUV häufig erweiterte Klauseln)	[] ja [] nein
Erhöhung der Erstattung von Bergungskosten und kosmetischen Operationen	[x] ja [] nein
Erweiterte Kriegsrisiken	[] ja [x] nein
Passives Kriegsrisiko	[] ja [x] nein
Eigenbewegung	[] ja [x] nein
Behinderungsbedingte private und berufliche Umbaukosten	[x] ja [] nein
Rückholkosten	[x] ja [] nein (für Dienstreisen)
Verbesserter Mitwirkungsanteil	[] ja [x] nein
Psychische und nervöse Störungen infolge eines Unfalls	[x] ja [] nein
Leistung als einmalige Kapitalzahlung auch nach dem 65. Lebensjahr	[x] ja [] nein
Infektionen infolge von Insektenbissen und -stichen	[x] ja [] nein
Weitere Infektionen, zum Beispiel bei Ausübung der Berufstätigkeit	[x] ja [] nein
Impfschäden	[x] ja [] nein
Bewusstseinsstörungen (Medikamente, Herzinfarkt, Schlaganfall, Übermüdung)	[x] ja [] nein
Mitversicherung von Gasen/Dämpfen	[x] ja [] nein
Nahrungsmittelvergiftungen	[] ja [x] nein
Erfrieren/Verhungern/Verdursten	[x] ja [] nein
Erhöhte Kraftanstrengung	[x] ja [] nein
Sofortleistung bei Schwerverletzungen	[x] ja [] nein
Erweiterte Leistungen für Kinder bei Tod des Versorgers	[x] ja [] nein
Assistanceleistungen, zum Beispiel Kosten für eine Haushaltshilfe	[x] ja [] nein

Zahlweise und Zahlungsart

Gewünschte Zahlweise:	[x] jährlich [] halbjährlich 3 % Zuschlag [] vierteljährlich 5 % Zuschlag [] monatlich 7 % Zuschlag
Zahlungsart:	[] Rechnung [x] Lastschrift

2.2.4 Gegenüberstellung der Bedarfsanalysen bAV, bKV, bUV

Die Bedarfsanalyse für bAV, bKV und bUV unterscheidet sich in verschiedenen Aspekten, da sie jeweils unterschiedliche Risikofelder und Ziele adressieren. Hier sind die wichtigsten Unterschiede:

	bAV	bKV	bUV
Ziel	Sicherstellung der Altersvorsorge für Mitarbeitende	Verbesserung der Gesundheitsvorsorge der Mitarbeitenden und Absicherung von medizinischen Kosten	Absicherung von Arbeitsunfällen und Wegunfällen der Mitarbeitenden, die zu Krankheit, Invalidität oder Todesfällen führen können
Die Analyse fokussiert sich auf ...	das Altersvorsorgerisiko der Belegschaft	die Gesundheitsrisiken der Belegschaft und darauf, wie die bestehende Gesundheitsversorgung der Mitarbeitenden verbessert werden kann	das Unfallrisiko der Belegschaft und die bestehenden Absicherungen
Demografische Faktoren	Altersstruktur der Belegschaft, berufliche Laufbahn und geplante Betriebszugehörigkeit	Altersstruktur und Gesundheitszustand, Versicherungsstatus der Mitarbeitenden	Berufs- und Tätigkeitsrisiken
Risikofaktor	Mögliche Rentenlücke, Änderungen im Rentensystem	Zunehmende Zahl an Krankheiten, Altersstruktur der Belegschaft	Gefahr von Unfällen am Arbeitsplatz und auf dem Arbeitsweg
Beitragshöhe hängt ab von ...	Einkommen der Mitarbeitenden	Gesundheitszustand und Alter	Berufsfeld und Gefährlichkeit der Arbeit

2.3 Rechtliche, steuerliche und sozialversicherungsrechtliche Grundlagen

Nachdem Henri Laurant Horst Müller die Grundzüge der Bedarfsanalysen der bAV, bKV und bUV vorgestellt hat, weist er ihn noch darauf hin, dass in allen drei Fällen rechtliche, steuerliche und auch sozialversicherungsrechtliche Grundlagen zwingend beachtet werden müssen.

Da Horst Müller mit diesen Belangen in seiner bisherigen Position nur wenig in Berührung kam, bittet er Henri Laurant, ihm auch diesbezüglich einen Überblick zu verschaffen.

2.3.1 bAV

2.3.1.1 Rechtliche Grundlagen der bAV

Die rechtlichen Grundlagen der bAV sind in verschiedenen Gesetzen und Vorschriften verankert, welche die Rahmenbedingungen für die Durchführung und Sicherstellung der bAV regeln. Zu den wichtigsten rechtlichen Grundlagen gehören:

- Betriebsrentengesetz (BetrAVG)
- Einkommensteuergesetz (EStG)
- Sozialgesetzbuch VI (SGB VI)
- Bürgerliches Gesetzbuch (BGB)

Die gesetzlichen Grundlagen sorgen dafür, dass die betriebliche Altersversorgung in Deutschland klar geregelt ist und die Interessen der Arbeitnehmenden geschützt werden. Sie gewährleisten eine transparente und gerechte Absicherung im Alter und schaffen einen rechtlichen Rahmen für die Unternehmen, die betriebliche Altersversorgungsmodelle anbieten.

Grundsätzliches

Die betriebliche Altersversorgung (bAV) hat ihre Ursprünge im 19. Jahrhundert, zunächst im Bergbau. Mit der Gründung von Versorgungseinrichtungen wie den Knappschaftskassen entstand eine erste systematische Form der kollektiven Altersabsicherung. In der Folgezeit etablierten auch Großunternehmen wie Krupp und Siemens freiwillige betriebliche Sozialleistungen, mit denen Arbeitgeber qualifizierte Arbeitskräfte langfristig an das Unternehmen binden und deren Loyalität stärken wollten. Diese freiwilligen Versorgungszusagen dienten der Absicherung im Alter, bei Invalidität oder im Todesfall. Mit zunehmender Industrialisierung entwickelten sie sich weiter, insbesondere vor dem Hintergrund sich wandelnder sozialer und wirtschaftlicher Rahmenbedingungen.

Ab den 1950er Jahren wurden erstmals steuerliche Anreize zur Förderung der bAV geschaffen. Dies leitete einen strukturellen Wandel in der Ausgestaltung und Finanzierung betrieblicher Versorgungssysteme ein. Diese Entwicklungen mündeten schließlich in das am 19.12.1974 in Kraft getretene Betriebsrentengesetz (BetrAVG). Anlass für diese gesetzliche Regelung war die wachsende Verunsicherung der Arbeitnehmenden hinsichtlich der Absicherung ihrer Betriebsrentenansprüche, insbesondere im Fall von Unternehmensinsolvenzen oder bei einem Arbeitgeberwechsel. Der Sozialbericht der Bundesregierung von 1970 hatte zuvor auf bestehende Versorgungslücken und fehlende rechtliche Sicherheiten hingewiesen und die Notwendigkeit einer gesetzlichen Regelung unterstrichen.

Das BetrAVG schuf erstmals verbindliche rechtliche Rahmenbedingungen für die betriebliche Altersversorgung und regelte zentrale Schutzmechanismen wie die Unverfallbarkeit von Anwartschaften, die Anpassungspflichten der Arbeitgeber, die Insolvenzsicherung durch den Pensions-Sicherungs-Verein sowie umfassende Informationspflichten gegenüber den Beschäftigten. Seitdem bildet das Gesetz die Grundlage für die Zusage von Alters-, Invaliditäts- und Hinterbliebenenleistungen durch den Arbeitgeber. Im Rahmen der drei Schichten der Altersversorgung stellt die bAV – neben der Riesterrente – eine der tragenden Säulen der zweiten Schicht dar und ergänzt damit die gesetzliche Rentenversicherung sowie die private Vorsorge. Ziel der bAV ist es, den Lebensstandard der Arbeitnehmenden im Alter durch zusätzliche betriebliche Leistungen zu sichern und zur Schließung der Rentenlücke beizutragen.

Zentrale Bedeutung des § 1 BetrAVG

§ 1 BetrAVG bildet das Herzstück des Betriebsrentengesetzes und definiert, was unter betrieblicher Altersversorgung zu verstehen ist. Nach § 1 Abs. 1 BetrAVG liegt eine betriebliche Altersversorgung vor, wenn einem Arbeitnehmer aus Anlass seines Arbeitsverhältnisses Leistungen der Alters-, Invaliditäts- oder Hinterbliebenenversorgung zugesagt werden. Diese Zusage kann entweder direkt durch den Arbeitgeber oder durch einen externen Versorgungsträger wie Pensionskasse, Pensionsfonds oder Direktversicherung erfolgen.

Die Bedeutung des § 1 BetrAVG liegt in seiner Funktion als Ausgangspunkt für alle weiteren Regelungen des Gesetzes. Er definiert nicht nur den Begriff der betrieblichen Altersversorgung, sondern legt auch die Rahmenbedingungen fest, unter denen diese Zusagen erteilt werden dürfen. Alle weiteren Regelungen des BetrAVG, wie zum Beispiel die Unverfallbarkeit von Anwartschaften (§ 1b BetrAVG), die Insolvenzsicherung (§§ 7–15 BetrAVG) und die Anpassungspflicht von Betriebsrenten (§ 16 BetrAVG) bauen auf dieser zentralen Definition auf. Damit ist § 1 BetrAVG von zentraler Bedeutung für das gesamte System der betrieblichen Altersversorgung in Deutschland.

Wichtig ist, dass sich der Anspruch auf Versorgungsleistungen nicht nur aus dem Arbeitsvertrag, sondern auch aus kollektiven Vereinbarungen wie Tarifverträgen oder Betriebsvereinbarungen ergeben kann.

2.3.1.2 Steuerliche Grundlagen der bAV

§ 1 BetrAVG regelt, dass eine betriebliche Altersversorgung nur dann steuerlich anerkannt wird, wenn sie der Absicherung mindestens eines biometrischen Risikos (Alter, Tod, Invalidität) dient und die Leistungen erst bei Eintritt des entsprechenden Ereignisses ausgezahlt werden. Die steuerliche Anerkennung ist Voraussetzung für die Abzugsfähigkeit der Aufwendungen als Betriebsausgaben beim Arbeitgeber sowie für die Steuerfreiheit bestimmter Beiträge beim Arbeitnehmer in der Ansparphase.

Gefördert wird die bAV durch die Befreiung von der Steuer- und Sozialversicherungspflicht. Nach dem Einkommensteuergesetz gelten für die fünf Durchführungswege der bAV folgende Regelungen:

- Direktzusage – § 6a EStG
- Unterstützungskasse – § 4d EStG
- Pensionskasse – § 4c EStG
- Direktversicherung – § 4b EStG
- Pensionsfonds – § 4e EStG

Steuerliche Behandlung nach Durchführungswegen beim Arbeitgeber

Direktzusage (Pensionszusage):

Bei der Direktzusage verpflichtet sich der Arbeitgeber, dem Arbeitnehmer im Versorgungsfall (Alter, Invalidität, Tod) unmittelbar eine Leistung zu gewähren. Steuerlich relevant ist hier vor allem die Möglichkeit, Rückstellungen nach § 6a EStG zu bilden. Diese Rückstellungen mindern den zu versteuernden Gewinn des Unternehmens, obwohl noch keine tatsächlichen Auszahlungen an die Arbeitnehmer erfolgt sind. Die Höhe der Rückstellungen wird nach versicherungsmathematischen Grundsätzen ermittelt.

Steuerlich ist die Direktzusage attraktiv, da es keine Obergrenze oder feste Beitragshöhe für die steuerfreie Zuwendung gibt und somit hohe Versorgungszusagen möglich sind. Dies ermöglicht insbesondere bei Gesellschafter-Geschäftsführern (GGF) eine Gewinnsteuerung durch Änderung der Versorgungszusage.

Unterstützungskasse:

Die Unterstützungskasse ist eine rechtlich selbstständige Versorgungseinrichtung, die der betrieblichen Altersversorgung von Arbeitnehmern dient. Zuwendungen des Arbeitgebers an die Unterstützungskasse sind steuerfrei, da sie dem Arbeitnehmer nicht unmittelbar zufließen. Dies ergibt sich daraus, dass der Arbeitnehmer während der Anwartschaftsphase keinen unmittelbaren Rechtsanspruch auf die Leistungen hat. Die Unterstützungskasse selbst bildet Rückstellungen für die späteren Versorgungsleistungen, während die Zuwendungen des Arbeitgebers als Betriebsausgaben abzugsfähig sind.

Steuerlich ist die Unterstützungskasse besonders attraktiv, da es keine Obergrenze für die steuerfreie Dotierung gibt und somit hohe Versorgungszusagen möglich sind.

Pensionskasse:

Beiträge des Arbeitgebers an eine Pensionskasse sind nach § 3 Nr. 63 EStG bis zu einem bestimmten Höchstbetrag steuerfrei. Dieser Höchstbetrag beträgt 8 % der Beitragsbemessungsgrenze (BBG) in der allgemeinen Rentenversicherung. Darüber hinausgehende Beiträge sind steuerpflichtig.

Für den Arbeitgeber sind die Beiträge als Betriebsausgaben abzugsfähig. Im Versorgungsfall sind die Leistungen der Pensionskasse beim Arbeitnehmer als Einkommen nach § 22 EStG zu versteuern.

Pensionsfonds:

Wie bei der Pensionskasse sind auch die Beiträge zu einem Pensionsfonds nach § 3 Nr. 63 EStG bis zu den gleichen Höchstgrenzen steuerfrei. Der Pensionsfonds zeichnet sich dadurch aus, dass er eine flexible Kapitalanlage ermöglicht, was potenziell zu höheren Renditen und damit zu höheren Renten für den Arbeitnehmer führen kann.

Auch hier sind die Beiträge beim Arbeitgeber als Betriebsausgaben abzugsfähig, während die späteren Leistungen beim Arbeitnehmer voll steuerpflichtig sind.

Direktversicherung:

Die Direktversicherung ist eine Lebensversicherung, die der Arbeitgeber auf das Leben der Arbeitnehmenden abschließt. Die Beiträge des Arbeitgebers sind nach § 3 Nr. 63 EStG bis zu 8 % der BBG steuerfrei. Darüber hinausgehende Beiträge sind steuerpflichtig.

Bei „alten" Direktversicherungen, die vor dem 1.1.2005 abgeschlossen wurden, können die Beiträge bis zu 1.752 € nach § 40b EStG a.F. pauschal versteuert werden. In diesem Fall sind die Beiträge auch als Betriebsausgaben abzugsfähig und die spätere Auszahlung ist bei Kapitalleistungen steuerfrei und bei Rentenleistungen nur mit dem Ertragsanteil zu versteuern.

Durchführungswege	Ansparphase	Auszahlungsphase
Pensionszusage	• Gewinnmindernde Bildung der Pensionsrückstellungen • Gewinnerhöhende Aktivierung der Rückdeckungsversicherung (RDV) • Beiträge zur RDV sind Betriebsausgaben	• Gewinnerhöhende Auflösung der Pensionsrückstellungen und gewinnmindernde Reduzierung der Aktivwerte • Versorgungsleistungen sind Betriebsausgaben
Unterstützungskasse	Zuwendungen sind Betriebsausgaben	Steuerlich nicht berührt
Direktversicherung	Beiträge sind Betriebsausgaben	Steuerlich nicht berührt
Pensionskasse	Beiträge sind Betriebsausgaben	Steuerlich nicht berührt
Pensionsfonds	Beiträge sind Betriebsausgaben	Steuerlich nicht berührt

Tabelle 2.2: Steuerliche Behandlung beim Arbeitgeber

„Geringverdiener-Förderung“ § 100 EStG

Der BAV-Förderbetrag wurde 2018 eingeführt, um Geringverdiener beim Aufbau einer bAV zu unterstützen. Der Staat fördert Arbeitgeberbeiträge ab 240 € jährlich mit einem Zuschuss von 30 %, mindestens 72 €, maximal 360 € (seit 2025). Die Förderung erfolgt über die Verrechnung mit der Lohnsteuer, wobei der Arbeitgeberbeitrag steuerfrei bleibt.

■ **BEISPIEL**

Bei einem Arbeitgeberbeitrag von 20 €/Monat (240 €/Jahr) beträgt der staatliche Zuschuss 6 €/Monat (72 €/Jahr). Der BAV-Förderbetrag begünstigt insbesondere Geringverdiener, die aufgrund geringer Einkommen keine steuerlichen Vorteile aus Gehaltsumwandlungen ziehen können. ■

Voraussetzungen:

- Einkommensgrenze: Bis 2.898 € monatlich (seit 2025). Schwankendes Einkommen oder Änderungen nach der Beitragsleistung sind irrelevant.
- Erstes Dienstverhältnis: Steuerklasse I-V oder pauschal besteuerter Arbeitslohn. Mehrfachförderung bei mehreren Arbeitgebern ist ausgeschlossen.
- Zusätzlicher Beitrag: Förderfähig sind nur Beiträge zusätzlich zum geschuldeten Arbeitslohn. Gehaltsumwandlungen sind ausgeschlossen.
- Versorgungsleistungen: Es sind nur lebenslange Renten oder ein Auszahlungsplan möglich.
- Höchstbetrag: Der maximale Förderbetrag wurde 2025 auf 360 € angehoben. Arbeitgeberbeiträge bis zu 1200 € jährlich sind förderfähig.
- Verwaltung: Der Förderbetrag wird in der Lohnsteuer-Anmeldung (Kennziffern 45 und 90) dokumentiert. Diese Regelung zielt darauf ab, die betriebliche Altersvorsorge für Geringverdiener attraktiver zu gestalten.

Steuerliche Behandlung nach Durchführungswegen beim Arbeitnehmenden

Unabhängig vom Durchführungsweg erfolgt die Besteuerung der Leistungen aus der bAV grundsätzlich im Rentenalter, also nachgelagert. Die Versorgungsleistungen sind als Einkünfte aus nichtselbstständiger Arbeit zu versteuern und unterliegen den üblichen einkommensteuerlichen Regelungen. Unterschiede bestehen jedoch hinsichtlich der Möglichkeit, Kapitalleistungen steuerlich zu begünstigen sowie der Anwendbarkeit des Versorgungsfreibetrages. Im Folgenden werden die wichtigsten steuerlichen Aspekte für die verschiedenen Durchführungswege dargestellt:

Direktversicherung und Pensionskasse

Die Leistungen, die im Rahmen einer Direktversicherung oder Pensionskasse in der Rentenphase ausgezahlt werden, unterliegen gemäß § 22 Nr. 5 EStG der vollen **nachgelagerten Besteuerung**. Das bedeutet, dass sowohl regelmäßige Rentenzahlungen als auch einmalige Kapitalleistungen in voller Höhe als sonstige Einkünfte versteuert werden müssen. Einmalige **Kapitalleistungen** können aber unter bestimmten Voraussetzungen nach § 34 EStG ermäßigt besteuert werden, wenn sie als Vergütung für eine mehrjährige Tätigkeit anzusehen sind.

Bei „alten" Direktversicherungen, die vor dem 1.1.2005 abgeschlossen und pauschal versteuert wurden, sind Kapitalzahlungen steuerfrei, bei Rentenleistungen unterliegt nur der Ertragsanteil der Einkommensteuer.

Pensionsfonds

Auch bei Leistungen aus einem Pensionsfonds erfolgt die **nachgelagerte Besteuerung** gemäß § 22 Nr. 5 EStG in voller Höhe. Dies gilt unabhängig davon, ob die Leistungen in Form einer Rente oder einer Kapitalleistung ausgezahlt werden. Arbeitnehmende können, wie bei anderen bAV-Durchführungswegen auch, den **Altersentlastungsbetrag** (s.u.) gemäß § 24a EStG geltend machen. Dieser wird bis zum Jahr 2040 schrittweise abgebaut.

Unterstützungskasse

Die in der Leistungsphase bezogenen Renten aus einer Unterstützungskasse unterliegen ebenfalls der **nachgelagerten Besteuerung**. Die Steuerpflicht beginnt mit dem Zufluss der Leistungen im Rentenalter. Die Renten sind als Einkünfte aus nichtselbständiger Arbeit nach § 19 Abs. 1 Nr. 2 EStG zu versteuern. Bei einer **Kapitalabfindung** kann eine Verteilung der Steuerlast auf mehrere Jahre nach § 34 EStG in Betracht kommen.

Direktzusage/Pensionszusage

Rentenzahlungen und Kapitalleistungen aus Direktzusagen unterliegen ebenfalls der **nachgelagerten Besteuerung** und sind in voller Höhe als Einkünfte aus nichtselbständiger Arbeit zu versteuern.

Bei der Besteuerung von Versorgungsleistungen kommt der **Versorgungsfreibetrag** nach § 19 EStG in Betracht, der den zu versteuernden Betrag mindert. Auch dieser Freibetrag wird bis 2040 schrittweise abgebaut.

Durchführungswege	Ansparphase	Auszahlungsphase
Pensionszusage	Steuerfrei, da kein Lohnzufluss	Als Einkünfte aus nichtselbstständiger Tätigkeit voll steuerpflichtig nach § 19 EStG (aber Freibeträge)
Unterstützungskasse	Steuerfrei, da kein Lohnzufluss	Als Einkünfte aus nichtselbstständiger Tätigkeit voll steuerpflichtig nach § 19 EStG (aber Freibeträge)

Direktversicherung	• Bis 8 % der BBG steuerfrei • Sonderausgabenabzug oder Zulage	Sonstige Einkünfte nach § 22 EStG (voll steuerpflichtig)
Pensionskasse	• Bis 8 % der BBG steuerfrei • Sonderausgabenabzug oder Zulage	Sonstige Einkünfte nach § 22 EStG (voll steuerpflichtig)
Pensionsfonds	• Bis 8 % der BBG steuerfrei • Sonderausgabenabzug oder Zulage	Sonstige Einkünfte nach § 22 EStG (voll steuerpflichtig)

Tabelle 2.3: Steuerliche Behandlung bei Arbeitnehmenden

Weitere steuerliche Besonderheiten

Altersentlastungsbetrag

Der Altersentlastungsbetrag gemäß § 24a EStG steht Arbeitnehmende zu, die das 64. Lebensjahr vollendet haben. Dieser Betrag mindert das zu versteuernde Einkommen, wird aber bis zum Jahr 2040 schrittweise abgebaut. Der Altersentlastungsbetrag gilt für alle Einkünfte, die nicht unter den Versorgungsfreibetrag fallen.

Versorgungsfreibetrag

Der Versorgungsfreibetrag nach § 19 EStG kann für Renten aus der gesetzlichen Rentenversicherung, aus berufsständischen Versorgungseinrichtungen sowie für Renten aus der betrieblichen Altersversorgung in Anspruch genommen werden. Dieser Freibetrag mindert die steuerpflichtige Rente, wird aber ebenfalls bis 2040 schrittweise abgebaut.

2.3.1.3 Sozialversicherungsrechtliche Grundlagen der bAV

Die bAV ist nicht nur aus steuerlicher, sondern auch aus sozialversicherungsrechtlicher Sicht von großer Bedeutung. Sowohl Arbeitgeber als auch Arbeitnehmende können durch die bAV Beiträge zur Sozialversicherung sparen. Darüber hinaus sind Arbeitgeber seit 2018 unter bestimmten Voraussetzungen gesetzlich verpflichtet, bei Entgeltumwandlung einen Zuschuss zur bAV zu leisten.

Sozialversicherungsrechtliche Grundlagen für Arbeitgeber

Wandeln Arbeitnehmende im Rahmen der bAV Teile ihres Entgelts in eine Altersversorgung um, reduziert sich das sozialversicherungspflichtige Bruttoeinkommen. Dies führt zu einer **Reduzierung der Sozialversicherungsbeiträge**, die sowohl vom Arbeitgeber als auch von den Arbeitnehmenden zu tragen sind.

Arbeitgeberanteil: Der Arbeitgeber zahlt in der Regel die Hälfte der Sozialversicherungsbeiträge (Kranken-, Pflege-, Renten- und Arbeitslosenversicherung). Durch die

Entgeltumwandlung verringert sich die Bemessungsgrundlage und der Arbeitgeber spart anteilig Sozialversicherungsbeiträge. Dies gilt jedoch nur, solange die umgewandelten Entgeltbestandteile innerhalb der BBG liegen.

Gesetzlicher Arbeitgeberzuschuss zur Entgeltumwandlung

Seit dem 1.1.2018 sind Arbeitgeber verpflichtet, bei neuen Entgeltumwandlungsvereinbarungen in eine Direktversicherung, eine Pensionskasse oder einen Pensionsfonds einen Zuschuss zur bAV zu leisten. Diese Regelung wurde im Rahmen des Betriebsrentenstärkungsgesetzes (BRSG) eingeführt.

Der gesetzliche **Arbeitgeberzuschuss** beträgt mindestens 15 % des umgewandelten Entgelts. Diese 15 % entsprechen dem Arbeitgeberanteil an den durch die Entgeltumwandlung eingesparten Sozialversicherungsbeiträgen.

■ BEISPIEL

Wandelt ein Arbeitnehmender 100 € seines Bruttoentgelts in eine Direktversicherung oder Pensionskasse um, muss der Arbeitgeber zusätzlich mindestens 15 € als Zuschuss zahlen. Der Arbeitgeber spart durch die Entgeltumwandlung einen Teil der Sozialversicherungsbeiträge und gibt diese Ersparnis in Form des Zuschusses an den Arbeitnehmenden weiter. ■

Für **bestehende Entgeltumwandlungsvereinbarungen**, die bereits vor dem 1.1.2018 abgeschlossen wurden, galt bis zum 1.1.2022 eine Übergangsfrist. Seitdem müssen auch diese Altverträge mit dem gesetzlichen Arbeitgeberzuschuss ausgestattet sein.

Sozialversicherungsrechtliche Grundlagen für Arbeitnehmende

a) Beitragsfreiheit in der Ansparphase

Während der **Ansparphase**, in der Beiträge zur bAV geleistet werden, sind diese bis zu bestimmten Grenzen **sozialversicherungsfrei**. Diese Grenzen orientieren sich an der Beitragsbemessungsgrenze der gesetzlichen Rentenversicherung.

- Höchstgrenzen: Arbeitnehmende können bis zu 4 % der BBG in der allgemeinen Rentenversicherung (West) sozialversicherungsfrei in eine bAV umwandeln.
- Bei Direktversicherungen, die nach § 40b EStG a.F. gefördert sind, können bis zu 1.752 € bei Sonderzahlungen sozialversicherungsfrei umgewandelt werden.
- Ersparnis für Arbeitnehmende: Durch die Reduzierung des sozialversicherungspflichtigen Einkommens sparen Arbeitnehmende auch den Anteil an den Sozialversicherungsbeiträgen. Dies kann die monatliche Nettobelastung der Arbeitnehmenden bei Entgeltumwandlung deutlich reduzieren.
- Zu bedenken ist aber auch, dass durch Entgeltumwandlung in eine bAV der Beitrag in die gesetzlichen Renten-, Kranken- und Arbeitslosenversicherungen entsprechend reduziert wird. Damit reduzieren sich auch die Leistungen aus diesen Versicherungen.

b) Verbeitragung in der Rentenphase

In der Rentenphase unterliegen die Rentenzahlungen aus der bAV grundsätzlich der Beitragspflicht zur gesetzlichen Kranken- und Pflegeversicherung. Diese Beitragspflicht gilt sowohl für Pflichtversicherte als auch für freiwillig gesetzlich versicherte Rentner.

- Beitragshöhe: Bei der Berechnung der Beiträge zur Kranken- und Pflegeversicherung werden die Rentenleistungen als beitragspflichtige Einnahmen berücksichtigt. Der Beitragssatz richtet sich nach dem jeweils gültigen Beitragssatz der gesetzlichen Kranken- und Pflegeversicherung. Für Pflichtversicherte in der Krankenversicherung der Rentner (KVdR) beträgt der Beitragssatz ca. 14,6 % zuzüglich des individuellen Zusatzbeitragssatzes der jeweiligen Krankenkasse. Für die Pflegeversicherung kommt ein weiterer Beitrag hinzu.
- Besonderheiten bei Kapitalleistungen: Auch Kapitalleistungen aus der bAV sind in der Regel beitragspflichtig in der gesetzlichen Kranken- und Pflegeversicherung. Allerdings wird der Beitrag auf Kapitalleistungen häufig nicht in einer Summe erhoben, sondern über einen Zeitraum von 120 Monaten (10 Jahre) verteilt.

Zum 1.1.2020 wurde für Bezieher von Betriebsrenten ein gesetzlicher Freibetrag in der gesetzlichen Krankenversicherung eingeführt. Dieser Freibetrag entlastet Rentner, die Leistungen aus der bAV erhalten, von einem Teil der Krankenversicherungsbeiträge.

Gesetzlicher Freibetrag für bAV

Seit dem 1.1.2020 gilt ein gesetzlicher Freibetrag für die Berechnung der Beiträge zur gesetzlichen Krankenversicherung (GKV) auf Betriebsrenten. Dieser Freibetrag wurde mit dem Gesetz zur Einführung eines Abzugsbetrags in der gesetzlichen Krankenversicherung zur Förderung der betrieblichen Altersversorgung eingeführt. Ziel des Freibetrags ist, Betriebsrentner von der vollen Beitragspflicht auf ihre Rentenbezüge zu entlasten und die betriebliche Altersversorgung attraktiver zu machen.

Der **Freibetrag** betrug im Jahr 2020 159,25 €/Monat (entspricht 1.911 €/Jahr). Dieser Freibetrag wird jährlich angepasst und beträgt im Jahr 2025 187,25 €/Monat (entspricht 2.247 €/Jahr). Er wird von der monatlichen Betriebsrente abgezogen, bevor die Beiträge zur Krankenversicherung berechnet werden. Nur der Teil der Betriebsrente, der den Freibetrag übersteigt, ist beitragspflichtig. Der Freibetrag gilt jedoch nur für die Krankenversicherung, nicht für die Pflegeversicherung.

■ **BEISPIEL**

Ein Rentner erhält eine Betriebsrente in Höhe von 400 €/Monat. Der Freibetrag von 187,25 € (2025) wird abgezogen, sodass nur die verbleibenden 212,75 € der Beitragspflicht in der gesetzlichen Krankenversicherung unterliegen.

Beträgt die Betriebsrente hingegen nur 150 €/Monat, bleibt sie aufgrund des Freibetrages vollständig beitragsfrei. ■

Hinweis

Der Freibetrag gilt nicht für Beiträge zur gesetzlichen **Pflegeversicherung**. Hier bleibt die gesamte Betriebsrente beitragspflichtig.

Bei **mehreren Betriebsrenten** legt die Krankenkasse des Leistungsempfängers fest, bei welcher Listung der Freibetrag angewendet wird.

Der Freibetrag **entlastet Betriebsrentner** finanziell, da sie auf ihre Betriebsrente weniger Beiträge zur Krankenversicherung zahlen müssen. Dies erhöht die Attraktivität der betrieblichen Altersversorgung, insbesondere in Kombination mit den steuerlichen und sozialversicherungsrechtlichen Vorteilen in der Ansparphase.

Für Arbeitgeber bleibt die Verpflichtung bestehen, den gesetzlichen Zuschuss zur Entgeltumwandlung in der bAV zu zahlen. Der Freibetrag wirkt sich nicht direkt auf die Verpflichtungen oder Kosten des Arbeitgebers aus, sondern stellt eine Entlastungsmaßnahme dar, die den Arbeitnehmenden in der Rentenphase zugutekommt.

2.3.1.4 Fazit

Die Nutzung der betrieblichen Altersversorgung bringt sowohl für Arbeitgeber als auch für Arbeitnehmende sozialversicherungsrechtliche Vorteile. Der Arbeitgeber profitiert durch die Reduzierung der Sozialversicherungsbeiträge bei Entgeltumwandlung, ist aber verpflichtet, einen gesetzlichen Zuschuss von mindestens 15 % des umgewandelten Entgelts zu leisten. Arbeitnehmende sparen in der Ansparphase Sozialversicherungsbeiträge, müssen aber in der Rentenphase auf die ausgezahlte Rente oder Kapitalleistung Sozialversicherungsbeiträge zahlen. Diese Regelungen machen die bAV sowohl aus steuerlicher als auch aus sozialversicherungsrechtlicher Sicht zu einem attraktiven Instrument der Altersvorsorge.

Der gesetzliche Freibetrag stellt eine deutliche Entlastung für Rentner dar. Durch den Freibetrag sinkt die Beitragspflicht zur gesetzlichen Krankenversicherung auf Betriebsrenten. Arbeitgeber profitieren indirekt von einer höheren Akzeptanz der bAV bei den Arbeitnehmenden, was die Nutzung dieser Form der Altersvorsorge weiter fördern kann.

2.3.2 bKV

Bei der Einrichtung einer bKV muss unter anderem klar definiert sein, welche Leistungen die bKV konkret umfasst und wer anspruchsberechtigt ist. Bei der obligatorischen bKV sorgen die Versorgungsordnung, die Betriebsvereinbarung und die Betriebsordnung für die jeweilige Klarheit.

2.3.2.1 Rechtliche Grundlagen der bKV

Die rechtlichen Grundlagen der bKV sind weniger komplex und nicht so stark reguliert wie die der bAV. Dennoch gibt es einige Gesetze und Vorschriften, die den Rahmen für die bKV bilden. Zu den wichtigsten rechtlichen Grundlagen gehören:

- Betriebsrentengesetz (BetrAVG)
- Einkommensteuergesetz (EStG)
- Sozialgesetzbuch V (SGB V)
- Versicherungsvertragsgesetz (VVG)

Allerdings sind die gesetzlichen Regelungen nicht abschließend, sodass die Ausgestaltung der bKV häufig von den individuellen Vereinbarungen zwischen Arbeitgeber und Arbeitnehmenden abhängt.

Die bKV ist in Deutschland eine freiwillige Zusatzversicherung, die der Arbeitgeber den Arbeitnehmenden anbieten kann, um die Leistungen der gesetzlichen oder privaten Krankenvollversicherung zu erweitern. Bei der bKV ist entscheidend, klare arbeitsrechtliche Regelungen zu treffen, da sie in ihren rechtlichen Aspekten der betrieblichen Altersversorgung ähnelt. Besonders wichtig ist es, Arbeitnehmende zur Mitwirkung bei der Umsetzung der Krankenversicherung zu verpflichten, da ohne diese Mitwirkung eine erfolgreiche Durchführung nicht möglich ist. Unklarheiten in Bezug auf die Krankenversicherung können zu Haftungsrisiken für den Arbeitgeber führen, da Arbeitnehmende in solchen Fällen Ansprüche vor dem Arbeitsgericht geltend machen könnten.

2.3.2.2 Steuerliche Grundlagen der bKV

Mit einer bKV schließt ein Arbeitgeber für seine Belegschaft eine Zusatzversicherung ab. Beim Versicherungsabschluss ist zu entscheiden, ob der Belegschaft Gesundheitsschutz zu besonders günstigen Konditionen (Arbeitnehmerfinanzierung) angeboten oder die bKV sogar vollständig arbeitgeberseitig finanzieren (Arbeitgeberfinanzierung) werden soll. Auch Mischformen sind möglich.

Arbeitgeberfinanzierte bKV: Der Arbeitgeber zahlt die Beiträge zu 100 % für alle ausgewählten Mitarbeitenden. Dies können alle Mitarbeitenden des Unternehmens sein oder auch eine spezielle Einheit, die eine zusätzliche Leistung des Arbeitgebers erhalten soll (zum Beispiel alle leitenden Angestellten oder eine bestimmte Abteilung).

Mischform: Arbeitgeber und Mitarbeitende teilen sich die Beitragszahlung zu festgelegten Anteilen. Die Zahlung an die Versicherung kann jedoch nur von einer Stelle aus erfolgen (entweder Arbeitgeber oder Arbeitnehmende).

Arbeitnehmerfinanzierte bKV: Der Arbeitgeber schließt einen Gruppenversicherungsvertrag ab und ermöglicht der Belegschaft damit den Zugang zu den bKV-Tarifen. An der Beitragszahlung ist er jedoch nicht beteiligt. Dies erfolgt ausschließlich durch die einzelnen Mitarbeitenden per Lastschriftverfahren.

Der Arbeitgeber kann zwischen vier Varianten der Bezuschussung wählen: Sachbezug, Pauschalversteuerung nach § 40 Abs. 1 S. 1 Nr. 1 EStG i.V.m. § 1 Abs. 1 S. 1 Nr. 2 SvEV, Pauschalversteuerung nach § 37b EStG, Nettolohnversteuerung als Barlohn.

1. Der **Sachbezug** ist steuerfrei, wenn die Zahlweise monatlich ist und die Grenze 50 €/Monat unterschreitet.
2. Die **Pauschalversteuerung nach § 40 Abs. 1 S. 1 Nr.1 EStG i.V.m. § 1 Abs. 1 S. 1 Nr. 2 SvEV** ist steuerpflichtig mit dem Durchschnittssteuersatz. Hier kann die Zahlweise sowohl jährlich, halbjährlich als auch vierteljährlich beantragt werden. Die Grenze liegt bei 1000 €/Jahr.
3. Die **Pauschalversteuerung nach § 37b EStG** ist ebenso steuerpflichtig. Diese Versteuerungsart wird allerdings mit einer Pauschale von 30 % berechnet. Bei dieser Versteuerungsart kann frei über die Zahlweise entschieden werden (jährlich, halbjährlich, vierteljährlich, monatlich). Die Grenze liegt bei 10.000 €/Jahr.
4. Die **Nettolohnversteuerung als Barlohn** ist komplett steuerpflichtig, kann auch in der Zahlweise frei gewählt werden und hat keine Grenze.

Der Arbeitgeber bietet seinen Mitarbeitern bereits Sachzuwendungen an. Ist die bKV trotzdem steuerbefreit?

Eine Sachzuwendung ist bis zu 50 € im Monat steuer- und sozialversicherungsfrei. Wird die Freigrenze nicht überschritten, ist der arbeitgeberfinanzierte bKV-Beitrag ebenfalls steuer- und sozialversicherungsfrei.

Bei Überschreiten der Freigrenze ist der komplette Beitrag steuerpflichtig. Es kann gemäß § 37b EStG ein Pauschalsteuersatz (30 %) beim zuständigen Betriebsstättenfinanzamt angesetzt werden. Wir empfehlen Ihnen, im Einzelfall Rücksprache mit dem Steuerberater zu halten.

2.3.2.3 Sozialversicherungsrechtliche Grundlagen der bKV

Im Sozialversicherungsrecht wird, ebenso wie im Steuerrecht, unter Berücksichtigung der vier Arten unterschieden: Sachbezug, Pauschalversteuerung nach § 40 Abs. 1 S. 1 Nr. 1 EStG i.V.m. § 1 Abs. 1 S. 1 Nr. 2 SvEV, Pauschalversteuerung nach § 37b EStG, Nettolohnversteuerung als Barlohn.

1. **Sachbezug:** Liegt die Arbeitgeberleistung unter der Sachbezugsgrenze von 50 € und kann der Arbeitnehmer keine Geldzahlung als Ersatz verlangen, ist die Beitragszahlung nicht nur steuerfrei, sondern auch sozialversicherungsfrei.
2. **Pauschalversteuerung nach § 40 Abs. 1 S. 1 Nr. 1 EStG i.V.m. § 1 Abs. 1 S. 1 Nr. 2 SvEV:** Die Pauschalversteuerung führt zwar zur Steuerpflicht, jedoch sind auf die Beiträge, die als sonstige Bezüge gelten, keine Sozialversicherungsbeiträge zu entrichten. Diese Beiträge zählen sozialversicherungsrechtlich nicht als einmalig gezahltes Arbeitsentgelt, sondern als sonstige Sachbezüge und gehören daher nicht zum beitragspflichtigen Arbeitsentgelt.
3. **Pauschalversteuerung nach § 37b EstG**: Diese Besteuerungsart ist nicht nur steuerpflichtig, die Beitragszahlung stellt auch ein sozialversicherungspflichtiges Arbeitsentgelt dar.
4. **Nettolohnversteuerung als Barlohn:** Sie ist komplett steuerpflichtig. Die Beiträge werden dem Mitarbeiter individuell auf seinen Bruttolohn hochgerechnet und unter Berücksichtigung der Lohnsteuermerkmale hinzugezählt.

2.3.3 bUV

2.3.3.1 Rechtliche Grundlagen der bUV

Die rechtlichen Grundlagen zur bUV ergeben sich aus verschiedenen Gesetzen und Regelungen. Zu den Gesetzen gehören:

- Sozialgesetzbuch II (SGB II)
- Einkommensteuergesetz (EStG)
- Versicherungsvertragsgesetz (VVG)
- Bürgerliches Gesetzbuch (BGB)

Darüber hinaus finden sich sowohl beim Gesamtverband der Versicherungswirtschaft (GDV) als auch in BaFin-Rundschreiben detaillierte Hinweise zur Umsetzung.

Der GDV hat Zusatzbedingungen für die Gruppen-Unfallversicherung als Musterbedingungen erstellt („ZB GruppenUV 2014“ mit Stand 20.11.2015). Diese finden sich unter: https://www.gdv.de/gdv/zusatz-und-besondere-bedingungen-fuer-die-unfallversicherung-5992.

Das **BaFin-Rundschreiben 03/2021 (VA)** gibt detaillierte Hinweise zur Gestaltung und Durchführung echter Gruppenversicherungsverträge.

Es richtet sich an Versicherungsunternehmen, die solche Verträge für Verbraucher abschließen, und behandelt deren Anwendung, Einbeziehung der versicherten Personen, Prämienzahlung sowie spezielle Regelungen für verschiedene Versicherungssparten (neben der Unfallversicherung auch zu Lebens- und Krankenversicherung).

Wesentliche Punkte sind die Sicherstellung des kollektiven Verbraucherschutzes, das Recht der versicherten Personen, Ansprüche direkt gegenüber dem Versicherungsunternehmen geltend zu machen, und der Ausschluss von Aufrechnungen bei Zahlungsausfällen des Versicherungsnehmers. Weitere Schwerpunkte liegen auf der Informationspflicht gegenüber den versicherten Personen, insbesondere bei Vertragsänderungen oder Kündigungen, und der Vermeidung einer obligatorischen Verbindung von Versicherungen mit Waren- oder Dienstleistungsgeschäften.

2.3.3.2 Steuerliche Grundlagen der Gruppenunfallversicherung

Vermittler dürfen zwar keine Steuerberatung durchführen, dennoch spielen steuerliche Aspekte eine wichtige Rolle in der Beratung zur Gruppenunfallversicherung. Im Zweifelsfall sollte stets ein Steuerberater hinzugezogen werden.

Rechtliche Änderungen und steuerliche Beratung

Diese steuerlichen Informationen basieren auf den geltenden Regelungen (Stand Juni 2025) und können sich durch Änderungen in Gesetzen, Verordnungen, Rechtsprechung und Verwaltungsanweisungen ändern. Es ist daher wichtig, sich regelmäßig über aktuelle Entwicklungen zu informieren, um immer auf dem neuesten Stand zu sein.

Für eine umfassende steuerliche Beratung ist es empfehlenswert, einen Steuerberater zu konsultieren. Die hier dargestellten Informationen sind allgemeiner Natur und können keine individuelle steuerliche Beratung ersetzen.

Leistungsberechtigung in der bUV

Bei der Leistungsberechtigung der bUV stellt sich die Frage, ob der versicherte Arbeitnehmende einen Direktanspruch innehat oder nicht. Im Gegensatz **zur Pauschalversteuerung mit Direktanspruch**, bei der der Arbeitnehmende als versicherte Person im Schadensfall direkt mit der Versicherungsgesellschaft in Kontakt treten kann, ist bei der **Pauschalversteuerung ohne Direktanspruch** der Arbeitgeber als Versicherungsnehmer weiterhin der Ansprechpartner im Schadensfall. Der Arbeitnehmende muss zunächst den Arbeitgeber kontaktieren, der dann die Ansprüche bei der Versicherung geltend macht.

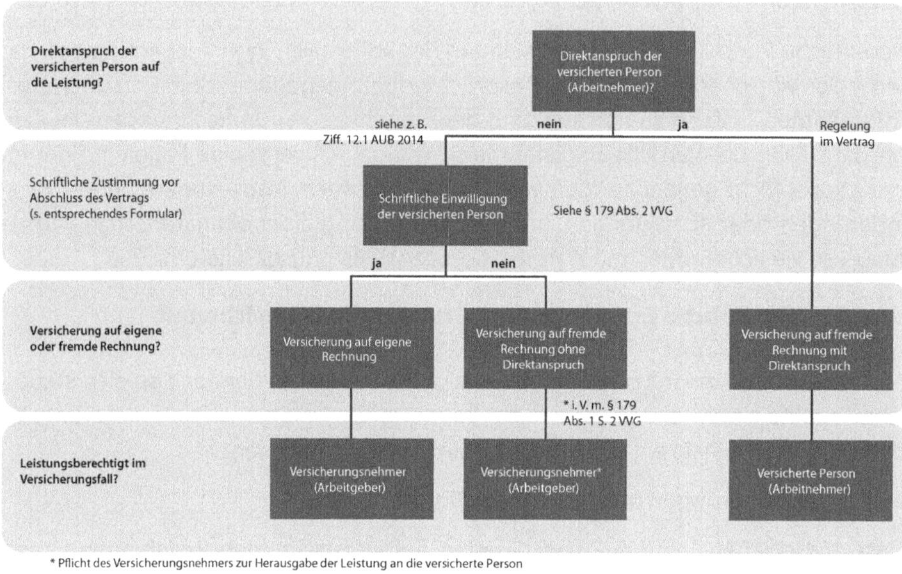

Abbildung 2.2: Leistungsberechtigung eigene und fremde Rechnung

Quelle: www.zurich.de

Steuerliche Aspekte für den Arbeitgeber

Seit dem 1.1.2024 wurde die bisherige Höchstgrenze für die Pauschalversteuerung von 100 € jährlich mit 20 % aufgehoben. Mit dem Wegfall der Höchstgrenze, hat die Pauschalbesteuerung nach § 40b Abs. 3 EStG an Attraktivität gewonnen. Allerdings sollte dieser Aspekt der Vertragsgestaltung bei einer Gruppen-Unfallversicherung in jedem Einzelfall individuell geprüft werden.

Steuerliche Behandlung der Beiträge

Mit Direktanspruch des Arbeitnehmers

- Die Beiträge gelten als steuerpflichtiger Arbeitslohn im Zeitpunkt der Zahlung.
- Ein Teil der Beiträge, der auf das Risiko bei Auswärtstätigkeiten entfällt, kann steuerfrei sein (20 % bei 24-Stunden-Deckung, 40 % bei reinen Berufsunfällen).
- Kapitalleistungen aus dem Versicherungsvertrag sind im Leistungsfall steuerfrei und fließen direkt an den Arbeitnehmer.

Ohne Direktanspruch des Arbeitnehmers

- Die Beiträge sind im Zeitpunkt der Zahlung steuerfrei.

- Im Leistungsfall müssen die vom Arbeitgeber gezahlten Beiträge als Arbeitslohn versteuert werden, begrenzt auf die Höhe der Versicherungsleistungen.
- Leistungen, die an den Arbeitgeber fließen, gelten als Betriebseinnahmen; weitergegebene Leistungen sind Betriebsausgaben und steuerneutral.

Betriebliche Absetzbarkeit

- Beiträge zur Gruppenunfallversicherung können als Betriebsausgaben abgesetzt werden, was die Steuerlast des Unternehmens mindert.
- Für Personengesellschaften ist nur der berufliche Anteil der Beiträge absetzbar; dies sollte individuell mit einem Steuerberater geklärt werden.
- Beiträge für die Absicherung von Keypersons (zum Beispiel leitende Angestellte) sind ebenfalls absetzbar.
- Im Leistungsfall gelten die Leistungen als Betriebseinnahmen.

Die Anwendung der 50 €-Sachbezugsfreigrenze ist ausgeschlossen, wenn die Voraussetzungen für die Pauschalversteuerung nach § 40b Abs. 3 EStG erfüllt sind, unabhängig davon, ob der Arbeitgeber von der Pauschalierung Gebrauch macht.

Steuerliche Aspekte für den Arbeitnehmenden

Versteuerung von Beiträgen

Bei einem **Direktanspruch** des Arbeitnehmenden gelten die Beiträge als steuerpflichtiger Arbeitslohn. Der Arbeitgeber kann eine Pauschalversteuerung von 20 % vornehmen.

Ohne einen Direktanspruch des Arbeitnehmenden sind die Beiträge zum Zeitpunkt der Zahlung steuerfrei. Im Leistungsfall werden die vom Arbeitgeber gezahlten Beiträge dann als Arbeitslohn versteuert, begrenzt auf die Höhe der Versicherungsleistungen.

Kapitalleistungen aus der Gruppenunfallversicherung sind im Leistungsfall steuerfrei.

Der Ertragsanteil der **Unfallrente** ist steuerpflichtig und unterliegt dem Progressionsvorbehalt.

Todesfallleistungen unterliegen der Erbschaftssteuer, jedoch mit hohen Freibeträgen für Angehörige.

Bei der Kombination mit Kapitallebensversicherungen sind **zusätzliche steuerliche Aspekte** zu beachten.

Rechenbeispiele für die steuerliche Behandlung der Beiträge

Pauschalversteuerung mit Direktanspruch

Ausgangssituation

Ein Arbeitgeber zahlt für die Gruppenunfallversicherung eines Mitarbeiters einen Jahresbeitrag von 125 € inklusive Versicherungsteuer. Es handelt sich um eine 24-Stunden-Deckung, wobei 20 % des Beitrags als steuerfreier Reisekostenanteil berücksichtigt werden.

- Berechnung:

Reisekostenanteil (steuerfrei):	20 % von 125 € = 25 €
Lohnsteuerpflichtiger Betrag:	125 € – 25 € = 100 €
Pauschale Lohnsteuer (20 %):	20 % von 100 € = 20 €
Gesamtkosten für den Arbeitgeber:	125 € + 20 € = 145 €

Versteuerung ohne Direktanspruch

AUSGANGSSITUATION

Ein Arbeitgeber zahlt über vier Jahre hinweg Beiträge zur Gruppenunfallversicherung in Höhe von 50,00 € (inklusive Versicherungssteuer) pro Jahr. Der Mitarbeiter hat keinen Direktanspruch und die Versicherung deckt 24 Stunden, das heißt sowohl berufliche als auch private Unfälle.

Berechnung:

Gesamtbeiträge über 4 Jahre:	4 x 50 € = 200 €
Reisekostenanteil (steuerfrei):	20 % von 200 € = 40 €
Lohnsteuerpflichtiger Betrag:	200 € – 40 € = 160 €
Lohnsteuer auf Beiträge (20 %):	20 % von 160 € = 32 €
Leistungsfall: Auszahlung der Versicherungsleistung:	150.000 €
Steuerfreie Auszahlung nach Abzug der Lohnsteuer:	150.000 € – 32 € = 149.968 €

Alter bei Rentenbeginn	Steuerpflichtiger Ertragsanteil der Rente
0 bis 1 Jahr	59 %
...	...
21 Jahre	49 %
...	...
49 Jahre	31 %
...	...
63 Jahre	20 %
...	...
67 Jahre	17 %
...	...

Tabelle 2.4: Auszug Ertragsanteil bei Unfallrenten gemäß § 22 EStG

Unterschiede zwischen Kapitalgesellschaften und Unternehmen

Ein wichtiger Unterschied zwischen Kapitalgesellschaften und anderen Unternehmensformen betrifft die **steuerliche Behandlung und die Möglichkeit der pauschalen Versteuerung** von Beiträgen, da dies direkte Auswirkungen auf die steuerliche Belastung des Unternehmens und der Mitarbeitenden hat. Kapitalgesellschaften bieten in der Regel eine größere Flexibilität und können pauschale Steuervergünstigungen nutzen, während Einzelunternehmen und Personengesellschaften oft eine individuellere Handhabung erfordern. Hier ein kurzer Überblick:

Versicherungsnehmer	Art der Absicherung	Beiträge	Leistungen	Hinweise
Kapitalgesellschaft (zum Beispiel AG, GmbH)	Keyperson-Absicherung	Als Betriebsausgaben abzugsfähig (§ 4 Abs. 4 EStG)	Betriebseinnahmen (nicht vollständig zu versteuern, da Aufwendungen gegengerechnet werden)	-
Personengesellschaft (zum Beispiel GbR, OHG, Partnerschaft) oder Einzelunternehmer	Absicherung von „fremden Dritten" (zum Beispiel leitende Angestellte)	Als Betriebsausgaben abzugsfähig	Betriebseinnahmen	-
Personengesellschaft (zum Beispiel GbR, OHG, Partnerschaft) oder Einzelunternehmer	Absicherung von Unternehmern (Inhaber, Mitunternehmer, Teilhaber, Partner)	Nicht abzugsfähig, zählt zum Privatvermögen	Keine Betriebseinnahme	Beiträge aus versteuertem Vermögen (privates Konto); betriebliche Zahlungen gelten als Privatentnahmen

Tabelle 2.5: Unterschiede zwischen Kapitalgesellschaften und Unternehmen

2.3.3.3 Datenschutz am Beispiel der Unfallversicherung

Die Unfallversicherung zählt (wie die Leben-, Kranken- und Pflegeversicherung) zu den Personenversicherungen. In diesem Bereich spielt Datenschutz eine entscheidende Rolle, da hier sensible Gesundheitsdaten verarbeitet werden. Diese Daten sind nach Art. 9 DSGVO und § 22 des Bundesdatenschutzgesetzes (BDSG) als besonders schützenswert eingestuft und erfordern daher einen besonders sorgfältigen Umgang.

Um Verträge abzuschließen, Prämien zu berechnen und Schadensfälle zu regulieren, benötigen Versicherer jedoch die personenbezogenen Daten der Versicherten, da diese notwendige Informationen, wie Gesundheitsdaten oder detaillierte Angaben zu Unfallereignissen, enthalten. Der Schutz dieser Informationen ist aus rechtlicher Sicht von höchster Priorität, da ein Missbrauch schwerwiegende Folgen für die Betroffenen haben könnte. Dies stellt besonders bei der betrieblichen Unfallversicherung eine Herausforderung dar, da hier auch der Arbeitgeber involviert ist.

Für weiterführende Inhalte zum Datenschutz wird an dieser Stelle auf das Kapitel 5.6.1 Gesetzliche Grundlagen – Datenschutzgrundverordnung (DSGVO) und BDSG verwiesen.

Je nach Höhe der Versicherungssumme oder Art des Risikos kann auch in der Unfallversicherung eine umfassendere Risikoprüfung erforderlich sein, die eine Schweigepflichtentbindungserklärung (SEE beziehungsweise ESE) voraussetzt. Anders als in der Krankenversicherung kann bei der Unfallversicherung gegebenenfalls auf die SEE verzichtet werden. Sofern bei Antragstellung keine Gesundheitsfragen erforderlich sein sollten und somit weder Vermittler noch Versicherer Gesundheitsdaten erheben, ist bei der Antragstellung keine SEE erforderlich. Folglich ist der Verzicht auch bei einer betrieblichen Unfallversicherung, bei der häufig keine Gesundheitsfragen gestellt werden müssen, möglich. Jedoch muss die SEE dann für die Leistungspflichtprüfung im Schadensfall nachgeholt werden. Bei der Proximus Versicherung AG werden jedoch im Rahmen der Risikoprüfung Gesundheitsfragen erhoben.

Datenschutzerfordernisse bei der bUV

Der Schutz von Daten ist besonders im Bereich der betrieblichen Versicherung von hoher Bedeutung. Eine Vielzahl von Mitarbeitenden erhöht das Risiko, dass unbefugte Personen Zugang zu sensiblen Informationen, insbesondere Gesundheitsdaten, erhalten könnten. Daher dürfen personenbezogene Daten stets nur für berechtigte Personen zugänglich sein.

Betriebe müssen sicherstellen, dass unbefugte Mitarbeiter keinen Zugang zu Gesundheitsdaten von Kollegen oder Vorgesetzten erhalten. Vermittler können Unternehmen unterstützen, indem sie auf diese Problematik hinweisen.

Empfohlene Maßnahmen für Betriebe:

1. **Einwilligung:** Es ist eine explizite Einwilligung der Versicherten zur Verarbeitung ihrer Daten (insbesondere Gesundheitsdaten) erforderlich.
2. **Einhaltung datenschutzrechtlicher Grundsätze:** Dazu gehören Rechtmäßigkeit, Zweckbindung, Datenminimierung, Speicherbegrenzung, Integrität und Vertraulichkeit.
3. **Verschlüsselung:** Sensible Daten müssen verschlüsselt werden.
4. **Zugriffsberechtigungen:** Der Zugang zu personenbezogenen Daten muss strikt auf notwendige Personen beschränkt sein.
5. **Pseudonymisierung:** Wo möglich, sollten Daten pseudonymisiert werden, um die Identifizierbarkeit zu verringern.

6. **Löschung:** Nicht mehr benötigte Daten, zum Beispiel von ausgeschiedenen Mitarbeitern, müssen unverzüglich gelöscht werden.
7. **Datensicherheit:** Es sind technische und organisatorische Maßnahmen erforderlich, um Daten vor unbefugtem Zugriff, Verlust oder Veränderung zu schützen.
8. **Datenschutz-Folgenabschätzung:** Bei neuen Verfahren oder Technologien, die hohe Risiken für die Rechte und Freiheiten von Personen bergen, ist eine Datenschutz-Folgenabschätzung notwendig.
9. **Auftragsverarbeitung:** Bei externen Dienstleistern müssen Verträge die Einhaltung der Datenschutzbestimmungen sicherstellen. Der Auftragnehmer darf die Daten nur im Rahmen des Auftrags verarbeiten und muss angemessene Sicherheitsmaßnahmen treffen.
10. **Mitarbeiterschulung:** Regelmäßige Schulungen sind notwendig, um das Datenschutzbewusstsein zu schärfen und Fehlverhalten zu vermeiden.
11. **Datenschutzbeauftragter:** Je nach Unternehmensgröße und Art der Datenverarbeitung kann die Bestellung eines Datenschutzbeauftragten erforderlich sein.
12. **Meldepflichten:** Datenschutzverletzungen müssen unter Umständen der Datenschutzaufsichtsbehörde gemeldet werden.
13. **Transparenz:** Betroffene müssen über die Verarbeitung ihrer Daten (insbesondere bei Gesundheitsdaten) informiert werden.
14. **Recht auf Auskunft, Berichtigung und Löschung:** Betroffene haben das Recht auf Auskunft über ihre Daten und können Berichtigung oder Löschung verlangen.
15. **Technologische Entwicklungen:** Mit der Digitalisierung müssen Unternehmen neuen Datenschutzrisiken Rechnung tragen und sich an technologische Entwicklungen anpassen.

Im Sinne einer datenschutzkonformen Schadenregulierung kann auch ein Direktanspruch hilfreich sein. Hierbei erfolgt die Schadensregulierung direkt mit der *versicherten Person* (also dem Beschäftigten). Das Unternehmen kommt somit nicht in Kontakt mit Schadensdokumenten. Jedoch wird hierfür üblicherweise ein Zuschlag erhoben, beispielsweise gemäß „Tarifauszug zur Gruppen-Unfallversicherung" S. 396 Proximus Gewerbe ein Zuschlag von 2–5 %.

2.3.4 Zusammenfassung

Die rechtlichen Grundlagen der bAV, bKV und der bUV bieten sowohl für Unternehmen als auch für Arbeitnehmer eine klare Struktur und rechtliche Sicherheit. Die bAV, geregelt durch das Betriebsrentengesetz (BetrAVG), sorgt für die Altersvorsorge der Arbeitnehmenden und schützt diese auch bei einem Arbeitgeberwechsel oder im Fall einer Insolvenz durch die Unverfallbarkeit von Anwartschaften und die Insolvenzsicherung. Die bKV hingegen ist eine freiwillige Zusatzversicherung, die von Arbeitgebern zur Erweiterung der gesetzlichen Krankenversicherung angeboten werden kann und weniger streng reguliert ist. Sie bietet zusätzliche Gesundheitsabsicherung, wobei die rechtlichen Rahmenbedingungen durch das SGB V und individuelle Vereinbarungen zwischen Arbeitgeber und Arbeitnehmer bestimmt werden. Neben den rechtlichen Rahmenbedingungen kann für die bUV auf Musterbedingungen des GDV sowie auf BaFin-Rundschreiben zurückgegriffen werden.

Aus steuerlicher Sicht bieten alle drei Versicherungsarten zahlreiche Vorteile für Arbeitgeber und Arbeitnehmer. Für die bAV gelten nachgelagerte Besteuerungsregelungen, bei denen Rentenleistungen im Alter als Einkünfte aus nichtselbstständiger Arbeit versteuert werden. Die bKV und bUV bieten ebenfalls steuerliche Gestaltungsmöglichkeiten, wobei die Beiträge zur bKV je nach Finanzierungsform (arbeitgeber- oder arbeitnehmerfinanziert) steuerlich unterschiedlich behandelt werden. Die steuerlichen Freibeträge für die bAV und die Möglichkeit der pauschalen Besteuerung bei der bKV sind besonders vorteilhaft. Auch bei der bUV wird die Steuerfreiheit von Beiträgen je nach den genauen Vereinbarungen und der Möglichkeit eines Direktanspruchs des Arbeitnehmers geregelt.

Vor allem im Bereich der bKV und bUV ist zudem der Datenschutz von zentraler Bedeutung, da hier sensible Gesundheitsdaten verarbeitet werden. Es müssen strenge Maßnahmen zum Schutz dieser Daten getroffen werden, insbesondere im Hinblick auf den Zugang und die Verarbeitung durch unbefugte Personen, vor allem wenn der Arbeitgeber involviert ist.

Insgesamt bieten die bAV, bKV und bUV viele Vorteile aus steuerlicher und sozialversicherungsrechtlicher Sicht und ermöglichen es sowohl Arbeitgebern als auch Arbeitnehmern, von finanziellen Ersparnissen zu profitieren. Zudem gelten diese Versicherungen als wichtige Bausteine der Mitarbeiterbindung (Stichwort War for Talents) und werden mittlerweile häufig vorausgesetzt. Um die bestmöglichen steuerlichen Vorteile zu erzielen, sollten regelmäßig die geltenden Bestimmungen geprüft und gegebenenfalls ein Steuerberater hinzugezogen werden.

3 Lösungen der betrieblichen Vorsorge

3.1 Aktuelle politische und gesellschaftliche Rahmenbedingungen

3.1.1 In der bAV

Die bAV in Deutschland steht im Spannungsfeld politischer Reformen, gesellschaftlicher Veränderungen und wirtschaftlicher Herausforderungen. Diese Rahmenbedingungen beeinflussen die Ausgestaltung und Attraktivität der bAV sowohl für Arbeitgeber als auch für Arbeitnehmer. Im Folgenden werden die aktuellen politischen und gesellschaftlichen Rahmenbedingungen der bAV im Detail dargestellt.

Politische Rahmenbedingungen

Betriebsrentenstärkungsgesetz (BRSG)

Das am 1. Januar 2018 in Kraft getretene BRSG stellt eine der wichtigsten politischen Reformen der letzten Jahre im Bereich der bAV dar. Ziel des BRSG war es, die Verbreitung und Attraktivität der bAV insbesondere in kleinen und mittleren Unternehmen (KMU) zu erhöhen und Angestellten mit geringem Einkommen den Zugang zur bAV zu erleichtern.

- **Opting-out-Modelle:** Mit dem BRSG wurde das sogenannte „Sozialpartnermodell" eingeführt, das die Möglichkeit eröffnet, reine Beitragszusagen ohne Haftung des Arbeitgebers anzubieten. Dabei wird das Prinzip des „Opting-out" genutzt, bei dem Angestellte automatisch in eine bAV einbezogen werden, sofern sie nicht aktiv widersprechen. Dieses Modell soll die Verbreitung der bAV erhöhen, wird aber bisher nur zögerlich genutzt.
- **Erhöhung des Förderbetrags für Geringverdiener:** Mit dem BRSG wurde ein steuerlicher Förderbetrag für Geringverdienende eingeführt, der Anreize für Arbeitgeber schafft, Arbeitnehmern mit einem Bruttoeinkommen von bis zu 2.898 € (2025) eine bAV anzubieten. Der Förderbetrag beträgt 30 % des Arbeitgeberbeitrags, maximal 180 € pro Jahr.

- **Verpflichtender Arbeitgeberzuschuss:** Ein weiteres zentrales Element des BRSG ist der verpflichtende Arbeitgeberzuschuss von mindestens 15 % des umgewandelten Entgelts bei Entgeltumwandlung in Direktversicherung, Pensionskasse oder Pensionsfonds. Diese Maßnahme stärkt die bAV und erhöht ihre Attraktivität für Angestellte.

Nachhaltigkeits- und ESG-Kriterien

Im Zuge der politischen Diskussionen um Nachhaltigkeit und Corporate Social Responsibility (CSR) gewinnt auch die bAV im Kontext von ESG-Kriterien (Environmental, Social, Governance) zunehmend an Bedeutung. Von kapitalgedeckten Altersvorsorgesystemen wie der bAV wird erwartet, dass sie verstärkt nachhaltige Anlagestrategien verfolgen. Dies führt zu einer politischen und regulatorischen Diskussion über die Integration von ESG-Kriterien in die Anlagepolitik von Pensionskassen und Pensionsfonds.

EU-Taxonomie und Offenlegungsverordnung: Die EU-Taxonomie und die Offenlegungsverordnung (Sustainable Finance Disclosures Regulation, SFDR) verpflichten Finanzmarktakteure, darunter auch Einrichtungen der bAV, zur Offenlegung von Nachhaltigkeitsinformationen. Diese Regelungen setzen Pensionskassen und andere Träger der bAV unter Druck, nachhaltige Anlageprodukte stärker zu berücksichtigen.

Mehr zum Thema Nachhaltigkeit lernen Sie in Kapitel 9.

Demographischer Wandel und Rentenreformen

Der demografische Wandel, insbesondere die Alterung der Bevölkerung, setzt das gesetzliche Rentensystem unter Druck. In der politischen Diskussion ist daher die private und betriebliche Altersvorsorge stärker in den Fokus gerückt, um die Finanzierung der Alterssicherung langfristig zu sichern.

Reformen der gesetzlichen **Rentenformel** und die Diskussion um die Rente mit 67 oder gar 70 Jahren zeigen die Notwendigkeit, die bAV als ergänzende Säule der Altersvorsorge weiter zu stärken.

Um den unterschiedlichen Lebensläufen und Bedürfnissen der Arbeitnehmer gerecht zu werden, könnte die bAV künftig flexiblere Optionen für den Renteneintritt bieten. Der Wegfall der Hinzuverdienstgrenzen bei Altersrentnern hat viele Berufstätige bewogen neben des Altersrentenbezuges weiterzuarbeiten. Dieser Entwicklung wird sich die bAV bei der nächsten Reform anpassen.

Gesellschaftliche Rahmenbedingungen

Wandel der Arbeitswelt

Die zunehmende Flexibilisierung der Arbeitswelt mit der Entwicklung zu befristeten Arbeitsverhältnissen, Teilzeitarbeit und Selbstständigkeit stellt die traditionelle bAV vor Herausforderungen.

Mobilität der Arbeitskräfte: Angestellte wechseln heute häufiger den Arbeitgeber, was die Attraktivität der bAV beeinträchtigen kann, insbesondere wenn die Ansprüche nicht portabel sind oder nur eingeschränkt übertragen werden können. Die Unverfallbarkeit von bAV-Ansprüchen, die bereits nach drei Jahren Betriebszugehörigkeit eintritt, hat zwar Verbesserungen gebracht, die Portabilität bleibt aber ein Thema.

Die Covid-19-Pandemie hat die Bedeutung von Homeoffice und digitalen Arbeitsmodellen stark erhöht. Diese Veränderungen wirken sich insofern auf die bAV aus, als dass Arbeitgeber verstärkt digitale Lösungen für die Verwaltung und Kommunikation von bAV-Angeboten einsetzen müssen.

Wachsende Bedeutung der privaten Altersvorsorge

In der Gesellschaft wächst das Bewusstsein für die Notwendigkeit einer zusätzlichen Altersvorsorge neben der gesetzlichen Rentenversicherung. Angesichts der Unsicherheiten im gesetzlichen Rentensystem und der demografischen Entwicklung setzen immer mehr Menschen auf private Vorsorgeinstrumente, bei denen die bAV eine zentrale Rolle spielt.

Das Vertrauen in die bAV als stabile und verlässliche Form der Altersvorsorge ist in der Gesellschaft hoch und steigert die Nachfrage nach entsprechenden Angeboten. Auch die Bindung von Angestellten durch attraktive bAV-Angebote wird als wesentlicher Vorteil wahrgenommen.

Nachhaltigkeitsbewusstsein

Das wachsende gesellschaftliche Bewusstsein für Umwelt- und Nachhaltigkeitsthemen spiegelt sich auch in der Nachfrage nach nachhaltigen Anlagemöglichkeiten in der bAV wider. Angestellte legen zunehmend Wert darauf, dass ihre Altersvorsorge in nachhaltige Projekte und Unternehmen investiert wird.

Immer mehr Beschäftigte fordern, dass ihre bAV nachhaltige Anlagestrategien verfolgt. Dies stellt Pensionskassen und andere Anbieter vor die Herausforderung, ihre Anlagepolitik entsprechend anzupassen und transparent über die Nachhaltigkeit ihrer Anlagen zu informieren.

Digitalisierung der bAV

Die fortschreitende Digitalisierung wird auch die bAV erfassen. Digitale Plattformen und Tools zur Verwaltung und Kommunikation der bAV könnten künftig eine zentrale Rolle spielen:

Die Verwaltung der bAV könnte zunehmend digitalisiert werden, um Prozesse zu vereinfachen und zu beschleunigen. Digitale Plattformen könnten es Arbeitnehmenden ermöglichen, ihre bAV-Beiträge online zu verwalten, Informationen über ihre Altersvorsorge zu erhalten und Änderungen an ihren Verträgen vorzunehmen.

Automatisierte Beratungs- und Planungs-Tools (Robo-Advisors) könnten Arbeitnehmern helfen, fundierte Entscheidungen über ihre Altersvorsorge zu treffen. Diese Tools könnten personalisierte Empfehlungen auf Basis individueller Bedürfnisse und Präferenzen geben und so die Entscheidungsfindung erleichtern.

Fazit

Die politischen und gesellschaftlichen Rahmenbedingungen für die bAV sind durch den demografischen Wandel, Veränderungen in der Arbeitswelt und eine zunehmende Fokussierung auf Nachhaltigkeit geprägt. Politische Reformen wie das Betriebsrentenstärkungsgesetz und die zunehmende Bedeutung von ESG-Kriterien beeinflussen die Ausgestaltung und Attraktivität der bAV.

Gleichzeitig wächst das gesellschaftliche Bewusstsein für die Notwendigkeit einer zusätzlichen Altersvorsorge, was die bAV zu einem unverzichtbaren Baustein macht. Arbeitgeber sind gefordert, ihre bAV-Angebote anzupassen und zu erweitern, um den veränderten Erwartungen und Anforderungen der Arbeitnehmenden gerecht zu werden.

3.1.2 In der bKV

Die bKV hat in den letzten Jahren stetig an Bedeutung gewonnen und wird zunehmend als wertvolles Instrument zur Mitarbeiterbindung und -motivation erkannt. Sie bietet sowohl für Arbeitgeber als auch für Arbeitnehmende eine Vielzahl von Vorteilen und unterscheidet sich von anderen Zusatzleistungen wie der bAV durch den unmittelbaren Nutzen, den die Beschäftigten bereits während ihrer Berufstätigkeit erfahren können. Die Inanspruchnahme von Gesundheitsleistungen trägt nicht nur zur persönlichen Gesundheit und Arbeitsfähigkeit der Belegschaft bei, sondern fördert auch eine positive Wahrnehmung des Arbeitgebers als fürsorglich und zukunftsorientiert.

Ein wesentlicher Aspekt, der zur steigenden Attraktivität der bKV beiträgt, ist die steuerliche und sozialversicherungsrechtliche Begünstigung. Seit der Veröffentlichung des Bundesfinanzhof-Urteils im Bundessteuerblatt im Juni 2019 können die Beiträge zur bKV unter bestimmten Voraussetzungen als Sachlohn klassifiziert werden. Dies ermöglicht Arbeitgebern, die Beiträge steuer- und sozialversicherungsfrei oder -begünstigt anzubieten, was sowohl den Nettoverdienst der Mitarbeitenden erhöht als auch die Lohnnebenkosten für den Arbeitgeber senkt. Diese rechtlichen Rahmenbedingungen haben dazu geführt, dass die bKV als besonders attraktive Zusatzleistung wahrgenommen wird, die nicht nur zur Mitarbeitergesundheit beiträgt, sondern auch zur finanziellen Entlastung beider Parteien.

Die Bedeutung der bKV spiegelt sich auch in der stetig wachsenden Anzahl von Unternehmen wider, die ihrer Belegschaft diese Form der Absicherung anbieten. Ende 2023 hatten über 39.000 Unternehmen ihren Angestellten eine betriebliche Kranken- oder Pflegeversicherung ermöglicht, was einem Anstieg von fast 42 % im Vergleich zu 2022 entspricht, als nur 27.700 Unternehmen eine solche Versicherung offerierten. Bemerkenswert ist, dass in dieser Statistik lediglich Arbeitgeber berücksichtigt werden, welche die Beiträge für ihre Mitarbeitenden vollständig übernehmen. Mit der steigenden Zahl an Unternehmen, die eine bKV anbieten, wächst auch die Zahl der Beschäftigten, die von dieser Absicherung profitieren. Ende 2023 hatten über 2 Millionen Personen eine betriebliche Kranken- oder Pflegeversicherung, was die zunehmende Akzeptanz und Wertschätzung dieser Leistung unterstreicht.

Insgesamt wird die betriebliche Krankenversicherung zunehmend als integraler Bestandteil eines modernen betrieblichen Gesundheitsmanagements betrachtet, das nicht nur zur direkten Gesundheitsvorsorge der Mitarbeiter beiträgt, sondern auch zur Schaffung eines attraktiven und nachhaltigen Arbeitsumfelds.

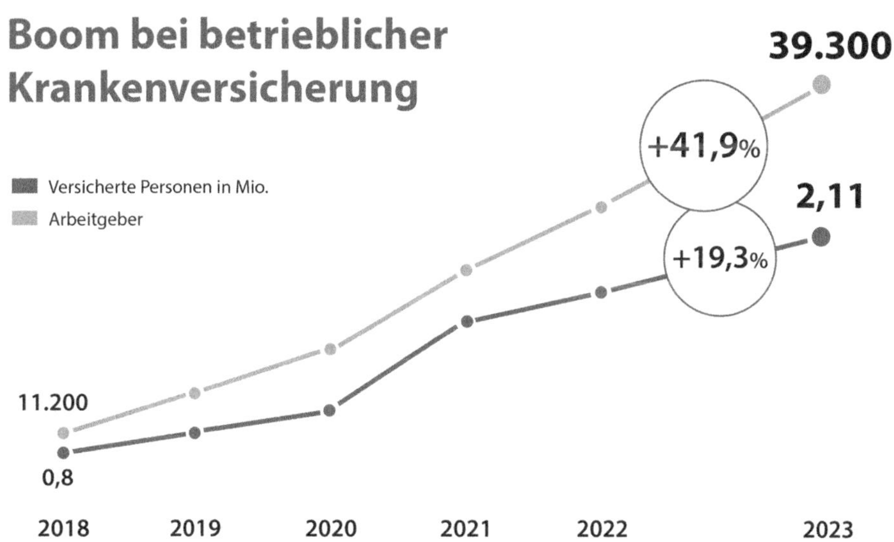

Abbildung 3.1: Übersicht der Wachstumsrate der betrieblichen Krankenversicherung, Quelle: PKV-Verband (2024)

3.1.3 In der bUV

Neben den in 1.1.5 aktuellen Entwicklungen in der Unfallversicherung ist im Bereich der privaten Unfallversicherung noch folgendes zu nennen:

- **Beitragseinnahmen der Branche:** Die privaten Unfallversicherungen verzeichneten 2022 ein leichtes Minus bei den Beitragseinnahmen von 0,9 %, was insgesamt 6,626 Millionen Euro ausmachte. Dies zeigt eine stagnierende Marktentwicklung.
- **Wettbewerbssituation:** Der Wettbewerb hat sich verschärft, insbesondere durch den Eintritt von InsurTechs, die mit innovativen und digitalisierten Angeboten, wie zum Beispiel Tarifen ohne Gesundheitsfragen und automatisierter Antragsbearbeitung, den Markt dynamisieren. Diese Anbieter drücken die Preise und verbessern gleichzeitig das Preis-Leistungs-Verhältnis.
- **Anzahl der Anbieter:** Es gibt 203 Versicherer im Markt, wobei die Mehrheit als Aktiengesellschaften oder Societas Europaea (SE) operiert. Dies zeigt eine hohe Wettbewerbsintensität in einem reifen Markt.
- **Margen:** Die Margen in der privaten Unfallversicherung stehen unter Druck. Dies ist einerseits durch den Preisdruck aufgrund des intensiven Wettbewerbs und andererseits durch die verbesserten Leistungen begründet. Die Combined Ratio, die ein Maß für die Profitabilität darstellt, lag 2022 bei 59,2 %, was eine stabile, aber herausfordernde Ertragssituation signalisiert.
- **Leistungen und Preis-Leistungs-Verhältnis:** Die Leistungen haben sich in den letzten Jahren verbessert, während die Preise gesunken sind. Dadurch hat sich das Preis-Leistungs-Verhältnis zugunsten der Versicherten entwickelt, was den Preisdruck auf traditionelle Versicherer weiter erhöht hat.

3.2 Branchenversorgungswerke

Branchenversorgungswerke sind spezialisierte Einrichtungen (in der Regel der betrieblichen Altersversorgung) in Deutschland, deren Ziel es ist, maßgeschneiderte Vorsorgelösungen für bestimmte Wirtschaftszweige anzubieten. Diese Versorgungswerke entstehen häufig in enger Zusammenarbeit zwischen den Sozialpartnern – also Arbeitgeberverbänden und Gewerkschaften – und bieten den Arbeitnehmern der jeweiligen Branche beispielsweise eine ergänzende Absicherung zur gesetzlichen Rentenversicherung. Im Bereich der bAV ist das Ziel dieser Versorgungswerke, den spezifischen Anforderungen und Bedürfnissen der jeweiligen Branche durch eine standardisierte, aber flexible Altersvorsorgelösung gerecht zu werden.

Die drei wichtigsten Branchenversorgungswerke in Deutschland sind das Chemie Versorgungswerk, die MetallRente und die KlinikRente. Diese Versorgungswerke wurden jeweils als Antwort auf die spezifischen Herausforderungen ihrer Branche gegründet. Sie bieten umfassende bAV-Lösungen an, die durch tarifvertragliche Vereinbarungen und die Kooperation von Arbeitgebern und Arbeitnehmern getragen werden.

CHEMIE ALTERSVORSORGE

Das Chemie-Versorgungswerk wurde 2001 gegründet, um den Beschäftigten der chemischen Industrie eine tarifvertraglich geregelte betriebliche Altersversorgung zu bieten. Die Gründung erfolgte als Reaktion auf die Reformen des deutschen Rentensystems, die eine stärkere private und betriebliche Vorsorge erforderlich machten. Der Tarifvertrag zwischen dem Bundesarbeitgeberverband Chemie e.V. (BAVC) und der Industriegewerkschaft Bergbau, Chemie, Energie (IG BCE) bildete die Grundlage für das Versorgungswerk.

Motivation: Anlass für die Gründung des Chemie-Versorgungswerkes war der Bedarf an einer zusätzlichen, sicheren und attraktiven Altersvorsorge, die über die gesetzliche Rente hinausgeht. Die Sozialpartner wollten eine Lösung schaffen, die sowohl den Bedürfnissen der Arbeitnehmenden als auch den wirtschaftlichen Erfordernissen der Unternehmen gerecht wird. Ziel war es, eine einheitliche, effizient verwaltete Altersvorsorge für die gesamte Branche zu etablieren.

Beteiligte: An der Gründung und dem Betrieb des Chemie Versorgungswerks sind der Bundesarbeitgeberverband Chemie e.V. (BAVC), die Industriegewerkschaft Bergbau, Chemie, Energie (IG BCE) sowie die Unternehmen der chemischen Industrie beteiligt.

Versicherbar sind alle Beschäftigten der chemischen Industrie, die unter den jeweiligen Tarifvertrag fallen. Dies umfasst Arbeiter, Angestellte sowie Auszubildende und dual Studierende in tarifgebundenen Unternehmen.

Leistungen: Das Chemie Versorgungswerk bietet ein breites Spektrum an Leistungen wie Altersrente, Erwerbsminderungsrente und Hinterbliebenenrente. Diese Leistungen sind tarifvertraglich geregelt, was den Versicherten eine hohe Planungssicherheit bietet.

Nutzen: Unternehmen der chemischen Industrie profitieren von einer standardisierten und rechtssicheren Lösung für die betriebliche Altersversorgung. Die tarifvertragliche Einbindung sorgt für eine hohe Akzeptanz und erleichtert die administrative Abwicklung. Darüber hinaus steigert die Nutzung des Versorgungswerks die Attraktivität des Unternehmens als Arbeitgeber und trägt zur Mitarbeiterbindung bei.

METALLRENTE

MetallRente wurde 2001 als überbetriebliches Versorgungswerk für die Metall- und Elektroindustrie gegründet, vertritt inzwischen aber auch viele andere Wirtschaftszweige.

Motivation: Anlass für die Gründung von MetallRente war der Wunsch, den Beschäftigten der Metall- und Elektroindustrie eine attraktive und sichere Altersvorsorge zu bieten, die den Herausforderungen eines veränderten Rentensystems gerecht wird.

Durch eine branchenweite Lösung sollte die Wettbewerbsfähigkeit der Unternehmen gestärkt und die Mitarbeiterbindung gefördert werden.

Beteiligte: MetallRente ist das Ergebnis einer Kooperation zwischen der IG Metall und den Arbeitgeberverbänden der Metall- und Elektroindustrie. Darüber hinaus sind weitere Branchenverbände und Unternehmen beteiligt, die eine vergleichbare Altersvorsorgelösung für ihre Beschäftigten umsetzen wollen.

Versicherbar sind Beschäftigte der Metall- und Elektroindustrie sowie verwandter Branchen. Auch Unternehmen außerhalb dieser Branchen können teilnehmen, sofern sie die entsprechenden Voraussetzungen erfüllen.

Leistungen: MetallRente bietet Leistungen wie betriebliche Altersversorgung, Berufsunfähigkeitsversicherung, Hinterbliebenenversorgung und Entgeltumwandlung. Darüber hinaus besteht die Möglichkeit einer staatlich geförderten Riester-Rente.

Nutzen: MetallRente bietet eine flexible und tarifvertraglich abgesicherte Altersvorsorgelösung, die speziell auf die Bedürfnisse der Metall- und Elektroindustrie zugeschnitten ist. Die professionelle Verwaltung und die standardisierten Prozesse machen es für Unternehmen einfach und kostengünstig, die Altersvorsorge ihrer Beschäftigten zu organisieren.

KLINIKRENTE

KlinikRente wurde 2002 gegründet und richtet sich speziell an Beschäftigte im Gesundheitswesen. Die Initiative zur Gründung ging von den Tarifpartnern aus, um eine Altersvorsorgelösung zu schaffen, die den besonderen Anforderungen und Belastungen der Beschäftigten in Kliniken und Pflegeeinrichtungen gerecht wird.

Motivation: Die Motivation zur Gründung der KlinikRente lag in der Notwendigkeit, den Beschäftigten im Gesundheitswesen eine auf ihre spezifischen Arbeitsbedingungen zugeschnittene Altersvorsorge zu bieten. Aufgrund der hohen physischen und psychischen Belastungen in diesem Bereich sollte eine verlässliche und umfassende Vorsorgelösung geschaffen werden, die über die gesetzlichen Leistungen hinausgeht.

Beteiligte: Am Aufbau und Betrieb der KlinikRente sind die Berufsgenossenschaft für Gesundheitsdienst und Wohlfahrtspflege (BGW), Arbeitgeberverbände im Gesundheitswesen und Gewerkschaften beteiligt. Diese breite Kooperation stellt sicher, dass die Versorgungslösung den Bedürfnissen der Branche entspricht.

Versicherbar sind Beschäftigte in Kliniken, Pflegeeinrichtungen und anderen Einrichtungen des Gesundheitswesens einschließlich der freiberuflich Tätigen im Gesundheitswesen.

Leistungen: KlinikRente bietet Altersrenten, Berufsunfähigkeits- und Hinterbliebenenversorgung. Darüber hinaus gibt es eine betriebliche Krankenversicherung, die speziell auf die Bedürfnisse von Beschäftigten im Gesundheitswesen zugeschnitten ist.

Nutzen: KlinikRente bietet Unternehmen im Gesundheitswesen eine maßgeschneiderte Altersvorsorgelösung, die sowohl die Mitarbeiterbindung stärkt als auch die Attraktivität als Arbeitgeber erhöht. Die Nutzung von KlinikRente ermöglicht eine effiziente und kostengünstige Verwaltung der Altersversorgung, die den spezifischen Bedürfnissen der Branche gerecht wird.

WEITERE BRANCHENVERSORGUNGSWERKE

Neben den drei großen Branchenversorgungswerken gibt es weitere bedeutsame, die spezifische betriebliche Altersvorsorgelösungen (bAV) für verschiedene Wirtschaftszweige anbieten:

1. **Caritas Versorgungswerk (KZVK):**

   Branche: Kirchliche und caritative Einrichtungen

   Die Kirchliche Zusatzversorgungskasse des Verbandes der Diözesen Deutschlands (KZVK) bietet Mitarbeitern kirchlicher und caritativer Einrichtungen eine betriebliche Altersversorgung. Diese Versorgung richtet sich an Beschäftigte in katholischen Einrichtungen und wird in Form eines umlagefinanzierten Systems betrieben.

2. **Versorgungsanstalt des Bundes und der Länder (VBL):**

   Branche: Öffentlicher Dienst

   Die VBL ist das größte Zusatzversorgungssystem in Deutschland und richtet sich an Beschäftigte im öffentlichen Dienst. Sie bietet eine betriebliche Altersversorgung, die durch Umlagefinanzierung organisiert ist. Die VBL spielt eine zentrale Rolle bei der Altersversorgung von Beamten, Angestellten und Arbeitern im öffentlichen Dienst.

3. **Zusatzversorgungskasse des Baugewerbes (ZVK):**

   Branche: Baugewerbe

   Die ZVK bietet Arbeitnehmern im Baugewerbe eine Zusatzrente im Alter. Dieses Versorgungswerk wurde gegründet, um den spezifischen Bedürfnissen der Bauwirtschaft gerecht zu werden und eine zusätzliche Altersvorsorge neben der gesetzlichen Rente zu gewährleisten.

4. **Presserente (Versorgungswerk Presse):**

   Branche: Medien und Journalismus

   Das Presseversorgungswerk bietet speziell für Journalisten und Medienschaffende eine betriebliche Altersvorsorge. Es wurde 1949 gegründet und bietet seither maßgeschneiderte Vorsorgelösungen für Mitarbeitende der Presse und verwandter Medienberufe.

5. **ZukunftsRente (Versorgungswerk für den Einzelhandel):**

   Branche: Einzelhandel

   Die ZukunftsRente richtet sich an Beschäftigte im Einzelhandel und bietet eine betriebliche Altersversorgung, die den spezifischen Anforderungen dieser Branche gerecht wird. Sie bietet flexible Vorsorgelösungen, die den Bedürfnissen von Beschäftigten im Einzelhandel Rechnung tragen.

6. **Apothekerversorgung:**

   Branche: Apotheken und Pharmazie

   Diese Versorgungswerke bieten Apothekern und pharmazeutischem Personal eine maßgeschneiderte betriebliche Altersvorsorge. Sie werden in der Regel von den jeweiligen Apothekerkammern organisiert und sind auf die besonderen beruflichen Anforderungen abgestimmt.

Die genannten Versorgungswerke sind alle auf die spezifischen Bedürfnisse ihrer jeweiligen Branchen abgestimmt und bieten maßgeschneiderte Lösungen für die betriebliche Altersvorsorge. Sie spielen eine wichtige Rolle in der Ergänzung der gesetzlichen Rente und tragen dazu bei, die Altersvorsorge von Beschäftigten in Deutschland sicherzustellen.

Branchenvorsorgemodell Careflex

Zum 1. Juli 2021 startete die erste tarifliche Pflegezusatzversicherung. Zwischen Gewerkschaft und Arbeitgeber (IG BCE und Bundesarbeitgeberverbande Chemie) wurde in der Chemiebranche entschieden, dass alle 435.000 tarifgebundenen Beschäftigten[1] Zugang zu einer ergänzenden Absicherung für den Pflegefall erhalten sollen. Neben der notwendigen Absicherung des Eigenanteils bei Eintritt des Pflegefalls, sorgt dieser Abschluss dafür, dass die Attraktivität der dem Tarifvertrag angeschlossenen Unternehmen weiter steigt und als zusätzlicher Pluspunkt im Kampf um Talente verbucht werden kann.

1 Stand: August 2024 (www.igbce.de).

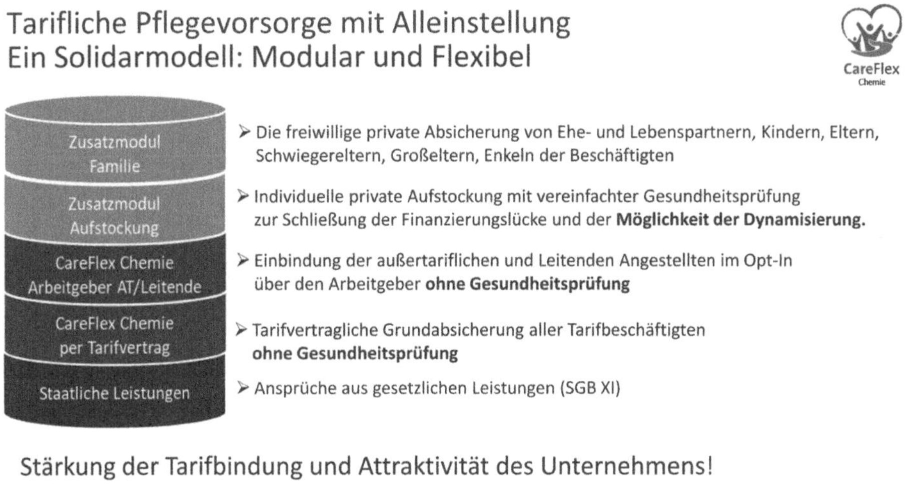

Abbildung 3.2: Careflex – Highlights, Quelle: IG BCE

Versicherungskonsortium

Die R&V und Barmenia sind Anbieter und Leistungserbringer der Careflex-Absicherung.

Leistungsübersicht

Bei Eintritt eines Pflegefalls erhalten Versicherte nachfolgende Leistungen:

Pflegegrad	Leistung monatlich	Pflegeart
2–4	300 €	häusliche Pflege
2–5	bis 1.000 €	vollstationäre Pflege

Tabelle 3.1: Leistungen Careflex (Jens Noormann)

3.3 Lösungen der betrieblichen Altersvorsorge

Die Durchführungswege der bAV sind in § 1b BetrAVG geregelt und bieten den Arbeitgebern verschiedene Möglichkeiten, ihren Arbeitnehmenden Versorgungsleistungen zu gewähren. Diese fünf Durchführungswege sind: die Direktzusage (Pensionszusage), die Unterstützungskasse, die Pensionskasse, der Pensionsfonds und die Direktversicherung. Jeder dieser Durchführungswege unterscheidet sich hinsichtlich der rechtlichen Ausgestaltung, des Risikomanagements und der steuerlichen Behandlung.

Die Direktzusage ist der klassische und umfassendste Weg, da der Arbeitgeber direkt für die Rentenzahlungen haftet. Im Gegensatz dazu werden bei der Unterstützungskasse und der Pensionskasse externe Versorgungsträger eingeschaltet, welche die Leistungen verwalten. Der Pensionsfonds bietet Arbeitgebern und Arbeitnehmenden die Möglichkeit, verstärkt auf kapitalmarktorientierte Anlagemodelle zu setzen. Die Direktversicherung schließlich stellt eine einfachere Variante dar, bei der Arbeitgeber eine Lebensversicherung zugunsten der Arbeitnehmenden abschließt. Diese Vielfalt an Optionen ermöglicht eine flexible Gestaltung der bAV, um den unterschiedlichen betrieblichen und individuellen Bedürfnissen gerecht zu werden.

3.3.1 Durchführungswege der bAV (§ 1 Abs. 2 BetrAVG)

Das BetrAVG lässt verschiedene Durchführungswege der bAV zu, die jeweils unterschiedliche rechtliche und finanzielle Konsequenzen für Arbeitgeber und Arbeitnehmer haben.

Direktzusage: Der Arbeitgeber verpflichtet sich direkt, die Versorgungsleistungen an den Arbeitnehmer zu zahlen. Diese Form ist vor allem in Großunternehmen verbreitet.

Unterstützungskasse: Hierbei handelt es sich um eine rechtlich selbständige Versorgungseinrichtung, die im Auftrag des Arbeitgebers die Versorgungsleistungen erbringt. Die Unterstützungskasse ist besonders flexibel, da sie keiner direkten Versicherungsaufsicht unterliegt.

Pensionskasse: Die Pensionskasse ist ein rechtlich selbständiger Versorgungsträger, der Versorgungsleistungen für mehrere Unternehmen bündelt und der Versicherungsaufsicht unterliegt.

Pensionsfonds: Pensionsfonds sind rechtlich selbstständige Versorgungsträger, die Kapital in größerem Umfang am Kapitalmarkt anlegen dürfen. Sie bieten eine größere Flexibilität bei der Kapitalanlage, aber auch ein höheres Risiko.

Direktversicherung: Bei der Direktversicherung schließt der Arbeitgeber zugunsten des Arbeitnehmers eine Lebensversicherung ab. Diese Form ist vor allem in Klein- und Mittelbetrieben verbreitet, da sie vergleichsweise einfach zu handhaben ist.

Rechtsgrundlage

Direktzusage: § 1b Abs. 1 BetrAVG, unmittelbare Versorgungszusage durch den Arbeitgeber.

Unterstützungskasse: § 1b Abs. 4 BetrAVG, § 4d EStG, externe Verwaltung über Unterstützungskasse.

Pensionskasse: § 1b Abs. 3 BetrAVG, § 3 Nr. 63 EStG, unterliegt der Versicherungsaufsicht (VAG).

Pensionsfonds: § 1b Abs. 3 BetrAVG, § 3 Nr. 63 EStG, stärkere Kapitalmarktorientierung.

Direktversicherung: § 1b Abs. 2 BetrAVG, § 3 Nr. 63 EStG, Lebensversicherungsvertrag zugunsten der Arbeitnehmer*innen.

Finanzierung

Direktzusage: vollständige Finanzierung durch den Arbeitgeber, Rückstellungsbildung nach § 6a EStG.

Unterstützungskasse: meist durch den Arbeitgeber, Entgeltumwandlung möglich (§ 1a BetrAVG).

Pensionskasse: Finanzierung durch Arbeitgeber und/oder Arbeitnehmende, Entgeltumwandlung möglich (§ 1a BetrAVG).

Pensionsfonds: Finanzierung durch Arbeitgeber und/oder Arbeitnehmende, Entgeltumwandlung möglich (§ 1a BetrAVG).

Direktversicherung: Finanzierung durch Arbeitgeber und/oder Arbeitnehmende, Entgeltumwandlung möglich (§ 1a BetrAVG).

Haftung und Risiko

Direktzusage: volles Risiko beim Arbeitgeber, PSV-Sicherungspflicht nach § 7 BetrAVG.

Unterstützungskasse: Arbeitgeber haftet für die Versorgungszusage, PSV-Sicherungspflicht (§ 7 BetrAVG).

Pensionskasse: Pensionskasse trägt das Risiko, keine Arbeitgeberhaftung.

Pensionsfonds: Pensionsfonds trägt das Risiko, keine Arbeitgeberhaftung.

Direktversicherung: Versicherer trägt das Risiko, keine Arbeitgeberhaftung.

Rückstellungsbildung

Direktzusage: Pflicht zur Rückstellungsbildung nach § 6a EStG.

Unterstützungskasse: keine Rückstellungsbildung erforderlich.

Pensionskasse: keine Rückstellungsbildung erforderlich.

Pensionsfonds: keine Rückstellungsbildung erforderlich.

Direktversicherung: keine Rückstellungsbildung erforderlich.

Steuerliche Behandlung Arbeitgeber

Direktzusage: Rückstellungen sind Betriebsausgaben (§ 6a EStG).

Unterstützungskasse: Beiträge sind Betriebsausgaben (§ 4d EStG).

Pensionskasse: Beiträge sind Betriebsausgaben (§ 4 Abs. 4 EStG).

Pensionsfonds: Beiträge sind Betriebsausgaben (§ 4 Abs. 4 EStG).

Direktversicherung: Beiträge sind Betriebsausgaben (§ 4 Abs. 4 EStG).

Steuerliche Behandlung Arbeitnehmer

Direktzusage: Beiträge steuerfrei, nachgelagerte Besteuerung der Leistungen (§ 3 Nr. 63 EStG).

Unterstützungskasse: Beiträge steuerfrei, nachgelagerte Besteuerung der Leistungen (§ 3 Nr. 63 EStG).

Pensionskasse: Beiträge steuerfrei bis zu 4 % der BBG, nachgelagerte Besteuerung (§ 3 Nr. 63 EStG).

Pensionsfonds: Beiträge steuerfrei bis zu 4 % der BBG, nachgelagerte Besteuerung (§ 3 Nr. 63 EStG).

Direktversicherung: Beiträge steuerfrei bis zu 4 % der BBG, nachgelagerte Besteuerung (§ 3 Nr. 63 EStG).

Sozialversicherungsrechtliche Behandlung Arbeitnehmer

Direktzusage: Sozialversicherungsfreiheit der Beiträge bis 4 % der BBG (§ 1 Abs. 1 SGB IV), Renten sind sozialversicherungspflichtig (§ 229 SGB V).

Unterstützungskasse: Sozialversicherungsfreiheit der Beiträge bis 4 % der BBG (§ 1 Abs. 1 SGB IV), Renten sind sozialversicherungspflichtig (§ 229 SGB V).

Pensionskasse: Sozialversicherungsfreiheit der Beiträge bis 4 % der BBG (§ 1 Abs. 1 SGB IV), Renten sind sozialversicherungspflichtig (§ 229 SGB V).

Pensionsfonds: Sozialversicherungsfreiheit der Beiträge bis 4 % der BBG (§ 1 Abs. 1 SGB IV), Renten sind sozialversicherungspflichtig (§ 229 SGB V).

Direktversicherung: Sozialversicherungsfreiheit der Beiträge bis 4 % der BBG (§ 1 Abs. 1 SGB IV), Renten sind sozialversicherungspflichtig (§ 229 SGB V).

Insolvenzsicherung

Direktzusage: PSV-Pflicht gemäß § 7 BetrAVG.

Unterstützungskasse: PSV-Pflicht gemäß § 7 BetrAVG.

Pensionskasse: keine PSV-Pflicht.

Pensionsfonds: keine PSV-Pflicht.

Direktversicherung: keine PSV-Pflicht.

Verwaltungskosten

Direktzusage: hohe Verwaltungskosten durch Rückstellungen und PSV-Beiträge.

Unterstützungskasse: mittlere Verwaltungskosten, abhängig von der Unterstützungskasse.

Pensionskasse: geringe Verwaltungskosten, da extern verwaltet.

Pensionsfonds: geringe Verwaltungskosten, abhängig von der Kapitalmarktentwicklung.

Direktversicherung: geringe Verwaltungskosten, da extern verwaltet.

Übertragbarkeit

Direktzusage: Übertragung komplex, aber nach § 4 BetrAVG möglich.

Unterstützungskasse: erschwerte Übertragung, da häufig unternehmensgebunden.

Pensionskasse: relativ einfache Übertragung gemäß § 4 BetrAVG.

Pensionsfonds: relativ einfache Übertragung gemäß § 4 BetrAVG.

Direktversicherung: sehr einfache Übertragung durch Mitnahme der Versicherungspolice.

Fördermöglichkeiten

Direktzusage: steuerfreie Beiträge bis 4 % der BBG (§ 3 Nr. 63 EStG), Betriebsausgabenabzug.

Unterstützungskasse: steuerfreie Beiträge bis 4 % der BBG (§ 3 Nr. 63 EStG), Betriebsausgabenabzug (§ 4d EStG).

Pensionskasse: steuerfreie Beiträge bis 4 % der BBG (§ 3 Nr. 63 EStG), Betriebsausgabenabzug (§ 4 Abs. 4 EStG).

Pensionsfonds: steuerfreie Beiträge bis 4 % der BBG (§ 3 Nr. 63 EStG), Betriebsausgabenabzug (§ 4 Abs. 4 EStG).

Direktversicherung: steuerfreie Beiträge bis 4 % der BBG (§ 3 Nr. 63 EStG), Betriebsausgabenabzug (§ 4 Abs. 4 EStG).

Produktlösungen der Proximus Versicherung AG: Versicherungsbedingungen Proximus Gewerbekunden

Hauptversicherung:

- Nichtraucher-Risikolebensversicherung als Direktversicherung nach § 3 Nr. 63 EStG
- Nichtraucher-Risikolebensversicherung als Rückdeckungsversicherung

- Raucher-Risikolebensversicherung als Direktversicherung nach § 3 Nr. 63 EStG
- Berufsunfähigkeitsversicherung nach § 3 Nr. 63 EStG
- kapitalbildende Lebensversicherung als Rückdeckungsversicherung
- Rentenversicherung mit aufgeschobener Rentenzahlung nach § 3 Nr. 63 EStG
- fondsgebundene Rentenversicherung nach § 3 Nr. 63 EStG
- Lebensversicherung mit planmäßiger Erhöhung der Beiträge und Leistungen ohne erneute Gesundheitsprüfung für Rückdeckungsverträge
- Lebensversicherung mit planmäßiger Erhöhung der Beiträge und Leistungen ohne erneute Gesundheitsprüfung für Direktversicherungen und Pensionskassen- und Unterstützungskassen-Verträge nach § 3 Nr. 63 EStG

Zusatzversicherungen:

- Unfalltod-Zusatzversicherung
- Vorläufiger Versicherungsschutz
- Bedingungen für die individuelle und kollektive Hinterbliebenenrenten-Zusatzversicherung
- Individuelle und kollektive Waisenrenten-Zusatzversicherung

3.3.2 Sozialpartnermodell

Das **Sozialpartnermodell** in der betrieblichen Altersversorgung (bAV) ist ein wichtiger Bestandteil des Betriebsrentenstärkungsgesetzes (BRSG). Das Modell ermöglicht es den Sozialpartnern, also Arbeitgebern und Gewerkschaften, tarifvertragliche Lösungen für die Altersvorsorge zu entwickeln. Es basiert auf der reinen Beitragszusage, bei der der Arbeitgeber nur die Zahlung der Beiträge garantiert, nicht aber die Höhe der späteren Leistungen. Das Modell dient als neuer Ansatz, um die bAV in Deutschland auszubauen und flächendeckend zu etablieren. Es soll insbesondere in kleinen und mittleren Unternehmen eine größere Verbreitung finden, um das Versorgungsniveau in der Breite zu verbessern.

Diese Abkehr von den traditionellen Modellen, bei denen eine Garantie der Leistungshöhe durch den Arbeitgeber oder den Versorgungsträger gegeben wurde, stellt einen Paradigmenwechsel in der betrieblichen Altersversorgung dar. Dieser löste eine Diskussion über die Vor- und Nachteile des Sozialpartnermodells aus.

Vorteile

Kostensicherheit für die Arbeitgeber: Durch die reine Beitragszusage entfällt für Arbeitgeber das Risiko, für die Höhe der späteren Leistungen einzustehen. Dies bietet ihnen eine größere Planungssicherheit und könnte ihre Bereitschaft erhöhen, eine bAV anzubieten.

Flexibilität und höhere Renditechancen: Die Anlage der Beiträge ist nicht an Mindest- oder Garantieleistungen gebunden, was die Chance auf höhere Renditen erhöht. Dies kann besonders in Niedrigzinsphasen von Vorteil sein, da die Beschäftigten nicht verpflichtet sind, hohe Rückstellungen für garantierte Leistungen zu bilden.

Förderung von Geringverdienern: Ein zentrales Ziel des Modells ist die Förderung von Gering- und Niedrigverdienenden, die durch verschiedene staatliche Anreize und Zuschüsse stärker in die betriebliche Altersversorgung eingebunden werden sollen.

Nachteile

Risikoverlagerung auf die Arbeitnehmenden: Da keine Garantien für die Höhe der späteren Renten bestehen, tragen die Arbeitnehmenden das volle Anlagerisiko. Dies kann zu Unsicherheiten führen, insbesondere wenn die erzielten Renditen hinter den Erwartungen zurückbleiben.

Komplexität der Umsetzung: Die Einführung des Sozialpartnermodells erfordert die Zustimmung der Tarifpartner und ist auf tarifgebundene Unternehmen beschränkt. Dies könnte die Verbreitung und Anwendung des Modells insbesondere in nicht tarifgebundenen Unternehmen einschränken

Fluktuationsrisiken: In der Anfangsphase eines Sozialpartnermodells können aufgrund unzureichender Puffer Schwankungsrisiken entstehen. Ohne geeignete Rückdeckungskonzepte kann dies zu Leistungskürzungen führen.

Umsetzungsbeispiele und Herausforderungen

Seit der Einführung des Sozialpartnermodells haben sich nur zwei kleinere Versorgungswerke nach diesem Modell etabliert:

- Das bundesweit erste Sozialpartnermodell wurde zwischen den Gewerkschaften ver.di und IGBCE sowie der Uniper Gruppe und den Arbeitgeberverbänden vereinbart. Versorgungsträger und durchführende Einrichtung ist die Metzler Sozialpartner Pensionsfonds AG.
- Das erstes Versorgungswerk im privaten Bankgewerbe bei der Postbank wurde zwischen dem Arbeitgeberverband des privaten Bankgewerbes e.V. (AGV Banken), der Vereinten Dienstleistungsgewerkschaft (ver.di) und dem Deutschen Bankenangestellten Verband (DBV) vereinbart. Versorgungsträger ist der BVV Pensionsfonds.

Neben diesen beiden Versorgungswerken haben andere Versorgungswerke bAV-Angebote nach dem Sozialpartnermodell etabliert.

■ BEISPIELE SIND HIER UNTER ANDEREM:

- **Chemie-Versorgungswerk (teilweise):** In der chemischen Industrie wurden Elemente des Sozialpartnermodells im Rahmen der tariflichen Altersvorsorge eingeführt. Diese branchenweite Regelung ermöglicht es den Sozialpartnern, neue tarifliche Lösungen nach dem Sozialpartnermodell zu entwickeln.
- **MetallRente (teilweise):** Auch bei MetallRente wird das Sozialpartnermodell erwogen und teilweise umgesetzt. In der Metall- und Elektroindustrie wurde eine Öffnung hin zu diesem Modell diskutiert und pilotiert, allerdings gibt es hier noch keine flächendeckende Anwendung des Sozialpartnermodells, sondern vor allem Pilotprojekte und Tarifverträge, die in diese Richtung gehen.
- **KlinikRente (Überlegungen):** Bei KlinikRente gibt es Überlegungen, Elemente des Sozialpartnermodells zu integrieren, eine flächendeckende Umsetzung des Modells ist jedoch noch nicht bekannt. Die Vereinbarungen im Gesundheitswesen schaffen jedoch den Rahmen für eine mögliche Einführung. ■

Fazit und Ausblick

Das Sozialpartnermodell stellt eine wichtige Reform der bAV dar, die insbesondere darauf abzielt, die Verbreitung der bAV in Deutschland zu erhöhen und Geringverdienende besser abzusichern. Es bietet den Beschäftigten eine größere Planungssicherheit, verlagert jedoch zugleich das Risiko auf sie. Trotz seiner Vorteile hat sich das Modell bisher nur langsam in der Praxis etabliert, was vor allem auf den Verzicht auf garantierte Rentenhöhen und die damit verbundene Skepsis zurückzuführen ist.

Zukünftig könnte das Sozialpartnermodell weiter an Bedeutung gewinnen, insbesondere wenn die Rahmenbedingungen, wie im aktuellen Entwurf des BRSG II vorgesehen, weiter verbessert werden. Viele Branchen evaluieren derzeit ihre bestehenden bAV-Modelle und passen diese an, um das Sozialpartnermodell unter dem BRSG umzusetzen. Ein flächendeckender Durchbruch des Modells steht noch aus.

3.3.3 Grundzüge der GGF-Versorgung

Ein **Gesellschafter-Geschäftsführer** (GGF) ist eine Person, die gleichzeitig Gesellschafter und Geschäftsführer einer Kapitalgesellschaft, häufig einer GmbH, ist. Als Gesellschafter ist er am Kapital der Gesellschaft beteiligt und verfügt über entsprechende Stimmrechte in der Gesellschafterversammlung, die ihm Einfluss auf grundlegende Unternehmensentscheidungen ermöglichen. Als Geschäftsführer leitet er das operative Geschäft des Unternehmens und ist für die Umsetzung der Unternehmensstrategie verantwortlich.

GGF können in zwei Kategorien eingeteilt werden: beherrschende GGF und nicht beherrschende GGF. Ein beherrschender GGF hält entweder mindestens 50 % des Kapitals und der Stimmrechte oder übt zusammen mit anderen über eine Minderheitsbeteiligung eine beherrschende Stellung aus. Diese Position verleiht ihm eine unternehmerähnliche Stellung, die sich auf seine arbeits- und sozialrechtliche Einordnung auswirkt. Aufgrund seiner Doppelfunktion und der damit verbundenen Entscheidungsbefugnisse wird ein GGF häufig nicht als Arbeitnehmer im klassischen Sinne angesehen, was Auswirkungen auf seine rechtliche Stellung, insbesondere im Hinblick auf die Sozialversicherungspflicht und den Insolvenzschutz, hat.

Ein **angestellter Geschäftsführer** unterscheidet sich von einem Gesellschafter-Geschäftsführer grundsätzlich dadurch, dass er nicht am Kapital der Gesellschaft beteiligt ist. Er ist lediglich als operativer Geschäftsführer im Unternehmen tätig, ohne über seine operativen Aufgaben hinaus maßgeblichen Einfluss auf die Unternehmensstrategie zu haben. Sein Verhältnis zur Gesellschaft ist rein dienstvertraglich und er handelt ausschließlich auf der Grundlage eines Anstellungsvertrags.

Wesentliche **Unterscheidungskriterien** zwischen einem angestellten Geschäftsführer und einem Gesellschafter-Geschäftsführer sind:

- Kapitalbeteiligung: Während ein GGF Anteile am Unternehmen hält, ist ein angestellter Geschäftsführer nicht am Kapital der Gesellschaft beteiligt.
- Entscheidungsbefugnis: Der GGF kann durch sein Stimmrecht in der Gesellschafterversammlung die Unternehmenspolitik maßgeblich beeinflussen, während der angestellte Geschäftsführer den Weisungen der Gesellschafterversammlung unterliegt und keinen eigenständigen Einfluss auf strategische Entscheidungen hat.
- Sozialversicherungspflicht: Ein GGF, insbesondere ein beherrschender, ist in der Regel nicht sozialversicherungspflichtig, da er als Unternehmer gilt. Ein angestellter GF ist dagegen grundsätzlich sozialversicherungspflichtig, es sei denn, er erfüllt bestimmte Kriterien, die eine Befreiung von der Versicherungspflicht rechtfertigen.

Welche Altersvorsorge ist für einen GGF möglich?

Die Altersversorgung eines GGF kann über verschiedene Modelle der bAV erfolgen. Die genaue Ausgestaltung hängt von der Beteiligung des GGF am Unternehmen ab. Gängige Formen der Altersversorgung sind

- **Direktzusage (Pensionszusage):** Hier verpflichtet sich das Unternehmen, dem GGF ab einem bestimmten Alter oder bei Invalidität eine Betriebsrente zu zahlen. Diese Form der Altersversorgung ist für GGF besonders attraktiv, da sie direkt vom Unternehmen zugesagt und häufig steuerlich gefördert wird.
- **Unterstützungskasse:** Eine Unterstützungskasse ist eine rechtlich selbständige Versorgungseinrichtung, die von einem oder mehreren Unternehmen getragen wird. Die Beiträge des Arbeitgebers an die Unterstützungskasse sind steuerlich absetzbar, die Leistungen werden erst bei Auszahlung versteuert.

Für beherrschende GGF gelten **besondere steuerliche und rechtliche Rahmenbedingungen**. So ist die betriebliche Veranlassung der Pensionszusage entscheidend für die steuerliche Anerkennung. Eine **Pensionszusage** gilt als **betrieblich veranlasst**, wenn sie ein ordentlicher und gewissenhafter Geschäftsleiter unter vergleichbaren Umständen auch einem fremden Geschäftsführer erteilt hätte. Bei beherrschenden GGF ist ein besonders strenger Maßstab anzulegen, um sicherzustellen, dass die Zusage nicht primär gesellschaftsrechtlich, sondern betrieblich veranlasst ist. Insbesondere wird geprüft, ob die **Höhe der Versorgungszusage** angemessen ist und **keine verdeckte Gewinnausschüttung** stattfinden kann. Dabei muss die Versorgungszusage so ausgestaltet sein, dass sie auch einem Geschäftsführer ohne Gesellschafterstellung gewährt werden könnte, ohne dass der Verdacht einer ungerechtfertigten Bevorzugung entsteht.

Darüber hinaus unterliegen Pensionszusagen an beherrschende GGF strengen **Erdienbarkeitsfristen**, die sicherstellen sollen, dass die Zusage im Rahmen der verbleibenden Dienstzeit auch tatsächlich erdient werden kann.

Die **Altersversorgung eines Unternehmers**, der beispielsweise eine Personengesellschaft (zum Beispiel KG oder OHG) führt, unterscheidet sich hingegen erheblich von der eines Gesellschafter-Geschäftsführers einer Kapitalgesellschaft: Der Geschäftsführer einer Personengesellschaft ist in der Regel nicht sozialversicherungspflichtig und kann eine Pensionszusage steuerlich nicht geltend machen.

Wichtigste Faktoren und Risiken bei der Altersversorgung eines GGF

Bei der Altersversorgung eines GGF sind einige kritische Aspekte zu beachten, um die steuerliche Anerkennung, Rechtssicherheit und finanzielle Stabilität zu gewährleisten. Die wichtigsten Faktoren und Risiken sind:

- **Schriftliche Zusage und Gesellschafterbeschluss:** Eine Pensionszusage muss schriftlich fixiert und von der Gesellschafterversammlung formell beschlossen werden. Dies ist Voraussetzung für die steuerliche Anerkennung der Rückstellungen und die rechtliche Wirksamkeit der Zusage.
- **Erdienbarkeit:** Die Zusage muss in der verbleibenden Dienstzeit des GGF erdient werden können. Für beherrschende GGF gilt eine Mindestfrist von zehn Jahren, innerhalb derer die Pensionszusage vollständig erdient sein muss. Eine Zusage, die kurz vor Erreichen des Pensionsalters erteilt wird, läuft Gefahr, nicht als erdienbar angesehen zu werden, was die steuerliche Anerkennung gefährden kann.
- **Finanzierbarkeit:** Die Pensionszusage muss für das Unternehmen finanzierbar sein, ohne dass eine Überschuldung droht. Dies ist insbesondere dann kritisch, wenn die Versorgung über eine Rückdeckungsversicherung finanziert wird, die nicht den gesamten Kapitalbedarf zum Rentenbeginn abdeckt. Hier können erhebliche Finanzierungslücken entstehen.
- **Verzicht auf schädliche Widerrufsklauseln:** Eine Pensionszusage sollte keine Widerrufsvorbehalte enthalten, die es dem Unternehmen ermöglichen, die Zusage ohne zwingenden Grund zu widerrufen. Solche Vorbehalte können die steuerliche

Anerkennung gefährden und führen in der Praxis häufig zu Unsicherheiten bei der Planung der Altersversorgung.

- **Insolvenzschutz:** Da der gesetzliche Insolvenzschutz durch den Pensionssicherungsverein (PSVaG) bei beherrschenden GGF nicht greift, sind alternative Sicherungsmaßnahmen wie die Verpfändung von Rückdeckungsversicherungen erforderlich. Diese Maßnahme stellt sicher, dass die Ansprüche des GGF auch im Falle einer Insolvenz des Unternehmens befriedigt werden können.
- **Angemessenheit der Versorgungszusage:** Die Höhe der Versorgungszusage muss in einem angemessenen Verhältnis zu den Gesamtbezügen des GGF stehen. Dabei ist insbesondere darauf zu achten, dass es nicht zu einer Überversorgung über die gesetzlich zulässigen Grenzen hinaus kommt. Eine Überversorgung liegt vor, wenn die Gesamtversorgung (einschließlich gesetzlicher Rente) mehr als 75 % der letzten Aktivbezüge beträgt.
- **Risiken:** In der Vergangenheit wurden Pensionszusagen häufig ohne ausreichende Berücksichtigung der steigenden Lebenserwartung und der sinkenden Kapitalmarktrenditen erteilt. Dies kann zu erheblichen Finanzierungslücken führen, wenn die tatsächlichen Rentenzahlungen die ursprünglich kalkulierten übersteigen. Darüber hinaus kann eine zu optimistische Annahme der Verzinsung der Rückdeckungsversicherung die finanzielle Stabilität des Versorgungsmodells gefährden.

  Zu den Risiken gehört auch, dass bei nicht ordnungsgemäßer Ausgestaltung der Versorgungszusage eine steuerliche Nichtanerkennung droht, was erhebliche finanzielle Folgen für das Unternehmen und den GGF haben kann. Besonders problematisch sind formale Fehler in der Zusage, wie unklare Formulierungen oder das Fehlen eines ordnungsgemäßen Gesellschafterbeschlusses.

3.3.4 Vertragsarten in der bAV

Zur Gestaltung der betrieblichen Altersversorgung gibt es verschiedene Vertragsarten, die jeweils unterschiedliche Vor- und Nachteile aufweisen:

Einzelverträge

Einzelverträge bieten die Möglichkeit, die betriebliche Altersversorgung individuell zwischen dem Arbeitgeber und dem einzelnen Arbeitnehmenden zu vereinbaren. Dies ermöglicht ein hohes Maß an Flexibilität und die Anpassung der Altersvorsorge an die spezifischen Bedürfnisse des einzelnen Arbeitnehmenden. Insbesondere in Fällen, in denen Arbeitnehmende spezielle Anforderungen an ihre Altersvorsorge stellen oder bestimmte Leistungen wünschen, kann ein Einzelvertrag vorteilhaft sein. Allerdings sind die Verwaltungskosten und der administrative Aufwand für den Arbeitgeber bei Einzelverträgen in der Regel höher, da für jeden Beschäftigten ein individueller Vertrag ausgehandelt und verwaltet werden muss. Diese Verträge erfordern auch eine intensivere Beratung und Betreuung, was die Komplexität für das Unternehmen erhöht. Wichtig ist hier, dass eine subjektive Diskriminierung durch Ungleichbehandlung von Arbeitnehmern einer selben Gruppe zu einen AGG-Verstoß führt.

Rahmenverträge

Rahmenverträge stellen eine weitere Alternative dar und bieten eine Mischung aus Standardisierung und Flexibilität. Ein Berufs- oder Arbeitgeberverband schließt den Rahmenvertrag ab, dem sich einzelne Unternehmen anschließen können. Dadurch wird eine gewisse Standardisierung erreicht, welche die administrativen Prozesse vereinfacht, während gleichzeitig eine größere Flexibilität als bei reinen Kollektivverträgen erhalten bleibt. Rahmenverträge ermöglichen es den teilnehmenden Unternehmen, von den Vorteilen einer größeren Gruppe zu profitieren, während sie gleichzeitig die Möglichkeit haben, bestimmte Aspekte der Verträge an die Bedürfnisse ihrer Belegschaft anzupassen. Diese Flexibilität kann besonders attraktiv sein, wenn Unternehmen die Vorteile eines Kollektivvertrags nutzen wollen, sich aber gleichzeitig eine gewisse Unabhängigkeit und Anpassungsfähigkeit bewahren möchten.

Kollektivverträge

Neben Einzel- und Rahmenverträgen gibt es als eine weitere Alternative zur Gestaltung der bAV: den Kollektivvertrag.

Rechtliche Grundlagen: Unter welchen Voraussetzungen kann ein Kollektivvertrag in der bAV abgeschlossen werden?

Ein Kollektivvertrag in der bAV kann unter bestimmten rechtlichen Voraussetzungen abgeschlossen werden. Wesentliche Rechtsgrundlage ist das Betriebsrentengesetz, das die Anforderungen an die betriebliche Altersversorgung regelt. Insbesondere müssen Kollektivvertrag den arbeitsrechtlichen Rahmenbedingungen entsprechen, die unter anderem einen Anspruch auf Entgeltumwandlung vorsehen. Darüber hinaus müssen bestimmte Mindestvoraussetzungen erfüllt sein, wie zum Beispiel eine Mindestanzahl von versicherten Personen (beispielsweise fünf bei Gruppenverträgen), um die Vorteile eines Kollektivvertrags nutzen zu können.

Warum können in einem Kollektivvertrag im Gegensatz zu einem Einzelvertrag Vereinfachungen vorgenommen werden?

In einem Kollektivvertrag können Dinge vereinfacht werden, weil solche Verträge typischerweise standardisierte Bedingungen und Tarife für alle versicherten Personen oder Personengruppen enthalten. Dies reduziert den Verwaltungsaufwand sowohl für den Arbeitgeber als auch für den Versicherer, da individuelle Anpassungen und Verhandlungen entfallen. Diese Standardisierung ermöglicht Kosteneinsparungen und

Prozessvereinfachungen, die bei Einzelverträgen, die individuell ausgehandelt und angepasst werden müssen, nicht möglich sind.

Welche Vorteile haben Unternehmen durch einen Kollektivvertrag?

Unternehmen profitieren in mehrfacher Hinsicht von Kollektivverträgen in der bAV. Sie können durch vereinfachte Verwaltungsprozesse und standardisierte Tarife Kosten sparen. Zudem bieten Tarifverträge eine attraktive Möglichkeit, die Lohnnebenkosten zu senken und die Attraktivität des Arbeitgebers zu erhöhen, was insbesondere im Wettbewerb um qualifizierte Arbeitskräfte von Vorteil ist. Darüber hinaus bieten sie eine höhere Planungssicherheit und eine vereinfachte Verwaltung der bAV.

Welche Vorteile hat ein Kollektivvertrag für die versicherten Beschäftigten?

Für die versicherten Beschäftigten bieten Kollektivverträge den Vorteil niedrigerer Kosten und höherer Leistungen im Vergleich zu Einzelverträgen, da die Verwaltungskosten auf eine größere Anzahl von Personen verteilt werden. Darüber hinaus profitieren sie von standardisierten und oft günstigeren Tarifen sowie einem vereinfachten Zugang zu Rentenleistungen. Ein weiterer Vorteil liegt in der möglichen Absicherung vorzeitiger Risiken wie Berufsunfähigkeit oder Tod.

Gibt es auch Nachteile für Unternehmen durch einen Kollektivvertrag?

Nachteile für Unternehmen können darin bestehen, dass Kollektivverträge weniger Flexibilität bieten, da die Bedingungen standardisiert und nicht individuell angepasst sind. Außerdem besteht das Risiko, dass bei einem Personalabbau unter eine bestimmte Anzahl von Versicherten die vereinbarten Tarifstufen nicht mehr gehalten werden können, was zu höheren Kosten innerhalb des Tarifs führen kann und damit wieder zu geringeren Leistungen führt.

Hat ein Tarifvertrag auch Nachteile für Beschäftigte?

Nachteile für Beschäftigte können darin bestehen, dass sie aufgrund der Standardisierung der Verträge weniger individuell zugeschnittene Versorgungsleistungen erhalten. Außerdem kann die Auswahl der vom Arbeitgeber angebotenen Produkte eingeschränkt sein, was die Flexibilität des Einzelnen verringert.

Fazit

Kollektivverträge zur betrieblichen Altersversorgung bieten sowohl für Unternehmen als auch für Beschäftigte eine Reihe von Vorteilen, insbesondere durch vereinfachte Verwaltungsabläufe, Kosteneinsparungen und eine bessere Planbarkeit. Sie sind aber auch mit gewissen Einschränkungen verbunden, insbesondere was die Flexibilität und Individualisierung betrifft.

Durch die Betrachtung der verschiedenen Vertragsarten wird deutlich, dass Unternehmen und Beschäftigte bei der Ausgestaltung der bAV unterschiedliche Wege wählen können, die je nach den spezifischen Anforderungen und Gegebenheiten optimal gestaltet werden sollten. Während Kollektivverträge viele Vorteile bieten, insbesondere im Hinblick auf Kosteneffizienz und Vereinfachung, können Einzel- und Rahmenverträge die bessere Wahl sein, wenn ein höheres Maß an Flexibilität und Individualisierung gewünscht wird.

Eine sorgfältige Abwägung der Vor- und Nachteile ist daher unerlässlich, um die für alle Beteiligten beste Lösung zu finden.

3.3.5 Berufsunfähigkeitsversicherung in der bAV

Die Berufsunfähigkeitsversicherung (BUV) kann als integraler Bestandteil der bAV integriert werden, was sowohl für Arbeitgeber als auch für Mitarbeitende Vorteile bietet. Es gibt zwei Hauptmöglichkeiten, die BU in die bAV zu mit einzubeziehen:

1. **BU als Zusatzbaustein in der bAV**: Die BUV wird als Ergänzung zur Altersvorsorge angeboten, sodass Mitarbeitende neben der Altersrente auch eine Berufsunfähigkeitsrente erhalten können. Diese Form wird oft über Direktversicherungen oder Pensionskassen realisiert, wobei die Beiträge entweder vom Arbeitgeber übernommen oder durch Entgeltumwandlung von den Mitarbeitenden finanziert werden.
2. **Selbstständige Berufsunfähigkeitsversicherung**: Diese Versicherung wird unabhängig von der bAV abgeschlossen, jedoch häufig zusammen damit angeboten. Sie bietet eine umfassendere Absicherung und kann flexibler gestaltet werden, zum Beispiel mit Leistungen wie der Übernahme von Beiträgen bei längerer Krankheit oder speziellen Regelungen für Teilzeitbeschäftigte.

Vorteile für Arbeitgeber:

1. **Erhöhung der Arbeitgeberattraktivität**: Das Angebot einer Berufsunfähigkeitsversicherung (BUV)als Teil der bAV oder als eigenständige Versicherung erhöht die Attraktivität des Unternehmens, besonders im Wettbewerb um Fachkräfte. Eine umfassende Arbeitskraftabsicherung kann für potenzielle Mitarbeitende ein entscheidendes Kriterium sein.
2. **Reduzierung von Ausfallkosten**: Durch die BUV sinkt das finanzielle Risiko des Unternehmens bei längeren krankheitsbedingten Ausfällen. Der Versicherer übernimmt in solchen Fällen die Beitragszahlungen, wodurch der Arbeitgeber entlastet wird und der Mitarbeitende weiterhin versichert bleibt.
3. **Steuerliche Vorteile**: Die Beiträge zur BUV können, wie bei anderen bAV-Leistungen, steuerlich geltend gemacht werden, was die finanzielle Belastung für den Arbeitgeber weiter reduziert.

Vorteile für Beschäftigte:

1. **Finanzielle Absicherung**: Die BUV schützt Mitarbeitende vor dem Risiko eines Einkommensverlustes bei Berufsunfähigkeit durch Krankheit oder Unfall. Sie bietet eine schnelle und umfassende Absicherung, die über die gesetzliche Erwerbsminderungsrente hinausgeht.
2. **Günstigere Konditionen**: Durch eine kollektive Absicherung oder als Bestandteil der bAV profitieren Mitarbeitende von besseren Konditionen, was zu niedrigeren Beiträgen und höheren Leistungen führen kann.
3. **Flexibilität und Zusatzleistungen**: Selbstständige BU-Versicherungen bieten eine hohe Flexibilität, wie etwa die Möglichkeit, die Versicherungsdauer ohne erneute Gesundheitsprüfung zu verlängern oder eine Günstigerprüfung bei Teilzeit durchzuführen. Diese Optionen sind besonders vorteilhaft für Mitarbeitende mit flexiblen Arbeitsmodellen.

Dienstobliegenheitsbescheinigung

Die Dienstobliegenheitsbescheinigung (DOB) ist ein vereinfachtes Verfahren für die Anmeldung von Arbeitnehmenden zu Gruppenverträgen, vor allem im Rahmen der bAV mit integrierter BUV. Dieses Verfahren ermöglicht es, insbesondere bei homogenen Belegschaftsstrukturen (zum Beispiel Mitarbeiter in der Fertigung) , die Antrags- und Risikoprüfungsverfahren für die BU bei Gruppenverträgen effizienter und einfacher zu gestalten.

Vereinfachte Risikoprüfung: Durch die DOB entfällt die Notwendigkeit einer detaillierten Gesundheitsprüfung für jeden einzelnen Arbeitnehmenden. Stattdessen genügt eine Bescheinigung, dass die versicherte Person über einen definierten Zeitraum ihren beruflichen Pflichten ohne Einschränkungen nachgekommen ist. Dies erleichtert den Abschluss einer BU-Versicherung erheblich, da auf aufwändige individuelle Risikoprüfungen verzichtet werden kann.

Schnellere Bearbeitung: Der Prozess der Risikoprüfung wird deutlich beschleunigt, da weniger Unterlagen gesichtet und ausgewertet werden müssen. Dies führt zu einer schnelleren Policierung der Verträge und einer zügigen Bereitstellung des Versicherungsschutzes für die Belegschaft.

Geringerer Verwaltungsaufwand: Der DOB-Prozess reduziert den Verwaltungsaufwand sowohl für den Arbeitgeber als auch für die Versicherer. Durch die vereinfachte Risikomeldung können größere Gruppen von Mitarbeitenden effizient und kostengünstig versichert werden, ohne dass jeder Einzelne umfangreiche Gesundheitsfragen beantworten muss.

Erhöhte Akzeptanz: Da die Hürden für den Abschluss einer BU-Versicherung gesenkt werden, steigt die Bereitschaft der Mitarbeitenden, sich für eine Berufsunfähigkeitsversicherung im Rahmen der bAV zu entscheiden. Dies trägt dazu bei, die Absicherungsquote im Unternehmen zu erhöhen.

Kosteneffizienz: Durch das vereinfachte Verfahren sinken die Kosten für die Risikoprüfung, was sich positiv auf die Prämiengestaltung der BU-Versicherung auswirken kann. Dies macht die Absicherung für die Arbeitnehmenden attraktiver und wirtschaftlich vorteilhafter.

Personen mit Vorerkrankungen, die jedoch ihre Arbeitsfähigkeit nicht einschränken, können über die vereinfachte Anmeldung BUV-Schutz erlangen. Gerade in Zeiten des Fachkräftemangels und der längeren Lebensarbeitszeit ist dies ein nicht zu unterschätzender Punkt.

Zusammenfassend lässt sich festhalten, dass die Integration der DOB in die BUV im Rahmen von Gruppenverträgen innerhalb der bAV eine effiziente und kundenfreundliche Lösung darstellt. Sie erleichtert den Abschluss der BU-Versicherung, reduziert den administrativen Aufwand und sorgt für eine schnellere und einfachere Bereitstellung des notwendigen Versicherungsschutzes für die Mitarbeitenden.

Die Risikoprüfung wird gemäß der Annahmerichtlinien von Proximus durchgeführt. In Abhängigkeit vom Versicherungsumfang können zusätzliche Erklärungen, Formulare oder Untersuchungen erforderlich werden.

☐ **Dienstobliegenheitserklärung des Arbeitgebers AG-DOE-1** (sofern gemäß Annahmerichtlinien ausreichend):
Wir bestätigen, dass jede der zu versichernden Personen im Zeitpunkt der Anmeldung voll arbeitsfähig ist.

☐ **Dienstobliegenheitserklärung des Arbeitgebers AG-DOE-2** (sofern gemäß Annahmerichtlinien ausreichend):
Hiermit erklären wir für jede aufgeführte Person,
- dass sie in den letzten 24 Monaten* nicht länger als 4 Wochen ununterbrochen arbeitsunfähig war und
- dass sie derzeit wll arbeitsfähig ist und
- dass uns auch keine Kenntnisse über eine Wiedereingliederungsmaßnahme, Behinderung oder Erwerbsminderung vorliegen.

*bzw. seit dem Diensteintritt, sofern der Diensteintritt weniger als 24 Monate zurückliegt

Abbildung 3.3: Dienstobliegenheitserklärung des Arbeitgebers

Quelle: Swiss Life

Proximus-Annahmerichtlinien – vereinfachte Risikoprüfung *

Grundsätzlich ist eine Risikoprüfung analog der für Einzelversicherungen gültigen Annahmerichtlinien vorgesehen. Die vereinfachten Aufnahmeoptionen gelten je Personenkreis mit einheitlichen Leistungen (Beitragsbefreiung, Berufsunfähigkeitsrente, Hinterbliebenenrente beziehungsweise Todesfallkapital): Sofern ein unterschriebener Rahmenvertrag vorliegt, kann ab einem Potenzial von 100 Mitarbeitern die notwendige Personenanzahl bei einer Entgeltumwandlung innerhalb von drei Monaten nach Einreichung des Erstbestandes erfüllt werden.

Bei einer „automatischen Entgeltumwandlung" (Opting Out Verfahren) oder sofern der Arbeitgeberanteil bei einer mischfinanzierten Versorgung (zeitgleiche Beantragung) mindestens 50 % des Gesamtbeitrags ausmacht, gelten die Grenzen für das Aufnahmeverfahren bei der Arbeitgeberfinanzierung.

Für Firmen mit mehr als 60 Arbeitnehmern (rein arbeitgeberfinanziert) beziehungsweise 600 Arbeitnehmern (Entgeltumwandlung oder mischfinanziert) sind gegebenenfalls abweichende Konditionen möglich.

Aus Proximus Gewerbekunden 1, S. 518.

Zusammenfassung

Die BUV stellt sowohl als Zusatzbaustein in der betrieblichen Altersversorgung als auch als selbstständige Versicherung eine wertvolle Ergänzung zum Vorsorgeportfolio dar. Für Arbeitgeber stellt das Angebot einer BUV einen Weg dar, um ihre Attraktivität als Arbeitgeber zu steigern und sich vor finanziellen Risiken zu schützen. Für Arbeitnehmende hingegen bietet eine BUV eine umfassende und flexible Absicherung, die sie vor den finanziellen Folgen einer Berufsunfähigkeit bewahrt.

Bei der Einrichtung einer BUV sollten Arbeitgeber an das vereinfachte Verfahren der Dienstobliegenheitsbescheinigung denken, da dieses hilfreich ist, um die Antrags- und Risikoprüfungsverfahren für die BU bei Gruppenverträgen effizienter und einfacher zu gestalten. Darüber hinaus bringt es viele Vorteile mit sich, beispielsweise eine schnellere Bearbeitung, einen geringeren Verwaltungsaufwand und eine aus diesen Aspekten resultierende Kosteneffizienz.

3.3.6 Betriebsrentengesetz

Das Betriebsrentengesetz (BetrAVG) regelt die betriebliche Altersversorgung in Deutschland und bildet die rechtliche Grundlage für die Auszahlung von Betriebsrenten durch den Arbeitgeber an die Arbeitnehmenden. Ziel des Gesetzes ist es, eine ergänzende Altersvorsorge für die Arbeitnehmenden zu schaffen, die neben der gesetzlichen Rentenversicherung eine zusätzliche Absicherung im Alter bietet. Das BetrAVG schützt dabei sowohl die Ansprüche der Arbeitnehmenden als auch die Pflichten der Arbeitgeber im Bereich der Altersversorgung.

3.3.6.1 Rechte und Pflichten

§ 1 BetrAVG

- **Rechtsanspruch des Arbeitnehmers:** Nach § 1 BetrAVG hat der Arbeitnehmer einen Rechtsanspruch auf die zugesagten Leistungen der bAV, sobald diese vom Arbeitgeber im Arbeitsvertrag oder durch Betriebsvereinbarung zugesagt worden sind. Dieser Anspruch umfasst alle in der Zusage enthaltenen Versorgungsleistungen für den Fall des Alters, der Invalidität oder des Todes. Auf diese Zusagen kann sich der Arbeitnehmer verlassen, da sie gesetzlich geschützt sind und nicht einseitig vom Arbeitgeber geändert werden können.

- **Haftung des Arbeitgebers:** Gemäß § 1 Abs. 1 S. 3 BetrAVG haftet der Arbeitgeber für die Erfüllung der zugesagten Leistungen, auch wenn diese über externe Versorgungsträger wie Pensionskassen, Pensionsfonds oder Direktversicherungen erbracht werden. Das bedeutet, dass der Arbeitgeber auch dann verantwortlich bleibt, wenn der externe Träger die Leistungen nicht erbringen kann. → Mehr zu den Durchführungswegen der bAV unter 3.3.1.

§ 1a Abs. 1a BetrAVG

- **Zuschusspflicht des Arbeitgebers bei Entgeltumwandlung:** Arbeitgeber müssen bei einer Entgeltumwandlung durch den Arbeitnehmer einen Zuschuss von mindestens 15 % des umgewandelten Entgelts leisten, wenn sie durch die Entgeltumwandlung Sozialversicherungsbeiträge sparen. Diese Regelung soll die Entgeltumwandlung für Arbeitnehmer attraktiver machen, indem ein Teil der Ersparnis des Arbeitgebers direkt an den Arbeitnehmer weitergegeben wird. Die Förderung kann über Pensionskassen, Pensionsfonds oder Direktversicherungen erfolgen, nicht jedoch über Direktzusagen oder Unterstützungskassen.

Unverfallbarkeit von Betriebsrentenanwartschaften, § 1b BetrAVG

Kernstück des BetrAVG ist die Regelung der Unverfallbarkeit von Betriebsrentenanwartschaften. Die Anwartschaft ist eine rechtlich gesicherte Erwerbsaussicht auf ein bestimmtes Recht. In der bAV werden die erworbenen Rentenansprüche als Anwartschaften bezeichnet.[2] Die Unverfallbarkeit ist ein **wesentlicher Schutzmechanismus für Arbeitnehmende**, der sicherstellt, dass sie ihre Betriebsrentenanwartschaft auch bei vorzeitigem Ausscheiden aus dem Unternehmen nicht verlieren. Gleichzeit stellt dies eine **langfristige Verpflichtung des Arbeitgebers** dar.

Unverfallbarkeitsfristen

Die Unverfallbarkeitsfristen sehen vor, dass Betriebsrentenanwartschaften unter bestimmten Voraussetzungen unverfallbar werden:

- **Unverfallbarkeit für nach dem 31. Dezember 2017 erteilte Zusagen, § 1b Abs. 1 BetrAVG:** Für Versorgungszusagen, die ab den 01.01. 2018 erteilt wurden, ist die Anwartschaft unverfallbar, wenn der Arbeitnehmer das 21. Lebensjahr vollendet hat und das Arbeitsverhältnis mindestens drei Jahre bestanden hat. Mit dieser Regelung wird sichergestellt, dass auch junge Beschäftigte frühzeitig eine gesicherte Anwartschaft auf eine betriebliche Altersversorgung erwerben können. Außerdem verpflichtet die Regelung den Arbeitgeber, die zugesagten Leistungen bereits nach kurzer Betriebszugehörigkeit des Arbeitnehmers zu sichern. Dies kann insbesondere für Unternehmen mit hoher Fluktuation relevant sein, da hier eine Vielzahl von unverfallbaren Anwartschaften entstehen kann.

---

2 Vgl. https://wirtschaftslexikon.gabler.de/definition/anwartschaft-31444, zuletzt abgerufen am 21. Februar 2025.

bis zum 31.12.2020	1.1.2001 bis 21.12.2008	1.1.2009 bis 31.12.2017	ab 1.1.2018
zehn Jahre Zusagedauer und die Vollendung des 35. Lebensjahres	mindestens 30 Jahre alt	mindestens 25 Jahre alt ist	mindestens 21 Jahre alt ist
oder	und	und	und
mindestens drei Jahre Bestand bei einer Mindestbetriebszugehörigk eit von 12 Jahren und die Vollendung des 35. Lebensjahres	die Zusage zu diesem Zeitpunkt mindestens 5 Jahre bestand	die Zusage zu diesem Zeitpunkt mindestens 5 Jahre bestand	die Zusage zu diesem Zeitpunkt mindestens 3 Jahre bestand

Abbildung 3.4: Fristen unverfallbarer Anwartschaften

- **Unverfallbarkeit bei Entgeltumwandlung, § 1b Abs. 5 BetrAVG:** Bei Entgeltumwandlung ist die Anwartschaft unabhängig von der Betriebszugehörigkeit sofort und in voller Höhe unverfallbar. Dies bedeutet, dass der Arbeitgeber ab dem Zeitpunkt der Zusage die umgewandelten Entgeltbestandteile als unverfallbare Anwartschaft zu bilanzieren hat. Dies erhöht den Verwaltungsaufwand, da der Arbeitgeber sicherstellen muss, dass diese unverfallbaren Anwartschaften auch bei vorzeitigem Ausscheiden des Arbeitnehmenden gedeckt sind. Zugleich stärkt die Regelung die Position der Arbeitnehmenden und fördert die Nutzung der Entgeltumwandlung als Instrument der Altersvorsorge. Die sofortige Unverfallbarkeit gilt für alle Formen der Entgeltumwandlung, unabhängig davon, ob sie über eine Pensionskasse, einen Pensionsfonds oder eine Direktversicherung durchgeführt wird.
- **Vertragliche Unverfallbarkeit:** Zusätzlich zur gesetzlichen Unverfallbarkeit können im Arbeitsvertrag oder in einer Betriebsvereinbarung weitere Regelungen zur Unverfallbarkeit getroffen werden. Diese können die gesetzlichen Fristen je nach Vereinbarung zwischen Arbeitgeber und Arbeitnehmer verkürzen oder verlängern. Vertragliche Unverfallbarkeitsregelungen bieten häufig zusätzliche Sicherheit, indem sie über die gesetzlichen Mindestanforderungen hinausgehen. Teilweise enthalten beispielsweise Tarifverträge bessere Regelungen (zum Beispiel Chemie).

Höhe der unverfallbaren Anwartschaft, § 2 Abs. 2 BetrAVG

Nach § 2 Abs. 2 BetrAVG wird bei vorzeitigem Ausscheiden des Arbeitnehmenden die Höhe der unverfallbaren Anwartschaft berechnet. Grundlage für diese Berechnung ist die zum Zeitpunkt des Ausscheidens bereits erdiente Anwartschaft. Zu den Berechnungsgrundlagen gehören dabei sowohl die Dauer der Betriebszugehörigkeit als auch die Höhe der zugesagten Leistungen.

Konkret wird der Anspruch des Arbeitnehmenden in Höhe des Betrages ermittelt, den er erhalten hätte, wenn er bis zum vorgesehenen Zeitpunkt des Versorgungsfalles im Unternehmen verblieben wäre; dieser Betrag wird dann im Verhältnis der tatsächlichen Betriebszugehörigkeit zur möglichen Gesamtbetriebszugehörigkeit gekürzt. Dieser Pro-rata-temporis-Ansatz stellt sicher, dass die Mitarbeitenden bei vorzeitigem Ausscheiden einen proportionalen Anteil der ursprünglich zugesagten Leistungen erhalten, was ihre finanzielle Absicherung im Alter verbessert.

Berechnung und Wahrung des Teilanspruchs, § 2a BetrAVG

Mit § 2a BetrAVG wird ein spezielles **Berechnungssystem** für die betriebliche Altersversorgung eingeführt, das insbesondere bei vorzeitigem Ausscheiden eines Arbeitnehmenden aus dem Unternehmen zur Anwendung kommt. Dieses System ist wichtig, weil es eine gerechte Verteilung der Versorgungsanwartschaften sicherstellt und verhindert, dass Beschäftigte, die vorzeitig aus dem Arbeitsverhältnis ausscheiden, unverhältnismäßig benachteiligt werden.

Nach § 2a BetrAVG wird für die Berechnung der unverfallbaren Anwartschaft bei vorzeitigem Ausscheiden nicht auf die tatsächliche, sondern auf die fiktive weitere Betriebszugehörigkeit bis zum Eintritt des Versorgungsfalls abgestellt. Dies bedeutet, dass die Betriebsrentenanwartschaft so behandelt wird, als wäre der Arbeitnehmende bis zum Erreichen der Regelaltersgrenze weiterbeschäftigt worden. Diese fiktive Betriebszugehörigkeit wird dann bei der Berechnung des Anspruchs berücksichtigt.

Faktoren für die Berechnung nach § 2a BetrAVG

In die Berechnung nach § 2a BetrAVG fließen mehrere Faktoren ein:

1. **Bis zum Ausscheiden erdiente Anwartschaft:** Diese basieren auf der tatsächlichen Dauer der Betriebszugehörigkeit und den in dieser Zeit erdienten Leistungen.
2. **Fiktive Betriebszugehörigkeit bis zum regulären Rentenbeginn:** Sie dient dazu, die Anwartschaft fiktiv so hochzurechnen, als wäre der Arbeitnehmer bis zum vorgesehenen Rentenbeginn im Unternehmen geblieben.
3. **Berücksichtigung der zukünftigen Gehaltsentwicklung:** Um eine realistische Einschätzung der möglichen Versorgungsansprüche zu gewährleisten, kann auch die voraussichtliche Gehaltsentwicklung bis zum Versorgungsbeginn in die Berechnung einbezogen werden.

Dieses Berechnungssystem schützt den Arbeitnehmer davor, dass ihm bei vorzeitigem Ausscheiden unverhältnismäßig hohe Teile seiner Betriebsrentenanwartschaften entzogen werden. Gleichzeitig bietet es dem Arbeitgeber eine faire Möglichkeit, die zukünftigen Verpflichtungen aus der betrieblichen Altersversorgung zu berechnen und darzustellen.

■ BERECHNUNGSBEISPIEL

Ein Arbeitnehmer hat nach 10 Jahren Betriebszugehörigkeit eine Versorgungszusage erhalten, die ihm bei regulärem Ausscheiden nach 30 Jahren einen Anspruch auf eine monatliche Betriebsrente in Höhe von 1.500 € sichert. Scheidet dieser Arbeitnehmer nach 20 Jahren Betriebszugehörigkeit aus, so berechnet sich die unverfallbare Anwartschaft wie folgt:

1. Ermittlung der vollen Versorgungsleistung: Die ursprünglich zugesagte Leistung beträgt 1.500 € monatlich.
2. Pro-rata-temporis-Methode: Die unverfallbare Anwartschaft wird im Verhältnis der tatsächlichen zur möglichen Betriebszugehörigkeit ermittelt:

Tatsächliche Dienstzeit: 20 Jahre

Mögliche Dienstzeit: 30 Jahre

Berechnung: (20/30) x 1.500 € = 1.000 € Monatsrente als unverfallbare Anwartschaft. ■

Abfindung, § 3 BetrAVG

§ 3 BetrAVG regelt die Möglichkeiten und Voraussetzungen der Abfindung von Betriebsrentenanwartschaften und laufenden Leistungen. Abfindung bedeutet in diesem Zusammenhang, dass die unverfallbare Anwartschaft oder laufende Betriebsrente eines Arbeitnehmers durch eine einmalige Kapitalzahlung abgefunden wird und damit der Anspruch auf künftige Leistungen erlischt. Die Regelungen stellen sicher, dass eine Abfindung nur in Ausnahmefällen und unter fairen Bedingungen erfolgt. Sie sollen den Arbeitnehmer davor schützen, leichtfertig auf seine Altersversorgung zu verzichten.

Abfindung von Anwartschaften und laufenden Leistungen nach § 3 BetrAVG

Die Vorschriften des § 3 Betriebsrentengesetz (BetrAVG) regeln die Voraussetzungen, unter denen eine Abfindung betrieblicher Versorgungsleistungen zulässig ist. Dabei umfasst die Norm sowohl **unverfallbare Anwartschaften** als auch **bereits laufende Rentenzahlungen**. Die gesetzliche Regelung verfolgt das Ziel, den langfristigen Charakter der betrieblichen Altersversorgung zu sichern und Versorgungsberechtigte vor einem verlustreichen Kapitalverzicht zu schützen. Die Möglichkeit zur Abfindung wird daher bewusst eingeschränkt und ist nur unter bestimmten Bedingungen erlaubt.

1. Grundsatz: Abfindungsverbot: Nach § 3 Abs. 1 BetrAVG ist eine Abfindung nur zulässig, sofern einer der im folgenden Absatz genannten Fälle vorliegt. Die Regelung statuiert somit ein **grundsätzliches Abfindungsverbot**, das lediglich durch eng umgrenzte Ausnahmen durchbrochen wird.
2. Ausnahmetatbestände nach § 3 Abs. 2 BetrAVG: § 3 Abs. 2 BetrAVG enthält drei differenzierte Konstellationen, in denen eine Abfindung rechtlich zulässig beziehungsweise unzulässig ist. Dabei wird nicht zwischen Anwartschaften und laufenden Leistungen unterschieden; vielmehr gelten die Voraussetzungen einheitlich für beide Versorgungsformen.

a) Geringfügigkeit der Versorgungsleistung (§ 3 Abs. 2 S. 1 BetrAVG)

Eine Abfindung darf ohne Zustimmung der berechtigten Person erfolgen, wenn der monatliche Rentenbetrag eine Bagatellgrenze unterschreitet. Diese Geringfügigkeit liegt vor, wenn der monatliche Anspruch weniger als 1 % der monatlichen Bezugsgröße gemäß § 18 SGB IV beträgt. Diese Regelung dient der Vermeidung unverhältnismäßiger Verwaltungskosten bei gleichzeitig marginalem Versorgungswert. Die Abfindung kann in diesen Fällen einseitig durch den Versorgungsträger vorgenommen werden.

b) Abfindung mit Zustimmung (§ 3 Abs. 2 S. 2 BetrAVG)

In Fällen, in denen die Versorgungsleistung nicht geringfügig ist, kann eine Abfindung nur erfolgen, wenn der/die Arbeitnehmende beziehungsweise Rentenempfangende ausdrücklich und schriftlich zustimmt. Dabei sind erhöhte Anforderungen an die Aufklärung und Freiwilligkeit der Zustimmung zu stellen, insbesondere im Hinblick auf die Tragweite des Verzichts auf eine lebenslange Rentenzahlung zugunsten einer einmaligen Kapitalzahlung.

c) Verbot der Abfindung bei Anschlussbeschäftigung (§ 3 Abs. 2 S. 3 BetrAVG)

Eine Abfindung ist ausnahmslos ausgeschlossen, wenn der/die Arbeitnehmende innerhalb von drei Monaten nach dem Ausscheiden aus dem Arbeitsverhältnis ein neues Arbeitsverhältnis aufnimmt und dies dem ehemaligen Arbeitgeber mitteilt. Diese Regelung soll verhindern, dass bei durchgehender Erwerbstätigkeit durch Abfindung betriebliche Rentenansprüche entwertet werden. Die gesetzgeberische Intention liegt hierbei in der Förderung einer kontinuierlichen Altersvorsorge durch Übertragbarkeit oder Erhalt der Anwartschaften.

Steuerliche und sozialversicherungsrechtliche Konsequenzen

Die Abfindung von Betriebsrenten kann steuerliche und sozialversicherungsrechtliche Folgen haben. In der Regel ist die Abfindung im Jahr der Auszahlung voll steuerpflichtig, was bei hohen Abfindungsbeträgen zu einer hohen Steuerbelastung führen kann. Sozialversicherungsrechtlich sind bei einer Abfindung von Versorgungsbezügen nach § 229 SGB V Beiträge zur gesetzlichen Kranken- und Pflegeversicherung zu erbringen. Beschäftigte sollten eine steuer- und sozialversicherungsrechtliche Beratung in Anspruch nehmen, um die finanziellen Auswirkungen der Abfindung zu verstehen und die langfristigen Folgen abzuwägen, bevor sie einer solchen zustimmen.

■ **BEISPIEL**

Ein Arbeitnehmer hat eine unverfallbare Anwartschaft auf eine monatliche Betriebsrente in Höhe von 20 € erworben. Da dieser Betrag unter der Geringfügigkeitsgrenze liegt, bietet der Arbeitgeber eine Abfindung in Höhe von 3.000 € an. Der Arbeitnehmer nimmt die Abfindung nach Prüfung der steuerlichen Folgen an. Mit der Auszahlung der Abfindung erlischt der Anspruch auf die monatliche

Betriebsrente und der Arbeitnehmer erhält keine weiteren Leistungen aus der betrieblichen Altersversorgung dieses Arbeitgebers. ■

Übertragbarkeit von Anwartschaften, § 4 BetrAVG

Nach § 4 Abs. 1 und Abs. 2 BetrAVG haben Beschäftigte das Recht, ihre unverfallbare Anwartschaft auf betriebliche Altersversorgung auf einen neuen Versorgungsträger oder Arbeitgeber zu übertragen. Diese Übertragung stellt sicher, dass die bereits erworbenen Ansprüche auch bei Beendigung des Arbeitsverhältnisses oder bei einem Arbeitgeberwechsel erhalten bleiben. Wichtige Punkte bei der Übertragung sind:

- **Zustimmung des neuen Versorgungsträgers:** Der neue Versorgungsträger muss zur Übernahme der Anwartschaften bereit sein, um die Fortführung der Versorgungsleistungen zu gewährleisten.
- **Ermittlung des Übertragungswertes:** Um sicherzustellen, dass die künftigen Leistungen im neuen Versorgungssystem gleichwertig sind, wird der Wert der Anwartschaft ermittelt. Dieser Wert basiert auf dem Barwert der bereits erworbenen Anwartschaften im Zeitpunkt der Übertragung und wird nach versicherungsmathematischen Grundsätzen berechnet.

Versicherungsförmige Lösung oder Versicherungsnehmerwechsel:

- **Portabilität oder Übertagung des Deckungskapitals:** Die Übertagung des Deckungskapitals ist eine besondere Möglichkeit im Rahmen des § 4 BetrAVG, die es den Beschäftigten ermöglicht, ihre unverfallbare Anwartschaft auf ein versicherungsförmiges Produkt, wie zum Beispiel eine Direktversicherung, eine Pensionskasse oder einen Pensionsfonds, zu übertragen. Diese Lösung kommt insbesondere dann in Betracht, wenn eine direkte Übertragung auf einen neuen Arbeitgeber nicht möglich oder nicht gewünscht ist.
- **Wechsel des Versicherungsnehmers (VN-Wechsel):** Eine weitere Möglichkeit im Rahmen des § 4 BetrAVG ist der VN-Wechsel. Hierbei bleibt der bestehende Versicherungsvertrag bestehen, der Versicherungsnehmer, also derjenige, der die Versicherung führt und die Beiträge zahlt, wechselt. In der Praxis bedeutet dies, dass der neue Arbeitgeber die Rolle des Versicherungsnehmers übernimmt, während der Arbeitnehmende weiterhin versicherte Person bleibt.

  Der VN-Wechsel ist insbesondere dann sinnvoll, wenn der neue Arbeitgeber bereit ist, die bestehende betriebliche Altersversorgung fortzuführen. Durch den VN-Wechsel bleibt die Kontinuität der Versicherung gewahrt und der Arbeitnehmende profitiert weiterhin von den ursprünglich vereinbarten Leistungen, ohne dass eine neue Versicherung abgeschlossen werden muss.

■ **BEISPIEL**

Ein Arbeitnehmer hat eine unverfallbare Anwartschaft auf eine betriebliche Altersversorgung erworben und wechselt den Arbeitgeber. Der neue Arbeitgeber übernimmt die bestehende Direktversicherung (VN-Wechsel § 4 Nr. 2 BetrAVG). Der Arbeitnehmer bleibt in der Versicherung versichert und der neue Arbeitgeber zahlt die Beiträge weiter. Damit wird die Altersvorsorge des Arbeitnehmers nahtlos fortgesetzt. ■

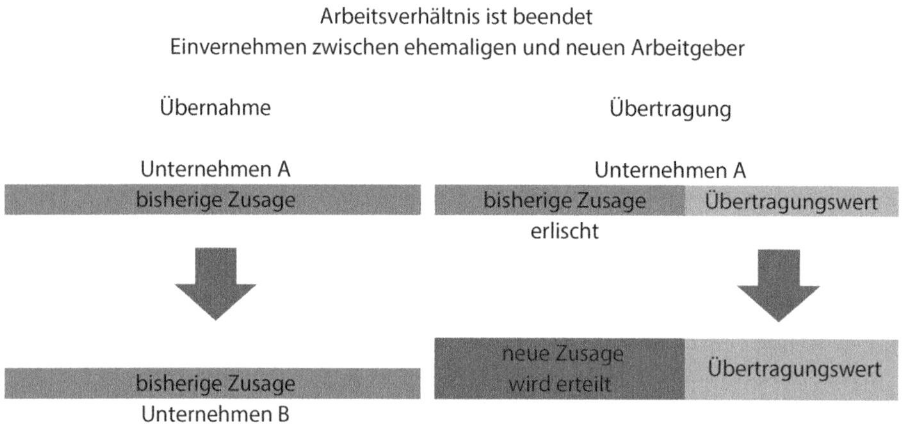

Übernahme der Versorgungsverpflichtung durch den neuen AG
unveränderte bisherige Zusage mit allen Pflichten

Übertragung des Übertragungswertes auf den neuen Arbeitgeber ergibt eine
neue zu gestaltende Zusage. Es wird eine wertgleich Zusage erteilt.

Rechtsfolge:
Schuldbefreiung des bisherigen Arbeitgebers aufgrund Vertrag (Einvernehmen)

Rechtsfolge:
Schuldbefreiung des bisherigen Arbeitgebers nach § 4 Abs. 6 BetrAVG bei vollständiger Übertragung
Regeln für Entgeltumwandlung gelten entsprechend

Abbildung 3.5: Übertragung

Die Regelungen des § 4 BetrAVG, insbesondere die versicherungsförmige Lösung und der VN-Wechsel, sind für die Sicherung der betrieblichen Altersversorgung bei einem Arbeitgeberwechsel oder bei Beendigung des Arbeitsverhältnisses von großer Bedeutung. Diese Regelungen bieten dem Arbeitnehmenden Flexibilität und Sicherheit, indem sie die Kontinuität seiner Altersversorgung gewährleisten und den Verlust von Versorgungsanwartschaften verhindern. Die Übertragung in versicherungsförmige Produkte oder der Wechsel zu einem anderen Versorgungsträger tragen wesentlich dazu bei, die finanzielle Absicherung des Arbeitnehmenden langfristig zu sichern und seine Altersvorsorge auch in wechselnden Erwerbssituationen zu gewährleisten.

Informationspflichten, § 4a BetrAVG

Der Arbeitgeber ist verpflichtet, die Arbeitnehmenden regelmäßig und unaufgefordert über die Höhe der erworbenen Anwartschaften zu informieren. Die Auskunftspflicht erstreckt sich auf die Höhe der Leistungen bei Alter, Invalidität und Tod. Die Information muss auch die voraussichtliche Höhe der Leistungen bei vorzeitiger Beendigung des Arbeitsverhältnisses umfassen. Diese Informationspflicht soll der Belegschaft helfen, ihre Altersvorsorge besser planen und fundierte Entscheidungen treffen zu können. Diese Auskunftspflicht findet sich auch in § 154 und § 155 VVG.

Insolvenzsicherungspflicht (§§ 7–15 BetrAVG)

Ein zentrales Element des BetrAVG ist die Verpflichtung des Arbeitgebers, die bAV-Anwartschaften der Arbeitnehmer gegen Insolvenz abzusichern. Die Insolvenzsicherung stellt für Arbeitnehmende eine wesentliche Sicherheitskomponente der bAV dar. Der Pensions-Sicherungs-Verein (PSV) garantiert die Weiterzahlung der Betriebsrenten im Falle der Insolvenz des Arbeitgebers. Dies gilt sowohl für laufende Renten als auch für unverfallbare Anwartschaften. Der PSV wurde eigens zu diesem Zweck gegründet und finanziert sich aus den Beiträgen der Arbeitgeber, die bAV-Leistungen zusagen. Die gesetzlichen Regelungen zur Insolvenzsicherung sollen sicherstellen, dass Arbeitnehmende ihre Ansprüche auf Betriebsrenten auch bei Insolvenz des Arbeitgebers nicht verlieren.

Der PSV deckt alle Arten von Versorgungszusagen ab, also auch Direktzusagen, Unterstützungskassen und Pensionsfonds. Im Falle einer Insolvenz übernimmt der PSV die Verpflichtungen des Arbeitgebers und zahlt die Betriebsrenten weiter. Diese Absicherung ist besonders wichtig, da sie den Arbeitnehmern unabhängig von der wirtschaftlichen Lage des Unternehmens, bei dem sie beschäftigt sind, ein hohes Maß an Sicherheit bietet.

Anpassungsprüfungspflicht für Betriebsrenten (§ 16 BetrAVG)

Die Regelung des § 16 BetrAVG soll sicherstellen, dass die Versorgungsleistungen, die ein Arbeitnehmer nach Eintritt in den Ruhestand erhält, im Laufe der Zeit an die wirtschaftlichen Rahmenbedingungen angepasst werden. Damit soll verhindert werden, dass die Kaufkraft der Betriebsrente im Laufe der Zeit erheblich sinkt.

Diese Anpassung hat nach billigem Ermessen zu erfolgen und hat insbesondere die Belange der Arbeitnehmenden sowie die wirtschaftliche Lage des Unternehmens zu berücksichtigen. Der Arbeitgeber ist also nicht automatisch zur Anpassung verpflichtet, sondern muss in regelmäßigen Abständen prüfen, ob eine Anpassung angemessen und möglich ist **(Anpassungsprüfungspflicht des Arbeitgebers)**.

- **Prüfungsintervall:** Der Arbeitgeber muss alle drei Jahre prüfen, ob eine Anpassung der Betriebsrente erforderlich ist.

- **Berücksichtigung der Inflation:** Die Anpassungsprüfungspflicht soll sicherstellen, dass die Betriebsrente ihre Kaufkraft behält. Deshalb muss der Arbeitgeber insbesondere die Entwicklung der Lebenshaltungskosten (allgemeine Preisentwicklung) und die Inflation berücksichtigen.
- **Wirtschaftliche Lage des Unternehmens:** Der Arbeitgeber kann eine Anpassung ablehnen, wenn die wirtschaftliche Lage des Unternehmens eine Anpassung nicht zulässt. Dies muss jedoch gut begründet werden und der Arbeitgeber trägt die Beweislast dafür, dass eine Anpassung aus wirtschaftlichen Gründen nicht möglich ist.

Anpassungsmöglichkeiten

§ 16 BetrAVG sieht im Wesentlichen folgende Möglichkeiten zur Anpassung der Betriebsrente vor:

- **Anpassung an die wirtschaftliche Lage des Unternehmens:** Dies ist der Regelfall, bei dem der Arbeitgeber die Betriebsrente nach billigem Ermessen und unter Berücksichtigung der wirtschaftlichen Lage des Unternehmens anpasst. Dabei muss der Arbeitgeber die aktuelle Inflationsrate und die wirtschaftliche Lage des Unternehmens berücksichtigen.
- **Dynamische Anpassung:** Eine weitere Möglichkeit der Anpassungsprüfungspflicht nachzukommen, besteht darin, dass der Arbeitgeber eine dynamische Anpassung vereinbart. Das bedeutet, dass die Betriebsrente automatisch um einen bestimmten Prozentsatz oder in Abhängigkeit von der Entwicklung der gesetzlichen Rentenversicherung angepasst wird. Liegt eine solche Regelung vor, entfällt die regelmäßige dreijährige Anpassungsprüfungspflicht.
- **Einmalige Kapitalzahlung:** In einigen Fällen kann der Arbeitgeber auch eine einmalige Kapitalzahlung als Anpassungsleistung anbieten. Dies ist jedoch weniger üblich und muss gut begründet werden, da es von den üblichen Anpassungsmethoden abweicht.
- **Beitragszusage mit Mindestleistung:** Die Anpassungsprüfungspflicht nach Abs. 1 entfällt, wenn eine Beitragszusage mit Mindestleistung erteilt wurde.

Beschränkungen und Sonderregelungen

Unter bestimmten Umständen kann der Arbeitgeber von der Anpassungsprüfungspflicht befreit werden oder diese in eingeschränkter Form durchführen:

- **Betriebsvereinbarungen oder Tarifverträge:** Sieht eine Betriebsvereinbarung oder ein Tarifvertrag eine andere Form der Anpassung oder eine Befreiung von der Anpassungsprüfungspflicht vor, können diese Regelungen an die Stelle der gesetzlichen Anpassungsprüfungspflicht treten.
- **Pensionskasse und Direktversicherung:** Für Leistungen, die über Pensionskassen oder Direktversicherungen erbracht werden, gelten besondere Anpassungsrege-

lungen, da diese Einrichtungen selbst regelmäßige Anpassungen vornehmen, die häufig von den Kapitalerträgen abhängen.

Durchführung der Anpassungsprüfung und Begründungspflicht

Der Arbeitgeber muss die Anpassungsprüfung nicht nur durchführen, sondern auch dokumentieren und gegenüber den Betriebsrentnern nachvollziehbar darlegen. Eine Ablehnung der Anpassung muss schriftlich begründet werden und der Arbeitgeber muss die wirtschaftliche Notwendigkeit der Entscheidung darlegen können. Damit ist sichergestellt, dass die Betriebsrentner die Entscheidung des Arbeitgebers nachvollziehen und gegebenenfalls rechtlich überprüfen lassen können.

■ BEISPIEL

Ein Unternehmen führt alle drei Jahre eine Anpassungsprüfung durch und stellt fest, dass die Inflation in den letzten drei Jahren durchschnittlich 2 % pro Jahr betragen hat. Aufgrund der guten wirtschaftlichen Lage des Unternehmens beschließt der Arbeitgeber, die Betriebsrenten entsprechend um insgesamt 6 % zu erhöhen. Diese Entscheidung wird den Betriebsrentnern schriftlich mitgeteilt und die Gründe für die Anpassung erläutert. ■

Bedeutung der Anpassungsvorschrift

Die Regelung des § 16 BetrAVG ist für den Schutz der Betriebsrentner von großer Bedeutung. Sie stellt sicher, dass die Versorgungsleistungen, die ein Arbeitnehmer nach Eintritt in den Ruhestand erhält, im Zeitablauf ihren Wert behalten und nicht durch die Inflation entwertet werden. Gleichzeitig berücksichtigt die Regelung die wirtschaftliche Lage des Unternehmens und ermöglicht dem Arbeitgeber Anpassungen, die sowohl den Bedürfnissen der Rentner als auch der finanziellen Stabilität des Unternehmens Rechnung tragen. Dies führt zu einem ausgewogenen Schutz der Interessen beider Seiten und trägt zur langfristigen Sicherung der Betriebsrenten bei.

Allgemeine Tariföffnungsklausel, § 19 BetrAVG

§ 19 BetrAVG enthält eine allgemeine Tariföffnungsklausel. Diese Klausel ermöglicht es den Tarifvertragsparteien, von den gesetzlichen Regelungen des BetrAVG **abweichende Vereinbarungen** zu treffen, insbesondere hinsichtlich der Unverfallbarkeit von Anwartschaften, der Anpassungsprüfung und der Art und Weise der Durchführung der betrieblichen Altersversorgung.

Trotz der Öffnungsklausel muss ein Tarifvertrag stets den **Schutz der Arbeitnehmerrechte** gewährleisten. Abweichungen sind nur insoweit zulässig, als sie den im BetrAVG vorgesehenen Grundschutz der Arbeitnehmer nicht unterlaufen.

Dies gibt den Tarifvertragsparteien die Flexibilität, branchen- oder unternehmensspezifische Regelungen zu treffen, die den besonderen Bedürfnissen der jeweiligen Arbeitsverhältnisse und Branchen gerecht werden und gleichzeitig einen Mindestschutz für Arbeitnehmende zu gewährleisten.

Tarifvertrag und Entgeltumwandlung; Optionssysteme, § 20 BetrAVG

§ 20 BetrAVG befasst sich mit den Möglichkeiten der Entgeltumwandlung und der Einführung von Optionssystemen im Rahmen von Tarifverträgen. Diese Vorschrift ist insbesondere für die Gestaltung einer flexibleren, auf die Bedürfnisse von Beschäftigten und Arbeitgebern abgestimmten betrieblichen Altersversorgung von Bedeutung.

Entgeltumwandlung und Tarifvertrag

Ein zentrales Instrument der betrieblichen Altersversorgung ist die Entgeltumwandlung, bei der die Arbeitnehmer einen Teil ihres Arbeitsentgelts in Beiträge zur betrieblichen Altersversorgung umwandeln. § 20 BetrAVG stellt sicher, dass die Bedingungen der Entgeltumwandlung in einem Tarifvertrag festgelegt werden können. Dies betrifft unter anderem die Höhe des umwandelbaren Entgelts, die Durchführungswege der Altersvorsorge und die Pflichten des Arbeitgebers.

Hinweis

Arbeitnehmende haben einen **gesetzlichen Anspruch** auf Entgeltumwandlung in Höhe von bis zu 4 % der Beitragsbemessungsgrenze in der gesetzlichen Rentenversicherung. Tarifverträge können diesen Anspruch weiter ausgestalten, aber nicht grundsätzlich einschränken.

Optionssysteme

§ 20 BetrAVG ermöglicht den Tarifvertragsparteien auch die Einführung sogenannter Optionssysteme. Diese Systeme bieten den Arbeitnehmenden die Flexibilität, zwischen verschiedenen Varianten der betrieblichen Altersversorgung zu wählen. So können Arbeitnehmende individuell entscheiden, ob sie zum Beispiel eine höhere Betriebsrente oder eine andere Form der Altersvorsorge bevorzugen.

Die genaue Ausgestaltung solcher Systeme wird im Tarifvertrag festgelegt, was den Tarifvertragsparteien eine hohe Flexibilität bei der Anpassung an die Bedürfnisse der Arbeitnehmer und der Branche ermöglicht.

Optionssysteme tragen dazu bei, die betriebliche Altersversorgung flexibler und attraktiver zu gestalten, indem sie den Arbeitnehmenden Wahlmöglichkeiten bieten, die ihren individuellen Lebenssituationen und Bedürfnissen besser entsprechen.

3.3.6.2 Das Sozialpartnermodell des Betriebsrentenstärkungsgesetzes

Mit dem am 1. Januar 2018 in Kraft getretenen Betriebsrentenstärkungsgesetz wurde das sogenannte Sozialpartnermodell eingeführt. Mit diesem Modell soll die Verbreitung der bAV insbesondere in kleinen und mittleren Unternehmen gefördert werden. Kern des Sozialpartnermodells ist die Einführung der reinen Beitragszusage, die eine zentrale Neuerung darstellt und die bAV flexibilisieren soll. Im Folgenden wird auf die relevanten Stellen des BetrAVG eingegangen, die das Sozialpartnermodell und die damit verbundenen Regelungen umfassen. Darunter werden jeweils wichtige Aspekte hervorgehoben.

Tarifvertragsparteien, § 21 BetrAVG

§ 21 BetrAVG legt fest, dass die Einführung des Sozialpartnermodells und der reinen Beitragszusage ausschließlich durch Tarifverträge zwischen den Sozialpartnern, also Arbeitgeberverbänden und Gewerkschaften, vereinbart werden kann. In diesen Tarifverträgen können spezifische Regelungen zur betrieblichen Altersversorgung getroffen werden, die von den bisherigen gesetzlichen Vorgaben abweichen.

Tarifgebundenheit: Die reine Beitragszusage kann nur auf der Grundlage eines Tarifvertrags erfolgen, wodurch sichergestellt wird, dass die Interessen beider Sozialpartner berücksichtigt werden. Das bedeutet, dass nicht tarifgebundene Unternehmen in der Regel keinen direkten Zugang zu dieser Form der Altersvorsorge haben, es sei denn, sie übernehmen freiwillig einen entsprechenden Tarifvertrag (s.u. zu § 24 BetrAVG).

Mitbestimmung der Arbeitnehmenden: Der Tarifvertrag regelt auch die Mitbestimmungsmöglichkeiten der Arbeitnehmenden bei der Gestaltung und Durchführung der betrieblichen Altersversorgung im Rahmen des Sozialpartnermodells.

Arbeitnehmer und Versorgungsträger, § 22 BetrAVG

§ 22 BetrAVG regelt das Verhältnis zwischen dem Versorgungsempfänger und der Versorgungseinrichtung, die die bAV im Rahmen des Sozialpartnermodells durchführt. Eine zentrale Rolle spielt dabei die Verantwortung der Versorgungseinrichtung für die Verwaltung der Beiträge und die Sicherstellung der Rentenzahlungen.

Verwaltung der Beiträge: Die Versorgungseinrichtung hat die Aufgabe, die vom Arbeitgebenden eingezahlten Beiträge zu verwalten und in Versorgungsleistungen umzuwandeln. Dies geschieht unabhängig vom Arbeitgeber, wodurch das Risiko für den Arbeitgeber minimiert wird.

Sicherung der Ansprüche des Arbeitnehmenden: Die Versorgungseinrichtung muss sicherstellen, dass die Ansprüche des Arbeitnehmenden im Rentenalter durch die eingezahlten Beiträge gedeckt sind. Eine unmittelbare Haftung des Arbeitgebers für die Höhe der späteren Versorgungsleistungen besteht nicht, sodass die klassische Arbeitgeberhaftung der Direktzusage ausgeschlossen ist.

Zusatzbeiträge des Arbeitgebers, § 23 BetrAVG

§ 23 BetrAVG eröffnet die Möglichkeit, dass Arbeitgeber im Rahmen des Sozialpartnermodells zusätzliche Beiträge leisten. Diese Beiträge können zur Sicherung der Versorgungsleistungen oder als Sicherungsbeiträge zum Ausgleich von Renditeschwankungen der Anlageprodukte verwendet werden.

Sicherungsbeiträge: Arbeitgeber können im Tarifvertrag verpflichtet werden, zusätzlich zu den regulären Beiträgen Sicherungsbeiträge zu leisten. Diese sollen mögliche Leistungsschwankungen ausgleichen und die Stabilität der Versorgungsleistungen gewährleisten.

Beitragsflexibilität: Die Höhe und die Bedingungen der Zusatzbeiträge können im Tarifvertrag individuell festgelegt werden. Dies ermöglicht eine flexible Anpassung an die wirtschaftliche Situation und die spezifischen Bedürfnisse der Branche.

Nichttarifgebundene Arbeitgeber und Arbeitnehmer, § 24 BetrAVG

§ 24 BetrAVG ermöglicht es auch nicht tarifgebundenen Arbeitgebern und Arbeitnehmern, die Regelungen des Sozialpartnermodells zu übernehmen. Dies geschieht durch eine gemeinsame Vereinbarung oder durch freiwillige Übernahme eines bestehenden Tarifvertrags.

Freiwillige Übernahme: Nicht tarifgebundene Unternehmen können sich freiwillig einem bestehenden Tarifvertrag anschließen, der das Sozialpartnermodell vorsieht. Damit erhalten auch diese Unternehmen Zugang zu den Vorteilen der reinen Beitragszusage.

Rechtsfolgen der Übernahme: Die Übernahme eines solchen Tarifvertrags durch nicht tarifgebundene Unternehmen hat zur Folge, dass die Regelungen dieses Tarifvertrags für die bAV des Unternehmens gelten und damit die Verwaltung und Sicherung der Altersversorgung auf eine rechtssichere Grundlage gestellt wird.

Verordnungsermächtigung, § 25 BetrAVG

§ 25 BetrAVG enthält eine Verordnungsermächtigung, die es dem Bundesministerium für Arbeit und Soziales ermöglicht, durch Rechtsverordnung bestimmte Einzelheiten der Sozialpartnerzusage und der reinen Beitragszusage zu regeln. Diese Verordnungen können erforderlich sein, um die praktische Umsetzung des Sozialpartnermodells zu erleichtern und zu konkretisieren.

Verordnungsermächtigung: Das Bundesministerium für Arbeit und Soziales kann Verordnungen erlassen, die Einzelheiten zur Durchführung und Umsetzung des Sozialpartnermodells regeln, wie zum Beispiel Anforderungen an die Versorgungsträger oder den Sicherungsbeitrag des Arbeitgebers.

Flexibilität und Anpassung: Diese Verordnungsermächtigung ermöglicht eine flexible Reaktion auf sich ändernde wirtschaftliche und rechtliche Rahmenbedingungen, um das Sozialpartnermodell auch langfristig funktionsfähig zu halten.

3.3.6.3 Zwischenfazit

Die bAV ist ein zentrales Element der sozialen Sicherung in Deutschland und durch das BetrAVG umfassend geregelt. Die gesetzlichen Regelungen zum Schutz der Arbeitnehmenden und die Pflichten der Arbeitgeber wurden im Laufe der Jahre kontinuierlich weiterentwickelt und tragen den veränderten gesellschaftlichen und wirtschaftlichen Rahmenbedingungen Rechnung. Die Gewährleistung der Unverfallbarkeit von Anwartschaften und der Insolvenzschutz durch den PSV sind wesentliche Elemente, die den Schutz der Beschäftigten auch in Krisenzeiten sicherstellen. Das Betriebsrentenstärkungsgesetz 2017 hat diese Schutzmechanismen weiter ausgebaut und die bAV attraktiver und sicherer gemacht.

Das Sozialpartnermodell des Betriebsrentenstärkungsgesetzes stellt einen innovativen Weg zur Stärkung der betrieblichen Altersversorgung in Deutschland dar. Die Einführung der reinen Beitragszusage und die damit verbundenen Regelungen in den §§ 21 bis 25 BetrAVG bieten eine flexible, risikominimierte Möglichkeit für Arbeitgeber und attraktive Vorsorgeoptionen für Arbeitnehmende. Durch die tarifvertragliche Ausgestaltung und die Möglichkeit der Einbeziehung nicht tarifgebundener Unternehmen schafft das Sozialpartnermodell eine breite Basis für eine zukunftsfähige bAV.

3.3.7 Empfehlungen für die Meier GmbH

Ausgangssituation des Unternehmens:

Das Unternehmen beschäftigt insgesamt 45 Mitarbeitende in verschiedenen Funktionsbereichen, die sich wie folgt zusammensetzen:

- 1 Geschäftsführer mit einem Jahresgehalt von 200.000 €
- 4 leitende Mitarbeitende mit einem Jahresgehalt von jeweils 140.000 €
- 10 Mitarbeitende in der Verwaltung mit einem durchschnittlichen Jahresgehalt von 60.000 €
- 27 Mitarbeitende in der Produktion mit einem durchschnittlichen Jahresgehalt von 50.000 €
- 3 Mitarbeitende im Außendienst mit einem durchschnittlichen Jahresgehalt von 70.000 €

Ziel der Empfehlung ist die Einführung einer maßgeschneiderten, flexiblen und steueroptimierten bAV, die sowohl den Geschäftsführer und die leitenden Angestellten als auch die weiteren Beschäftigten des Unternehmens berücksichtigt. Neben der Altersvorsorge liegt ein besonderer Fokus auf der Absicherung gegen Berufsunfähigkeit.

Altersversorgung für den Geschäftsführer und die leitenden Angestellten: Unterstützungskasse

Für den Geschäftsführer und die leitenden Angestellten empfiehlt sich die Einrichtung einer arbeitgeberfinanzierten Unterstützungskasse. Dieser Durchführungsweg der bAV ist insbesondere für Führungskräfte mit hohem Einkommen geeignet, da er die Möglichkeit bietet, höhere Versorgungsansprüche steuerbegünstigt abzusichern. Die Unterstützungskasse agiert dabei als eigenständiger Versorgungsträger außerhalb des Unternehmens und bietet damit eine steuer- und sozialversicherungsfreie Finanzierung der Altersvorsorge.

Details zur Unterstützungskasse:

- Durchführungsweg: Unterstützungskasse nach § 1b Abs. 4 BetrAVG
- Finanzierung: Vollständig durch den Arbeitgeber getragen, was den Mitarbeitenden steuer- und sozialversicherungsfreie Beiträge garantiert. Die Versorgungshöhe ist auf 4 % des Bruttoentgelts festgelegt.
- Beiträge:
  - Geschäftsführer: Bei einem Bruttojahresgehalt von 200.000 € beträgt der Beitrag zur Unterstützungskasse 8.000 € pro Jahr.
  - Leitende Mitarbeitende: Bei einem Bruttojahresgehalt von 140.000 € beträgt der Beitrag 5.600 € pro Jahr.

Vorteile der Unterstützungskasse

- Steuerfreiheit der Beiträge bis zum Höchstbetrag nach § 3 Nr. 63 EStG
- Sozialversicherungsfreiheit des Arbeitgeberbeitrags
- Externe Verwaltung durch die Unterstützungskasse entlastet die betriebliche Verwaltung.
- Flexibilität: Die Unterstützungskasse ermöglicht auch Zusatzleistungen wie Invaliditäts- oder Hinterbliebenenversorgung.
- Die Leistungen aus der Unterstützungskasse sind von der Insolvenz des Unternehmens getrennt, sodass die Versorgungsansprüche auch bei Insolvenz des Unternehmens (mit Absicherung über den PSV) gesichert sind.

Altersvorsorge für die übrigen Mitarbeitenden: Direktversicherung

Für die übrigen Angestellten des Unternehmens – Verwaltung, Produktion und Außendienst – bietet sich die Direktversicherung als bevorzugter Durchführungsweg an. Die Direktversicherung ist eine besonders einfache und flexibel handhabbare Form der bAV, die für Arbeitgeber wenig administrativen Aufwand erfordert, gleichzeitig aber den Mitarbeitenden steuer- und sozialversicherungsfreie Altersvorsorgebeiträge ermöglicht. Diese Form der bAV eignet sich besonders für Mitarbeitende mit niedrigen und mittleren Einkommen.

Details zur Direktversicherung:

- Durchführungsweg: Direktversicherung nach § 1b Abs. 2 BetrAVG

- Finanzierung: Arbeitgeberfinanziert mit einem Versorgungsbeitrag von 8 % (4 % Steuer- und Sozialabgabenfrei die weiteren 4 % steuerfrei) und des Bruttojahresgehaltes. Darüber hinaus haben alle Mitarbeitenden die Möglichkeit, ihre bAV durch Entgeltumwandlung aufzustocken.
- Beiträge:
  - Mitarbeitende der Verwaltung: Bei einem durchschnittlichen Bruttojahresgehalt von 60.000 € beträgt der Beitrag 2.400 € pro Jahr.
  - Produktionsmitarbeitende: Bei einem durchschnittlichen Bruttojahresgehalt von 50.000 € beträgt der Beitrag 2.000 € pro Jahr.
  - Außendienstmitarbeitende: Bei einem durchschnittlichen Bruttojahresgehalt von 70.000 € beträgt der Beitrag 2.800 € pro Jahr.

Vorteile der Direktversicherung

- Steuer- und sozialversicherungsfreie Beiträge bis zu 4 % der Beitragsbemessungsgrenze in der gesetzlichen Rentenversicherung (§ 3 Nr. 63 EStG)
- Einfache Abwicklung und geringer Verwaltungsaufwand, da die Beiträge direkt an einen Versicherer (zum Beispiel Proximus oder MetallRente) gezahlt werden
- Flexibilität: Die Mitarbeitenden können durch freiwillige Entgeltumwandlung zusätzlich zum Arbeitgeberbeitrag ihre Altersvorsorge um bis zu 4 % der BBG aufstocken. Der Arbeitgeberzuschuss zur Entgeltumwandlung (gesetzlich 15 %) wird ebenfalls gewährt.
- Übertragbarkeit: Die Ansprüche aus der Direktversicherung können bei einem Arbeitgeberwechsel problemlos auf den neuen Arbeitgeber übertragen oder privat weitergeführt werden.
- Zusatzleistungen: Zusätzliche Versicherungsleistungen wie Hinterbliebenen- oder Berufsunfähigkeitsabsicherung können über die Direktversicherung realisiert werden.

Entgeltumwandlung und Arbeitgeberzuschuss

Neben der arbeitgeberfinanzierten bAV haben alle Angestellten die Möglichkeit, ihre Altersvorsorge durch Entgeltumwandlung individuell zu verbessern. Die Entgeltumwandlung erfolgt nach § 1a BetrAVG und bietet den Mitarbeitenden die Möglichkeit, bis zu 4 % der BBG in eine Direktversicherung einzubringen.

- Entgeltumwandlung: Mitarbeitende können jährlich bis zu 3.864 € (2025) steuer- und sozialabgabenfrei in die bAV umwandeln.
- Arbeitgeberzuschuss zur Entgeltumwandlung: Der gesetzliche Arbeitgeberzuschuss von 15 % auf die umgewandelten Beträge wird gewährt und fließt in die Direktversicherung ein. Dadurch profitieren die Mitarbeitende zusätzlich von einem höheren Sparbetrag.

Berufsunfähigkeitsversicherung

Um die Mitarbeitenden umfassend abzusichern, wird eine arbeitgeberfinanzierte BUV für alle Mitarbeitenden angeboten. Diese Absicherung ist besonders wichtig, um die Mitarbeitenden im Falle einer Berufsunfähigkeit finanziell abzusichern und den Einkommensverlust abzufedern. Die Absicherung ist nach Hierarchiestufen gestaffelt.

Details zur BUV

- Durchführungsweg: über einen externen Versicherer wie zum Beispiel Proximus oder MetallRente.
- Finanzierung: Vollständig arbeitgeberfinanziert
- Leistungshöhe:
  - Geschäftsführer: monatliche BU-Rente von 2.000 €
  - Leitende Angestellten: monatliche BU-Rente in Höhe von 1.500 €
  - sonstige Mitarbeitende (Verwaltung, Produktion, Außendienst): monatliche BU-Rente von 1.000 €

Vorteile einer Berufsunfähigkeitsversicherung:

- Existenzsicherung bei Berufsunfähigkeit: Bei dauerhafter Arbeitsunfähigkeit erhalten die Mitarbeitenden eine monatliche Rente zur Sicherung des Lebensunterhalts.
- Vollständige Finanzierung durch den Arbeitgeber, was diese Leistung zu einem attraktiven Zusatzvorteil im Rahmen der bAV macht

Hinweis

Bei Beratungen zur Entgeltumwandlung müssen die Arbeitgeberbeiträge aus der BU und der arbeitgeberfinanzierten Altersversorgung als Direktversicherung auf die maximalen Höhen in der Mitarbeiterberatung zu berücksichtigen.

Zusammenfassung

Die vorgeschlagene betriebliche Altersversorgung sieht für Herrn Müller und die leitenden Angestellten eine arbeitgeberfinanzierte Unterstützungskasse vor, die 4 % des Bruttogehaltes als Altersvorsorgeleistung bietet. Für die übrigen Mitarbeitenden wird eine Direktversicherung mit ebenfalls 4 % des Gehaltes eingerichtet. Zusätzlich haben alle Mitarbeitenden die Möglichkeit, ihre Altersvorsorge durch Entgeltumwandlung aufzustocken. Eine arbeitgeberfinanzierte BUV bietet eine zusätzliche Absicherung für den Fall der Berufsunfähigkeit.

Durch die Nutzung bewährter Anbieter wie Proximus oder MetallRente wird die Versorgung auf eine solide Basis gestellt und die steuerlichen und sozialversicherungsrechtlichen Vorteile werden optimal genutzt.

3.4 Lösungen in der Betrieblichen Krankenversicherung

Nachdem sich Herr Müller ausführlich über die Möglichkeiten im Rahmen der bAV aufklären ließ, möchte er nun wissen, welche Absicherungsmöglichkeiten es für die Angestellten der Maier GmbH im Bereich der betrieblichen Krankenversicherung gibt. Auch hier möchte er einen kurzen Überblick zu allen Möglichkeiten erhalten, um anschließend entscheiden zu können, welche Versicherungslösung sinnvollerweise gewählt wird.

Die Gestaltung der betrieblichen Krankenversicherung (bKV) bietet Arbeitgebern eine hohe Flexibilität, um die Versicherungslösungen optimal an die spezifischen Bedürfnisse des Unternehmens und seiner Belegschaft anzupassen. Zwei gängigen Modellen hierfür sind das Budgetmodell und das Bausteinmodell.

- **Budgetmodell:** Der Arbeitgeber legt ein jährliches Budget pro Mitarbeiter fest, das für bestimmte medizinische Leistungen wie Osteopathie, Brillen oder Zahnleistungen wie Zahnersatz oder die Professionelle Zahnreinigung genutzt werden kann. Die Mitarbeiter entscheiden selbst, welche Leistungen sie in Anspruch nehmen, wodurch dieses Modell **flexibel und individuell** ist. Typische Stufen belaufen sich auf 300, 600, 900, 1.200, 1.500 € pro Jahr. Dies kann sich jedoch je nach Versicherer unterscheiden.
- **Bausteinmodell:** Hier wählt der Arbeitgeber feste Leistungspakete oder „Bausteine", die allen Mitarbeitenden gleichermaßen zugutekommen. Es bietet somit eine **standardisierte Lösung** und kann ebenfalls verschiedene Leistungen wie ambulante und stationäre Behandlungen, Vorsorgeuntersuchungen und Zusatzleistungen umfassen.

In beiden Modellen können verschiedene Leistungsbereiche wie ambulante, stationäre, präventive und zusätzliche Gesundheitsleistungen abgedeckt werden. Dies umfasst unter anderem Arztbesuche, Krankenhausaufenthalte, Vorsorgeuntersuchungen und Zusatzleistungen wie digitale Assistance-Leistungen oder einen Terminvereinbarungsservice. Beide Modelle bieten somit eine umfassende Absicherung, die individuell an die Bedürfnisse der Mitarbeiter und die Anforderungen des Unternehmens angepasst werden kann.

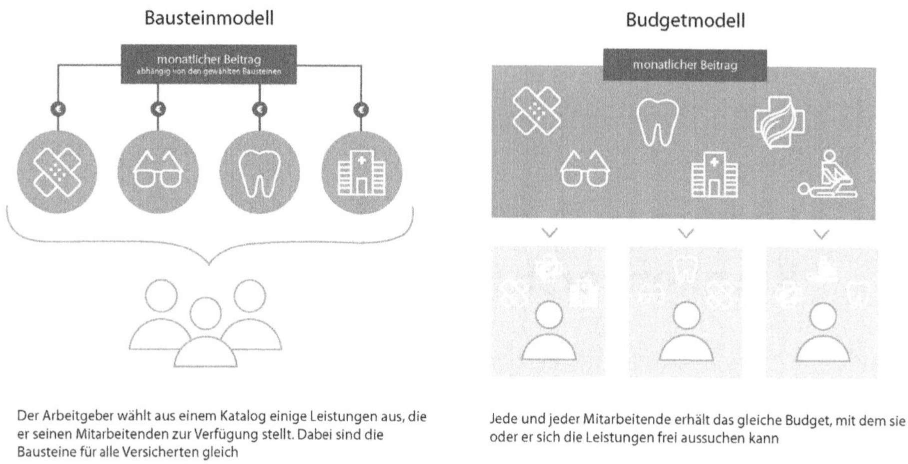

Abbildung 3.6: Übersicht bKV-Modelle, Quelle: Hallesche ALH Gruppe

Herr Müller fragt Henri Laurant, wie er in der Firma Meier GmbH nun eine angemessene Tarifbestimmung umsetzen kann.

Henri Laurant erklärt Herrn Müller, dass sie zunächst einen Blick auf die Mitarbeiterstruktur werfen und diese analysieren müssen, um zu ermitteln, wie viele Mitarbeiter in der gesetzlichen und wie viele in der privaten Krankenversicherung versichert sind.

Abteilung	Position	Anzahl der Mitarbeiter	Versicherungsart GKV/PKV
Geschäftsführung	Geschäftsführer	1 (Herr Müller)	PKV
Leitende Angestellte	Produktionsleiter	1	GKV
	Leiter Marketing/Vertrieb	1	PKV
	Leiter Einkauf/Logistik	1	PKV
	Leitung Verwaltung/QS	1	GKV
Verwaltung/Büro	Controlling	1	GKV
	Buchhaltung	2	GKV/GKV
	Personal	2	GKV/PKV
	IT	2	GKV/GKV
	Einkauf	2	PKV/PKV
	Logistikkoordinator	1	PKV
Außendienst	Außendienstmitarbeiter	3	PKV/GKV/PKV
Fertigung	Teamleiter Produktion	3	PKV/GKV/GKV
	Produktion	15 (5 + 5 + 5)	alle GKV
	Azubis in der Produktion	3	alle GKV

Abteilung	Position	Anzahl der Mitarbeiter	Versicherungsart GKV/PKV
Lager	Lageristen	2	alle GKV
	Azubis im Lager	1	GKV
Transport	Fahrer	3	alle GKV
Gesamtzahl der Mitarbeiter		45	PKV 10 / GKV 35

Nachdem die beiden die Mitarbeiterstruktur analysiert haben, wissen sie, dass ein Teil der Belegschaft gesetzlich und der andere Teil privat krankenversichert ist. Im nächsten Schritt sollte entschieden werden, in welcher Form der Versicherungsschutz für die Mitarbeiter gestaltet wird. Dabei gilt es zu klären, ob alle Mitarbeiter, unabhängig von ihrer Position, den gleichen Leistungsumfang erhalten sollen oder ob eine differenzierte Leistungsgestaltung nach dem jeweiligen Tätigkeitsbereich vorgesehen wird.

Bevor sich Herr Müller auf die Auswahl der Leistungen für seine Mitarbeiter konzentrieren kann, muss er noch entscheiden, in welcher Form das Unternehmen seine Mitarbeiter bezuschussen möchte.

3.4.1 Vertragsarten

Herr Laurant erklärt Herrn Müller, dass er im nächsten Schritt entscheiden muss, über welche Vertragsart er die bKV abschließen und bei der Meier GmbH integrieren möchte, da es je nach Vertragsart unterschiedliche Vorteile, aber auch Aufgaben gibt. Die Information, dass er die bKV über einen Gruppenversicherungsvertrag, Sammelversicherungsvertrag oder über einen Rahmenversicherungsvertrag abschließen kann, reicht ihm nicht aus. Er bittet Henri Laurant, ihm die Vertragsarten kurz zu erläutern.

Ein **Gruppenversicherungsvertrag** (GV) fasst die Versicherungsrisiken mehrerer Personen in einem homogenen Kollektiv zusammen und bietet dadurch günstigere Bedingungen bei Gesundheitsprüfungen, Beiträgen und Leistungen. Der Arbeitgeber ist immer der Versicherungsnehmer, während die versicherten Personen aus den Arbeitnehmenden und deren Familienangehörigen bestehen. Voraussetzung für einen GV sind mindestens 10 versicherte Arbeitnehmende, wobei 98 % der Hauptversicherten in versicherbare Berufe fallen müssen. Der Vertrag endet mit einer Kündigung durch den Arbeitgeber oder den Versicherer, kann aber in Form eines Einzelvertrags weitergeführt werden.

Ein **Sammelversicherungsvertrag** verpflichtet den Vertragspartner zur Verwaltung und zum Sammelinkasso der Versicherungsbeiträge, die entweder automatisch eingezogen oder überwiesen werden. Vertragspartner können Firmen, Vereine oder Verbände sein, während die versicherten Personen die Versicherungsnehmer sind. Erfahrungsgemäß ist die Bündelung von mindestens 50 Hauptversicherten innerhalb von sechs Monaten meist eine Voraussetzung. Es gelten die üblichen Wartezeiten und Tarife, jedoch wird aufgrund des Sammelinkassos ein Beitragsnachlass von etwa 3 % gewährt. Der Vertrag endet mit einer Kündigung und kann als Einzelversicherungsvertrag weitergeführt werden.

Ein **Rahmenversicherungsvertrag** dient als allgemeine Grundlage für die Zusammenarbeit zwischen Vertragspartnern wie Firmen, Vereinen oder Verbänden, ohne besondere Vergünstigungen oder Voraussetzungen. Die versicherten Personen sind die Versicherungsnehmer. Es gelten die Standardtarife und -bedingungen für Einzelversicherungen, einschließlich der üblichen Wartezeiten und Gesundheitsprüfungen. Der Vertrag kann durch Kündigung beendet und in einen Einzelversicherungsvertrag überführt werden. Während der Laufzeit ist eine Umstellung auf einen Gruppenversicherungsvertrag mit besseren Konditionen möglich, falls ein entsprechender Kollektivvertrag besteht.

Da bei der Meier GmbH aktuell 45 Personen arbeiten, kommt ein Sammelversicherungsvertrag also nicht in Frage. Herrn Müller ist es wichtig, einen Benefit für die Belegschaft zu schaffen, deshalb kommt für ihn hier nur der Gruppenvertrag in Frage.

Nun kann er sich der Auswahl der Leistungen widmen.

3.4.2 Leistungen

Im Hinblick auf die Mitarbeiterstruktur weist Henri Laurant darauf hin, dass bei der Auswahl die Tarife der Proximus Versicherungs AG berücksichtigt werden sollten, die im Rahmen der bKV sowohl Leistungen für privat als auch für gesetzlich Versicherte anbieten. Das leuchtet Herrn Müller ein. Er fragt Herr Laurant, welche Leistungen in einer bKV genau angeboten werden.

Er weiß jetzt zwar, dass sich die Leistungen der bKV in vier Hauptkategorien unterteilen lassen: ambulante, stationäre, präventive und zusätzliche Leistungen. Aber was das im Detail bedeutet, ist ihm nicht bekannt. Henri Laurant erläutert ihm die Leistungen.

Ambulante Leistungen

Die ambulanten Leistungen der bKV umfassen verschiedene Gesundheitsangebote für Mitarbeitende. Ziel ist es, die Gesundheit der Belegschaft umfassend zu unterstützen und zu erhalten. Zu dem Angebot können Sehhilfen wie Brillen und Kontaktlinsen sowie Laserbehandlungen zur Sehkorrektur, etwa LASIK, gehören. Hörgeräte und weitere Hilfsmittel zur Verbesserung der Lebensqualität sind ebenfalls enthalten. Auch Heil- und Hilfsmittel wie Verbandsmaterialien und verschreibungspflichtige Medikamente fallen unter den Versicherungsschutz.

Ergänzend zu diesen Basisleistungen werden auch alternative Behandlungsmethoden wie Heilpraktikerleistungen, Osteopathie und Chiropraktik abgedeckt.

Zahnbehandlungen, die sowohl präventive Maßnahmen als auch umfassendere Eingriffe wie Zahnersatz umfassen, sind ebenfalls Teil des Leistungsspektrums. Besonders betont wird hierbei die Bedeutung der vorbeugenden Maßnahmen zur Erhaltung der Zahngesundheit, der Zahnprophylaxe.

Darüber hinaus werden zusätzliche Vorsorgeuntersuchungen angeboten, die über den gesetzlichen Standard hinausgehen. Diese dienen der frühzeitigen Erkennung und Behandlung von Erkrankungen und tragen so maßgeblich zur langfristigen Gesundheit der Mitarbeiter bei.

Stationäre Leistungen

Die stationären Leistungen im Rahmen einer bKV sollen die stationäre Versorgung im Krankenhaus verbessern und den Aufenthalt für die Versicherten angenehmer gestalten. Eine wesentliche Zusatzleistung ist das Krankenhaustagegeld, das pro Tag des Krankenhausaufenthalts gezahlt wird und dazu genutzt werden kann, zusätzliche Kosten während des Aufenthalts zu decken.

Ebenso ist der Krankentransport Teil des Leistungsspektrums, um sicherzustellen, dass Versicherte im Bedarfsfall schnell und zuverlässig in ein Krankenhaus oder eine andere medizinische Einrichtung transportiert werden können.

Zusätzlich bietet die bKV die Möglichkeit, die Unterbringungsart im Krankenhaus zu wählen. Dies umfasst die Unterbringung in einem Ein- oder Zweibettzimmer, was mehr Privatsphäre und eine ruhigere und erholsamere Umgebung bietet.

Ein weiterer Vorteil der stationären bKV-Leistungen ist die freie Arztwahl. Dies bedeutet, dass die Versicherten die Möglichkeit haben, sich von einem Arzt ihres Vertrauens behandeln zu lassen, auch wenn dieser als Spezialist oder Chefarzt tätig ist. Diese Option gewährleistet eine individuelle und hochwertige medizinische Betreuung.

Präventive Leistungen

Die präventiven Maßnahmen im Rahmen der bKV sind darauf ausgelegt, die Gesundheit der Mitarbeiter durch vorbeugende Maßnahmen aktiv zu fördern und langfristig zu erhalten. Ein wichtiger Bestandteil dieser Präventionsleistungen sind Angebote für vergünstigte sportliche Aktivitäten. Diese können beispielsweise durch Ermäßigungen für Fitnessstudios, Sportkurse oder Vereinsmitgliedschaften realisiert werden und motivieren die Mitarbeiter, einen gesunden und aktiven Lebensstil zu pflegen.

Ergänzend dazu umfasst die bKV auch die Kostenübernahme oder Ermäßigungen für notwendige Impfungen, Standardimpfungen sowie spezielle Schutzimpfungen.

Durch diese Unterstützung trägt die bKV dazu bei, die Ausbreitung von Krankheiten zu verhindern und die allgemeine Gesundheit der Belegschaft zu sichern.

Ein weiterer wichtiger Aspekt der präventiven Maßnahmen sind umfassende Vorsorgeuntersuchungen. Diese gehen über die regulären Untersuchungen hinaus und bieten eine frühzeitige Erkennung von gesundheitlichen Risiken oder Erkrankungen. Ziel dieser Maßnahmen ist es, mögliche gesundheitliche Probleme frühzeitig zu identifizieren und ihnen effektiv entgegenzuwirken, bevor sie zu ernsthaften Beeinträchtigungen führen können.

Zusätzliche Leistungen

Der Bereich der zusätzlichen Leistungen in der bKV bietet eine Reihe von Optionen, die über die Grundversorgung hinausgehen und den Versicherten zusätzlichen Schutz und Komfort bieten. Ein wichtiger Bestandteil sind digitale Anwendungen und Assistance-Leistungen. Diese beinhalten beispielsweise Gesundheits-Apps, die den Versicherten dabei helfen, ihre Gesundheit zu überwachen, sowie Telemedizin-Dienste, die es ermöglichen, ärztliche Konsultationen bequem von zu Hause aus durchzuführen. Solche digitalen Angebote tragen nicht nur zur Flexibilität bei, sondern fördern auch eine proaktive Gesundheitsvorsorge.

Zusätzlich besteht die Möglichkeit, den Versicherungsschutz auf Familienangehörige auszuweiten. Diese Option bietet den Mitarbeitenden die Sicherheit, dass auch ihre Familienmitglieder von den Vorteilen der bKV profitieren, was besonders für Eltern und Ehepartner von großer Bedeutung ist. Diese zusätzliche Absicherung kann ein entscheidender Faktor sein, um die Attraktivität der bKV für die Angestellten zu erhöhen.

Darüber hinaus können Krankentagegeld-Leistungen in die bKV integriert werden. Diese Leistungen bieten finanzielle Unterstützung, wenn jemand aufgrund einer Krankheit für längere Zeit arbeitsunfähig ist. Das Krankentagegeld hilft dabei, den Einkommensverlust während dieser Zeit zu kompensieren und sorgt somit für eine finanzielle Entlastung in schwierigen Zeiten.

Ein weiteres Element der zusätzlichen Leistungen ist die Reisekrankenversicherung. Diese Versicherung bietet Schutz während Auslandsaufenthalten und deckt medizinische Behandlungen, Krankenhausaufenthalte und Rücktransporte ab. Dadurch sind Mitarbeiter auch im Ausland umfassend abgesichert, was ihnen Sicherheit bei Geschäfts- und Urlaubsreisen gibt.

Herr Müller hat nun einen Überblick über die gängigen Modelle, die Versicherungsarten und auch über die Leistungen, die im Rahmen einer bKV angeboten werden. Henri Laurant spricht ihn nun noch auf die derzeitige Vorsorgeabsicherung in der Meier GmbH an. Da im Unternehmen derzeit keine betrieblichen Vorsorgetarife bestehen, müssen keine Doppelversicherungen oder speziellen Tarifkombinationen beachtet werden. Nun kann Herr Mül-

ler also entscheiden, ob er den Angestellten ein Leistungspaket (Bausteinmodell) oder je nach Mitarbeiterebene ein anderes Budget (Budgetmodell) zur Verfügung stellen möchte.

3.4.3 Empfehlungen für die Meier GmbH

Horst Müller wünscht sich in Zeiten des Fachkräftemangels für die Meier GmbH unterschiedliche Abstufungen der bKV, um die Bindung zum Arbeitgeber zu erhöhen und gleichzeitig zusätzliche Anreize zur Motivation der Belegschaft anbieten zu können.

Um den Bedürfnissen gerecht zu werden empfiehlt sich folgendes dreistufiges bKV-Bausteinmodell:

1. Basisabsicherung für alle Mitarbeiter des Unternehmens (Stufe 1)

   Leistungsumfang:

   - grundlegende Absicherung medizinischer Kosten, wie zum Beispiel ambulante Behandlungen, Vorsorgeuntersuchungen und Sehhilfen
   - Zuschüsse zur Zahnvorsorge (zum Beispiel professionelle Zahnreinigung)
   - Unterstützung bei Rezeptkosten

   Mehrwert: Dies stellt eine solide Grundversorgung für alle Mitarbeitenden sicher und erhöht die allgemeine Zufriedenheit im Unternehmen.

2. Erhöhte Absicherung für alle körperlich tätigen Personen sowie Fahrer (Stufe 2)

   Leistungsumfang:

   - zusätzlich zur Basisabsicherung: erweiterte Leistungen wie beispielsweise die Übernahme von Kosten für Physiotherapie, Krankengymnastik und alternative Heilmethoden (zum Beispiel Osteopathie)
   - Krankenhaus-Upgrade (zum Beispiel Zweibettzimmer und Chefarztbehandlung)
   - erweiterte Facharzt-Terminvermittlung

   Mehrwert: Die erhöhte Absicherung trägt der höheren körperlichen Belastung Rechnung und stärkt das Wohlbefinden dieser wichtigen Mitarbeitergruppe.

3. Premium-Absicherung für leitende Angestellte sowie körperlich tätige Teamleiter (Stufe 3)

   Leistungsumfang:

   - zusätzlich zu Stufe 2: Premium-Leistungen wie beispielsweise Einzelzimmer im Krankenhaus, umfassende privatärztliche Behandlung und erweiterte Vorsorgeuntersuchungen (zum Beispiel Check-ups für Führungskräfte)
   - höhere Erstattungsbeträge bei Zahnersatz und Spezialbehandlungen

- psychische Gesundheitsangebote wie zum Beispiel Coaching oder Stressbewältigungskurse

Mehrwert: Dies honoriert die besondere Verantwortung der Führungskräfte und verbessert deren Gesundheitsvorsorge.

Umsetzungsvorschlag für Herrn Müller:

Tarifauswahl:

Es sollte ein Tarif der Proximus Versicherungs AG gewählt werden, der flexible Tarifmodelle für unterschiedliche Gruppen anbietet.

Transparente Kommunikation:

Die verschiedenen Stufen sollten den Mitarbeitenden klar kommuniziert werden, um die Wertschätzung durch das Unternehmen zu verdeutlichen.

Integration in HR-Prozesse:

Die Verwaltung der bKV sollte einfach und effizient in bestehende HR-Prozesse eingebunden werden und kann anschließend auch aktiv für das Recruiting genutzt werden.

Zusammenfassung
Durch die Einführung eines dreistufigen Bausteinmodells mit Basis-, erhöhter und Premium-Absicherung wird sichergestellt, dass die Bedürfnisse aller Mitarbeitenden abgedeckt werden. Gleichzeitig honoriert die Meier GmbH die besondere Rolle und Belastung spezifischer Gruppen.

3.5 Lösungen in der Betrieblichen Unfallversicherung

Die bUV bietet verschiedene Gestaltungsmöglichkeiten, um den Versicherungsschutz optimal an die Bedürfnisse des Unternehmens und der Belegschaft anzupassen. Hier sind einige gängige Optionen:

1. **Wahl des Versicherungsschutzes:**
    - **Unfallversicherung für alle Mitarbeiter**: Der Standardfall, bei dem alle Mitarbeiter durch den Arbeitgeber versichert werden.
    - **Individualisierte Versicherung**: Möglichkeit, spezielle Gruppen (zum Beispiel Führungskräfte) oder Einzelpersonen (zum Beispiel Auszubildende) mit erweiterten Leistungen abzusichern. Eine namentliche Nennung ist ebenfalls möglich.

2. **Leistungsumfang:**
   - **Invaliditätsleistung**: Im Falle eines Unfalls, der zu dauerhaften Schäden führt, wird eine Entschädigung gezahlt.
   - **Todesfallleistung**: Üblich ist eine Einmalzahlung im Falle des Todes des Mitarbeiters (zum Beispiel durch einen Arbeits-/oder Wegeunfall). Eine Hinterbliebenenrente ist demgegenüber nicht üblich.
   - **Krankenhaustagegeld**: tägliche Auszahlung bei einem Krankenhausaufenthalt nach einem Unfall
   - **Rehabilitation**: Kostenübernahme für Rehabilitationsmaßnahmen nach einem Arbeitsunfall
3. **Zusatzleistungen:**
   - **Psychologische Unterstützung**: Bei schweren Unfällen kann auch psychologische Betreuung Teil des Versicherungsschutzes sein.
   - **Unfallverhütungsschulungen**: Seminare oder Präventionsmaßnahmen zur Vermeidung von Unfällen am Arbeitsplatz
4. **Freiwillige Zusatzoptionen:**
   - **Ausweitung auf Freizeitunfälle**: Manche bUV-Modelle bieten auch Schutz für Unfälle außerhalb der Arbeitszeit, die privat passieren.
   - **Weltweiter Versicherungsschutz**: Erweiterung des Schutzes auf Reisen oder international tätige Mitarbeiter
5. **Optionen für die Beitragsgestaltung:**
   - **Pauschale Beiträge**: ein fester Beitrag pro Mitarbeiter, unabhängig von dessen Risikoprofil
   - **Tarif mit Risikostufeneinteilung**: Beitragsanpassung basierend auf dem Risiko, das jeder Mitarbeiter für das Unternehmen darstellt (zum Beispiel gefährliche Tätigkeiten)
6. **Flexible Vertragsgestaltung:**
   - **Laufzeit des Vertrags**: Möglichkeit, die bUV nach den Bedürfnissen des Unternehmens anzupassen (zum Beispiel Jahresvertrag oder längerfristige Bindung)
   - **Beitragszahlung**: monatliche oder jährliche Zahlungen, je nach Vereinbarung

Diese Optionen ermöglichen es Unternehmen, die bUV an ihre speziellen Anforderungen und das Risikoprofil ihrer Mitarbeiter anzupassen, um so einen optimalen Schutz zu gewährleisten.

3.5.1 Direktanspruch

Wiederholung aus 2.3.3.2:

Bei der Leistungsberechtigung der bUV stellt sich die Frage, ob der versicherte Arbeitnehmende einen Direktanspruch innehat oder nicht. Im Gegensatz **zur Pauschalversteuerung mit Direktanspruch**, bei der der Arbeitnehmende als versicherte Person im Schadensfall direkt mit der Versicherungsgesellschaft in Kontakt treten kann, ist bei der **Pauschalversteuerung ohne Direktanspruch** der Arbeitgeber als Versicherungsnehmer weiterhin der Ansprechpartner im Schadensfall. Der Arbeitnehmende muss zunächst den Arbeitgeber kontaktieren, der dann die Ansprüche bei der Versicherung geltend macht.

Laut **BaFin**-Rundschreiben 03/2021 (VA) wird als schutzwürdig angesehen, dass Versicherte Deckungs- und Leistungsansprüche ohne die Mitwirkung des Versicherungsnehmers durchsetzen können:

„Sofern nicht spezielle spartenspezifische gesetzliche Vorgaben gelten, sollten alle echten Gruppenversicherungsverträge zukünftig eine Bestimmung enthalten, nach der die versicherten Personen ein eigenes Recht haben, Ansprüche aus dem Versicherungsvertrag ohne Zustimmung des Versicherungsnehmers gegenüber dem Versicherungsunternehmen geltend zu machen. In Abweichung von § 44 Abs. 2 VVG sollten die versicherten Personen eines Gruppenversicherungsvertrags im Versicherungsfall einen Direktanspruch gegenüber dem Versicherungsunternehmen erhalten. Die Regelung des § 44 Abs. 2 VVG sollte in allen echten Gruppenversicherungsverträgen abbedungen werden."[3]

Der **GDV** hat auf die Anforderungen der BaFin mit eigenen Musterbedingungen für die Gruppen-Unfallversicherung mit Direktanspruch (Stand: 21. Juni 2021) reagiert.[4] In **Proximus Gewerbe 1** hingegen sind die „Besondere Bedingungen für die Gruppen-Unfallversicherung mit Direktanspruch der versicherten Person (BB Direktanspruch 2015)" zu finden. Ein grundsätzlicher Direktanspruch findet sich dort allerdings nicht.

Vor- und Nachteile des Direktanspruchs in der bUV

Nachfolgend werden die Vor- und Nachteile eines Direktanspruchs für Arbeitgeber und Arbeitnehmer übersichtlich dargestellt:

Kriterium	Vorteile Arbeitgeber	Nachteile Arbeitgeber	Vorteile Angestellte	Nachteile Angestellte
Direkter Anspruch	Weniger administrative Belastung	Komplexe Vertragsverwaltung	Schnellere Auszahlung im Schadensfall	Abhängigkeit von der Versicherung des Arbeitgebers

3 Vgl. https://www.bafin.de/SharedDocs/Veroeffentlichungen/DE/Rundschreiben/2021/rs_2021_03_hinweise_echte_gruppenversicherungsvertraege_va.html, zuletzt abgerufen am 25. Februar 2025.

4 Die Musterbedingungen finden Sie hier: https://www.gdv.de/gdv/zusatz-und-besondere-bedingungen-fuer-die-unfallversicherung-5992, zuletzt abgerufen am 25. Februar 2025.

Schadenregulierung	Keine Notwendigkeit der Schadensregulierung	Weniger Kontrolle über den Schadensprozess	Direkter Kontakt mit der Versicherung	Geringere Einbindung des Arbeitgebers
Transparenz	Darstellung als fürsorglicher Arbeitgeber	Erhöhte Kommunikationsanforderungen	Klarheit über den Versicherungsschutz	Weniger Einfluss auf die Wahl der Versicherung
Steuerliche Vorteile	Absetzbarkeit als Betriebsausgaben	Beiträge über 50 € als geldwerter Vorteil	Steuerfreie Auszahlungen aus der Unfallversicherung	Keine direkten Nachteile
Finanzielle Absicherung	Motivationssteigerung und Mitarbeiterbindung	Kosten durch Versicherungsprämien	Bessere finanzielle Absicherung bei Unfällen	Keine Einbindung in die Versicherungsgestaltung
Vertragsgestaltung	Bessere Konditionen durch Gruppentarife	Einheitlicher Schutz für alle Mitarbeiter	Vorteile durch bessere Konditionen	Arbeitgeber entscheidet Vertragsdetails
Rechtslage und Haftung	Abgrenzung von Unternehmens- und Mitarbeiterhaftung	Erhöhte Haftungsrisiken bei unzureichendem Schutz	Geregelte Ansprüche im Schadensfall	Abhängigkeit vom Versicherungsschutz des Arbeitgebers
Flexibilität	Einheitlicher Versicherungsschutz	Weniger Anpassung an individuelle Bedürfnisse	Möglichkeit zusätzlicher privater Versicherungen	Eingeschränkte Flexibilität bei Leistungswahl
Kommunikation und Klarheit	Weniger Verwaltungsaufwand	Notwendigkeit regelmäßiger Kommunikation	Reduzierung von Missverständnissen	Komplexe Koordination zwischen den Parteien

Tabelle 3.2: Vor- und Nachteile eines Direktanspruchs für Arbeitgeber und Angestellte

Fazit

Ohne Direktanspruch ergeben sich tendenziell steuerliche Vorteile. Ein Direktanspruch bietet dem Arbeitgeber dagegen eine einfachere Vertragsabwicklung und deutlich geringere Datenschutzrisiken.

Eine weitere Lösung ist die Variante ohne Direktanspruch, jedoch mit **Schadenmanagementklausel**, die inzwischen von mehreren Maklern angeboten wird. In diesem Modell wenden sich die Versicherten (Arbeitnehmer) im Schadensfall direkt an die Versicherung. Hierbei ist eine klare und gute Kommunikation gegenüber den Mitarbeitenden entscheidend. Die Schadenmeldung erfolgt über ein vom Versicherer bereitgestelltes Online-Formular. Dies erhöht die Effizienz, verbessert die Nachhaltigkeit und reduziert Haftungsrisiken, da weder Arbeitgeber noch Makler mit besonders schützenswerten Gesundheitsdaten in Berührung kommen. Zudem bleiben die steuerlichen Vorteile erhalten. Zu beachten ist jedoch, dass die Schadenszahlung in dem Fall an den Versicherungsnehmer (Arbeitgeber) geleistet wird.

3.5.2 Namentliche Nennung der Versicherten Personen in der bUV

In der bUV gibt es zwei vertragliche Gestaltungsmöglichkeiten: mit und ohne namentliche Nennung der Versicherten Personen. Unternehmen können entscheiden, ob sie die versicherten Personen explizit mit Vor und Nachnamen nennen, oder ob sie Gruppen bilden. Die Bildung von Gruppen ist üblicherweise ab drei Personen mit demselben Risiko möglich. Meist macht die namentliche Nennung nur Sinn, wenn eine oder wenige Personen besonders gut abgesichert werden sollen. Denn die Namensnennung bedeutet für Betrieb und Versicherer Verwaltungsaufwand und somit auch höhere Kosten.

Mit und ohne namentliche Nennung

- namentliche Nennung (im kleinteiligen Geschäft üblich)
- ohne namentliche Nennung (in der Regel Stichtagsmeldung)
- Mit und ohne Direktanspruch möglich

Proximus Gewerbe S. 394	ohne Namensangabe	mit Namensangabe
Namensangabe	Bei Versicherungen ohne Namensnennung erfolgt die Meldung zum Stichtag. Dies reduziert den Verwaltungsaufwand erheblich, da Änderungen nur bei signifikanten Ereignissen wie großem Wachstum oder Kündigungen auch unterjährig gemeldet werden müssen. Diese Variante eignet sich besonders für Gruppenversicherungen, beispielsweise für alle Angestellten oder alle kaufmännischen Mitarbeitenden. Ohne individuelle Namensnennung ist dies jedoch nicht immer möglich.	Versicherungen mit Namensnennung sind deutlich aufwendiger, da die Namen aller versicherten Personen erfasst werden müssen. Dies ist notwendig, wenn nicht alle Mitarbeitenden einer Gruppe versichert werden sollen, zum Beispiel nur 8 von 10 kaufmännischen Mitarbeitende. In solchen Fällen ist eine klare Abgrenzung erforderlich und der Kunde kann im Schadensfall nicht frei entscheiden, welche der 8 Personen versichert sind.

Proximus Gewerbe S. 394	ohne Namensangabe	mit Namensangabe
Versicherungsschutz	Personen, die der im Vertrag bezeichneten Gruppe angehören, genießen Versicherungsschutz. Damit die Zugehörigkeit zur versicherten Gruppe eindeutig feststeht, müssen zu versichernde Personen entsprechend er-fasst und bezeichnet werden.	Der Versicherungsschutz gilt nur für namentlich genannte Personen. Neue Versicherte können hinzugefügt werden: Personen mit gleichem Beruf und gleichen Versicherungssummen wie bereits versicherte Personen können jederzeit angemeldet werden. Personen in anderen Berufen oder mit anderen Versicherungssummen sind erst nach Vereinbarung versichert.
Prämie und regelmäßige Angaben	Die Erstprämie berechnet sich aus der Summe der Prämien für alle im Antrag aufgeführten Personen. Zudem sind regelmäßige Angaben erforderlich: • Auf Aufforderung muss die Anzahl der im zurückliegenden Zeitraum versicherten Personen angegeben werden. • Diese Angaben müssen innerhalb eines Monats erfolgen. • Der Inhalt der Angaben umfasst die Aufteilung nach Monaten und den jeweils höchsten Stand eines Monats.	Keine besondere Regelung
Beitragsberechnung	Auf Basis der gemachten Angaben wird der zu zahlende Beitrag für den zurückliegenden Zeitraum errechnet und eine entsprechende Abrechnung erstellt.	Keine besondere Regelung

Proximus Gewerbe S. 394	ohne Namensangabe	mit Namensangabe
Risikoprüfung und Erlöschen des Versicherungsschutzes	Der Versicherungsschutz erlischt für eine Person, wenn sie aus dem Dienstverhältnis oder der Vereinigung ausscheidet.	Wir behalten uns das Recht vor, den Einschluss einer Person nach Risikoprüfung abzulehnen. Bei Ablehnung erlischt der Versicherungsschutz für diese Person einen Monat nach unserer Erklärung. Der Versicherungsschutz erlischt frühestens zu dem Zeitpunkt, an dem uns Ihre Mitteilung darüber zugeht, dass eine versicherte Person ausgeschieden ist.

Hinweis

Heutzutage hat die namentliche Nennung nicht mehr die gleiche Bedeutung wie früher. Manche Kunden wünschen sie dennoch, da die Alternativen – etwa die Gruppenbildung oder die Meldung zu einem Stichtag – nicht immer hinreichend bekannt sind. Hier ergibt sich also häufig eine Beratungsmöglichkeit. **In der Praxis gestaltet sich ein späterer Wechsel zu einem anderen Versicherer zudem mitunter deutlich komplexer.**

Komplex wird ein späterer Wechsel vor allem dann, wenn im Arbeitsvertrag eine sehr konkrete Zusage festgehalten ist – zum Beispiel: „Mitarbeiter Knoll erhält eine Unfallversicherung bei der XY-Versicherung mit 50.000 € Grundsumme und 600 % Progression." In einem solchen Fall ist ein Wechsel zu einem anderen Versicherer ohne gleichzeitige Anpassung der arbeitsvertraglichen Vereinbarung rechtlich nicht möglich.

Erschwerend kommt hinzu, dass nicht jeder Versicherer identische Leistungen anbietet (zum Beispiel exakt 600 % Progression oder spezielle Zusatzbausteine). Zudem gibt es Personengruppen – wie etwa ehemalige Mitarbeitende im Ruhestand –, die bei einem anderen Anbieter möglicherweise gar nicht mehr versicherbar sind.

Daher sollten Arbeitgeber die arbeitsvertraglichen Zusagen sorgfältig prüfen. Empfehlenswert ist es, diese weniger konkret auszugestalten. So könnte man statt einer detaillierten Festlegung von Gesellschaft, Summen und Progression beispielsweise formulieren: „Für Mitarbeiter Knoll wird eine Unfallversicherung bereitgestellt." Damit bleibt sowohl ein Anbieterwechsel als auch eine Anpassung der Leistungen (zum Beispiel Reduktion der Summen) arbeitsrechtlich unproblematisch möglich.

3.5.3 Bildung von Gruppen

Sofern keine Namensnennung erfolgt, muss eine Gruppe zweifelsfrei definiert sein. Am einfachsten in der Handhabung für die Versicherung und den Betrieb ist es „alle Mitarbeitenden" anzugeben. Somit entstehen dem Betrieb keine AGG-Problematik

(Gleichbehandlung) und die Verwaltung wird erleichtert. Dennoch kann es betriebsseitig gewünscht sein, nur bestimmte Gruppen abzusichern.

■ HIER EINIGE BEISPIELE:

Kategorien	Beispiele für Gruppen
Beispiele für Führungskräfte und Leitung	• alle Direktoren • alle Abteilungsleiter • alle Bereichsleiter • alle Führungskräfte • alle Geschäftsführer • alle Gesellschafter / Geschäftsführer • alle Gruppenleiter • alle Teamleiter • alle Projektleiter • alle Handlungsbevollmächtigten • alle Ressortleiter • alle Werkstattleiter
Beispiele für Verwaltung und Büro	• alle Büroangestellten • alle kaufmännischen Angestellten • alle kaufmännischen Auszubildenden • alle Mitarbeiter in der Verwaltung • alle Sachbearbeiter • alle Programmierer
Beispiele für Vertriebs- und Außendienst	• alle Außendienstmitarbeiter • alle Großkundenbetreuer • alle Handelsvertreter • alle Firmenwageninhaber • alle Vertreter • alle Verkäufer • alle Mitarbeiter mit Reisetätigkeit

Kategorien	Beispiele für Gruppen
Beispiele für körperlich Tätige	• alle Berufskraftfahrer • alle Bauleiter • alle Arbeiter • alle Elektriker • alle Ingenieure • alle Lagerarbeiter • alle Maler • alle Maurer • alle Mechaniker • alle Monteure • alle Schlosser • alle Techniker • alle technischen Angestellten • alle Service-Mitarbeiter • alle Service-Techniker
Beispiele für Vertriebs- und Außendienst	• alle Außendienstmitarbeiter • alle Großkundenbetreuer • alle Handelsvertreter • alle Vertreter • alle Verkäufer • alle Verkaufsleiter • alle Mitarbeiter mit Reisetätigkeit
Weitere Kategorien	• Expats (im Ausland lebende und arbeitende Mitarbeitende) • Impats (Im Inland beschäftigte ausländische Mitarbeitende)

■

Denkbar ist natürlich auch, dass die Gruppen unterschiedlich versichert werden. So könnte es beispielsweise einen Basisschutz für alle Mitarbeitenden und darüber hinaus einen erweiterten Schutz für bestimmte Gruppen (zum Beispiel mit erhöhter Gefährdung oder besonderer Verantwortung) geben. Wichtig ist hier, herauszuarbeiten, was der Betrieb wünscht. Dies kann durch gezielte Fragen geschehen.

Fragebogen für Gruppenzuordnung

- Wünschen Sie die gleiche Absicherung für alle Mitarbeitenden oder sollen nur bestimmte Gruppen abgesichert werden?

  Diese Frage hilft, die allgemeine Strategie des Unternehmens bezüglich der Unfallversicherung zu verstehen. Eine einheitliche Absicherung kann einfacher zu verwalten sein, während eine differenzierte Absicherung spezifischere Risiken und Verantwortlichkeiten adressieren kann.

- Welche Personengruppen benötigen aus Ihrer Sicht besonderen Schutz?

  Diese Frage zielt darauf ab, die Mitarbeitenden zu identifizieren, die aufgrund ihrer Position, ihrer Verantwortung oder aufgrund ihres Tätigkeitsbereichs besonderen Schutz benötigen, wie zum Beispiel Führungskräfte, Schichtarbeiter oder Außendienstmitarbeitende.

- Welche Personengruppen unterliegen einer erhöhten Gefährdung?

  Diese Frage hilft, Bereiche oder Rollen zu identifizieren, die ein höheres Unfallrisiko haben, wie zum Beispiel Mitarbeitende in der Produktion, im Baugewerbe oder im Außendienst.

- Gegen welche Risiken möchten Sie die Personen auf jeden Fall absichern?

  Diese Frage ermöglicht es, spezifische Risiken zu identifizieren, die für das Unternehmen besonders relevant sind, wie zum Beispiel Arbeitsunfälle, Unfälle auf dem Weg zur Arbeit, Unfälle während Dienstreisen oder Freizeitunfälle.

Weitere mögliche Fragen:

- Gab es in der Vergangenheit spezifische Unfälle oder Vorfälle, die Ihnen Sorgen bereiten und die Sie in Zukunft besser absichern möchten?
- Welche finanziellen Mittel stehen Ihnen für die betriebliche Unfallversicherung zur Verfügung und wie wichtig ist Ihnen das Kosten-Nutzen-Verhältnis?
- Wie soll die Unfallversicherung in das bestehende Leistungspaket integriert werden? Gibt es bestehende Versicherungen oder Benefits, die berücksichtigt werden müssen?
- Wie flexibel soll der Versicherungsschutz sein, um auf Änderungen in der Belegschaft oder in den Unternehmensanforderungen reagieren zu können?

Versicherbarkeit von Risikoberufen

Versicherbarkeit von Risikoberufen in der Gruppenunfallversicherung

Für sogenannte Risikoberufe – etwa Sprengmeister oder vergleichbare Tätigkeiten – existieren in der Regel keine speziellen Branchenlösungen, die den Zugang zur Gruppenunfallversicherung erleichtern. Das gilt auch für den Tarif *Proximus*.

Laut Tarifauszug zur Gruppenunfallversicherung (S. 396) gilt Folgendes:

„Der Auszug aus dem Berufsgruppenverzeichnis (siehe Einzel-Unfallversicherung Proximus) findet in der Gruppen-Unfallversicherung entsprechend Anwendung, ebenso die anfragepflichtigen und die nicht versicherbaren Berufe."

Das bedeutet: Auch innerhalb der Gruppenversicherung gelten Einschränkungen oder Ausschlüsse für bestimmte Berufe – eine vorherige Risikoprüfung bleibt notwendig.

Interne Kommunikation über Absicherung

In einigen Unternehmen wird die Absicherung kaum aktiv kommuniziert. Warum ist das so?

Nach frischer Kommunikation über die Absicherung nehmen die Schadenmeldungen und somit eventuell auch der Beitrag für das Unternehmen zu. Wird längere Zeit nicht kommuniziert, sinkt die Schadenhäufigkeit wieder.

Die Unternehmen möchten sicherlich nicht mehr Beitrag bezahlen. Aber was nützt es dem Unternehmen, eine Absicherung für Mitarbeitende zu bezahlen, wenn sie keiner kennt?

Kommunikation mit Fingerspitzengefühl

Folgende Punkte sollten im Vorfeld mit dem Arbeitgeber abgestimmt werden:

1. **Steigende Beitragskosten vermeiden:**

   Eine regelmäßige, breite Kommunikation kann die Inanspruchnahme erhöhen und dadurch zu höheren Beitragssätzen führen – was von Arbeitgebern nicht immer gewünscht ist.

2. **Transparenz birgt Konfliktpotenzial:**

   Wenn offengelegt wird, welche Beschäftigtengruppen in welchem Umfang abgesichert sind, kann das zu Unmut innerhalb der Belegschaft führen – etwa bei Ungleichbehandlungen. Auch das muss im Vorfeld sensibel mit dem Arbeitgeber besprochen werden.

Das bietet eine **Chance für Vermittlerinnen und Vermittler**: Durch gezielte Information über den bestehenden Gruppenvertrag und seine Leistungen entsteht ein direkter Kontakt zu den Mitarbeitenden – der Vermittler positioniert sich als Ansprechpartner für Rückfragen und individuelle Ergänzungen.

Absicherung von Familienmitgliedern

Theoretisch ist eine Absicherung von Familienmitgliedern in der Gruppenunfallversicherung möglich, allerdings sind die Versicherer aufgrund der unterschiedlichen Schadenfrequenz sehr zurückhaltend. Außerdem können für den Betrieb Probleme bezüglich der steuerlichen Betrachtung entstehen. Darüber hinaus kann es sein, dass Unfälle von Familienmitgliedern im Rahmen einer Vertragssanierung zu einer Erhöhung der Beiträge für die Mitarbeitenden führen. In Summe ist deshalb von einer Absicherung von Familienmitgliedern in der Gruppenunfallversicherung eher abzuraten.

Private Absicherung von Familienangehörigen

Familienangehörige sollten grundsätzlich über eine **private Unfallversicherung** abgesichert werden. Dennoch gehen viele Unternehmer irrtümlich davon aus, dass auch

Angehörige zum günstigen Beitragssatz der betrieblichen Unfallversicherung (bUV) mitversichert werden können.

Dieser Irrtum birgt Risiken – insbesondere für den Versicherer:

Die Beitragssätze in der bUV sind in der Regel niedriger als in der privaten Unfallversicherung. Werden jedoch Privatpersonen (zum Beispiel Ehepartner oder Kinder) in die betriebliche Absicherung einbezogen, ohne dass dies korrekt kalkuliert wurde, kann dies zu **Fehlkalkulationen** führen. Denn die Schadenfrequenz bei Familienangehörigen ist oft höher als bei Arbeitnehmerinnen und Arbeitnehmern, während die Beiträge in der bUV aber niedriger sind. Mehr Schäden für weniger Beitrag möchte kein Versicherer. Daher ist eine klare Trennung zwischen betrieblichen und privaten Risiken wichtig – sowohl aus rechtlicher Sicht (für das Unternehmen) als auch aus versicherungsmathematischer Sicht.

3.5.4 Proximus Gewerbe baut auf Proximus Privatkunden (AUB 2022 auf)

Es gelten zusätzlich zu Proximus 5 (Privatkunden) ergänzend die Besonderen Bedingungen „Proximus Gruppen-Unfallversicherungen Proximus 2015"

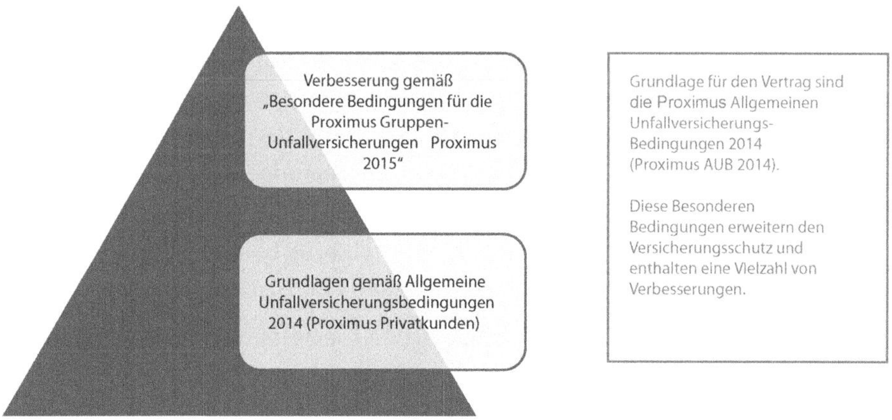

Abbildung 3.7: Aufbau der Bedingungen in Proximus Gewerbe

Siehe Proximus 5, S. 14:

Besondere Bedingungen für die Gruppen-Unfallversicherungen von Seite 390 bis einschl. 396 der Proximus-Bedingungen für Gewerbekunden:

- in den Bedingungen wird auf die AUB 2014 in Proximus 3 Bezug genommen. Der Bezug ändert sich mit Proximus 5 auf die AUB 2021.

Ziffer 11 (Sofortleistungen bei Schwerverletzungen) und Ziffer 15 (keine Minderung bei Sofortleistung und Zusatzleistungen) in den Besonderen Bedingungen für die Proximus Gruppen-Unfallversicherungen Proximus 2015 auf Seite 390 und 392 der Proximus-Bedingungen für Gewerbekunden:

Mit Bezug auf die AUB 2021 in Proximus 5 ergeben sich folgende Änderungen:

- Inhaltsverzeichnis zu Ziffer 11: aus Sofortleistung bei Schwerverletzungen wird „Soforthilfe"
- Inhaltsverzeichnis zu Ziffer 15: aus keine Minderung bei „Sofortleistung" und Zusatzleistungen wird keine Minderung bei „Soforthilfe" und Zusatzleistungen
- Überschrift zu Ziffer 11: aus „Sofortleistung" bei Schwerverletzungen ergibt sich eine neue Überschrift: „Soforthilfe"
- Überschrift zu Ziffer 15: aus keine Minderung bei „Sofortleistung" und Zusatzleistungen ergibt sich eine neue Überschrift: keine Minderung bei „Soforthilfe" und Zusatzleistungen
- zu Ziffer 11: Streichung des kompletten Textes und Einfügung des folgenden Textes: Abweichend von Ziffer 2.3.2 Proximus AUB 2021 wird die Höhe der Soforthilfe aus der Summe von 5.000 € und den unter Ziffer 2.3.1 Proximus AUB 2021 genannten Prozentsätzen ermittelt.
- zu Ziffer 15: Streichung des kompletten Textes und Einfügen des folgenden Textes: Bei der Soforthilfe nach Punkt 11 und den Zusatzleistungen nach Punkt 9 bis 13 findet eine Minderung der Leistungen wegen Krankheiten oder Gebrechen nicht statt.

Ziffer 26 (Verlängerung der Kündigungsfrist nach einem Versicherungsfall) in den Besonderen Bedingungen für die Gruppen-Unfallversicherungen Proximus 2015 auf Seite 393 der Proximus- Bedingungen für Gewerbekunden:

- in Ziffer 26 wird auf Ziffer 10.3 in den AUB 2014 Bezug genommen. Der Bezug ändert sich mit Proximus 5 auf die Ziffer 10.4 in den AUB 2021.

Ziffer 4 (Wann endet der Vertrag?) und Ziffer 6 (Welche Besonderheiten gelten für Minderjährige?) in den Besonderen Bedingungen für die Gruppen-Unfallversicherung mit und ohne Namensangabe Seite 394 der Proximus-Bedingungen für Gewerbekunden:

- in Ziffer 4 wird auf Ziffer 10.2.3 in den AUB 2014 Bezug genommen. Der Bezug ändert sich mit Proximus 5 auf die Ziffer 10.3.3 in den AUB 2021.
- in Ziffer 6 wird auf die Ziffern 6.1 und 6.11 in den AUB 2014 Bezug genommen. Der Bezug ändert sich mit Proximus 5 auf die Ziffern 6.1 und 11.6 in den AUB 2021.

Versicherungsumfang laut Proximus Gewerbe:

1. Vollzeitschutz: Unfälle innerhalb und außerhalb des Berufes, Unfälle des täglichen Lebens (Tarif G 30)

2. Berufsschutz: Unfälle während der Arbeitszeit beziehungsweise Tätigkeit sowie Unfälle, die auf dem direkten Weg von und zur Arbeit beziehungsweise Tätigkeit eintreten (Tarif G 31)

Wer ist versicherbar?

1. Personen der Geschäfts-, Vereins- beziehungsweise Organisationsleitung sowie diesen gleichgestellte Personen
2. Alle sozialversicherungspflichtig beschäftigten Mitarbeiter, ehrenamtlich tätige Personen sowie Mitglieder des Versicherungsnehmer

Überblick der Leistungsverbesserungen von Proximus 3 (AUB 2014) zu Proximus Gewerbe (AUB 2015) mittels Synopse:

Leistung	Proximus 2014	Proximus 2015
Fristen bei Invalidität	15 Monate für Eintritt, ärztliche Feststellung und Geltendmachung der Invalidität	Fristverlängerung auf 24 Monate für Eintritt, ärztliche Feststellung und Geltendmachung der Invalidität
Gliedertaxen	Standard-Gliedertaxe bei Verlust/Funktionsunfähigkeit bestimmter Körperteile/Sinnesorgane:	Erhöhte Gliedertaxe bei Verlust/Funktionsunfähigkeit bestimmter Kör-perteile/Sinnesorgane:
	Arm: 70 %	Arm: 80 %
	Arm bis oberhalb des Ellenbogengelenks: 65 %	Arm bis oberhalb des Ellenbogengelenks: 80 %
	Arm unterhalb des Ellenbogengelenks: 60 %	Arm unterhalb des Ellenbogengelenks: 80 %
	Hand: 55 %	Hand: 80 %
	Daumen: 20 %	Daumen: 30 %
	Zeigefinger: 10 %	Zeigefinger: 20 %
	anderer Finger: 5 %	anderer Finger: 10 %
	Bein oberhalb der Mitte des Oberschenkels: 70 %	Bein oberhalb der Mitte des Oberschenkels: 80 %
	Bein bis zur Mitte des Oberschenkels: 60 %	Bein bis zur Mitte des Oberschenkels: 80 %
	Bein bis unterhalb des Knies: 50 %	Bein bis unterhalb des Knies: 75 %
	Bein bis zur Mitte des Unterschenkels: 45 %	Bein bis zur Mitte des Unterschenkels: 70 %
	Fuß: 40 %	Fuß: 70 %
	große Zehe: 5 %	große Zehe: 10 %
	andere Zehe: 2 %	andere Zehe: 5 %

Leistung	Proximus 2014	Proximus 2015
	Auge: 50 %	Auge: 60 %
	Gehör auf einem Ohr: 30 %	Gehör auf einem Ohr: 40 %
	Geruchssinn: 10 %	Geruchssinn: 20 %
	Geschmackssinn: 5 %	Geschmackssinn: 20 %
	Gehör auf beiden Ohren: X	Gehör auf beiden Ohren: 80 %
	Sehkraft des anderen Auges verloren vor dem Unfall: X	Sehkraft des anderen Auges verloren vor dem Unfall: 80 %
	Gehör des anderen Ohrs verloren vor dem Unfall: keine Regelung	Gehör des anderen Ohrs verloren vor dem Unfall: 70 %
	Stimme: keine Leistung	Stimme: 80 %
Bemessung außerhalb der Gliedertaxe	Ziffer 2.1.2.2.2: Der Invaliditätsgrad wird nach dem Umfang der Beeinträchtigung der normalen körperlichen oder geistigen Leistungsfähigkeit bemessen. Maßstab ist eine durchschnittliche Person gleichen Alters und Geschlechts	Für andere Körperteile und Sinnesorgane gilt Ziffer 2.1.2.2.2 Proximus AUB 2014 unverändert
Dauer Tagegeld	Maximal ein Jahr ab Unfalltag	Maximal für 365 Tage
Anspruch auf Tagegeld	Unfallbedingt in Arbeitsfähigkeit beeinträchtigt und in ärztlicher Behandlung Versicherungssumme und Grad der Beeinträchtigung der Arbeitsfähigkeit Fähigkeit, bisherigen Beruf auszuüben oder allgemeine Arbeitsfähigkeit	Objektiver ärztlicher Befund maßgebend Tagegeld wird unabhängig von der Arbeitstätigkeit gezahlt. Pflichtgefühl bei der Arbeit nach dem Unfall wird nicht negativ bewertet Bemessung der Beeinträchtigung erfolgt nach objektivem ärztlichen Befund
Leistungsdauer von Krankenhaustagegeld	Maximal von zwei Jahren nach dem Unfalltag	Maximal von drei Jahren nach dem Unfalltag
Doppeltes Krankenhaustagegeld bei Auslandsunfall	Keine Regelung	Verdopplung des Krankenhaustagegeldes bei Unfällen im Ausland, max. drei Wochen
Zusätzliche Leistungen im Todesfall	Standardleistung im Todesfall	Erhöhung der Todesfallleistung um 5 % je unterhaltsberechtigtes Kind (max. 5.000 €), Erstattung von Bestattungskosten (max. 10.000 €) und Erbschaftskosten (max. 3.000 €)

Leistung	Proximus 2014	Proximus 2015
Verschollenheit	Keine Regelung	Zahlung der Todesfallleistung bei Verschollenheit
Gipsgeld	Keine Regelung	Einmalige Zahlung von 500 € bei unfallbe-dingter Ruhigstellung von Körperteilen für mehr als 14 Tage durch Gips/Vacoped-System/Aircast-Walker
Komageld	Keine Regelung	Zahlung von 20 € pro Tag bei unfallbedingtem Koma, max. 730 Tage
Sofortleistung bei Schwerverletzungen	Zahlung der vereinbarten Summe	Zusätzlich zu Ziffer 2.3.3 Proximus AUB 2014 einmalige Sofortleistung in Höhe von 5 % der vereinbarten Grundsumme für Invalidität, höchstens 10.000 €
Umbau-/Umzugskosten	Keine Regelung	Erstattung von Umbau- oder Umzugskosten (maximal 20.000 €) bei unfallbedingter Invalidität, Nachweis erforderlich
Rehabilitationsbeihilfe	Keine Regelung	Erstattung von Kosten für medizinisch notwendige und ärztlich angeordnete Rehabilitationsmaßnahmen (max. 5.000 €) innerhalb von drei Jahren nach dem Unfall
Erhöhung des Mitwirkungsanteils	Leistungsminderung bei Mitwirkung von Krankheiten/ Gebrechen ab 25 %	Minderung der Leistung erst bei einem Mitwirkungsanteil durch Krankheiten oder Gebrechen von mindestens 40 %
Minderung bei Sofort-/und Zusatzleistungen	Minderung der Leistung gemäß der Mitwirkung	Keine Minderung der Leistungen aufgrund von Krankheiten oder Gebrechen
Bewusstseinsstörungen durch Alkoholkonsum	Keine Regelung	Versicherungsschutz auch bei Unfällen durch Bewusstseinsstörungen infolge Alkoholkonsum, außer bei Fahrzeuglenkung mit > 1,5 ‰ Blutalkoholgehalt
Schlaganfall/ Herzinfarkt	Keine Regelung	Versicherungsschutz auch bei Unfällen infolge Schlaganfall und Herzinfarkt
Höchstgrenze bei Kumulereignissen	Keine Regelung	Max. 30 Mio. € für alle versicherten Personen bei einem Unfall oder zusammenhängender Serie von Unfällen

Leistung	Proximus 2014	Proximus 2015
Verhältnisentschädigung bei Berufsänderung	Keine Regelung	Versicherungsschutz bleibt bei versäumter Anzeige der Berufsänderung bestehen, sofern Mehrbeiträge nachgezahlt werden
Verspäteter Arztbesuch	Obliegenheitsverletzung > Leistungsfreiheit der Versicherung	Keine Obliegenheitsverletzung bei verspätetem Arztbesuch, wenn Unfallfolgen zunächst geringfügig erscheinen
Verspätete Schadenmeldung	Obliegenheitsverletzung > Leistungsfreiheit der Versicherung	Keine Nachteile bei nicht schuldhafter oder leicht fahrlässiger verspäteter Schadenmeldung, sofern kein Einfluss auf Feststellung oder Bemessung der Leistung
Meldefrist bei Unfalltod	Meldefrist von 48 Stunden	Verlängerung der Meldefrist bei Unfalltod auf eine Woche
Neufeststellung der Invalidität	Neufeststellung des Invaliditätsgrades innerhalb von drei Jahren	Neufeststellung des Invaliditätsgrades bei Erwachsenen nur bis zwei Jahre ab Unfalltag jährlich möglich
Lohn- oder Verdienstausfall	Keine Regelung	Erstattung von 1 ‰ der Grundsumme bei Invalidität (maximal 300 €) bei nachgewiesenem Lohn- oder Verdienstausfall durch ärztliche Untersuchungen im Auftrag der Versicherung
Kündigungsfrist nach Versicherungsfall	ein Monat	Verlängerung der Kündigungsfrist nach einem Versicherungsfall auf drei Monate

Tipp

Die grundsätzlichen Leistungsarten finden sich in Kapitel 4.4.1.

Zusammenfassung

Bei Proximus entfällt auf die monatliche Zahlung kein Zuschlag. Da der Beitrag bei einer betrieblichen Versicherung durchaus cashflowrelevant sein kann, ist hier die monatliche Zahlung zu empfehlen. Darüber hinaus kann bei einem 3-Jahres-Vertrag ein Dauernachlass in Höhe von 10 % genutzt werden. Im Sinne einer langfristigen Kundenbindung sollte diese Möglichkeit angesprochen werden.

Eine weitere Möglichkeit zur Beitragsersparnis wäre die Option "ohne Namensangabe", da hierfür ein höherer Rabatt (zum Beispiel 35 % statt 30 % bei 31–50 Mitarbeitenden) gewährt werden kann.

Zudem wird bei der Option "kein Direktanspruch" kein Zuschlag fällig. Es ist aber darauf hinzuweisen, dass dadurch für den Betreib weitere Kosten für die Vertragsverwaltung sowie zusätzlichen Datenschutzvorkehrungen anfallen können – demgegenüber entfällt allerdings die Pauschalsteuer.

Neben den genannten Punkten sind auch bestimmte Leistungsmerkmale im Rahmen der betrieblichen Versorgung relevant. Zum einen stellt sich grundsätzlich die Frage nach dem Geltungsbereich. Möglich sind zum Beispiel eine 24-Stunden-Deckung, die Absicherung von Beruf und Weg, oder einem Freizeitschutz. Auch Mischmodelle sind denkbar. So kann zum Beispiel der Arbeitgeber die beruflichen Risiken Arbeitgeber-finanziert abdecken, zugleich aber seinen Angestellten die Möglichkeit bereitstellen, den Freizeitschutz selbst (vom Brutto) zu finanzieren und somit von den verbesserten Konditionen der bUV zu profitieren.

Anzumerken ist auch, dass Mitarbeitende durchaus unterschiedliche Bedarfe haben können. Während für einen Teil der Belegschaft die Leistung aufgrund von Dienstreisen bspw. eine Verdopplung des Krankenhaustagegeldes bei Unfällen im Ausland relevant ist, hat diese Absicherung für andere Teile keine Relevanz. Um auf unterschiedliche Bedarfe einzugehen, bietet sich im Rahmen der bUV die Möglichkeit, Gruppen zu definieren.

3.5.5 Empfehlungen für die Meier GmbH

Auch hinsichtlich einer bUV möchte Herr Müller die Meier GmbH attraktiv aufstellen. Er erinnert sich, dass gerade im Bereich der bUV viele Unternehmen noch kein Angebot vorweisen können. Um im Wettbewerb um die Fachkräfte gegenüber den Wettbewerbern einen Vorteil bieten zu können, möchte er unbedingt eine bUV abschließen. Gleichzeitig soll eine möglichst einfache, handhabbare Lösung gefunden werden, um auch die Kosten gering zu halten. Er ergänzt, dass die 45 Angestellten eine unterschiedliche Gefährdung und unterschiedliche Bedarfe haben.

Daher interessiert sich Herr Müller für folgenden Lösungsansatz:

- *Für alle Mitarbeitenden des Unternehmens gibt es eine Basisabsicherung.*
- *Für alle körperlich tätigen Personen sowie Fahrer, soll es eine erhöhte Absicherung geben.*
- *Für alle leitenden Angestellten sowie körperlich tätigen Teamleiter soll die Absicherung nochmals besser sein.*

Aus Kostengründen ist das Unternehmen vor allem an einer Lösung der betrieblichen Risiken (Beruf und Weg) interessiert, zeigt sich aber gleichzeitig für eine Freizeitdeckung für die

Mitarbeiter offen, sofern sich die Kosten im Rahmen halten. Zudem ist Herr Müller für die Meier GmbH an einer steuerlich attraktiven Lösung interessiert.

Henri Laurant erscheint zunächst ein Blick auf die Betriebsgröße relevant. Er erläutert Herrn Müller: „Je größer der Betrieb, desto komplexer können die Mitarbeiterstruktur und die Bedarfe sein." Deshalb empfiehlt sich bei großen Unternehmen ein strukturiertes Vorgehen mit Fragebögen beziehungsweise Checklisten (siehe oben). Zu empfehlen ist darüber hinaus, Experten aus dem jeweiligen Versicherungsunternehmen, hier Proximus, hinzuzuziehen. Denn große Unternehmen haben häufig sehr viele spezifische Anforderungen, die zudem in ihr Gesamt-Benefit-Konzept passen müssen.

Bei der Meier GmbH handelt es sich jedoch um ein vergleichsweise kleines Unternehmen. Und kleine Betriebe sind üblicherweise an einer möglichst einfachen Lösung interessiert. Deshalb empfiehlt Henri Laurant, über folgende Punkte zu sprechen:

Namensnennung: Einfach zu handhaben ist die allgemeine Bezeichnung „alle Mitarbeitenden". Dann muss der Betrieb (üblicherweise jährlich) nur die Anzahl der Mitarbeitenden melden und eine Namensnennung kann entfallen.

Direktanspruch: Herr Müller sollte über die Möglichkeit eines Direktanspruchs nachdenken, da sich die Meier GmbH so Verwaltungsaufwand und Versicherungskosten sparen kann.

Versicherungsschutz: Bei der Absicherung empfiehlt sich entweder eine einfache Regelung über das Gehalt mit Mindestsummen (zum Beispiel für Azubis), die wenigstens existenzbedrohenden Unfallrisiken für Beruf und Weg abdecken. Wenn einem Betrieb das nicht differenziert genug ist, weil beispielsweise die Spitzenkräfte noch besser abgesichert werden sollen, muss eine exakte Definition der Gruppen erfolgen. Achtung: Die Betriebe müssen hierbei das Gleichbehandlungsgesetz (AGG) beachten.

Betriebsspezifische Risiken: Darüber hinaus sollten noch die betriebsspezifischen Risiken (wie zum Beispiel Gase/Dämpfe für Mitarbeitende in der Fertigung, erhöhte Kraftanstrengung für Lagermitarbeitende und Kraftfahrer etc.) Berücksichtigung finden.

Möglicher Lösungsansatz für die Meier GmbH

Beitragsgestaltung: Wenn das Unternehmen nur einen bestimmten Betrag aufwenden möchte, kann auch ein durchschnittlicher Beitrag pro Mitarbeitenden festgehalten werden.

	Gruppe 1	Gruppe 2	Gruppe 3
Leistungsart	alle Mitarbeitenden, die nicht unter Gruppe 2 und 3 fallen	alle körperlich Tätigen	leitende Angestellte und körperlich tätige Teamleiter

	Gruppe 1	Gruppe 2	Gruppe 3
Tarif	Berufsschutz: Beruf und Weg: (Tarif G 31)	Berufsschutz: Beruf und Weg: (Tarif G 31)	(Tarif G 30)
Grundsumme	40.000 €	100.000 €	200.000 €
Progression	500 %	500 %	500 %
Lebenslange Unfallrente ab 50 % Invalidität (Verdoppelung bei 90 %)	1.500 €/3.000 €	1.500 €/3.000 €	3.000 €/6.000 €
Dynamik	Ja	Ja	Ja
Verbesserte Gliedertaxe *	Ja	Ja	Ja
Längere Invaliditätsfristen *	Ja	Ja	Ja
Erhöhte Kraftanstrengung *	Ja	Ja	Ja
Rehabilitationsbeihilfe *	Ja	Ja	Ja
Umbau-/Umzugskosten *	Ja	Ja	Ja
Verbesserter Mitwirkungsanteil *	Ja	Ja	Ja
Infektionen und Impfschäden (Zecken-stich, Tollwut/ Wundstarkrampf)	Ja	Ja	Ja
Unfälle durch Herzinfarkt/ Schlaganfall *	Ja	Ja	Ja
Such-, Rettungs-, Bergungskosten	25.000 €	25.000 €	25.000 €
Sofortleistung bei Schwerverletzungen	Nein	Ja	Ja
Assistanceleistungen **	Nein	Ja	Ja
Tagegeld ab 43. Tag **	10 % v. Brutto	20 % v. Brutto	30 % v. Brutto
Krankenhaustagegeld **	10 €	30 €	100 €
2-faches Krankenhaustagegeld bei Unfall im Ausland **	Ja	Ja	Ja
Komageld (20 €/Tag)	Ja	Ja	Ja
Gipsgeld (500 €)	Ja	Ja	Ja
Todesfallsumme	5.000 €	30.000 €	200.000 €
Verbesserte Todesfallleistung: Tod des Versorgers 5 % bis max. 5.000 € **	Ja	Ja	Ja

** In BB Gruppen-Unfallversicherungen Proximus AUB 2015 generell mitversichert*

*** sofern nicht bereits in bKV enthalten*

Vertiefung

Welche Leistungen für Betriebe sind außerdem denkbar (unabhängig von Proximus und der Meier GmbH)?

Einige Leistungen sind in Proximus nicht versicherbar, sollten aber in der Praxis betrachtet werden:

Leistungsart	Zielgruppe
Erhöhte Kraftanstrengung (auch für Knochenbrüche, Bauch- und Unterleibsbrüche, Menisken)	alle körperlich Tätigen und Fahrer
Eigenbewegung	alle Personen, die regelmäßig körperlich anstrengende Tätigkeiten verrichten und somit wegen Ermüdung zum Beispiel umknicken können
Rückholkosten aus dem Ausland	alle Personen, die im Ausland tätig sind
Psychische und nervöse Störungen infolge eines Unfalls	alle körperlich tätigen und Fahrer
Höhere Erstattung von Bergungskosten und Kosmetische Operationen	(sofern nicht bereits in PKV/BKV abgesichert): alle Personen, da 25.000 € aus Proximus Privatkunden möglicherweise nicht ausreichen
Weitere Infektionen (zum Beispiel im Rahmen der Berufsausübung)	alle Personen, die mit infektiösen Stoffen/Personen in Kontakt kommen könnten
Weitere Impfschäden	(sofern nicht bereits in PKV/BKV abgesichert):
Genesungsgeld	für alle Personen mit Krankenhaustagegeld (mittlerweile häufig Bestandteil neuerer Tarife)
Unfälle wegen Übermüdung	Außendienstmitarbeitende, Fahrer
Nahrungsmittelvergiftungen	für bestimmte Berufe zum Beispiel Lebensmittelsensoriker
Rückholkosten für Dienstreisen	für Dienstreisende
Genesungsgeld	für alle Mitarbeitenden mit Krankenhaustagegeld

3.6 Ergänzende Serviceleistungen

Assistance-Leistungen stellen einen wichtigen Zusatzservice in der bAV, bKV und bUV dar, sind aber nicht in allen Tarifen versicherbar. (Bitte Tarifauszug prüfen).

Diese Leistungen bieten den Versicherten nicht nur finanzielle Sicherheit, sondern auch praktische Unterstützung in verschiedenen Lebensbereichen, insbesondere im Falle von Krankheit, Unfall oder im Alter. Somit ist es wichtig auch bei diesen Absicherungen darauf zu schauen, ob jeweilige Assistanceleistungen im Tarif enthalten sind.

Während die bAV hauptsächlich der Altersvorsorge dient, um den Mitarbeitern eine ergänzende Rente für den Ruhestand zu gewährleisten, kommen in der bKV Gesundheitsleistungen und in der bUV Unfall- und Notfallabsicherung zum Tragen. Assistance-Leistungen erweitern den klassischen Versicherungsschutz, indem sie die Versicherten in kritischen Momenten schnell und effektiv unterstützen. Sie gehen über die reine finanzielle Absicherung hinaus und tragen dazu bei, dass die betroffenen Mitarbeiter in herausfordernden Situationen schnell Unterstützung erhalten.

In der bAV können Assistance-Leistungen beispielsweise bei der Planung und Nutzung der Altersvorsorge helfen, während sie in der bKV mit Hilfe zur Koordination von medizinischen Dienstleistungen und Rehabilitationsmaßnahmen unterstützen. In der bUV wiederum umfassen Assistance-Leistungen unter anderem Notfallhilfe, Rehabilitationshilfe und auch psychologische Unterstützung nach einem Unfall.

Durch diese umfassende Hilfe wird der Wert der jeweiligen Versicherung erhöht und gleichzeitig die Mitarbeiterzufriedenheit und -bindung gesteigert. Assistance-Leistungen bieten somit einen zusätzlichen Mehrwert, der über den rein finanziellen Schutz hinausgeht und den Mitarbeitern eine ganzheitliche Absicherung bietet.

3.6.1 Assistance-Leistungen in der bAV

Im Folgenden finden Sie eine Übersicht über typische Assistance-Leistungen, die in der bAV und BUV angeboten werden.

Assistance-Leistungen in der bAV

Beratung und Unterstützung bei der Einrichtung der bAV: Dies umfasst die Analyse der individuellen Bedürfnisse des Unternehmens, die Auswahl des passenden Durchführungswegs sowie die Unterstützung bei der Gestaltung von Versorgungsordnungen und betrieblichen Richtlinien.

Verwaltungsservices: Die Versicherer übernehmen in der Regel administrative Aufgaben wie die Verwaltung der Verträge, das Management von Mitarbeiterwechseln (Eintritt, Austritt, Ruhestand) sowie die Bereitstellung von Online-Portalen für Arbeitgeber und Arbeitnehmende. Über diese Portale können Informationen zu den Verträgen eingesehen und verwaltet werden.

Schulungen und Informationsveranstaltungen: Um das Bewusstsein für die Vorteile der bAV zu stärken, bieten Versicherer Schulungen und Informationsveranstaltungen für Unternehmen an. Diese Veranstaltungen dienen dazu, den Mitarbeitenden die angebotenen Altersvorsorgemöglichkeiten näherzubringen und ihnen zu helfen, fundierte Entscheidungen zu treffen.

Unterstützung bei der Abwicklung von Leistungsfällen: Im Leistungsfall, beispielsweise beim Eintritt in den Ruhestand oder im Todesfall, unterstützen Versicherer sowohl Arbeitgeber als auch Arbeitnehmende bei der Abwicklung der Leistungsansprüche.

Assistance-Leistungen in der BUV

Gesundheitsmanagement und Prävention: Das Spektrum möglicher Leistungen umfasst Gesundheitschecks, Stressbewältigungskurse, Ergonomieberatung sowie Programme zur Förderung eines gesunden Lebensstils.

Im Falle einer Berufsunfähigkeit bieten Versicherer **Rehabilitationsmaßnahmen** an, um die Versicherten bei der Rückkehr in den Arbeitsprozess zu unterstützen. Dies beinhaltet die Organisation und Finanzierung von medizinischen Behandlungen, Reha-Aufenthalten und beruflicher Wiedereingliederung, um die Rückkehr ins Arbeitsleben zu erleichtern oder die Erwerbsfähigkeit so weit wie möglich wiederherzustellen.

Psychologische Betreuung: Im Rahmen der psychologischen Betreuung und Beratung unterstützen Versicherer ihre Versicherten in Krisensituationen. Diese Leistungen können auch für Familienangehörige in Anspruch genommen werden und umfassen oft den Zugang zu Krisenhotlines und psychotherapeutischen Diensten.

Unterstützung bei beruflicher Neuorientierung: Wenn eine Rückkehr in den ursprünglichen Beruf nicht möglich ist, bieten BU-Versicherer häufig Unterstützung bei der beruflichen Neuorientierung an. Dies kann Beratung und Coaching für den Wechsel in eine neue Berufstätigkeit sowie finanzielle Unterstützung für Umschulungen oder Weiterbildungen umfassen.

Beitragsübernahme im Krankheitsfall: Bei längeren krankheitsbedingten Ausfällen besteht die Möglichkeit, dass der BU-Versicherer die Beiträge während dieser Zeit übernimmt, sodass der Versicherungsschutz aufrechterhalten bleibt, ohne den Versicherten finanziell zu belasten.

Persönliche Assistance-Leistungen: Zu den Dienstleistungen gehören beispielsweise die Organisation von Haushaltshilfen, Kinderbetreuung oder anderer persönlicher Unterstützung, um den Alltag der Versicherten in schwierigen Zeiten zu erleichtern.

Zusammenfassung

Assistance-Leistungen in der bAV und BU-Versicherung bieten einen erheblichen Zusatznutzen, der über die reine finanzielle Absicherung hinausgeht. Sie unterstützen sowohl Arbeitgeber als auch Arbeitnehmende durch umfangreiche Serviceangebote, die zur Prävention, Rehabilitation und allgemeinen Unterstützung beitragen. Diese Leistungen steigern den Wert der Versicherungen und fördern das Wohlbefinden sowie die Sicherheit der Versicherten.

3.6.2 Assistance-Leistungen in der bKV

Zu den allgemeinen Leistungen der betrieblichen Krankenversicherung gehören auch wichtige ergänzende Serviceleistungen, die den Gesundheitsschutz der Mitarbeitenden weiter optimieren. Wesentliche Bestandteil sind:

Facharztterminservice: Der Facharztterminservice ist ein wichtiger Bestandteil der bKV, der darauf abzielt, die medizinische Versorgung für Mitarbeitende zu verbessern. Er ermöglicht eine schnelle und unkomplizierte Vermittlung von Facharztterminen, sodass Mitarbeitende zügig Zugang zu spezialisierten Ärzten erhalten. Der Service funktioniert häufig über eine zentrale Plattform oder durch spezialisierte Anbieter, die ein Netzwerk von Fachärzten nutzen. Dies gewährleistet, dass die Mitarbeitenden ohne lange Wartezeiten Termine bekommen können.

Der größte Vorteil des Facharztterminservices ist die deutliche Reduzierung der Wartezeiten für Facharztbesuche. Besonders bei akuten oder komplexen Gesundheitsproblemen, die eine schnelle Diagnose und Behandlung erfordern, sorgt dieser Service dafür, dass Mitarbeitende schnell medizinische Hilfe erhalten. Das führt zu einer effizienteren Versorgung und einer schnelleren Lösung gesundheitlicher Beschwerden, was letztlich auch die Arbeitsfähigkeit der Mitarbeitenden fördert.

Videosprechstunde: Die Videosprechstunde beim Arzt ist eine moderne und flexible Ergänzung der bKV, die es Mitarbeitenden ermöglicht, medizinische Beratung per Videoübertragung von zu Hause oder unterwegs zu erhalten, ohne einen persönlichen Arztbesuch einplanen zu müssen. Dieser Service bietet eine schnelle Möglichkeit, gesundheitliche Anliegen zu klären, insbesondere bei akuten Symptomen wie Hautirritationen oder anderen Beschwerden, die zunächst keine umfangreiche Untersuchung erfordern.

Die Konsultationen werden in der Regel von Fachärzten durchgeführt, die eine erste Diagnose stellen und Empfehlungen für eine weitere Behandlung oder Therapie geben können. Auf diese Weise wird eine sofortige medizinische Intervention ermöglicht, falls notwendig.

Der größte Vorteil der Videosprechstunde ist die hohe Flexibilität. Angestellte können die medizinische Beratung während ihrer Arbeitszeit oder auch in ihrer Freizeit in Anspruch nehmen, ohne lange Anfahrtswege oder Wartezeiten in Kauf nehmen zu müssen. Dies trägt nicht nur zur schnellen Klärung von gesundheitlichen Problemen bei, sondern fördert auch eine frühzeitige Diagnose und eine zügige Behandlung, was letztlich die Genesung beschleunigt und die Arbeitsfähigkeit der Mitarbeitenden schnell wiederherstellt.

Gesundheitstelefon (auch in mehreren Sprachen): Das Gesundheitstelefon bietet Betroffenen einen direkten Zugang zu kompetenter medizinischer Beratung und Unterstützung. Besonders hilfreich ist der Service für Mitarbeitende, die psychische Gesundheitsprobleme haben oder sich bei einer Behandlung unsicher sind. Über das Gesundheitstelefon können sie schnell vertrauliche Beratung von qualifizierten Fachkräften erhalten, die bei der Einschätzung beispielsweise von Stress, Angstzuständen oder anderen psychischen Belastungen helfen und passende nächste Schritte empfehlen.

Ein weiterer wichtiger Vorteil des Gesundheitstelefons ist die Möglichkeit, Zweitmeinungen einzuholen. Wenn Mitarbeitende Zweifel an einer Diagnose oder vorgeschlagenen Behandlung haben, können sie unabhängig medizinische Ratschläge und alternative Perspektiven einholen. Dies trägt zu einer fundierten Entscheidungsfindung bei und hilft den Mitarbeitenden sicherzustellen, dass sie die bestmögliche Behandlung erhalten. Der Service ist in vielen Tarifen der betrieblichen Krankenversicherung bereits standardmäßig enthalten.

3.6.3 Assistance-Leistungen in der bUV

Die bUV umfasst eine breite Palette an ergänzenden Serviceleistungen, die weit über den klassischen Versicherungsschutz hinausgehen. Diese zusätzlichen Leistungen sind darauf ausgerichtet, nicht nur den Schutz der Mitarbeiter zu gewährleisten, sondern auch die Prävention von Unfällen, die Betreuung nach einem Unfall und die Wiedereingliederung ins Arbeitsleben umfassend zu unterstützen.

Zu den wichtigsten Serviceleistungen gehört die **Präventionsberatung**, die Unternehmen dabei unterstützt, Unfallrisiken am Arbeitsplatz zu erkennen und zu minimieren. Dies geschieht durch Schulungen, Sicherheitschecks und Beratungen, die darauf abzielen, ein sicheres Arbeitsumfeld zu schaffen und Unfälle bereits im Vorfeld zu verhindern.

Ein zentrales Element ist auch das **Reha-Management**, das nach einem Unfall die vollständige Koordination und Organisation der Rehabilitation übernimmt. Hierzu zählen medizinische Behandlungen, physiotherapeutische Maßnahmen und berufliche Wiedereingliederungsprogramme, die es den Betroffenen ermöglichen, sich möglichst schnell und effektiv zu erholen und in den Arbeitsalltag zurückzukehren. Diese Maßnahmen werden oft durch psychologische Betreuung ergänzt, um traumatische Erlebnisse zu verarbeiten und die mentale Gesundheit zu stabilisieren.

Darüber hinaus bietet die betriebliche Unfallversicherung **ergonomische Beratungen** an, bei denen Arbeitsplätze und Arbeitsabläufe analysiert werden, um ergonomische Verbesserungen vorzuschlagen. Diese sollen nicht nur das Unfallrisiko senken, sondern auch die allgemeine Gesundheit der Mitarbeiter fördern.

Gesundheitschecks und Vorsorgeuntersuchungen gehören ebenfalls zu den Präventivmaßnahmen, die regelmäßig angeboten werden, um gesundheitliche Risiken frühzeitig zu erkennen und zu minimieren. Dies trägt dazu bei, dass Mitarbeiter gesund und leistungsfähig bleiben.

Im Falle eines Unfalls profitieren Unternehmen und Mitarbeiter von einer **schnellen Schadensabwicklung**, die einen reibungslosen Prozess bei der Schadensmeldung und -bearbeitung sicherstellt. Dadurch wird die finanzielle Belastung für alle Beteiligten minimiert.

Ein weiterer wichtiger Service ist die **Notfall-Hotline**, die rund um die Uhr erreichbar ist und im Falle eines Unfalls oder einer dringenden Frage zum Versicherungsschutz sofortige Unterstützung bietet.

Schulungen und Weiterbildungen in Sicherheitsfragen, Erster Hilfe und Unfallverhütung sind ebenfalls Teil des Leistungspakets. Diese Maßnahmen tragen dazu bei, das Sicherheitsbewusstsein der Mitarbeiter zu schärfen und deren Handlungskompetenz in Notfallsituationen zu erhöhen.

Die betriebliche Unfallversicherung bietet zudem **Beratung zur Unfallverhütung und Arbeitssicherheit**, bei der Unternehmen Unterstützung bei der Implementierung und Optimierung von Sicherheitsstandards im Betrieb erhalten. Oft arbeiten die Versicherer dabei mit externen Sicherheitsberatern zusammen, um maßgeschneiderte Lösungen zu entwickeln.

Zusätzliche finanzielle Leistungen wie Invaliditätsleistungen, Tagegelder bei längeren Ausfallzeiten oder besondere Kapitalleistungen bei schweren Unfällen erweitern den finanziellen Schutz, den die Versicherung bietet.

Umfassender Auslands- und Notfallservice für Mitarbeiter

Für Mitarbeiter, die regelmäßig im Ausland tätig sind, bieten einige Versicherer einen speziellen Auslands- und Notfallservice an. Dieser umfasst eine Vielzahl von Leistungen, die sowohl bei medizinischen Notfällen als auch bei anderen unvorhergesehenen Ereignissen auf Reisen wertvolle Unterstützung bieten.

Zu den möglichen Leistungen gehören:

- **Organisation medizinischer Notfallmaßnahmen** im Ausland
- **Koordination und Kostenübernahme von Rücktransporten** im Krankheits- oder Verletzungsfall
- **Hilfe bei der Suche nach medizinischen Einrichtungen** vor Ort
- **Bereitstellung von Dolmetschern** in medizinischen oder behördlichen Situationen
- **Unterstützung bei sonstigen Notfällen**, etwa bei **Verlust von Reisedokumenten** oder **unerwarteten Reiseproblemen**

Der Notfallservice ist in der Regel **rund um die Uhr erreichbar** und stellt sicher, dass Mitarbeitende im Ausland schnell und zuverlässig Hilfe erhalten – unabhängig von Ort und Uhrzeit.

Darüber hinaus gibt es **Assistance-Services**, welche die Vermittlung von Pflegedienstleistern übernehmen, wenn nach einem Unfall eine Pflegebedürftigkeit entsteht. Die Versicherung hilft bei der Organisation von Pflegediensten oder anderen notwendigen Unterstützungsleistungen, um den Alltag der Betroffenen zu erleichtern.

Insgesamt sorgen diese ergänzenden Serviceleistungen dafür, dass die bUV ein umfassendes Instrument für den Schutz und die Sicherheit der Mitarbeiter darstellt, sowohl im In- als auch im Ausland, während und nach der Arbeit.

4 Analyse des Privatkunden

4.0 Einleitung

Ergänzendes Ziel einer Firmenkundenberatung kann sein, Vertrauen bei den Mitarbeitenden aufzubauen, um sie auch in privaten Versicherungsangelegenheiten zu betreuen. Warum sollten sich die Mitarbeitenden bezüglich ihrer privaten Versicherungen anderweitig beraten lassen, wenn sie bereits positive Erfahrungen gemacht haben?

Hierfür bieten sich beispielsweise folgende Herangehensweisen an:

- proaktive Informationen über bestehende betriebliche Absicherungen,
- anschaulich zusammengestellte Informationen, die möglichst passgenau auf die jeweilige Situation eingehen beziehungsweise häufige Fragen beantworten,
- Angebot, bei Fragen oder im Leistungsfall bereitzustehen,
- Hinweis auf Deckungslücken (über die betriebliche Absicherung hinaus) sowie entsprechende Angebote zur privaten Ergänzung,
- gegebenenfalls Bereitstellung eines intuitiv benutzbaren Mitarbeiterportals (Benefit-Portal), in dem schnell alle wichtigen Informationen zu finden sind und in dem direkt Beratungstermine vereinbart werden können.

Im Gegensatz zu anderen Vermittlern am Markt, liegen Gewerbekundenberatern bereits wesentliche Anhaltspunkte über den Bedarf sowie verbleibende Deckungslücken vor. Mitarbeitende (sowie auch deren Angehörige) können somit sehr zielgerichtet beraten werden, ohne dass noch eine Vielzahl von Informationen beschafft werden muss. Dieser Informationsvorsprung stellt einen Wettbewerbsvorteil dar und ist ein gutes Argument für Vermittler, sich mit dem Gewerbegeschäft zu beschäftigen.

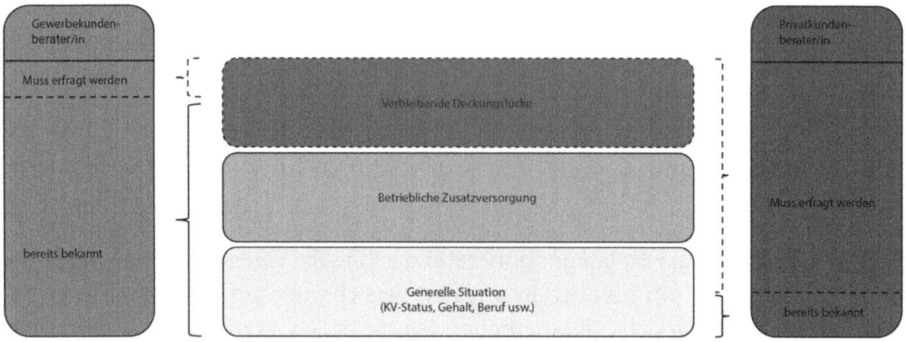

Abbildung 4.1: Beispielhafte Darstellung des möglichen Informationsvorteils für Gewerbekundenberater

■ BEISPIEL

Meldet sich beispielsweise Herr Gruber, ein Mitarbeiter der Meier GmbH, um sich beraten zu lassen, gestaltet sich der weitere Ablauf wie folgt:

In einem ersten Gespräch wird ermittelt was, Herr Gruber möchte (Auftragsklärung). Dann kann im vereinbarten Umfang (zum Beispiel Vorsorgebereich) gemeinsam die Situation analysiert werden. Dabei wird geprüft, welche Absicherungen bereits bestehen – etwa durch den Arbeitgeber, private Vorsorge oder gesetzliche Leistungen. Anschließend wird besprochen, welche zusätzlichen Absicherungen sinnvoll oder gewünscht sind, um etwaige Versorgungslücken zu schließen. Eine detaillierte Betrachtung dieses Analyseprozesses folgt in Kapitel 4.1. ■

Hinweis

Vorteilhaft für Vermittler ist in einer solchen Situation die **Signalwirkung**, die eine gute Beratung und Betreuung von Herrn Gruber auch auf andere Angehörige im Betrieb haben kann. Vermittler können hier die ihnen vorliegenden Informationen nutzen, um den Mitarbeitenden zu zeigen, dass sie sie und ihre Bedürfnisse gut verstehen. Im Zuge dessen kann auch die Chance einer Bedarfsanalyse genutzt werden.

Der Bedarf setzt sich zusammen aus:

- **Subjektiven Faktoren:** Wünsche und Bedürfnisse
- **Objektiven Faktoren:** Situation, zum Beispiel Beruf, Gehalt, Familienstand, Wohnsituation, Hobbys und die bestehende Absicherung (Mix aus gesetzlicher, betrieblicher und privater Absicherung). Ergänzend sei hier erwähnt, dass auch weitere Absicherungen über Mitgliedschaften in einer Gewerkschaft oder in Vereinen (Alpenverein, Sportverein etc.) berücksichtigt werden könnten.

Für eine strukturierte Bedarfsanalyse sei (wie bereits in Kapitel 2.2) auf die Vorlagen des Arbeitskreis Beratungsprozesse verwiesen.[1] Darüber hinaus gibt es auch für die

[1] Vgl. https://www.beratungsprozesse.de/dokumentencenter/, zuletzt abgerufen am 18. März 2025.

Analyse von Privatkunden eine DIN-zertifizierte Analyse: die DIN-Norm 77230 „Basis-Finanzanalyse für Privathaushalte".[2] Diese wird als Softwarelösung zum Beispiel bei VORFINA, FINOSO, insinno oder Finanzportal24 angeboten und bildet alle Risikobereiche ab.

Tipp aus der Praxis

Eine solche Analyse mit den vom Kunden vorliegenden Daten erstellen und ihm sagen: Mit den Daten, die ich aktuell von Ihnen habe, sieht Ihre Situation so aus. Ist eine Versicherung nicht erfasst, wird der Kunde vermutlich sagen: „Aber ich habe doch eine BU." → „Ok super, dann können wir diese ja ergänzen."

Hinweis

In Kapitel 4.5 wird auf die Deckungslücken Bezug genommen.

4.1 Persönliche Situation

4.1.1 Persönliche Situation in der Lebensversicherung

Lebensversicherungen sind extrem lang laufende Vorsorgeprodukte. Sie können umso sinnvoller ausgestaltet werden, je genauer subjektive und objektive Faktoren bestimmt und gegebenenfalls auch für die Zukunft geplant werden können. Zwar sind in den vergangenen Jahren die Produkte immer flexibler geworden und können somit auch teilweise Veränderungen auf Kundenseite mitgehen, dennoch sollte der Kunde im Fokus der Privatkundenberatung stehen. Denn grundsätzlich haben die persönliche Situation und die individuellen Vorstellungen des Kunden (Ziele und Wünsche) vielfältigen Einfluss auf mögliche Produktlösungen. Als Anhaltspunkt können folgende Fragen gestellt werden:

Altersvorsorge/Kapitalanlage

Vorsorgemotiv – welches Ziel soll erreicht werden?

Zunächst ist zu klären welches Ziel grundsätzlich im Vordergrund steht:

Geht es um kurz- bis mittelfristige Geldanlage mit Fokus auf möglichst attraktive Rendite? Oder steht der langfristige Aufbau einer echter Altersvorsorge im Vordergrund, geht es also darum den Lebensunterhalt im Alter bestreiten zu können beziehungsweise den gewohnten Lebensstandard aufrechtzuerhalten?

[2] Vgl. https://defino.de/initiativen/standards-und-normen/din-77230/, zuletzt abgerufen am 18. März 2025.

Ein weiteres Motiv könnte die Übertragung vorhandenen Vermögens durch möglichst geschickte Gestaltung von Altersvorsorgeverträgen auf Kinder oder Enkel sein – unter anderem mit steuerlichen Vorteilen.

Aus dem Vorsorgemotiv ergeben sich Anhaltspunkte für den geplanten Anlagezeitraum und ob Einmalzahlungen, lebenslange Rentenzahlungen oder eine Kombination aus beidem angestrebt werden.

Zuletzt bestimmt sich aus dem Vorsorgemotiv, ob auch Produkte mit staatlicher Förderung, d.h. Basisrente, Riester-Rente oder betriebliche Altersvorsorge in Frage kommen. Für diese Produktarten ist durch den Gesetzgeber eine klare Ausrichtung auf „echte" Altersvorsorge in Form von lebenslangen Rentenzahlungen und eingeschränkter Verfügbarkeit des Kapitals vorgesehen.

Zeithorizont – zu welchem Zeitpunkt wird Geld benötigt?

Meist ergibt sich die mögliche Anlagedauer aus der noch verbleibenden Zeit bis zum individuellen Renteneintritt des Kunden, also durch das Kundenalter und dessen individuelle Ruhestandsplanung. Der Beginn des Altersruhestands muss dabei nicht unbedingt der gesetzlichen Altersgrenze entsprechen, sondern hängt auch von persönlichen Umständen und Wünschen ab.

Der mögliche Anlagezeitraum ist besonders wichtig, weil er maßgeblich beeinflusst, welche Anlageformen sinnvoll genutzt werden können. Fondsgebundene Investments erfordern beispielsweise ein möglichst langfristiges Investment, um Anlagerisiken zu reduzieren.

Vor oder während des Ruhestands können zu bestimmten Terminen auch weitere Auszahlungswünsche vorhanden sein, beispielsweise um ein langfristiges Darlehen aus einer Immobilienfinanzierung abzulösen oder das Studium der Kinder zu finanzieren. Solche einmaligen Kapitalbedarfe können in der Vorsorgeplanung durch eigene Vorsorgeverträge oder als Auszahlungen aus anderen bestehenden Verträgen berücksichtigt werden.

Flexibilität – muss im Notfall auf das Guthaben zugegriffen werden können?

Bei langfristigen Vorsorgeprodukten ist unter anderem zwischen Produkten mit steuerlicher Förderung in der Ansparzeit und möglichst flexiblen Lösungen, die dafür geringere oder keine steuerlichen Vorteile genießen, abzuwägen. Daher ist zu prüfen, wie viel Flexibilität aus Kundensicht erforderlich ist.

Muss beispielsweise während der Sparphase im Falle eines unvorhergesehenen Kapitalbedarfs (zum Beispiel wegen der Anschaffung eines neuen Autos, dringender Reparaturen etc.) kurzfristig auf das angesparte Kapital zugegriffen werden können? Oder wären für diesen Fall andere Rücklagen vorhanden?

Neben der steuerlichen Förderung kann der Verzicht auf oder die Einschränkung der Flexibilität auch zum Selbstschutz des Kunden dienen: Eine hohe Flexibilität in der Vorsorgelösung könnte die Vorsorgenden dazu verleiten, vorhandenes Guthaben vorschnell zu entnehmen und anderweitig zu verbrauchen. Ein Vertrag, der ausdrücklich für die Altersvorsorge vorgesehen ist, sollte nur für diesen Zweck verwendet werden – extreme Notlagen ausgenommen –, weil sonst die gesamte Altersvorsorgeplanung ins Wanken kommen kann.

Risikobereitschaft – lieber sicherheits- oder renditeorientierte Anlage?

Renditeorientierte Anlagen sind in aller Regel mit höheren Risiken verbunden. Dies kann sich zum Beispiel in mehr oder weniger starken Schwankungen des Anlageguthabens ausdrücken. Im Rahmen der Bedarfsanalyse sollte geklärt werden, mit welcher Anlageform die Interessenten sich am wohlsten fühlen.

Auf Dauer ist es selten sinnvoll, Produkte abzuschließen, die bei zwischenzeitlichen Kursverlusten regelmäßig ein Unsicherheitsgefühl beim Kunden auslösen. Bei außergewöhnlichen Börsensituationen oder größeren Krisen führt dies häufig dazu, dass zunächst das Vertrauen in die Berater erschüttert wird. In der Folge werden derartige Verträge oft nicht weiter bespart oder aus Angst vor weiteren Verlusten vorschnell gekündigt – oft mit finanziellen Nachteilen für den Kunden.

Eine klare Kommunikation der möglichen Chancen und Risiken in der Beratung ist enorm wichtig. Die Vorsorgenden sollten bezüglich der Marktschwankungen eine gewisse Gelassenheit haben – sofern das grundsätzliche Vertrauen in die gewählte Anlageform weiter vorhanden ist. Das Aussitzen von Marktschwankungen ergibt aus Kundensicht gerade bei weiterlaufenden Beitragszahlungen sogar finanzielle Vorteile (Cost-Average-Effekt).

Ist diese Gelassenheit beim Kunden nicht vorhanden, sollte eher eine alternative Vorsorgeform gewählt werden, die beispielsweise Garantien enthält.

Absicherung der Arbeitskraft oder anderer biometrischer Risiken (Todesfall, Pflegebedürftigkeit, schwere Erkrankung)

Vorsorgemotiv – welches Ziel soll erreicht werden?

Auch hier ist zunächst festzustellen, welche Absicherung die beratene Person erhalten möchte. Es kann beispielsweise um die Absicherung regelmäßigen Einkommens im Falle einer Erkrankung gehen, damit Miete und andere Lebenshaltungskosten weiterbezahlt werden können. Erkrankungen können ebenfalls zusätzliche Kosten verursachen, zum Beispiel für ärztliche Behandlungen, Fahrtkosten, Umbaumaßnahmen oder für die Betreuung minderjähriger Kinder.

Ähnlich ist es bei einem Todesfall: Hier ergeben sich – neben der menschlichen Tragödie – in vielen Fällen auch große finanzielle Sorgen. Verstirbt zum Beispiel ein Elternteil einer Familie mit kleinen Kindern, ist die gesamte Alltags- und Lebenssituation neu zu organisieren. Je nach Einzelfall ist offen, ob der hinterbliebene Elternteil Arbeitszeit (und damit Arbeitseinkommen) erhöhen oder reduzieren kann beziehungsweise muss, um die Kinderbetreuung abbilden und gleichzeitig die Lebenshaltungskosten abdecken zu können. Finanzieller Rückhalt aus einer Versicherungsleistung kann dann ermöglichen, dass der hinterbliebene Elternteil zumindest eine gewisse Zeit in Teilzeit arbeiten oder andere Betreuungsmöglichkeiten finanzieren kann. Eine laufende Immobilienfinanzierung könnte mit einer Todesfallabsicherung ebenfalls abgelöst werden, um die laufende finanzielle Belastung für Hinterbliebene zu reduzieren.

Vorsorgeform – mit welchem Produkt zum Versorgungsziel?

Einige Versorgungsziele können durch verschiedene Produktformen, zum Teil in unterschiedlichen Versicherungssparten, abgedeckt werden. Leistungen bei Pflegebedürftigkeit lassen sich zum Beispiel in der Lebens- oder Krankenversicherung absichern, allerdings auf grundsätzlich unterschiedliche rechtliche und kalkulatorische Weise (Pflegezusatz- oder Pflegerentenversicherung).

Erhöhte Kosten bei einer schweren Erkrankung werden grundsätzlich durch eine Dread-Disease-Versicherung abgesichert. Geht man aber davon aus, dass eine solche Erkrankung auch zum Verlust der Arbeitskraft oder sogar zur Pflegebedürftigkeit führen würde, kann auch eine Berufsunfähigkeits-, ein Grundfähigkeitsversicherung oder sogar eine Pflegeabsicherung als passendes Produkt angesehen werden – je nachdem welche weiteren Versorgungsziele der Interessent noch verfolgt.

Gesundheitszustand – welche Vorerkrankungen bestehen?

Eine Prüfung des Gesundheitszustands ist bei der Absicherung biometrischer Risiken in der Personenversicherung in vielen Fällen unvermeidlich, um das Versichertenkollektiv vor unkalkulierbaren Risiken zu schützen. Bestimmte Vorerkrankungen führen bei Abschluss eines Vertrags zur Ablehnung des Antrags oder zu Erschwerungen, das heißt vor allem zu Leistungsausschlüssen oder Prämienzuschlägen.

Welche Vorerkrankungen dabei zu welchen Erschwerungen führen, kann je nach zu versicherndem Risiko unterschiedlich sein. Ein Bandscheibenvorfall wird beispielsweise in der Berufsunfähigkeitsversicherung auf jeden Fall relevant sein, in der Risiko-Lebensversicherung dagegen nicht. Auch zwischen den Beurteilungen bei Antragsstellung in der Berufsunfähigkeits-, Grundfähigkeits- oder Erwerbsunfähigkeitsversicherung können Unterschiede bestehen.

Die Risikoeinschätzung bei Vorerkrankungen ist bei den Versicherungsunternehmen im Zusammenspiel mit deren Rückversicherern sehr individuell. Bei bestimmten schwereren Vorerkrankungen ergeben sich im Markt meist einheitliche Bewertungen, bei anderen Diagnosen kann es aber durchaus vorkommen, dass ein Versicherer einen

Antrag ablehnt, während ein anderer Versicherer den Vertrag sogar ohne Erschwerungen annimmt.

Um einschätzen zu können, ob biometrische Absicherungen in der Vorsorgegestaltung überhaupt möglich sind beziehungsweise in welcher Form, ist es aus Beratersicht wichtig, sich einen Eindruck über den Gesundheitszustand der zu Beratenden zu verschaffen.

4.1.2 Persönliche Situation in der privaten Krankenversicherung

Die **Biometrie** ist eine wissenschaftliche Disziplin, die sich mit der Messung von Lebensweisen sowie den dazugehörigen Mess- und Auswertungsverfahren beschäftigt.

Im Versicherungswesen bezieht sich Biometrie auf die Bewertung und Einschätzung versicherbarer Risiken, die das Leben der versicherten Person betreffen. Für die biometrische Absicherung kommen verschiedene Versicherungsarten in Betracht, darunter die Dienstunfähigkeitsversicherung, Berufsunfähigkeitsversicherung, Sterbegeldversicherung, Unfallversicherung und weitere.

Zu den relevanten **biometrischen Risiken innerhalb der privaten Krankenversicherung** zählen der **Gesundheitszustand**, das **Alter** und die **Lebenssituation** der versicherten Person. Diese drei Faktoren spielen eine entscheidende Rolle bei der Berechnung der Beiträge zur privaten Krankenversicherung.

Insbesondere der Gesundheitszustand hat dabei einen erheblichen Einfluss auf die Bewertung und den daraus resultierenden Beitragssatz.

Die sechs wichtigsten Aspekte der Gesundheit sind:

1. **Krankenhausaufenthalte** der letzten drei bis fünf Jahre

   Stationäre Aufenthalte: Jeder Krankenhausaufenthalt, der über Nacht ging, muss angegeben werden. Dies umfasst alle Arten von Behandlungen, Operationen und Diagnosen, die zu einem längeren Verbleib im Krankenhaus führten.

   Ebenso anzugeben sind relevante Details, die zu dem Krankenhausaufenthalt führten.

   Ambulante Aufenthalte: Krankenhausaufenthalte, die lediglich einen kurzfristigen Aufenthalt im Krankenhaus benötigten, sind für die letzten drei Jahre anzugeben.

2. **Arztbesuche** der letzten drei Jahre

   Häufigkeit und Gründe: Alle Arztbesuche, unabhängig davon, ob sie routinemäßig oder aufgrund spezifischer Beschwerden stattfanden, müssen dokumentiert werden.

Diagnosen und Behandlungen: Jede Diagnose, empfohlene oder durchgeführte Behandlung sowie Überweisungen zu Spezialisten müssen angegeben werden.

3. **Regelmäßige Medikamenteneinnahmen**

   Medikamentenliste: Alle regelmäßig eingenommenen Medikamente, einschließlich der Dosierung und Häufigkeit der Einnahme, sind anzugeben.

   Grund der Einnahme: Der gesundheitliche Grund für die Medikamenteneinnahme (zum Beispiel Bluthochdruck, Diabetes, Asthma) muss ebenfalls dokumentiert werden.

   Zudem ist es für die Versicherung wichtig zu wissen, ob die medikamentöse Einstellung bereits erfolgreich ist oder noch angepasst wird.

4. **Allergien**

   Art der Allergie: Spezifische Allergien (zum Beispiel Pollen, Nahrungsmittel, Medikamente, Tiere) müssen detailliert beschrieben werden.

   Behandlung und Management: Informationen darüber, wie die Allergie behandelt wird (zum Beispiel Medikamente, Allergie-Spritzen, Vermeidung bestimmter Substanzen) oder ob Maßnahmen für die Zukunft geplant sind, sind ebenfalls wichtig.

5. **Chronische Erkrankungen**

   Dauerhafte Angabepflicht: Chronische Erkrankungen müssen immer angegeben werden, unabhängig davon, wie lange sie bestehen und wie lange sie behandlungs- und beschwerdefrei sind.

   Details zur Erkrankung: Art der Erkrankung, Diagnosezeitpunkt, aktuelle Behandlung und Verlauf sind erforderlich. Beispiele sind Asthma, Hauterkrankungen, Schilddrüsenerkrankungen oder Herz-Kreislauf-Erkrankungen.

6. **Psychotherapeutische/Psychiatrische Maßnahmen oder Gesprächssitzungen** der letzten fünf bis zehn Jahre

   Grund der Therapie: Detaillierte Informationen über die Gründe für die Therapie (zum Beispiel Depressionen, Angststörungen, Burnout) und die erzielten Ergebnisse.

   Art der Therapie: Angabe, ob es sich um ambulante oder stationäre Therapien handelte, einschließlich der Anzahl und Häufigkeit der Sitzungen.

   Ergebnis: Behandlungsbericht des behandelnden Therapeuten und gegebenenfalls Fazit.

Ein weiterer wesentlicher Aspekt bei der Bewertung biometrischer Risiken ist die **gegenwärtige Lebenssituation**. Dabei werden Informationen zum Familienstand, zur beruflichen Tätigkeit, zum Einkommen und zu den zukünftigen Perspektiven erhoben.

4.1.2.1 Versicherungspflicht und Versicherungsfreiheit

In Deutschland besteht gemäß § 5 SGB V eine allgemeine Versicherungspflicht für die Krankenversicherung. Das bedeutet, dass jede Person, die sich im Bundesgebiet aufhält, grundsätzlich krankenversichert sein muss. Diese Verpflichtung gilt unabhängig von der Staatsangehörigkeit oder dem Aufenthaltsstatus und sichert den Zugang zu medizinischer Versorgung. Je nach Einkommenshöhe haben die Versicherten die Möglichkeit, zu entscheiden, in welche Versicherung sie eintreten möchten.

Versicherungspflicht, § 5 SGB V

Wer keinen anderweitigen Anspruch auf Absicherung im Krankheitsfall hat, unterliegt der Pflichtversicherung in der gesetzlichen Krankenversicherung. Diese gesetzliche Vorschrift ist seit dem 1.1.2009 in Kraft und dient dem Schutz der Bevölkerung vor finanziellen Risiken durch Krankheit.

Regelungen:

Versicherungspflichtig in der gesetzlichen Krankenversicherung sind alle Arbeitnehmenden, deren jährliches Bruttoeinkommen die festgelegte Jahresarbeitsentgeltgrenze nicht überschreitet, jedoch oberhalb der Geringfügigkeitsgrenze liegt. Diese Regelung zielt darauf ab, eine flächendeckende Absicherung für Arbeitnehmer zu gewährleisten und den sozialen Ausgleich zu fördern.

Darüber hinaus sind auch Studierende, Rentner und Arbeitslose grundsätzlich versicherungspflichtig. Die konkrete Ausgestaltung der Versicherungspflicht hängt von verschiedenen Faktoren ab, wie etwa dem bisherigen Versicherungsstatus oder der individuellen Lebenssituation.

Für bestimmte Berufsgruppen wie Selbstständige, Beamte sowie andere nicht versicherungspflichtige Personen besteht die Möglichkeit, sich entweder freiwillig in der gesetzlichen Krankenversicherung zu versichern oder eine private Krankenversicherung abzuschließen. Dies erlaubt eine flexible Anpassung der Absicherung an die persönlichen und beruflichen Gegebenheiten.

Versicherungsfreiheit, § 6 SGB V

Die Versicherungsfreiheit ist in § 6 SGB V geregelt und beschreibt die Ausnahmen von der allgemeinen Versicherungspflicht in der gesetzlichen Krankenversicherung. Versicherungsfreiheit bedeutet, dass bestimmte Personengruppen von der Pflicht zur Mitgliedschaft in der GKV befreit sind und stattdessen die Möglichkeit haben, sich in der privaten Krankenversicherung abzusichern.

Regelungen:

Beschäftigte, deren regelmäßiges Jahresarbeitsentgelt (JAE) sowohl im Vorjahr als auch im laufenden Jahr die Jahresarbeitsentgeltgrenze überschreitet, sind von der

Versicherungspflicht in der GKV befreit. Diese Versicherungsfreiheit gilt bereits ab Beginn der Beschäftigung, sofern das zu erwartende regelmäßige Jahresarbeitsentgelt bei einer vorausschauenden Beurteilung die Jahresarbeitsentgeltgrenze übersteigt.

Sollte ein Arbeitnehmer zunächst der Versicherungspflicht in der GKV unterliegen, weil sein Einkommen die Jahresarbeitsentgeltgrenze nicht überschreitet, endet diese Pflicht, wenn eine Entgelterhöhung die JAE-Grenze übersteigt, und zwar mit Ablauf des Kalenderjahres, in dem die Grenze überschritten wurde. Voraussetzung dafür ist, dass auch für das folgende Kalenderjahr das regelmäßige Jahresarbeitsentgelt oberhalb der Grenze liegt.

Für bestimmte Berufsgruppen wie Selbstständige und Freiberufler besteht keine Versicherungspflicht in der GKV. Diese Gruppen können sich entweder freiwillig gesetzlich versichern oder eine private Krankenversicherung abschließen.

Beamte haben einen Anspruch auf Beihilfe vom Staat, die einen Teil ihrer Krankheitskosten deckt. Den verbleibenden Teil ihrer Gesundheitskosten können sie über eine private Krankenversicherung absichern, wodurch sie ebenfalls von der Mitgliedschaft in der GKV befreit sind.

Familienversicherung, § 10 SGB V

Die Familienversicherung ist in § 10 SGB V verankert und stellt eine besondere Form der beitragsfreien Mitversicherung von Familienangehörigen in der gesetzlichen Krankenversicherung dar. Sie ermöglicht es, dass Ehegatten, eingetragene Lebenspartner und Kinder unter bestimmten Voraussetzungen ohne eigene Beitragszahlung in der GKV mitversichert werden.

Regelungen:

Die Familienversicherung greift für Ehegatten und eingetragene Lebenspartner, wenn diese kein oder nur ein geringes Einkommen haben, das eine festgelegte Grenze nicht überschreitet. Dabei ist es unerheblich, ob der Partner selbst erwerbstätig ist oder nicht. Kinder sind bis zur Vollendung des 18. Lebensjahres familienversichert; unter bestimmten Bedingungen, beispielsweise während der Ausbildung oder des Studiums, kann die Familienversicherung für Kinder bis zum 25. Lebensjahr verlängert werden. Für behinderte Kinder, die außerstande sind, sich selbst zu unterhalten, gilt die Familienversicherung ohne Altersgrenze.

Die Familienversicherung endet, sobald die Einkommensgrenzen überschritten werden oder eine anderweitige Krankenversicherungspflicht entsteht.

Freie Heilfürsorge

Die Freie Heilfürsorge gehört weder zur GKV noch PKV, sondern ist eine besondere Form der Absicherung im Krankheitsfall, die für bestimmte Berufsgruppen im öffentlichen Dienst (beispielsweise Polizisten, Feuerwehrleute oder Soldaten) gilt. Im Gegensatz zur GKV oder PKV übernimmt der Staat hier die Kosten für die medizinische Versorgung der Heilfürsorgeberechtigten vollständig. Diese Absicherung ist als Sachleistungssystem ausgestaltet, bei dem der Dienstherr unmittelbar die Kosten für medizinische Behandlungen, Medikamente und Krankenhausaufenthalte trägt. Ziel der Freien Heilfürsorge ist es, die Gesundheit der Beamten und Soldaten sicherzustellen, ohne dass diese selbst Beiträge zur Krankenversicherung leisten müssen.

Regelungen:

Die Freie Heilfürsorge wird grundsätzlich denjenigen Beamten und Soldaten gewährt, die in besonders risikoreichen oder körperlich anspruchsvollen Berufen tätig sind. Diese Regelung stellt sicher, dass die betroffenen Personen in vollem Umfang gesundheitlich abgesichert sind, ohne sich selbst um eine GKV oder PKV kümmern zu müssen. Im Ruhestand wechseln die ehemaligen Heilfürsorgeberechtigten in der Regel in die Beihilfe und ergänzen diese durch eine private Krankenversicherung.

Für Angehörige von Heilfürsorgeberechtigten gilt diese Form der Absicherung allerdings nicht. Sie müssen sich eigenständig entweder gesetzlich oder privat versichern. Die Freie Heilfürsorge bietet somit eine umfangreiche Absicherung für bestimmte Berufsgruppen, entlastet diese von eigenen Beitragszahlungen und stellt sicher, dass im Krankheitsfall eine umfassende Versorgung gewährleistet ist.

4.1.2.2 Versicherungspflichtgrenzen

In der privaten Krankenversicherung spielen die Begriffe Beitragsbemessungsgrenze und Jahresarbeitsentgeltgrenze eine entscheidende Rolle. Beide Grenzen sind zentral für das Verständnis der Versicherungsbeiträge und der Versicherungspflicht, insbesondere im Vergleich zur gesetzlichen Krankenversicherung. Doch was genau bedeuten diese Grenzen, wie werden sie festgelegt und was verraten sie über die Versicherung und das Einkommen eines Versicherten?

Beitragsbemessungsgrenze (BBG)

Die Beitragsbemessungsgrenze ist der Betrag, bis zu dem vom sozialversicherungspflichtigen Entgelt Beiträge für die verschiedenen Bereiche der Sozialversicherung berechnet und abgeführt werden.[3] In der gesetzlichen Krankenversicherung bestimmt die BBG die Höhe der Beiträge. In der privaten Krankenversicherung ist sie im Zusammenhang mit dem Arbeitgeberzuschuss und dem Höchstbeitrag im Standardtarif und Basistarif wichtig.

Die BBG wird jedes Jahr vom Gesetzgeber angepasst und orientiert sich an der Lohnentwicklung in Deutschland.

[3] https://www.bva.bund.de/SharedDocs/FAQs/DE/Bundesbedienstete/Arbeit-Beruf/Entgelt/080bbg.html, zuletzt abgerufen am 18. März 2025.

Für Arbeitnehmer in der GKV bedeutet die BBG, dass nur das Einkommen bis zu dieser Grenze zur Berechnung des Versicherungsbeitrags herangezogen wird. Alles, was darüber hinausgeht, bleibt beitragsfrei.

■ BEISPIEL

Die BBG liegt 2025 bei 66.150 €. Verdient eine Person mehr, beispielsweise 80.000 €, dann werden nur die 66.150 Euro zur Berechnung des Beitrags herangezogen. Der Beitragssatz der GKV wird also nur auf dieses Einkommen angewandt. ■

Jahresarbeitsentgeltgrenze (JAEG)

Die Jahresarbeitsentgeltgrenze oder auch **Versicherungspflichtgrenze** (Stand 2025: 73.800 €) ist eine weitere wichtige Grenze im deutschen Sozialversicherungssystem. Sie entscheidet darüber, ob ein Arbeitnehmer in der gesetzlichen Krankenversicherung pflicht- oder freiwillig versichert ist und sich privat versichern kann. Auch diese Grenze wird jährlich angepasst und liegt in der Regel etwas oberhalb der BBG.

Arbeitnehmer sind vom Beginn ihrer Beschäftigung an krankenversicherungsfrei in der gesetzlichen Krankenversicherung, wenn ihr regelmäßiges Jahresarbeitsentgelt die Jahresarbeitsentgeltgrenze übersteigt.

Ab diesem Zeitpunkt haben gesetzlich Versicherte das Recht, sich in der privaten Krankenversicherung versichern zu lassen. Wird die Jahresarbeitsentgeltgrenze in einer bestehenden Beschäftigung erst im Laufe eines Kalenderjahres überschritten, endet die Krankenversicherungspflicht nicht sofort, sondern erst mit Ablauf dieses Jahres. In diesem Fall wird zusätzlich überprüft, dass auch die relevante Grenze des Folgejahres überschritten wird.

Zum regelmäßiges Jahresarbeitsentgelt zählen:

- laufender Arbeitslohn,
- Einmalzahlungen (wie Weihnachts- und Urlaubsgeld), wenn auf ihre Zahlung ein Rechtsanspruch besteht oder die Gewährung auf Gewohnheit oder betrieblicher Übung beruht und sie mit an Sicherheit grenzender Wahrscheinlichkeit mindestens einmal jährlich gezahlt werden,
- pauschale Überstunden,
- Dienstwagen.

Hinweis

Unregelmäßige Bezüge, die nicht mit hinreichender Sicherheit erwartet werden können, dürfen nicht bei der Berechnung des Jahresarbeitsentgelts berücksichtigt werden. Dazu zählen beispielsweise Überstundenvergütungen, einmalige Sonderzahlungen oder Bonuszahlungen.

Bestandsschutz für Verträge vor 2003

Neben der allgemeinen Versicherungspflichtgrenze gibt es noch eine **besondere Versicherungspflichtgrenze.** Die besondere Versicherungspflichtgrenze wurde im Januar 2003 als Schutzmaßnahme für alle Personen eingeführt, die zu diesem Zeitpunkt bereits in der PKV versichert waren. Denn bis zum 31.12.2002 waren die Beitragsbemessungsgrenze und die Versicherungspflichtgrenze identisch. Das bedeutete, dass sowohl die maximale Einkommensgrenze, bis zu der Sozialversicherungsbeiträge berechnet wurden, als auch die Grenze, ab welcher ein Arbeitnehmer in die private Krankenversicherung wechseln konnte, identisch waren. Durch eine Gesetzesänderung wurden die Grenzen zum 1.1.2003 voneinander entkoppelt und die Versicherungspflichtgrenze stärker erhöht.

Mit dieser Entkopplung wären einige privat versicherte Arbeitnehmende wieder versicherungspflichtig geworden, da ihr Einkommen zwar über der alten, aber unter der neuen Versicherungspflichtgrenze lag, weshalb sie ungewollt wieder in die GKV zurückkehren hätten müssen.

Um dies zu verhindern, wurde die besondere Versicherungspflichtgrenze eingeführt.

4.1.2.3 Lebensphasenmodell am Beispiel der Familie Müller

Ein Lebensphasenmodell hilft dabei, die unterschiedlichen Bedürfnisse und Anforderungen an den Versicherungsschutz in den verschiedenen Lebensphasen zu verstehen und entsprechend anzupassen.

Das Lebensphasenmodell kann in der PKV beispielsweise fünf verschiedene Phasen des Lebens darstellen (Geburt, Kindheit, Jugend, Erwachsensein und Seniorenalter). Dies ist ein nützliches Konzept, um die sich verändernden Bedürfnisse an Versicherungen zu verstehen. Jede dieser Phasen bringt spezifische Herausforderungen und Risiken mit sich, die eine Anpassung der Versicherungen erforderlich machen. Gerade in der privaten Krankenversicherung, in der die Versicherungsleistung angepasst werden kann, spielt das Lebensphasenmodell eine entscheidende Rolle, da diese Versicherung den Versicherten von der Geburt bis zum Tod begleitet.

In der privaten Krankenversicherung kann dieses Modell zusätzlich eingesetzt werden, um den Bedarf der Kunden zu analysieren und anschließend zu decken.

■ BEISPIEL: AKTUELLE SITUATION DER FAMILIE MÜLLER

Horst Müller (45 Jahre)

- Berufliche Situation: Horst Müller übernimmt die Geschäftsführung eines mittelständischen Unternehmens mit 45 Mitarbeitern
- Versicherungsstatus: Einkommen oberhalb der Jahresarbeitsentgeltgrenze (JAEG), bisher noch gesetzlich krankenversichert

- Aktuelle Lebenssituation: verheiratet, zwei Kinder, hohes Einkommen, zukünftige berufliche Perspektiven in der Unternehmensführung
- Ziel: Überprüfung seines bisherigen Versicherungsschutzes und Optimierung seiner Bedürfnisse

Ida Müller (42 Jahre)

- Berufliche Situation: angestellte Apothekerin
- Versicherungsstatus: Einkommen oberhalb der JAEG und somit freiwillig in der gesetzlichen Krankenversicherung (GKV)
- Aktuelle Lebenssituation: verheiratet, zwei Kinder, hohes Einkommen aus fester Anstellung
- Ziel: Erweiterung ihres Versicherungsschutzes, um PKV-ähnlichen Schutz zu erreichen

Maya Müller (17 Jahre)

- Berufliche Situation: Einstellungszusage als Verwaltungsbeamtin der 3. Qualifikationsebene
- Versicherungsstatus: derzeit familienversichert in der gesetzlichen Krankenversicherung
- Aktuelle Lebenssituation: ledig, baldiger Eintritt ins Berufsleben als Beamtenanwärterin
- Ziel: passende Absicherung für die neuen Lebensumstände als Beamtenanwärterin

Frieda Müller (17 Jahre)

- Berufliche Situation: Entscheidung zwischen klassischem Studium und dualem Studium
- Aktuelle Lebenssituation: ledig, noch in der Schulbildung, unklare berufliche Zukunft
- Ziel: Optimierung der Absicherung

Ernst Müller (77 Jahre)

- Berufliche Situation: Rentner
- Aktuelle Lebenssituation: wohnhaft bei den Kindern, Schlaganfall vor ca. einem Jahr, seit 40 Jahren privat kranken- und pflegeversichert
- Ziel: Begutachtung der Kranken- und Pflegeversicherung

Helene Müller (75 Jahre)

- Berufliche Situation: Rentnerin
- Aktuelle Lebenssituation: wohnhaft bei den Kindern, privat versichert
- Ziel: Begutachtung der Kranken- und Pflegeversicherung

Bei Familie Müller zeigt sich deutlich, dass sich alle Familienmitglieder in unterschiedlichen Lebensabschnitten befinden und dementsprechend unterschiedliche Bedürfnisse aufweisen. Die Analyse der Familie Müller findet anhand des Lebensphasenmodells statt. ■

4.1.3 Persönliche Situation in der Unfallversicherung

Die persönliche Situation spielt bei der PUV eine wichtige Rolle, da sie neben dem Bedarf auch Einfluss auf den möglichen Versicherungsschutz und die Höhe der Beiträge hat. Folgende Faktoren gehören zur persönlichen Situation:

Persönliche Situation

- Gesundheit/ Vorschäden
- Gehalt
- Vermögen
- Familie
- Wohnsituation (Haus, Wohnung, altersgerecht?)
- Risiken: Hobbys, Berufliche Risiken
- Wünsche und Ziele

+ Bestehende Absicherung

- RV/priv. AV
- KV/KV-Zusatz
- BU/GFV/EMR
- Pflege/Pflegezusatz
- RLV/Sterbegeld
- Unfall
- Weitere (z.B. Kinderinvalidität)

= Gesamtsituation

Abbildung 4.2: Bestandteile der Gesamtsituation

- Nach Wünschen und Bedürfnissen muss gemäß §§ 6 und 61 VVG gefragt werden. Das ist sozusagen ein must have.
- Das Gehalt hilft zur Berechnung des Bedarfs und zur Ermittlung der Versicherungssummen (insbesondere Grundsumme und Unfallrente sowie Unfalltagegeld).
- Die Berufliche Tätigkeit (konkret) zum Beispiel Gebrauch von Händen bei Physiotherapeuten/Chirurgen, Förster (Zeckenbiss), medizinische Berufe (Infektionen), Lagerarbeiter (schweres Heben) etc. sind nicht nur entscheidend für die Berufsgruppe und somit den Beitrag, sondern auch um den Kunden Ihren Bedarf klar rüberzubringen.
- Es ist zudem absolut empfehlenswert, zu wissen, welche Hobbys die Personen haben. So lassen sich Leistungsmerkmale auch viel persönlicher erklären. Ein Beispiel: Sie machen Kraftsport – Ist Ihnen dann auch wichtig, dass erhöhte Kraftanstrengung, also zum Beispiel schweres Heben, mitversichert ist?
    - Freizeitaktivitäten: Die Art der persönlichen Freizeitaktivitäten werden bei der Risikoeinschätzung berücksichtigt, da die Wahrscheinlichkeit für Unfälle bei einem riskanteren Hobby (zum Beispiel Klettern, Motorradfahren) höher sein kann als bei einem weniger riskanten Hobby (wie beispielsweise Schwimmen). Außerdem ist den Kunden die Absicherung ihrer Hobbys meist sehr wichtig.

- Gesundheitszustand: Der Gesundheitszustand oder Vorerkrankungen können die Bedingungen und die Höhe der Prämie beeinflussen. In einigen Fällen kann eine private Unfallversicherung bestimmte Vorerkrankungen ausschließen oder den Versicherungsschutz einschränken (Vergleich Proximus AUB 2022 Gesundheitsfragen S. 344).
- Alter: Das Eintrittsalter hat ebenfalls Einfluss auf die Beiträge, da das Risiko für Unfälle im höheren Alter tendenziell steigt. Jüngere Menschen zahlen in der Regel niedrigere Prämien (Vgl. Proximus AUB 2022 Tarifauszug S. 340 Tarif 10, 30 und 50)
- Finanzielle Situation: Die private Unfallversicherung bietet eine gewisse Flexibilität, um den Versicherungsschutz an individuelle Bedürfnisse anzupassen, was bedeutet, dass die Höhe der Versicherungssumme und der Beiträge durch die eigenen finanziellen Möglichkeiten beeinflusst werden kann.

Außerdem sind im Rahmen der persönlichen Situation bestimmte Lebensereignisse wichtig, da diese einen veränderten Versicherungsbedarf bedeuten. Hier einige Beispiele für Beratungsanlässe in denen die Unfallversicherung eine Rolle spielen kann:

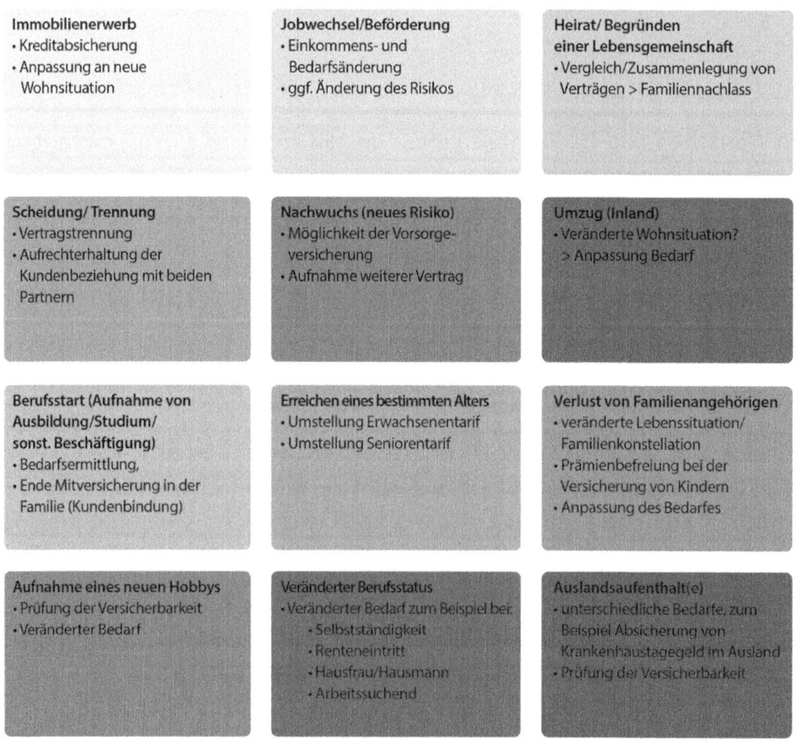

Abbildung 4.3: Mögliche Beratungsanlässe für eine Unfallversicherung

Zusammengefasst lässt sich sagen, dass die persönliche Situation eine Vielzahl von Faktoren umfasst, die die Konditionen der privaten Unfallversicherung bestimmen können. Es ist daher ratsam, die Versicherung individuell auf die Lebensumstände des Kunden abzustimmen, um ihn bestmöglich abzusichern.

Hinweis

Die persönliche Situation wird in Kapitel 5.4 explizit besprochen. Gleichzeitig werden dort Lösungsvorschläge anhand eines Beispielsfalles aufgezeigt. Darüber hinaus empfiehlt sich Kapitel 4.5 **Deckungslücken** an dieser Stelle.

■ **BEISPIEL**

Die Mitarbeiterin Frau Lichter der Meier GmbH kommt auf das Angebot zurück, sich von Henri Laurant auch hinsichtlich ihrer privaten Vorsorgemöglichkeiten beraten zu lassen. In dem Glauben daran, dass der Arbeitgeber eine betriebliche Unfallversicherung für seine Angestellten abschließen wird, möchte sie sich über eine private Unfallversicherung zur Absicherung ihrer Freizeitaktivitäten informieren.

In dem Gespräch wird zunächst festgehalten, dass der Versicherungsschutz der bUV nur für Beruf und Weg gilt (Berufsschutz: vgl. Tarif G31 Proximus Gewerbe – Seite 396 – Tarifauszug zur Gruppen-Unfallversicherung).

Mangels Versicherungsschutz ist es für Frau Lichter ratsam, über einen ergänzenden Schutz für die Freizeit nachzudenken. Dabei ist es relevant, welche Freizeitaktivitäten abgesichert werden sollen. Da Frau Lichter leidenschaftliche Motorradfahrerin ist und auch Gleitschirmfliegen für sich entdeckt hat, sollte hierauf eingegangen werden.

→ Normales Motorradfahren ist in Proximus AUB 2022 versichert. Ein Problem gäbe es gemäß Ausschluss 5.1.5 Proximus AUB 2022 nur bei der Teilnahme an Rennen. Da sie keine Rennen fährt, ist das kein Thema für Sie. Im Zweifel könnte sie eine Tageslizenz mit entsprechender Versicherung über den Verband erhalten. Anders sieht es aber beim Thema Gleitschirmfliegen. Dies ist gemäß 5.1.4 Proximus AUB 2022 ausgeschlossen. Hierfür kann Frau Lichter jedoch über den Verein eine spezielle Luftsportunfallversicherung erhalten.

Nachdem das geklärt ist kann Henri Laurant ein entsprechendes Ergänzungsangebot erstellen. Sie entscheiden sich für den Tarif 30 Proximus AUB 2022, da Frau Lichter zusätzlichen Schutz für den beruflichen Bereich wünscht. ■

Achtung

Eine reine Freizeitabsicherung ist häufig nicht mehr separat abschließbar. Auch in Proximus AUB 2022 findet sich kein solcher Tarif mehr. Daher kann es erforderlich sein, im Rahmen der privaten Absicherung das berufliche Risiko erneut abzusichern. Mitunter gibt es aber Tarife, die im beruflichen Bereich geringere Summen vorsehen. Dies könnte in diesem Rahmen eine bedarfsgerechte Option sein.

Alternativ wäre es grundsätzlich möglich, dass Frau Lichter den Beitragsteil für den ergänzenden Schutz selbst übernimmt, wie im folgenden Beispiel:

■ **BEISPIEL**

Die Meier GmbH hat „nur" den *Berufsschutz* (Proximus *Tarif G 31)* abgeschlossen. Auf Wunsch von Frau Lichter wird auf den Vollzeitschutz (Proximus Tarif G 30) umgestellt. Den Mehrbeitrag übernimmt Frau Lichter selbst. Dieser wird direkt von ihrem Bruttogehalt abgeführt. ■

Diese Variante ist in der Unfallversicherung (anders als in der Altersvorsorge) allerdings nicht üblich und in Proximus Gewerbe AUB 2015 auch nicht vorgesehen.

■ **BEISPIEL**

Der Mitarbeiter Herr Thalhammer möchte seine Familie mitversichern. Im Bereich der betrieblichen Krankenzusatzversicherung ist diese Möglichkeit bereits verbreitet. Familienmitglieder profitieren somit ebenfalls von den Gruppenkonditionen und den verbesserten Leistungen, was wiederum die Loyalität zum Arbeitgeber stärken kann. Unter Umständen sind die Mitarbeiter stolz darauf, wenn sie ihrer Familie mitteilen können, dass ihr Arbeitgeber sie mitberücksichtigt. ■

Grundsätzlich wäre eine Mitversicherung von Familienangehörigen über die Gruppenunfallversicherung denkbar. Dies könnte entweder anhand von Namensnennung (S. 394 Proximus Gewerbe AUB 2015) erfolgen oder indem explizite Gruppen wie zum Beispiel „Familienmitglieder 1. Grades" oder „Ehe-/Lebenspartner sowie Kinder" der Betriebsangehörigen definiert werden. Viele Versicherer meiden dieses Risiko, da es hier erfahrungsgemäß zu einer höheren Schadenquote kommt als im restlichen Mitarbeitergeschäft. Daher ist für die Familie ein eigener Vertrag via Proximus AUB 2022 sinnvoll.

Unfallversicherung in der Ergänzungsfunktion

Wir wissen bereits aus Kapitel 1, dass Mitarbeiter gemäß § 2 SGBV II kraft Gesetz in der Gesetzlichen Unfallversicherung versichert sind. Diese leistet jedoch im Freizeitbereich nicht. Folglich ist bei der persönlichen Situation zu berücksichtigen, dass es keine gesetzliche Absicherung für Freizeitunfälle gibt. Jedoch ereignen sich ca. 2/3 aller Unfälle in der Freizeit – von ca. zehn Millionen Unfällen im Jahr also ≈ 6,7 Millionen.

■ **BEISPIEL**

Der Mitarbeiter Grüne möchte höhere Summen versichern. Der Schutz der Gruppenunfallversicherung kann gegebenenfalls nicht ausreichend sein, weil beispielsweise:

- der Mitarbeiter gerne klettern geht und ihm die Bergungskosten (bis 25.000 € gemäß Proximus AUB 2014) zu niedrig erscheinen;
- der Arbeitgeber sich für eine Mindestdeckung entschieden hat, die den Bedarf nicht ganz absichert. ■

In diesem Fall wäre gegebenenfalls eine ergänzende Unfallversicherung erforderlich. Grundsätzlich ist es von Vorteil, wenn der zweite Vertrag ebenfalls bei derselben Versicherungsgesellschaft abgeschlossen wird. Die Versicherungssummen der Gruppenversicherung sind bereits bekannt und im Schadensfall reguliert nur ein Versicherer, sodass man nicht mit mehreren Versicherern korrespondieren muss. Jedoch sind gegebenenfalls Höchstgrenzen zu beachten. In der Praxis stellt die Kombination einer Gruppenunfallversicherung mit Ergänzung durch eine private Unfallversicherung jedoch zumeist kein Problem im Hinblick auf die Höchstsummen dar.

Regelmäßig wird in den Antragsfragen nur nach einer privat abgeschlossenen Unfallversicherung gefragt. Bei einer bestehenden Gruppenunfallversicherung, bei der der Arbeitgeber VN ist, muss demnach keine Anzeige erfolgen.

In Proximus Gewerbe (AUB 2015) werden Bergungskosten nicht nochmal zusätzlich aufgeführt. Es bleibt also bei den maximal 25.000 € aus Proximus AUB 2022.

Da aber auch noch eine Mitgliedschaft im Alpenverein besteht, reicht das Frau Grüne.

Tipp

In jedem Fall empfiehlt sich, dem Mitarbeiter vorzuschlagen, seine Situation inklusive der seiner Familie ganzheitlich zu beleuchten, damit sichergestellt ist, dass alle Deckungslücken erkannt und besprochen werden. Gleichzeitig kann hierdurch eine Mehrfachabsicherung erkannt beziehungsweise vermieden werden.

4.2 Berufliche Situation

4.2.1 Berufliche Situation in der Lebensversicherung

Die berufliche Situation ist in unterschiedlichen Dimensionen wichtig für die Analyse bei Privatkunden. Es ist dabei zu ermitteln, wo besondere Lücken oder Leistungsgefahren für die zu beratende Person bestehen.

Als Basis der Risikoeinschätzung und Prämienbemessung

Bei der Absicherung der Arbeitskraft steht die Frage nach dem Beruf naturgemäß im Mittelpunkt. Je nach genauer Art und Ausgestaltung der beruflichen Tätigkeit besteht ein unterschiedlich hohes Leistungsrisiko für den Versicherer. Dies wird unter anderem beurteilt nach

- dem Umfang körperlicher Belastungen (zum Beispiel schweres Tragen, dauerhaftes Stehen),
- dem Umfang psychischer Belastungen (zum Beispiel hoher Stress, hohe Verantwortung, Umgang mit besonders belastenden Situationen wie Todesfällen),
- dem Vorliegen besonderer Gefahren (zum Beispiel Umgang mit gefährlichen Maschinen, besondere Infektionsgefahren, Waffenträger im Vollzugsdienst),
- dem Umgang mit gefährlichen Stoffen (zum Beispiel chemisch oder radioaktiv),

- dem Ausüben einer Leitungsfunktion (gegebenenfalls risikomindernd),
- dem Anforderungsniveau der Tätigkeit und dem Ausbildungsniveau des zu Beratenden (beides sollte zusammenpassen),
- dem zeitlichen Umfang der Tätigkeit.

Die Einschätzung kann für die verschiedensten Arten von Tätigkeiten vorgenommen werden, also zum Beispiel für Angestellte, Auszubildende, Freiberufler, Selbstständige, Beamte, Richter, Soldaten, Studenten, Schüler oder Hausmänner/-frauen. Je nach Ergebnis können später unterschiedliche Produktlösungen zur Absicherung der Arbeitskraft zum Einsatz kommen.

Auch die Karriereplanung ist in die Überlegungen zur Absicherung der Arbeitskraft einzubeziehen. Veränderungen im beruflichen Leben sind heute gerade bei jüngeren Menschen an der Tagesordnung. Dies gilt es bei der Auswahl von Vorsorgeprodukten im Auge zu behalten, insbesondere wenn konkrete weitere Schritte bereits angedacht oder absehbar sind, wie der Beginn einer Ausbildung, der Wechsel des Arbeitsplatzes, die anstehende Verbeamtung oder die Aufnahme einer selbständigen Tätigkeit. In diesen Fällen sollte eine mögliche Vorsorgelösung auch zukünftige oder zukünftig vorstellbare berufliche Situationen möglichst gut abdecken.

Als Basis für die Berechnung des Absicherungsbedarfs

Der berufliche Status ist von zentraler Bedeutung für die Beurteilung von Ansprüchen aus gesetzlichen Vorsorgesystemen und damit für die Berechnung von Versorgungslücken.

Ein Beamter verfügt beispielsweise über ein deutlich höheres Grundniveau an gesetzlicher Absicherung im Alter oder im Fall des Arbeitskraftverlustes als ein Angestellter oder gar ein Selbstständiger. Freiberufler haben ebenfalls ein relativ hohes Versorgungsniveau, sofern sie einem berufsständischen Versorgungswerk angehören.

Schüler, Studenten, Auszubildende und Beamtenanwärter haben dagegen in der Regel bislang keine gesetzlichen Ansprüche im Bereich Erwerbsminderung/Dienstunfähigkeit erworben und weisen daher zumindest temporär besonders große Versorgungslücken auf. Hier können besondere Vorsorgemaßnahmen sinnvoll sein.

Zur Eingrenzung von Vorsorgemöglichkeiten

Im Bereich Altersvorsorge und in der Arbeitskraftabsicherung hat der Gesetzgeber im Einkommensteuergesetz mehrere steuerlich geförderte Vorsorgesysteme definiert (**3-Schichten-Modell**). Der Zugang zu den einzelnen Varianten hängt teilweise vom beruflichen Status des zu Versorgenden ab. So ist die betriebliche Vorsorge nur Angestellten zugänglich, die Riester-Förderung wird beispielsweise nicht unmittelbar an Selbständige gewährt (gegebenenfalls nur über den Ehepartner).

Außerdem gibt es zahlreiche Besonderheiten für bestimmte Personenkreise und Berufsgruppen hinsichtlich des Vorsorgebedarfs. Für Beamte ist beispielsweise aufgrund ihres besonderen Arbeitsverhältnisses (dessen Regeln je nach Status und Dienstherr unterschiedlich sein können) eine Absicherung bei Dienstunfähigkeit sinnvoll. Rentner oder sehr rentennahe Personen benötigen keine Absicherung des Erwerbseinkommens mehr beziehungsweise könnten diese kaum noch versichern.

4.2.2 Berufliche Situation in der PKV

Im folgenden Kapitel wird der berufliche Aspekt des Lebensphasenmodells im Zusammenhang mit der privaten Krankenversicherung (PKV) näher beleuchtet. Das Lebensphasenmodell bietet nicht nur eine hilfreiche Struktur zur Anpassung des Versicherungsschutzes an die individuellen Bedürfnisse in verschiedenen Lebensabschnitten, sondern berücksichtigt auch die beruflichen Veränderungen, die im Laufe des Lebens auftreten können.

Die berufliche Entwicklung eines Menschen ist ein wesentlicher Faktor bei der Gestaltung des optimalen Versicherungsschutzes. Unterschiedliche berufliche Situationen, wie etwa die Ausbildung, das Studium, eine Anstellung im Angestelltenverhältnis oder die Selbstständigkeit, bringen jeweils spezifische Anforderungen an den Krankenversicherungsschutz mit sich. Auch der Eintritt in den Ruhestand oder der Beamtenstatus erfordern angepasste Versicherungsleistungen.

Im Folgenden werden die verschiedenen „ beruflichen und privaten" Phasen – Familien, Auszubildende, Studierende, Angestellte, Selbstständige sowie Beamtenanwärter und Beamte – und deren spezifische Anforderungen an die private Krankenversicherung dargestellt. Dabei soll insbesondere aufgezeigt werden, wie das Lebensphasenmodell dabei helfen kann, den Versicherungsschutz bestmöglich an die jeweilige berufliche Situation anzupassen.

Familien

Familie Müller: Horst und Ida Müller sind freiwillig gesetzlich versichert, ihre beiden Töchter Maya und Frieda sind derzeit über den Vater familienversichert. In der GKV können Kinder kostenfrei mitversichert werden, wenn beide Elternteile gesetzlich versichert sind oder der Elternteil mit dem höheren Einkommen gesetzlich versichert ist.

In der PKV gibt es keine Familienversicherung im klassischen Sinne wie in der gesetzlichen Krankenversicherung. In der PKV muss jede versicherte Person ihren eigenen Vertrag abschließen (Eltern für Kinder) und eigene Beiträge zahlen. Das bedeutet, dass für jedes Familienmitglied, das privat versichert werden soll, eine separate Versicherung abgeschlossen werden muss. Die Beiträge für diese Versicherungen richten sich nach dem individuellen Risiko und gewählten Leistungsumfang.

Auszubildende

Für Auszubildende gilt eine Krankenversicherungspflicht. Auszubildende sind in der Regel gesetzlich krankenversichert. Mit Beginn der Ausbildung kann sich der Auszubildende bei einer Krankenkasse seiner Wahl versichern. Die Beiträge werden dann anteilig vom Arbeitgeber und Auszubildenden getragen.

Wer zuvor privat über die Eltern versichert war, muss in der Regel in die GKV wechseln, da Auszubildende in der GKV pflichtversichert sind.

Studierende

Krankenversicherung der Studenten (KVdS): Studierende sind bis zum 25. Lebensjahr (gegebenenfalls verlängert durch Wehr- oder Bundesfreiwilligendienst) über die Eltern familienversichert, wenn ihre Eltern gesetzlich versichert sind. Danach können sie sich über die studentische Krankenversicherung absichern. Alternativ besteht die Möglichkeit, sich innerhalb von drei Monaten nach Beginn der studentischen Versicherung bei einer gesetzlichen Krankenkasse befreien zu lassen.

Wer zuvor privat versichert war, kann unter bestimmten Bedingungen in der PKV bleiben. Innerhalb der ersten drei Monate nach Beginn der Versicherungspflicht in der Krankenversicherung der Studierenden können sie bei der für sie zuständigen gesetzlichen Krankenkasse beantragen, von der Krankenversicherungspflicht befreit zu werden.

■ FALLBEISPIEL: FRIEDA MÜLLER, 17 JAHRE

Klassisches Studium

Wie eingangs erwähnt, besteht für Frieda die Möglichkeit, bis zum 25. Lebensjahr in der Familienversicherung zu bleiben, vorausgesetzt, mindestens ein Elternteil ist gesetzlich krankenversichert. Frieda kann sich als gesetzlich versicherte Studentin von der Versicherungspflicht befreien lassen, um anschließend eine private Krankenversicherung abzuschließen. Hierfür hat sie als Studienanfängerin drei Monate Zeit; die Frist beginnt mit der Immatrikulation.

Achtung:

Diese Entscheidung ist für die gesamte Studiendauer verbindlich.

Sollte sich Friedas Vater für eine private Krankenversicherung entscheiden, wird überprüft, ob er der Hauptverdiener ist. Hat das Studium zu diesem Zeitpunkt noch nicht begonnen, wird geprüft, ob Frieda als Kind in der privaten Krankenversicherung mitversichert werden muss. Ist dies der Fall, hat Frieda zu Beginn des Studiums die Wahl, entweder in die studentische Krankenversicherung zu wechseln und dort einen eigenen Beitrag zu leisten oder in der privaten Krankenversicherung zu bleiben und ebenfalls einen eigenen Beitrag zu zahlen.

Duales Studium

Falls sich Frieda für ein duales Studium entscheidet, gelten folgende Rahmenbedingungen: Teilnehmer dualer Studiengänge sind **als Arbeitnehmer versicherungspflichtig**. Dies bedeutet, dass Beiträge zu allen Zweigen der Sozialversicherung anfallen. Diese Beiträge führt Friedas Arbeitgeber zusammen mit seinem Anteil für sie ab. ■

Angestellte

Angestellte sind bis zu einer bestimmten Einkommensgrenze (Jahresarbeitsentgeltgrenze) in der gesetzlichen Krankenversicherung pflichtversichert. Verdienen sie darüber hinaus, gelten sie als versicherungsfrei und können sich privat versichern.

In der GKV übernimmt der Arbeitgeber die Hälfte der Krankenversicherungsbeiträge. In der PKV zahlt der Arbeitgeber auch die Hälfte des Beitrags als Zuschuss. Dabei fällt maximal der Höchstzuschuss an, der auch für freiwillig gesetzlich krankenversicherte Mitarbeitende zu zahlen wäre.

Als gesetzlich versicherter Angestellter entscheiden sich viele für zusätzliche private Absicherungen, zum Beispiel für bessere Krankenhausleistungen, alternative Heilmethoden oder besseren Zahnersatz.

■ FALLBEISPIEL: HORST MÜLLER, 45 JAHRE UND IDA MÜLLER, 42 JAHRE

Horst Müllers Ziel ist es, seinen aktuellen Versicherungsschutz zu überprüfen und seine Bedürfnisse optimal abzusichern.

Derzeit ist er freiwillig gesetzlich versichert, da er seit längerem über der Jahresarbeitsentgeltgrenze verdient. Nachdem seine Tochter Maya aufgrund einer Einstellungszusage für die Beamtenlaufbahn in die private Krankenversicherung wechselt, hat auch Horst Müller seine gesetzliche Krankenversicherung überdacht. Er ist zu dem Entschluss gekommen, sich bezüglich der Möglichkeiten einer privaten Krankenversicherung beraten zu lassen.

Bei seiner Ehegattin Ida Müller liegt das Ziel darin, ihren Versicherungsschutz zu erweitern, um einen PKV-ähnlichen Schutz zu erreichen.

Wie in den vorangegangenen Kapiteln erläutert, werden im ersten Schritt die persönlichen und beruflichen Rahmenbedingungen analysiert:

- Alter, Familienstand, Beruf, Einkommen, Kinder
- Ermittlung der beruflichen Situation, Arbeitgeber, aktuelle Stelle berufliche Perspektive
- Besondere Lebensumstände, Gesundheitssituation, geplante Veränderungen

Im zweiten Schritt wird die aktuelle Versorgung analysiert:

- Versicherungsumfang der gesetzlichen Krankenversicherung
- Höhe der Beiträge sowie der Zusatzbeiträge
- Zufriedenheit mit der aktuellen Versicherung
- Falls vorhanden, werden die Zusatzversicherungen ebenso in die Betrachtung einfließen

Im dritten Schritt werden die Wünsche des Kunden identifiziert:

- Erfragen der Motivation für den Wechsel
- Besondere Wünsche oder Anforderungen an den neuen Versicherungsschutz, zum Beispiel: freie Arztwahl, besser Zahnleistungen, Wahlleistungen im Krankenhaus oder Leistungen im Bereich der alternativen Heilmethoden und Naturheilverfahren
- Finanzielle Vorstellung und Budget für die private Krankenversicherung

Der vierte Schritt besteht aus dem Vergleich der gesetzlichen mit der privaten Krankenversicherung:

- Erläuterung der wesentlichen Unterschiede zwischen GKV und PKV
- Beitragsberechnung und Beitragsstabilität
- Leistungsumfang und -vielfalt
- Wahlmöglichkeiten und Flexibilität
- Erklärung der Vor- und Nachteile der PKV im Vergleich zur GKV

Der fünfte Schritt besteht aus detaillierten Fragenklärungen zu Leistungen der PKV und der langfristigen Planung und Vorsorge:

- Aufschlüsselung der verschiedenen Tarifoptionen und deren Leistungsinhalte
- Darstellung von Basis-, Standard- und Premiumtarifen
- Klärung der Annahmekriterien und der Gesundheitsprüfung
- Beratung zu möglichen Risikozuschlägen oder Leistungsausschlüssen
- Betrachtung der langfristigen finanzielle Belastungen und Planungen (Ruhestand, Beitragsentwicklung)
- Beratung zur Beitragsrückerstattung und Selbstbehalt
- Optionen zur Beitragsentlastung im Alter (zum Beispiel Alterungsrückstellungen) ■

Wichtige Punkte bei der Beratung zur PKV:

1. Beitragsberechnung und Beitragsentwicklung
   - Erklärung, wie die Beiträge in der PKV berechnet werden
   - Unterschiede zur Beitragsberechnung in der GKV
   - Erklärung zukünftiger Beitragsentwicklung und mögliche Anpassungen
2. Leistungsumfang
   - umfassende Aufklärung über die verschiedenen Leistungsbereiche (ambulant, stationär, Zahn)
   - Vergleich der Leistungen mit der bisherigen GKV
3. Flexibilität und Wahlfreiheit
   - Möglichkeit der individuellen Tarifwahl und Anpassung
   - freie Arzt- und Krankenhauswahl
4. Vorsorge- und Präventionsmaßnahmen
   - Unterstützung bei Gesundheitsvorsorge
   - Leistungen für Vorsorgeuntersuchungen und Präventionsprogramme
5. Beitragsrückerstattung und Selbstbehalt
   - Erklärung der Modelle zur Beitragsrückerstattung
   - Vorteile und Risiken eines Selbstbehalts
6. Risikozuschläge und Leistungsausschlüsse

- Möglichkeiten und Auswirkungen von Risikozuschlägen
- welche Vorerkrankungen zu Leistungsausschlüssen führen können

7. Versicherung im Alter
   - Alterungsrückstellungen und Beitragsstabilität im Ruhestand
   - Optionen zur Beitragsentlastung im Alter

Durch eine umfassende und detaillierte Bedarfsermittlung kann der Berater die optimale Lösung für seine Kunden erarbeiten und ihn bestmöglich bei seiner Entscheidung unterstützen.

Selbstständigkeit

Selbstständige können sich entweder gesetzlich oder privat versichern. Oftmals wählen sie die PKV aufgrund individueller und oft umfangreicherer Leistungen.

In der GKV richten sich die Beiträge nach dem Einkommen, während in der PKV der Gesundheitszustand und das Alter die entscheidende Rolle spielen.

Rentner

Krankenversicherung der Rentner (KVdR): Rentner, die überwiegend gesetzlich versichert waren, bleiben in Ihrer jeweiligen Krankenversicherung versichert und erhalten den Status der KVdR. Die Beiträge richten sich nach der gesetzlichen Rente und eventuell weiteren Einkünften, wie etwa einer zusätzlichen Witwenrente. Diese Renteneinkünfte werden für die Beitragsberechnung zusammengezählt.

Erhält jemand außer seiner gesetzlichen Rente noch Versorgungsbezüge, muss auch auf diese Einkünfte ein Beitrag zur Krankenversicherung geleistet werden. Hierzu zählen Betriebsrenten, Witwen- oder Waisengeld, Renten aus der Zusatzversorgung für Arbeiter und Angestellte des öffentlichen Dienstes sowie Renten aus Versorgungswerken für bestimmte Berufe. Diese Bezüge sowie Einkommen aus Erwerbstätigkeit führen zu zusätzlichen Krankenkassen-Beiträgen. Nicht eingerechnet werden Mieteinnahmen, Zinsen, Dividenden und private Renten.

Private Krankenversicherung im Alter: Wer privat versichert war, bleibt auch als Rentner in der PKV. Anders als in der Gesetzlichen Krankenversicherung sind die Beiträge in der PKV nicht vom Einkommen abhängig.

Eine Besonderheit der privaten Krankenversicherung ist, dass ein erheblicher Teil der Beiträge der Versicherten von Anfang an als Rücklage für zukünftige medizinische Kosten im Alter angespart wird. Diese sogenannten Alterungsrückstellungen dienen dazu, die Beiträge im Alter stabil zu halten. Somit bleiben die Beiträge unabhängig vom individuellen Alter und dem persönlichen Gesundheitszustand der Versicherten konstant.

■ FALLBEISPIEL: ERNST MÜLLER, 77 JAHRE UND HELENE MÜLLER, 75 JAHRE

Ernst Müller und Helene Müller sind beide privat krankenversichert und befinden sich in ähnlichen Lebenssituationen. Beide sind Rentner, leben bei ihren Kindern und haben den Wunsch, ihre Kranken- und Pflegeversicherung überprüfen zu lassen.

Krankenversicherung Ernst Müller:

Da Ernst Müller seit vielen Jahren privat versichert ist, genießt er einen umfassenden Versicherungsschutz der Proximus Krankenversicherung. Es ist jedoch wichtig zu überprüfen, ob seine Versicherung spezielle Leistungen für die Rehabilitation nach einem Schlaganfall, regelmäßige medizinische Nachsorge und eventuell notwendige Anpassungen in der häuslichen Pflege abdeckt.

Pflegeversicherung Ernst Müller:

Nach einem Schlaganfall könnte sich das Risiko einer Pflegebedürftigkeit erhöht haben. Daher ist es entscheidend, den Pflegeversicherungsumfang zu prüfen, um sicherzustellen, dass im Fall einer Verschlechterung seines Zustands eine ausreichende finanzielle Unterstützung zur Verfügung steht.

Krankenversicherung Helene Müller:

Helene Müllers Krankenversicherung sollte darauf überprüft werden, ob sie Leistungen wie regelmäßige Vorsorgeuntersuchungen und eventuell benötigte langfristige Therapien im Alter umfassend abdeckt.

Pflegeversicherung Helene Müller:

Da Helene Müller aktuell keine besonderen gesundheitlichen Einschränkungen hat, sollte der Fokus auf einer vorausschauenden Absicherung liegen. Eine Überprüfung der Pflegeversicherung ist sinnvoll, um sicherzustellen, dass im Falle eines plötzlichen Bedarfs, zum Beispiel durch eine altersbedingte Krankheit, ausreichend Schutz vorhanden ist. ■

Beamtenanwärter

Für Beamtenanwärter gilt ebenfalls eine Krankenversicherungspflicht. Im Gegensatz zu Auszubildenden haben Beamtenanwärter jedoch die Wahl zwischen der GKV und der PKV. Mit Beginn des Vorbereitungsdienstes/Referendariats müssen sich Beamtenanwärter entscheiden, ob sie in der GKV oder PKV versichert sein möchten.

In der GKV werden die Beiträge grundsätzlich vom Beamtenanwärter allein getragen. In den Bundesländer Hamburg, Brandenburg, Thüringen, Bremen und Berlin übernimmt der Dienstherr die Hälfte der Beiträge für die GKV. Dies ist die sogenannte pauschale Beihilfe.

Falls sich der Beamtenanwärter für die PKV entscheidet, erhält der Beamtenanwärter vom Dienstherrn Beihilfe, wodurch die Beiträge reduziert werden. Jedes Bundesland verfügt über eine eigene Beihilfevorschrift. Viele Bundesländer orientieren sich allerdings an der Beihilfevorschrift des Bundes.

■ FALLBEISPIEL: MAYA, 17 JAHRE

Maya, 17 Jahre alt, steht als Beamtenanwärterin vor der Entscheidung, wie sie sich krankenversichern möchte. Beide Systeme haben ihre Existenzberechtigung.

GKV für Beamtenanwärter: In der Regel müssen Beamtenanwärter die Beiträge zur GKV vollständig selbst tragen, was den Nachteil hat, dass diese Versicherung auch während der Beamtenanwärter-

Ausbildung relativ teuer sein kann. Für ältere Anwärter, die sich beruflich umorientieren, bereits Vorerkrankungen haben und/oder mehrere Familienangehörige mitversichern möchten, kann jedoch eine freiwillige GKV eine überlegenswerte Option sein.

PKV für Beamtenanwärter: In der privaten Krankenversicherung erhalten Beamtenanwärter Beihilfe. Dies ist eine finanzielle Unterstützung des Dienstherrn zu den Beiträgen.

In Kombination mit der PKV können sich Beamtenanwärter individuell absichern und erhalten einen maßgeschneiderten Versicherungsschutz. Selbst ein reduzierter PKV-Schutz bietet oft mehr Leistungen als die GKV.

Um das für Maya individuell begutachten zu können müssen auch bei ihr die Rahmenbedingungen betrachtet werden: Maya Müller ist aktuell ledig, kinderlos, hat einen einwandfreien Gesundheitszustand und wird über das Bundesland Bayern verbeamtet.

Betrachtet Maya die erheblichen Unterschiede zwischen der PKV und der GKV, scheint die PKV für sie als Beamtenanwärterin zweifellos die bessere Wahl zu sein. Wenn sie sich schon in jungen Jahren für die PKV entscheidet, profitiert sie von deutlich günstigeren Beiträgen. Im Krankheitsfall bietet ihr die PKV die beste Absicherung und eine umfassende medizinische Versorgung, bei der Maya selbst mitentscheiden kann, wer sie wann, wo und wie behandelt. Nachträgliche Kürzungen des Leistungsniveaus sind ausgeschlossen und auch im Alter bringt die PKV für Beamte keine Nachteile mit sich – im Gegenteil. ■

Beamte

Auch für Beamte besteht das Wahlrecht zwischen der GKV und der PKV. Es ist äquivalent zu den Ausführungen zu Beamtenanwärtern.

Viele Beamte entscheiden sich für die PKV, da sie von der Beihilfe ihres Dienstherrn profitieren, die einen erheblichen Teil der Krankheitskosten abdeckt. Zudem sind die Leistungen einer PKV für Beamte denen der GKV deutlich überlegen.

In der GKV tragen Beamte ihre Beiträge in den meisten Fällen vollständig selbst, da der Dienstherr keinen Anteil übernimmt. Wie bei Beamtenanwärtern gib es in den Bundesländer Hamburg, Brandenburg, Thüringen, Bremen und Berlin inzwischen eine pauschale Beihilfe wodurch der Dienstherr auch hier die Hälfte der Beiträge für die GKV übernimmt.

Vertiefung: Öffnungsaktion für Beamtenanwärter und Beamte in der PKV
Die PKV garantiert allen Beamten zu Beginn ihrer Laufbahn eine Aufnahme. Dafür sorgt die sogenannte Öffnungsaktion – vielen auch unter dem Begriff Öffnungsklausel bekannt. Sie stellt sicher, dass niemand aufgrund einer Vorerkrankung oder einer Behinderung abgelehnt wird. Einzige Voraussetzung: Der Antrag muss innerhalb eines halben Jahres nach der Verbeamtung gestellt werden. Damit haben sich die teilnehmenden Versicherungsunternehmen freiwillig auf eine Art Kontrahierungszwang für Beamte verpflichtet. Seit 2019 gilt dieser Anspruch auch für Beamte in der Ausbildung. Und auch die engsten Angehörigen können von der Öffnungsaktion profitieren.[4]

4.2.3 Berufliche Situation UV

Die Analyse der beruflichen Situation ist von hoher Bedeutung, denn berufliche Risiken können erheblich sein. Um die richtigen Schwerpunkte im Rahmen der Unfallversicherung setzen zu können, ist die Analyse der Risiken elementar.

Analyse der Risiken

■ BEISPIELE AUS DER PRAXIS

Beruf	Besondere Bedarfe
Ärzte/medizinisches Personal	Infektionen, geringfügige Hautverletzungen, gegebenenfalls verbesserte Gliedertaxe
Förster	Zecken und sonstige Insektenstiche, Tierbisse, allergische Reaktionen
Handwerker (zum Beispiel Tischler), Physiotherapeuten, Chirurgen usw.	verbesserte Gliedertaxe für Hände
Kraftfahrer	Unfälle durch Übermüdung, erhöhte Kraftanstrengung, Quetschungen zum Beispiel beim Be- und Entladen
Lagerarbeiter	erhöhte Kraftanstrengung, Quetschungen
Maschinen und Anlagenführer	gegebenenfalls Quetschungen, Gase/Dämpfe
Außendienstangestellte/Personen mit Dienstreisen	Unfälle durch Übermüdung, gegebenenfalls verbesserter Schutz im Ausland

■

Die Liste ist nicht abschließend und ließe sich fortsetzen. Wichtig ist, sich mit den beruflichen Risiken auseinanderzusetzen. Hilfreich hierfür können strukturierte Frage-

4 Vgl. https://www.pkv.de/positionen/krankenversicherung-fuer-beamtinnen-und-beamte/, zuletzt abgerufen am 20. März 2025.

bögen sein. Darüber hinaus sollten die Kunden mit einbezogen werden: Durch Fragen wie: „Liegt dieses Risiko bei Ihnen vor?", „Welche Risiken sind darüber hinaus noch vorhanden?" können Kunden sensibilisiert und in die Lage versetzt werden, sich mit bestehenden Risiken auseinanderzusetzen.

Berufsstatus

Darüber hinaus ist auch der berufliche Status von hoher Relevanz, da sich daraus sehr unterschiedliche Bedarfe ergeben.

■ BEISPIELE AUS DER PRAXIS

Status	Bedarf
Selbstständige	gegebenenfalls nicht in der GUV versichert, Tagegeld nicht erst nach 6 Wochen, Umorganisation des Betriebs zur Aufrechterhaltung der Erwerbsfähigkeit
freiberuflich Tätige (Ärzte, Notare, Anwälte, Steuerberater, Wirtschaftsprüfer, Architekten, unter anderem.)	gegebenenfalls über Berufsständisches Versorgungswerk abgesichert
Hausfrauen/Hausmänner	kein gesetzlicher Schutz, kein Einkommen, gegebenenfalls kein Anspruch auf Erwerbsminderungsrente, keine BU-Absicherung
Rentner/Pensionäre	kein gesetzlicher Unfallschutz, regelmäßige Rentenbezüge
Beamte	Anspruch auf Ruhegehalt, erhöhtes Ruhegehalt und Heilbehandlungskosten nach Dienstunfall *, gegebenenfalls Beihilfeanspruch oder freie Heilfürsorge
Beamtenanwärter	noch kein Anspruch auf Ruhegehalt, gegebenenfalls kein Anspruch auf Erwerbsminderungsrente; gegebenenfalls Beihilfeanspruch oder freie Heilfürsorge, keine hohe BU-Absicherung
Soldaten	freie Heilfürsorge, Auslandseinsätze, Kriegsrisiko
Studierende	kein oder geringes Einkommen, nur Mindest-JAV, gegebenenfalls kein Anspruch auf Erwerbsminderungsrente, keine hohe BU-Absicherung
Schüler	geringe Absicherung, kein Anspruch auf Erwerbsminderungsrente, geringer Mindest-JAV, keine BU-Absicherung
Auszubildende/Dual Studierende	Schutz durch GUV, geringes Einkommen, gegebenenfalls kein Anspruch auf Erwerbsminderungsrente, keine hohe BU-Absicherung

* Gemäß § 31 Abs. 1 des Beamtenversorgungsgesetzes des Bundes (BBeamtVG) sowie den entsprechenden Bestimmungen in den jeweiligen Beamtenversorgungsgesetzen der Länder. ■

Zusammenhang der Risiken sowie der bestehenden Versorgung

Vermittler sind gut beraten, die berufliche und die private Situation nicht isoliert zu betrachten. Vielmehr ist ein ganzheitlicher Ansatz zielführend.

Ein Kunde hat vielleicht ein geringes berufliches Risiko, betreibt aber in seiner Freizeit Extremsport. Ein anderer hat ein hohes berufliches Risiko, ist dafür in der Freizeit eher zurückhaltend. Doch damit nicht genug: Das Einkommen, die Wohnsituation, die bestehende Vorsorge, die familiäre Situation spielen auch eine Rolle, wenn man den Bedarf wirklich verstehen möchte.

Ähnlich wie bei einem magischen Viereck (siehe Abbildung) hat eine Dimension Auswirkungen auf alle anderen.

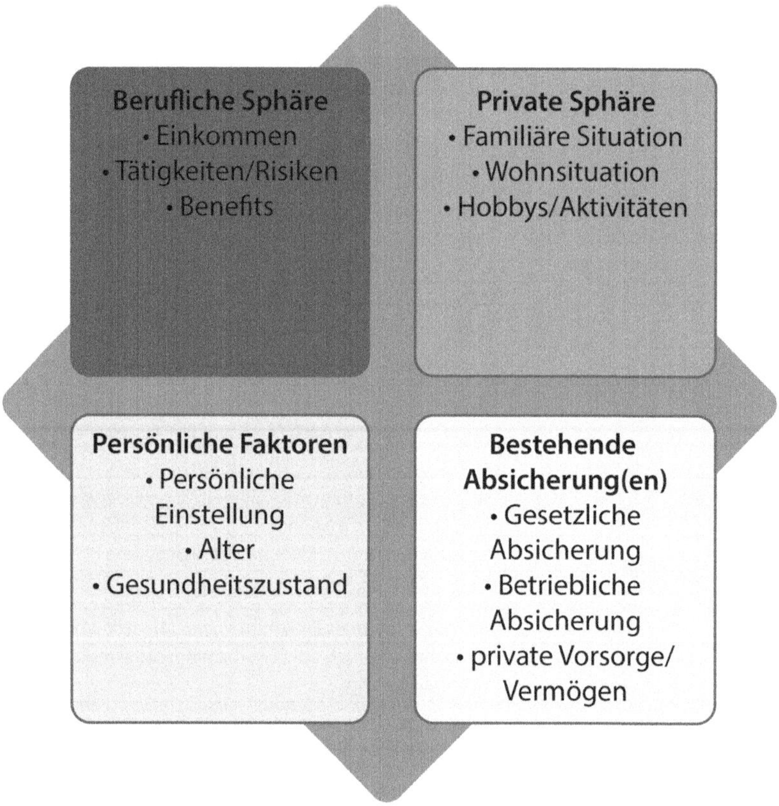

Abbildung 4.4: Bedarfssphären der Unfallversicherung

Hinweis

In Kapitel 5.4 wird anhand von Musterfällen auf diese Gemengelage eingegangen.

4.3 Finanzielle und steuerliche Situation

4.3.1 Finanzielle und steuerliche Situation in der Lebensversicherung

Lebensversicherungen erfordern in der Regel, dass relativ hohe Kapitalbeträge einmalig oder gestreckt über einen langen Zeitraum eingezahlt werden. Es handelt sich aus individueller Kundensicht um eine große und wichtige finanzielle Entscheidung. Werden Verträge nicht über die vereinbarte Laufzeit aufrechterhalten, sondern müssen vorzeitig gekündigt werden, führt dies meist zu deutlichen Kundennachteilen. Auch Versicherer und Berater sollten grundsätzlich ein Interesse daran haben, dass die geschlossenen Verträge bis zum Ende erfüllt werden können.

Daher ist die Prüfung der finanziellen Situation ein wesentlicher Teil der Kundenanalyse und auch Teil der Risikoprüfung des Versicherers bei Antragstellung (**wirtschaftliche Risikoprüfung**).

Im Rahmen der Privatkundenanalyse ist daher der verfügbare finanzielle Spielraum für regelmäßiges Sparen oder für biometrische Absicherungen zu ermitteln. Dabei gilt es, genügend Spielräume für unvorhergesehene Ausgaben und Situationen einzuplanen. Eine auf Kante genähte Finanzplanung führt erfahrungsgemäß bei den meisten Kunden irgendwann dazu, dass Vorsorgeverträge aufgelöst oder stillgelegt werden müssen.

In der Lebensversicherung geht es regelmäßig um das Schließen von Versorgungslücken, vor allem im Bereich Altersvorsorge und Arbeitskraftabsicherung. Ebenso regelmäßig sind die bestehenden Lücken aus der gesetzlichen Versorgung aber so groß, dass sie durch die Kunden nur teilweise geschlossen werden können. Es ist also immer abzuwägen zwischen einer möglichst großen Lückenschließung und den finanziellen Möglichkeiten der zu beratenden Person.

Die finanziellen und steuerlichen Verhältnisse haben darüber hinaus je nach Versorgungsbereich noch weitere Einflüsse auf die Kundensituation.

Einflüsse in der Altersvorsorge

Die staatlichen Förderungen für Altersvorsorgeprodukte basieren weitgehend auf Steuer- und/oder Sozialversicherungsersparnissen. Um diese sinnvoll nutzen zu können, muss zunächst einmal ein entsprechendes Einkommen erwirtschaftet und damit Steuern beziehungsweise Sozialabgaben bezahlt werden. Anhand der steuerlichen Situation (Einkommen, Steuersatz, Familiensituation, ...) kann eine grobe Einschätzung vorgenommen werden, ob die staatliche Förderung überhaupt ein geeignetes Argument in der vorliegenden Beratungssituation sein kann.

Die Prognose der steuerlichen Situation im Rentenalter sollte ebenfalls in die Bewertung einbezogen werden. Staatlich geförderte Produkte unterliegen der nachgelagerten Besteuerung. Sie unterstützen zunächst den Kapitalaufbau durch Steuervorteile, dafür erfolgt im Gegenzug später eine erhöhte Besteuerung der Auszahlungen.

Bei den meisten Menschen sind das Einkommen und damit auch der Steuersatz im Ruhestand niedriger als während des Erwerbslebens. In diesem Fall können betriebliche Altersvorsorge, Riester- oder Basisrente also grundsätzlich sinnvoll sein. Verfügt die zu beratende Person voraussichtlich im Alter über weitere Einnahmequellen, zum Beispiel aus vermieteten Immobilien, gilt es die steuerliche Situation genauer zu betrachten.

Einflüsse in der Arbeitskraftabsicherung

Für die Analyse der Kundensituation ist es zunächst wichtig festzustellen, wovon die Kosten des täglichen Lebens bestritten werden. In aller Regel leben Menschen von ihrem Erwerbseinkommen. Die Höhe der monatlichen Ausgaben bestimmt dann auch die Höhe einer notwendigen Absicherung im Fall des Verlusts der Arbeitskraft.

Das vorhandene Einkommen dient auch als Basis der wirtschaftlichen Risikoprüfung. Um das subjektive Versicherungsrisiko zu reduzieren, wird eine Berufsunfähigkeitsrente in der Regel nur bis zu einem vom Versicherer definierten Prozentsatz des aktuellen Einkommens versichert (zum Beispiel maximal 60 % des Bruttoeinkommens). Dadurch soll verhindert werden, dass Versicherte im Fall der Berufsunfähigkeit finanziell bessergestellt sind als im aktiven Berufsleben.

Bei der Beratung in Familiensituationen ist zu berücksichtigen, wer die Hauptlast des Einkommens beziehungsweise der Ausgaben trägt. Die Absicherung für diese Person sollte entsprechend mit höherer Priorität verfolgt werden.

Einflüsse in der Todesfallabsicherung

Im Todesfall werden in der Lebensversicherung meist Einmalauszahlungen versichert. Es ist daher zunächst grundsätzlich zu ermitteln, welche Summe im Todesfall erforderlich wäre, um notwendige Ausgaben zu tätigen. Im Fokus stehen dabei vor allem zwei Themen:

- Laufende Darlehen sollten abgelöst werden können;
- Ist Vermögen vorhanden, mit dem hinterbliebene Familienmitglieder ihren Lebensunterhalt bestreiten können? Falls nein, welchen Finanzbedarf hat beispielsweise der hinterbliebene Ehepartner, wenn der andere vorher verstirbt? Wie lassen sich gegebenenfalls lebenslange Einkommen für beide Partner bestmöglich absichern?

Die steuerliche Situation spielt bei der Hinterbliebenenvorsorge in vielen Fällen eine untergeordnete Rolle. Todesfallleistungen sind grundsätzlich einkommensteuerfrei, sie unterliegen allerdings der Erbschaftsteuer. Gerade für Ehepartner und Kinder gibt es im Erbfall allerdings hohe Freibeträge.

Sollten neben der Versicherungsleistung aber noch weitere höhere Vermögenswerte, zum Beispiel eine Immobilie, vererbt werden, sollte auch die steuerliche Situation bei der Vorsorgeplanung ausführlich betrachtet und der Sachverhalt gegebenenfalls mithilfe eines Steuerberaters analysiert werden.

Für den Fall, dass Vermögen oberhalb der erbschaft- beziehungsweise schenkungssteuerlichen Freibeträge vorhanden sind, gibt es auch die Möglichkeit, über eine besondere Ausgestaltung von Lebensversicherungen Kapital zu Lebzeiten oder im Todesfall steuerbegünstigt zu übertragen. Dies kann auf verschiedene Weise erfolgen, beispielsweise durch die Benennung mehrerer anteiliger Versicherungsnehmer oder der Benennung von unterschiedlichen Personen als Versicherungsnehmer und versicherte Person (zum Beispiel „Überkreuzversicherung").

4.3.2 Finanzielle und steuerliche Situation in der Privaten Krankenversicherung

Die steuerliche Absetzbarkeit von Krankenversicherungsbeiträgen, die der Basisabsicherung entsprechen, ist im Einkommensteuergesetz (§ 10 Abs. 1 Nr. 3 EStG) geregelt. Beiträge zur Basisabsicherung können als Sonderausgaben in der tatsächlich entstandenen Höhe geltend gemacht werden. Der absetzbare Anteil wird vom Versicherungsanbieter ausgewiesen und kann vom Versicherten in der Steuererklärung angegeben werden. Es gibt Höchstbeträge für die Absetzbarkeit für sonstige Vorsorgeaufwendungen: 1.900 € jährlich für Arbeitnehmer und Rentner sowie 2.800 € jährlich für Selbstständige. Diese Höchstbeträge umfassen auch die Pflegepflichtversicherung. **Wenn die gesamten Sonderausgaben für die Basisabsicherung höher sind, können sie in voller Höhe abgesetzt werden**, jedoch können dann keine weiteren Vorsorgeaufwendungen mehr abgesetzt werden, wenn die genannten Höchstbeträge überschritten werden.

Auszug § 10 Abs. 1 EStG

Sonderausgaben sind die folgenden Aufwendungen, wenn sie weder Betriebsausgaben noch Werbungskosten sind oder wie Betriebsausgaben oder Werbungskosten behandelt werden:

...

3. Beiträge zu:

a) [1]Krankenversicherungen, soweit diese zur Erlangung eines durch das Zwölfte Buch Sozialgesetzbuch bestimmten sozialhilfegleichen Versorgungsniveaus erforderlich sind und sofern auf die Leistungen ein Anspruch besteht. [2]Für Beiträge zur gesetzlichen Krankenversicherung sind dies die nach dem Dritten Titel des Ersten Abschnitts des Achten Kapitels des Fünften Buches Sozialgesetzbuch oder die nach dem Sechsten Abschnitt des Zweiten Gesetzes über die Krankenversicherung der Landwirte festgesetzten Beiträge.[3]Für Beiträge zu einer privaten Krankenversicherung sind dies die Beitragsanteile, die auf Vertragsleistungen entfallen, die, mit Ausnahme der auf das Krankengeld entfallenden Beitragsanteile, in Art, Umfang und Höhe den Leistungen nach dem Dritten Kapitel des Fünften Buches Sozialgesetzbuch vergleichbar sind; § 158 Absatz 2 des Versicherungsaufsichtsgesetzes gilt entsprechend. [4]Wenn sich aus den Krankenversicherungsbeiträgen nach Satz 2 ein Anspruch auf Krankengeld oder ein Anspruch auf eine Leistung, die anstelle von Krankengeld gewährt wird, ergeben kann, ist der jeweilige Beitrag um 4 Prozent zu vermindern;

Private Zusatzversicherungen

Für die Absetzbarkeit von sonstigen Vorsorgeaufwendungen bei privaten Zusatzversicherungen (§ 10 Abs. 1 Nr. 3a EstG) gibt es ebenfalls eine Obergrenze für Angestellte und Beamte, die bei 1.900 € jährlich liegt. Bei Selbständigen liegt der maximal absetzbare Betrag jährlich bei 2.800 €. Oftmals wird der maximal anzusetzende Betrag durch andere absetzbare Kosten erreicht, zum Beispiel durch die Absetzbarkeit von Krankenversicherungsschutz, welcher Leistungen oberhalb der Basisabsicherung vorsieht. Ist die Obergrenze der anzusetzenden Beträge überschritten, hat der Ansatz in der Steuererklärung keine steuermindernde Wirkung.

■ BEISPIEL

Der Mitarbeiter Herr Schmidt möchte die Kosten für eine private Krankenzusatzversicherung und eine Berufsunfähigkeitsversicherung in seiner Steuererklärung angeben. Er hat bereits 2.980 € für die Krankenversicherung angesetzt. Die 100 € für die private Krankenzusatzversicherung und 600 € für die Berufsunfähigkeitsversicherung können jedoch nicht abgesetzt werden, da der Höchstbetrag für sonstige Vorsorgeaufwendungen durch die Krankenversicherungsbeiträge ausgeschöpft ist. ■

4.3.3 Finanzielle und steuerliche Situation in der Privaten Pflegepflichtversicherung

Beitragszahlung

Die Beiträge zur Pflegepflichtversicherung können steuerlich als Sonderausgaben (§ 10 Abs. 3 EStG) abgesetzt werden. Die Beiträge werden durch den privaten Pflegepflichtversicherer den Finanzbehörden elektronisch zur Verfügung gestellt (§ 10 Abs. 2b EStG).

Zahlungsverzug in der privaten Pflegepflichtversicherung

Kommt es zu einem Zahlungsverzug für die private Pflegepflichtversicherung und sind mindestens sechs volle Monatsbeiträge ausständig, so ist dem Bundesamt für Soziale Sicherung (BAS) Meldung zu erstatten. Die Grundlage dafür findet sich in § 51 SGB XI. Die erfolgte Meldung durch das Bundesamt an die jeweilige Behörde führt dann zu einem Ordnungswidrigkeitenverfahren. Dieses Verfahren kann dazu führen, dass ein Bußgeld festgesetzt wird, die rechtliche Grundlage bildet § 121 SGB XI.

Eine Kündigung der privaten Pflegepflichtversicherung ist seitens des Versicherers nicht möglich (§ 206 VVG).

> Wird die Zahlung dauerhaft, auch gestückelt, unterlassen, so hat das Oberlandesgericht Bayern entschieden, dass es sich um eine einheitliche Tat handelt. (Urteil: BayObLG – Az.: 202 ObOWi 836/23)

Leistungsbezug

Die Leistungen der Pflegeversicherung, wie beispielsweise das Pflegegeld, sind steuerbefreit. Diese steuerliche Befreiung bleibt bestehen, wenn das Pflegegeld an einen nahestehenden Verwandten weitergegeben wird, der eine moralische Verpflichtung zur Pflege erfüllt, gemäß § 3 Nr. 36 EStG.

■ BEISPIEL

Evelyn Schmitt pflegt ihre Mutter, die den Pflegegrad 3 hat, zudem ist sie im Gutachten als Pflegeperson hinterlegt und hat den Fragebogen zur Rentenversicherung zurückgeschickt. Sie hat von ihrem Arbeitskollegen die Information erhalten, dass ihr als Pflegeperson ein Pflegepauschbetrag zusteht, den sie in der Steuererklärung geltend machen kann. Deshalb ruft sie im Kundenservice der Proximus Krankenversicherung an und bittet um weitere Informationen zum Steuerpauschbetrag (§ 33b EStG). Der Kundenservice der Proximus Krankenversicherung gibt ihr keinerlei Auskünfte zu steuerlichen Fragestellungen und kann Evelyn Schmitt lediglich eine Bestätigung zusenden, dass sie als Pflegeperson hinterlegt ist. Weitere Informationen stellt die Proximus Krankenversicherung für diese Anfrage nicht zur Verfügung und verweist für eine weitere Beratung an einen Steuerberater. ■

4.3.4 Finanzielle und steuerliche Situation in der Privaten Pflegezusatzversicherung

Für die Absetzbarkeit von Vorsorgeaufwendungen gibt es eine jährliche Obergrenze: 1.900 € für Angestellte und Beamte, 2.800 € für Selbständige. Diese Grenze wird oft durch andere Kosten wie Krankenversicherungsschutz erreicht. Überschreitet man die Obergrenze, hat dies keine steuermindernde Wirkung. Diese Ausführung gilt auch für die private Pflegezusatzversicherung.

■ BEISPIEL

Ida Müller möchte die bei der Proximus neu abgeschlossene private Pflegezusatzversicherung in der jährlichen Einkommensteuerklärung angeben. Sie hat bereits Kosten für die Unfallversicherung, Berufsunfähigkeitsversicherung und Haftpflichtversicherung von insgesamt 1.999 € angesetzt. Die Beiträge, welche sie für die private Pflegezusatzversicherung bezahlt, kann sie steuerlich nicht geltend machen, da der Betrag für Vorsorgeaufwendung von 1.900 € bereits überschritten wurde. ■

4.3.5 Finanzielle und steuerliche Situation in der in der Privaten Unfallversicherung

Die steuerliche Grundlagen zur bUV wurden in Kapitel 2.3.3 ausführlich beschrieben. Daher wird an dieser Stelle nur die private Unfallversicherung betrachtet.

Beiträge zu einer privaten Unfallversicherung

Beiträge zu einer privaten Unfallversicherung werden üblicherweise je zur Hälfte in einen beruflichen und einen privaten Anteil gesplittet. Der berufliche Anteil zählt zu den Werbungskosten, der private zu den sonstigen Vorsorgeaufwendungen.

Aufteilung der Anteile

Beruflicher Anteil	Privater Anteil
Anteil: pauschal 50 % (außer bei Nachweis einer abweichenden Aufteilung)	Anteil: pauschal 50 % (außer bei Nachweis einer abweichenden Aufteilung)
Der berufliche Anteil zählt steuerlich zu den Werbungskosten. Werbungskosten sind Aufwendungen, die notwendig sind, um Einkünfte zu erzielen, zu sichern und zu erhalten. Dazu gehören zum Beispiel auch Arbeitsmittel, Fahrkosten oder Fortbildungskosten.	Der private Anteil zählt zu den sonstigen Vorsorgeaufwendungen. Zu diesen zählen primär Kranken- und Pflegeversicherungsbeiträge, aber auch Unfallversicherungen und andere Versicherungen sowie Sparformen (zum Beispiel Riester-Rente, Basisrente oder private Haftpflichtversicherungen).
Absetzbar, sofern die Summe aller Werbungskosten im Jahr über dem Werbungskostenpauschalbetrag von 1.230 € p.a. (im Jahr 2025) liegt.	Absetzbar, sofern die Höchstgrenze für sonstige Vorsorgeaufwendungen nicht bereits durch andere Versicherungen wie Kranken- und Pflegeversicherung ausgeschöpft ist. Der maximale Absetzungsbetrag liegt bei 1.900 € für Arbeitnehmer und Rentner beziehungsweise 2.800 € für Selbstständige. Üblicherweise ist der Absetzungsbetrag durch Kranken- und Pflegeversicherungen bereits bei einem Einkommen von ca. 19.000 € im Jahr aufgebraucht. Daher ist diese Absetzungsmöglichkeit tendenziell für Rentner und Personen mit geringerem Einkommen interessant.

Steuersätze auf private Unfallversicherungen

- 19 % Versicherungssteuer (regulär)
- 3,8 % (verminderter Satz) bei Unfallversicherungen mit Beitragsrückgewähr (UPR), da hier auch ein Sparanteil gebildet wird.

Steuerliche Behandlung der Versicherungsleistungen

- **Kapitalleistungen:** Leistungen wie Invaliditätssummen oder Schmerzensgeld aus einer privaten Unfallversicherung sind in der Regel steuerfrei.
- **Unfallrente:** Rentenzahlungen aus der Unfallversicherung sind steuerpflichtig und müssen gemäß dem persönlichen Einkommenssteuersatz versteuert werden.

■ BEISPIELRECHNUNGEN

- **Beispiel 1:** Eine 18-jährige Person erhält eine monatliche Unfallrente in Höhe von 1.000 €. Laut Ertragsanteiltabelle sind 51 % davon, also 510 €, steuerpflichtig. Diese Summe bleibt steuerfrei, da sie innerhalb des Freibetrages von 10.908 € im Jahr liegt.
- **Beispiel 2:** Eine 30-jährige Person erhält eine monatliche Unfallrente in Höhe von 2.500 €. Laut Ertragsanteiltabelle sind 44 % davon, also 1.100 €, steuerpflichtig. Auf diesen Betrag müssen 19 % Einkommenssteuer, also 209 €, gezahlt werden. ■

Leistungen im Todesfall

- **Mit Bezugsrecht:** Direkter Anspruch gegen den Versicherer. Gemäß § 185 i.V.m. §§ 159, 160 VVG steuerfrei, weil die Leistung nicht in den Nachlass fällt.
- **Ohne Bezugsrecht:** Leistungen fallen gemäß § 1922 BGB an die Erben. Folglich kann Erbschaftssteuer anfallen. Dies gilt zum Beispiel auch, wenn der Versicherte unfallbedingt Anspruch auf Krankenhaustagegeld hatte, aber vor der Auszahlung verstorben ist.

Beitragsrückgewähr

Bei Unfallversicherungen mit Beitragsrückgewähr gelten besondere steuerliche Regelungen, ähnlich wie bei Kapitallebensversicherungen. Die erzielten Erträge sind zu versteuern, wobei unter bestimmten Bedingungen nur 50 % der Erträge steuerpflichtig sind. Bei Beendigung der Versicherung kann es zu einer Beitragsrückerstattung kommen, die in der Regel steuerpflichtig ist, da sie als Einnahme aus Kapitalanlagen behandelt wird. Auch bei einem Wechsel des Versicherers kann es zu einer steuerpflichtigen Rückerstattung kommen.

Besonderheiten bei Selbstständigen

Selbstständige können Beiträge zu einer beruflichen Unfallversicherung als Betriebsausgaben absetzen, unabhängig davon, ob sie eine Einnahmen-Überschuss-Rechnung oder eine Bilanz aufstellen. Für Selbstständige mit Einkünften aus Gewerbebetrieb gelten besondere Regeln zur Abziehbarkeit von Versicherungsbeiträgen.

4.3.6 Steuerliche Behandlung von privaten Kapitalanlagen

Im Gegensatz zu den versicherungsförmigen Lösungen ist die Besteuerung privater Kapitalanlagen gesondert geregelt. Der Fiskus hat versucht, über eine einheitliche Regelung sowohl Einmal- als auch laufende Erträge steuerlich zu erfassen. Eingeführt wurde daher die sogenannte **Abgeltungssteuer**. Sie stellt eine pauschale Steuer in Höhe von 25 % auf Kapitalerträge wie Zinsen, Dividenden und Kursgewinne in Deutschland dar. Sie wird direkt von Banken/Kreditinstituten an das Finanzamt abgeführt, da sie eine Quellensteuer darstellt. Kapitalerträge bis zum Sparer-Pauschbetrag (1.000 € pro Person) bleiben steuerfrei.

Die Abgeltungssteuer ist eine pauschale Steuer auf Kapitalerträge, die in Deutschland seit dem Jahr 2009 erhoben wird. Die Idee dahinter ist eine Vereinfachung der Besteuerung von Einkünften aus Kapitalvermögen und ersetzt seit ihrer Einführung die zuvor geltende Kapitalertragsteuer. Durch die Abgeltungssteuer werden Zinsen, Dividenden und realisierte Kursgewinne einheitlich mit einem festen Steuersatz belegt. Auch folgende Kapitalerträge müssen in der Steuererklärung angeben werden:

- Zinsen aufgrund eines Darlehens an eine nicht nahestehende Privatperson oder ein Unternehmen
- Zinsen aus Hypotheken, Grundschulden und Renten aus Rentenschulden sowie Gewinne aus der Übertragung von entsprechenden Rechten
- Diskontbeträge
- Gewinne aus Veräußerung einer stillen Beteiligung

Höhe der Abgeltungssteuer

Der Steuersatz der Abgeltungssteuer beträgt einheitlich 25 %. Für Erträge aus ausländischen Kapitalanlagen gelten ebenfalls 25 % Steuerlast, die Erträge müssen aber vom Anleger selbst ermittelt und in der Steuererklärung angegeben werden. Soweit auch im Ausland Quellensteuer erhoben wird, rechnet das deutsche Finanzamt die entsprechenden Abgaben auf die inländische Steuerschuld an. Zusätzlich wird ein Solidaritätszuschlag von 5,5 % auf die Abgeltungssteuer erhoben, was zu einer Gesamtbelastung von 26,375 % führt. Für Kirchenmitglieder kommt zudem die Kirchensteuer hinzu, die je nach Bundesland 8 % oder 9 % beträgt. Dies erhöht die Gesamtsteuerlast auf bis zu 28,652 %.

Steuerart	ohne Kirchensteuer	mit 8 % Kirchensteuer	mit 9 % Kirchensteuer
Abgeltungssteuer (25 %)	25,00 %	25,00 %	25,00 %
Solidaritätszuschlag (5,5 %)	1,375 %	1,375 %	1,375 %
Kirchensteuer	-	2,00 %	2,25 %
Gesamtsteuerlast	**26,375 %**	**28,375 %**	**28,625 %**

Tabelle 4.1: Berechnung der Gesamtsteuerlast

Quelle: www.finanz.de

4.4 Überblick Vorsorgesituation

4.4.1 Bestehende Vorsorgesituation in der Lebensversicherung

In der Lebensversicherung hängt die bereits vorhandene Versorgung der zu beratenden Person zunächst von der gesetzlichen Absicherung ab. Bestehende Ansprüche hängen maßgeblich vom beruflichen Status ab. Die wichtigsten Versorgungssysteme sind die gesetzliche Rentenversicherung, die berufsständischen Versorgungswerke und die Beamtenversorgung.

Für diese Systeme wird per Gesetz geregelt, wer sich versichern muss oder versichern kann. Auch die Leistungen werden so festgelegt, für die GRV zum Beispiel im Sozialgesetzbuch (SGB VI) oder im Beamtenversorgungsgesetz. Je nach Versorgungssystem werden Leistungen für die Absicherung im Alter, bei Verlust der Arbeitskraft und im Todesfall gewährt. Die beiden letzteren allerdings – wenn überhaupt – nur in eingeschränktem Umfang.

Darüber hinaus gibt es freiwillige Versorgungseinrichtungen, wie die Zusatzversorgung im öffentlichen Dienst oder die betriebliche Altersvorsorge. Letztere kann auch als Lebensversicherung ausgestaltet sein.

Diese Einrichtungen sind den Angehörigen bestimmter Berufe oder Unternehmen – also vor allem Arbeitnehmern – zugänglich. Die erforderlichen Beiträge werden entweder vom Arbeitgeber oder vom Arbeitnehmer gezahlt.

Bei wechselnden Tätigkeiten können im Laufe eines Berufslebens auch Versorgungsansprüche aus mehreren Quellen erworben werden.

Für Selbstständige gibt es grundsätzlich kein gesetzliches Sicherungssystem. Sie sind nur in Ausnahmefällen in der GRV pflichtversichert oder können sich freiwillig dort versichern. Möglicherweise bestehen Rentenansprüche aus anderen, früheren beruflichen Tätigkeiten als Arbeitnehmer. Einige fallen auch in den Bereich der berufsständischen Versorgungen. Ein großer Teil der Selbstständigen ist aber weitgehend auf private Vorsorgemaßnahmen angewiesen.

Ansprüche ermitteln

Zunächst ist bei der Privatkundenanalyse wichtig, die Höhe der bestehenden Ansprüche korrekt zu ermitteln. Aus unterschiedlichen Versorgungsträgern können sich dabei auch gegenseitige Vorsorgeansprüche in Familiensituationen ergeben. Daher ist es sinnvoll, die gesamte Familiensituation in die Vorsorgeberatung einzubeziehen.

Die wenigsten Kunden haben tatsächlich einen Gesamtüberblick über ihre Versorgungsansprüche aus allen möglichen Quellen. Die größte Aufgabe bei einer ersten Kundenberatung ist daher häufig, die beispielsweise im „Versicherungsordner" gesammelten Unterlagen zu qualifizieren und daraus ein Gesamtbild zusammenzutragen.

Dabei sind bestehende Ansprüche auf Renten- oder Einmalzahlungen zu unterscheiden und deren Zahlungszeitpunkte zu berücksichtigen. Auch die aktuellen Vertragsguthaben (Rückkaufswerte) stellen eine wichtige Information dar. Für Vorsorgeansprüche gibt es verschiedene Informationsquellen, die genutzt werden können.

Gesetzliche Absicherungssysteme

Ansprüche aus der gesetzlichen Rentenversicherung können am einfachsten aus der individuellen Renteninformation entnommen werden, die jede gesetzlich rentenversicherte Person ab dem vollendeten 27. Lebensjahr einmal pro Jahr erhält. Sie enthält Angaben über die aktuell bereits erworbenen Rentenansprüche sowie eine Hochrechnung über zukünftig mögliche.

Die aktuellen Rentenansprüche im Alter und bei Erwerbsminderung basieren auf den Entgeltpunkten, die der Versicherte bereits „erdient" hat. Damit diese Zahlen korrekt sind, ist es wichtig, dass alle rentenrechtlichen Zeiten auf dem Versichertenkonto richtig eingetragen sind. Gerade bei unregelmäßigen Lebensläufen, häufig wechselnden Arbeitgebern, Kindererziehungszeiten, Wehrdienst etc. kann es hier zu fehlenden oder falschen Eintragungen kommen. Bei der Privatkundenanalyse und -beratung sollte eine Prüfung dieser eingetragenen Daten und bei Bedarf eine Kontenklärung bei der Deutschen Rentenversicherung erfolgen.

Ansprüche der Beamtenversorgung basieren vor allem auf dem letzten, vor der Pensionierung erhaltenen Gehalt und der bis dahin abgeleisteten Dienstzeit. Beamte erhalten in den meisten Fällen ab dem Erreichen bestimmter Altersgrenzen (zum Beispiel 55. Lebensjahr) von ihrer Dienstbehörde automatisch eine Information über ihr voraussichtliches Ruhegehalt. Eine entsprechende Auskunft kann aber auch bei der zuständigen Besoldungsstelle angefordert oder die Versorgungsansprüche mit Hilfe von Online-Rechnern näherungsweise ermittelt werden.

Private Vorsorge

In der privaten Altersvorsorge sind die Anbieter inzwischen gesetzlich verpflichtet, ihren Kunden regelmäßige Informationen über den Stand des Vertrages (häufig bezeichnet als „Standmitteilung", „Jahresinformation", „Bonusmitteilung" etc.) zukommen zu lassen. Sofern diese Dokumente vorliegen, sind sie die beste Basis für die Analyse der Kundensituation.

Die Jahresinformationen unterliegen dabei in vielen Fällen keiner Standardisierung. Das erschwert für Laien das Verständnis und die Bewertung der dort aufgeführten Werte, gerade wenn bereits mehrere Vorsorgeverträge bei unterschiedlichen Anbietern bestehen.

Betriebliche Vorsorge

In der betrieblichen Altersvorsorge ist es oft am schwierigsten, den Überblick über bestehende Versorgungen zu gewinnen, besonders für Menschen die in der Vergangenheit bereits bei mehreren Arbeitgebern tätig gewesen sind.

Bei versicherungsförmigen Vorsorgewegen (zum Beispiel bei Direktversicherungen) ist dies noch relativ einfach, da hier ebenfalls Jahresinformationen an die Versicherten versandt werden. Bei anderen Versorgungssystemen ist es teilweise schwieriger. Grundsätzlich sollten Versorgungszusagen früherer oder aktueller Arbeitgeber vorliegen.

Bei allen Unterlagen ist zudem zu prüfen, ob es sich um arbeitnehmer- oder arbeitgeberfinanzierte Vorsorge handelt beziehungsweise gehandelt hat und die Ansprüche daraus tatsächlich noch bestehen (zum Beispiel sind Unverfallbarkeitsfristen bei arbeitgeberfinanzierten Maßnahmen zu prüfen).

Bei früheren Arbeitgebern kann sich auch die Frage stellen, ob die Unternehmen überhaupt noch existieren und Ansprüche aus diesem Blickwinkel noch realisierbar sind.

Digitale Rentenübersicht

Am 18.2.2021 trat das „Gesetz Digitale Rentenübersicht" in Kraft, mit dem der Gesetzgeber die Grundlage für eine übergreifende Auskunftsmöglichkeit zu bestehenden Altersvorsorgeansprüchen geschaffen hat. Alle Bürger sollten auf einer Online-Plattform den aktuellen Stand und eine Prognose zum erreichbaren Niveau ihrer Altersvorsorge einsehen können. Eine entsprechende Verwaltungsstelle („Zentrale Stelle für die digitale Rentenübersicht", ZfDR) wurde gegründet und der Aufbau der digitalen Infrastruktur begonnen.

Seit Ende 2023 befindet sich die digitale Rentenübersicht im Regelbetrieb. Bis Ende 2024 wurden die meisten Versorgungsträger angebunden. Die dort bestehenden Ansprüche sind für die Bürger in der digitalen Rentenübersicht einsehbar. Dafür ist eine Authentifizierung des Nutzenden erforderlich.

Enthalten sind als Anbieter aktuell die gesetzliche Rentenversicherung, Lebensversicherungsunternehmen, Pensionskassen, Pensionsfonds, die Versorgungsanstalt des Bundes und der Länder (VBL) sowie eine Reihe von Einrichtungen der betrieblichen Altersversorgung (vor allem größere Versorgungswerke und Arbeitgeber). Bislang nicht ersichtlich sind Ansprüche berufsständischer Versorgungswerke, der Beamtenversorgung sowie der überwiegende Teil der betrieblichen Vorsorge.

Die digitale Rentenübersicht kann zukünftig zu einem zentralen Instrument in der Analyse der Kundensituation und der Kundenberatung werden. An Kunden übermittelte Jahresinformationen sind in der digitalen Rentenübersicht als PDF-Dateien abrufbar. Die aufgeführten Daten lassen sich exportieren und perspektivisch in Beratungssystemen weiterverarbeiten.

Als Grundlage für eine ganzheitliche Beratung in der Altersvorsorge ist die digitale Rentenübersicht sehr zu begrüßen – auch wenn der Umfang der enthaltenen Informationen noch ausbaufähig ist.

4.4.2 Bestehende Vorsorgesituation in der Privaten Krankenversicherung

Überblick: Formen der privaten Krankenversicherung/Vollversicherung

1. Vollversicherung

Die private Vollversicherung stellt eine Alternative zur GKV dar, insbesondere für Mitarbeitende oberhalb der Jahresarbeitsentgeltgrenze. Sie deckt sämtliche medizinischen Kosten entsprechend des gewählten Tarifs ab und ist insbesondere für Selbstständige, Beamte sowie Angestellte oberhalb dieser Einkommensgrenze relevant. Es gibt verschiedene Tarifmodelle:

- **Grundschutz** (vergleichbar mit GKV-Leistungen)
- **Komfortschutz** (mit zusätzlichen Leistungen wie Chefarztbehandlung oder Einzelzimmer)
- **Premiumschutz** (höchste Leistungen mit erweiterten Erstattungen)

Die Begriffe Grund-, Komfort- und Premiumschutz verdeutlichen lediglich unterschiedliche Leistungssegmente, die innerhalb der privaten Krankenversicherung abgeschlossen werden können.

Zudem sei erwähnt, dass zum Beispiel Mitarbeitende oberhalb der Jahresarbeitsentgeltgrenze sich **auch freiwillig krankenversichern** können. Der Schutz der freiwilligen Krankenversicherung ist identisch mit dem Schutz der nicht freiwilligen Versicherung.

Durch die seitens der Politik ständig angehobene Jahresarbeitsentgeltgrenze wird der Wechsel in die PKV immer schwieriger. Die Anhebung der Jahresarbeitsentgeltgrenze steuert gezielt Versicherte in die GKV. Hinzu kommt, dass durch die Anhebung der Beitragsbemessungsgrenze eine Erhöhung der Beiträge zur GKV erfolgt.

Die nachfolgende Darstellung des Leistungsniveaus zeigt, wie PKV-Tarife designt werden können. Das Leistungsversprechen ist stark angelehnt an eine dynamische Zielgruppe für Tarife der privaten Krankenversicherung. Somit ist es möglich, dass die Absicherung individuell zusammengestellt werden kann. Das nachfolgende Tarifportfolio zeigt mögliche Tarifideen, wie sie von der Proximus Krankenversicherung angeboten werden könnten.

Neue Tarifstruktur
Proximus **Krankenversicherung**

	smartCare	**flexCare**	**plusCare**	**premiumCare**
Beitrags-rückerstattung	keine	maximal 0,5 durchschnittlicher Monatsbeitrag	maximal 1 durchschnittlicher Monatsbeitrag	maximal 1 durchschnittlicher Monatsbeitrag
Selbstbehalt	10% pro Rechnungsbetrag, maximal 750 € pro Kalenderjahr	10% pro Rechnungsbetrag, maximal 500 € pro Kalenderjahr	kein Selbstbehalt	kein Selbstbehalt
Specials (auszugsweise)		Vorsorge-Untersuchungen nicht schädlich für Beitragsrückerstattung	Brillen-Erstattung jährlich bis 350 €	Brillen-Erstattung jährlich bis 800 €

Abbildung 4.5: Neues Tarifportfolio der Proximus Krankenversicherung (Jens Noormann)

2. Tarife mit Selbstbehalt (Selbstbeteiligung)

Privatversicherte können Tarife mit **Selbstbeteiligung** wählen, um die monatliche Beitragszahlung zu reduzieren. Dabei gibt es:

- **Feste** (in Summe genannte) **Selbstbeteiligung** (zum Beispiel 500 € pro Jahr)
- **Prozentuale Selbstbeteiligung** (zum Beispiel 20 % der Behandlungskosten bis zu einer Höchstgrenze)
- **Kombimodelle** (Mischung aus festem Betrag und prozentualer Beteiligung)

Im Zuge der Beratung ist es wichtig, dass die Form der Selbstbeteiligung den Versicherten genau erklärt wird, damit im Leistungsfall Klarheit über die zu erwartende Leistung besteht.

Die Höhe der Selbstbeteiligung kann unterschiedlich sein, darf aber für ambulante und stationäre Leistungen die Grenze von 5.000 € (je versicherter Person und Kalenderjahr) nicht überschreiten. (§ 193 Abs. 3 VVG).

3. Beihilfe-Tarife für Beamte

Beamte sind nicht in der GKV pflichtversichert, sie erhalten vom Staat eine **Beihilfe**, wenn für sie Krankheitskosten anfallen. Diese prozentuale Beihilfe – seitens des Landes oder Bundes – kann bis zu 80 % der anfallenden Kosten betragen. Für den Rest benötigen Beamte eine **Restkostenversicherung**, die die verbleibenden Kosten abdeckt. Diese Tarife sind speziell auf Beihilfeberechtigte zugeschnitten.

Der Beihilfesatz ist abhängig von verschiedenen Faktoren, nämlich ob jemand Beamter des Bundes oder eines Landes ist und zudem, welcher Familienstand besteht.

■ BEISPIELHAFTE AUSZÜGE AUS DER BEIHILFEVERORDNUNG DES BUNDES;
hier ist in § 46 der Bundesbeihilfeverordnung (BBhV) der Bemessungssatz geregelt:

- 50 % für beihilfeberechtigte Personen,
- 70 % für beihilfeberechtigte Personen, die den Familienzuschlag für mehr als ein berücksichtigungsfähiges Kind erhalten,
- 70 % für berücksichtigungsfähige Personen nach § 4 Abs. 1 BBhV Ehepartner/Lebenspartner, soweit diese nicht über ein Einkommen von mehr als 21.832 €verfügen,
- 70 % für Versorgungsempfängerinnen und Versorgungsempfänger, außer Waisen,
- 70 % für beihilfeberechtigte Personen in Elternzeit und
- 80 % für berücksichtigungsfähige Personen nach § 4 Abs. 2 BBhV (Kinder) sowie für Waisen. ■

Individuelle Regelungen finden sich in der Bundesbeihilfeverordnung – unter anderem gibt es auch spezielle Regelungen für Kinder nach Vollendung des 25. Lebensjahres.

Weitere Informationen finden sich unter anderem in einem Merkblatt des Bundesverwaltungsamts.[5]

4. Betriebliche Krankenversicherung (bKV)

Arbeitgeber können ihren Mitarbeitern eine bKV anbieten, die zusätzliche Gesundheitsleistungen umfasst.

5 Vgl. https://www.bva.bund.de/SharedDocs/Downloads/DE/Bundesbedienstete/Gesundheit-Vorsorge/Beihilfe/Merkblaetter/bemessungssatz.pdf?__blob=publicationFile&v= 5, zuletzt abgerufen am 31. März 2025.

Die bKV kann beispielsweise in drei unterschiedlichen Absicherungsmodellen abgeschlossen werden:

- **Budgettarif/Budgetmodell:** In diesem Modell ist es möglich, dass eine Budgethöhe festgelegt wird, zu welcher gesamthaft Leistungen bezogen werden können. Der Leistungskatalog beinhaltet verschiedene Leistungen, die unterschiedlich stark genutzt werden können, bis das Budget erreicht ist.
- **Bausteinmodell:** In diesem Modell ist es möglich, dass Leistungen definiert werden, welche die Mitarbeitenden in Anspruch nehmen können. Diese sind dann limitiert in der Höhe oder auch in der Kombination mit Erstattungsprozentsätzen. Mit diesem Modell können Schwerpunkte in der Absicherung festgelegt werden.
- **Kombinationsmodell:** In diesem Modell können Budget- und Bausteinmodell miteinander kombiniert werden.

Weitere Details zur bKV: Auf diese Form der Absicherung wird im Kapitel 3.4 eingegangen.

5. Anwartschaftsversicherung

Eine Anwartschaftsversicherung hält den Anspruch auf eine PKV aufrecht, wenn jemand zum Beispiel vorübergehend in die GKV wechselt. Die Anwartschaft sichert eine spätere Rückkehr in die PKV ohne neue Gesundheitsprüfung.

■ BEISPIEL ZUR ANWARTSCHAFTVERSICHERUNG

Ida Müller ist Apothekerin und war aufgrund ihres hohen Einkommens privat krankenversichert. Durch private Umstände, ihre Kinder waren klein, entschied sie sich, ihre Arbeitszeit zu reduzieren. Ihr Einkommen fiel dadurch unter die Versicherungspflichtgrenze (allgemeine Jahresarbeitsentgeltgrenze 2025: 73.800 € brutto/Jahr), wodurch sie automatisch in der GKV pflichtversichert wurde. Da Ida jedoch plante, später wieder mehr zu arbeiten und in die PKV zurückzukehren, schließt sie eine Anwartschaftsversicherung ab. ■

6. Notlagentarif

Falls Versicherte ihre Beiträge nicht mehr zahlen können, wechseln sie in den Notlagentarif. Der Notlagentarif muss von jedem PKV-Unternehmen angeboten werden. Hier sind nur **akute Behandlungen und Schwangerschaftsleistungen** abgesichert. Der Notlagentarif ist kein abschließbarer Zieltarif, sondern lediglich eine Übergangslösung.

Sind die Beitragsrückstände einen Monat nach Zugang der zweiten Mahnung noch immer höher als ein Monatsbeitrag, so ist der Versicherte ab dem ersten Tag des Folgemonats automatisch im Notlagentarif versichert.

Die Beiträge im Notlagentarif sind bewusst sehr gering, es werden zudem keine Alterungsrückstellungen aufgebaut. Der Notlagentarif ist legitimiert, um auch den Arbeitgeberzuschuss zu erhalten.

7. Basistarif und Standardtarif

- **Basistarif**: Muss von allen PKV-Anbietern angeboten werden und entspricht dem GKV-Leistungsumfang.

  Wichtig zu wissen: Im Basistarif führen Vorerkrankungen nicht zu Risikozuschlägen. Der Beitrag ist auf den Höchstbetrag der GKV begrenzt.

- **Standardtarif**: Günstiger Tarif für ältere Bestandskunden mit begrenzten Leistungen.

4.4.2.1 Private Krankenzusatzversicherung

Für gesetzlich Versicherte und auch Privatversicherte gibt es die Möglichkeit, **Zusatzversicherungen (neben dem Schutz der GKV)** abzuschließen, um den Leistungsumfang der GKV oder der bestehenden Heilkostenvollversicherung zu erweitern. Für Privatversicherte wird von **Ergänzungsversicherungen (neben dem Schutz der PKV)** gesprochen.

■ BEISPIELHAFTE ABSICHERUNGSMÖGLICHKEITEN

- **Ambulante Zusatzversicherung** (Erstattung für Heilpraktiker, Sehhilfen, ...)
- **Stationäre Zusatzversicherung** (Chefarztbehandlung, Ein- oder Zweibettzimmer im Krankenhaus)
- **Zahnzusatzversicherung** (höhere Erstattung für Zahnersatz beziehungsweise (anteilige) Differenz zur abgeschlossenen Hauptversicherung, Prophylaxe und Kieferorthopädie)
- **Krankentagegeldversicherung** (Ersatz für Einkommensausfall im Krankheitsfall)
- **Pflegezusatzversicherung** (Ergänzung zur gesetzlichen oder privaten Pflegepflichtversicherung) ■

Hinweis

Vereinzelt bieten die gesetzlichen Krankenversicherer Kooperationstarife an, sodass Versicherte zu bevorzugten Konditionen eine Zusatzversicherung abschließen können (zum Beispiel Verzicht auf umfangreiche Gesundheitsprüfung oder reduzierter Beitrag). Weitere Details dazu finden sich auch in Kapitel 1.2.2.3 Kooperation mit privaten Krankenversicherungen.

Wichtig ist, dass bei dem Abschluss von Zusatzversicherungen und in der Leistungsbearbeitung auf das Bereicherungsverbot geachtet wird und keine Doppelversicherung erfolgt.

Auslandsreisekrankenversicherung

Bei der Auslandsreisekrankenversicherung handelt es sich entweder um einen Einzelvertrag, der für sich eigenständig abgeschlossen wurde, oder häufig um Absicherungen, die mit einer Kreditkarte angeboten werden. Zudem gibt es auch Zusatztarife, die bspw. eine Absicherung für entstandene Kosten im Ausland vorsehen. Das Leistungsspektrum ist recht unterschiedlich. Versichert sind meistens nur akut auftretende Krankheiten. Die Auslandsreisekrankenversicherung inkludiert auch teilweise die Übernahme von Kosten für den Rücktransport. Bei der Beratung ist sorgfältig zu prüfen, **ob** Rücktransportkosten versichert sind **und unter welchen Bedingungen**, insbesondere ob nur **medizinisch notwendige** oder auch **medizinisch sinnvolle** Rücktransporte abgedeckt sind.

Rücktransporte können mit erheblichen Kosten verbunden sein, weshalb dieser Aspekt für die Kundenberatung besonders relevant ist.

Ergänzende Versicherungen

In direkter Abgrenzung zur GKV kann die PKV einen nach Leistungsumfang und Höhe wählbaren (und damit auch in der Beitragshöhe anpassbaren) Versicherungsschutz anbieten und somit auch auf individuelle Abdeckungswünsche beziehungsweise Bedarfe eingehen.

Versichert – im Sinne einer Schadensversicherung (siehe § 194 VVG) – **sind Behandlungs- und Pflegekosten**, die ursächlich durch Ereignisse, wie zum Beispiel Krankheit oder Unfall, an Körper oder Geist des Menschen entstehen können. Auch hieraus resultierende Verdienstausfälle können abgedeckt werden.

Der **Versicherungsschutz** erstreckt sich auf Europa. In außereuropäischen Ländern besteht ohne weitere Vereinbarung ein Schutz im ersten Monat des Aufenthaltes, wobei zeitliche Ausdehnungen vereinbar sind (§ 1 Abs. 4 MB/KK 2009).

Zu erstatten sind gemäß § 192 VVG:

„[...] Aufwendungen für **medizinisch notwendige Heilbehandlung** wegen Krankheit oder Unfallfolgen und für sonstige vereinbarte Leistungen einschließlich solcher bei Schwangerschaft und Entbindung sowie für ambulante Vorsorgeuntersuchungen zur Früherkennung von Krankheiten nach gesetzlich eingeführten Programmen [...]."

Hierbei wird auch immer das passende Verhältnis der (zum Beispiel ärztlichen) Leistungen zu den Kosten beachtet.

Der Begriff **Krankheit** ist nicht gesetzlich definiert und unterliegt deshalb teils sehr unterschiedlichen Definitionen und Interpretationen. Grundsätzlich kann man von einem regelwidrigen Körper- oder Geisteszustand sprechen, der eine medizinische Behandlung erfordert.

Die Differenzierung der versicherten Gefahren (wie Behandlungskosten oder Unterbringungskosten im Krankenhaus) und damit die Definition des **Versicherungsfalls** ergeben sich aus den Allgemeinen Versicherungsbedingungen. In vielen Fällen werden hierzu die **Musterbedingungen des PKV-Verbandes** als Grundlage genommen. Diese stellen aber lediglich eine Empfehlung dar und sind für die Versicherer nicht verpflichtend!

Musterbedingungen des PKV-Verbandes (MBKV), Übersicht:

- MB/KK: Krankheitskosten und Krankenhaustagegeld
- MB/KT: Krankentagegeld
- MB/EPV: Ergänzungsversicherung zur Pflegepflichtversicherung
- MB/GEPV: staatlich geförderte Ergänzung zur sozialen Pflegeversicherung
- MB/PPV: Private Pflegepflichtversicherung

Versicherungsfall gemäß **Allgemeiner Versicherungsbedingungen (Proximus):**

AVB (gemäß Musterbedingungen/MB)	Versicherungsfall
MB/KK 2009 für die Krankheitskostenversicherung und für die Krankenhaustagegeldversicherung	§ 1 MB/KK 2009 [...] (2) Versicherungsfall ist die medizinisch notwendige Heilbehandlung einer versicherten Person wegen Krankheit oder Unfallfolgen. Der Versicherungsfall beginnt mit der Heilbehandlung; er endet, wenn nach medizinischem Befund Behandlungsbedürftigkeit nicht mehr besteht. Muss die Heilbehandlung auf eine Krankheit oder Unfallfolge ausgedehnt werden, die mit der bisher behandelten nicht ursächlich zusammenhängt, so entsteht insoweit ein neuer Versicherungsfall. [...] *des Weiteren (gekürzt):* Als Versicherungsfall gelten auch Untersuchung und medizinisch notwendige Behandlung wegen Schwangerschaft und die Entbindung Früherkennung von Krankheiten nach gesetzlich eingeführten Programmen Zahnprophylaxe Tod
MB/KT 2009 für die Krankentagegeldversicherung	§ 1 MB/KT 2009 (2) Versicherungsfall ist die medizinisch notwendige Heilbehandlung einer versicherten Person wegen Krankheit oder Unfallfolgen, in deren Verlauf Arbeitsunfähigkeit ärztlich festgestellt wird. [...]
Bedingungsteil MB/PPV 2022 für die private Pflegepflichtversicherung	§ 1 MB/PPV 2025 (2) Versicherungsfall ist die Pflegebedürftigkeit einer versicherten Person. [...] Pflegebedürftigkeit muss auf Dauer, voraussichtlich für mindestens sechs Monate bestehen [...].

Zusatz- und Vollversicherung – Überblick über die Versicherungsarten

Als in Deutschland, unter bestimmten Voraussetzung (siehe **Versicherungspflicht/ Wahlrecht**), substitutiv wählbare Krankenversicherung, unterscheidet sich die private Krankenkostenvollversicherung (vulgo „KV Voll", „Private KV-Vollversicherung, etc.) in ihrer Rechtsform (privatwirtschaftlich), ihrer Finanzierung (Kapitaldeckungsprinzip), der Festlegung des Beitrags (Äquivalenzprinzip) und in der Form ihrer Leistungserbringung (privatrechtlich/vertraglich vereinbarte und nicht einseitig kürzbare Leistungshöhe, in der Regel budgetfreie Abrechnung über Gebührenordnungen, Abrechnung nach dem Kostenerstattungsprinzip) deutlich von der GKV:

Private Krankenversicherung	Begrifflichkeiten/Regelungen
Rechtsformen	Privatrechtlich – Aktiengesellschaft, Versicherungsverein auf Gegenseitigkeit gem. entsprechender gesetzlicher Regelungen (BGB, HGB, SGB, VVG, VAG, etc.)
Finanzierung	Kapitaldeckung: Aufbau eines Kapitalstocks unter Berücksichtigung des Äquivalenzprinzip bei der Beitragskalkulation und Bildung von Alterungsrückstellungen
Beitragskalkulation	Nach dem Äquivalenzprinzip: Betrachtung eines gleichaltrigen Kollektivs, dessen Beitragseinahmen die erwartbaren/ kalkulierten Versicherungsleistungen über den gesamten Versicherungszeitraum decken müssen [...]
Abrechnungsmodi für Behandler (Ärzte, med. Heilberufe, Heilpraktiker etc.)	über Gebührenordnungen, keine Begrenzung durch Budgetierungen
Leistungserbringung	Schadensversicherung Kostenerstattung bei Rechnungsvorlage

4.4.2.2 Versicherungsformen in der Krankenversicherung

Vollversicherung

2024 sind nach Angaben des PKV-Verbandes in Deutschland 8,74 Millionen Personen in der privaten Kostenvollversicherung als alternative Wahlmöglichkeit zur GKV versichert – und dies erneut mit einem Nettozuwachs im Bestand.

Der hierfür **berechtige Personenkreis** setzt sich aus Angestellten über der Beitragsbemessungsgrenze beziehungsweise mit gleichwertigem Status, Selbständigen, Freiberuflern und Beamten des Bundes und der Länder mit sogenannten Quotentarifen (auch Beihilfe-Tarife, Beihilfe-Versicherung) zusammen. Zu den Regelungen der freien Krankenversicherungswahl für Angestellte siehe Kapitel 1.2.2 Gesetzliche Krankenversicherung.

Als **substitutive** (= ersetzende) **Wahlmöglichkeit** sind in der Krankenkostenvollversicherung unter anderem die Bestimmungen der allgemeinen Krankenversicherungspflicht zu beachten. Zur Erfüllung der gesetzlichen Vorschrift ist ein Mindestschutz im Bereich der ambulanten und stationären Krankenbehandlung erforderlich (siehe § 193 Abs. 3 VVG). Zur Erfüllung des § 193 VVG ist die Absicherung von Kosten der **Zahnbehandlung** nicht vorgeschrieben, aber dringend zu empfehlen und grundsätzlich in den üblichen Tarifangeboten am Markt enthalten.

Beihilfeberechtige erhalten eine anteilige Krankheitskostenerstattung durch Bund oder Land (Achtung: individuelle Länderregelungen beachten). Die verbleibenden Restkosten (zum Beispiel 50 %) können über die genannten Quoten-/Beihilfetarife bei den privaten Krankenversicherern abgesichert werden.

Versichert sind hier, zunächst im Rahmen der allgemeinen Versicherungspflicht, sowohl **ambulante** als auch **stationäre** und im weiteren **Zahnbehandlungen**, also alle üblichen Krankheitskosten, die bei eintretender Notwendigkeit einer medizinischer Heilbehandlung (siehe auch Krankheit) entstehen können.

In Abgrenzung zum **Leistungsniveau** der GKV und in der PKV sehr verbreitet sind vertragliche beziehungsweise tarifliche Vereinbarungen für einen höherwertigen Versicherungsschutz, als es mindestens erforderlich ist. Beispielhaft sind dies höhere Abrechnungssätze für Behandler, Leistungen über den Rahmen der Schulmedizin hinaus oder Wahlleistungen im Krankenhaus.

Private Pflegepflichtversicherung

Zur Absicherung von Kosten bei Pflegebedürftigkeit tritt die Pflegepflichtversicherung gemäß SGB XI ein. Wer die Voraussetzung für eine private Krankenversicherung erfüllt und diese als substitutiven Schutz auswählt, wählt damit auch die private Pflegepflichtversicherung. Es gilt der Grundsatz „Pflege folgt Kranken".

Ergänzungsversicherung/Zusatzversicherung und Tagegelder

Ergänzung des Grundschutzes für gesetzlich Versicherte: Von zunehmender Bedeutung ist der Markt beziehungsweise das Angebot an Krankenversicherungstarifen, mit denen das Leistungsspektrum der GKV ergänzt oder erweitert wird. 2024 waren laut dem PKV Verband 31,02 Millionen Bundesbürger privat Zusatzversichert.

Bekannt sind ergänzende Tarifangebote, die im Versicherungsfall oft pauschalierte Leistungen oder entsprechende Restkosten (Eigenanteile) für zum Beispiel bestimmte Hilfsmittel (Sehhilfen, Hörgeräte und ähnliches), aber auch für bestimmte (teils alternative) Arzneimittel, Impfstoffe und Leistungen für Heilpraktiker auszahlen. In diesen Fällen wird in der Regel eine tariflich festgelegte Leistung je Versicherungsfall und oft in definierten Zeitabständen zur letzten Leistung ausgezahlt. Eine komplett kostendeckende Absicherung erfolgt, zugunsten eines marktgängigen Tarifbeitrags, zumeist nicht.

Ausnahme bilden hier Tarife, die Kostenerstattung für die ambulante ärztliche Behandlung (auf Basis der entsprechenden Gebührenordnung) **zusätzlich** zum Schutz der GKV anbieten, und Tarife für die Absicherung von stationären Wahlleistungen, wie einer besseren Unterbringung oder der freien Wahl des Arztes im Krankenhaus.

Auch in der PKV oft ausgeschlossene Leistungen für **Kuren** können über die Zusatzversicherung wieder in den Schutz mit einbezogen werden. Dies entweder über ein Kurtagegeld oder einen entsprechenden Kostenerstattungstarif.

Ergänzende Versicherungen für die **Zahnbehandlung** bieten oft eine Restkostenabdeckung, aber auch Pauschalbeträge für Zahnbehandlung und Zahnersatz an. Angebote für zum Beispiel besondere Versorgungen, Behandlungsformen (wie Lachgas) und Implantate runden das Zusatzangebot nach oben hin an.

Merke

In der Ergänzungs- oder Zusatzversicherung zur GKV ist immer der Kundenbedarf entscheidend – bis zur Absicherung auf das Niveau eines privat Versicherten ist nahezu alles möglich. Grundsätzlich wird das Leistungsspektrum der GKV ergänzt beziehungsweise erweitert.

Im Allgemeinen wird fast ausschließlich der Begriff „Zusatzversicherungen" genutzt.

Krankentagegeld

Von besonderer Bedeutung für Arbeitnehmer und Selbständige ist das Krankentagegeld. Unabhängig vom Versicherungsstatus als gesetzlich oder privat Versicherter muss immer die Absicherung eines möglichen Verdienstausfalles betrachtet werden. Laufen die gesetzliche Lohnfortzahlung aus oder besteht hierauf kein Anspruch, wie bei vielen Selbstständigen oder Freiberuflern, kann eine medizinisch bedingte Arbeitsunfähigkeit sehr schnell zum finanziellen Existenzrisiko werden.

Die Krankentagegeldversicherung leistet im Versicherungsfall (ärztlich festgestellte **Arbeitsunfähigkeit**) in Höhe von individuell ermittelten und vereinbarten Tagessätzen. Die Leistungshöhe entspricht in der Regel dem Nettoeinkommen (siehe 5.2.1 Versorgungsziele und Überblick – Absicherung bei Verlust der Arbeitskraft oder schwerer Krankheit und 5.6.2 Bereicherungsverbot). Hierbei werden immer gegebenenfalls vereinbarte Lohnfortzahlungen des Arbeitgebers betrachtet und entsprechende Karenzzeiten vereinbart.

Pflegezusatzversicherung

Da die Pflegepflichtversicherung keinen umfassenden Schutz vor den Folgen einer eintretenden Pflegebedürftigkeit bietet, wird auch hier ein ergänzender Schutz immer wichtiger. Das Angebot ist vielfältig und erstreckt sich von Pflegetagegeldern und -renten über Tarife zur Kostenabdeckung bis hin zu staatlich geförderten Tarifvarianten. Siehe hierzu 4.4.3.1 Pflegepflichtversicherung.

Krankenhaustagegeld

Krankenhaustagegeld dient zur Deckung von individuellen, persönlich entstehenden Nebenkosten (Fahrtkosten, Ausfallkosten, Babysitter etc.) während eines Krankenhausaufenthaltes. Es besteht keine Zweckgebundenheit und der versicherte Betrag steht dem Versicherten im Versicherungsfall zur freien Verwendung zu.

Kurtagegeld

In der Regel kann das Kurtagegeld dazu dienen, einen Teil des Verdienstausfalls zu kompensieren, der durch die Teilnahme an der Kur entsteht, und in manchen Fällen auch dazu, zusätzliche Kosten für Unterkunft und Verpflegung zu decken.

4.4.2.3 Besondere Versicherungsformen

Der Umsatzanteil der „besonderen Versicherungsformen" betrug 2023 am PKV-Markt in Deutschland lediglich 0,9 Milliarden Euro und stellt somit im Vergleich zum Gesamtumsatz von 48,38 Milliarden Euro[6] mit Abstand die kleinste Versicherungsform dar – so klein, dass die eigentlich verschiedenen Versicherungsarten in der Marktbetrachtung meist unter einer einzigen Versicherungsform zusammengefasst werden.

Mit den Reisekrankenversicherungen sind hier zwar für den Kunden einige potenziell wichtige Absicherungsmöglichkeiten enthalten, darüber hinaus ist die Bedeutung der weiteren Varianten allerdings eher gering.

Auslandsreisekrankenversicherung

Hiermit können sich GKV-Versicherte gegen die Risiken einer akuten Erkrankung oder eines Unfalls während eines vorübergehenden Auslandsaufenthalts (beispielswiese einer Urlaubsreise) absichern. Der auf die EU beschränkte Auslandsschutz der GKV ist in vielen Fällen nicht ausreichend, da der Versicherungsschutz unter anderem dem Urlaubsland angeglichen wird. Die private Auslandsreisekrankenversicherung leistet in der Regel weltweit. Sehr wichtig ist die Absicherung des medizinischen Rücktransports, der auch in einigen Tarifen der Kostenvollversicherung nicht enthalten ist. Assistance-Leistungen, wie eine Vor-Ort-Betreuung oder telemedizinische Beratung, runden das Leistungspaket ab. Das Tarifangebot und die Varianz in den Versicherungsbedingungen ist vielfältig und reicht von einem Einmalschutz bis zu wiederkehrenden Jahrespolicen, über Kurz- oder Langzeitreisen-Absicherung bis zu Spezialangeboten für Senioren.

Ausländerkrankenversicherung

Ausländer oder Deutsche, die einen ausländischen Wohnsitz haben, können für einen Besuch in Deutschland einen Krankenversicherungsschutz für 90 Tage bis fünf Jahre

6 Vgl. PKV Rechenschaftsbericht 2024, https://www.pkv.de/fileadmin/user_upload/PKV/3_PDFs/Publikationen/Rechenschaftsbericht_2024_final.pdf, S. 37, zuletzt abgerufen am 10. Juli 2025.

abschließen. Die Angebote sind im Leistungsumfang oft der Auslandsreisekrankenversicherung sehr ähnlich, können aber abweichend auch bis zu einem Monat nach der Einreise abgeschlossen werden.

Ausschnittsversicherung

Bei dieser Versicherung wird nur ein kleines und spezielles Risiko abgedeckt, meistens in direkter Verbindung zu einem verkauften Produkt wie einer Reise (Auslandsrücktransport) oder dem Kauf einer Brille (Reparatur/Neuversorgung).

Beihilfeablösesicherung, Lohnfortzahlungsversicherung und Restschuldversicherung

Die **Beihilfeablöse** wird hauptsächlich von kleinen Beihilfeträgern angeboten und übernimmt den Leistungsanteil der Beihilfe, den der Dienstherr im Krankheitsfall für den Beihilfeberechtigten auszahlen müsste.

Ähnlich ist **die Lohnfortzahlungsversicherung** aufgestellt, die die gesetzlichen oder tariflichen Lohnfortzahlungen bei erkrankten Arbeitgebern übernimmt.

Die **Restschuldversicherung** kann als Zusatz zu einem Kreditvertrag abgeschlossen werden und übernimmt die fälligen Kreditraten während eines Krankheitsfalles.

4.4.2.4 Leistungsumfang Krankenkostenversicherung

In der Krankenkostenversicherung handelt es sich in der Regel um nachweisbare (Rechnung/Leistungsnachweis) und in der Höhe bestimmbare Schäden (zum Beispiel anhand der zugrundeliegenden Gebührenordnung) und somit um eine Absicherung im Sinne einer Schadenversicherung (zur konkreten Bedarfsdeckung siehe § 194 VVG).

Zu betrachten sind auch hierbei die **ambulante**, die **stationäre** und die **Zahnbehandlung**.

Mit Ausnahme der sogenannten Komfort- und Wahlleistungen entsprechen die Leistungsbereiche und die Leistungsarten der Krankenkostenversicherung weitestgehend denen der GKV – allerdings ist deren Betrachtung im Detail und besonders im kostenrechtlichen Sinne abweichend (Pauschalvergütung vs. konkrete Bedarfsdeckung). Siehe 1.2.2.2 Leistungen der gesetzlichen Krankenversicherung nach SGB V.

Heilbehandler und Gebührenordnungen

Heilbehandler im versicherungstechnischen Kontext sind zumeist approbierte niedergelassene Ärzte, Zahnärzte und – je nach Bedingungswerk – Heilpraktiker und weitere Personen. Diese werden in den Allgemeinen Versicherungs- und den Tarifbedingungen definiert und damit auch die Leistungspflicht bezogen auf diesen Personenkreis beschränkt oder erweitert. Die Definitionen können somit je nach Bedingungswerk voneinander abweichen.

Die Proximus AVB definieren in § 4 MB/KK 2009 Umfang der Leistungspflichtwie folgt:

(2) Der versicherten Person steht die Wahl unter den niedergelassenen approbierten Ärzten und Zahnärzten frei. Soweit die Tarifbedingungen nichts anderes bestimmen, dürfen Heilpraktiker im Sinne des deutschen Heilpraktikergesetzes in Anspruch genommen werden.

Und im Weiteren unter 2.1 (*Ausschluss* beachten) und 2.2:

(2.1) Bei Psychotherapie wird geleistet, wenn zur Psychotherapie ein niedergelassener approbierter Arzt mit einer Facharzt- oder Zusatzbezeichnung (zum Beispiel Psychiater und Psychotherapeut) gewählt wird. *Nicht erstattungsfähig sind Aufwendungen für Psychotherapie durch andere Behandler.*

[...]

(2.2) Es können auch nicht niedergelassene Ärzte, Zahnärzte und Psychotherapeuten gewählt werden, die ansonsten die Voraussetzungen der Ziffer 4 Abs. 2 beziehungsweise Ziffer 2 Abs. 1 erfüllen und die Behandlung in einem für die vertragsärztliche Versorgung zugelassenen medizinischen Versorgungszentrum oder einer ärztlich geleiteten Einrichtung erbringen und diese entsprechend der jeweils gültigen amtlichen Gebührenordnung abrechnen.

Ein **wichtiger Leistungsaspekt** der PKV kann, je nach Tarif und Situation, die **freie Behandlerwahl** sein. Anders als in der GKV ist man hier nicht an Vertragsärzte gebunden und obliegt auch nicht den entsprechenden gesetzlichen Bestimmungen zum Wechsel des Arztes (zu den Bestimmungen in der GKV siehe hierzu § 76 Abs. 3 SGB V).

Gemäß den Proximus-Bedingungen (2.2) steht den Versicherten

[...] die Wahl unter den niedergelassenen approbierten Ärzten und Zahnärzten frei. [...]

Hierbei sind teilweise tarifliche (!) Sonderregelungen wie zum Beispiel das Primär- oder Hausarztkonzept zu beachten, welche die freie Wahl wieder vertraglich beschränken können (siehe 4.4.2.5 Leistungsmanagement).

Aufwandsberechnung für Heilbehandler

Anders als in der GKV (Einheitlicher Bewertungsmaßstab (EBM), § 87 Abs. 2 SGB V) wird in den meisten Fällen die Abrechnung auf Grundlage von Gebührenordnungen vorgenommen. Hierbei handelt es sich nicht nur um reine Gebührenverzeichnisse, sondern es werden auch viele weitere Variablen zur Berechenbarkeit und Kombination von Leistungen, zeitlichen Abständen und analogen Berechnungen geregelt.

Die Gebührenordnungen für Ärzte und Zahnärzte sind Rechtsverordnungen der Bundesregierung, deren Inkraftsetzung beziehungsweise Änderung die Zustimmung des deutschen Bundesrates erfordern. Eine Einsicht ist auf den Internetseiten der Bundesregierung jederzeit möglich.

GOÄ und GOZ – Gebührenordnung für Ärzte (aktuelle Novellierung vom 1.1.1996) und Zahnärzte (aktuelle Novellierung vom 1.1.2012)

Im Verzeichniskatalog der abrechnungsfähigen ärztlichen Leistungen wird für jede Einzelleistung ein Einfachsatz berechnet und ausgewiesen. Da sich medizinische Leistung je nach Patient, Diagnose und Schweregrad unterscheiden, wird der endgültig in Rechnung erstellte Betrag durch sogenannte Steigerungssätze (auch Steigerungsfaktoren) ins Verhältnis zum realen Behandlungsaufwand gebracht. Für die direkt erbrachten ärztlichen Leistungen wird somit der Einfachsatz je nach individuellem Aufwand mit dem Faktor 1 bis 2,3 multipliziert. Unter bestimmten Voraussetzungen (sehr hoher Aufwand/Schwierigkeit, sehr zeitaufwendig) kann der Regelhöchstsatz unter Angabe einer Begründung bis zum 3,5-fachen überschritten werden.

Die medizinisch-technischen Leistung (in der Regel nicht vom Arzt selbst durchgeführt) und Laborleistungen unterliegen geringeren Sätzen. Naturgemäß weichen einige Bestimmungen und Regelungen der GOÄ und GOZ in Details voneinander ab. Auch dürfen Zahnärzte für bestimmte Leistungen auf Abrechnungsnummern der GOÄ zurückgreifen.

- AVB und Tarifbedingungen können die Steigerungssätze begrenzen oder nach oben hin öffnen.
- Für den Basistarif, Notlagentarif und den Standardtarifen gelten abweichende Sätze. Bspw. im Basistarif der 1,0-fache Satz für Leistungen der Gebührenordnung für Ärzte in den Kapiteln A, E und O.[7]
- Proximus begrenzt auf den Höchstsatz der GOÄ (= 3,5-facher Faktor, siehe MB/KK, Tarife, Listenübersicht).
- Gebührenrahmen für Ärzte und Zahnärzte (GOÄ/GOZ), Proximus, alle Tarife:

7 Vgl. https://www.privat-patienten.de/beitraege/was-sie-ueber-den-basistarif-wissen-sollten/?sword_list%5B0 %5D=basistarif&cHash=bdc904599d3cfaf917f78ae95d53f641, zuletzt abgerufen am 19. August 2025.

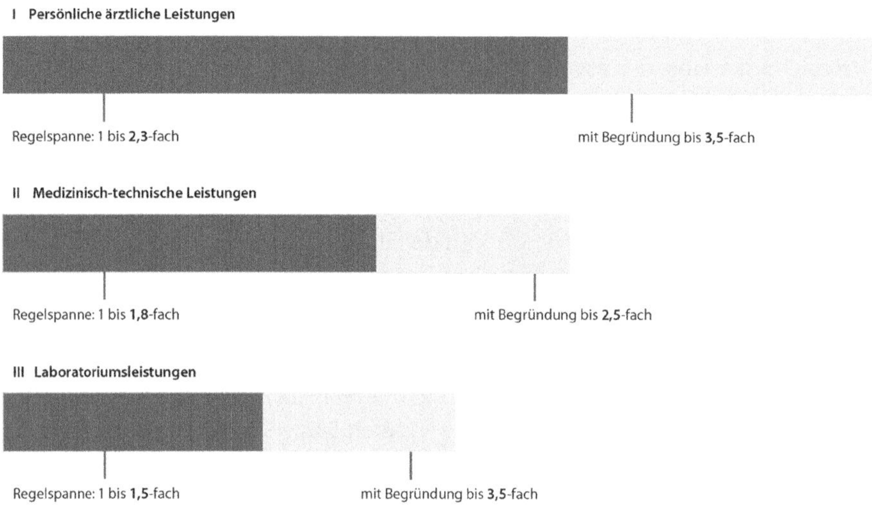

Abbildung 4.6: Leistungsarten und Regelspanne

Aktuell (2024) ist die letzte Novellierung der GOÄ fast 30 Jahre her (1996) und damit deutlich überfällig. Eine Erhöhung der Sätze wird sich auch auf die Schadenquote und die Tarifbeiträge der PKV auswirken.

Bei der Abrechnung von Leistungen der PKV ist immer zu beachten, dass das Vertragsverhältnis zwischen Versicherungsnehmer und Versicherungsgeber besteht und – hier im tariflichen Kontext – nicht zwischen Behandler und Versicherer. Dies ist bei abweichenden Ansichten zur Abrechnungsmethodik und versicherten Leistungen von großer Bedeutung, wenn sich Leistungserbringer – quasi in Eigenvertretung – in den Leistungsprozess einschalten wollen oder der Kunde sich auf die fachliche Expertise seines Leistungserbringer, auch in abrechnungsspezifischen Fragen, verlässt.

Gebührenordnung für Heilpraktiker

Die Gebührenordnung für Heilpraktiker (GebüH)[8] stellt hingegen keine Rechtsverordnung dar, da die Vereinbarungen über eine Behandlung in diesem Fall einen Dienstvertrag gemäß §§ 611–630 BGB darstellen. Die Vergütung kann nach billigem Ermessen (§ 315 BGB) erfolgen. Um den weiteren Bestimmungen des BGB (zum Beispiel § 612 Abs. 2) einen üblichen Rahmen zu geben, wurde mittels eines Umfrageverfahrens ein durchschnittlicher Honorarumfang ermittelt, der in der GebüH festgehalten beziehungsweise eingearbeitet wurde. Die **Honorarvereinbarungen** zwischen Patient und Heilpraktiker können zwar weiterhin **frei vereinbart** werden, die **Leistungs-**

---

[8] Vgl. https://www.privat-patienten.de/fileadmin/Dateien/3_Beim_Therapeuten/PDF/Geb%C3%BChrenverzeichnis_f%C3%BCr_Heilpraktiker__Geb%C3%BCH_.pdf, zuletzt abgerufen am 12. September 2025.

höhe in den versicherten Tarifen wird aber in vielen Fällen anhand der AVB und den Tarifbedingungen auf die GebüH **beschränkt**. Tarifliche Beschränkungen sind in den tariflichen Bedingungen geregelt.

4.4.2.5 Leistungsmanagement/Risikobegrenzungen und -ausschlüsse

Ohne ein Leistungsmanagement und entsprechende Begrenzungen des versicherten Umfangs, wäre eine verlässliche Tarifkalkulation nicht möglich – die Kosten würden ausufern und objektiv vermeidbare Risiken würden in die Leistungspflicht fallen.

Die Allgemeinen Versicherungsbedingungen in der Krankenversicherung definieren die vereinbarten Leistungen und bilden das Konstrukt des jeweiligen Krankenversicherungsvertrags, hier bezogen auf die Musterbedingungen in ihrer Hierarchie

MB/KK 2009 (Teil 1) → Tarifbedingungen (Teil 2) → Tarife (Teil 3)

und gegebenenfalls weiteren individuellen Vereinbarungen.

Im Bedingungswerk Proximus 5 sind die Allgemeinen Versicherungsbedingungen und die Tarifbedingungen (wie heute üblich) integriert aufgeführt. Das heißt, es erfolgt keine Trennung mehr zwischen den eigentlichen MB/KK und den Tarifbedingungen. Die Tarife selbst sind wiederum gesondert ausgewiesen. Daraus lassen sich die primären, sekundären und tertiären Risikobegrenzungen ableiten.

Primäre und sekundäre Risikobegrenzungen in der Krankenversicherung

Die primäre und sekundäre Risikobegrenzung lässt sich mit dem Prinzip von „Regel & Ausnahme" erläutern: In den MB/KK erfolgt die (positive) Beschreibung der allgemeinen Leistungspflicht, also der Risikodefinition und der Definition des Versicherungsumfanges (**Primäre Risikobegrenzung**).

In den Tarifbedingungen erfolgen wiederum die Definitionen bestimmter Anforderungen und Ausnahmen, die den Versicherungsfall beziehungsweise den Versicherungsumfang genauer festlegen (**Sekundäre Risikobegrenzung**).

Tertiäre Risikobegrenzung

Hier erfolgen individuelle Vereinbarungen mit der versicherten Person, wobei es sich um Leistungsausschlüsse, Risikozuschläge, aber auch Erweiterungen der Leistungspflicht handeln kann. Letzteres kann zum Beispiel bei einem Tarifwechsel zum Tragen kommen.

Tarifbedingungen und Tarife

§ 4 Abs. 1, MB/KK – Art und Höhe der Versicherungsleistungen ergeben sich aus dem Tarif mit Tarifbedingungen.

Die Tarife der Proximus sind im Gesamtdokument der Allgemeinen Versicherungsbedingungen und Tarifbedingungen unter „Tarifüberblick" in Listenform beschrieben und geregelt. Marktüblich sind auch andere Tarifbeschreibungen und Darstellungsformen, zum Beispiel analog der MB/KK, in Form von Paragraphen und Absätzen.

■ LEISTUNGSUMFANG IN PKV-TARIFEN AM BEISPIEL PROXIMUS KRANKENVERSICHERUNG

Der konkrete Leistungsumfang ergibt sich aus den spezifischen Tarifmerkmalen, des vom Kunden gewählten Tarifs. ■

Hinweis zu dem sehr gerne umgangssprachlichen Begriff PKV-Volltarif

Die Bezeichnung „Volltarif" garantiert nicht automatisch umfassenderen Schutz als die „Gesetzliche Krankenversicherung" in allen Bereichen. Besonders bei älteren Tarifen oder beitragsoptimierten Produkten können Leistungseinschränkungen bestehen, etwa bei:

Heil- und Hilfsmitteln (begrenzte Erstattung)

Häuslicher Krankenpflege

Rehabilitationsmaßnahmen und Kuren

Tarifliche Leistungsbegrenzungen

Leistungsart	Begrenzung (Beispiele)
ärztliche Behandlung	Erstattung bis Regel(höchst)sätze der GOÄ oder GOZ Hausarztprinzip: Fachärzte nur nach Verordnung/Überweisung
Psychotherapie	Anzahl der Sitzungen pro Jahr beschränkt
Diagnostik und Behandlung	Vorherige Anfrage und Kostenzusage erforderlich, Beschränkungen auf bestimmte Behandlungsmethoden, deren Umfang oder genutzte Materialien (zum Beispiel bei Zahnersatz)
Heilpraktiker	Begrenzung auf Mindestsätze der GebüH Begrenzung auf oder Ausschluss von bestimmten Leistungen
Arzneimittel	Begrenzung auf günstige Generika (Nachahmerprodukte) Ausschluss beispielsweise von nicht verschreibungspflichtigen Arzneimitteln
Heilmittel	Begrenzung oder Ausschluss durch ein Heilmittelverzeichnis Begrenzung der Anzahl in bestimmten Zeiträumen Begrenzung auf Preise analog der GKV (Heilmittelverzeichnis
Hilfsmittel	Begrenzung durch eine Hilfsmittelliste Begrenzung in Höhe, Bezugszeitraum und Häufigkeit des Bezuges Bedingung eines Kostenvoranschlages ab einem bestimmen Kostenniveau
Stationär	Begrenzung auf bestimme Entgeltsätze Begrenzung auf Höchstsätze bei der Wahlleistung Ein-/Zweibettzimmer

Beteiligung des Kunden am Risikomanagement

Zur Begrenzung des subjektiven Risikos haben sich verschiedene Methoden bewährt, die den Kunden selbst mit in die Verantwortung nehmen beziehungsweise am Risko teilhaben lassen. Dieser muss sich hinsichtlich seiner Erstattungsanträge sensibilisierter mit seiner Krankenversicherung beschäftigen, kann aber bei der Summe der Beiträge finanziell profitieren. Der Versicherer erreicht eine bessere Kalkulierbarkeit der Kosten, dadurch gegebenenfalls marktgerechte und stabile Beiträge, und kann trotzdem mit einem breiten Leistungsspektrum auftreten.

Die verschiedenen Arten der Risikobeteiligungen sind heute – meistens in kombinierter Form – in fast alle modernen Tarifangebote integriert.

Selbstbeteiligung

Mit dem Kunden wird ein **Erstattungshöchstsatz** (beispielsweise maximal 1.000 €) für bestimmte Leistungen vereinbart. Dies wird häufig für bestimmte Hilfsmittel, Zahnersatz und alternative Behandlungsmethoden angewandt. Darüberhinausgehende Kosten muss der Versicherte in diesem Bereich selbst tragen.

In der Pflegepflichtversicherung wird die Höchstsatzregelung über fast das gesamte Leistungsspektrum hin angewandt.

Prozentuale Beteiligung

Der Versicherte trägt einen festen Prozentsatz der nachgewiesenen Kosten selbst. Je nach Leistungsart können die Prozentsätze auch unterschiedlich geregelt sein (zum Beispiel ein höherer Anteil für Zahnersatz). Diese Vereinbarungen bewegen sich je nach Leistungsart oder Tarif oft zwischen 10 und 25 % und sind in der Regel **gedeckelt** (zum Beispiel auf 2.000 € pro Jahr), sodass der Versicherte ab einer bestimmten Summe der Selbstbeteiligung keine weiteren Eigenanteile mehr tragen muss.

Absolute Selbstbehalte

Eine Variante hiervon ist, dass der Kunde die anfallenden Krankheitskosten pro Versicherungsjahr bis zu einem Betrag X selbst zahlt. Die Tarifangebote sind von kleinen bis sehr großen Beträgen aufgestellt: von übersichtlichen 250 € bis zu 2.000 € oder 3.000 €.

Bei **substitutiven Krankenversicherungsverträgen** (allgemeine Krankenversicherungspflicht) ist immer § 193 Abs. 3 VVG zu beachten, welcher die Selbstbeteiligung pro Jahr und je versicherte Person auf höchsten 5.000 € beschränkt.

4.4.3 Bestehende Vorsorgesituation in der Privaten Pflegepflichtversicherung

Um das folgende Kapitel bearbeiten zu können, benötigen Sie ein aktuelles Sozialgesetzbuch, ein aktuelles Versicherungsvertragsgesetz, die aktuellen Musterbedingungen für die Private Pflegepflichtversicherung (MB/PPV 2024) und Proximus 5.

Lesen Sie die Paragraphen, auf die in diesem Kapitel Bezug genommen wird und die den beschriebenen Inhalten zugrunde liegen.

Pflegeversicherung

Wir unterscheiden zwischen der **Pflegepflichtversicherung**, welche in Deutschland eine Pflichtversicherung ist und von den Pflegekassen und Privaten Pflegeversicherern angeboten wird, und der **Pflegezusatzversicherung.** Pflegezusatzversicherungen gibt es in unterschiedlichsten Ausprägungen und in unterschiedlichen Versicherungssparten.

Rechtliche Grundlagen zur sozialen Pflegepflichtversicherung (SPV) ergeben sich unter anderem aus § 21a SGB I und SGB XI.

Den **privatrechtlich geschlossenen privaten Pflegepflichtversicherungsverträgen (PPV)** liegen die Allgemeinen Versicherungs- und Tarifbedingungen sowie die relevanten Paragraphen des VVG zugrunde. Das SGB hat ebenso Auswirkungen auf die Produktgestaltung der privaten Pflegepflichtversicherung (unter andrem § 23 SGB XI; 110 SGB XI), da Leistungen der Privaten Pflegepflichtversicherung nach Art und Umfang gleichwertig den gesetzlichen Pflegeleistungen sind.

Grundlagen **privater und staatlich geförderter Pflegezusatzversicherungen** (Zulagenförderung der privaten Pflegevorsorge) ergeben sich aus den jeweiligen Versicherungsbedingungen sowie unter anderem aus §§ 126–130 SGB XI.

4.4.3.1 Pflegepflichtversicherung

Die Pflegepflichtversicherung sichert Versicherte gegen die mit dem Risiko Pflegebedürftigkeit einhergehenden Kosten und lebensverändernden Einschränkungen teilweise ab.

Pflegebedürftigkeit

Pflegebedürftigkeit bedeutet, dass „Pflegebedürftige" in ihrer Selbstständigkeit oder in ihren Fähigkeiten so gesundheitlich beeinträchtigt sind, dass diese Hilfe durch andere benötigen, damit die vorhandenen Beeinträchtigungen kompensiert oder bewältigt werden können.

Eine Pflegebedürftigkeit liegt vor, wenn diese **mindestens sechs Monate** andauert, von einem Gutachter erkannt und von der Pflegepflichtversicherung bestätigt wurde.

Liegt eine vorübergehende massive Einschränkung vor, so können alternative Leistungen wie beispielsweise Krankenhausvermeidungspflege (§ 37 Abs. 1 SGB V) oder Haushaltshilfe (§ 38 Abs. 5 SGB V) beansprucht werden. Inwiefern diese Leistungen vom privaten Krankenversicherungsschutz umfasst werden, ist von dem gewählten Versicherungsschutz abhängig.

Versicherte sind verpflichtet, sich gegen das Risiko einer möglichen Pflegebedürftigkeit zu versichern. Die Grundlage dieser Versicherungspflicht ergibt sich aus § 20 SGB XI. Eine Absicherung kann in der Sozialen Pflegepflichtversicherung (SPV) oder in der Privaten Pflegepflichtversicherung (PPV) erfolgen. Die Leistungen sind gleichwertig.

In **§ 20 SGB XI** werden die Personengruppen benannt, welche demnach **versicherungspflichtig** sind. Diese sind:

- Personen, welche gegen Arbeitsentgelt beschäftigt sind;
- Übersteigt das Einkommen die Jahresarbeitsentgeltgrenze, die sich im Jahre 2025 auf 73.800 € beläuft, so besteht entsprechend § 6 SGB V eine Versicherungsfreiheit. Gemäß § 23 Abs. 1 SGB XI müssen Betroffene in diesem Fall eine private Pflegepflichtversicherung (PPV) bei einem privaten Krankenversicherungsunternehmen abschließen;
- Beziehende von Kurzarbeitergeld;
- Beziehende von Arbeitslosengeld;
- Personen in der Zeit, für die sie Bürgergeld nach § 19 Abs. 1 S. 1 des SGB II beziehen, auch wenn die Entscheidung, die zum Bezug der Leistung geführt hat, rückwirkend aufgehoben oder die Leistung zurückgefordert oder zurückgezahlt worden ist;
- Künstler und Publizisten;
- Landwirte;
- Studierende und Praktikanten und diesen gleichgestellten Personen;
- Personen, welche Leistungen zur Förderung der Erwerbstätigkeit in Berufsbildungswerken, in Einrichtungen der Jugendhilfe oder in anderen vergleichbaren Einrichtungen erhalten;
- Beziehende von Leistungen zur Teilhabe am Arbeitsleben;
- Menschen mit Behinderungen;
- Personen, welche die Anspruchsvoraussetzungen einer Altersrente nach dem SGB VI erfüllen und diese beantragt haben;
- Beziehende von Vorruhestandsgeld;
- Auszubildende;

Gemäß § 23 SGB XI müssen Personen, die in der PKV versichert sind, eine **private Pflegepflichtversicherung** abschließen. Diese Absicherung muss den Leistungen des vierten Kapitels des SGB XI in Art und Umfang gleichwertig sein. In der privaten Pflegepflichtversicherung gilt das Kostenerstattungsprinzip, während in der sozialen Pflegepflichtversicherung das Sachleistungsprinzip gilt.

Leistungsfeststellung

Leistungen aus der Pflegeversicherung können erst durch den Pflegeversicherer erfolgen, wenn die **Feststellung** einer möglichen Leistung **abgeschlossen** ist (unabhängig davon, ob es sich um eine soziale oder eine private Pflegepflichtversicherung handelt). Leistungen, welche vor der Feststellung der Pflegebedürftigkeit entstehen, können teilweise nicht erstattet werden. Sofern noch eine Wartezeit besteht, kann ebenfalls keine Erstattung für Pflegeleistungen erfolgen.

Die Leistungspflicht des Pflegeversicherers ist abhängig von gesetzlichen Vorgaben.

Kulanzen (freiwillige Leistungen des Versicherers über das gesetzlich geforderte Maß hinaus) sind in der Pflegeversicherung nicht vorgesehen. Dies dient der finanziellen Stabilität des Systems und soll sicherstellen, dass die Beiträge aller Versicherten zweckgebunden für die vorgesehenen und versicherten Leistungen verwendet werden. Die Pflegeversicherung ist damit ein Beispiel für ein streng reguliertes Versicherungssystem, das darauf abzielt, die Solidarität und die Nachhaltigkeit der Pflegeabsicherung zu gewährleisten.

4.4.3.1.1 Vom Antrag zum Gutachten

Zunächst muss ein Antrag auf Pflege gestellt werden. Der Antrag kann vom Versicherer online angeboten werden. Die Onlinebeantragung ist sinnvoll, um Fristen zu halten, welche vom Gesetzgeber vorgegeben sind.

Die **Antragstellung auf Pflegeleistungen** erfolgt in der Regel durch den Versicherten selbst oder durch einen Bevollmächtigten. Wenn die pflegebedürftige Person den Antrag nicht mehr selbst stellen kann, bedarf es einer **Vollmacht** und der notwendigen Entbindung von der Schweigepflicht, um für eine pflegebedürftige Person Leistungen beantragen zu können.

Vollmacht

Eine **Vollmacht** ermächtigt eine Person (sogenannter Bevollmächtigter), im Namen des Vollmachtgebers (der pflegebedürftigen Person) Handlungen vorzunehmen. Eine Vollmacht muss klar und eindeutig formuliert sein, bedarf immer der eigenen Unterschrift des Vollmachtgebers und darf nur dann aktiv genutzt werden, wenn ein Grund zur aktiven Vollmachtausübung vorliegt.

Den **Grund zur Vollmachtausübung** hat der Vollmachtgebende definiert, zum Beispiel, dass im Krankheitsfall mit Krankenhausaufenthalt der Bevollmächtigte sich in Gesundheitsfragen mit der Kranken- und Pflegepflichtversicherung in Verbindung setzen, Auskünfte erhalten und Anträge stellen darf.

Liegt keine Vollmacht vor und die pflegebedürftige Person kann keine mehr erstellen, so kann seitens des **Vormundschaftsgerichts** ein Bevollmächtigter bestellt werden. Das sind entweder Familienmitglieder oder Berufsbetreuer.

Mitarbeitende von Versicherungen dürfen keine rechtliche Beratung vornehmen (Grundlage ist das Rechtdienstleistungsgesetz), ein Verweis an einen Juristen oder auf die Webseite des Bundesministerium der Justiz (BMJ) ist bei Kundenanfragen ratsam. Weitere Informationen stehen auf der Website des BMJ.[9]

Der von der versicherten Person oder dem Bevollmächtigten **unterschriebene Pflegeantrag** wird von der privaten Pflegepflichtversicherung umgehend nach Eingang bearbeitet. Die private Pflegepflichtversicherung beauftragt den **Medizinischen Dienst**, welcher die Begutachtung sowohl terminlich als auch örtlich koordiniert und vornimmt. In der sozialen Pflegeversicherung handelt es sich hierbei um den Medizinischen Dienst der Krankenkassen (MDK), in der privaten Pflegepflichtversicherung um Medicproof).

- **Medicproof** ist ein Tochterunternehmen des PKV-Verbands und koordiniert ein Netzwerk von Gutachtern, die im Auftrag von Medicproof Begutachtungen der in der PPV Versicherten durchführen. Die Kosten für die Begutachtung tragen die Privaten Pflegeversicherer (§ 6 Abs. 2 MB PPV).
- Der **Medizinische Dienst der Krankenkassen (MDK)** ist der von der sozialen Pflegepflichtversicherung beauftragte Dienst, der die Begutachtung koordiniert und durchführen lässt. Die Kosten für die Begutachtung trägt die Pflegeversicherung.

Eine **Begutachtung** kann in häuslicher Umgebung des Pflegebedürftigen erfolgen oder im Pflegeheim, unter Umständen sogar im Krankenhaus. Während der COVID-19-Pandemie wurde die Begutachtung teilweise per Telefon oder Video durchgeführt – dies ist auch nach der Pandemie weiterhin möglich. Des Weiteren kann eine **Begutachtung nach Aktenlage**, also ohne direkte Begutachtung der pflegebedürftigen Person, erfolgen. Hierfür werden die notwendigen Unterlagen (beispielsweise Krankenhausberichte, Arztberichte, ...) dem Medizinischen Dienst zur Weiterleitung an den Gutachter zur Verfügung gestellt. Die Begutachtung nach Aktenlage findet nur in Ausnahmefällen Anwendung, bspw. wenn die Begutachtung nicht zumutbar ist (beispielsweise im Hospiz) oder die zu begutachtende Person bereits verstorben ist.

---

9 Vgl. https://www.bmj.de/DE/service/formulare/form_vorsorgevollmacht/form_vorsorgevollmacht_node.html, zuletzt abgerufen am 31.3.2025.

Hinweis: Todesfall vor Begutachtung

Ist die pflegebedürftige Person vor einem möglichen Begutachtungstermin verstorben, so kann eine Beurteilung nach Aktenlage nur dann erfolgen, wenn die datenschutzrechtlichen Fragen geklärt sind.

Bei der Begutachtung wird die Pflegebedürftigkeit der versicherten Person beurteilt.

Die Schwere der Pflegebedürftigkeit wird in **Pflegegraden** gemessen. Ein Pflegegrad ist von der noch vorhandenen Selbstständigkeit der pflegebedürftigen Person abhängig. Um einen Pflegegrad festzustellen, wird die Pflegebedürftigkeit nach sechs Modulen beurteilt:

- Mobilität
- Kognitive und kommunikative Fähigkeiten
- Verhaltensweisen und psychische Problemlagen
- Selbstversorgung
- Krankheits- oder therapiebedingte Anforderungen und Belastungen
- Gestaltung des Alltagslebens und sozialer Kontakte

Die Module sind gesetzlich in § 14 Abs. 2 SGB XI festgelegt. Ob die pflegebedürftige Person Beeinträchtigungen in der Haushaltsführung hat, muss in allen Modulen Berücksichtigung finden (§ 14 Abs. 3 SGB XI).

Modul	Beschreibung	Gewichtete Punkte
1	Mobilität	10 %
2	Kognitive und kommunikative Fähigkeiten oder Verhaltensweisen und psychische Problemlagen mit 15 % (In die Berechnung des Pflegegrades fließt nur eines der beiden Module ein, und zwar das mit der höchsten Punktzahl)	15 %
3		
4	Selbstversorgung	40 %
5	Bewältigung von und selbstständiger Umgang mit krankheits- oder therapiebedingten Anforderungen und Belastungen	20 %
6	Gestaltung des Alltagslebens und sozialer Kontakte	15 %

Tabelle 4.2: Module und deren Gewichtung im Gutachten Pflege (Jens Noormann)

Nach § 15 SGB XI sind den einzelnen Kriterien Punktwerte zugeordnet. Diese sollen Häufigkeit und mangelnde Ausprägung der Selbstständigkeit in den einzelnen Modulen berücksichtigen. Die **Begutachtung** erfolgt **entlang der beschriebenen Module**, in denen einzelne Kriterien abgeprüft und bepunktet werden. Je Modul werden die ermittelten Punkte addiert und geben in Summe Auskunft über den ermittelten Pflegegrad, der die Beeinträchtigung der Selbstständigkeit oder Fähigkeiten beschreibt (siehe dazu auch § 15 Abs. 2 S. 6, 7 SGB XI und berücksichtige Anlage 2 zu § 15 SGB XI).

Die Beeinträchtigung in den fünf Pflegegraden stellt sich wie folgt dar:

- **Pflegegrad 1:** Geringe Beeinträchtigungen der Selbstständigkeit oder der Fähigkeiten
- **Pflegegrad 2:** Erhebliche Beeinträchtigungen der Selbstständigkeit oder der Fähigkeiten
- **Pflegegrad 3:** Schwere Beeinträchtigungen der Selbstständigkeit oder der Fähigkeiten
- **Pflegegrad 4:** Schwerste Beeinträchtigungen der Selbstständigkeit oder der Fähigkeiten
- **Pflegegrad 5:** Schwerste Beeinträchtigungen der Selbstständigkeit oder der Fähigkeiten mit besonderen Anforderungen an die pflegerische Versorgung

Hinweis

In den **MB PPV** findet sich in § 1 Abs. 5 und Abs. 6 die gleichwertige Auslegung der im SGB XI beschriebenen Module und deren Gewichtung.

Die **Pflegeversicherungen** (PPV/SPV) wenden **Begutachtungsrichtlinien** an, nach welchen die Begutachtungen vorgenommen werden.

Während der Begutachtung können Pflegeperson oder sonstige Personen anwesend sein, die der Pflegebedürftige wünscht. Im Zuge der Begutachtung werden auch Informationen zur Pflegeperson festgehalten, die bei einer Pflegezeit von zehn Stunden/Woche und bei einer Arbeitszeit von nicht mehr als 30 Stunden/Woche einen Anspruch auf Zahlung von Rentenversicherungsbeiträgen durch die Pflegepflichtversicherung haben kann (→ siehe dazu auch 4.4.4.1.3 Umfang der Leistungspflicht – Soziale Pflegeperson).

Das **Ergebnis des Gutachters** muss von der Pflegepflichtversicherung nicht übernommen werden. Unplausible Feststellungen sollten seitens des privaten Pflegeversicherers bei Medicproof oder der sozialen Pflegeversicherung beim MDK hinterfragt werden.

Pflegebedürftige erhalten nach **Abschluss der Gutachtenbearbeitung** von Ihrer Pflegepflichtversicherung eine Zusage oder Ablehnung – das Gutachten wird dem Versicherten mit dem Ablehnungs-/Zusagebrief mitgesendet. Die Zusage beinhaltet die Bekanntgabe des Pflegegrads und die dazugehörigen Leistungen.

Ein Pflegegutachten kann auch **Empfehlungen für eine Rehabilitation** enthalten. Dies ist besonders relevant, wenn durch rehabilitative Maßnahmen die Pflegebedürftigkeit verringert oder vermieden werden kann.

Sofern ein Widerspruchsverfahren vom Versicherten oder einer beauftragten Person durchgeführt wird, muss das Gutachten vom Sozialgericht nicht anerkannt werden.

4.4.3.1.2 Leistungsbeginn und Leistungspflicht

Leistungsbeginn kann frühestens der Zeitpunkt sein, ab dem die Pflegebedürftigkeit vorliegt. Wird der Antrag noch im selben Monat gestellt, beginnt die Leistungspflicht am Tag der Antragstellung. Wird der Antrag erst in einem späteren Monat gestellt, beginnt die Leistung zum Beginn des Monats der Antragstellung. Wird ein Pflegebedürftiger im Krankenhaus behandelt und währenddessen auch die Pflegebedürftigkeit festgestellt, beginnt die Leistungspflicht erst am Entlassungstag aus dem Krankenhaus. Nachfolgend einige Beispiele zur Erläuterung:

■ BEISPIEL 1: PFLEGEBEDÜRFTIGKEIT SEIT 15. MÄRZ, ANTRAGSTELLUNG AM 28. APRIL

Wenn der Gutachter Pflegebedürftigkeit bereits seit dem 15. März vermutet, so beginnt die Leistung und damit Zusage zum 1. April. Leistungen werden erbracht, sofern zum Beginn der Leistung kein Krankenhausaufenthalt stattgefunden hat. (§ 6 Abs. 1 MB PPV/§ 33 SGB XI). ■

■ BEISPIEL 2: PFLEGEBEDÜRFTIGKEIT SEIT 15. MÄRZ, ANTRAGSTELLUNG AM 24. MÄRZ

Der Gutachter kommt zu dem Ergebnis, dass Pflegegrad 3 seit dem 10. März besteht. In diesem Fall ist Leistungsbeginn der 24. März. Wird Pflegebedürftigkeit in dem Monat festgestellt, in welchem Leistungen erstmalig beantragt wurden, so gilt das Datum der Antragstellung. ■

■ BEISPIEL 3: PFLEGEBEDÜRFTIGKEIT SEIT 15. MÄRZ, ANTRAGSTELLUNG AM 24. MÄRZ, KRANKENHAUSAUFENTHALT BIS 3. MAI

Der Gutachter kommt zu dem Ergebnis, dass Pflegegrad 3 seit dem 10. März besteht. Die Entlassung aus dem Krankenhaus erfolgt am 3. Mai 2024. In diesem Fall ist **Leistungsbeginn** der 24. März. Die **Leistungspflicht** beginnt jedoch am 3. Mai. ■

4.4.4.1.3 Umfang der Leistungspflicht

Umfang der Leistungspflicht § 4 MB PPV (Auszug)

Leistungsart	geregelt in
Leistungen häusliche Pflege	§ 4 Abs. 1
Pflegegeld	§ 4 Abs. 2
Pflegegeld bei Pflege in vollstationären Einrichtungen der Hilfe für Menschen mit Behinderung	§ 4 Abs. 3a

Leistungsart	geregelt in
Ersatzpflege	§ 4 Abs. 6, 6a
Pflegehilfsmittel	§ 4 Abs. 7
Wohngruppenzuschlag	§ 4 Abs. 7a
Teilstationäre Pflege	§ 4 Abs. 8
Kurzzeitpflege	§ 4 Abs. 10
Vollstationäre Pflege	§ 4 Abs. 11
Soziale Sicherung der Pflegeperson	§ 4 Abs. 13
Pflegezeit und Pflegeunterstützung	§ 4 Abs. 14., 14a und 14b
Pflegekurse	§ 4 Abs. 15
Entlastungsbetrag	§ 4 Abs. 16 und 17
Pflegeberatung	§ 4 Abs. 18

Tabelle 4.3: Leistungen Pflegeversicherung (Jens Noormann)

Die Leistungen der Pflegepflichtversicherung sind umfangreich, dennoch decken sie oftmals nur einen Teil der entstehenden Kosten ab. Insbesondere mit Eintritt der Pflegebedürftigkeit ist es für Pflegebedürftige, Angehörige und nahestehende Person eine Herausforderung, die Pflegesituation so zu koordinieren, dass alle Bedürfnisse und damit eine Lebensqualität entsteht, die weiterhin eine Normalität bei allen Beteiligten ermöglicht.

Nachfolgend finden sich die Leistungen der Pflegepflichtversicherung in kompakt beschriebener Form. Der Umfang der Leistungspflicht ist in § 4 MB/PPV 2024 geregelt.[10] Es ist davon auszugehen, dass sich die Leistungen in Umfang und Zielsetzung voraussichtlich weiter ändern werden, da aufgrund der Wichtigkeit des Themas mit fortlaufenden Reformen zu rechnen ist.

Da viele der Leistungen erst ab Pflegegrad 2 greifen, sei zunächst noch auf die **Besonderheiten bei Pflegegrad 1** hingewiesen:

Mit dem **Pflegestärkungsgesetz II** (PSG II) gibt es seit dem 1.1.2017 **Leistungsverbesserungen für Pflegebedürftige mit Pflegegrad 1.** Bei Pflegegrad 1 sind nach § 28a SGB XI unter anderem nachfolgende Leistungen möglich:

- Pflegeberatung
- Versorgung mit Pflegehilfsmitteln
- Zuschüsse für Maßnahmen zur Verbesserung des individuellen oder gemeinsamen Wohnumfelds
- Betreuungs- und Entlastungsleistungen

[10] Vgl. https://www.pkv.de/fileadmin/user_upload/PKV/3_PDFs/ABV_und_MB/AVB-PPV.pdf, zuletzt abgerufen am 31.3.2025.

- Leistungen bei Pflegezeit und kurzzeitiger Arbeitsverhinderung der Pflegeperson
- Pflegekurse für Angehörige und ehrenamtliche Pflegepersonen

Häusliche Pflege

Leistungen für häusliche Pflege können ab Pflegegrad 2 erstattet werden. Die Pflege in der häuslichen Umgebung kann durch ehrenamtliche Personen erfolgen, zum Beispiel durch Familienangehörige, Nachbarn oder Freunde. Daneben gibt es die professionelle Pflege, die durch einen Pflegedienst erbracht wird. Es ist auch möglich, dass ehrenamtliche Pflege und professionelle Pflege kombiniert werden, in diesem Fall wird von einer Kombinationsleistung gesprochen.

Die nachfolgenden Leistungsbeschreibungen gehen auf die Erstattungsdetails genauer ein.

Pflegegeld

Wird die Pflege als ehrenamtliche Pflege (zum Beispiel durch Familienangehörige) durchgeführt, wird von der Pflegeversicherung ein Pflegegeld gezahlt. Findet eine Kombination von ehrenamtlicher Pflege und ambulanten Pflegediensten statt, so werden die Kosten für den Pflegedienst übernommen und ein noch verbleibendes Pflegegeld für die ehrenamtliche Pflege ausgezahlt. Die Höhe des Pflegegeldes wird jährlich festgelegt. Im Jahr 2025 wird ein monatliches Pflegegeld von maximal 990 € (Pflegegrad 5) ausgezahlt.

Bei der Erstattung der sogenannten **Kombinationsleistung** werden beide Leistungstöpfe beansprucht. Sind von dem Pflegegeld, welches für professionelle Pflege in dem jeweiligen Pflegegrad beansprucht werden kann, beispielsweise 60 % für den Monat erstattet, so können von dem Pflegegeld, welches für ehrenamtliche Pflege in dem jeweiligen Monat beansprucht werden kann, nur noch die restlichen 40 % für den Monat erstattet werden.

■ BEISPIEL

Herr Müller hat den Pflegegrad 3. Er wird sowohl durch einen ambulanten Pflegedienst als auch durch eine private Pflegeperson (zum Beispiel ein Familienmitglied) betreut. Die Leistungen sollen im Rahmen der **Kombinationspflege** abgerechnet werden.

Leistungsanspruch bei Pflegegrad 3 (2025):

- Leistungen für einen professionellen Pflegedienst (maximal): 1.497 € monatlich
- Pflegegeld (maximal): 599 € monatlich

Inanspruchnahme im Mai 2025:

- Der ambulante Pflegedienst stellt eine Rechnung über 500 €.
- Dies entspricht 33,4 % des maximalen Sachleistungsbetrags (500 € ÷ 1.497 € × 100).
- Der verbleibende Anteil von 66,6 % berechtigt zur Auszahlung eines anteiligen Pflegegeldes.

Berechnung des anteiligen Pflegegeldes:

- 66,6 % von 599 € = 398,93 €

Ergebnis: Herr Müller erhält im Mai 2025:

- 500 € als Sachleistung (direkt an den Pflegedienst)
- 398,93 € als anteiliges Pflegegeld (zur freien Verfügung) ■

Teilstationäre Pflege (Tages- oder Nachtpflege)

Eine weitere Möglichkeit zur Entlastung der Pflegeperson oder auch zur Überbrückung von Betreuungsproblemen, ist für Pflegebedürftige mit Pflegegrad 2–5, dass sie die teilstationäre Pflege in Anspruch nehmen können, § 4 Abs. 8, 9 MB PPV. Teilstationäre Pflege kann für den Tag oder für die Nacht beansprucht werden und ist den ambulanten Pflegeleistungen zuzuordnen. Eine Kombination mit Leistungen nach § 4 Abs. 1, 2 und 5 MB PPV ist möglich und es kommt zu keiner Minderung der Leistungen (siehe dazu § 4 Abs. 9 MB PPV).

Der Leistungsanspruch beläuft sich monatlich auf (Stand: März 2025):

Pflegegrad	100 % Erstattung bis maximal
1	0 €
2	721 €
3	1.357 €
4	1.685 €
5	2.085 €

Tabelle 4.4: Erstattung teilstationäre Pflege (Jens Noormann)

Von der Erstattung ausgeschlossen sind Aufwendungen für:

- Unterkunft
- Verpflegung
- Mögliche Komfortleistungen
- Investitionskosten
- Sonstige Kosten
- Pflegerisch betreuende Leistungen

Die nicht erstattungsfähigen Kosten können möglicherweise über Betreuungs- und Entlastungsleistungen erstattet werden, sofern diese Leistung noch nicht ausgeschöpft ist (siehe dazu auch unten Entlastungsbetrag).

Verhinderungspflege

Ist die Pflegeperson verhindert, so steht Pflegebedürftigen Verhinderungspflege zu. In dieser Zeit kann die pflegerische Betreuung durch andere ehrenamtliche Personen erfolgen oder es ist möglich, dass eine Unterbringung in einem Pflegeheim über das Budget der Verhinderungspflege erstattet wird.

Pro Kalenderjahr können bis zu 1.685 € erstattet werden. Wurde in dem Kalenderjahr noch keine Kurzzeitpflege in Anspruch genommen, kann sich der Erstattungsbetrag um 843 € auf 2.528 € erhöhen.

→ Siehe dazu § 4 Abs. 2, Abs. 6, Abs. 6a/Teil 3 Tarifbedingungen Pflegepflichtversicherung 3.

Kurzzeitpflege

Ist die häusliche Pflege (vorübergehend) nicht sichergestellt, so kann eine Pflege vorübergehend in einer vollstationären Pflegeeinrichtung erfolgen – sofern mindestens Pflegegrad 2 vorliegt. Die Leistung Kurzzeitpflege kann nach einem stationären Aufenthalt oder in einer Krisensituation erbracht werden, in welcher die häusliche Pflege nicht sichergestellt ist. Die Leistung ist pro Kalenderjahr auf acht Wochen und auf 1.854 € im Kalenderjahr (Stand: März 2025) begrenzt, § 4 Abs. 10 MB PPV).

Seit dem 1.7.2025 können Pflegebedürftige ab Pflegegrad 2 den gemeinsamen Jahresbetrag für Verhinderungspflege und Kurzzeitpflege für bis zu acht Wochen in Höhe von insgesamt bis zu 3.539 € je Kalenderjahr in Anspruch nehmen. Die bisherigen unterschiedlichen Übertragungsregelungen entfallen. Bei der Verhinderungspflege durch nahe Angehörige oder Haushaltsmitglieder sind die Pflegeaufwendungen grundsätzlich auf den je nach Pflegegrad geltenden Pflegegeldbetrag für bis zu zwei Monate begrenzt.

Pflege durch erwerbsmäßige im Haushalt lebende Personen

In den letzten Jahren nimmt das Modell der Pflegepersonen zu, welche im Haushalt der pflegebedürftigen Personen wohnen. Meist handelt es sich um ausgebildete Pflegekräfte, welche aus dem Ausland (temporär) in Deutschland eingesetzt werden. Eine spezielle Erstattung ist nicht möglich, somit kann der Pflegebedürftige lediglich über das erhaltene Pflegegeld diese Form der Pflege finanzieren. Strittig ist diese Form der Erbringung, da oftmals eine 24-stündige Bereitschaft vorliegt und diese nicht rechtmäßig vergütet wird.

Betreute Wohngruppen

Pflegebedürftige, die ihren Alltag noch weitgehend sehr gut selbst organisieren können, oder auch Menschen mit demenziellen Tendenzen, haben die Möglichkeit, innovativere Wohnkonzepte zu nutzen, unter anderem betreute Wohngruppen. In der Regel wohnen mindestens zwei bis maximal elf Personen zusammen und beauftragen einen Betreuer, der sie im Alltag unterstützt. Für die individuelle Pflege und Betreuung, daneben auch medizinische Versorgung, ist jeder Bewohner frei in der Koordination und Auswahl seiner Erbringer. Jede pflegebedürftige Person erhält monatlich 224 €, die für die Kosten der beauftragten Person verwendet werden.

→ Siehe dazu auch § 4 Abs. 7a MB PPV.

Wohnumbaumaßnahmen

Viele Versicherte wollen so lange wie möglich in der eigenen Umgebung leben. Damit der Verbleib im eigenen Heim gelingt und dennoch pflegerecht ist, sind teilweise bauliche Maßnahmen notwendig. Maßnahmen, die das Wohnumfeld pflegerechter gestalten, sind auf 4.180 € für eine Maßnahme gedeckelt.

Beispiele für Wohnumbaumaßnahmen können sein:

- Einbau eines Treppenlifts
- Umbau des Badezimmers
- Türverbreiterungen
- Stufenmarkierungen
- Ein- und Umbau von Mobiliar

Die Pflegekassen werten alle Maßnahmen, die zum Zeitpunkt der Zuschussgewährung zur Wohnumfeldverbesserung erforderlich sind, als einheitliche Verbesserungsmaßnahme, die bis maximal 4.180 € bezuschusst wird.[11]

■ **BEISPIEL**

Wenn beispielsweise neben dem Umbau des Badezimmers auch Türverbreiterungen erfolgen, wird maximal der Zuschuss in Höhe von 4.180 € gezahlt. Ändert sich die Pflegesituation, können gegebenenfalls weitere 4.180 € für dann notwendige Umbaumaßnahmen erneut erstattet werden. ■

Planen Pflegebedürftige oder Bevollmächtigte eine Umbaumaßnahme, ist vorab eine Kostenzusage durch die Pflegepflichtversicherung einzuholen. Hierzu wird üblicherweise ein Kostenvoranschlag benötigt. Im Zuge einer Begutachtung (zum Beispiel der Erstbegutachtung) können auch vom Gutachter Umbaumaßnahmen vorgeschlagen oder aufgenommen werden. Wird die Maßnahme vorab nicht beantragt, so ist eine Kostenerstattung nur dann möglich, wenn die Prüfung durch den Versicherer möglich ist. Sollte das nicht möglich sein, geht die Nichtprüfbarkeit zu Lasten des Versicherten.

Wohnen mehrere Personen zusammen, vervielfacht sich der Betrag. Somit entstehen attraktive Wohngruppen, die pflegegerechter wohnen und damit auch eine höher Bezuschussung für Anpassungsmaßnahmen erzielen können. Bei bis zu vier Pflegebedürftige können bis zu 16.720 € Zuschuss gezahlt werden (4.180 € pro Pflegebedürftigen), ab fünf Pflegeperson wird der Betrag von 16.720 € je Person geteilt, in diesem Beispiel würde jedem Pflegebedürftigen 1/5 zustehen.

→ Siehe dazu auch § 4 Abs. 7 MB PPV.

---

[11] Vgl. Fasselt/Schellhorn, Handbuch Sozialrechtsberatung – HSRB, § 24 Pflegebedürftigkeit, Rn. 106.

Soziale Sicherung der Pflegeperson

Werden Pflegebedürftige ehrenamtlich gepflegt, haben die Pflegepersonen einen möglichen Anspruch auf Zahlung von Rentenversicherungsbeiträgen, Zahlung von Beiträgen zur Arbeitslosenversicherung und sind im Rahmen ihrer Pflegetätigkeit unfallversichert.

Eine regelmäßige Pflege liegt bereits dann vor, wenn zum Beispiel an zwei Tagen mindestens zehn Stunden gepflegt wird. Zudem ist wichtig, dass die Absicherung der Pflegeperson nur dann erfolgen kann, wenn es sich um eine nicht erwerbsmäßige Pflege handelt, § 19 SGB XI.

■ BEISPIEL

Als Pflegeperson ist Martina Milbert in der gesetzlichen Rentenversicherung pflichtversichert, da sie in einem Angestelltenverhältnis tätig ist. Die Proximus Private Pflegepflichtversicherung ihrer Mutter zahlt Pflichtbeiträge auf ihr Rentenkonto, wenn:

- ihre Mutter mindestens den Pflegegrad 2 hat und
- Martina ihre Mutter wöchentlich mindestens zehn Stunden an mindestens zwei Tagen in häuslicher Umgebung pflegt.

Eine Voraussetzung ist, dass Martina Milbert nicht mehr als 30 Stunden/Woche arbeitet. Die Grenze ist auf 30 Stunden festgelegt, um ausreichend Zeit für die Pflege sicherzustellen. Für die Pflege ihrer Mutter erhält Martina Milbert ausschließlich Pflegegeld. Das Pflegegeld wird Martinas Mutter überwiesen, diese gibt das Pflegegeld monatlich an Martina weiter. Durch die Reduzierung ihrer Arbeitszeit erhält Martina ein Jahresbruttoeinkommen von 31.000 €. Die Pflegeversicherung ihrer Mutter schreibt monatlich Rentenbeiträge für die Pflege gut. ■

Pflegt eine Pflegeperson ehrenamtlich mehr als einen Pflegebedürftigen, so wird von der **Additionspflege** gesprochen. Auch hierfür müssen die Voraussetzungen erfüllt sein, dass die Pflegeperson nicht mehr als 30 Stunden pro Woche arbeitet und bei den Pflegebedürftigen mindestens Pflegegrad 2 vorliegt. Die Pflegezeiten (mindestens zehn Stunden/Woche, verteilt auf mindestens zwei Tage) können dann zusammenaddiert werden. So werden auch Beiträge zur Rentenversicherung durch die Proximus Pflegeversicherung gezahlt, siehe dazu auch § 4 Abs. 13 MB PPV.

Ob und wie der Umfang des Pflegeaufwands durch die Pflegeperson erreicht wird, wird zum Beispiel von Gutachtern (Medicproof) überprüft. Zudem besteht für jede Pflegeperson eine Mitwirkungspflicht: Sie hat alle Veränderungen der Pflegekasse anzuzeigen und **wahrheitsgemäße Angaben** zu machen. Erfolgt keine wahrheitsgemäße Information, so kann die Pflegekasse Leistungen zur sozialen Sicherung der Pflegeperson untersagen, § 66 SGB I.

Leistungen bei Pflegezeit der Pflegepersonen und kurzzeitiger Arbeitsverhinderung

Lässt sich die ehrenamtliche Pflegeperson von ihrer Arbeit freistellen oder reduziert ihre Arbeitszeit, sodass neben der Pflegetätigkeit keine berufliche Tätigkeit mehr möglich ist, übernimmt die Pflegepflichtversicherung auch die Zahlung der Arbeitslosenbeiträge.

Nach § 2 Pflegezeitgesetz (PflegeZG) haben Beschäftigte das Recht, bis zu zehn Tage ihre Arbeit niederzulegen, um für einen nahen Angehörigen in einer akut aufgetretenen Pflegesituation eine bedarfsgerechte Pflege zu organisieren oder eine pflegerische Versorgung für diese Zeit selbst sicherzustellen.

Als Kompensation für den Verdienstausfall während dieser Zeit besteht ein Anspruch auf Entgeltersatzleistung, das Pflegeunterstützungsgeld. Vor Inanspruchnahme muss die Pflegepflichtversicherung informiert werden (siehe dazu auch § 4 Abschnitt F MB PPV und Tarifbedingung PV 9).

Pflegekurse für Angehörige und ehrenamtliche Pflegepersonen

Um Pflegepersonen die Pflege zu erleichtern, können Pflegekurse in Anspruch genommen werden, die zwischenzeitlich auch zeit- und ortsunabhängig online durchgeführt werden. Die Kosten für Pflegekurse können von der Pflegepflichtversicherung übernommen werden. Die **compass pflegeberatung** bietet beispielsweise einen solchen Kurs für Pflegepersonen der Pflegepflichtversicherung an.[12]

→ Siehe dazu auch § 4 Abs. 15 MB PPV.

Digitale Pflegeanwendungen und ergänzende Unterstützungsleistungen

Um digitale Möglichkeiten in den Pflegealltag einzubinden, wird mit dem Digitalen-Versorgung-und-Pflege-Modernisierungs-Gesetz (DVPMG) Pflegebedürftigen, die zu Hause leben, ein Leistungsanspruch angeboten, um digitale Lösungen zu nutzen. Zu diesen digitalen Leistungen gehören digitale Pflegeanwendungen (auch DiPA genannt) und weitere Unterstützungsleistungen. Jeden Monat können bis zu 53 € für diese Leistungen genutzt werden.

DiPA sind digitale Hilfsmittel, die der Pflegebedürftige selbst oder gemeinsam mit Angehörigen, ehrenamtlichen Pflegepersonen oder dem Pflegedienst nutzen kann. Sie helfen, die Selbstständigkeit der Pflegebedürftigen zu fördern und ihre Fähigkeiten zu verbessern. Sie können gegebenenfalls auch dazu beitragen, eine Verschlechterung der Pflegebedürftigkeit zu verhindern. Es gibt viele verschiedene Arten von DiPA, darunter Pflege-Apps, Web-Anwendungen, die im Browser genutzt werden können, und Software für Desktop-Computer, um möglichst einfach eine breite Zielgruppe anzusprechen.

→ Siehe dazu auch § 4 Abs. 20 MB PPV.

---

[12] https://pflegekurs.compass-pflegeberatung.de.

Compass – private Pflegeberatung

Pflegeversicherungen unterstützen Pflegebedürftige und deren Angehörige bei Pflegebedürftigkeit und im Antragsprozess. Die Beratung erfolgt bevorzugt telefonisch und unabhängig. Eine Beratung vor Ort ist auch möglich, sofern Versicherte oder Angehörige dies wünschen.

Die Regelung findet sich in § 4 Abs. 18 MB PPV.

Für Versicherte in der sozialen Pflegeversicherung gibt es diese Leistung ebenso (§ 7a SGB XI); sie wird von Pflegestützpunkten erbracht.

Pflegehilfsmittel

Nach § 4 Abs. 7 MB PPV haben versicherte Personen gemäß Nr. 4 des Tarifs Pflegeversicherung Anspruch auf Ersatz von Aufwendungen für Pflegehilfsmittel oder deren leihweise Überlassung, insofern die Pflegehilfsmittel zur Erleichterung der Pflege oder zur Linderung der Beschwerden der versicherten Person beitragen oder ihr eine selbständigere Lebensführung ermöglichen und die Versorgung notwendig ist. Pflegehilfsmittel, wie beispielsweise das Pflegebett, werden vorrangig zur Miete überlassen.

Pflegehilfsmittel können im Rahmen der Begutachtung durch den Gutachter oder im Beratungseinsatz empfohlen werden. Ein Arzt kann zudem ein Pflegehilfsmittel verordnen, diese Verordnung wird dann bei der Pflegepflichtversicherung eingereicht.

Der Antrag des Pflegebedürftigen oder Bevollmächtigten ist innerhalb einer Frist, spätestens drei Wochen nach Antragseingang durch die Pflegepflichtversicherung, zu bewilligen oder abzulehnen. Ist eine Begutachtung notwendig, so verlängert sich diese Frist auf fünf Wochen nach Eingang des Antrags. Wird die genannte Frist nicht eingehalten, hat die Pflegepflichtversicherung dem Antragsteller schriftlich, mit Angabe der Hinderungsgründe, dieses mitzuteilen. Bleibt die Mitteilung ohne Begründung aus, gilt das Pflegehilfsmittel nach Ablauf der Frist als genehmigt.

Erstattungsfähige Hilfsmittel befinden sich in einem Hilfsmittelverzeichnis. Jedes Hilfsmittel, welches durch die Pflegepflichtversicherung erstattet werden kann, besitzt eine Hilfsmittelnummer.

Nr.	Pflegehilfsmittel zur Erleichterung der Pflege	HMV-Nummer
1.1	Pflegebetten, manuell verstellbar	50.45.01.0001–0999
	Pflegebetten, motorisch höhenverstellbar	50.45.01.1000–1999
	Kinder-/Kleinwüchsigenpflegebetten	50.45.01.2000–2999
	Pflegebetten, motorisch verstellbar, mit erhöhter Tragfähigkeit	50.45.01.3000–3999
	Pflegebetten mit Sitz- und Aufrichtfunktion	50.45.01.4000–4999
	Niedrigpflegebetten	50.45.01.5000–5999

Tabelle 4.5: Ausschnitt aus dem Hilfsmittelverzeichnis der private Pflegepflichtversicherung (Jens Noormann)

Entlastungsbetrag

Für Pflegebedürftige ist ein Entlastungsbetrag vorgesehen, der dazu dient, den Alltag von Pflegebedürftigen zu erleichtern. Dieser Betrag ist gesetzlich festgelegt und beträgt monatlich 131 €. Er steht Pflegebedürftigen der Pflegegrade 1–5 zur Verfügung.

Der Entlastungsbetrag kann für eine Vielzahl von Dienstleistungen verwendet werden, die zur Unterstützung im Alltag beitragen. Dazu gehören beispielsweise haushaltsnahe Dienstleistungen, Alltagsbegleitung oder auch bestimmte Pflege- und Betreuungsleistungen. Es ist wichtig zu beachten, dass dieser Betrag zweckgebunden ist und nicht für andere Zwecke verwendet werden darf (siehe dazu Tarifbedingungen PV 11).

Entlastungsleistungen werden erst dann erstattet, wenn sie beansprucht wurden. Eine pauschale Zahlung, zum Beispiel monatlich oder im Voraus, ist nicht möglich.

Werden Entlastungsleistungen in einem Kalenderjahr nicht vollständig verbraucht, so kann der noch nicht verbrauchte Betrag in das nächste Kalenderjahr übertragen werden und muss bis zum 30. Juni des Folgejahres verbraucht und die Erstattung beantragt sein. Wenn also in einem Jahr 1.572 € für Entlastungsleistungen (12 Monate à 131 € zur Verfügung stehen), davon jedoch nur 800 € verbraucht werden, so werden 772 € in das Folgejahr übertragen und müssen bis 30. Juni verbraucht sein beziehungsweise die Erstattung beantragt worden sein.

Auch die nicht versicherten Leistungen der **teilstationären Pflege** können über den Entlastungsbetrag abgerechnet werden.

Wird eine pflegebedürftige Person mit Pflegegrad 1 in einer vollstationären Pflegeinrichtung untergebracht, kann der Entlastungsbetrag auch für die vollstationäre Pflege genutzt werden.

→ Siehe dazu auch § 4 Abs. 16 MB PPV.

Vollstationäre Pflege

Liegt Pflegebedürftigkeit in Pflegegrad 2–5 vor, kann die Pflege in einer vollstationären Einrichtung erfolgen. Aufwendungen werden erstattet für allgemeine Pflegeleistungen einschließlich Kosten für Betreuung und sonstige Leistungen, § 4 Abs. 11, 12 und 12a MB PPV).

Die monatlichen Leistungen der Pflegepflichtversicherung betragen je nach Pflegegrad bis zu:

- Pflegegrad 1: Zuschuss in Höhe von 131 (siehe dazu auch Entlastungsbetrag)
- Pflegegrad 2: 805 €
- Pflegegrad 3: 1.319 €
- Pflegegrad 4: 1.855 €
- Pflegegrad 5: 2.096 €

Pflege in vollstationären Einrichtungen der Hilfe für Menschen mit Behinderung

Bei vollstationären Einrichtungen für Menschen mit Einschränkungen steht zusätzlich die aktive Teilhabe am Gemeinschaftsleben, einer schulischen Ausbildung oder am Arbeitsleben im Mittelpunkt. Diese Einrichtungen können bspw. ein Wohnheim oder auch Werkstätten für Menschen mit Einschränkungen sein.

Eine Leistung kann nur dann beansprucht werden, wenn

- mindestens Pflegegrad 2–5 vorliegt und
- Pflegebedürftige in einer vollstationären Einrichtung für Menschen mit Behinderung untergebracht sind oder in einer besonderen Wohnform leben.

Die Pflegepflichtversicherung beteiligt sich monatlich bis maximal 278 €.

Findet nicht durchgängig eine Unterbringung in einer vollstationären Einrichtung oder besonderen Wohnform statt, können auch Leistungen mit ambulanter Pflege kombiniert werden, § 4 Abs. 3a MB PPV.

→ Weitere Informationen zur Leistung finden sich in § 4 Abs. 11 MB PPV.

Leistungszuschlag bei vollstationärer Pflege

Sind Pflegebedürftige in der vollstationären Pflege untergebracht, erhalten Sie monatlich einen sogenannten Zuschlag zum pflegebedingten Eigenanteil. Dieser wird auch Einrichtungseinheitlicher Eigenanteil (EEE) genannt. Mit Dauer der Unterbringung in der Pflegeeinrichtung steigt der Zuschlag.

Der Zuschlag ist prozentual gestaffelt:

- 15 % im ersten Jahr
- 30 % im zweiten Jahr
- 50 % im dritten Jahr
- 75 % ab dem vierten Jahr

■ BEISPIEL ZUM EINRICHTUNGSEINHEITLICHEN EIGENANTEIL

Ausgehend von einem Eigenanteil in Höhe von 1.000 €/Monat.

	15 % im ersten Jahr	30 % im zweiten Jahr	50 % im dritten Jahr	75 % ab dem vierten Jahr
Zuschlag pro Monat:	150 €	300 €	500 €	750 €

→ Siehe dazu auch Tarifbedingungen 7.6 PPV. ■

4.4.4.1.4 Finanzierung und rechtliche Rahmenbedingungen

Finanzierung von Pflegeleistungen

Reichen die Leistungen zur Sicherung der Pflege nicht aus, so sind die darüber hinausgehenden Kosten von den Pflegebedürftigen selbst zu tragen.

Pflegebedürftige sind nach § 90 SGB XII zudem verpflichtet, vorhandenes Vermögen einzusetzen, bevor sie anderweitige Leistungen (Hilfe zur Pflege nach § 61a SGB XII[13]) beanspruchen können oder im Zuge des Familienrechts (Kinder nach § 1601 BGB) Forderungen entstehen können.

Gerichtsbarkeit Pflegeversicherung

Sofern eine Klage eingereicht werden soll, ist für die Pflegepflichtversicherung das Sozialgericht zuständig. Die örtliche Zuständigkeit richtet sich nach dem Wohnort des Versicherungsnehmers. Sollte sich der Versicherungsnehmer in einem aktiven Beschäftigungsverhältnis befinden, kann auch Klage bei dem für den Beschäftigungsort zuständigen Sozialgericht eingereicht werden, § 17 MB PPV.

Operative Umsetzung „Private Pflegepflichtversicherung"

Die operative Umsetzung der Pflegepflichtversicherung in der PKV ist an spezielle Anforderungen gekoppelt. So ist es nicht möglich, dass Vergünstigungen oder von den MB PPV abweichende Vereinbarungen zu Gunsten oder Ungunsten des Kunden getroffen werden. Die Allgemeinen Versicherungsbedingungen und Tarifbedingungen der privaten Pflegepflichtversicherer sind gleichwertig und unterscheiden sich nicht in ihrem Leistungsumfang.

Idealerweise wird der Vertrag für Kranken- und Pflegepflichtversicherung von den Versicherten bei einem Krankenversicherer abgeschlossen, sodass die Abwicklung unkompliziert erfolgen kann. Denn zwischen Pflegepflichtversicherung und PKV gibt es oftmals Schnittmengen, zum Beispiel in der Hilfsmittel-Versorgung.

Poolausgleich

Versicherungsunternehmen, welche die private Pflegepflichtversicherung nach SGB XI anbieten, nehmen am Poolausgleich teil. Im Zuge des Poolausgleichs werden Leistungsausgaben-Differenzen der Unternehmen ausgeglichen. Leistungsausgaben die aufgrund der unterschiedlichen Risikostruktur in der Pflegepflichtversicherung entstehen können und ein möglicher Beitragsausgleich. Ein Ausgleich der Beitrags-

[13] Personen, die pflegebedürftig im Sinne des § 61a sind, haben Anspruch auf Hilfe zur Pflege, soweit ihnen und ihren nicht getrenntlebenden Ehegatten oder Lebenspartnern nicht zuzumuten ist, dass sie die für die Hilfe zur Pflege benötigten Mittel aus dem Einkommen und Vermögen nach den Vorschriften des Elften Kapitels aufbringen. Sind die Personen minderjährig und unverheiratet, so sind auch das Einkommen und das Vermögen ihrer Eltern oder eines Elternteils zu berücksichtigen.

einnahmen kann stattfinden, wenn ein privater Pflegepflichtversicherer zum Beispiel mehr beitragsfreie Kinder mitversichert. Der PKV-Verband ist Verwalter des Pools.

Der Poolausgleich wird auch in den Krankenversicherungstarifen Standardtarif und Basistarif durchgeführt.

Die einwandfreie Umsetzung der MB PPV ist durch das Unternehmen sicherzustellen. Dazu bedient es sich aus den Maßnahmen des **Internen Kontrollsystems (IKS)**. Unter anderem sind stichprobenartige Prüfungen der Bearbeitungen vorzunehmen, die Dokumentation der Arbeitsabläufe ist sicherzustellen. Daneben sollten Versicherungsunternehmen regelmäßige Qualifizierungen durchführen, um die regulatorischen Bedingungen einzuhalten.

Die Unternehmen, welche eine Pflegepflichtversicherung betreiben, können mittels einer Revision durch den Pool überprüft werden. Die in dieser Prüfung aufgefallenen Auffälligkeiten sind zu beheben und zu korrigieren.

4.4.3.2 Private Pflegezusatzversicherung

Die private Pflegezusatzversicherung hat sich zu einem festen Bestandteil des Produktportfolios von Kranken-, Unfall- und Lebensversicherungen entwickelt und ist aus den Angeboten der Versicherer nicht mehr wegzudenken. Die höhere Lebenserwartung sowie die positive Entwicklung der medizinischen Versorgung führen zu einer Zunahme von Pflegebedürftigen und einer Verlängerung der Pflegebedürftigkeit. Die statistische Auswertung der durchschnittlichen Pflegedauer weist eine erhebliche Spannbreite auf, wobei die Werte zwischen vier und sechs Jahren variieren.

In Anbetracht der erleichterten Erlangung eines Pflegegrads ist davon auszugehen, dass die Zeit der Pflegebedürftigkeit und damit auch die Dauer der Betreuung durch professionelle Pflegekräfte oder die Verweildauer in Pflegeheimen zunehmen wird. Die dargestellten Aspekte bedingen, dass Pflegebedürftige zur Sicherstellung ihrer Versorgung sowie zur Aufrechterhaltung ihrer Lebensqualität über eine stabile finanzielle Situation verfügen müssen, um auf die genannten Umstände angemessen reagieren zu können.

Anhand unserer Musterfamilie Müller lässt sich gut aufzeigen, dass die Absicherung gegen die Folgen der Pflegebedürftigkeit sinnvoll ist und insbesondere durch Pflegezusatzversicherung sehr sinnvoll gelingen kann.

Henri Laurant erhält einen Anruf von Horst Müller, der sich nach Absicherungsmöglichkeiten gegen die Folgen einer Pflegebedürftigkeit erkundigt.

Nach einem kurzen Check in der Kundenübersicht hat Henri Laurant sich einen guten Überblick verschafft: Horst Müller verdient oberhalb des Jahresarbeitsentgeltgrenze (JAEG) und wäre bei einer abgeschlossenen Heilkostenvollversicherung in der privaten Pflegepflicht-

versicherung (PPV) abgesichert. Die Leistungen der PPV sind gleichwertig mit den Leistungen der sozialen Pflegeversicherung (SPV). Seine Kinder Maya und Frieda könnten bei Horst mitversichert werden und würden ebenso in der PPV versichert sein. Diese Absicherung sorgt im Pflegefall für eine Grundabsicherung.

Herr Müller möchte wissen, ob es denn lohnenswert wäre, wenn er für seine Töchter neben der sozialen oder privaten Pflegepflichtversicherung, eine Pflegezusatzversicherung abschließen würde. Im Gespräch nennt Henri Laurant Herrn Müller einige Ereignisse, welche zu einer schnellen und schweren Pflegebedürftigkeit führen könnten:

Ereignis	Pflegebedürftigkeit
Tochter Maya verunfallt auf dem Heimweg einer Geburtstagsparty mit dem Fahrrad schwer und ist querschnittsgelähmt, sie trug keinen Fahrradhelm, es liegt kein Fremdverschulden vor.	Tritt ein, vermutlich mind. im Pflegegrad 2–3.
Horst Müller erleidet einen Schlaganfall, der dazu führt, dass er seine Tätigkeit nicht mehr ausüben kann.	Pflegebedürftigkeit wird auch hier vorliegen, vermutlich – je nach Schwere des Schlaganfalls – in Pflegegrad 2–3.
Tochter Frieda wird auf ihrer Weltreise von einer Zecke gebissen und infiziert sich mit Borreliose, die dazu führt, dass eine starke Meningitis langfristig zur Schädigung des Sprachzentrums und des Bewegungsapparats führt.	Pflegebedürftigkeit könnte auch hier vorliegen, vermutlich – je nach Schwere der Beeinträchtigung – in Pflegegrad 1–2.

Leistungsarten

Um Familie Müller nun optimal zu beraten, ist es notwendig, zu analysieren, ob bereits Absicherungen bestehen – einschließlich deren Leistungshöhe und -umfang – zudem ob es Besonderheiten bei den Pflegegraden gibt sowie die prozentuale Höhe der Auszahlung.

Folgende Leistungsarten könnten angeboten werden:

- **Pflegetagegeld:** Wird für jeden Tag der Pflegebedürftigkeit gezahlt.
- **Einmalzahlung:** Es erfolgt die Zahlung einer vereinbarten Summe bei Eintritt der Pflegebedürftigkeit.
- **Bezuschussung von erbrachten Leistungen (Pflegekostenversicherung):** Es können anteilig, entweder monetär oder prozentual vereinbart, Leistungen bezuschusst werden, welche von einem Pflegedienst, in einem Pflegeheim oder sonstigen Leistungserbringern erbracht werden.
- **Pflegerente:** Monatlich wird eine Rente gezahlt, wenn Pflegebedürftigkeit eintritt.
- **Assistance-Leistungen:** Bereitstellung von Leistungen, zum Beispiel für Haushaltshilfe, Pflegedienst, usw.

- **Beratungsleistungen:** Vermittlung und Bereitstellung von Beratungsdiensten, die bei der Organisation und Durchführung der Pflege beraten.
- **Beitragsfreistellung bei Eintritt Pflegefall:** Versicherer können vereinbaren, dass keine Beiträge mehr zu entrichten sind, wenn ein definierter Pflegegrad vorliegt.

Je nach vorliegender Situation erfolgt eine passgenaue Absicherung der Kunden. Bei der Berechnung der Leistungshöhen sollten bestehende Absicherungen immer mitbetrachtet werden, wie zum Beispiel, ob es Leistungen einer privaten Unfallversicherung gibt.

Kombination mit Pflegepflichtversicherung

Pflegezusatzversicherungen können auch als Ergänzung zu einer bestehenden Pflegepflichtversicherung abgeschlossen werden. Eine Pflegepflichtversicherung ist jedoch nicht zwingend erforderlich. Lediglich bei Abschluss des Pflege-Bahr ist eine Pflegepflichtversicherung zwingende Voraussetzung.

In der Regel sind die Pflegezusatzversicherungen so konzipiert, dass ein Antrag auf Pflegebedürftigkeit bei der Pflegepflichtversicherung gestellt wird und dann die dort erstellte Leistungszusage als Grundlage für die Leistungen des Pflegetagegelds herangezogen werden. Entscheidend ist, dass ein Pflegegrad vorliegt, welcher gutachterlich festgestellt wurde. Der Versicherungsfall ist, dass Pflegebedürftigkeit nach § 14 SGB XI vorliegt.

Sofern keine Pflegepflichtversicherung besteht, können die Versicherungsbedingungen des Pflegezusatztarifs vorsehen, dass im Auftrag des Versicherungsunternehmens, welches die private Pflegezusatzabsicherung anbietet, eine Begutachtung stattfindet. Die privaten Pflegeversicherer würden dann Medicproof beauftragen, eine Begutachtung durchzuführen.

Ausland

Ob und inwiefern Versicherungsschutz im Ausland besteht, ist abhängig vom abgeschlossenen Pflegezusatz-Tarif. In vielen Tarifen ist zwischen dem europäischen Ausland und dem weltweiten Versicherungsschutz zu unterscheiden. In den Mitgliedsstaaten der Europäischen Union besteht meistens gemäß Bedingungen Versicherungsschutz.

Problematisch wird es, wenn Versicherte ins Ausland verziehen, der Versicherungsschutz ausgedehnt wird und Kunden sich dann mit einer eventuell eingetretenen Pflegebedürftigkeit melden.

Das nachfolgende Fallbeispiel beschreibt das Vorgehen, welches möglich wäre:

■ **BEISPIEL**

Ernst Müller plant für eine längere Zeit nach Barcelona zu ziehen, er hat sich vor einigen Jahren dort ein Appartement gekauft. Er wird das Appartement für eine längere Zeit nicht als Zweitwohnsitz, sondern als Erst- und Hauptwohnsitz nutzen. Der Krankenversicherungsschutz wird temporär erweitert, somit folgt auch der Pflegepflichtversicherungsschutz. Sofern eine Pflegebedürftigkeit eintritt, wird diese von Ernst Müllers Pflegepflichtversicherung festgestellt und die Leistungen können dann bei der Pflegezusatzversicherung beantragt werden. Sollte es – unabhängig vom Zustand – dazu kommen, dass keine Begutachtung durch die Pflegepflichtversicherung erfolgt, so ist es möglich, dass der Pflegezusatzversicherer einen Gutachter beauftragt, welcher eine mögliche Pflegebedürftigkeit feststellt. Wichtig ist, dass in den Allgemeinen Versicherungsbedingungen geklärt ist, ob eine Leistungszusage beziehungsweise zwingende Begutachtung durch den Pflegeversicherer vorliegen muss oder alternativ der Pflegezusatzversicherer eine Begutachtung durchführen lassen kann. ■

Ob und welcher Versicherungsschutz außerhalb der EU-Mitgliedsstaaten besteht, muss individuell in den Allgemeinen Versicherungsbedingungen beziehungsweise Tarifbedingungen geklärt sein. Kunden sind im Beratungsgespräch ausführlich zu informieren, wenn sie die Information geben, dass sie einen Umzug ins Ausland planen.

→ Siehe auch Proximus Tarifbedingungen für die Pflegeergänzungsversicherung, hier § 1 Abs. 5.

Wartezeit

Wartezeiten sind je Tarif unterschiedlich. In der Regel gilt in der Pflegezusatzversicherung eine Wartezeit von drei Jahren. Es gibt Versicherer, die ganz auf die Wartezeit verzichten. Eine andere Variante ist, dass Versicherer auf die Wartezeit verzichten, sofern die Pflegebedürftigkeit aufgrund eines Unfalls eintritt. Im Pflege-Bahr darf die Wartezeit höchstens fünf Jahre betragen.

Steuerliche Betrachtung

Ob und inwiefern Leistungen einer Pflegezusatzversicherung steuerlich relevant sind, hängt von dem ausgewählten Produkt ab.

Pflege-Bahr

Eine Stärkung der privaten Pflege-Vorsorge wurde zum 1.1.2013 aufgrund des Pflegeneuausrichtungsgesetz (PNG) umgesetzt. Die seinerzeit von CDU und FDP geführte Regierung reformierte das SGB XI und setzte Verbesserungen um, darunter die geförderte private Pflege-Tagegeldversicherung (Pflege-Bahr). Wird für eine versicherte Person monatlich mindestens ein Beitrag von 10 € entrichtet, wird für diesen eine Zulage von monatlich 5 € gezahlt. Die Leistungen bei Pflegegrad 5 müssen mindestens 600 € monatlich betragen. Der prozentuale Förderanteil fällt bei jüngerem Einstiegsalter höher aus, da schon mit einem niedrigen Monatsbeitrag die Mindestabsicherung von 600 € Pflegetagegeld erreicht werden kann. Der Beitrag richtet sich nach dem Eintrittsalter.

Die Staffelung der Leistungsbeträge (Pflegetagegeld) ist monatlich wie folgt prozentual von mindestens 600 € Pflegetagegeld bei Pflegegrad 5 vom Versicherer gemäß Musterbedingungen festzulegen:

Pflegegrad	Mindestens Pflegetagegeld in % der in Pflegegrad 5 vereinbarten Pflegetagegeld-Leistung
1	10 %
2	20 %
3	30 %
4	40 %
5	100 %

Tabelle 1.7: Leistungen Pflegebahr (Jens Noormann)

Abschlussvoraussetzungen Pflege-Bahr

Der Tarif Pflege-Bahr kann nur dann abgeschlossen werden, wenn bei keinem anderen Pflegezusatzversicherer ein Pflege-Bahr besteht und keine Pflegebedürftigkeit besteht. Eine Risikoprüfung ist nicht vorgesehen, damit auch keine Risikozuschläge oder Leistungsausschlüsse. Die zu versichernden Personen müssen privat oder gesetzlich pflegeversichert sein.

4.4.4 Bestehende Versorgungssituation in der Unfallversicherung:

In der Einleitung zu **Kapitel 4, sowie in 4.1 und 4.2** wurde bereits auf die Gemengelage bezüglich der Versorgungssituation eingegangen.

Erklärung zur Versorgungssituation in der Unfallversicherung:

Die gesetzliche Unfallversicherung (GUV) schützt Personen nur teilweise – sie greift bei Arbeits- und Wegeunfällen sowie Berufskrankheiten, aber nicht in der Freizeit.

Um diese Lücke zu verkleinern, kann eine betriebliche Unfallversicherung (bUV) ergänzt werden. Sie bietet zusätzliche Leistungen für Beruf und oft auch den Arbeitsweg – je nach Vertrag.

Wenn Mitarbeitende einen individuellen Schutz wünschen, ist mitunter noch eine private Unfallversicherung als Ergänzung erforderlich. Sie deckt auch Unfälle in der Freizeit oder im privaten Umfeld ab und kann individuell an persönliche Bedürfnisse angepasst werden.

Abbildung 4.7: Verbesserung des Schutzniveaus mittels bUV und PUV

Die Unfallversicherung gehört zwar zu den wichtigen Versicherungen, denn sie sichert ein existenzbedrohendes Risiko ab. Sie sollte sich jedoch hinten anstellen, wenn bestimmte Risiken durch andere Versicherungslösungen besser abgedeckt werden können. Zum Beispiel ist eine Berufsunfähigkeitsversicherung (die auch Krankheiten absichert) wichtiger als eine Unfallrente. Wenn aber keine BUV möglich ist, kann wiederum eine Unfallrente sehr sinnvoll sein. Selbiges trifft zu, wenn es zum Beispiel um die Absicherung von Tagegeld, Krankenhaustagegeld, einer Todesfallsumme, der Absicherung von Pflegerisiken oder Zahnersatz geht.

Natürlich gibt es auch Argumente für eine Unfallrente zusätzlich zur Berufsunfähigkeitsabsicherung (wie beispielsweise für den Fall, dass ein schwerer Unfall erhebliche Mehrkosten im Alltag verursacht, ohne dass eine Berufsunfähigkeit vorliegt). Dennoch sollten Mehrfachabsicherungen bestimmter Bereiche vermieden werden, solange nicht alle wichtigen Lebensbereiche abgesichert sind. Hier ein Überblick über einige Schnittmengen der Versicherungsbereiche:

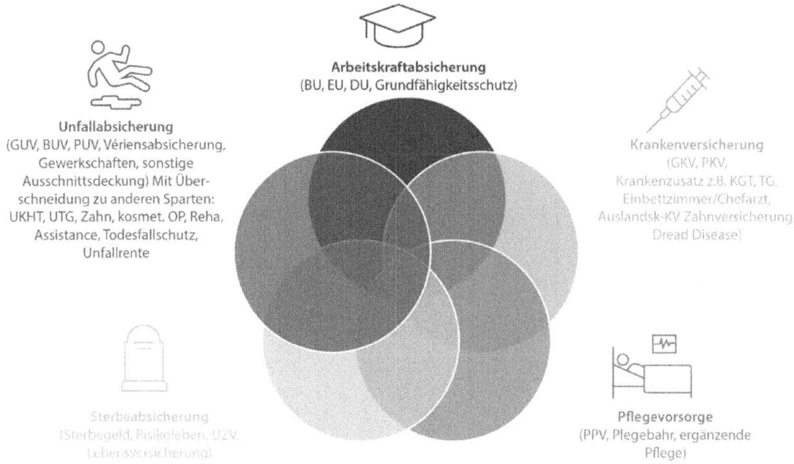

Abbildung 4.8: Schnittmengen der Unfallversicherung mit anderen Bereichen

Dies ist keine abschließende Übersicht. Es gibt noch weitere Absicherungen, die eine Rolle spielen können. Zum Beispiel die Kinderinvaliditätsversicherung. Jedoch wird anhand der Übersicht bereits klar, dass es Überscheidungen zwischen den Bereichen gibt, die berücksichtig werden sollten.

4.4.4.1 Unfallbegriff

Unfall gemäß § 178 Abs. 2 S. 1 VVG

(2) Ein Unfall liegt vor, wenn die versicherte Person durch ein plötzlich von außen auf ihren Körper wirkendes Ereignis unfreiwillig eine Gesundheitsschädigung erleidet.

Eselsbrücke „PAUKE"

Ein **P**lötzlich von **A**ußen **U**nfreiwillig auf den **K**örper einwirkendes **E**reignis mit dauerhafter Gesundheitsschädigung.

Diese Definition findet sich auch in allen Allgemeinen Unfallversicherungsbedingungen. So auch in Proximus AUB 2022 unter 1.3 „Definition Unfall".

Versicherungsumfang in Proximus (Ziffer 1)

- **Zeitlicher Geltungsbereich**: Unfälle der versicherten Person (VP) während der Vertragslaufzeit, rund um die Uhr
- **Örtlicher Geltungsbereich**: weltweiter Versicherungsschutz, mit Ausnahmen
- **Inhaltlicher Geltungsbereich**: Definition des Unfallbegriffs inklusive Unfall-Fiktion (erweiterter Unfallbegriff)

Darüber hinaus besagt § 178 Abs. 1 VVG, dass die Versicherung auch bei „einem vertraglich dem Unfall gleichgestellten Ereignis" leisten muss. Folglich können Versicherer weitere Punkte in ihren Leistungskatalog mit aufnehmen.

Erweiterter Unfallbegriff in Proximus Ziffer 1.4 AUB 2022

Unfälle durch erhöhte Kraftanstrengung, Oberschenkelhalsbruch, Zeckenstiche, Impfschäden, Rettung von Menschenleben, Tauchen, und Einwirkungen durch Dämpfe, Gase oder sonstige schädliche Mittel.

Abbildung 4.9: Leistungsarten in der Unfallversicherung gemäß Proximus

4.4.4.2 Invaliditätsleistung (Ziffer 2.1)

Eine Invalidität liegt vor, wenn die versicherte Person infolge eines Unfalls voraussichtlich dauerhaft (mindestens drei Jahre) bestimmte Körperteile oder Sinnesorgane nicht mehr vollständig nutzen kann.

Die Invaliditätsleistung (Kapitalzahlung nach einem Unfall) ist Kern der PUV. Mindestens 20.000 € müssen in Proximus versichert sein, sofern nicht mindestens 200 € Unfallrente abgesichert sind. Geleistet wird, sofern der Unfallbegriff (PAUKE) erfüllt ist. Zusätzlich „werden auch einem Unfall gleichgestellte Ereignisse" ebenfalls Teil des Versicherungsschutzes (in Proximus AUB 2022 unter 1.4 „Was darüber hinaus als Unfall gilt").

Die Auszahlung richtet sich nach der Invaliditätshöhe sowie der Kombination der vereinbarten Leistungen:

- **Grundsumme (GS):** Einmalzahlung, wenn die versicherte Person unfallbedingt dauerhaft in ihrer körperlichen oder geistigen Leistungsfähigkeit beeinträchtigt ist.

- **Progression (Prog):** Leistungssteigerung bei schweren Verletzungen, abhängig vom Invaliditätsgrad.

  In Proximus gibt es folgende Progressionen: 225 %, 350 % und 500 %. Die Prozentzahl gibt an, um welchen Faktor die Auszahlung bei Vollinvalidität höher ist als die Grundsumme. Also beispielsweise 500 % = fünffache Auszahlung bei Vollinvalidität.

  Bei der Steigerung gelten die sogenannten Progressionsstaffeln (siehe Proximus AUB 2022 Ziffer 2.1.2.4). Die Steigerung erfolgt nach einem festen Schema (zum Beispiel bei 500 % Progression: bis 25 % Invalidität einfach, 26–50 % fünffach, 51–100 % siebenfach)

  Es sind auch andere Varianten möglich.

Hinweis

In manchen Tarifen ist anstelle einer progressiven Steigerung eine **Mehrleistung** ab einem bestimmten Invaliditätsgrad vereinbart, zum Beispiel Verdoppelung der Leistung ab 70 %. Die Linie ist bis 69 % Invalidität identisch mit der Progression 100 % und springt bei 70 % beziehungsweise 90 % direkt auf die höhere Ebene.

Vergleich Progressionsstaffeln und Mehrleistung bei 100.000 € Grundsumme:

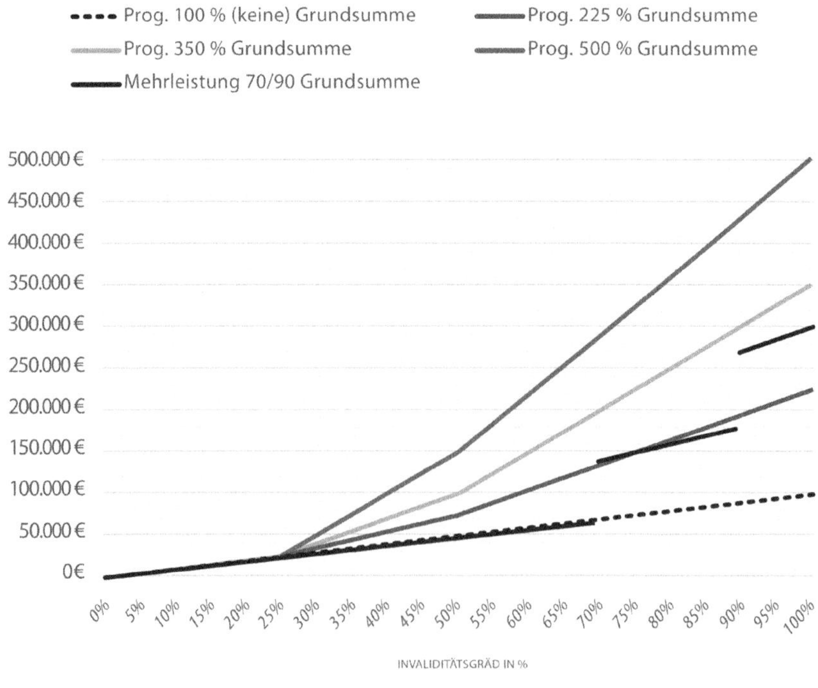

Abbildung 4.10: Progressionsvergleich bei gleicher Grundsumme

Demgegenüber finden sich die meisten Unfälle mit Invaliditätsfolge im niedrigen Prozentbereich. Diese werden jedoch von der Leistungssteigerung der Progression beziehungsweise Mehrleistung ausgeklammert:

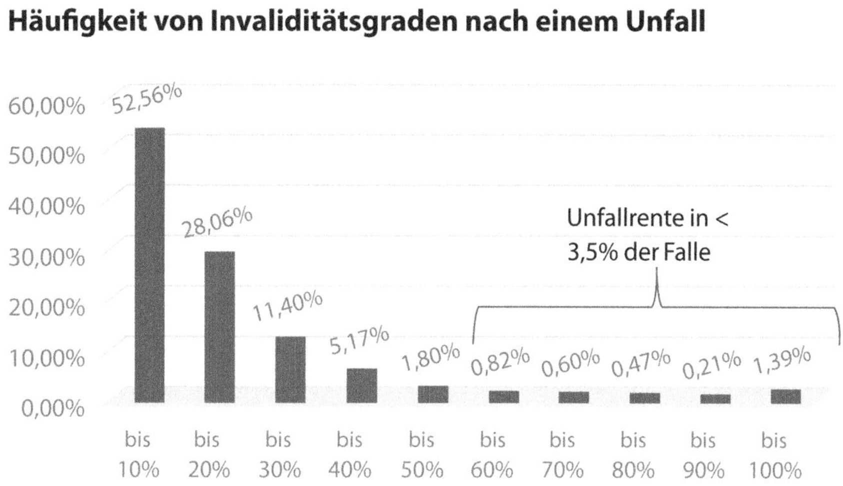

Abbildung 4.11: Häufigkeit von Invaliditätsgraden

Häufig möchten sich Kunden auch vor kleineren, häufiger auftretenden Verletzungen absichern. Es gilt daher, ein ausgewogenes Verhältnis zwischen einer (oft kostspieligen) Absicherung bei geringen Invaliditätsgraden und einer angemessenen Absicherung im Falle einer Vollinvalidität zu finden.

Tipp

Es lohnt sich gegebenenfalls einen besseren Tarif (mit höherer GT) abzuschließen und dafür eine geringere Grundsumme in Verbindung mit einer höheren Progression zu vereinbaren.

■ BEISPIEL: VERGLEICH DER LEISTUNGEN

Fall 1: Standard-Gliedertaxe, 225 % Progression

- **Grundsumme (GS):** 100.000 €
- **Progression: 225 %**
- **Invalidität:** Verlust des Daumens = 20 % laut Gliedertaxe

Berechnung:

100.000 € x 20 % = 20.000 €

→ keine Erhöhung durch Progression, da unter 25 %.

Fall 2: Verbesserte Gliedertaxe, 500 % Progression

- **Grundsumme (GS):** 50.000 €

- **Progression:** 500 %
- **Invalidität:** Verlust des Daumens = 30 laut verbesserter Gliedertaxe

Berechnung Schritt für Schritt:

1. **Aufteilung der Invalidität:**

1–25 %: bleibt 1-fach → 25 %

26–30 %: 5 % x 5 (wegen 500 % Progression) → 25 %

2. **Effektiver Invaliditätsgrad:**

25 % (Basis) + 25 % (progressiv) = **50 %**

3. **Auszahlung:**

50.000 € x 50 % = **25.000 €** ■

Der bessere Tarif ist häufig günstiger und bietet möglicherweise auch noch eine weiter gefasste Unfalldefinition beziehungsweise weitere Vorteile.

Zu erwähnen ist zudem, dass es auch Tarife gibt, die bereits bei einem Invaliditätsgrad von beispielsweise 50 % die volle Invaliditätssumme auszahlen. Üblicherweise ist hier die Gliedertaxe aber eher gering, sodass diese Werte schwerer zu erreichen sind. Es ist also genau zu prüfen, ob diese Regelung wirklich besser ist. Außerdem ist eine gute Gliedertaxe auch wichtig für das Erreichen der Schwelle für die Unfallrente.

4.4.4.3 Unfallrente 50/90 (Ziffer 2.2)

Die Unfallrente 50/90 gewährt eine lebenslange monatliche Rentenzahlung bei einem unfallbedingten Invaliditätsgrad von mindestens 50 %. Die Rente verdoppelt sich ab einem Invaliditätsgrad von 90 %.

Voraussetzung für die Auszahlung der Unfallrente ist, dass die Invalidität voraussichtlich mindestens drei Jahre besteht und binnen 24 Monaten ab dem Unfalltag geltend gemacht worden ist.

- **Neubemessung:** Achtung, gemäß Ziffer 9.4 Proximus AUB 2022 ist eine Neubemessung innerhalb von drei Jahren (bei Kindern bis 14 Jahren) jährlich möglich. Die Detailregelung zur Neubemessung in Bezug auf die Unfallrente finden sich unter Ziffer 2.2.4.2.

Abhängigkeit von der Gliedertaxe:

Wie die Invaliditätsleistung ist auch die Unfallrente stark von der Gliedertaxe abhängig. Wenn zum Beispiel für einen Fuß gemäß Standard-Gliedertaxe 40 % Invalidität zugesprochen werden, entfällt die Unfallrente, da sie erst ab 50 % Invalidität ausgezahlt wird.

Bei einer verbesserten Gliedertaxe werden für denselben Fuß aber beispielsweise 60 % Invalidität zugesprochen. Somit würde die Unfallrente ausgezahlt werden. Zudem wäre es – bei gleichen Versicherungssummen – auch eine höhere Invaliditätszahlung.

Eine Alternative kann auch eine Unfallrente bereits bei einem geringeren Invaliditätsgrad (zum Beispiel bereits ab 25 %) sein. Zu berücksichtigen ist jedoch, dass diese Tarife dann nur einen Anteil der vereinbarten Rente (zum Beispiel 25 %) zahlen und die volle Unfallrente meist erst bei einem deutlich über 50 % liegenden Invaliditätsgrad gezahlt wird. Zudem ist in derartigen Tarifen meist eine Standard-Gliedertaxe hinterlegt, sodass sich die Frage stellt, ob man lieber

- Standardtaxe mit anteiliger Rente bereits ab 25 % Invalidität oder
- verbesserte Gliedertaxe mit voller Rente bereits ab 50 % Invalidität

  wählen sollte.

Deshalb sollten am besten beide Varianten durchgerechnet werden!

Die Unfallrente ist keine Einkommensabsicherung

Die Berufsunfähigkeitsversicherung sichert die Fähigkeit ab, in einem bestimmten Berufsfeld arbeiten zu können. Das spielt bei der Unfallrente keine Rolle: Man kann berufsunfähig sein und dennoch keine Unfallrente erhalten, oder man kann Unfallrente erhalten und dennoch berufsfähig sein.

Leistungsauslösender Faktor ist bei der Unfallrente nicht die Fähigkeit zu arbeiten oder einer Erwerbstätigkeit nachzugehen, sondern die **unfallbedingte Invalidität gemäß Gliedertaxe**. Lediglich ca. 10 % aller Fälle von Berufsunfähigkeit sind auf Unfälle zurückzuführen. Der Rest sind Erkrankungen (psychische Erkrankungen, Krebs und andere schwere Erkrankungen, Erkrankungen des Bewegungsapparates usw.).

Die Unfallrente ist geeignet, um erhöhte Kosten (beispielsweise medizinische Kosten, Kosten für Hilfsmittel, Fahrtkosten, Haushaltshilfekosten) nach einem schweren Unfall abzusichern. Sofern eine ausreichende BU-Absicherung nicht in Betracht kommt, kann sie als Ausschnittsdeckung (im besten Fall zusammen mit einer Erwerbsunfähigkeitsversicherung, Grundfähigkeitsversicherung sowie Dread-Disease-Versicherung) empfohlen werden. Bei Kindern sollte grundsätzlich eine Kinderinvaliditätsversicherung empfohlen werden.

4.4.4.4 Weitere Leistungsarten

Soforthilfe (Ziffer 2.3)

Soforthilfe kann in Anspruch genommen werden, wenn aufgrund unfallbedingten Verletzungen (beispielsweise Brüche, Verbrennungen beziehungsweise Verbrühungen, Quetschungen innerer Organe, uvm.) eine vorübergehende Leistungseinschränkung/Invalidität besteht. Es handelt sich bei der Soforthilfe um eine **einmalige Leis-**

tung, die gegen einen Mehrbeitrag versichert werden kann. Im Leistungsfall erfolgt die Auszahlung eines Prozentsatzes der vereinbarten Versicherungssumme.

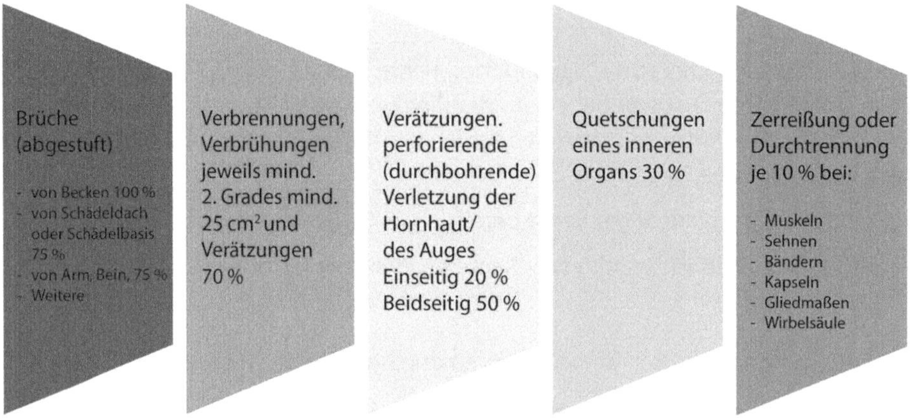

Abbildung 4.12: Auszug aus 2.3 Soforthilfe Proximus AUB 2022

Hinweis

Je Unfall werden (auch bei mehreren Verletzungen mit insgesamt über 100 %) maximal 100 % der Versicherungssumme gezahlt.

Tagegeld (Ziffer 2.4)

Leistung bei Arbeitsunfähigkeit nach Unfall: Tägliche Zahlung während der ärztlichen Behandlung – bis maximal ein Jahr nach dem Unfall. Zahlung von 100 % der Versicherungssumme bei vollständiger Arbeitsunfähigkeit, anteilige Zahlung bei geringerer Einschränkung (beispielsweise 50 % bei 50%iger Arbeitsunfähigkeit).

Absicherungshöhe: Absicherbar ist ein Tagegeld ab dem 1., ab dem 15. oder ab dem 43. Tag. Angestellte haben Anspruch auf sechs Wochen Lohnfortzahlung von ihrem Arbeitgeber und erhalten danach ca. 2/3 ihres Einkommens als Krankengeld aus der GKV. Folglich wäre hier die Absicherung von 1/3 des Bruttoeinkommens bedarfsgerecht. Selbstständige können auch die Optionen ab dem 1. oder ab dem 15. Tag wählen. Hier sollte ermittelt werden, welches regelmäßige Einkommen sie absichern können. Privat Krankenversicherte benötigen üblicherweise kein Tagegeld in der Unfallversicherung, wenn sie dies bereits in ihrer PKV in ausreichender Höhe enthalten haben.

Die Absicherung des Tagegeldes ist **nur in Tarif 30 möglich**.

Krankenhaustagegeld, Rooming-in, ambulante OP (Ziffer 2.5)

Das Krankenhaustagegeld wird für jeden Kalendertag (bis maximal drei Jahre ab dem Unfalltag) gezahlt, sofern sich die versicherte Person unfallbedingt in medizinisch notwendiger vollstationärer Behandlung befindet.

Ebenfalls versichert:

- **Ambulante chirurgische OP:** bis zu sieben Tage, wenn Vollnarkose oder Regionalanästhesie mindestens an einer ganzen Extremität erfolgt, **keine** reine Wundversorgung
- **Unfallbedingte Reha-Aufenthalte**
- **Rooming-In:** erstattet zusätzliche Kosten für die Unterbringung einer Begleitperson bei der Behandlung eines Kindes bis 14 Jahren

Nicht versichert: Kur-, Sanatorien-, Erholungsheimaufenthalte

Tipp

Gesetzlich Krankenversicherte müssen jeweils 10 € pro Tag im Krankenhaus (für längstens 28 Tage) zuzahlen, sofern zudem noch die Absicherung von Wahlleistungen (Ein- oder Zweibettzimmer) gewünscht ist.

Todesfallleistung (Ziffer 2.6)

Bei der Todesfallleistung handelt es sich um eine **einmalige Leistung**, die ausgezahlt wird, wenn die versicherte Person innerhalb eines Jahres nach dem Unfall aufgrund des Unfalls beziehungsweise an dessen Folgen verstirbt. Sofern nicht bereits anderweitig versichert, sollten mindestens die Beerdigungskosten in Höhe von ca. 5.000–10.000 € abgesichert werden.

Möglichkeit der Vorschusszahlung auf die Invaliditätsleistung (Ziffer 9.3): Wenn die versicherte Person nach einem Unfall lebt, jedoch mit einer dauerhaften Beeinträchtigung rechnen muss, gilt laut Ziffer 9.3: „Vor Abschluss des Heilverfahrens kann eine Invaliditätsleistung innerhalb eines Jahres nach dem Unfall nur bis zur Höhe einer vereinbarten Todesfallsumme beansprucht werden." Da das Heilverfahren und somit die Feststellung der Invalidität nach einem Unfall in der Regel mindestens ein Jahr dauert, kann die Zeit durch Zahlung des Vorschusses überbrückt werden. Daher kann die Absicherung im Höhe eines Jahresgehaltes sinnvoll sein.

Obliegenheiten im Leistungsfall (Ziffer 7.5):

- Die Unfallmeldung muss binnen 48 Stunden erfolgen.
- Zur Prüfung der Leistungspflicht hat der Versicherer das Recht zur Obduktion durch einen von ihm beauftragten Arzt.

Ersatz der Lebensversicherung? Sofern eine Kreditverpflichtung besteht beziehungsweise die Angehörigen abgesichert sein sollen, aber kein Todesfallschutz im Rahmen einer Lebensversicherung besteht und auch nicht in Betracht kommt, kann dieses Risiko zumindest teilweise über die Unfall-Todesfallleistung gedeckt werden. Zu bedenken ist aber, dass diese nur bei Unfalltod leistet und die meisten Todesfälle statistisch nicht unfallbedingt sind.

Kosmetische Operationen (Ziffer 2.7)

- In Proximus beitragspflichtig!
- **Erstattungsfähige Kosten:** Übernommen werden unfallbedingte Kosten, zur Korrektur des äußeren Erscheinungsbildes erforderliche Arzthonorare und sonstige Operationskosten, die notwendige Unterbringung und Verpflegung sowie Zahnbehandlungs- und Zahnersatzkosten. Soweit Zähne betroffen sind, gehören nur Schneide- und Eckzähne zum äußeren Erscheinungsbild.
- **Kostenübernahme:** Sofern versichert: Erstattung der Kosten für kosmetische Operationen bei unfallbedingten Beeinträchtigungen des äußeren Erscheinungsbildes (nach Abschluss der Heilbehandlung) in Höhe von bis zu 25.000 €. Die Kostenübernahme beträgt (auch bei mehreren Unfallversicherungen) maximal 100 % der tatsächlichen Kosten.

Subsidiaritätsprinzip: Bei kosmetischen Operationen gilt das subsidiäre Schaden-Erstattungsprinzip. Sofern die Kosten von einer anderen Stelle (zum Beispiel der Krankenkasse) übernommen werden, leistet die Unfallversicherung entsprechend einen geringeren Betrag.

Such-, Bergungs- und Rettungskosten (Ziffer 2.8)

Die Absicherung von Such-, Bergungs- und Rettungskosten ist beitragsfrei in Proximus AUB 2022 enthalten. Es werden Kosten von maximal 25.000 € je Versicherungsfall übernommen. Erstattet werden unfallbedingte Kosten für Such-, Rettungs- und Bergungseinsätze sowie für den Transport zum Krankenhaus oder zu einer Spezialklinik. Der Leistungsfall tritt auch ein, **wenn der Unfall nur zu vermuten war**. Sofern ein Unfall anzunehmen war, jedoch letztlich nicht stattgefunden hat, können dennoch Kosten entstehen.

■ BEISPIEL

An einem sonnigen Tag ist Herr Huber mit leichter Bekleidung zu einer anspruchsvollen Bergtour aufgebrochen. Er wollte bis 15 Uhr zurück sein. Plötzlich schlägt das Wetter um. Auf einmal regnet und stürmt es und die Temperaturen fallen drastisch. Um 18 Uhr ist Herr Huber noch immer nicht zurück. Ein Suchtrupp macht sich auf den Weg und kann Herrn Huber in einer Schutzhütte ausfindig machen. Aufgrund der Unfallvermutung ist der Suchtrupp aktiv geworden. Dadurch sind Kosten entstanden, die durch die Proximus Versicherung AG in Höhe von maximal 25.000 € übernommen werden. ■

Subsidiaritätsprinzip: Bei Such-, Rettungs- und Bergungskosten gilt das subsidiäre Schaden-Erstattungsprinzip. Sofern die Kosten von einer anderen Stelle (zum Beispiel der Krankenkasse) übernommen werden, leistet die Unfallversicherung entsprechend einen geringeren Betrag.

Hilfs- und Pflegeleistungen beziehungsweise Assistance-Leistungen (Ziffer 2.9)

Assistanceleistungen dienen zur vorübergehenden Pflege nach einem Unfall.

- **Leistungsumfang:** Umfangreicher Leistungskatalog zum Beispiel:
  - Erstgespräch
  - Organisation und Kostenübernahme von bedarfsgerechten Hilfsleistungen wie Menüservice, Einkäufe, Besorgungen
  - Pflegeleistungen (Pflegeberatung, Grundpflege, ...)
  - Hilfe bei der Pflege eines pflegebedürftigen Partners/Verwandten 1. Grades
- **Leistungshöhe:** Keine festgelegte Höchstgrenze, sondern Ermittlung des tatsächlichen Bedarfes
- **Leistungsdauer:** maximal sechs Monate
- **Absicherbar:** in Tarif 30 und 50

Prämienfreie Kinder-Vorsorge-Unfallversicherung (Ziffer 2.10)

Hat ein Elternteil bereits einen Vertrag, wird ein neugeborenes Kind automatisch und kostenlos mitversichert – ohne Mitteilung an die Versicherung.

- Es gelten feste Versicherungssummen (siehe Ziffer 2.10.2).
- **Personenkreis:** Neugeborene Kinder der versicherten Person sind während der Wirksamkeit des Vertrages für die ersten sechs Monate nach der Geburt prämienfrei versichert.
- **Verlängerung:** Wenn die Geburt innerhalb der ersten sechs Monate angezeigt wird, verlängert sich der prämienfreie Versicherungsschutz um weitere sechs Monate.
- Keine Mehrfachversicherung durch mehrere Verträge möglich.

■ BEISPIEL

Am 15.3.2025 bringt Anna Müller ihren Sohn **Leon Müller** zur Welt.

Da Anna bei der Geburt über einen gültigen Unfallversicherungsvertrag bei der XYZ Versicherung verfügt, tritt automatisch die **prämienfreie Kinder-Vorsorge-Unfallversicherung** gemäß Ziffer 2.10 in Kraft.

- **Versicherungsbeginn für das Kind:** 15.3.2025 (Geburtstag)
- **Prämienfreier Schutz:** automatisch für die ersten sechs Monate ab Geburt, also bis 14.9.2025
- **Deckungssumme gemäß Ziffer 2.10.2:**
  - Invalidität: 100.000 €

- Todesfall: 10.000 €
- Unfall-Krankenhaustagegeld: 20 € pro Tag *(Summen dienen der Veranschaulichung; Details laut Vertrag)*

Verlängerung durch Anzeige:

Anna zeigt die Geburt von Leon am 5.5.2025 (innerhalb der 6-Monatsfrist) offiziell bei der Versicherung an.

Folge: Der prämienfreie Versicherungsschutz wird um weitere sechs Monate verlängert, also bis 14.3.2026. ■

Unfallversicherung mit Zuwachs von Leistung und Prämie (Ziffer 2.11)

Die Versicherungssummen erhöhen sich jährlich um den Prozentsatz, um den sich der Höchstbeitrag in der Deutschen Rentenversicherung erhöht, jedoch mindestens um 5 % und maximal um 10 %.

Die Erhöhung erfolgt zum Beginn des Versicherungsjahres, das dem Stichtag der Anhebung des Höchstbeitrages folgt oder mit ihm übereinstimmt.

Hinweis

Die Dynamik allein stellt keine bedarfsgerechte Anpassung an sich ändernde Lebensumstände dar. Wichtig ist es daher, den Vertrag regelmäßig zu überprüfen. Wichtige Anpassungsgründe sind beispielsweise: Familiengründung, Hausbau/kauf, Beförderung/Gehaltserhöhung.

4.4.5 Bestehende Vorsorgesituation bei privaten Kapitalanlagen

Lernziel: Neben den versicherungsförmigen Lösungen bestehen innerhalb der Schicht 3 auch alternative Vorsorgemöglichkeiten, die Kunden in Bezug auf den Vermögensaufbau für das Alter nutzen können. Diese Produkte setzen grundlegende Kenntnisse des Beraters über Chancen und Risiken voraus und eine sorgfältige Beratung beziehungsweise Dokumentation der Gesprächsergebnisse ist zwingend notwendig.

Handlungssituation

Die Eltern unserer Musterfamilie Müller haben durch den Verkauf ihrer Immobilie Vermögen erworben und suchen nun unter anderem Anlagemöglichkeiten für das bei einer regionalen Bank „geparkte" Kapital.

Vorbereitende Überlegungen: Beide Gesprächspartner sind bereits Rentner (77 beziehungsweise 75 Jahre alt), sodass ein Vorsorgekonzept für die Vermögenssicherung im Alter keiner Überlegung mehr bedarf. Interessanter könnte der Aufbau eines Vermögens für die Kinder/Enkelkinder sein oder eine kurzfristige Geldanlage, mit dem Ziel Sicherheit und Rentabilität möglichst optimal zu verbinden.

4.4.5.1 Kapitalanlagen aus Kundensicht

Aus dem Blickwinkel des potenziellen Kunden besteht hinsichtlich der Anlageziele (was soll mit dem angelegten Kapital erreicht werden?) kein Unterschied zwischen einer versicherungsförmigen Lösung und einer davon losgelösten Kapitalanlage: Die Kombination zwischen Rendite – Sicherheit – Liquidität soll idealerweise so gestaltet werden, dass sich die Teilziele möglichst optimal ergänzen und nicht gegenseitig ausschließen.

Aus aktuellen Anlässen können sich allerdings Verschiebungen innerhalb der Anlageziele ergeben. Diese können sich aus gesellschaftspolitischen Gründen (Angst vor Altersarmut), geopolitischen Krisen (Einbrüche am Aktienmarkt infolge von Kriegs- und/ oder Terrorereignissen) oder aus der preispolitischen Entwicklung (steigende Inflation) ergeben, um nur einige Beispiele zu nennen.

Gerade die Überlegung, durch geeignete Kapitalanlageprodukte einen Ausgleich zur aktuellen Inflationsrate zu erwirtschaften, hat seit 2022 (Beginn des Ukrainekrieges und den damit verbundenen wirtschaftlichen/klimapolitischen Auswirkungen) eine Renaissance erfahren.

Vertiefung: Definition der Inflation

„In einer Marktwirtschaft können sich die Preise für Waren und Dienstleistungen jederzeit ändern – einige Preise steigen, während andere fallen. Erhöhen sich die Güterpreise allgemein und nicht nur die Preise einzelner Produkte, spricht man von „Inflation".

Ist dies der Fall, kann man für einen Euro weniger kaufen oder anders ausgedrückt: Ein Euro ist dann weniger wert als zuvor.

Gemessen am Verbraucherpreisindex bedeutet „Inflationsrate" dessen prozentuale Veränderung gegenüber dem entsprechenden Vorjahreszeitraum – also Vorjahresmonat oder Vorjahr."[14]

[14] Information des Statistischen Bundesamtes, https://www.destatis.de/DE/Themen/Wirtschaft/Preise/Glossar/inflation.html, zuletzt abgerufen am 1.4.2025.

Das Thema Inflation ist ein Dauerbrenner, wie die nachfolgende Graphik der Deutschen Bundesbank eindrucksvoll beweist:

Abbildung 4.13: Inflationsrate in Deutschland

Demgegenüber stehen auch Krisen auf den Finanzmärkten, die dazu führen, dass dem Anlageziel „Sicherheit" verstärkt Aufmerksamkeit geschenkt wird. Hier besteht offensichtlich ein Zusammenhang zwischen hoch spekulativen Anlageformen und dem damit eventuell verbundenen Ausfall von Anlegern beziehungsweise Kreditinstituten, soweit das Anlagekapital des Kunden durch Kreditnahme finanziert wird.

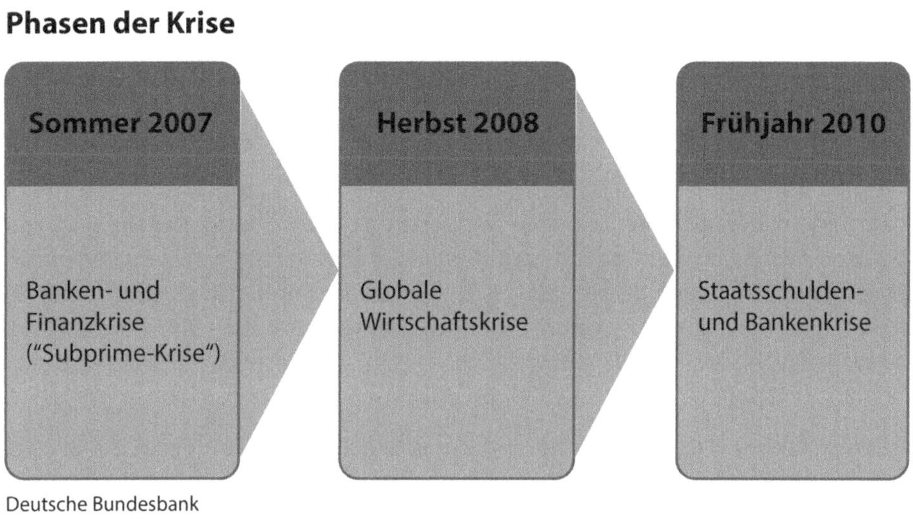

Abbildung 4.14: Phasen der Krise

Quelle: https://hubbs.schule/mediathek/phasen-der-krise

Im begrenzten Rahmen hat die BaFin in Zusammenarbeit mit Bundesbank und Europäischer Zentralbank hier Einflussmöglichkeit durch die Genehmigungsverfahren der einzelnen Kapitalanlagen und der Zulassungsvoraussetzung für die Vermittler inklusive Nachweis/Dokumentation der Beratung.

Potenzielle Anleger werden daher analog der Anlage im Rahmen einer versicherungsförmigen Lösung vorgehen und unter diesen Gesichtspunkten möglichst renditestarke Produkte suchen. Den Chancen am Anlagemarkt stehen entsprechende Risiken (bis zum Kapitalverlust) gegenüber. Der Kunde muss sich dessen bewusst sein, zumal ihm in der Regel keine Garantieleistungen zur Verfügung stehen, um Teilverluste auszugleichen beziehungsweise zu vermeiden.

4.4.5.2 Kapitalanlage aus Vermittlersicht

Die Deutschen sind ein Volk der Sparer. Verschiedene Modelle – mit Zinsgarantien und ohne entsprechende Absicherung, dafür mit Fokus auf eine höhere Rendite – werden seit Jahren als zusätzliche Alternative zum klassischen Sparbuch von Kreditinstituten angeboten und erfolgreich am Markt abgesetzt.

Hier ist zu beachten, dass eine „reine" Vermittlung von Kapitalanlage ohne Verknüpfung mit einer Versicherungslösung (zum Beispiel Altersvorsorge im Rahmen einer fondsbasierten Kapital- oder Rentenversicherung) anderen gesetzlichen/gewerblichen Vorgaben unterliegt und von den Aufsichtsbehörden gesondert betrachtet und geprüft wird.

Grundlage für die Erlaubnis im Rahmen der Gewerbeordnung ist das Kreditwesengesetz. Dies besagt, dass für die Anlagevermittlung (unter anderem den Handel mit Aktien) eine entsprechende Erlaubnis notwendig ist. Der Bereich Anlagevermittlung umfasst dabei auch das vorangehende Beratungsgespräch.

Ausnahme bildet auch hier die reine Tippgebereigenschaft, diese Regelung ist analog der Versicherungsvermittlung gestaltet. Bei der entsprechenden Erlaubnis wird im Übrigen nicht zwischen der Beratung und der Vermittlung unterschieden. Beide Tätigkeiten werden vielmehr zusammengefasst. Dies bedeutet, dass der entsprechende Vermittler auch schon im Rahmen des Erstgesprächs eine eventuelle Haftung beachten muss und daher eine entsprechende Zulassung benötigt.

Kriterien für die Zulassungsprüfung sind: Zuverlässlichkeit (Auskunft aus dem Bundeszentralregister und Auskunft aus dem Gewerbezentralregister), geordnete Vermögensverhältnisse (Auskunft aus dem Schuldnerverzeichnis und Auskunft des Insolvenzgerichtes), Nachweis einer Vermögensschadenhaftpflichtversicherung (unter Beachtung der jeweiligen Mindestversicherungssummen!), Nachweis der Sachkunde (IHK geprüfte/r Finanzanlagenfachfrau/-mann oder gleichgestellte Berufsqualifikation).

Bei entsprechendem Nachweis erfolgt die Eintragung im Rahmen des § 34 f GewO im Vermittlerregister. Zu beachten ist, dass die Vermittler auf eigene Kosten ihre geschäftlichen Unterlagen jedes Jahr von einem geeigneten Prüfer prüfen lassen und den Prüfbericht der für die Erlaubniserteilung zuständigen Behörde bis zum 31. Dezember des darauf folgenden Jahres zukommen lassen müssen.

Gerade bei der Thematik **Haftung** zeigen sich die **Besonderheiten der Finanzanlagenvermittlung**: Während der gebundene Außendienst im Bereich Beratungshaftung in der Regel unter das Haftungsdach des Vertragspartners fällt, ist bei der „reinen" Finanzanlagenvermittlung eine zusätzliche Berufshaftpflichtversicherung notwendig. Die Haftungsübernahme des Vertragspartners (= Versicherer) greift hier nicht!

Aus Versichersicht macht dies Sinn, da für ihn die Bestimmungen des Versicherungsvertragsgesetzes maßgebend sind. Auch dort wird die Beratungsleistung beziehungsweise die Falschberatung aufgegriffen und es werden entsprechende Sanktionen definiert (vgl. § 60 ff. VVG). Kernelement dieser Bestimmungen ist allerdings die Be- und Versorgung mit Versicherungsschutz und nicht die gewinnbringende Kapitalanlage. Daher bedarf es der aufgeführten Regelungen und insbesondere der Aufsicht/Genehmigung der Vermittler durch die BaFin.

4.4.5.3 Ausgewählte Kapitalanlagemöglichkeiten für private Anleger

Wir hatten bereits in der Einleitung darauf hingewiesen, dass ein wesentlicher Unterschied bei den Vorsorgeprodukten eines Versicherers und den Produkten einer Kapitalanlagegesellschaft/eines Vermögensverwalters im Fehlen einer Garantie zur Rückgewähr von eingezahlten Beiträgen besteht. Selbst wenn ein Versicherer zugunsten der Erhöhung des Sparanteils seine Garantie kürzt (zum Beispiel auf 80 %), verbleibt ein erheblicher Kapitalbetrag im Deckungsstock des Vertrags, der zur Erhaltung der – reduzierten – Garantieleistung dient.

Die Anbieter von Kapitalanlagen versuchen ebenfalls den Garantiebedarf des Interessenten zu ermitteln. Dazu werden Fragebögen und Checklisten verwendet. Je nach Ergebnis der Risikoneigung und der Erfahrung des Kunden mit entsprechenden Anlageprodukten ergeben sich verschiedene Anlageklassen. Die grundsätzlichen Fragen ähneln denen einer versicherungsförmigen Lösung, denn auch hier wird ermittelt, welche Anlageklasse beziehungsweise -form der Interessent wünscht.

Soweit wir das Thema Inflation noch einmal aufgreifen, könnte ein Anlagewunsch sein, dass die über die Anlageform erwirtschaftete Renditen zumindest den Kaufkraftverlust neutralisieren oder, besser noch, übersteigen:

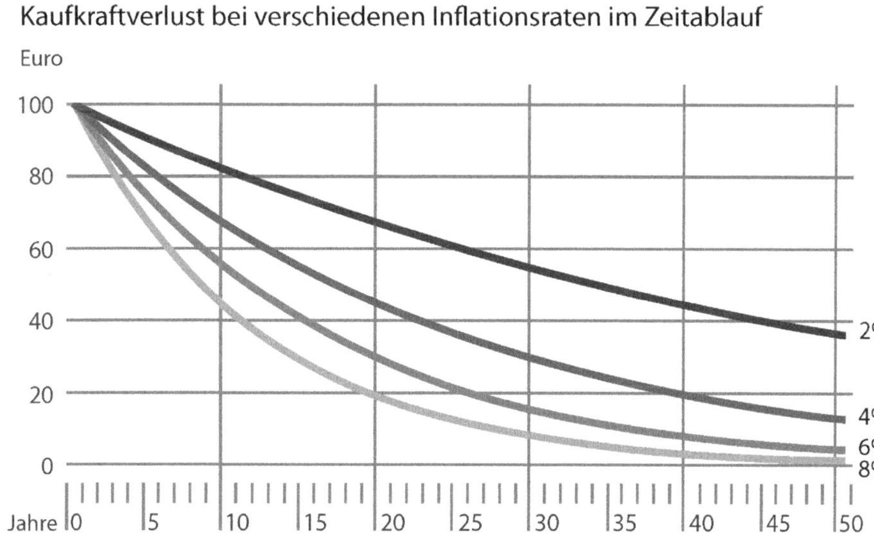

Abbildung 4.15: Kaufkraftverlust bei verschiedenen Inflationsraten im Zeitlauf

Quelle: Lehrbuch der Deutschen Bundesbank, Seite 127, https://www.bundesbank.de/resource/blob/606038/8b1a79820e15af9a4a5387fc5c8e60cf/472B63F073F071307366337C94F8C870/geld-und-geldpolitik-data.pdf

Im Umkehrschluss lässt sich die Abbildung so übersetzen, dass sich ein Kaufkraftverlust stärker auswirkt, je länger er dauert. In Bezug auf die Kapitalanlage heißt das, der Anleger muss die Wertermittlung nicht nur kurzfristig, sondern über den gesamten Anlagezeitraum betrachten.

Auswirkung haben Kaufkraftverlust und Langfristigkeit aber nicht nur in der Sparphase, sondern insbesondere im **Auszahlungszeitpunkt**: Da es keine Garantieleistungen gibt, muss das erwirtschaftete Kapital möglichst lange ausreichen. Der sogenannte Kapitalverzehr (also die Ausgabe von Kapital) zur Finanzierung der Lebenshaltung ist bei der Berechnung des Kapitalbedarfs unbedingt zu berücksichtigen. Versicherungsprodukte bieten hier neben den Garantieleistungen in Form einer zugesicherten Rente oder Einmalzahlung auch Produkte mit einer lebenslangen Rentenzahlung an. Ein Merkmal, das den klassischen Kapitalanlagen fehlt.

Nach diesen grundsätzlichen Überlegungen kommen für Familie Müller trotzdem noch einige Varianten der Kapitalanlage außerhalb einer Versicherungslösung in Frage, auf die wir im Weiteren eingehen wollen.

Aktien

Eine Aktie ist ein Anteil an einem Unternehmen. Das Unternehmen heißt dementsprechend Aktiengesellschaft oder abgekürzt AG. Der Käufer einer Aktie wird als Aktionär somit Miteigentümer des ausgebenden Unternehmens.

Aktie

Die Aktie ist ein Wertpapier, das im Grunde genommen einer Beteiligungsfinanzierung dient. Im Gegenzug für den Kauf eines Unternehmensanteils wird dem Aktionär, also dem Anleger, ein Mitgliedschaftsrecht verbrieft.

Das bedeutet, dass in der Regel Teile des Grundkapitals einer Aktiengesellschaft in Form von Aktien definiert sind. Jede Aktie bildet daher einen auf volle Euro laufenden Nennwert oder wird als Stückaktie geführt. Am Grundkapital des Unternehmens lässt sich die Beteiligung der Aktionäre ablesen. Bei Stückaktien erfolgt dies durch gleichartige Anteile am Grundkapital. Je nach Menge der erworbenen Nennwertaktien, kann die Verteilung auf verschiedene Aktionäre unterschiedlich gestaltet sein. Es können sich also Großaktionäre durch die Höhe der Beteiligung und damit der prozentualen Verteilung der ausgegebenen Aktien ergeben. Im Rahmen des elektronischen Börsenhandels, wird heutzutage vorrangig mit Sammel- oder sogenannten Globalurkunden gearbeitet. Bedeutend für den Aktionär ist die Möglichkeit des Ausschlusses oder der Einschränkung des Aktionärsanspruchs im Rahmen der Satzung der Aktiengesellschaft hinsichtlich der sogenannten Verbriefung.

Aus finanzieller Sicht dient die Aktie dem ausgebenden Unternehmen zur Beschaffung von Eigenkapital.

Man unterscheidet hier nach der Übertragung in **Inhaberaktien**, also auf den Inhaber lautenden Aktien, und **Namensaktien**. Eine Sonderform bilden die sogenannten

vinkulierten Namensaktien. Der Eigentumswechsel ist bei diesen Aktien genehmigungspflichtig.

Wie wir bereits dargestellt haben, besteht für die Aktiengesellschaft die Möglichkeit, im Rahmen der Satzung die Aktionärsrechte zu beschränken. Je nach Umfang der verbrieften Rechte gibt es demgemäß sogenannte Stammaktien – diese gewähren dem Aktionär alle gesetzlichen und satzungsmäßigen Aktionärsrechte – und sogenannte Vorzugsaktien – das sind Aktien mit zusätzlichen Vorrechten, zum Beispiel auf die Zuteilung einer Mindestdividende.

Soweit das Aktienkapital am Grundkapital der Aktiengesellschaft beteiligt ist (insbesondere bei Unternehmensgründungen), unterscheidet man hier in sogenannte **Nennbetragsaktien** (diese werden mit einer festen Summe dotiert, dem sogenannten Nennwert) und **Quotenaktien** (hier sind alle ausgegeben Aktien mit dem gleichen Anteil am Grundkapital beteiligt, dies erfolgt durch die Ausgabe von Stückaktien).

Der Aktienkauf bedeutet, dass dem ausgebenden Unternehmen auf unbestimmte Zeit Kapital überlassen wird, ohne dass es einer Rückzahlung durch das Unternehmen bedarf. Anleger nehmen somit am wirtschaftlichen Erfolg beziehungsweise Misserfolg des Unternehmens teil. Im Rahmen des Aktienanteils bedeutet das für jeden Aktionär, dass jeder mögliche Verluste bis zur Höhe seiner Anlage mitträgt.

Im Extremfall würde das bedeuten, dass bei einer **Insolvenz des Unternehmens** die Aktien wertlos werden. Erzielt das Unternehmen allerdings einen Gewinn, entscheidet die Hauptversammlung, ob und in welcher Höhe Teile des Gewinns in Form einer Dividende an die Anleger ausgeschüttet werden. Soweit diese **Gewinnanteile** ausgeschüttet werden oder der Aktionär bei einem Weiterverkauf seine Aktien einen Gewinn erzielt, ist beides steuerpflichtig. Für den Anleger zu beachten ist außerdem, dass sowohl der Kauf und die Verwahrung als auch der Verkauf von Aktien mit Gebühren verbunden sind.

Die **Aktienkurse** hängen von verschiedenen Faktoren ab. Oftmals verhalten sie sich nicht unbedingt parallel zu den aktuellen Gewinnen eines Unternehmens. Insbesondere kann sich eine schlechtere gesamtwirtschaftliche Situation auf den Kurs des Unternehmens auswirken. Dies bedeutet in der Regel einen fallenden Kurs. Im oben bereits genannten Extremfall kann eine Zahlungsunfähigkeit des Unternehmens in einer Insolvenz münden. In diesem Fall wären die Aktien wertlos. Das von den Aktionären angelegte Geld wäre damit verloren. Anlageberater weisen daher im Rahmen der Beratung daraufhin, dass es in der Regel wenig sinnvoll ist, das gesamte Vermögen in die Aktien eines einzelnen Unternehmens zu investieren. Vielmehr wird dazu geraten, das Geld in verschiedenen Papieren anzulegen und das Risiko damit möglichst breit zu streuen.

Um eine Aktie zu kaufen, beziehungsweise im Weiteren zu verwahren oder zu verkaufen, benötigt der Anleger ein sogenanntes **Depotkonto**. Unabhängig von Volumen der Transaktionen und des Anlegers verursacht die Einrichtung dieses Kontos laufende Kosten. Soweit dieses Konto eingerichtet ist und sich der Anleger für eine Aktion – also den Kauf oder Verkauf einer Aktie – entscheidet, stellt ihm die entsprechende Depotbank alle Informationen rund um diese Transaktion (insbesondere die Kostenaufstellung) zur Verfügung.

Über schwankende **Börsenkurse** ist kein privater Anleger glücklich. Immerhin gilt die Börsenregel „Man steigt aus der Aktienanlage immer zum ungünstigsten Zeitpunkt aus!" Trotzdem kann es die eigene finanzielle Situation erfordern, dass bereits gekaufte Aktien wieder verkauft werden müssen. Soweit die Aktien an einer Börse gehandelt werden, können sie dort auch gegebenenfalls wieder zum Verkauf angeboten werden. Allerdings muss sich dafür auch ein entsprechender Käufer finden.

Bei Aktien, die zu den Standardwerten gehören, also zum Beispiel im DAX gelistet sind, ist dies in der Regel unproblematisch. Bei selten gehandelten Aktien kann sich die Suche nach einem Käufer durchaus schwierig gestalten beziehungsweise sogar unmöglich sein. Gleiches gilt im Übrigen auch für einen Verkauf außerhalb der Börse.

Die **Börse** verhält sich typischerweise antizyklisch auf Krisen. Das bedeutet, dass weltpolitische Ereignisse („9/11", Ukrainekrise, Nahostkonflikt, um einige Beispiele zu nennen) meist nur kurzfristige Auswirkungen auf Angebot und Nachfrage auf den Aktienmärkten haben.

Die nachfolgende Graphik zum Entwicklung des **DAX** soll dies verdeutlichen.

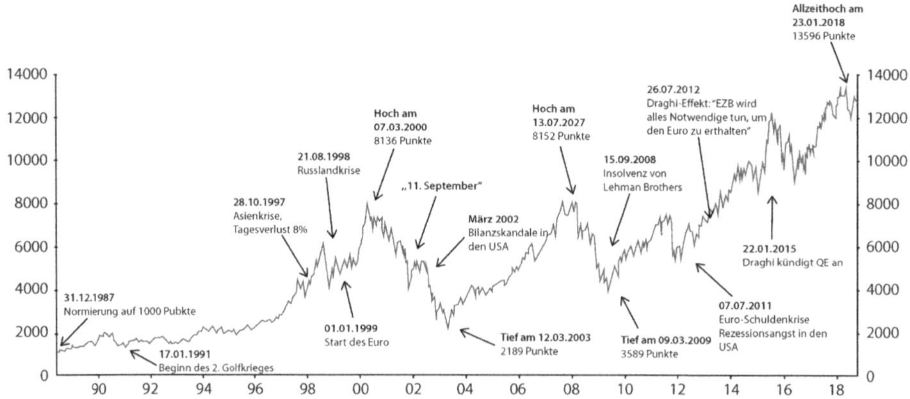

Abbildung 4.16: Kursentwicklung des deutschen Leitindex Dax

Quelle: Deutsches Aktieninstitut, https://www.dasinvestment.com/grafik-des-tages-durch-hoch-und-tief-30-jahre-dax/

Unternehmensanleihen

Für Anleger, die sich gerne an Unternehmen beteiligen möchten, denen das Risiko eines Totalverlustes aber zu hoch ist, bietet sich eine andere Form der Kapitalanlage, nämlich Unternehmensanleihen, an. In der Praxis werden Unternehmensanleihen auch als Corporate Bonds, Industrieobligationen oder Schuldverschreibungen eines Unternehmens genannt.

Die Unternehmensanleihe ist ebenfalls ein Wertpapier, mit dem sich ein Unternehmen Geld leihen kann. Vom Grundkonstrukt her ähnelt sie einer Staatsanleihe. Die Unternehmensanleihe ist nicht mit den Aktien zu verwechseln: Der Käufer einer Aktie wird zum Miteigentümer des Unternehmens, der **Käufer einer Anleihe wird deren Gläubiger**. Hierin liegt auch der grundlegende Unterschied: Der Aktionär hat keinen Anspruch auf eine konkrete Zahlung, abgesehen von der entsprechenden Dividendenausschüttung, beschlossen in der Aktionärsversammlung. Im Krisenfall des Unternehmens ist der Aktionär schlechter dran als der Inhaber einer Unternehmensanleihe: Zuerst werden nämlich die Anleihezinsen beziehungsweise die geliehenen Beträge – und damit auch die Anleihen – zurückgezahlt, bevor es eine Ausschüttung für die Aktionäre gibt. Die **Rendite** einer Anleihe ist daher **deutlich besser planbar** als im Vergleich die Rendite einer Aktie. Selbst im Insolvenzverfahren, haben die Anleihebesitzer eine größere Chance als Aktionäre, zumindest einen Teil des Geldes zurückzuerhalten.

Dies liegt in der Grundstruktur der beiden Anlageformen: Die Aktie wird zum Eigenkapital gezählt, während es sich bei der Anleihe um **Fremdkapital** handelt. Ein weiteres Unterscheidungsmerkmal ist die Laufzeit. Eine Aktie bleibt so lange im Umlauf, bis das Unternehmen sich entschließt sich von der Börse zurückzuziehen oder der Aktionär die Aktie verkauft. Die Anleihe hat demgegenüber ein **festgelegtes Rückzahlungsdatum**.

Soweit der Interessent auf ein Mitspracherecht im Rahmen der Hauptversammlung verzichten kann und mögliche Verluste absichern möchte, bietet sich die Kapitalanlage in Form einer Unternehmensanleihe an. Im Übrigen sind Unternehmen eher bereit Anleihen herauszugeben, bevor das Aktienkapital durch die Herausgabe frischer Aktien erhöht wird. Das bedeutet, dass auch hier eine Risikostreuung im Rahmen des Kaufes verschiedener Unternehmensanleihen möglich ist. Gemeinsam ist beiden Anlageformen allerdings, dass beide Wertpapiertypen **an der Börse gehandelt** werden. Bei beiden bestimmen daher Angebot und Nachfrage den jeweiligen aktuellen Kauf- und Verkaufspreis.

Auch wenn auf den ersten Blick eine Unternehmensanleihe sicherer erscheint als die klassische Aktienanlage, besteht keine hundertprozentige Absicherung für den Anleger wie beispielsweise bei „geparktem“ Kapital auf dem Bankkonto: Der gesetzlich vorgeschriebene Sicherungsfonds hat für Unternehmen keine Geltung!

Da beide Anlageformen an der Börse gehandelt werden, kann ein bereits eingerichtetes Depotkonto für den Kauf einer Unternehmensanleihe genutzt werden. Der eigentliche **Kauf der Unternehmensanleihe** ähnelt dem einer Aktie sehr stark. Durch die Verwendung der WKN (Wertpapierkennnummer) oder durch die ISIN (International Securities Identification Number) lässt sich die Anleihe auswählen.

Anleihen werden nicht als Stücke verkauft wie Aktien, sondern in sogenannten Nominalen (das ist der entsprechende Nennwert). In der Regel beginnen sie mit einer Stückelung von 1.000 €. Die Gebührenstruktur der Depotbank ist identisch mit der für den Aktienhandel beziehungsweise den Handel mit ETFs.

Wenn die **Leitzinsen** steigen, sinken die Kurse üblicherweise, als Ausgleich für den fixierten Kupon (das ist der fest zugesagte Zinssatz des Unternehmens als Ausgleich für die Kapitalüberlassung). Bei sinkenden Leitzinsen steigen die Kurse.

Für den Anleger, der sich durch die Rückzahlung des eingesetzten Kapitals absichern möchte und mit einem entsprechenden Kupon kalkuliert, ist der Unternehmenswert, also die Zuverlässigkeit und Liquidität des herausgebenden Unternehmens von entscheidender Bedeutung: Wie wir gesehen haben, unterliegen auch Anleihen den Schwankungen des Marktes.

Im Vorfeld der Überlegung, von welchem Unternehmen eine Unternehmensanleihe gekauft werden soll, ist es entscheidend, Informationen über die Wirtschaftslage des Anbieters/Unternehmens zu erhalten. Um das Risiko besser einschätzen zu können, bieten sich daher die Beurteilungen großer **Ratingagenturen**, wie zum Beispiel S&P oder Moody's, an. Die höchste Bonitätsnote der Ratingagenturen ist AAA, sie gilt zum Beispiel für Microsoft-Anleihen. Bis zur Bewertungsnote BBB spricht man von „anlagewürdigen" Unternehmen. Schlechtere Schuldner, also Unternehmen die unterhalb von BBB geratet werden, bezeichnet man auch als „junk bonds" oder „Schrottanleihen".

Eine weitere Kennzahl, die dem Anleger die Entscheidung für oder gegen eine Unternehmensanleihe erleichtern soll, ist der sogenannte **Spread**. Das ist die Differenz zwischen einer Bundesanleihe und der laufenden Anleihe eines Unternehmens. Wird die Bundesanleihe mit einer zehnjährigen Laufzeit beispielsweise mit einer aktuellen Rendite von 1 %/Jahr geführt und die gleich langlaufende Anleihe eines Unternehmens mit 3 %, beträgt der Spread 2 Prozentpunkte.

Wie wir bereits festgestellt haben, ist die Vermögensanlage für den privaten Kapitalanleger oftmals mit Kosten verbunden. Diese Kosten und Gebühren reduzieren einen möglichen Ertrag aus der Kapitalanlage. Anleger werden daher Möglichkeiten suchen, die Kosten zu reduzieren, beziehungsweise komplett zu vermeiden.

Eine Möglichkeit dazu ist die Vermögensanlage in sogenannte **ETFs**. Das sind börsengehandelte Fonds, die einen bestimmten Index nachbilden, zum Beispiel den DAX oder den MSCI World. Durch ihre breite Streuung sind zumeist kostengünstiger als gemanagte Fonds oder der Einzelkauf von Aktien. Bei einem solchen Fonds spricht man auch von einem **passiven Management**, denn der Fondsmanager trifft hier keine eigenen Entscheidungen, wie das Fondsvermögen im Einzelnen angelegt wird, sondern orientiert sich vielmehr ausschließlich am Wert des von ihm nachempfundenen Index. Damit haben wir auch den Unterschied zum **aktiv gemanagten Fonds** herausgearbeitet: In diesem entscheidet der Fondsmanager über die richtige Mischung, also darüber, wie das Portfolio zusammengesetzt wird. Zielvorgabe für ihn ist aber, dass er sich bei der Anlage der Vermögensanteile an die vorgegebenen Anlageziele beziehungsweise Anlagepolitik halten muss.

Der Vorteil für den Anleger besteht beim Kauf von ETF-Anteilen darin, dass diese üblicherweise an der Börse gekauft werden können, ohne dass dafür Ausgabeaufschläge anfallen. In der Regel werden vom Anbieter daher keine einzelnen Anteile angeboten, sondern üblicherweise Blöcke von Anteilen. Im Grunde genommen bietet ein ETF die Möglichkeit, in einem Index zu investieren, ohne die darin tatsächlich enthaltenen Vermögensgegenstände in Form von zum Beispiel Aktien kaufen zu müssen. Auch die Flexibilität spielt eine große Rolle bei der Verbreitung von ETFs. Fondsanteile können jederzeit gekauft und wiederverkauft werden.

Allerdings ist die Vermögensanlage im Rahmen eines ETFs auch an das **Marktpreisrisiko** gebunden: der Wert des ETFs hängt direkt davon ab, wie sich der Index entwickelt der ihm als Basiswert dient. Sollte der ausgewählte ETF einen starken Aktienanteil aufweisen, so wird die Indexentwicklung auch von den Schwankungen des Börsenmarktes abhängen. Da wir bei einem ETF von einem sogenannten passiven Management sprechen, besteht keine Möglichkeit, aktiv auf die Schwankungen des Marktes zu reagieren. Diesem Risiko sollte sich der Anleger bewusst sein.

Die nachfolgende Abbildungen spiegeln die Daten zu einem DAX-basierten ETF, dargestellt werden die Kursentwicklungen:

Abbildung 4.17: Exemplarische Kursentwicklung eines DAX-basierten ETF

Quelle: https://www.finanzen.net/fonds/amundi-top-world-de0009779736; Hinweis: Der Link führt zum jeweiligen Tageskurs, die Abbildung ist daher nur exemplarisch für die Kursentwicklung im einjährigen Betrachtungszeitraum.

Grundlegende Informationen zum Anlageziel und Zusammensetzung des Fonds:

Anlageziel Amundi DAX III UCITS ETF Acc

So investiert der Amundi DAX III UCITS ETF Acc: Der Lyxor DAX (DR) UCITS ETF ist ein OGAW-konformer börsengehandelter Fonds mit dem Ziel, den Referenzindex DAX so genau wie möglich abzubilden. Der DAX Index bildet die 30 größten und leistungsstärksten Unternehmen ab, die an der Frankfurter Börse gelistet sind. Der DAX ist in erster Linie ein Performanceindex und berücksichtigt als einer der wenigen großen nationalen Indizes auch Dividendenerträge. Die Berechnung des DAX unterliegt strengen Regeln und ist vollständig transparent. Mehr Informationen stehen auf www.dax-indices.com zur Verfügung. ETFs von Lyxor Asset Management sind effiziente, börsennotierte Anlageinstrumente, die Anlegern einen transparenten, liquiden und kostengünstigen Zugang zum Exposure des zugrundeliegenden Referenzindex bieten.

Der Amundi DAX III UCITS ETF Acc gehört zur Kategorie „Aktien".[15]

[15] https://www.finanzen.net/etf/amundi-dax-iii-etf-lu0252633754, zuletzt abgerufen am 1.4.2025.

In der Praxis gleichen sich die Verluste innerhalb der Anlageklasse aus. Das bedeutet, sollte der Aktienkurs eines im ETF geführten Unternehmens fallen kann dies durch die entsprechenden Steigerungen des Aktienkurses anderer im ETF enthaltener Unternehmen ausgeglichen werden.

Dieses Modell der Risikobegrenzung für den Anleger funktioniert allerdings nur, soweit nicht die gesamte Gruppe der Anlagengegenstände – zum Beispiel Unternehmensaktien – von einem Abschwung betroffen sind und der ETF genau diese Index-Entwicklung abbildet.

Staatsanleihen

Eine weitere Möglichkeit der Kapitalanlage ist der Kauf von Staatsanleihen: Um ihre Staatsausgaben zu finanzieren, geben Länder Staatsanleihen aus. In Deutschland sind das beispielsweise die Bundeswertpapiere mit Laufzeiten zwischen 1 und 30 Jahren.

Im Prinzip handelt es sich um ein **Kreditgeschäft**: Staaten sammeln Kapital über die Ausgabe von Staatsanleihen ein und versprechen die Rückzahlung nach Ablauf der Laufzeit. Dafür erhält der Anleger einen fixierten Zins für die Überlassung des Kapitals. Dieser wird auch Kupon genannt und jährlich ausgezahlt.

Sowohl Privatanleger als auch Institutionen (Banken, etc.) können die Staatsanleihen an den Börsen handeln und somit aktiv kaufen beziehungsweise verkaufen. Das größte Risiko liegt in einer möglichen Staatspleite. Wie sicher die Anlage ist, hängt also von der Kreditwürdigkeit des ausgebenden Staates ab. Bekannte **Ratingagenturen** bewerten die Kreditwürdigkeit regelmäßig.

Das Paradoxe: Je schlechter die Kreditwürdigkeit des Landes, desto höher ist der Zins! Staatsanleihen eignen sich daher auch für hochspekulative Anleger. Soweit Anleger außerhalb der EU Staatsanleihen ins Portfolio aufnehmen, kommt neben dem Ausfallrisiko noch das Währungsrisiko hinzu (Verfall/Abwertung der jeweiligen Landeswährung). Entscheidend für den Anleger ist daher nicht nur der Blick auf die möglichen Zinsen, sondern auf die Gesamtrendite der Anlage.

Die höchste Kreditwürdigkeit wird von den Ratingagenturen mit AAA bewertet, die schlechteste mit DDD. Staatsanleihen werden im Übrigen nicht mit dem Nennwert, sondern dem jeweiligen aktuellen Kurs bewertet. Dies erfolgt dann in einer Prozentangabe zum jeweiligen Nennwert.

■ **BEISPIEL**

Bei einem Kurs von 98 % für eine Staatsanleihe zahlt der Anleger für eine Anleihe mit 1.000 € Nennwert also 980 €. ■

Die Kurse der Staatsanleihen werden vom **Marktzins** beeinflusst. Steigt dieser, fällt der Kurs der Anleihe und umgekehrt. Je länger die Laufzeit der Anleihe, desto stärker reagieren die Kurse. Der Kurs einer 10-jährigen Anleihe reagiert daher stärker auf die Zinsänderungen als eine einjährige Anleihe. Auch diesen Punkt sollten Anleger bei der Auswahl von Staatsanleihen beachten, soweit eine Kapitalanlage in dieser Form erfolgen soll.

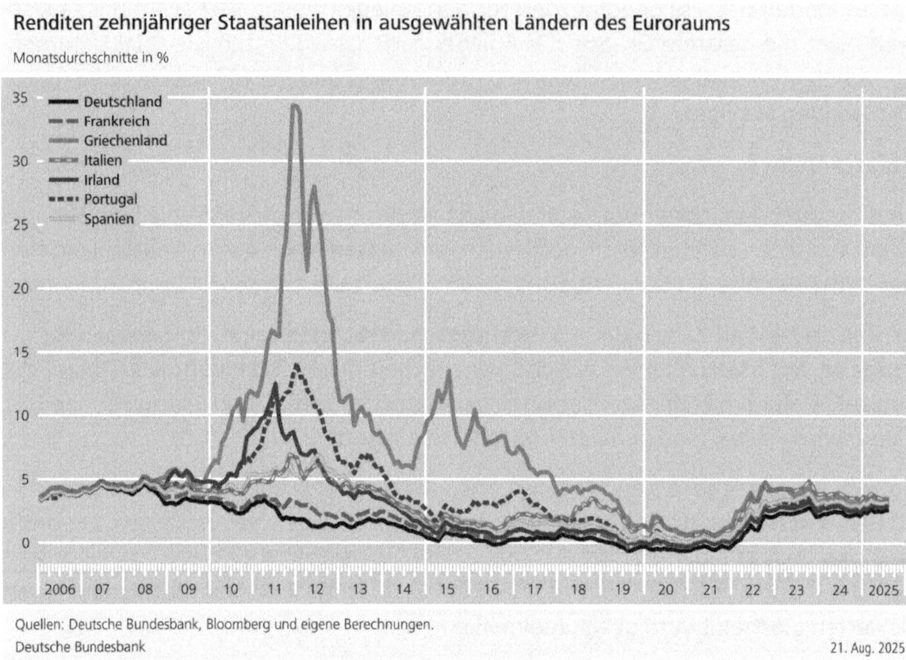

Abbildung 4.18: Renditen zehnjähriger Staatsanleihen in ausgewählten Ländern des Euroraums

Quelle: Deutsche Bundesbank, https://www.bundesbank.de/resource/blob/750756/8709a7608ebd266d96f468a951991d77/472B63F073F071307366337C94F8C870/oeb2wb0102-data.png

Wertpapierfonds

Eine weitere Form der Kapitalanlage ist die Investition in Wertpapierfonds. In der Regel handelt es sich hierbei um offene Investmentfonds. Das Kapital der Anleger wird hier in Aktien oder in festverzinsliche Wertpapiere – unter anderem auch in Unternehmensanleihen – und damit in sogenannte Rentenpapiere investiert. Auch Geldmarktinstrumente können Grundlage eines Wertpapierfonds sein.

Teilweise wird der Anlagenschwerpunkt schon aus dem jeweiligen Fondsnamen ersichtlich. Hier handelt es sich vor allem um Aktien-Renten oder Geldmarktfonds. Das eingesetzte Kapital der Anleger wird hier überwiegend in den jeweils namensgebenden Vermögensgegenstand investiert. Als Mischfonds bezeichnet man Wertpapierfonds ohne Vorgaben einer Mindestgewichtung einzelner Vermögensgegenstände.

Vorteil eines Investment- beziehungsweise Wertpapierfonds ist der günstige Einkaufsbetrag. Auch können die Anteile schnell wieder verkauft werden, weil die entsprechenden Wertpapierfonds an der Börse gehandelt werden.

Die klassischen Wertpapierfonds unterliegen einem europäischen Regelwerk in den einzelnen Mitgliedsstaaten der EU. Dies ist am Kürzel OGAW (Organisation für gemeinsame Anlagen in Wertpapieren) im Fondsnamen zu erkennen. Der überwiegende Anteil der in Deutschland gehandelten Wertpapierfonds wurde übrigens von einem anderen Mitgliedstaat innerhalb der EU aufgelegt.

Wertpapierfonds kommen für Anleger in Betracht, die eine **langfristige Geldanlage** suchen und mögliche Schwankungen des Anteilswertes „aussitzen" können. In der Analyse muss daher besprochen werden, dass die Anteile an einem Wertpapierfonds keine zeitliche Befristung beinhalten und keinen festen Auszahlungszeitpunkt kennen.

Größtes **Risiko** für den Anleger ist ein möglicher **Wertverlust**. Auch bei dieser Anlageform sind keinerlei Garantien vorgesehen. Das bedeutet, die Wertentwicklung des Wertpapierfonds ist von der Entwicklung an den Börsen abhängig. Der Wert der im Fonds enthaltenen Fondsvermögensanteile kann sinken. Hier zeigen sich die Parallelen zu den klassischen Unternehmensanleihen.

Es bietet sich daher für den Anleger an, ebenfalls eine **Risikostreuung** in Betracht zu ziehen. Eine Konzentration der kompletten Kapitalanlage auf einen Wertpapierfonds ist zu vermeiden. In gewissem Maß erfolgt allerdings schon eine Risikostreuung durch die Zusammensetzung der entsprechenden Wertpapierfonds.

Im Gegensatz zu den klassischen Unternehmensanleihen fallen für die Verwaltung und das Management **Kosten und Gebühren** an. Soweit ein Anleger Fondsanteile erwirbt, fällt ein sogenannter Ausgabeaufschlag an. Dieser ist zusätzlich zum Anteilspreis zu zahlen. Bei Rückgabe der Anteile an die Fondsgesellschaft kennt die Praxis auch einen sogenannten Rücknahmeabschlag. Dieser wird vom Rücknahmepreis der Anteile in Abzug gebracht.

Weitere Kosten und Aufwendungen fallen im Rahmen der Verwaltungsvergütung für das Management, die Vergütung für die Verwahrstelle und Aufwendungsersatz für die Wirtschafts- und Steuerprüfung des Wertpapierfonds an. Diese Kosten werden laufend aus dem Fondsvermögen finanziert. Darüber hinaus entstehen auch Transaktionskosten durch den An- beziehungsweise Verkauf von Vermögensgegenständen. Soweit zusätzlich eine erfolgsabhängige Vergütung für die Verwaltungsgesellschaft vorgesehen ist, wird auch diese aus dem Fondsvermögen gezahlt.

Wertpapierfonds eignen sich vor allem für Anleger, die Geld einmalig oder regelmäßig anlegen möchten, das Risiko und den Aufwand eines selbstgesteuerten Portfolios aber vermeiden möchten. Hier übernimmt dann die Verwaltungs- beziehungsweise Fondsgesellschaft das entsprechende Anlagenmanagement.

Die Kosten für die Investition in einem Wertpapierfonds richten sich oftmals nach dem gesamten Fondsvolumen. Bei aktiv gemanagten Aktienfonds liegen die Kosten beispielsweise durchschnittlich bei 1,5 % bis teilweise über 2,5 %. Kostengünstiger für Anleger sind Indexfonds und ETFs, die allerdings auf das aktive Management verzichten und mit 0 bis 1 %/Jahr vergütet werden. Die nachfolgende Abbildung zeigt eine typische Fondszusammenstellung:

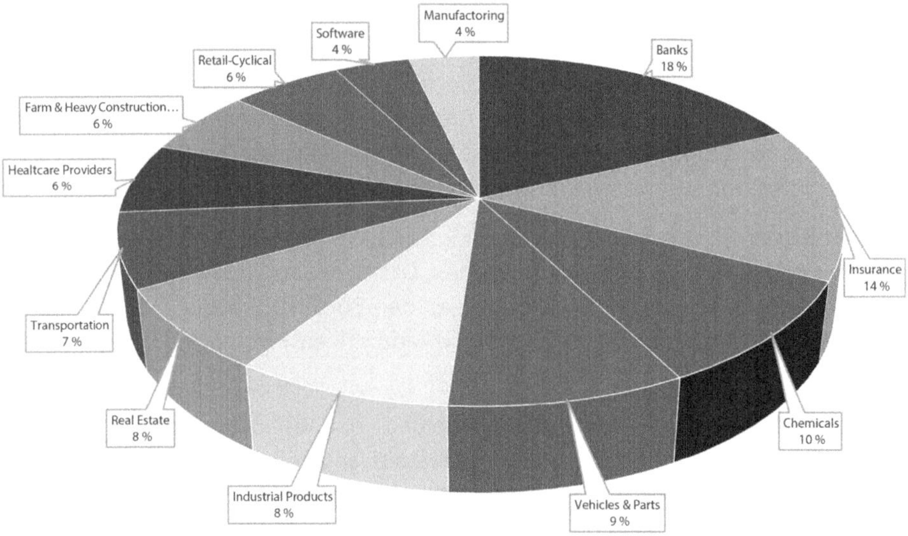

Abbildung 4.19: MainFirst Germany Fund A Fonds

Quelle: https://www.finanzen.net/fonds/branchen/mainfirst-germany-fund-a-lu0390221256

Immobilienfonds

Mit dem Ende des Zweiten Weltkriegs 1945 und dem damit verbundenen Wiederaufbau des seinerzeit noch geteilten Deutschlands erlebte die Baubranche einen Boom. Investiert wurde nicht nur in Wohneigentum, sondern auch als Kapitalanlage im Sinne von vermietetem Wohnraum. Daraus entwickelten sich auch die Immobilienfonds, als entsprechende Kapitalsammelstellen, um größere Bauvorhaben zu finanzieren. Gerade die unterstellte Wertbeständigkeit von Immobilien führte dazu, dass das sogenannte Betongold nach wie vor eine der größten Kapitalanlagebereiche in Deutschland darstellt.

Betongold

„Umgangssprachlicher Begriff für Geldanlagen in Immobilien, der dem Gedanken folgt, dass Immobilien (Beton) ebenso wie Edelmetalle (Gold) als Sachwerte keinen inflationären Wertverlusten unterliegen. Immobilieninvestments gelten zwar als sichere und (wert-)beständige Geldanlageformen. Infolge von Gebäudealterungen, Mietsituationsänderungen oder Gebietsentwicklungen können jedoch auch Immobilien erheblich an Wert verlieren."[16]

Für Anleger sind Beteiligungen an sogenannten offenen Immobilienfonds interessant. Hier wird der Fokus auf eine mittel- bis langfristige Geldanlage gelegt. Immobilienfonds investieren das Geld der Anleger vorrangig in Gewerbeimmobilien, wie beispielsweise Bürogebäude, Einkaufszentren, Hotels oder in jüngster Zeit verstärkt in Logistikzentren. Allerdings werden auch immer noch offene Immobilienfonds im Bereich von Wohngebäudekomplexen aufgelegt. Im Gegensatz zu Wertpapierfonds, wird das eingesammelte **Kapital in Sachwerten angelegt**. Vorgabe für einen offenen Immobilienfonds ist die Anlage von mindestens 51 % des gesammelten Kapitals in Immobilien. Dies können sowohl bebaute als auch unbebaute Grundstücke sein. Obwohl der Fokus des Anlegers auf eine mittel- bis langfristige Anlage seines Kapitals ausgelegt ist, kennen offene Immobilienfonds **keine festgelegte Laufzeit**.

Erträge erzielen die Fonds vorrangig durch die **Mieteinnahmen** aus den Immobilien und einem möglichen **Wertzuwachs**. Dazu kommen noch mögliche **Zinsgewinne**, da offene Immobilienfonds mindestens 5 % und höchstens 49 % des Fondsvermögens als liquide Mittel in Form von Bankguthaben oder festverzinslichen Wertpapieren anlegen dürfen. Je nach Lage und. Attraktivität der Immobilie kann daher im Extremfall ein möglicher Zinsgewinn über den erzielbaren Mieterträgen liegen. Die Fondsgesellschaft wird dies bei der Einrichtung beziehungsweise Gestaltung des offenen Immobilienfonds berücksichtigen.

Neben den skizzierten offenen Immobilienfonds gibt es auch sogenannte **geschlossene Immobilienfonds**. Zwischen diesen beiden Anlageformen gibt es erhebliche Unterschiede. Ein Hauptmerkmal des geschlossenen Immobilienfonds ist das deutlich geringeres Volumen. Gemäß BaFin Vorgabe für einen geschlossenen Immobilienfonds, der sich an Privatanleger richtet, müssen diese lediglich in mindestens drei gleichwertige Sachwerte/Objekte investieren. Soweit die Einrichtung eines geschlossenen Immobilienfonds als ein Objektfonds genehmigt wird, beträgt die Mindestinvestitionssumme 20.000 €. Ein weiterer gravierender Unterschied zu offenen Immobilienfonds ist der festgelegte langfristige Investitionszeitraum. Ein vorzeitiger Verkauf von Anteilen ist daher in der Regel ausgeschlossen. In der Praxis gelten geschlossene Immobilienfonds als wesentlich riskantere Form der Geldanlage im Vergleich zu den offenen Immobilienfonds.

[16] https://www.gabler-banklexikon.de/definition/betongold-81605, zuletzt abgerufen am 1.4.2025.

Für den Anleger besteht im offenen Immobilienfonds auch ein Schwankungsrisiko, dies soll allerdings durch die breite Streuung der Anlage in mehrere Objekte ausgeglichen werden. Neben den Risiken der Wertschwankung stehen weitere typische Risiken einer Anlage in Immobilien, beispielsweise Leerstand, Mietausfall oder eine Verschlechterung der Bewertung von Immobilien im Gesamtportfolio. Offene Immobilienfonds sind in ihrer Vermögensanlage nicht auf Deutschland beschränkt, sondern können auch innerhalb und außerhalb des Euroraums investieren. Für den Anleger ist dann allerdings ein möglicher Wertverlust im Zuge von Wechselkursrisiken zu beachten.

Interessant für den Anleger sind die geringen Mindestanlagebeträge innerhalb eines offenen Immobilienfonds. Möglich sind auch Sparpläne, also ein monatliches Ansparen der angedachten Investitionssumme. Anteile an offenen Immobilienfonds können sowohl über eine Bank als auch über eine Kapitalverwaltungsgesellschaft erworben werden. Teilweise werden offene Immobilienfonds auch an der Börse gehandelt. Dann unterliegen sie (wie Aktien) der entsprechenden Kursentwicklung. Also bestimmen auch hier Angebot und Nachfrage den Wert der entsprechenden Anlage.

Während der Kauf von Anteilen an offenen Immobilienfonds relativ einfach gestaltet ist, ist eine Rückgabe beziehungsweise ein **Verkauf komplizierter**:

- Fondsanteile müssen ab dem Kaufdatum mindestens 24 Monate vom Käufer gehalten werden, erst dann dürfen sie an die Kapitalverwaltungsgesellschaft zurückgegeben werden.
- Für Fondsanteile, die nach dem 21.7.2013 gekauft wurden, gilt außerdem eine zwölfmonatige Kündigungsfrist für die Rückgabe.

Unabhängig von dieser Regelung muss der Anleger damit rechnen, dass der Rücknahmepreis, den die Verwaltungsgesellschaft erstattet, niedriger ist als der ursprüngliche Kaufpreis. Für den Anleger ist daher entscheidend, ob der offene Immobilienfonds an der **Börse** gehandelt wird, denn dann können die Anteile ohne Beachtung der genannten Fristen verkauft werden.

In Sachen **Kosten und Gebühren** gleichen die Regelungen bei einem offenen Immobilienfonds den Modalitäten eines Wertpapierfonds. Auch hier wird ein Ausgabeaufschlag erhoben, soweit der Immobilienfonds nicht an der Börse gehandelt wird. Für die Fondsverwaltung wird eine entsprechende Verwaltungsvergütung für das Management vom Anleger erhoben. Hinzu kommen die Kosten für die Verwahrstelle und die Kosten für die Prüfung des Rechenschaftsberichts durch einen Wirtschaftsprüfer. Zusätzliche Kosten entstehen durch die Steuerberatung der Kapitalverwaltungsgesellschaft für den Fonds. Wie beim Wertpapierfonds werden auch Transaktionskosten beim An- und Verkauf von Vermögensgegenständen erhoben.

Da die Großeltern unserer Musterfamilie Müller durch den Verkauf ihrer Immobilie einen größeren Kapitalbetrag zur Verfügung haben, besteht auch die Möglichkeit, neben der Investition in einem Immobilienfonds direkt eine entsprechende Immobilie zu erwerben und die laufenden Mieteinnahmen zur Finanzierung der Lebenshaltungskosten zu nutzen. Die Risiken, die damit verbunden sind, ähneln jedoch denen der Kapitalanlage in einem Immobilienfonds. Genannt hatten wir hier einen möglichen Wertverlust, Mietausfall, etc.

4.4.6.3.6 Sparbuch

Das Sparbuch ist eine Geldanlage ohne feste Laufzeit, bei der ein Guthaben meist variabel verzinst wird. Es ist die bekannteste und in Deutschland die weitverbreitetste Form eines Sparkontos. Die Definition des Sparbuchs als Sparkonto suggeriert schon, dass das Guthaben nicht für den täglichen Gebrauch verwendet werden kann. Dies wird in den Geschäftsbedingungen der das Sparbuch führenden Bank beziehungsweise des Kreditinstituts festgelegt. Im Sparbuch werden die Laufenden Ein- und Auszahlungen vermerkt. Das bedeutet, bei allen Bewegungen auf dem Sparkonto muss das Sparbuch vorgelegt werden.

Die allgemeine Kündigungsfrist für ein Sparkonto beträgt mindestens drei Kalendermonate. In der Praxis begrenzen die Banken beziehungsweise Kreditinstitute den Höchstauszahlungsbertrag auf durchschnittlich 2.000 €. Sollte der Anleger kurzfristig einen höheren Geldbetrag als die bereits genannten 2.000 € benötigen, muss der Sparvertrag über diesen Teilbetrag entsprechend gekündigt werden. Bei vielen Kreditinstituten ist dies mit sofortiger Wirkung möglich, allerdings werden dann Vorschusszinsen erhoben. Die Vorschusszinsen werden dann auf den Übersteigenden Entnahmebetrag berechnet.

Achtung

Bei einem Sparbuch handelt es sich um ein Inhaberpapier. Das bedeutet, dass grundsätzlich an jeden Inhaber des Sparbuches befreiend gezahlt werden kann!

Beim Sparbuch handelt es sich um eine Kapitalanlage, die vor allem für Anleger geeignet ist, die eine konservative, sichere Anlage suchen, um Rücklagen zu bilden. Das Sparbuch besitzt allerdings nicht die Flexibilität eines Tagesgeldkontos.

Die Sicherheit des angesparten Kapitals wird durch die gesetzlich vorgesehene Einlagensicherung von insgesamt bis zu 100.000 € je Kunde und Bank gewährleistet. Diese Regelung gilt innerhalb aller EU-Staaten. Sollte ein Anlagebetrag über 100.000 € in Form eines Sparbuches angelegt werden, besteht die Möglichkeit, Sparbücher bei verschiedenen Kreditinstituten zu installieren.

Tagesgeldkonto

Für Anleger, denen eine Flexibilität im Rahmen der Kapitalanlage wichtig ist, bietet sich ein Tagesgeldkonto an. Dies ist eine Geldanlage ohne feste Laufzeit mit variabler Verzinsung. Das bedeutet im Umkehrschluss, dass die Kreditinstitute den jeweiligen Zinssatz jederzeit erhöhen oder senken dürfen. Die Verzinsung des entsprechenden Kreditinstitutes orientiert sich unter anderem am jeweiligen Marktzins. Im Gegensatz zum Sparbuch, sind die Guthaben auf Tagesgeldkonten aber jederzeit verfügbar.

Ein Tagesgeldkonto wird vor allem von Anlegern nachgefragt, die eine sichere Anlage des Vermögens suchen und höhere Zinsen als beispielsweise beim Sparbuch erwirtschaften möchten. Trotz der Flexibilität der Entnahme vom Kapital aus dem Tagesgeldkonto, kann dieses nicht für den normalen Zahlungsverkehr genutzt werden. Zusätzlich benötigt der Anleger für die Gutschriften beziehungsweise Auszahlungen vom Tagesgeldkonto ein sogenanntes Referenzkonto. Dies ist in der Regel das Girokonto des Anlegers. Dies bedeutet, dass bei der Einrichtung eines Tagesgeldkontos nicht nur die Gebühren dafür anfallen, sondern auch die Gebühren für das Girokonto vom Anleger berücksichtigt werden müssen. Das Referenzkonto als klassisches Girokonto dient zur weiteren Abwicklung des Zahlungsverkehrs. Das bedeutet, eine Gutschrift vom Tagesgeldkonto wird zunächst auf das Girokonto umgebucht und kann anschließend genutzt werden, um Investitionen zu tätigen.

Festgeld

Für Anleger, die an sicheren Geldanlagen mit planbaren Erträgen interessiert sind, bietet sich als weitere Anlageform das sogenannte Festgeld an. Planbar werden die Erträge für den Anleger durch die festgelegte Laufzeit und den vereinbarten fixen Zins. Laufzeiten gibt es in der Praxis von einem Monat bis zu mehreren Jahren. Von der Gestaltung her ist das Festgeld also einer **Terminanlage**. Die Anlage des Kapitals erfolgt zu einem bestimmten Datum und kann ab diesem Zeitpunkt nicht mehr anderweitig verwendet werden. Dies ist der Hauptunterschied zum Tagesgeldkonto. Festgeldanlagen werden vor allem von Anlegern gesucht, die auf einen zeitlich begrenzten Zeitraum auf Kapital verzichten können. Diesem Verzicht steht ein höherer Zinssatz als bei den klassischen Anlageformen wie Sparbuch oder Tagesgeldkonto gegenüber.

Auch beim Festgeld greifen die Regelungen zur Einlagensicherung. Dies bedeutet, bis zu einem Anlagebetrag von 100.000 € greifen die entsprechenden Bestimmungen. Im Falle eines höheren Anlagebetrags besteht auch beim Festgeld die Möglichkeit, mehrere Festgeldkonten bei verschiedenen Kreditinstituten zu eröffnen. Nach Ablauf der Anlagefrist, also der Laufzeit, werden Guthaben und erwirtschaftete Zinsen auf das Referenzkonto überwiesen.

In Ausnahmefällen – abhängig von den Allgemeinen Geschäftsbedingungen des Kreditinstitutes – kann auch vorzeitig über den Anlagebetrag verfügt werden. Dies ist allerdings mit einer entsprechenden Vorfälligkeitsentschädigung gegenüber dem Kreditinstitut verbunden. Außerdem wirkt sich der vorzeitige Zugriff zinsschädlich aus.

Vom Anleger sind die Bestimmungen hinsichtlich des Ablaufzeitpunktes zwingend zu beachten. Viele Kreditinstitute verlängern die entsprechende Festgeldanlage, soweit der Vertrag nicht rechtzeitig gekündigt wurde. Dies bedeutet einen entsprechenden Liquiditätsverlust für den Anleger, da das ursprüngliche angesparte Kapital nicht fristgemäß zur Verfügung steht.

Sparbrief

Private Anleger, die mit einem festen Auszahlungsbetrag zu einem genau definierten Zeitpunkt rechnen beziehungsweise rechnen müssen (Restzahlung Immobilienkredit beispielsweise), bietet sich als weitere Variante die Kapitalanlage im Rahmen eines Sparbriefs an. Hier wird ein Geldbetrag für eine bestimmte Zeit zu einem von vornherein festgelegten Zinssatz angelegt. Beim Laufzeitende steht das Guthaben zur Auszahlung bereit, ohne dass der Anleger diesen Vertrag zusätzlich kündigen muss. Allerdings besteht auch hier während der Laufzeit keine Möglichkeit, an das angesparte Kapital zu kommen. Zur Absicherung eines Kredites wird ein Sparbrief aber in der Regel anerkannt. Dies ist ein Vorteil gegenüber dem Festgeld beziehungsweise dem Sparbuch.

Zertifikate

Eine weitere Anlagemöglichkeit sind sogenannte Zertifikate. Im Grunde stellen Zertifikate eine Schuldverschreibung dar, deren Wertentwicklung von der Wertentwicklung eines Basiswertes abhängt. Basiswerte finden sich im Rahmen der Zertifikate unter anderem in Aktien eines Unternehmens, Indizes, aber auch Rohstoffen, Edelmetallen oder Währungen.

Der wesentliche Unterschied zu den bereits genannten Anlageformen liegt darin, dass mit einem Zertifikat keine Eigentums- oder Aktionärsrechte an einem Unternehmen erworben werden. Bei Zertifikaten handelt es sich um hochkomplexe Finanzinstrumente, die durch den jeweiligen Emittenten (Herausgeber des Zertifikats) frei ausgestaltet werden können. Das bedeutet, sowohl Laufzeit als auch Zins oder Rückzahlung können individuell vereinbart beziehungsweise ausgestaltet werden.

Am Beispiel von Rohstoffzertifikaten soll die Wirkungsweise dieser Kapitalanlageform dargestellt werden:

Mit einem Rohstoffzertifikat möchte der Anleger von der Wertentwicklung eines bestimmten Rohstoffs auf dem Weltmarkt profitieren, ohne diesen selbst an einer Rohstoffbörse kaufen zu müssen. Im Übrigen ist der direkte Handel mit Rohstoffen für Privatanleger kaum beziehungsweise gar nicht möglich.

Auch hier gibt es verschiedene Ausprägungen, die sich auch in anderen Formen von Zertifikaten finden. Bekannt sind bei Rohstoffzertifikaten verschiedene Ausprägungen, wie ein Open-End-Zertifikat auf einzelne Rohstoffe, aber auch Indexzertifikate. Unter moralischen Gesichtspunkten sind Rohstoffzertifikate insbesondere im Lebensmittelbereich umstritten. Bei einer Spekulation auf die Preisentwicklung, zum Beispiel von Kaffee, werden mögliche Ernteeinbußen durch Dürreperioden oder andere Umwelteinflüsse einkalkuliert, die zu einer Warenknappheit auf dem Weltmarkt führen und damit den Preis für den jeweiligen Rohstoff steigen lassen. Das heißt, der Anleger profitiert von einer natürlichen Verknappung und erzielt einen Gewinn durch die ausfallende Ernte beziehungsweise durch das knappe Angebot im Vergleich zur hohen Nachfrage.

Gerade durch den letztgenannten Zusammenhang haben sich sogenannte **Future-Optionen** im Warentermingeschäft durchgesetzt. Bedeutet: Verkäufer und Käufer verpflichten sich – um beim Beispiel der Kaffeeernte zu bleiben – zu einem vorab bestimmten Preis und Termin, die Ware abzunehmen beziehungsweise einen festen Preis zu zahlen. Denn damit sichern sowohl Käufer als auch Verkäufer die entsprechenden Preise, obwohl die Ernte noch gar nicht eingebracht ist.

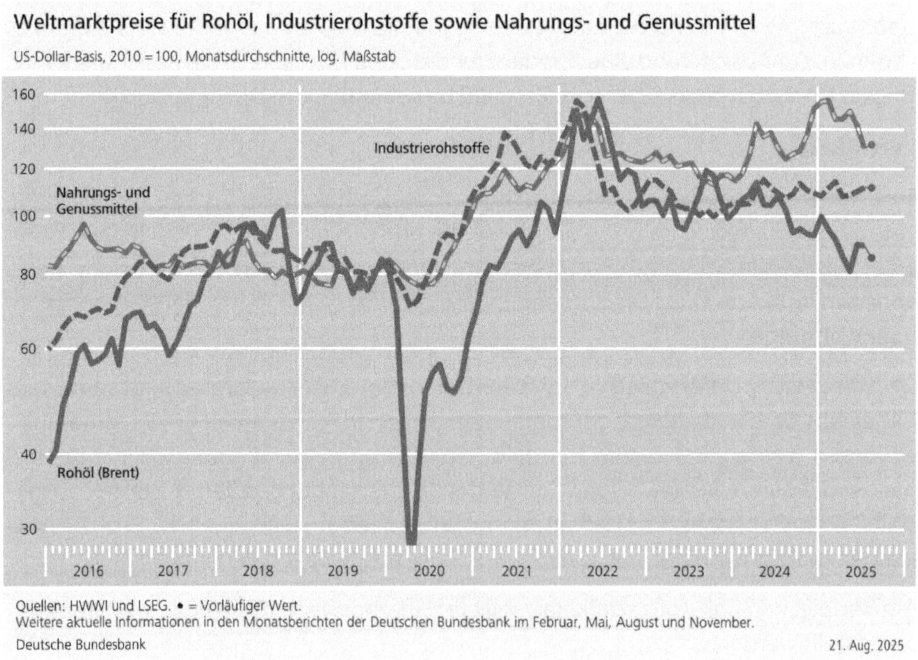

Abbildung 4.20: Weltmarktpreise für Rohöl, Industriestoffe sowie Nahrungs- und Genussmittel

Quelle: Deutsche Bundesbank, https://www.bundesbank.de/resource/blob/750768/066b5e2efe7e90454d16971a94c73f90/472B63F073F071307366337C94F8C870/oeb2wb0108-data.png

Futures werden im Übrigen an streng regulierten Terminbörsen gehandelt. Sie laufen üblicherweise einmal pro Quartal aus. Man nennt diese Tage auch Verfallstage oder Hexensabbat. Von Futures zu unterscheiden sind die sogenannten **Optionen**. Während bei den Futures sowohl Käufer als auch Verkäufer zur Abnahme der Wahre im Rahmen der vereinbarten Konditionen verpflichtet sind, besteht bei den Optionen nur die Verpflichtung des Verkäufers zur Lieferung der entsprechenden Ware beziehungsweise des entsprechenden Rohstoffes.

Futures sind allerdings nicht nur bei Warentermingeschäften bekannt, sondern auch im Bereich der Finanztermingeschäfte. Hier bilden Aktien, Anleihen, Devisen und Zinsen die jeweiligen Basiswerte. Futures können nicht direkt über ein Kreditinstitut erworben werden, vielmehr sind entsprechende Broker hinzuzuziehen. Dies liegt an der strengen Regulierung der Märkte beziehungsweise an den Vorgaben der Börsenaufsicht.

Diese Anlageform wird weniger vom privaten Anleger gesucht, Zielgruppe für die Broker sind viel mehr institutionelle Anleger wie beispielsweise Kreditinstitute. Wer als Privatperson von diesen Marktentwicklungen profitieren möchte, dem steht die Möglichkeit offen, im Rahmen einer ETF-Anlage von Marktsteigerungen (beispielsweise im Aktienbereich) zu profitieren.

Optionsgeschäfte

Eine weitere Besonderheit im Bereich der Finanzderivate stellen die Optionsgeschäfte dar. Dies sind hochspekulative Finanzinstrumente. Hierbei wird auf fallende oder steigende Preise anderer Investments gesetzt. Im Grunde spekuliert man also mit Kursschwankungen. Ein Optionsgeschäft ist ein Vertragskonstrukt, in dem einem Käufer das Recht zugesichert wird, ein Produkt zu einem bestimmten Preis zu kaufen. Dafür erhält der Verkäufer die sogenannte Optionsprämie. Es kann sich um an der Börse gehandelte Waren, Anleihen und Aktien handeln. Außerdem können Grundstücke oder andere nicht börslich gehandelte Gegenstände als Basis für Optionsgeschäfte dienen.

Mit dem Kauf einer Option erwirbt der Käufer das Recht, zu einem bestimmten Stichtag oder innerhalb einer Laufzeit den Basiswert zu einem fixen Preis zu erwerben beziehungsweise zu veräußern. Der Preis – dieser wird im Vorfeld vereinbart – wird auch Ausführungspreis genannt. Dem Käufer steht die Möglichkeit offen, zum Stichtag die Option auszuüben oder verfallen zu lassen, also den Preis zu zahlen oder auf sein Kaufrecht zu verzichten.

Ob der Käufer die Option zieht, wird maßgeblich von der Entwicklung des Basiswertes abhängen. Weitere Faktoren sind die jeweilige Nachfrage und das jeweilige Angebot: Gerade bei Aktienkursen spielt dies eine große Rolle und kann den Preis der Option beeinflussen.

Was sich zunächst sehr einfach anhört, wird im Zuge der möglichen Ausgestaltungen kompliziert! Man unterscheidet bei den Aktionsgeschäften nämlich zwischen verschiedenen Optionsarten:

Bei der Kaufoption, auch **Call-Option** genannt, spekuliert der Investor mit zukünftig steigenden Preisen. Das bedeutet, er sichert sich frühzeitig einen günstigen Kaufpreis für die jeweilige Aktie.

Bei der Verkaufsoption, auch **Put-Option** genannt, geht der Anleger von fallenden Preisen aus und versucht, die Aktie vorher entsprechend teuer zu verkaufen.

Mit **long** und **short** wird in beiden Fällen die jeweilige Ausgestaltung des Optionsrechts bezeichnet: Den Verkäufer bezeichnet man mit „short", wenn dieser von fallenden Preisen profitiert, mit „long" den Käufer, der auf steigende Kurse setzt.

■ **BEISPIEL OPTIONSGESCHÄFT**

Ein Nahrungsmittel produzierender Betrieb benötigt für die Produktion Rohstoffe und sucht aus betriebswirtschaftlichen Überlegungen einen günstigen Preis für deren Ankauf. Der aktuelle Preis für den benötigten Weizen beträgt 1.000 € pro Tonne. Da das Unternehmen aufgrund von Ernteeinbrüchen mit steigenden Preisen rechnet, möchte es sich den Kaufpreis durch eine Option absichern. Das bedeutet, das Unternehmen sucht durch ein Optionsgeschäft eine Möglichkeit, seine Ausgaben im Rahmen der Rohstoffbeschaffung zu begrenzen. Stimmt der Rohstoffproduzent zu, so wird zwischen Unternehmen und Rohstoffproduzent ein Optionsvertrag vereinbart. Steigt der Preis für die Tonne Weizen im Laufe des Jahres, kann das Unternehmen trotzdem die vereinbarte Menge zum Ursprungspreis kaufen. Dem Verkäufer ist allerdings eine vorab definierte Optionsprämie zu zahlen. Sinkt der Preis für die Tonne Weizen, kann das Unternehmen die Kaufoption verfallen lassen und den benötigten Weizen zu einem niedrigeren Preis bei einem anderen Anbieter einkaufen. Die vorab vereinbarte Optionsprämie muss allerdings trotzdem gezahlt werden. ■

Mit diesem Beispiel soll deutlich werden, dass es sich bei Optionsgeschäften um riskante Finanzinstrumente handelt, denen neben den großen Risiken auch große Chancen gegenüberstehen.

Der Reiz für den Anleger besteht darin, dass Optionsgeschäfte bereits mit geringem finanziellen Einsatz möglich sind. Im Mittelpunkt steht nicht der Erwerb einer Aktie, sondern lediglich die Option darauf. Aufgrund eines möglichen Hebeleffektes sind durchaus hohe Gewinne möglich. Durch die Ausgestaltung der Optionsgeschäfte – nämlich nur das Recht, aber nicht die Pflicht zur Abnahme beziehungsweise Ausübung der Option – hat der Anleger eine gewisse Einflussmöglichkeit auf mögliche Verluste oder Gewinne über die Aktivierung oder den Verfall der entsprechenden Option.

Kryptowährungen

Spätestens seit der weltweiten Coronakrise sind Kryptowährungen nicht nur als „virtuelles Zahlungsmittel", sondern auch als Kapitalanlage stärker in den Fokus der Öffentlichkeit gerückt. Da es sich um ein digitales Bezahlsystem auf Basis einer Blockchain-Technologie handelt, gibt es deutliche Unterschiede zum klassischen Bezahlsystem:

Blockchain

Laut der Definition vom Bundesamt für Sicherheit in der Informationstechnik ist **Blockchain (engl. Blockkette)** „eine spezielle Technologie zur Datenhaltung in dezentralen verteilten Netzwerken, d.h. in Netzwerken, die nicht von einer zentralen Instanz verwaltet werden."

Die Daten werden in einzelnen Blöcken aneinandergereiht – wobei neue Datenblöcke am Ende angehängt werden – und so auf den Rechnern im Netzwerk gespeichert. Durch den Einsatz kryptographischer Methoden bleibt diese chronologische Reihenfolge stets erhalten und jede nachträgliche Manipulation an den Daten kann sofort entdeckt werden. Ein sogenannter Konsensmechanismus sorgt dafür, dass sich alle Rechner im Netzwerk über den jeweils aktuellen Stand der Blockkette einig sind.

Mit Blockchain ist es möglich, Transaktionen (zum Beispiel im Zahlungsverkehr mit Kryptowährungen) ohne zentrale Instanz vertrauensvoll und transparent zu verifizieren.

Die wichtigsten Ziele der Blockchain-Technologie auf einen Blick:

Unveränderliche, manipulationssichere Daten

Verteilte, konsensuale Datenspeicherung ohne zentrale Instanz

Für alle Nutzerinnen und Nutzer transparente und nachvollziehbare Transaktionen[17]

Eine echte Verwendung von Kryptowährungen für den Zahlungsverkehr ergibt sich erst in der Kombination mit der Blockchain-Technologie. Vom Grundgedanken her handelt es sich bei Kryptowährungen um kein echtes Zahlungsmittel auf der Grundlage von Austausch Ware gegen Geld. Es handelt sich daher auch nicht um eine messbare Zahlungsgrundlage, denn hinter einer Kryptowährung steht kein materieller oder immaterieller Wert. Ein Risiko für den Anleger besteht darin, dass es für Kryptowährungen bisher noch keine staatliche Regulierung, keine Einlagensicherung und sonstige Mechanismen der Überwachung des Zahlungsverkehrs durch die BaFin oder andere Aufsichtsbehörden gibt.

Demgemäß steht die Nutzung von Kryptowährungen als Zahlungsmethode noch immer am Anfang und bildet einer Ausnahme.

Der Bezahlvorgang mittels einer Kryptowährung wird in Form einer digitalen Geldbörse – eine Wallet – abgewickelt. Darin wird ein geheimer Signaturschlüssel abgespeichert, mit dem über das dahinterstehende Guthaben verfügt werden kann. Ähnlich wie beim klassischen Zahlungsverkehr werden mittels einer abstrakten Adresse, also eine Art Kontonummer, somit Kauf und Verkauf geregelt.

Gerade der letztgenannte Punkt, nämlich die Anonymität, hat zur traurigen Berühmtheit der Kryptowährungen geführt: Im Rahmen von Cyber-Attacken werden von den Hackern in der Regel Lösegeldforderungen auf Basis von Kryptowährungen an die be-

[17] www.bsi.bund.de/DE/Themen/Verbraucherinnen-und-Verbraucher/Informationen-und-Empfehlungen/Technologien_sicher_gestalten/Blockchain-Kryptowaehrung/blockchain-kryptowaehrung_node.html, zuletzt abgerufen am 2.4.2025.

troffenen Unternehmen gestellt. Durch die Verschlüsselungen lässt sich dann der entsprechende Zahlungsauftrag nicht mehr nachvollziehen.

Warum werden trotz dieser technischen Herausforderungen und Besonderheiten Kryptowährungen verstärkt auch von Privatkunden als Kapitalanlage genutzt? Es liegt vor allem an den stark schwankenden Kursen. Kryptowährungen eignen sich daher vordergründig als kurzfristige Vermögensanlage. Der Anleger muss sich aber bewusst sein, dass der Chance einer Kurssteigerung auch ein entsprechendes Verlustrisiko gegenübersteht.

Das auch tagesaktuelle Ereignisse Einfluss auf den Kurs von Kryptowährungen haben, soll die folgende Graphik am Beispiel der bekanntesten digitalen Währung, dem Bitcoin, zeigen:

Abbildung 4.21: Einflüsse auf den Bitcoin-Kurs

Quelle: https://www.heise.de/select/ct/2018/13/1529722134313607

4.4.5.5 Private Kapitalanlagen und die Einteilung in Risikoklassen

Vor einem Invest möchte der Anleger wissen, wie sicher seine Geldanlage ist und mit welcher Rendite er rechnen kann. Je nachdem, welche Anlage in Frage kommt, werden innerhalb des Beratungsgesprächs/der Analyse Kriterien abgefragt, die sowohl die Risikoneigung des Anlegers als auch seine Erfahrungen mit Kapitalanlagen berücksichtigen.

Durchgesetzt am Markt hat sich eine Risikoklasseneinteilung von 1 (sicher) bis 7 (spekulativ). Bei Investmentfonds nutzt man zur Risikobewertung eine Vergangenheitsbetrachtung und legt die Wertungen anhand eines Umrechnungsfaktors, des SRRI fest.

SRRI

„Der Synthetische Risiko- und Ertragsindikator (englisch: Synthetic Risk and Reward Indicator), der häufig in der Kurzform SRRI verwendet wird, ist eine Kennzahl aus der Finanzwirtschaft, welche als Indikator für die Höhe der Schwankungen eines Fonds steht. Anhand der Intensität der Wertschwankungen, die auch als Volatilität bezeichnet wird, kann geschlussfolgert werden, wie hoch das Risiko von Kursverlusten ist beziehungsweise wie hoch die Chancen sind, Kursgewinne zu realisieren. Die Kennzahl wird nach europäischen und deutschen Vorschriften einheitlich berechnet und von den Fondgesellschaften veröffentlicht."[18]

Die Abfrage der Risikoklassen/Risikoneigung des Anlegers geht auf die Einführung des Wertpapierhandelsgesetzes im Jahre 1994 zurück. Seitdem sind Finanzdienstleister verpflichtet zu überprüfen, inwieweit der Anlagevorschlag angemessen und für den jeweiligen Kunden geeignet ist. Um diese Überprüfung möglichst einheitlich zu gestalten, werden Finanzprodukte in die entsprechenden Risikoklassen unterteilt. Allerdings existiert noch keine allgemein verbindliche Klassifizierung; diese wird von den jeweiligen Banken beziehungsweise Anbietern der Finanzprodukte vorgenommen. Das bereits genannte SRE-Modell soll dem Anleger durch eine vergleichbare Grundlage mittels eines Faktors eine Orientierung geben.

Vom Grundsatz her sollen die Risikoklassen zunächst dem Anlageberater als Orientierungshilfe dienen. Allerdings nutzen auch Privatanleger die Möglichkeiten der Informationsbeschaffung zur ersten Orientierung über die entsprechende Geldanlage. Abhängig vom Anlageziel können Anleger hier schon eine erste Vorauswahl über Art und Volumen der entsprechenden Kapitalanlage treffen.

4.5 Bewertung

Finanzielle Vorsorge zielt normalerweise darauf ab, Einkommensverluste auszugleichen, die bei Erreichen des Rentenalters, des Eintritts von Berufsunfähigkeit oder des Todes eines Familienangehörigen eintritt. In diesen Fällen soll mindestens der zuvor gewohnte Lebensstandard beibehalten und notwendige Ausgaben finanziert werden können. Mehr ist natürlich immer wünschenswert, oft aber nicht finanzierbar.

Um die benötigte Höhe privater Vorsorge ermitteln zu können, ist zunächst der finanzielle Bedarf in einer bestimmten Situation zu ermitteln.

[18] https://exporo.de/wiki/srri, zuletzt abgerufen am 2.4.2025.

■ **BEISPIEL: FINANZIELLER BEDARF IM VERSORGUNGSFALL**

Jede Person hat feste und variable, regelmäßige und einmalige Ausgaben, zum Beispiel:

- Kosten für Wohnen
- Kosten für Lebensmittel und Alltägliches
- Kosten für Gesundheit (Medikamente, Arztkosten, Hilfsmittel)
- Kosten für Kommunikation
- Kosten für Versicherungen
- Kosten für Mobilität (Auto, öffentliche Verkehrsmittel)
- Unterhaltsverpflichtungen
- Kosten für Freizeit und Urlaub
- usw. ■

Durch einen Versorgungsfall (Rentenbeginn, Berufsunfähigkeit, Krankheit, Tod) können sich diese Ausgaben aber verändern. Wer in Rente geht, hat vielleicht weniger Fahrtkosten, weil er nicht mehr täglich zur Arbeit fahren muss. Dafür werden im Alter möglicherweise höhere Gesundheitskosten anfallen. Bestimmte Versicherungen könnten dafür zu diesem Zeitpunkt nicht mehr erforderlich sein.

Bei eigener Berufsunfähigkeit oder Tod eines Angehörigen sind die Folgen meist noch weitreichender.

4.5.1 Deckungslücken aufzeigen

Die private Vorsorge folgt der gesetzlichen Versorgung! Nur weil die gesetzliche Versorgung Deckungslücken hat, gibt es die private Vorsorge überhaupt. Sie ermöglicht es, diese Lücken zumindest teilweise zu schließen. Vermittler müssen die Deckungslücken der gesetzlichen Absicherung (und im besten Fall auch der bestehenden gewerblichen Absicherung) kennen, um Kunden bedarfsgerecht beraten zu können.

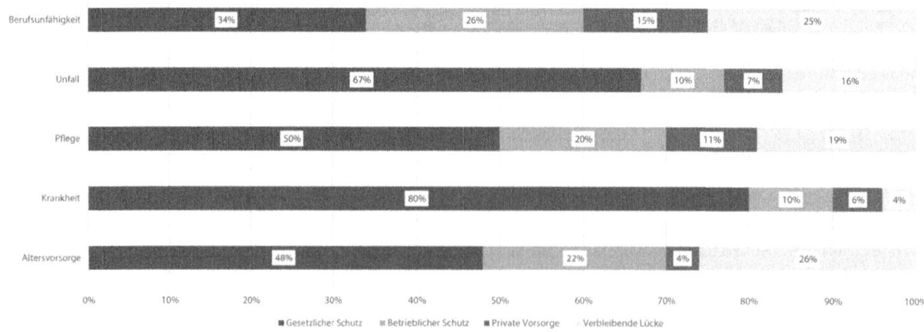

Abbildung 4.22: Beispielhafte Darstellung zur Veranschaulichung von Deckungslücken unter Berücksichtigung bestehender Absicherung

4.5.1.1 Deckungslücken in der Lebensversicherung

Aus den Ausgaben und bereits erläuterten bestehenden Versorgungsansprüchen lassen sich Versorgungs- oder Deckungslücken berechnen.

Die Berechnung der Versorgungslücken enthält aber einige Stolperfallen, die zu groben Fehlern in der Vorsorgeplanung führen können.

Langfristige Kaufkraft berücksichtigen

Vorsorgeplanungen in der Lebensversicherung gehen sehr weit in die Zukunft. Selbst niedrige Inflationsraten, wie aktuell zu beobachten, führen über Zeiträume von 20 oder 30 Jahren zu einem deutlichen Kaufkraftverlust.

Ein zusätzlicher Rentenanspruch von 1.000 €, den man sich über 25 Jahre hinweg mithilfe einer privaten Rentenversicherung aufbaut, ist beispielsweise bei durchschnittlich 2 % Inflation bei Rentenbeginn nur noch etwa die Hälfte wert. Daher ist es wichtig, bei der Gestaltung seiner Vorsorgeverträge immer die Geldentwertung über den Zeitablauf im Auge zu behalten. Dazu können viele Vorsorgeverträge zum Beispiel mit einer dynamischen Erhöhung versehen oder individuelle Erhöhungen während der Vertragslaufzeit vorgenommen werden.

Interpretation der Daten aus der Renteninformation

Die Renteninformation der gesetzlichen Rentenversicherung enthält mehrere Rentenwerte, die teilweise interpretationsbedürftig sind.

Auf der ersten Seite ist neben den bereits erworbenen Ansprüchen (volle Erwerbsminderungsrente und Altersrente) auch ein hochgerechneter Altersrentenanspruch aufgeführt. Dieser Wert basiert auf den in den letzten fünf Jahren bezahlten Rentenversicherungsbeiträgen, das heißt auf der Berufs- und Einkommenssituation der jüngeren Vergangenheit. Zur Berechnung der Rente wird unterstellt, dass dieses Einkommen auch bis zum Renteneintritt erzielt wird. Ob diese Annahme realistisch ist, ist im konkreten Einzelfall zu beurteilen.

Die bestehenden Rentenansprüche werden zusätzlich mit festgelegten Anpassungssätzen (im Jahr 2025 mit 1 und 2 %) hochgerechnet, um die zukünftigen jährlichen Rentenanpassungen zu berücksichtigen. Je nach aktuellem Alter des Versicherten und der damit verbleibenden Zeit bis zum Rentenbeginn, können hier recht hohe Beträge erscheinen, die auf den ersten Blick sehr beruhigend wirken.

Es ist aber ungewiss, ob **Rentenanpassungen** in dieser Höhe stattfinden können. Die demografischen Entwicklungen werden inzwischen in der Formel zur Berechnung der Rentenanpassungen berücksichtigt. Verschiebt sich das zahlenmäßige Verhältnis zwischen Rentnern und Erwerbstätigen weiter in Richtung der Rentner (was zu erwarten ist), werden zukünftige Rentenanpassungen gedämpft.

Außerdem müsste man das eigene Einkommen – und auch die oben beschriebenen Kosten des persönlichen Lebensunterhalts – mit dem gleichen Prozentsatz hochrechnen, damit die Kaufkraft der hochgerechneten Rente richtig eingeordnet werden kann.

Auf der zweiten Seite finden sich zahlreiche Hinweise und Erläuterungen, die bislang eingezahlten Rentenbeiträge und die damit angesammelten persönlichen Entgeltpunkte. Dies kann – wie weiter oben bereits beschrieben – als Anhaltspunkt dienen, die bei der GRV gemeldeten Beitragszeiten zu überprüfen.

Von Nettorenten ausgehen

Bei der Berechnung von Versorgungslücken ist zu beachten, dass die meisten Vorsorgeleistungen heute steuer- und gegebenenfalls sozialversicherungspflichtig sind, egal ob sie von der gesetzlichen Rentenversicherung oder aus privaten Versicherungsverträgen gezahlt werden. Die Höhe der Abgaben unterscheidet sich nach Art der Leistung beziehungsweise des Produktes. Sie ist aber generell nicht unerheblich.

Für eine realistische und solide Zukunftsplanung macht es nur Sinn, die Auszahlungen unter dem Strich zu betrachten – also das, was später tatsächlich auf dem Konto und im Geldbeutel ankommen wird.

Private Verträge: garantierte oder mögliche Leistungen?

Viele Produkte unterscheiden zwischen garantierten und möglichen Leistungen. **Garantierte Leistungen** sind eine solide Planungsbasis, weil sie in jedem Fall zum Tragen kommen, sofern der Kunde seine vereinbarten Beiträge bis zum Vertragsende bezahlt.

Mögliche Leistungen enthalten beispielweise Werte aus der (zumindest für die Zukunft) ungewissen Überschussbeteiligung. Diese können in der berechneten Höhe eintreten, höher oder niedriger ausfallen und im Extremfall auch ganz entfallen.

Mögliche Leistungen können auch aus fondsgebundenen Kapitalanlagen hervorgehen, die Schwankungen des Aktienmarktes unterliegen. Wertentwicklungen lassen sich dort ebenfalls nicht verbindlich vorhersagen.

Es ist daher in der Kundenanalyse zu prüfen und zu besprechen, wie sicherheitsorientiert die Vorsorgeplanung erfolgen soll, das heißt, welche Werte realistisch in die Berechnung von Versorgungslücken einbezogen werden sollen.

4.5.1.2 Deckungslücken in der Kranken- und Pflegeversicherung

Mögliche Deckungslücken in der Krankenversicherung

Die GKV bietet zwar eine medizinische Grundversorgung, es gibt jedoch einige Deckungslücken, die beachtet werden sollten. Hier einige der häufigsten Lücken (nicht abschließend):

Zahnbehandlungen: Die GKV übernimmt in vielen Fällen nur die Basisversorgung. Nicht übernommen werden zum Beispiel hochwertige Füllungen, Implantate oder bestimmte kieferorthopädische Behandlungen.

Sehhilfen: Brillen und Kontaktlinsen werden nur in sehr seltenen Fällen von der GKV übernommen.

Heilpraktikerleistungen: Behandlungen durch Heilpraktiker werden von der GKV in der Regel nicht übernommen.

Alternative Heilmethoden: Auch alternative Heilmethoden, beispielsweise Akupunktur oder Homöopathie, werden nur in bestimmten Fällen und oft nur teilweise von der GKV bezahlt.

Krankenhausaufenthalte: Während die GKV die Kosten für einen Krankenhausaufenthalt übernimmt, können zusätzliche Kosten für ein Einzelzimmer oder eine Chefarztbehandlung anfallen.

Auslandsreisen: Die GKV bietet im Ausland nur einen eingeschränkten Schutz.

Mögliche Deckungslücken in der Pflegeversicherung

Die gesetzliche Pflegepflichtversicherung deckt zwar grundlegende Pflegeleistungen ab, es gibt jedoch einige wichtige Deckungslücken, die beachtet werden sollten:

Werden Menschen pflegebedürftig, so wollen sie oder die Angehörigen gerne die Situation so angenehm wie möglich gestalten, damit in der stark veränderten Lebenssituation noch Lebensqualität erhalten bleibt. Diese Anpassungen sind oftmals kostspielig und werden von der Pflichtabsicherungen nicht abgedeckt.

■ BEISPIEL EIGENANTEIL BEI PFLEGEKOSTEN IM HEIM:

Die sogenannte „Pflegelücke" wächst kontinuierlich. Laut Auswertung der Pflegedatenbank des PKV-Verbands liegt der durchschnittliche Eigenanteil im ersten Jahr im Pflegeheim inzwischen bundesweit bei rund 3.000 € pro Monat.[19] ■

---

[19] Vgl. https://www.pkv.de/wissen/pflegepflichtversicherung/finanzierungsluecke-in-der-pflege/, zuletzt abgerufen am 12. September 2025.

4.5.1.3 Deckungslücken in der Unfallversicherung

Wie wir mittlerweile wissen, gib es in der GUV Deckungseinschränkungen. Die wichtigsten sind hier gelistet:

Freizeitunfälle	x	nicht versichert
Selbstständige	!	meist nicht versichert (müssten sich freiwillig versichern)
Hausfrauen/-männer, Rentner, Kleinkinder, Arbeitssuchende, Erwerbsunfähige	x	nicht versichert
Arbeitssuchende	!	nur in Maßnahmen, Bewerbungsgesprächen und auf Wegen zum Beispiel zur Arbeitsagentur versichert
dauerhafte Verletzungen unterhalb von 20 % Erwerbsminderung	!	keine Rentenleistung
Kapitalleistung	x	nicht versichert
Lohnfortzahlung	!	Verletztengeld max. bis 80 % der JAV-Grenze, Verletztenrente bis max. 2/3 der JAV bzw. höchstens das Doppelte der Bezugsgröße, bei unter 18-Jährigen bzw. Schülern/Studierenden niedrigere Grenzen
Homeoffice	!	mit Einschränkungen versichert
Ausland	!	nur Dienstreisen
Arbeitsweg/Schulweg	!	versichert, aber Unterbrechungen (zum Beispiel Tanken) sind nicht versichert
Invalidität durch einen Unfall, die nicht zu einer Minderung der Erwerbsfähigkeit führt	!	keine Renten- oder Kapitalleistung

Tabelle 4.8: Wichtige Deckungseinschränkungen in der GUV

Doch auch die private Versicherungswirtschaft kann nicht jedes Risiko vollständig abdecken. Selbst nach dem Abschluss einer bedarfsgerechten privaten Unfallversicherung bleiben Restrisiken bestehen. Daher ist es entscheidend, diese Risiken zu kennen und die Kunden richtig darüber aufzuklären.

vorübergehende Einschränkungen (zum Beispiel versicherte Person ist nach einem Unfall oder nach Krankenhausaufenthalt länger zu Hause	!	nicht versichert sofern kein Unfalltagegeld oder Genesungsgeld greift
Zuzahlungen zu Heil- und Hilfsmitteln nach einem Unfall (zum Beispiel Orthesen)	x	meist nicht versichert
Kosten für Pflege bzw. Haushaltshilfe nach einem Unfall	!	meist nicht versichert, über Assistance kann Kurzzeitpflege versichert werden

schmerztherapeutische Behandlungen	!	meist nicht versichert, gegebenenfalls Schmerzensgeld bedarfsdeckend (aber nur für Knochenbrüche und Bänderrisse)
Gesundheitsschäden infolge regelmäßigen Umgangs mit strahlenerzeugenden Apparaten	x	meist nicht versichert
allmählich erlittene Gesundheitsschäden, wenn die versicherte Person den Einwirkungen länger als 7 Tage ausgesetzt war	x	ausgeschlossen
Sachschaden (zum Beispiel Brille, Kleidung); Schäden an Fahrrad oder Auto etc. nach einem Unfall	x	ausgeschlossen (auch Prothesen und Körperersatzstücke)
Krankheiten (zum Beispiel Diabetes, Gelenkarthrose, Schlaganfall)	!	generell ausgeschlossen außer Caissonkrankheit
Unfälle durch Drogenkonsum	x	ausgeschlossen
Heilbehandlungskosten	x	meist ausgeschlossen
alkoholbedingte Unfälle ab einem bestimmten Wert	x	ausgeschlossen
Unfälle bei vorsätzlicher Begehung einer Straftat	x	ausgeschlossen
Unfallfolgen, die überwiegend oder vollständig durch eine Erkrankung hervorgerufen wurden	!	je nach Mitwirkungsklausel und Ausschlüssen (zumeist mindestens Kürzung)
Unfälle durch Kernenergie	!	meist ausgeschlossen (gegebenenfalls gesonderte Vereinbarung möglich)
Unfälle bei aktiver Teilnahme am Krieg bzw. in Kriegs- oder Krisengebieten.	!	meist ausgeschlossen, außer die versicherte Person wird auf Reisen im Ausland überraschend von Kriegs- oder Bürgerkriegsereignissen betroffen, (gegebenenfalls gesonderte Vereinbarung möglich)
Unfälle bei Ausübung von Motorsport als Teilnehmer an lizenzpflichtigen Rennveranstaltungen einschließlich Übungsfahrten	!	meist ausgeschlossen (gegebenenfalls gesonderte Vereinbarung möglich)
Unfälle als Führer oder sonstiges Besatzungsmitglied eines Luftfahrzeugs oder Luftsportgeräts	!	meist ausgeschlossen (gegebenenfalls gesonderte Vereinbarung möglich)
Gesundheitsschäden infolge Eigenbewegungen	!	in vielen Tarifen ausgeschlossen
Bandscheibenschäden	!	ausgeschlossen, sofern nicht überwiegend (mind. 50 %) durch ein Unfallereignis verursacht
Blutungen aus inneren Organen und Gehirnblutungen	!	ausgeschlossen, sofern nicht durch ein Unfallereignis verursacht
krankhafte Störungen oder Depressionen infolge psychischer Reaktionen	!	häufig ausgeschlossen, auch wenn durch einen Unfall verursacht (zum Beispiel posttraumatische Belastungsstörung), außer unfallbedingte Erkrankung des Hirnnervensystems oder eine durch den Unfall neu entstandene Epilepsie

Beiträge in Sozialsystem: Einbußen, die durch eine geringere Einzahlung ins Sozialversicherungssystem entstehen, zum Beispiel geringere Altersrente	x	meist nicht versichert
Unfälle bei der Sportausübung als Berufssportler oder Vertragsamateur	!	meist ausgeschlossen (gegebenenfalls gesonderte Vereinbarung möglich)
Infektionen	!	häufig ausgeschlossen, außer Tollwut, Wundstarrkrampf, Borreliose und FSME
Berufsunfähigkeit	!	nicht versichert, wenn keine unfallbedingte Invalidität vorliegt, andernfalls Unfallrente möglich (ca. 90 % aller Fälle von Berufsunfähigkeit sind krankheitsbedingt)
nicht unfallbedingte(r) Krankenhausaufenthalt, Arbeitsunfähigkeit	x	nicht versichert (außer gegebenenfalls wegen Oberschenkelhalsbruch, sofern dieser als Unfallursache versichert ist)
Nahrungsmittelvergiftungen	!	meist nicht versichert, außer bei Kleinkindern
Pflegebedürftigkeit		meist ab Pflegegrad 2 nicht mehr versichert (in Proximus AUB 2022 ab Pflegegrad 1)
Personen mit bestimmten Erkrankungen (mit erhöhter Gefährdung eines dauerhaften Schadens nach einem Unfall)	x	in Proximus AUB 2022: Psychosen, Morbus Parkinson, Manische Depression, Demenz, Angeborene erhöhte Blutungsneigung (Bluter), Glasknochenkrankheit, Ausgeprägte Osteoporose (Knochenschwund), Diabetes, Sehbeeinträchtigung von mind. 6 Dioptrien
Invalidität – nicht durch Unfall	x	ausgeschlossen
Verletzungen, durch medizinische Eingriffe	x	meist ausgeschlossen
unfallbedingte Kuren oder Aufenthalte in Sanatorien und Erholungsheimen	x	nicht versichert
Wohnort dauerhaft außerhalb von Deutschland	x	kein Versicherungsschutz möglich
Zahnersatz	!	meist nur natürliche Zähne (kein Zahnersatz) und meist auch nur Schneide- und Eckzähne versichert, zudem keine Prothesen
Risikoberufe	x	Sprengmeister, Artisten, Spezialeinsatzkommando, Tierbändiger, Berufs-, Vertrags- und Lizenzsportler, Rennfahrer, Sprengpersonal (einschließlich Munitionssuche und -räumung), Stuntmen etc. sind nicht versichert

über die Höchstversicherungssummen hinausgehende Bedarfe (sehr hohes Einkommen oder Extremszenarien)	!	nicht versichert ■ BEISPIELE: • Tagegeld nur bis max. 100 € versicherbar. Somit max. 3.000 € mtl. geschützt. • Betreuung rund um die Uhr wegen Querschnittslähmung (3 Assistenzkräfte je 8 Stunden = 3 x 3.000 € brutto = 9.000 € mtl.) • Unfallrente bis max. 3.000 € (bei 50 %) bzw. 6.000 € bei 90 % Invalidität. ■
Leistungen zur Teilhabe am Arbeitsleben, beispielsweise Umschulungsmaßnahmen	x	anders als in der gesetzlichen Unfallversicherung ausgeschlossen
allergische Reaktionen (zum Beispiel Bienen-, oder Wespenstich)	!	häufig nicht versichert
geringfügige Hautverletzungen (zum Beispiel Pieks einer infizierten Nadel)	!	häufig nicht versichert

Tabelle 4.9: Wichtige Deckungseinschränkungen in der PUV

Darüber hinaus gibt es in der PUV Deckungseinschränkungen, die bestimmte Risiken ausschließen, welche jedoch in der GUV abgesichert sind. Für Selbstständige ist es besonders wichtig zu wissen, dass sie durch eine freiwillige gesetzliche Unfallversicherung Berufskrankheiten, Umschulungsmaßnahmen und anderes absichern können, die sie in der PUV nicht abdecken können.

Alternativer Ansatz für die Bedarfsermittlung:

Folgende Grundfragen sind hilfreich, um den Bedarf besser zu verstehen:

1. Wozu wird die Unfallversicherung gewünscht beziehungsweise benötigt?
2. Ist eine Absicherung bereits bei kleineren Verletzungen (zum Beispiel ein Finger kann nicht mehr vollständig bewegt werden) erforderlich oder gewünscht?
3. Welche Hobbys und Aktivitäten sollen berücksichtigt werden?
4. Was müsste sich nach einem schweren Unfall ändern?

   Kann die Person/Familie dort wohnen bleiben?

   - Wenn ja welche Umbaukosten können entstehen?

   Muss die Person/Familie umziehen?

   - Wenn ja, wohin?
   - Wie ist die Situation dort vor Ort?

   Welche Kosten können für Umzug und zusätzliche Anpassungen auftreten?

5. Welcher gesetzliche Schutz besteht (GUV, Erwerbsminderungsrente)?
6. Welche andere Versorgung (zum Beispiel PKV, Pflegezusatz, BUV, Dread-Disease, Grundfähigkeit, Kinderinvalidität, Lebensversicherung, betriebliche Versicherung, Vereinsversicherung) besteht bereits oder ist in Kürze geplant?
7. Wer könnte sich im Falle eines Unfalls um die Person kümmern? Müssen externe Personen die Pflege übernehmen?
8. Wie würde sich ein Unfall auf die Einkommenssituation auswirken? (Beispiele für starke Auswirkungen, wenn die Finger nur noch teilweise bewegt werden können: Chirurgen, Physiotherapeuten, Handwerker, Künstler,)
9. Gibt es weitere Betroffene im Falle eines Unfalls? (Bei einem Unfall des Partners/der Kinder muss man gegebenenfalls selbst beruflich kürzertreten. Dies kann grundlegende Veränderungen in der Familienorganisation bedeuten. Zum Beispiel auch, wenn die geschädigte Person Hausfrau/Hausmann ist und sich in besonderem Maße um Kinder und Haushaltsorganisation gekümmert hat, dies aber nun unfallbedingt nicht mehr möglich ist.)

Alle diese Fragen mit den Kunden zu besprechen ist sehr zeitaufwendig. Gegebenenfalls ist dieser Umfang von den Kunden auch nicht gewünscht oder es können nicht alle Fragen beantwortet werden. Die Fragen im Hinterkopf zu haben, hilft aber den Bedarf grundsätzlich genauer einschätzen zu können und vermindert das Risiko, wesentliche Aspekte zu übersehen.

4.5.2 Chancen und Handlungsfelder

Chancen durch Risikobewertung bei Kunden

Das frühzeitige Erkennen und Benennen von Risiken bei Kunden eröffnet Vermittlern wertvolle Chancen. Indem sie wissen, wann welcher Bedarf entsteht, können sie Kunden gezielt ansprechen (siehe Handlungsfelder). Ein regelmäßiger Bedarfscheck, idealerweise unterstützt durch Online-Tools, kann zusätzliche Potenziale im Kundenbestand aufdecken.

Chancen durch individuelle Anpassung

Eine präzise Analyse der persönlichen Risiken und Bedürfnisse ermöglicht es Versicherungsunternehmen, die Policen ihrer Kunden gezielt an ihre Lebenssituation anzupassen und bestehende Lücken zu schließen. Es ist ratsam, den Kunden eine digitale Übersicht über bestehende Absicherungen, Risiken und Lücken bereitzustellen, damit sie stets den Überblick behalten. Diese Übersicht kann beispielsweise dem Versicherungsordner beigefügt werden, um einen Soll-Ist-Abgleich zu erleichtern, den Kunden und Vermittler jederzeit durchführen können.

Chancen durch Digitalisierung

Der Einsatz digitaler Tools und Plattformen ermöglicht es Versicherungsnehmern, ihre Policen einfacher zu verwalten, zu vergleichen und zu optimieren. Dies trägt auch dazu bei, Haftungsrisiken zu minimieren, da die Kunden stets über ihren Versicherungsschutz und etwaige Lücken informiert sind. Gleichzeitig können Beratungsprozesse optimiert und die Kundenbindung gestärkt werden, da alle Verträge zentral beim Vermittler verwaltet werden können. Darüber hinaus können Versicherungs- und Fremdvertragsbestände zumindest teilweise automatisch analysiert werden, um den Kunden Vorschläge zur Verbesserung ihres Schutzes zu unterbreiten, zum Beispiel bei Tarifänderungen.

Chancen durch Kooperationen

Kooperationen mit anderen Versicherern oder Anbietern bieten die Möglichkeit, umfassendere Versicherungslösungen anzubieten und neue Zielgruppen zu erschließen.

4.5.2.1 Chancen und Handlungsfelder in der Lebensversicherung

Wie bereits mehrfach erwähnt, umfassen Vorsorgeplanungen bezüglich Produkten der Lebensversicherung oft viele Jahre oder sogar mehrere Jahrzehnte. Die Lebenssituation der zu Beratenden unterliegt durch externe Einflüsse oder durch Veränderung der persönlichen Wünsche und Einstellungen aber einem stetigen Wandel.

Die Vorsorgeplanung sollte daher grundsätzlich regelmäßig überprüft und die gewählten Lösungen gegebenenfalls angepasst werden. Dabei könnten folgende Fragen im Mittelpunkt stehen:

- Haben sich Wünsche und Versorgungsziele verändert?
- Hat sich der finanzielle Spielraum verändert?
- Wie ist der aktuelle Stand der Vorsorgeansprüche beziehungsweise wie groß sind die Versorgungslücken?
- Wie haben sich bereits bestehende Verträge entwickelt? Ist der Versicherte zufrieden damit?
- Ist eine Änderung der Kapitalanlagestrategie bei fondsgebundenen Lösungen gewünscht (zum Beispiel zur Risikosteuerung oder als Reaktion auf Entwicklungen am Finanzmarkt)?

Eine Vorsorgeplanung ist eher langfristig ausgerichtet und sollte auch unter diesem Gesichtspunkt überprüft werden. Veränderungen an der getroffenen Planung können erhebliche finanzielle Konsequenzen nach sich ziehen. So ist es meist mit deutlichen finanziellen Nachteilen auf Kundenseite verbunden, eine bestehende Lebensversicherung zu kündigen und durch eine andere Lösung zu ersetzen. Produkt- oder Anbieterwechsel sollten daher immer das letzte Mittel sein und alle Veränderungen mit Augenmaß erfolgen. Die inzwischen hohe Flexibilität der Produkte am Markt eröffnet oft auch verschiedene andere Handlungsoptionen

Besondere Beratungsanlässe

Darüber hinaus gibt es eine Reihe von Ereignissen, die eine anlassbezogene Überprüfung der getroffenen Vorsorgemaßnahmen nach sich ziehen sollten.

■ BEISPIELE

- berufliche Veränderungen (Berufseintritt, Ausbildungsbeginn, Studienbeginn, Berufswechsel, Einkommenssprung, Umstellung auf Teilzeit, Wechsel in die Selbständigkeit...)
- Änderung der Familiensituation (Heirat, Scheidung, Geburt von Kindern, Arbeits- oder Studienbeginn bei Kindern)
- Todesfall in der Familie (im engeren Umfeld mit Auswirkung auf die Einkommenssituation oder Lösungsmöglichkeiten für Kapitalanlage im Erbfall)
- Immobilienerwerb geplant oder bereits erfolgt
- Übergang in die PKV ■

Im Kern betreffen die meisten dieser Ereignisse die Einkommenssituation und damit den Vorsorgebedarf oder die Vorsorgemöglichkeiten der Beratenen.

4.5.2.2 Chancen und Handlungsfelder in der Krankenversicherung

In der Krankenversicherung, insbesondere in der PKV, eröffnen sich eine Reihe von Chancen und Handlungsfeldern. Aufgrund der „Lebendigkeit" dieses Produkts gibt es unter anderem in den Bereichen Digitalisierung, Nachhaltigkeit, Versorgungs- und Vorsorgemodelle sowie bei der Finanzierung weiterführende Ausbaumöglichkeiten.

Digitalisierung und Innovation

Chancen:

- Ausweitung und Verbesserung digitaler Services wie Telemedizin, elektronische Patientenakten (ePA) und KI-gestützte Diagnostik bieten der PKV die Möglichkeit, Effizienz zu steigern und Kundenbindung zu stärken.
- Digitale Plattformen sowie Ärztechats können die Kommunikation zwischen Versicherten, Ärzten und Versicherern verbessern und damit Kosten senken.

Handlungsfelder:

- Investition in IT-Infrastruktur zur Datensicherheit und Benutzerfreundlichkeit.
- Entwicklung von personalisierten Gesundheitsangeboten durch Big Data und Analytics (unter Berücksichtigung der Datenschutzrichtlinien).

Nachhaltigkeit im Gesundheitssystem

Chancen:

- Durch die Förderung präventiver Maßnahmen und einer nachhaltigeren Versorgung können langfristig Kosten reduziert werden.
- Die PKV kann sich als Vorreiter für umweltfreundliche und sozial nachhaltige Gesundheitslösungen positionieren.

Handlungsfelder:

- Erweiterung von Tarifen, die Prävention und nachhaltige Lebensweisen honorieren und fördern (größere Vorsorgekataloge, PKV-übergreifende Forschung an Präventivmaßnahmen).
- Partnerschaften mit nachhaltigen Akteuren im Gesundheitsmarkt (zum Beispiel Kliniken mit Green-Zertifizierung).

Neue Versorgungs- und Vorsorgemodelle

Chancen:

- Ausbau innovativer Versorgungsmodelle wie Managed Care, Gesundheitsnetzwerke oder spezialisierte Versorgungszentren.
- Aufbau von Vorsorgezentren mit Sportangeboten sowie Ernährungs- und Kochbegleitungen.
- Möglichkeit, Versorgungsengpässe durch gezielte Investitionen in regionale Angebote oder digitale Gesundheitsservices zu schließen.

Handlungsfelder:

- Entwicklung von exklusiven Versorgungs- und Vorsorgemodellen für PKV-Versicherte, zum Beispiel durch Kooperationen mit spezialisierten Ärzten, Kliniken oder Vorsorgezentren.
- Ausbau von Telemedizin für den Zugang zu Experten weltweit.

Kostenkontrolle und Effizienzsteigerung

Chancen:

- Einsatz moderner Technologien, um Kostentreiber wie ineffiziente Prozesse oder unnötige Behandlungen zu reduzieren (Beispiel: KI als Zweitmeinung oder präventiv einsetzbar anhand der Gesundheitsakte).
- Optimierung der Abrechnungsprozesse und Überwachung von Leistungsausgaben.

Handlungsfelder:

- Einführung KI-gestützter Systeme zur Prüfung, Überwachung und Abrechnung von Leistungsansprüchen (vor allem bei GKV Versicherten).
- Ausbau von Bonusmodellen, die gesundheitsförderndes Verhalten belohnen.

Zusammenfassung

Es gibt noch viele weitere Chancen und Maßnahmen, die angebracht werden können. Die Zukunft der PKV hängt davon ab, wie gut sie auf diese Chancen eingeht und sich an die Bedürfnisse eines sich wandelnden Gesundheitssystems anpasst. Der Schlüssel liegt in der Balance zwischen technologischem Fortschritt, Nachhaltigkeit und Kundenzentrierung.

4.5.2.3 Chancen und Handlungsfelder in der Unfallversicherung (nicht abschließend)

Der Arbeitskreis Beratungsprozesse bietet sowohl für gewerbliche, als auch für private Kunden eine Beratungslandkarte mit Anlässen an: https://www.beratungsprozesse.de/download/beratungslandkarte-privat/.

Welche Chancen gibt es zum Beispiel im Rahmen der privaten Unfallversicherung?

Familiäre und persönliche Aspekte

Bei einer Heirat oder dem Beginn einer Lebensgemeinschaft sollten bestehende Verträge verglichen oder zusammengelegt und mögliche Familiennachlässe berücksichtigt werden. Kommt es zur Scheidung oder Trennung, sind Vertragstrennungen notwendig, gleichzeitig kann eine Kundenbeziehung zu beiden Partnern aufrechterhalten werden. Auch Nachwuchs bringt neue Risiken mit sich: Hierbei ist die Möglichkeit einer Vorsorgeversicherung oder die Aufnahme weiterer Verträge relevant. Der Verlust eines Familienangehörigen verändert Lebenssituationen und Familienkonstellationen, weshalb die Prämienbefreiung bei Versicherungen von Kindern und Anpassungen des Bedarfs berücksichtigt werden sollten. Auch das Erreichen eines bestimmten Alters, etwa die Umstellung auf Erwachsenen- oder Seniorentarife, verlangt eine gezielte Anpassung.

Berufliche und bildungsbezogene Aspekte

Ein Jobwechsel oder eine Beförderung wirken sich oft direkt auf Einkommen und Risiko aus; daher ist eine Anpassung des Versicherungsbedarfs erforderlich. Zum Berufsstart – beispielsweise bei Aufnahme einer Ausbildung, eines Studiums oder einer sonstigen Beschäftigung – ist es wichtig, den individuellen Bedarf zu ermitteln und gegebenenfalls die Mitversicherung in der Familie zu klären. Veränderungen des Berufsstatus, etwa durch Selbstständigkeit, Renteneintritt, Arbeitssuche oder eine Rolle als Hausfrau beziehungsweise Hausmann, führen ebenfalls zu einem veränderten Versicherungsbedarf.

Wohnsituationsbezogene Aspekte

Beim Immobilienerwerb spielen Kreditabsicherung und die Anpassung an die neue Wohnsituation eine zentrale Rolle. Auch ein Umzug innerhalb des Landes verändert oft den Versicherungsbedarf und erfordert entsprechende Anpassungen.

Freizeit und persönliche Entwicklung

Die Aufnahme eines neuen Hobbys macht es notwendig, die Versicherbarkeit und einen möglichen veränderten Bedarf zu prüfen. Ebenso entstehen bei Auslandsaufenthalten unterschiedliche Versicherungsbedarfe, etwa die Absicherung des Krankentagegelds im Ausland, weshalb eine genaue Prüfung der Versicherbarkeit sinnvoll ist.

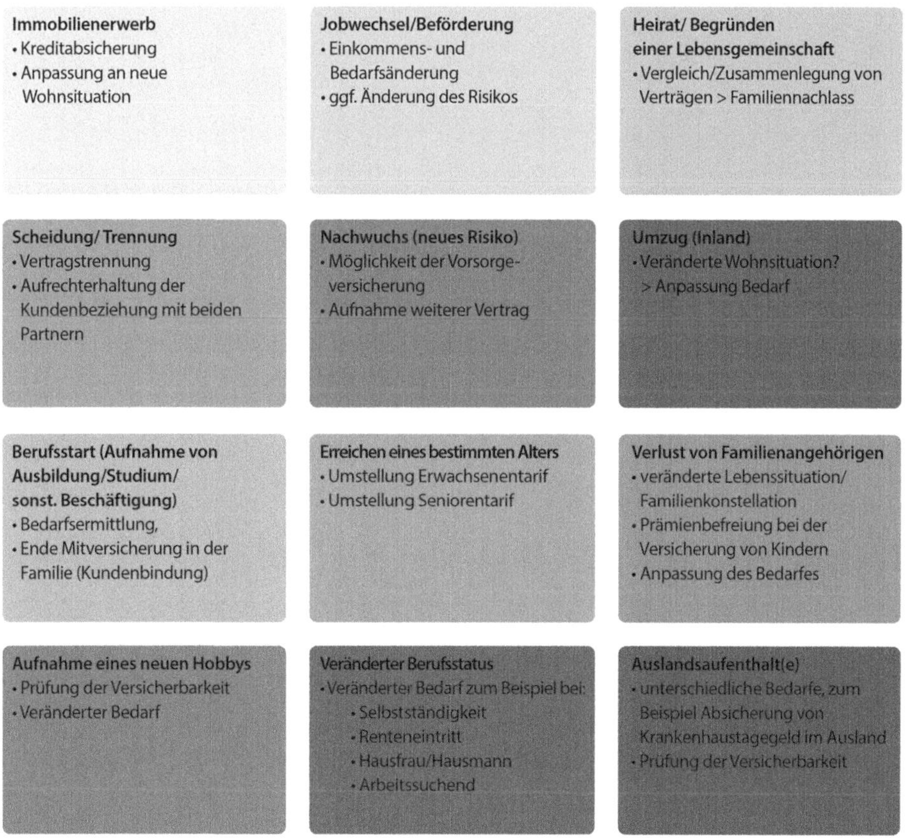

Abbildung 4.23: Mögliche Beratungsanlässe zur Unfallversicherung

5 Lösungen in der privaten Vorsorge

5.1 Underwriting: Risikoprüfung im Antragsprozess

Ein ausgereifter Risikoprüfungsprozess in der Lebensversicherung muss sowohl die praktischen Abläufe als auch die relevanten rechtlichen Rahmenbedingungen berücksichtigen. Dabei spielen insbesondere das Versicherungsvertragsgesetz (VVG), das Geldwäschegesetz (GWG) und andere gesetzliche Regelungen eine entscheidende Rolle, die den Prozess und die Entscheidungsfindung prägen. Der folgende Text ergänzt den bisherigen Risikoprüfungsprozess, indem er die rechtlichen Inhalte und relevanten Rechtsnormen explizit hervorhebt.

5.1.1 Überblick: Ablauf des Antragsprozesses

Der Antragsprozess in der Lebensversicherung gliedert sich in mehrere Phasen, die jeweils von spezifischen rechtlichen Anforderungen begleitet werden.

Posteingang und Erfassung des Antrags

Der erste Schritt im Antragsprozess ist die Aufnahme des Versicherungsantrags. Der Antragsteller reicht den Antrag entweder direkt beim Versicherer oder über einen Vermittler ein. Die Antragstellung kann in Papierform oder elektronisch (zum Beispiel über ein Online-Kundenportal) erfolgen. Der Antrag wird dann im Dokumentenmanagementsystem (DMS) des Versicherers erfasst, dort digital gespeichert und der zuständigen Abteilung zur weiteren Bearbeitung zugewiesen.

Formale Prüfung

Nach der Erfassung erfolgt eine formale Prüfung, um sicherzustellen, dass alle wesentlichen Informationen vorhanden sind. Dies umfasst die Prüfung auf Vollständigkeit der Personalien, Unterschriften, Gesundheitsfragen und Finanzdaten. Gemäß § 19 VVG ist der Antragsteller verpflichtet, alle risikorelevanten Angaben wahrheitsgemäß und vollständig zu machen.

Fehlen Angaben oder sind sie unklar, wird der Antrag entweder an den Antragsteller oder an den Vermittler zurückgesandt, um die fehlenden Angaben nachzuholen. Dieser Schritt ist oft entscheidend, um unnötige Verzögerungen im weiteren Verfahren zu vermeiden.

Automatisierte Vorprüfung (MIRA)

In vielen Versicherungsunternehmen erfolgt anschließend eine automatisierte Vorprüfung mit Hilfe eines maschinellen Risikoprüfungssystems, wie zum Beispiel „MIRA". (Verweis auf das Kapitel 6 Rückversicherung). Dieses System bewertet den Antrag anhand vordefinierter Parameter wie dem angegebenen Gesundheitszustand, dem Einkommen und der beruflichen Tätigkeit. Hier erfolgt auch ein Datenabgleich mit externen Informationssystemen, wie dem Hinweis- und Informationssystem (HIS) der Versicherungswirtschaft, um frühere Anträge oder Leistungsfälle zu identifizieren. Diese automatisierte Prüfung reduziert den manuellen Aufwand und ermöglicht eine schnelle Ersteinschätzung.

Manuelle Risikoprüfung

Führt die automatisierte Vorprüfung nicht zu einer sofortigen Annahme, wird der Antrag an einen Risikoprüfer zur manuellen Prüfung weitergeleitet.

In einem ersten Schritt wird die Risikoart geprüft.

<table>
<tr><th>Formal/Rechtliche Prüfung</th><th>Wirtschaftliche Prüfung</th><th>Medizinische Prüfung</th></tr>
<tr><td>risikolos</td><td></td><td></td></tr>
<tr><td colspan="2">rechtliche/wirtschaftliche Risiken</td><td></td></tr>
<tr><td colspan="3">biometrische Risiken</td></tr>
</table>

Das Ergebnis der Prüfung, die in der Regel im Antragsmanagement durchgeführt wird, führt zu einer Weiterleitung an die bearbeitende Einheit, wie zum Beispiel das Antragsmanagement oder das Underwriting.

Hier sind die Höhe der beantragten Versicherungssumme und das zu versichernde Risiko entscheidend. Dies bestimmt auch den Detaillierungsgrad der Prüfung. Diese Vorgaben haben die Gesellschaften in der Kompetenzordnung sowie in den Annahmerichtlinien festgelegt.

Die Entscheidungsbefugnisse für die Risikoentscheidung unterscheiden sich grundsätzlich nach dem Grad der individuellen Befugnisse des bearbeitenden Risikoprüfers/Underwriters. Diese werden in der Regel, wie im Beispiel dargestellt, in Kategorien definiert:

Grad der Befugnis	Risiko	Besonderheiten
Antragssachbearbeiter	geringe Risiken	Normalannahme ohne BU-Risiko
Junior Underwriter	normale Risiken	BU-Renten bis 24.000 €
Senior Underwriter	hohe Risiken	BU-Renten bis 30.000 € + Zusatzversicherung
Spezialist	spezielle Risiken	BU-Renten bis 36.000 € + Zusatzversicherung; meist mit Einbindung des Rückversicherers

Bei reinen Todesfallversicherungen gibt es eigene Limits, die sich nach der jeweiligen Befugnisregelung richten.

In dieser Phase werden die Gesundheits-, Berufs-, Einkommens- und Freizeitdaten des Antragstellers genauer geprüft. Gegebenenfalls fordert der Risikoprüfer zusätzliche Arztberichte, Einkommensnachweise oder Freizeitfragebögen (zum Beispiel Taucherfragebogen) an, um ein vollständiges Bild des Risikoprofils zu erhalten. Auch Rückfragen an den Antragsteller oder den Vermittler werden in dieser Phase geklärt. Insbesondere bei Gesundheitsfragen hat der Versicherer nach § 19 VVG das Recht, ärztliche Berichte über einen Zeitraum von bis zu zehn Jahren anzufordern, wenn das Risiko schwerer Erkrankungen besteht.

5.1.2. Medizinische Risikoprüfung

Entscheidungsgrundlagen

Im Mittelpunkt der medizinischen Risikoprüfung steht der Gesundheitszustand des Antragstellers. Gemäß § 19 VVG hat der Versicherer das Recht, umfassende Informationen über den Gesundheitszustand des Antragstellers in den letzten fünf Jahren einzuholen. In bestimmten Fällen, zum Beispiel bei schweren Erkrankungen, kann der Versicherer Auskünfte, die über Behandlungen der letzten zehn Jahre anfordern.

- **Chronische Erkrankungen:** Erkrankungen wie Diabetes, Bluthochdruck oder Asthma werden als erhebliche Risikofaktoren eingestuft. Gut eingestellte chronische Erkrankungen, bei denen der Antragsteller Medikamente regelmäßig einnimmt, können durch Zuschläge versicherbar sein.
- **Psychische Erkrankungen**: Psychische Erkrankungen wie Depressionen oder Angststörungen sind ebenfalls Risikofaktoren, insbesondere wenn der Antragsteller regelmäßig Medikamente einnimmt oder in psychiatrischer Behandlung ist. Versicherer unterscheiden hierbei zwischen leichten Depressionen und schwereren Fällen, die oft zu Zuschlägen oder Ausschlüssen führen können.
- **Vorerkrankungen**: Schwere Erkrankungen wie Herzinfarkte oder frühere Krebserkrankungen erfordern eine genaue Prüfung. Liegt die Erkrankung in der Vergangenheit und gilt als ausgeheilt, kann der Versicherer dennoch eine Wartezeit festlegen, bevor der volle Versicherungsschutz greift.

- **Operationen und Krankenhausaufenthalte**: Häufige oder schwere Operationen in der Vergangenheit erhöhen das Risiko eines erneuten Krankenhausaufenthalts und können sich auf die Prämien oder den Versicherungsschutz auswirken.
- **Erhöhte Risiken bei genetischen Erkrankungen**: Einige Versicherer beziehen bei der Risikoprüfung auch Informationen über genetische Veranlagungen ein, insbesondere wenn familiäre Vorbelastungen auf ein erhöhtes Risiko für bestimmte Erbkrankheiten hinweisen. Der Einsatz von Gentests ist in Deutschland jedoch durch das Gendiagnostikgesetz (GenDG) stark reglementiert und in vielen Fällen verboten. Versicherer dürfen genetische Informationen in der Regel nur verwenden, wenn diese vom Antragsteller freiwillig offengelegt werden und im Rahmen eines ärztlichen Gutachtens vorliegen.

Mögliche Entscheidungen

- **Normalannahme**: Bei gutem Gesundheitszustand erfolgt die Annahme ohne Einschränkungen.
- **Risikozuschläge**: Wenn der Antragsteller an einer gut eingestellten chronischen Krankheit leidet, können Risikozuschläge erhoben werden. Dies führt zu einer höheren Prämie, ohne dass der Versicherungsschutz eingeschränkt wird.
- **Ausschlüsse**: Bei schwerwiegenden Erkrankungen kann der Versicherer bestimmte Krankheiten oder Verletzungen vom Versicherungsschutz ausschließen.
- **Wartezeiten**: Bei bestimmten Vorerkrankungen, wie einer erfolgreichen Krebsbehandlung, kann der Versicherer eine Wartezeit festlegen, während der der Versicherungsschutz nur eingeschränkt gilt.
- **Ablehnung**: Bei schwerwiegenden, unheilbaren oder progressiven Erkrankungen, die das Risiko eines frühzeitigen Versicherungsfalls erhöhen, kann der Antrag abgelehnt werden.

5.1.3 Berufliche Risikoprüfung

Entscheidungsgrundlagen

Der **Beruf des Antragstellers** hat einen erheblichen Einfluss auf das Risiko, insbesondere bei Berufen mit hoher körperlicher oder psychischer Belastung. Die Einstufung des Risikos erfolgt häufig anhand von **Berufslisten**, die Berufe in Risikogruppen einteilen:

- **Körperlich anstrengende Berufe**: Berufe wie Bauarbeiter, Dachdecker oder Gerüstbauer weisen ein erhöhtes Unfallrisiko auf. Solche Berufe werden in höhere Risikoklassen eingeteilt und erfordern oft Zuschläge.

- **Psychisch belastende Berufe**: Berufe mit hoher Verantwortung, wie leitende Angestellte mit hohem Leistungsdruck oder Personen, die soziale Medien auf beispielsweise Pädophile-Eintragungen durchsuchen, gelten aufgrund des Stressniveaus als risikobehaftet.
- **Selbstständige**: Da Selbstständige häufig keine stabile Einkommenssituation haben, können sie bei der Risikoeinschätzung benachteiligt sein. Hier spielt auch die berufliche Perspektive eine Rolle.

Mögliche Entscheidungen

- **Normalannahme**: Büroangestellte, Lehrer oder ähnliche Berufe mit geringem Risiko werden in der Regel ohne Zuschläge angenommen.
- **Risikozuschläge**: Bei Berufen mit hohem Unfallrisiko, wie bei Bauarbeitern oder Feuerwehrleuten, werden Zuschläge erhoben.
- **Berufsspezifische Ausschlüsse**: Manche Risiken, die typisch für bestimmte Berufe sind, können ausgeschlossen werden (zum Beispiel Unfälle auf Baustellen).
- **Ablehnung**: Bei Berufen mit extrem hohem Risiko, wie Künstler oder professionelle Athleten, kann der Antrag abgelehnt werden.

5.1.4 Finanzielle Risikoprüfung und Geldwäschegesetz

Entscheidungsgrundlagen

Die finanzielle Risikoprüfung stellt sicher, dass der Versicherungsschutz im Verhältnis zur finanziellen Leistungsfähigkeit des Antragstellers steht. Es wird geprüft, ob Einkommen und Vermögen des Antragstellers ausreichen, um die Prämien zu decken, und ob eine **Überversicherung** vermieden wird. Die Höhe, ab welcher eine Überversicherung anzunehmen ist, legt die Gesellschaft im Rahmen der Annahmerichtlinien fest. In der Regel gilt ein Versicherungsschutz von 70–80 % des Nettoeinkommens als Höchstgrenze.

Einhaltung des Geldwäschegesetzes

Das **Geldwäschegesetz (GWG)** verpflichtet Versicherungsunternehmen, Maßnahmen zur Verhinderung von Geldwäsche und Terrorismusfinanzierung zu ergreifen, insbesondere bei hohen Versicherungssummen und Einmalzahlungen. Die wichtigsten Maßnahmen umfassen:

- **Identifizierungspflicht**: Vor Vertragsabschluss muss die Identität des Antragstellers geprüft werden, zum Beispiel durch Vorlage eines Ausweises. Diese Prüfung dient der Verhinderung von Identitätsbetrug und der Sicherstellung, dass die Mittel rechtmäßig sind.

- **Prüfung der Herkunft der Gelder**: Bei ungewöhnlich hohen Einmalzahlungen wird die Herkunft der Gelder geprüft. Der Antragsteller muss nachweisen, dass die Mittel aus rechtmäßigen Quellen stammen, zum Beispiel durch den Verkauf einer Immobilie oder eine Erbschaft.
- **Verdachtsmeldungen**: Wenn Verdacht auf Geldwäsche besteht, sind Versicherer verpflichtet, eine Meldung an die **Financial Intelligence Unit (FIU)** zu machen. Dies betrifft insbesondere hohe Barzahlungen oder Zahlungen von unklaren ausländischen Konten.

Mögliche Entscheidungen

- **Normalannahme**: Bei ausreichendem Einkommen und klarer Herkunft der Gelder erfolgt die Annahme ohne besondere Maßnahmen.
- **Prämienanpassung**: Wenn das Einkommen des Antragstellers nicht ausreicht, kann die Prämie reduziert und die Versicherungssumme angepasst werden.
- **Ablehnung**: Wenn die Bonitätsprüfung negative Ergebnisse zeigt oder die Herkunft der Gelder unklar bleibt, kann der Antrag abgelehnt werden.

Sanktionslistenprüfung: Durch deren Prüfung wird sichergestellt, dass der Antragsteller nicht auf internationalen oder nationalen Sanktionslisten steht, was die Annahme eines Antrags verhindern könnte. Dies ist besonders im Rahmen der **GWG-Compliance** relevant, um sicherzustellen, dass keine Transaktionen mit sanktionierten Personen oder Entitäten durchgeführt werden.

5.1.5 Freizeit- und Auslandsrisikoprüfung

Entscheidungsgrundlagen

Freizeitaktivitäten, die mit einem hohen Risiko verbunden sind, beeinflussen den Versicherungsantrag erheblich. Die Versicherer nutzen spezielle **Freizeitfragebögen**, um detaillierte Informationen über risikoreiche Hobbys zu sammeln, darunter:

- **Tauchen**: Ein **Taucherfragebogen** erfasst Details wie Tauchtiefe, Art des Tauchens (zum Beispiel Höhlentauchen) und die Häufigkeit der Tauchgänge. Diese Informationen helfen, das Unfallrisiko zu bewerten.
- **Motorsport**: Motorsportler müssen Angaben über die Art der Rennen, die gefahrenen Fahrzeuge und die Häufigkeit ihrer Teilnahme machen. Hierbei wird besonders auf die Sicherheitsvorkehrungen geachtet.

Mögliche Entscheidungen

- **Normalannahme:** Bei Freizeitaktivitäten mit geringem Risiko erfolgt die Annahme ohne besondere Maßnahmen.

- **Risikozuschläge:** Bei Extremsportarten wie Fallschirmspringen oder Tauchen können Zuschläge erhoben werden.
- **Ausschlüsse:** Bei besonders risikoreichen Hobbys kann der Versicherungsschutz für Unfälle, die im Zusammenhang mit diesen Hobbys stehen, ausgeschlossen werden.
- **Ablehnung:** Wenn der Antragsteller regelmäßig an extrem gefährlichen Aktivitäten teilnimmt, kann der Antrag abgelehnt werden.

5.1.6 Auslandsrisikoprüfung

Entscheidungsgrundlagen

Antragsteller, die häufig ins Ausland reisen oder im Ausland arbeiten, werden einer speziellen Risikoprüfung unterzogen. Wichtige Entscheidungsfaktoren sind:

- **Reiseziel**: Länder mit politischer Instabilität, Kriegsgefahr oder Epidemien stellen ein erhöhtes Risiko dar. Je nach Land und Region kann der Versicherungsschutz eingeschränkt oder ausgeschlossen werden.
- **Berufliche Auslandseinsätze**: Antragsteller, die in risikoreichen Branchen wie der Ölindustrie oder im Bergbau arbeiten, werden ebenfalls genauer geprüft.
- **Häufigkeit und Dauer der Reisen**: Bei regelmäßigen Auslandsreisen in Krisengebiete kann der Versicherungsschutz auf bestimmte Länder beschränkt oder für bestimmte Länder ausgeschlossen werden.
- **Klimatische Risiken bei Auslandseinsätzen**: Bei beruflichen Auslandseinsätzen in Ländern mit extremen klimatischen Bedingungen, wie zum Beispiel der Arktis oder Wüstenregionen, müssen spezifische Gesundheits- und Unfallrisiken berücksichtigt werden, die in gemäßigteren Klimazonen nicht vorkommen.

Mögliche Entscheidungen

- **Normalannahme:** Bei gelegentlichen Reisen in risikoarme Länder erfolgt die Annahme ohne besondere Maßnahmen.
- **Risikozuschläge:** Bei regelmäßigen Reisen in Länder mit erhöhtem Risiko oder beruflichen Auslandseinsätzen werden oft Risikozuschläge erhoben.
- **Ausschlüsse:** Reisen in Krisengebiete oder Kriegszonen können vom Versicherungsschutz ausgeschlossen werden.
- **Ablehnung:** Wenn der Antragsteller dauerhaft in einem Hochrisikoland lebt oder arbeitet, kann der Antrag abgelehnt werden.

5.1.7 Künftige Herausforderungen

Neue Arbeitsformen und Krankheiten

- **Risikobewertung bei Remote-Arbeit:** Mit der zunehmenden Verbreitung von Homeoffice und Remote-Arbeit könnte es erforderlich sein, die Risikokategorien anzupassen. Berufstätige, die von zu Hause arbeiten und keinen erhöhten Unfallgefahren ausgesetzt sind, könnten in günstigere Risikogruppen eingestuft werden.
- **Kombination von Beruf und Freizeitrisiken**: Manche Berufe, die eine enge Verbindung zu risikoreichen Freizeitaktivitäten haben (zum Beispiel Extremsportlehrer, Tauchguides), stellen besondere Herausforderungen dar, da hier sowohl berufliche als auch freizeitbezogene Risiken erhöht sind. In solchen Fällen könnten sowohl berufsspezifische Ausschlüsse als auch Zuschläge in Betracht gezogen werden.
- **Neue Erkrankungen**: Oft werden Krankheiten als sogenannte Modekrankheiten populär – ein Beispiel ist Burnout. Jeder spricht davon und kennt die vermeintlichen Symptome, obwohl es sich nicht um eine definierte Krankheit handelt. Von der Symptomlage her ist es eine Form der Überlastungsdepression. In der Risikoprüfung stellt dies eine besondere Herausforderung dar, da eine klare diagnostische Abgrenzung fehlt und die Angaben der versicherten Person stark subjektiv geprägt sein können. Die Einschätzung des Risikos erfolgt daher unter Berücksichtigung der individuellen Belastungssituation, der Krankengeschichte sowie etwaiger beruflicher und psychosozialer Rahmenbedingungen. Von besonderer Relevanz ist die Abklärung, ob bereits therapeutische Maßnahmen in Anspruch genommen wurden, welche Diagnosen dokumentiert sind und ob eine Arbeitsunfähigkeit bestand. Zudem müssen Abgrenzungen zu anderen psychischen Erkrankungen, insbesondere zu Depressionen und Anpassungsstörungen, geprüft werden, um eine risikogerechte Einschätzung zu ermöglichen.
- **Pandemien**: Beispielhaft ist Corona mit den zu Beginn unbekannten Spätfolgen zu nennen. Ohne aussagefähige Daten, klare Symptome und einschätzbare Verläufe sind Risikoeinschätzungen meist nur auf Basis von wissenschaftlichen Studien oder Einschätzungen der Rückversicherer zu treffen.

Künstlicher Intelligenz

Der Einsatz von Künstlicher Intelligenz (KI) in der Risikoprüfung stellt eine wesentliche Innovation in der Versicherungsbranche dar. KI-basierte Systeme bieten zahlreiche Vorteile, insbesondere bei der Automatisierung von Entscheidungen, der Datenanalyse und der Erhöhung der Effizienz. Hier eine ausführliche Darstellung, wie KI den Risikoprüfungsprozess beeinflusst und welche rechtlichen und ethischen Überlegungen dabei zu beachten sind:

Automatisierte Datenanalyse

KI-Systeme können große Mengen an Daten in kürzester Zeit analysieren. Dies betrifft insbesondere die Gesundheitsdaten, beruflichen Informationen und finanziellen Verhältnisse des Antragstellers. Durch maschinelles Lernen und Data-Mining-Techniken können KI-Systeme Muster und Zusammenhänge erkennen, die einem menschlichen Prüfer entgehen könnten. So können KI-Modelle beispielsweise anhand der Gesundheits- und Krankengeschichte eines Antragstellers Vorhersagen über potenzielle Risiken treffen.

■ BEISPIEL

Ein KI-System könnte frühere medizinische Befunde analysieren und die Wahrscheinlichkeit berechnen, dass bestimmte chronische Krankheiten auftreten oder sich verschlimmern. Basierend auf diesen Informationen können Risikozuschläge präziser und schneller ermittelt werden. ■

Vorteile:

- **Schnelligkeit und Effizienz**: KI-Systeme analysieren große Datenmengen in Sekundenschnelle, was die Bearbeitungszeit eines Antrags deutlich reduziert.
- **Genauigkeit**: KI-Modelle können anhand historischer Daten sehr genaue Vorhersagen treffen, wodurch eine präzisere Risikoeinschätzung möglich ist.

Herausforderungen:

- **Datenschutz**: Da KI-Systeme auf umfangreiche personenbezogene Daten zugreifen, sind strenge Datenschutzbestimmungen, insbesondere die DSGVO, einzuhalten. Gesundheitsdaten zählen gemäß **Art. 9 DSGVO** zu den besonders schützenswerten Datenkategorien. Der Einsatz von KI muss sicherstellen, dass diese Daten nicht missbraucht oder unsachgemäß verarbeitet werden.
- **Diskriminierung**: KI-Systeme könnten unbewusste Diskriminierungen vornehmen, wenn sie auf Trainingsdaten basieren, die Vorurteile enthalten. Daher müssen Algorithmen regelmäßig überprüft werden, um sicherzustellen, dass sie faire Entscheidungen treffen.

Automatisierte Risikobewertung und Policierung

Mit Hilfe von KI können Versicherer Risikoprofile von Antragstellern automatisch erstellen und darauf basierend Entscheidungen zur Annahme oder Ablehnung eines Antrags treffen. Systeme wie **MIRA** setzen bereits auf KI, um Daten aus Gesundheitsberichten, Einkommensinformationen und früheren Versicherungsfällen zusammenzuführen und auf Grundlage dieser Daten Empfehlungen für die Policierung zu geben.

■ BEISPIEL

Ein komplexerer Fall der zukünftigen Risikoprüfung könnte wie folgt aussehen: Ein KI-basiertes System identifiziert auf Grundlage verschiedenster Datenquellen – etwa elektronischer Gesundheitsakten, Wearables, beruflicher Biografien und digitaler Verhaltensmuster – ein erhöhtes, jedoch noch nicht klinisch manifestiertes Risiko. So könnte ein formal gesunder Antragsteller aufgrund kumulierter Hinweise (zum Beispiel unregelmäßiger Schlaf, hohe digitale Belastung, geringe Resilienzindikatoren, stressbelastete Berufswechsel) als prädestiniert für die Entwicklung eines metabolischen Syndroms oder psychischer Erkrankungen eingestuft werden. Je nach Risikoprofil empfiehlt die KI eine gestaffelte Vorgehensweise: risikoadaptierte Zuschläge, eine zeitlich befristete Annahme mit Nachprüfung oder im Fall eines stark aggregierten Risikos auch die vollständige Ablehnung des Antrags. ■

Vorteile:

- **Automatisierung komplexer Entscheidungen**: KI kann in Echtzeit umfangreiche Risikoprofile erstellen, was die manuelle Prüfung entlastet.
- **Skalierbarkeit**: KI-Systeme ermöglichen es Versicherern, eine große Anzahl von Anträgen gleichzeitig zu bearbeiten, was besonders bei Massenversicherungen von Vorteil ist.

Herausforderungen:

- **Rechtliche Verantwortlichkeit**: Entscheidungen, die auf automatisierten Systemen basieren, müssen nachvollziehbar und rechtlich überprüfbar sein. Nach **Art. 22 DSGVO** hat der Antragsteller das Recht, nicht ausschließlich einer automatisierten Entscheidung unterworfen zu sein, wenn diese rechtliche Wirkung oder erhebliche Nachteile für ihn hat. Versicherungen müssen daher immer eine menschliche Überprüfung vorsehen.

Personalisierte Tarife und dynamische Anpassungen

KI ermöglicht es Versicherern, personalisierte Versicherungsangebote zu erstellen, die genau auf die individuellen Risiken des Antragstellers zugeschnitten sind. Dies geschieht durch die Analyse von Daten aus verschiedenen Quellen, einschließlich Gesundheits-Apps, Wearables (zum Beispiel Fitness-Tracker) und sozialen Netzwerken.

■ BEISPIEL

Ein Versicherer könnte anhand der Daten eines Fitness-Trackers feststellen, dass der Antragsteller regelmäßig Sport treibt und ein geringeres Gesundheitsrisiko aufweist. Dies könnte zu einem günstigeren Versicherungstarif führen. ■

Vorteile:

- **Individuelle Tarife**: Antragsteller erhalten auf sie zugeschnittene Tarife, die genauer ihr individuelles Risiko widerspiegeln.
- **Dynamische Anpassung**: KI kann Tarife und Policen in Echtzeit anpassen, wenn sich das Risikoprofil des Antragstellers ändert (zum Beispiel durch verbesserte Gesundheit oder Berufswechsel).

Herausforderungen:

- **Einwilligung und Transparenz**: Die Nutzung von Wearables und anderen persönlichen Datenquellen setzt die Einwilligung des Antragstellers voraus. Der Versicherer muss gemäß **Art. 7 DSGVO** klar und transparent darlegen, welche Daten wie verwendet werden.
- **Datensicherheit**: Die Verarbeitung und Speicherung von sensiblen Daten durch KI-Systeme erfordert umfassende Sicherheitsmaßnahmen, um Datenschutzverletzungen zu verhindern.

Betrugserkennung und -vermeidung

KI-Systeme können auch zur Aufdeckung und Vermeidung von Betrugsfällen eingesetzt werden. Durch die Analyse ungewöhnlicher Muster und Verhaltensweisen können KI-Systeme Versicherungsbetrug frühzeitig erkennen und präventive Maßnahmen ergreifen.

■ BEISPIEL

KI könnte bereits im Antragsprozess Anomalien erkennen, die auf unwahrscheinliche Gesundheitsangaben hinweisen. So wäre etwa bei einem 45-jährigen Handwerker die vollständige Verneinung jeglicher Vorerkrankungen oder Beschwerden, insbesondere im orthopädischen Bereich, der bei körperlich belastenden Tätigkeiten häufig betroffen ist, auffällig. Ein KI-System könnte diese Angaben mit statistischen Vergleichsdaten ähnlicher Risikogruppen abgleichen und feststellen, dass das Fehlen jeglicher Diagnosen in dieser Alters- und Berufsgruppe stark von den typischen Mustern abweicht. Solche Auffälligkeiten, wie die Abwesenheit von Arztbesuchen, Diagnosen oder Medikationen, die bei vergleichbaren Personen regelmäßig vorkommen, könnten automatisiert markiert und als potenziell risikobehaftet eingestuft werden. In diesen Fällen wären gezielte Rückfragen, medizinische Nachweise oder in letzter Konsequenz auch eine vollständige Ablehnung des Antrags gerechtfertigt. ■

Vorteile:

- **Effektive Betrugserkennung**: KI-Systeme sind in der Lage, verdächtige Muster in Daten zu erkennen, die menschliche Prüfer möglicherweise übersehen würden.
- **Kostenreduktion**: Durch die frühzeitige Erkennung von Betrugsfällen können Versicherer erhebliche finanzielle Verluste vermeiden.

Herausforderungen:

- **Falschpositive**: Ein potenzielles Problem bei der Betrugserkennung ist, dass KI-Systeme zu viele Falschpositive generieren könnten, also Fälle, die fälschlicherweise als betrügerisch eingestuft werden. Dies könnte zu einer höheren Zahl an ungerechtfertigten Ablehnungen führen.

- **Recht auf menschliche Überprüfung**: Auch hier gilt, dass der Versicherungsnehmer gemäß **Art. 22 DSGVO** das Recht hat, Entscheidungen, die ihn erheblich betreffen, von einem Menschen überprüfen zu lassen.

KI und Ethik in der Risikoprüfung

Eine zentrale Herausforderung bei der Integration von KI in die Risikoprüfung ist die Frage der **ethischen Verantwortung**. Versicherer müssen sicherstellen, dass die verwendeten KI-Modelle fair, transparent und diskriminierungsfrei sind.

- **Vermeidung von Diskriminierung**: Es muss sichergestellt werden, dass KI-Modelle nicht bestimmte Bevölkerungsgruppen systematisch aufgrund subjektiven Faktoren benachteiligen, sei es aufgrund von Alter, Geschlecht, ethnischer Zugehörigkeit oder Gesundheitszustand. Erhöhtes Risiko bei älteren ist statistisch bewiesen aber darf nicht pauschal und unbegründet hergezogen werden.
- **Transparenz der Algorithmen**: Der Entscheidungsprozess von KI-Systemen muss nachvollziehbar sein, damit Versicherer ihre Entscheidungen im Streitfall begründen können.

Zwischenfazit
Der Einsatz von KI in der Risikoprüfung bietet immense Potenziale, die Prozesse zu beschleunigen und die Präzision der Entscheidungen zu erhöhen. Allerdings müssen rechtliche und ethische Rahmenbedingungen strikt eingehalten werden, um den Schutz der Versicherungsnehmer zu gewährleisten und Transparenz in den Entscheidungsprozessen zu schaffen.

5.1.8 Risikoeinschätzung und Entscheidung

Nachdem alle relevanten Informationen gesammelt wurden, erfolgt die endgültige Risikoeinschätzung durch den Risikoprüfer.

Sobald die Entscheidung getroffen wurde, wird die Versicherungspolice erstellt und an den Antragsteller versandt. Der Versicherungsschutz tritt in der Regel nach Zahlung der ersten Prämie in Kraft. Der Antragsteller wird schriftlich darüber informiert, ab wann der Versicherungsschutz gilt und welche Bedingungen für den Vertrag maßgeblich sind.

5.1.9 Fazit

Der Antragsprozess in der Personenversicherung ist ein mehrstufiger und strukturierter Vorgang, der eine umfassende Bewertung relevanter Risikobereiche wie Gesundheitszustand, berufliche Tätigkeit, Freizeitverhalten, finanzielle Situation und

Auslandsaufenthalte umfasst. Neben der regulären Annahme bestehen vielfältige Gestaltungsoptionen – etwa Risikozuschläge, Leistungsausschlüsse, Wartezeiten oder Antragsablehnungen – die eine differenzierte Risikosteuerung ermöglichen. Die Einhaltung einschlägiger rechtlicher Rahmenbedingungen, etwa des Versicherungsvertragsgesetzes (VVG), der Datenschutz-Grundverordnung (DSGVO) sowie spezialgesetzlicher Regelungen wie dem Gendiagnostikgesetz (GenDG), gewährleistet die rechtliche Absicherung und Nachvollziehbarkeit des Prozesses. Transparente und nachvollziehbare Entscheidungsstrukturen tragen dazu bei, sowohl die Interessen der versicherten Person zu wahren als auch die Risikotragfähigkeit des Versicherungsunternehmens sicherzustellen.

5.2 Private Alters- und Arbeitskraftvorsorge

5.2.1 Versorgungsziele und Überblick

Private Alters- oder Arbeitskraftvorsorge findet – bis auf wenige Ausnahmen – in der Lebensversicherung statt. Mit den verschiedenen Produktarten werden unterschiedliche Zwecke beziehungsweise Versorgungsziele verfolgt. Manche Produkte dienen der eigenen Altersvorsorge, andere leisten im Todesfall oder bei Berufsunfähigkeit. Einige kombinieren auch mehreren Ansätze miteinander. Aus Kundensicht entscheiden die versicherten Risiken und Leistungen über die Eignung einer Produktlösung für unterschiedliche Versorgungsziele.

Altersvorsorge – Leistung im Erlebensfall

Altersvorsorgeprodukte sollen in der Regel nach Ende des Erwerbslebens finanzielle Mittel bereitstellen, um den Lebensunterhalt als Rentner bestreiten und den zuvor gewohnten Lebensstandard aufrecht erhalten zu können.

Eine geeignete Lebensversicherung muss dazu zunächst über eine gewisse Zeit Kapital ansammeln, verwalten und möglichst rentabel anlegen. Dafür gibt es verschiedene Produktlösungen, die in den folgenden Abschnitten näher betrachtet werden. Am Ende dieser Ansparzeit wird entweder eine einmalige Zahlung oder eine lebenslange Rente ausgezahlt.

Bei einem einmaligen Kapitalbetrag ist es für den Kunden unmöglich vorherzusagen, wieviel Geld er jeden Monat höchstens verbrauchen darf, damit das Geld für sein restliches Leben reicht. Schließlich kann niemand wissen, wie lange er leben wird. Unter echter Altersvorsorge wird daher vor allem die lebenslange Rente verstanden.

Die früher sehr beliebten Kapital-Lebensversicherungen, in der meist Einmalzahlungen im Todes- und Erlebensfall versichert waren, spielen heute im Neugeschäft kaum noch eine Rolle. Dies liegt vor allem daran, dass sich die steuerliche Behandlung im Jahr 2004 grundlegend geändert hat. Einmalauszahlungen sind heute deutlich weniger attraktiv für Versicherungskunden.

Stattdessen werden heute vor allem Rentenversicherungen in verschiedenen Formen als Altersvorsorge abgeschlossen. Diese leisten ab einem festgelegten Termin eine – meist lebenslange – Rentenzahlung für die versicherte Person oder in vielen Fällen auch wahlweise eine Einmalauszahlung, sofern die versicherte Person noch lebt (Erlebensfallleistung).

Bei der Auswahl der geeigneten Rentenversicherungsvariante spielen die Art der Kapitalanlage (fondsgebunden oder konventionell) und die steuerliche Förderung die entscheidenden Rollen.

Hinterbliebenenvorsorge – Leistung im Todesfall

Todesfallabsicherungen werden in den meisten Fällen für Familienangehörige beziehungsweise Ehe- oder Lebenspartner abgeschlossen. Im Ernstfall soll ein einmaliger oder laufender Geldbetrag zumindest die finanziellen Folgen eines Todesfalls abfangen.

Der Versorgungszweck besteht meist darin, laufende Verpflichtungen zu erfüllen, den Lebensunterhalt bestreiten oder laufende Darlehen ablösen zu können. Es geht auch um Bestattungskosten, die zu einer zusätzlichen Belastung für Hinterbliebene werden können.

Die versicherte Person, also diejenige, bei deren Tod die vereinbarte Leistung fällig wird, ist häufig der Hauptverdiener in der Familie. Ihr Tod würde für das betroffene Umfeld eine dauerhafte finanzielle Lücke hinterlassen, die mit einer Lebensversicherung – zumindest übergangsweise – geschlossen werden kann. Langfristig bedarf es darüber hinaus meist einer kompletten Neuordnung, um den Lebensunterhalt auf Dauer bestreiten zu können.

Auch hier können Einmalzahlungen oder (meist lebenslange) Hinterbliebenenrenten vereinbart werden. Als Produkte für die Todesfallabsicherung dienen heute in erster Linie die Risiko-Lebensversicherung, die Sterbegeldversicherung und die Hinterbliebenenrente.

Bei Todesfallleistungen spielt die steuerliche Behandlung eine eher untergeordnete Rolle, da sie grundsätzlich einkommensteuerfrei sind.

Sofern die gesetzlichen Freibeträge überschritten werden, unterliegen die Leistungen allerdings der Erbschaftsteuer. Mithilfe von bestimmten Vertragsgestaltungen lässt sich diese allerdings – je nach Situation – reduzieren oder ganz vermeiden.

Das bekannteste Beispiel ist die Vereinbarung einer Überkreuzversicherung von Ehe- oder Lebenspartnern. Dabei werden zwei getrennte Lebensversicherungsverträge geschlossen, mit denen ein Partner jeweils das Leben des anderen Partners versichert. Ein Partner ist also Versicherungsnehmer und bezugsberechtigte Person, der jeweils andere ist versicherte Person. Verstirbt nun eine der beiden Personen, wird die Leistung an den Versicherungsnehmer, also den überlebenden (Ehe)-Partner ausgezahlt. Die Leistung ist in diesem Fall steuerlich nicht als Erbe zu betrachten und bleibt dadurch erbschaftsteuerfrei. Zu beachten ist allerdings, dass die Prämien auch immer vom jeweiligen VN geleistet worden sein müssen.

Besonders sinnvoll kann eine solche Gestaltung zum Beispiel für unverheiratete Paare sein, da hier der gesetzliche Freibetrag für die Erbschaftsteuer sehr gering ist (20.000 €). Falls dies in der persönlichen Kundensituation gewünscht ist, lassen sich auf diese Weise auch Pflichtteile potenzieller Erben ausschließen, weil die Versicherungsleistung so nicht in die Erbmasse fällt.

Absicherung bei Verlust der Arbeitskraft oder bei schwerer Krankheit

Produkte, die bei Verlust der Arbeitskraft oder schwerer Erkrankung leisten, gehören ebenfalls zur Lebensversicherung, obwohl das Versorgungsziel zunächst dem der Krankenversicherung (zum Beispiel Krankentagegeldversicherung) ähnlich erscheint.

Es geht darum, einen Einkommensverlust auszugleichen, der dadurch entsteht, dass der Versicherte nicht mehr arbeiten kann. In der Krankenversicherung geht es aber um einen vorübergehenden Zustand (Arbeitsunfähigkeit), in der Lebensversicherung dagegen um längerfristige oder dauerhafte gesundheitliche Beeinträchtigungen.

Geleistet werden meist regelmäßige Rentenzahlungen, die als Einkommensersatz dienen sollen. Bei manchen Produktvarianten sind auch einmalige Auszahlungen vorgesehen. Diese können beispielsweise dazu dienen, einmalige Mehrkosten zu finanzieren, beispielsweise zum Umbau von Wohnung oder Auto im Fall einer Querschnittslähmung.

Berufsunfähigkeitsversicherung

Die mit Abstand häufigste in diesem Bereich angebotene Produktart ist die Berufsunfähigkeitsversicherung. Sie ist seit langer Zeit ein Hauptstandbein im Neugeschäft der Lebensversicherer.

Sie bietet den hochwertigsten Versicherungsschutz in diesem Segment, erfordert daher aber auch ein relativ hohes Beitragsniveau und eine relativ strenge Risikoprüfung. Von Menschen, die in stark belastenden oder gefährlichen Berufen arbeiten oder die bereits länger im Erwerbsleben stehen (höheres Eintrittsalter), sind die Beiträge für eine ausreichende Versicherungshöhe oft nur schwer zu stemmen oder die gesundheitlichen Anforderungen für den Abschluss eines Vertrags nicht mehr gegeben.

Alternative Produktlösungen zur Arbeitskraftabsicherung

Seit vielen Jahren gibt es intensive Bemühungen der Lebensversicherer, vor allem für die zuvor genannten Personengruppen, einen Zugang zur Arbeitskraftabsicherung zu ermöglichen und damit zusätzliche Zielgruppen zu erschließen.

Dazu haben sich neben der Berufsunfähigkeitsversicherung alternative Produktlösungen im Bereich der Arbeitskraftabsicherung am Markt gebildet, zum Beispiel:

- Erwerbsunfähigkeitsversicherungen
- Grundfähigkeitsversicherungen
- Absicherungen bei schweren Krankheiten (Dread-Disease- oder Critical-Illness-Versicherungen)
- Multi-Risk-Versicherungen (rechtlich teilweise nicht als Lebens-, sondern als Unfallversicherung ausgestaltet)

Pflegerentenversicherung

Ein Produktsegment, das in noch direkterem Wettbewerb zu Krankenversicherungslösungen steht, ist die Pflegerentenversicherung. Sie ist nicht als Einkommensersatz gedacht, sondern soll zusätzliche Kosten abfangen, die bei Eintritt einer Pflegebedürftigkeit anfallen (zum Beispiel für einen Pflegedienst oder ein Pflegeheim bei stationärer Versorgung). Sie leistet dafür eine lebenslange Rente im Fall der Pflegebedürftigkeit.

5.2.2 Formen der Rentenversicherung

Die Wahl der aus Kundensicht geeigneten Produktlösung wird durch vier Hauptfaktoren beeinflusst:

- Zeitpunkt und Form der Auszahlung: Soll die Renten- oder Kapitalzahlung sofort oder zu einem späteren Zeitpunkt beginnen?
- Sind lebenslange Leistungen oder eine Einmalzahlung gewünscht?
- Sollen steuerliche Förderungen berücksichtigt werden?
- Welche Art der Kapitalanlage ist gewünscht?

Zu Vertragsbeginn wählt der Kunde einen Zeitpunkt, zu dem die Rentenzahlung beginnen soll. Dieser Termin kann während der Vertragslaufzeit aber meist – innerhalb bestimmter Grenzen – durch den Kunden noch vorverlegt oder hinausgeschoben werden. Das ist in der Praxis sehr sinnvoll, da mit einem Vorlauf von vielen Jahren niemand wissen kann, wann er genau in Rente gehen wird.

Der Kunde kann sich in den meisten Rentenversicherungen anstelle der Rente alternativ auch für eine Einmalzahlung – die Kapitalabfindung – entscheiden. Die Entscheidung dafür muss erst kurz vor dem Beginn der Rentenzahlung getroffen werden.

Dadurch und durch weitere Optionen, wie die Möglichkeit, zusätzliche Einzahlungen vorzunehmen oder Geldbeträge zu entnehmen, bieten die heutigen Rentenversicherungsprodukte ein hohes Maß an Flexibilität.

5.2.2.1 Unterscheidung nach Zeitpunkt und Form der Auszahlung

Aufgeschobene oder sofortbeginnende Rentenversicherung

Bei der aufgeschobenen Rentenversicherung spart der Kunde erst über einen gewissen Zeitraum ein Altersvorsorgekapital an, aus dem später eine Rente gebildet wird. Je kürzer die Aufschubzeit, desto höher muss der Beitrag ausfallen, um eine bestimmte (und angemessene) Rentenleistung erreichen zu können. Der Beitrag kann in einer Summe zu Beginn oder laufend bezahlt werden.

Bei der sofortbeginnenden Rente wird ein einmaliger Beitrag einbezahlt und die Rentenzahlung beginnt sofort (zum Beispiel ab dem nächsten Monatsersten). Diese Produkte eignen sich am besten für Menschen, die bereits im ruhestandsnahen Alter sind und Kapital angespart oder möglicherweise gerade aus einer anderen Kapitalanlage ausgezahlt bekommen haben.

Lebenslange Renten oder einmalige Auszahlung?

Üblich sind Rentenzahlungen, die gezahlt werden, solange die versicherte Person lebt. In diesem Fall spricht man von einer Leibrente. Von einigen Versicherern werden auch Produkte angeboten, die Rentenleistungen nur für einen gewissen Zeitraum erbringen, zum Beispiel für zehn Jahre. Das kann aus Kundensicht dann sinnvoll sein, wenn er im Leistungsfall nur für einen Übergangszeitraum Geld benötigt.

Bei den zeitlich begrenzten Rentenzahlungen gibt es zwei Varianten:

- **Zeitrente:** Die Leistung erfolgt für einen vorgegebenen Zeitraum, ohne Rücksicht darauf, ob der Versicherte noch lebt. Verstirbt der Leistungsempfänger, geht die Zahlung an dessen Erben über.
- **Temporäre** (oder: abgekürzte) **Leibrente**: Die Leistung erfolgt ebenfalls für begrenzte Zeit, sie endet aber, wenn die versicherte Person vorher verstirbt.

Echte Zeitrenten kommen am Markt sehr selten vor. Manche Produkte werden irrtümlich so bezeichnet, es handelt sich aber fast immer um temporäre Leibrenten. Auch eine Berufsunfähigkeitsrente ist ein Beispiel für eine temporäre Leibrente.

5.2.2.2 Unterscheidung nach steuerlicher Behandlung

Seit der Einführung im Jahr 2005 werden Rentenversicherungen vor allem nach dem 3-Schichten-Modell unterschieden. Danach gibt es speziell steuerlich geförderte Produkte in den Schichten 1 und 2 und andere mit einer „herkömmlichen" Behandlung in Schicht 3.

Um die steuerlichen Vorteile der Schichten 1 und 2 zu erhalten, müssen die Produkte genauen gesetzlichen Vorgaben entsprechen. Dazu hat der Gesetzgeber unter anderem den Grundsatz „Altersvorsorge = Rente" verankert. Produkte, die staatliche Förderungen erhalten wollen, müssen (statt einmaliger Auszahlungen) lebenslange Rentenzahlungen vorsehen. Hiervon gibt es nur wenige Ausnahmen. Auch weitere Produkteigenschaften sind in der ersten und zweiten Vorsorgeschicht reglementiert und teilweise eingeschränkt.

Die dritte Vorsorgeschicht bietet dagegen größtmögliche Flexibilität in der Altersvorsorge, genießt dafür aber nur wenige steuerliche Vorteile.

Schicht 1: Basisrente

Unter die erste Vorsorge-Schicht fallen die gesetzliche Rentenversicherung, die berufsständischen Versorgungswerke, die Beamtenversorgung und die private Basisrente („Rürup-Rente").

Bei letzterer handelt es sich um eine besondere Form der privaten Rentenversicherung, die es seit der Rentenreform 2005 gibt. Sie ist der gesetzlichen Rentenversicherung nachempfunden und soll in etwa vergleichbare Leistungen erbringen.

Produkteigenschaften und staatliche Zertifizierung

Im Einkommensteuergesetz ist festgelegt, welche Kriterien ein Basisrentenprodukt auf jeden Fall erfüllen muss:

- Das Produkt muss der eigenen Altersvorsorge dienen (kein Vertrag für eine andere versicherte Person).
- Es sind nur monatliche, lebenslange Rentenzahlungen erlaubt – keine Einmalauszahlung des Guthabens zum Rentenbeginn.
- Die Rente darf frühestens mit Vollendung des 62. Lebensjahres beginnen.
- Zusätzlich kann eine Absicherung bei Berufsunfähigkeit oder eine Hinterbliebenenrente enthalten sein – die Altersvorsorge muss aber immer den größeren Teil des Beitrags (mehr als 50 %) ausmachen.
- Die Ansprüche aus einem Basisrentenvertrag dürfen unter anderem
  - nicht übertragbar oder beleihbar sein, das heißt, der Vertrag kann beispielsweise nicht als Sicherheit für ein Darlehen an eine Bank verpfändet werden,

- nicht kapitalisierbar sein, das heißt, das eingezahlte Guthaben ist auch bei einer Kündigung nicht verfügbar – in diesem Fall ruht der Vertrag, das Guthaben darf vom Versicherer aber in der Regel nicht ausgezahlt werden und
- nicht vererblich sein, das heißt, im Todesfall gibt es nur sehr begrenzte Möglichkeiten, um das vorhandene Kapital Angehörigen zukommen zu lassen; zum Beispiel lebenslange Renten an bestimmte Hinterbliebene (das können nur Ehe- und Lebenspartner beziehungsweise Kinder, solange sie kindergeldberechtigt sind, sein).

Nur wenn diese Vorgaben erfüllt sind, werden staatliche Förderungen in Form von Steuervorteilen gewährt. Damit Kunden dies sofort erkennen können, müssen alle Tarife der Basisvorsorge ein Zulassungsverfahren bei der Zertifizierungsstelle des Bundeszentralamtes für Steuern und bei der PIA (Produktinformationsstelle Altersvorsorge) durchlaufen.

Nach Abschluss des Verfahrens wird für jedes Produkt eine individuelle Zertifizierungsnummer vergeben, die auch auf den Vertragsunterlagen angegeben werden muss. Die Liste der zertifizierten Anbieter und Produkte ist im Internet beim Bundeszentralamt für Steuern einsehbar.

Die Zertifizierungsstelle untersucht dabei nicht die Qualität der Produkte, also nicht, ob ein Produkt gut oder schlecht, günstig oder teuer ist. Es wird nur rein juristisch geprüft, ob alle gesetzlichen Vorgaben eingehalten sind. Die Aufgabe der PIA beleuchtet der Abschnitt Effektivkosten in Kapitel 5.7.5.

Die recht engen gesetzlichen Leitplanken führen dazu, dass sich **Basisrenten am Markt inhaltlich nur wenig unterscheiden** können. Bei einigen Detailfragen ist dies aber möglich, und die Unterschiede können für die Kunden von großer Bedeutung sein. Häufiger geht es bei der Auswahl des richtigen Produkts aber um die gewünschte Kapitalanlage oder einen Kostenvergleich – also die Frage: Aus welchem Produkt ergibt sich für die gleiche Prämie die (möglicherweise) höchste Rentenleistung?

Staatliche Förderung der Basisrente

Die staatliche Förderung erfolgt über Steuervorteile. Beiträge bis zu einer Höhe von 29.344 € pro Kalenderjahr (für Alleinstehende, bei Ehegatten gilt der doppelte Betrag) können über die Einkommensteuererklärung als sogenannte Altersvorsorgeaufwendungen geltend gemacht werden (Stand: 2025). Nach einer gesetzlichen Übergangsregelung sind die Beiträge seit dem Kalenderjahr 2023 zu 100 % steuerlich wirksam.

Zu berücksichtigen ist, dass zum Beispiel auch gesetzliche Rentenbeiträge in den Höchstbetrag eingehen. Kunden sollten daher immer vorher prüfen, in welchem Umfang dieser Höchstbetrag bereits ausgeschöpft ist, welche Einzahlungen also überhaupt noch steuerlich sinnvoll sind. Besonders, wenn sie höhere Beträge in eine Basisvorsorge einzahlen wollen.

Bei der steuerlichen Betrachtung ist der Zeitpunkt der Zahlung entscheidend. Die Beiträge sind in dem Kalenderjahr absetzbar, in dem sie gezahlt worden sind. Zum Jahresende sollten Kunden der Basisrente daher prüfen, ob im aktuellen Jahr noch weitere Einzahlungen aus steuerlicher Sicht sinnvoll sind. Die meisten Produkte enthalten dazu die Möglichkeit, neben den fest vereinbarten Beiträgen zusätzliche Einmalzahlungen (Zuzahlungen) in den Vertrag einzubringen.

Das ist gerade für Selbstständige gegen Jahresende eine wichtige Option. Geht ein besonders erfolgreiches Jahr mit hohem Einkommen zu Ende, wodurch auch eine hohe Steuerlast zu erwarten ist, kann es sinnvoll sein, einen Teil davon noch im „alten Jahr" steueroptimiert in die eigene Altersvorsorge zu investieren.

Versteuerung der späteren Rente

Im Gegenzug zur steuerlichen Förderung der Beiträge muss die spätere Rentenzahlung voll besteuert werden. Dabei gibt es eine Übergangsphase, in der die Steuerbelastung langsam ansteigt. Diese Phase wurde kürzlich durch eine Gesetzesänderung noch einmal verlängert. Für das Jahr 2023 betrug der Besteuerungsanteil 83 % der Renten. Dieser Anteil steigt jährlich in 0,5 %-Schritten an, sodass die volle Besteuerung ab dem Jahr 2058 erreicht wird.

Entscheidend für die Steuerbelastung ist das **Jahr des Renteneintritts**. Der in diesem Jahr gültige Steuersatz wird auf die an den Rentenempfänger fällige Rente angesetzt. Daraus ergibt sich ein steuerpflichtiger Teil der Rente. Der verbleibende, steuerfreie Teil der Rente wird als absoluter Euro-Betrag lebenslang festgeschrieben. Das hat eine besondere Wirkung für zukünftige Rentensteigerungen.

Pfändungs- und Insolvenzschutz

Basisrentenverträge haben neben der steuerlichen Förderung einen weiteren großen Vorteil. Sie sind in vielen Fällen vor dem Zugriff durch andere Personen oder den Staat geschützt. So kann das angesammelte Guthaben vor dem Rentenbeginn nicht gepfändet werden. Das ist insbesondere für Selbstständige interessant, die bei einer Insolvenz des eigenen Unternehmens häufig auch die eigene Altersvorsorge verlieren würden.

Gleiches gilt, falls irgendwann Bürgergeld (früher: Arbeitslosengeld II) bezogen werden muss. Diese Leistung wird erst dann gezahlt, wenn privates Vermögen – soweit vorhanden – aufgebraucht ist.

In beiden Fällen werden Basisrentenverträge (ebenso wie Riester-Renten und die betriebliche Altersvorsorge) nicht angetastet. Voraussetzung ist aber, dass die Basisrente bereits rechtzeitig vor einer Insolvenz beziehungsweise vor dem Bezug von Bürgergeld bestanden hat.

In der Auszahlungsphase dagegen sind die Renten grundsätzlich wie alle anderen Einkünfte pfändbar. Dem Versicherten verbleiben die üblichen Pfändungsfreigrenzen.

Zeitpunkt der Rentenzahlung

Die Rente darf nicht vor dem 62. Lebensjahr beginnen, aber durchaus später. Der Kunde kann den für ihn passenden Termin für den Rentenbeginn individuell festlegen. Viele Produkte erlauben es über Anpassungsoptionen, den tatsächlichen Rentenbeginn zwischen dem 62. und dem 80. oder sogar 85. Lebensjahr zu verschieben. Das ist auch praxisgerecht, denn wer kann schon beim Abschluss eines Altersvorsorgevertrags genau absehen, wann er die Rente später einmal benötigen wird? Über einen Zeitraum von oft mehreren Jahrzehnten ist dies für jeden Kunden schwer vorherzusagen.

Schicht 2: Riester-Rente

Im Jahr 2001 wurde durch eine Rentenreform das allgemeine **Rentenniveau reduziert**, um auf die demografischen Veränderungen zu reagieren. Die betroffenen Versicherten sollten zum Ausgleich die Möglichkeit bekommen, mit umfangreicher staatlicher Unterstützung (Förderung) privat vorzusorgen. Die Riester-Rente ist daher nur ein Angebot für bestimmte Personenkreise. Sie soll vor allem denjenigen offen stehen, die von dieser Kürzung betroffen waren und sind.

Ähnlich wie die Basisrente, ist auch die Riester-Rente eine private Rentenversicherung, die bestimmte gesetzliche Kriterien erfüllen muss, damit eine staatliche Förderung fließen kann. Die Kriterien und Produkteigenschaften unterscheiden sich aber deutlich voneinander. Und auch die staatliche Förderung ist anders konzipiert. Insgesamt ist die Riester-Rente flexibler, aber auch wesentlich komplexer als die Basisrente.

Produkteigenschaften und staatliche Zertifizierung

Aus dem Altersvorsorgeverträge-Zertifizierungsgesetz gehen die gesetzlichen Vorgaben für Riester-Produkte hervor:

- Es muss eine lebenslange Rentenleistung vorgesehen sein, die nicht vor dem 62. Lebensjahr beginnt (außer die versicherte Person erhält bereits vor 62 eine Auszahlung aus einem gesetzlichen Sicherungssystem – zum Beispiel bei Berufen, die eine niedrigere gesetzliche Altersgrenze haben wie etwa Feuerwehrleute oder Polizisten).
- Ein Verschieben des Rentenbeginns nach hinten (oft bis zum 85. Lebensjahr) ist möglich.
- Eine einmalige Auszahlung von bis zu 30 % des vorhandenen Guthabens zum Rentenbeginn ist zulässig.
- Der Anbieter muss garantieren, dass zum Rentenbeginn mindestens die eingezahlten Beiträge vorhanden sind.
- Leistungen bei Berufsunfähigkeit können in geringem Umfang eingeschlossen werden.
- Im Todesfall können Leistungen an Ehegatten, Lebenspartner und Kinder erfolgen (als Rentenleistung oder durch Kapitalübertragung auf deren eigenen Vertrag).

- Die Abschluss- und Vertriebskosten müssen gleichmäßig mindestens auf die ersten fünf Vertragsjahre verteilt werden (oder als Prozentsatz von den Altersvorsorgebeiträgen abgezogen werden).
- Der Kunde muss Anspruch darauf haben, den Vertrag ruhen zu lassen und das Kapital auf einen anderen Riester-Vertrag zu übertragen.
- Der Versicherte muss das Recht haben, sich einen Teil des Guthabens auszahlen zu lassen, um ihn für eine selbst genutzte Immobilie zu verwenden (Wohn-Riester).

Auch hier wird durch die Zertifizierungsstelle vorab geprüft, ob ein Produkt alle Eigenschaften erfüllt, die im Gesetz vorgegeben sind. Andernfalls können Kunden später keine staatliche Förderung erhalten.

Begünstigter Personenkreis

Die Förderung steht in erster Linie einem genau festgelegten Personenkreis zur Verfügung. Dazu gehören unter anderem:

- alle Arbeitnehmer, wenn sie rentenversicherungspflichtig sind,
- Selbstständige, die in der gesetzlichen Rentenversicherung pflichtversichert sind (zum Beispiel Handwerksmeister),
- Beamte, Richter und Soldaten,
- Landwirte, die in der Alterssicherung der Landwirte pflichtversichert sind,
- Mütter oder Väter in Kindererziehungszeiten,
- Bezieher von Bürgergeld oder Krankengeld,
- geringfügig Beschäftigte (sofern sie nicht auf Antrag von der Versicherungspflicht in der GRV befreit sind).

Diese Personengruppen bezeichnet man als unmittelbar begünstigt.

Für nicht Begünstigte – zum Beispiel einen Großteil der Selbstständigen und Freiberufler – ist es möglich, die **staatliche Förderung** zu erhalten, **wenn der eigene Ehe- oder Lebenspartner begünstigt ist**. In diesem Fall handelt es sich um eine mittelbare Begünstigung (abgeleiteter Förderungsanspruch). Der begünstigte Partner muss dazu einen eigenen Riester-Vertrag haben und diesen entsprechend besparen. Nur dann erhält auch der mittelbar begünstigte Partner seine staatliche Förderung.

Wie sieht die staatliche Förderung aus?

Riester-Produkte unterliegen der nachgelagerten Besteuerung – allerdings ohne die langfristigen Übergangsregelungen, die es bei der Basisrente gibt. Die Beiträge können in voller Höhe steuerlich abgesetzt werden, die Leistungen unterliegen in voller Höhe der Steuer.

Steuervorteile hängen immer von der Höhe des Einkommens ab. Wer wenig verdient, kann von einer staatlichen Förderung in Form von Steuervorteilen nur wenig oder gar nicht profitieren. Der Gesetzgeber wollte mit der Riester-Rentenreform aber auch gerade eine staatliche Förderung für Geringverdiener schaffen. Diese Bevölkerungsgruppe verfügt meist nur über sehr geringe Ansprüche im Alter. Um spätere Altersarmut zu vermeiden, müssten gerade diese Menschen also in der privaten Vorsorge aktiv werden.

Da eine rein steuerliche Förderung für diese Personen – die sich häufig am Existenzminimum befinden – kaum wirksam ist, wurde bei der Riester-Rente eine zweite Komponente der staatlichen Förderung eingebaut: die **staatlichen Zulagen**. Diese werden direkt auf die Riester-Verträge gutgeschrieben und sind für alle Kunden, unabhängig von ihrem Einkommen, gleich hoch.

Um die Zulagen zu erhalten, muss der Kunde jährlich einen gewissen Mindestbetrag in seinen Riester-Vertrag einbezahlen. Der geforderte Betrag orientiert sich am Vorjahreseinkommen.

Es gibt zwei Arten von Zulagen:

- Grundzulage: wird für jeden Versicherten gezahlt und beträgt aktuell 175 € pro Jahr.
- Kinderzulage: wird pro Kind gezahlt und beträgt aktuell 185 € pro Jahr für vor dem 1.1.2008 geborene Kinder und 300 € pro Jahr für jüngere Kinder.

Die Kinderzulagen werden entweder beim Vater oder bei der Mutter des Kindes berücksichtigt. Die Zuordnung können die Eltern jedes Jahr neu bestimmen.

Zusätzlich gibt es einen **Berufseinsteigerbonus**: Er wird einmalig in Höhe von 200 € zusätzlich an Personen unter 25 Jahren als einmalig erhöhte Grundzulage gezahlt. Diese soll einen zusätzlichen Anreiz setzen, um frühzeitig in die private Vorsorge einzusteigen.

Günstigerprüfung

Die Steuervorteile und die Zulagen stehen aber nicht unabhängig nebeneinander. Das Finanzamt prüft anhand der Steuererklärung des Versicherten, welche Förderung vorteilhafter ist. Das hängt vor allem von Familiensituation und Einkommen ab.

Sind die Zulagen höher, werden diese gewährt. Ist die Steuerersparnis höher, werden die Zulagen trotzdem auf dem Vertrag gutgeschrieben und die Differenz zusätzlich im Rahmen des Jahressteuerausgleichs an den Versicherten ausgezahlt. Anders ausgedrückt: Die Zulage wird – wenn der Kunde ausreichend Beitrag bezahlt hat und zum begünstigten Personenkreis gehört – auf jeden Fall gezahlt. Zusätzlich kann am Jahresende vom Finanzamt noch eine Steuerrückzahlung erfolgen.

Wie hoch muss der Beitrag sein? Mindesteigenbeitrag, Sockelbetrag und Höchstbetrag

Damit die volle Zulage ausgezahlt wird, muss der Versicherte jedes Jahr mindestens 4 % seines Vorjahreseinkommens (maximal 2.100 €) abzüglich der staatlichen Zulagen in seinen Riester-Vertrag einzahlen. Zahlt er weniger ein, wird die Zulage anteilig gekürzt. Auch eine halbe Zulage kann eine attraktive Förderung sein. Es ist also nicht zwingend erforderlich, den **Mindesteigenbeitrag** zu bezahlen, es verbessert aber die staatliche Förderung.

Außerdem ist ein Mindestbetrag (sogenannter **Sockelbetrag**) von 60 € pro Jahr festgelegt. Dieser muss bezahlt werden, selbst wenn sich rechnerisch ein geringerer Eigenbeitrag ergeben würde. Werden geringere Beträge eingezahlt, erfolgt auch hier eine anteilige Kürzung der Zulage.

Höchstens können 2.100 € pro Jahr abzüglich der dem Versicherten zustehenden Zulagen steuerlich gefördert eingezahlt werden **(Höchstbetrag)**.

Förderung bei Familien

Die Riester-Förderung wird grundsätzlich für jede Person gesondert gezahlt. Daher benötigt bei Familien auch jeder Ehe- oder Lebenspartner einen eigenen Riester-Vertrag. Können beide Partner selbst riestern, gehören also zum geförderten Personenkreis, werden auch die Mindesteigenbeiträge getrennt berechnet und **jede Person** hat ihre **eigenen Fördermöglichkeiten**. Das gilt für die Grundzulagen und auch für den steuerlichen Höchstbetrag bis zu dem die Beiträge steuerlich abgesetzt werden können (2.100 €/Jahr). Eine Ausnahme sind Kinderzulagen. Sie werden pro Kind nur einmal gezahlt – entweder an die Mutter oder an den Vater.

Ist ein Partner aber nur mittelbar begünstigt, kann also selbst nicht riestern, hängt dessen Förderung vom riesterfähigen Partner ab. Die Ehepartner brauchen auch hier getrennte Riester-Verträge. Erbringt der riesterfähige Partner seinen erforderlichen Mindesteigenbeitrag, erhalten beide Personen ihre Zulagen. Steuerlich können zusammen aber nur 2.160 € (einmal 2.100 € + ein Sockelbetrag von 60 €) abgesetzt werden. Für diesen Betrag werden aber die Beitragszahlungen zu beiden Verträge zusammengerechnet.

Wie kommt die Zulage in den Kundenvertrag?

Anders als bei den Steuervorteilen, die direkt im Folgejahr als Rückzahlung des Finanzamtes auf dem Konto des Versicherten landen, werden die Zulagen direkt auf den Altersvorsorgevertrag überwiesen.

Dazu muss der Kunde einen **Zulagenantrag** stellen, in dem er alle relevanten Daten (zum Beispiel seine Steuer-ID und Sozialversicherungsnummer, Daten zum Ehepartner, Daten der Kinder) eintragen muss. Dieser Antrag wird normalerweise einmal zum Vertragsbeginn gestellt und gilt dann für die gesamte Vertragslaufzeit (Dauerzulagenantrag). Allerdings ist jedes Jahr zu prüfen, ob noch alle Angaben richtig sind. Falsche Angaben können später dazu führen, dass Zulagen zurückgefordert werden.

Alle Fragen, die mit der Feststellung, Auszahlung und gegebenenfalls Rückforderung der Zulage sowie der Besteuerung der Rentenzahlungen zu tun haben, übernimmt dabei die **Zentrale Zulagenstelle für Altersvermögen (ZfA)**, die zur Deutschen Rentenversicherung Bund gehört.

Die ZfA tauscht für ihre Aufgaben Daten mit verschiedenen Stellen aus, neben den einzelnen Finanzbehörden zum Beispiel mit Familienkassen, Besoldungsstellen oder der Bundesagentur für Arbeit.

Schädliche Verwendung

Das eingezahlte Geld und die darauf gewährten staatlichen Förderungen sollen im Vertrag verbleiben und ausschließlich der Altersvorsorge dienen – so der Wille des Gesetzgebers. Unternimmt der Kunde etwas, das diesem Grundgedanken zuwiderläuft, spricht man von einer „schädlichen Verwendung". In diesem Fall müssen Zulagen und Steuervorteile ganz oder teilweise zurückgezahlt werden. Eine solche Verwendung liegt unter anderem vor:

- bei Auszahlung des Guthabens nach einer Kündigung des Vertrags (außer der Kunde wechselt zu einem anderen Riester-Anbieter).
- im Todesfall, wenn keine nach dem Gesetz zulässige Verwendung des Guthabens erfolgt (zulässig wäre zum Beispiel die Übertragung auf einen Vertrag des Ehepartners).
- bei einer Einmalauszahlung von mehr als 30 % des Guthabens zum Rentenbeginn.
- wenn nach der Entnahme von Guthaben zur Verwendung im Rahmen von Wohn-Riester die entsprechenden Vorgaben und Regeln nicht eingehalten werden.

Im Fall der schädlichen Verwendung ermittelt die ZfA, wie viele Zulagen und Steuervorteile der Kunde zu Unrecht erhalten hat. Der Versicherer muss diesen Betrag dann einbehalten und an die ZfA abführen. Erst danach darf an den Kunden oder Anspruchsberechtigten auszahlt werden.

Verwendet der Kunde den Riester-Vertrag also nicht bestimmungsgemäß, muss er möglicherweise die staatlichen Förderungen anteilig zurückzahlen. Seine eigenen Beiträge und entstandene Überschüsse (Zinsen) darf der Kunde behalten. Dies gilt auch für Zinsen, die auf später zurückgeforderte Zulagen entstanden sind.

Wohn-Riester-Verwendung

Ob eigengenutzte **Immobilien als unmittelbare Altersvorsorge** angesehen werden können, ist umstritten. Zwar muss im Alter keine Miete mehr gezahlt werden, wenn man in seinen eigenen vier Wänden wohnt, laufende Aufwendungen wie zum Beispiel Unterhalts- und Renovierungskosten fallen aber trotzdem an. Einen Anteil an der Finanzierung des üblichen Lebensunterhalts kann eine selbstgenutzte Immobilie nicht leisten.

In das System der nachgelagerten Besteuerung passt sie ebenfalls nicht: Zwar erfolgen in der Ansparphase laufende Zahlungen, die steuerlich gefördert werden können, in der Rentenphase erfolgt aber kein tatsächlicher Geldfluss zurück zum Anleger, sodass damit eigentlich eine Besteuerungsgrundlage für die nachgelagerte Besteuerung fehlt.

Nach einer umfangreichen Diskussion vor der Umsetzung der Rentenreform 2001 entschied sich der Gesetzgeber aber dennoch dafür, auch Wohneigentum soweit wie möglich in den Rahmen der Riester-Förderung einzubeziehen. Dafür wurden Hilfskonstruktionen geschaffen und Zusatzvorgaben für alle Riester-Produkte formuliert. Das Ergebnis bezeichnet man meist als **Wohn-Riester**.

Der Begriff beinhaltet **zwei unterschiedliche Aspekte**. Zum einen wurde festgelegt, dass es einem Riester-Kunden – unter bestimmten Voraussetzungen – möglich sein muss, aus seinem Vertrag Geld zu entnehmen, um damit selbstgenutztes Wohneigentum zu finanzieren. Zum anderen kann auch ein reiner Darlehensvertrag riestergefördert werden. Als Beitragszahlung gelten dabei die Tilgungsleistungen. Beides wird mitunter als „Wohn-Riester" bezeichnet.

Bei dem betreffenden Objekt kann sich um ein Haus, eine Eigentumswohnung, eine Genossenschaftswohnung oder ein Wohnrecht handeln, das erworben werden soll.

Um die nachgelagerte Besteuerung zu ermöglichen, wird der entnommene Betrag (oder die Tilgungsleistungen) auf einem Konto fiktiv gesammelt und bis zum Rentenbeginn verzinst. Den Endbetrag muss der Versicherte dann im Rentenalter versteuern. Dazu hat er die Wahl zwischen einer einmaligen Versteuerung zum Rentenbeginn und einer laufenden Steuerpflicht.

Zukunft der Riester-Rente

Die Riester-Produkte – und dabei speziell die Rentenversicherungen – standen in den vergangenen Jahren häufig in der Kritik. Von politischer Seite wünschte man sich eine größere Verbreitung in der Bevölkerung. Verbraucherschützer monieren vor allem **hohe Kosten und fehlende Transparenz**.

Der in den vergangenen Jahren stark gesunkene Höchstrechnungszins führte dazu, dass die gesetzlich vorgeschriebene Beitragserhaltungsgarantie bei vielen Produkten beziehungsweise Anbietern kalkulatorisch nicht mehr darstellbar war. Viele Versicherer haben sich daraufhin aus dem Neugeschäft zurückgezogen.

Aufgrund dieser Entwicklungen wurden in den vergangenen Jahren bereits zahlreiche Diskussionen auf politischer Ebene um eine mögliche Reform der Riester-Rente oder die Einführung einer Alternative geführt. Der Bruch der Ampelkoalition 2024 führt dazu, dass das geplante pAV-Reformgesetz (Gesetz zur Reform der steuerlich geförderten privaten Altersvorsorge) nicht mehr umgesetzt wurde (Stand: Mai 2025).

Schicht 3: Private Vorsorge

Alle übrigen Anlage- und Vorsorgeprodukte – egal ob von Banken, Investmentgesellschaften oder Lebensversicherungen angeboten – gehören zur dritten Altersvorsorgeschicht. Sie sind in ihrer Gestaltung wesentlich freier, da es keine speziellen gesetzlichen Vorgaben über die Vertragsgestaltung gibt.

Die Gestaltungsfreiheit führt neben der Vielfalt an Produktvarianten auch zu einer immer größeren Flexibilität der Produkte. Gerade bei Rentenversicherungen hat sich in den vergangenen Jahren einiges in dieser Hinsicht getan.

Der Wunsch nach Anpassungsmöglichkeiten liegt heute im allgemeinen Zeitgeist, nicht nur bei Versicherungen. Kunden legen sich ungern über sehr lange Zeiträume fest und möchten ihre in Anspruch genommenen Dienstleistungen gerne mitgestalten und bei Bedarf verändern können. Das hat auch damit zu tun, dass sich heute sowohl berufliche als auch familiäre Situationen häufiger verändern, als das früher der Fall war.

Auszahlung als Rente oder Kapital

Da es sich um Rentenversicherungen handelt, ist im Leistungsfall grundsätzlich eine Rentenzahlung vorgesehen. Im Gegensatz zu den staatlich geförderten Produkten der ersten und zweiten Schicht kann der Kunde aber zum Rentenbeginn auch entscheiden, sich die vorhandenen Ansprüche in einem Betrag auszahlen (abfinden) zu lassen. Man spricht dann von einer Kapitalabfindung.

Im Normalfall besteht für die Kunden heute ein Wahlrecht zwischen den beiden Varianten, das bis kurz vor den Zeitpunkt des Rentenbeginns wahrgenommen werden kann (**Kapitalwahlrecht**). Bei vielen Rentenversicherungen lassen sich sogar beide Auszahlungsformen kombinieren. Es ist also möglich, einen Teil als Einmalzahlung zu erhalten und aus dem verbleibenden Restguthaben eine lebenslange Rente zu bilden.

In der Vergangenheit und auch noch heute wurden beziehungsweise werden die meisten Rentenversicherungen durch **Einmalzahlungen** beendet.

Zeitpunkt der Leistung frei bestimmbar

Wann die Leistung erfolgen soll, ist zwischen den Vertragspartnern frei vereinbar. Wegen der steuerlichen Regeln wird oft ein Rentenbeginn nach dem 62. Lebensjahr gewählt, verpflichtend ist das aber nicht. Der Kunde kann seinen Rentenbeginn auch vorverlegen oder nach hinten verschieben, soweit das im gewählten Produkt angeboten wird. Zu diesem Zeitpunkt ist dann meist auch alternativ eine Kapitalabfindung möglich. Die Grenzen regeln hier die jeweiligen Versicherungsbedingungen.

Steuerliche Behandlung (Verträge seit 1.1.2005)

Die Produkte werden vorgelagert besteuert. Die Beiträge sind in den meisten Fällen steuerlich nicht absetzbar. Eine Ausnahme gilt, wenn der Kunde auf das Kapitalwahlrecht verzichtet. Er kann dadurch die Auszahlung später nicht mehr in einem Betrag erhalten, sondern ausschließlich eine Rente beziehen. Daher wird diese Möglichkeit in der Praxis nur sehr selten genutzt.

Bei einem Verzicht auf das Kapitalwahlrecht sind die Beiträge zumindest im Rahmen der **sonstigen Vorsorgeaufwendungen** absetzbar. Der Höchstbetrag für diese Aufwendungen beträgt für Arbeitnehmer allerdings nur 1.900 € pro Jahr und in diesen Betrag fließen auch die gezahlten Beiträge zur Sozialversicherung (Arbeitslosen-, Kranken- und Pflegeversicherung) mit ein. Gerade bei Arbeitnehmern ist der Höchstbetrag damit in den meisten Fällen sowieso ausgeschöpft. Ein Beitrag zur Rentenversicherung der dritten Schicht hat daher in der Regel keine steuerliche Wirkung mehr.

Bei den späteren Auszahlungen müssen nur die enthaltenen Erträge versteuert werden. Dabei wird folgendermaßen vorgegangen:

- Bei **lebenslangen Rentenzahlungen** erfolgt eine Besteuerung mit dem sogenannten Ertragsanteil. Dabei handelt es sich um eine pauschale Annahme, welcher Anteil einer gezahlten Rente aus Erträgen besteht. Wie hoch dieser Anteil ist, geht aus einer Tabelle im Einkommensteuergesetz (EStG) hervor. Der maßgebliche Prozentsatz hängt vom Alter des Versicherten bei Rentenbeginn ab. So müssen zum Beispiel 18 % der Rente versteuert werden, wenn eine (lebenslange) Rentenzahlung mit dem 65. Lebensjahr beginnt.
- Bei **Einmalzahlungen** (Kapitalabfindung) wird konkret berechnet, wie hoch die enthaltenen Erträge sind. Dazu wird die Differenz zwischen dem fälligen Auszahlungsbetrag und der Summe der gezahlten Beiträge berechnet. Diese ist vom Versicherten im Jahr der Auszahlung zu versteuern. Bei einer passenden Vertragsgestaltung gibt es dabei aber eine Steuervergünstigung: Endet der Vertrag frühestens mit Vollendung des 62. Lebensjahres und hat die Rentenversicherung mindestens zwölf Jahre bestanden, müssen nur die Hälfte der Erträge mit dem individuellen Steuersatz versteuert werden (sogenannte 62/12-Regel).

■ BEISPIEL: BESTEUERUNG EINER RENTE DER DRITTEN VORSORGESCHICHT

Ein Kunde erhält 1.000 € monatliche Rentenzahlung ab dem 65. Lebensjahr aus einer Rentenversicherung der dritten Schicht.

Von den 12.000 € pro Jahr werden laut Tabelle im EStG 18 % besteuert. Das entspricht 2.160 €. Bei einem angenommenen Steuersatz von 15 % müsste der Rentner pro Jahr 324 € Steuern bezahlen.

Umgerechnet heißt das, von den 1.000 € Monatsrente sind 27 € an Steuern zu bezahlen. Die Steuerlast ist also in den meisten Fällen relativ gering. ■

■ BEISPIEL: ERMITTLUNG DER ERTRÄGE BEI EINER KAPITALABFINDUNG

Eine Kundin wählt aus einem Rentenvertrag statt der Rentenzahlung die Kapitalabfindung. Diese beträgt 50.000 €. Sie hat insgesamt 30.000 € über die Laufzeit hinweg eingezahlt.

Gesamte Leistung	50.000 €
– Gezahlte Beiträge	30.000 €
= Erträge	20.000 €

davon 25 % Kapitalertragsteuer/Abgeltungsteuer = 5.000 € Steuer ■

Die Kapitalertragsteuer (+ gegebenenfalls Solidaritätszuschlag und Kirchsteuer) behält der Versicherer direkt von der Auszahlung ein und führt sie an das Finanzamt ab. Die Kundin im Beispiel erhält also 45.000 € ausgezahlt und eine Bescheinigung über die einbehaltene Steuer.

Ist im vorliegenden Fall die 62/12-Regel nicht erfüllt, hat die Kapitalertragsteuer abgeltende Wirkung (Abgeltungssteuer) und es bleibt bei der berechneten Steuerhöhe.

Sofern die 62/12-Regel erfüllt ist, kann die Kundin im Rahmen ihrer Steuererklärung einen Teil der Steuerzahlung zurückerhalten. Dazu prüft das Finanzamt auf Antrag, ob die Besteuerung der Hälfte der Erträge mit dem persönlichen Steuersatz der Kundin insgesamt günstiger ist als die gezahlte Kapitalertragsteuer.

Absicherung im Todesfall

Rentenversicherungen werden grundsätzlich abgeschlossen, um den eigenen Lebensabend zu finanzieren. Für viele Kunden ist es aber schwer vorstellbar, in ein langfristiges Vorsorgeprodukt zu investieren, wenn im Todesfall die eingezahlten Beiträge verloren wären. Daher enthalten die meisten Rentenversicherungen bestimmte Bausteine, die **(Mindest-)Leistungen im Todesfall** erbringen.

Diese Bausteine können oft auch abgewählt werden, was die Produkte etwas günstiger macht. Dafür könnte es dann im Todesfall tatsächlich zu einem weitgehenden oder kompletten Verlust der eingezahlten Beiträge kommen.

Hinweis

Um möglichen späteren Auseinandersetzungen zu begegnen, sollten Vermittler einen solchen Kundenwunsch besonders ausführlich dokumentieren beziehungsweise sich vom Kunden gesondert bestätigen lassen, dass die Vertragsgestaltung ausdrücklich so gewünscht ist.

Bei den angebotenen Todesfallleistungen ist zunächst danach zu unterscheiden, ob es um den Todesfall vor oder nach Rentenbeginn geht.

- **Leistungen im Todesfall vor Rentenbeginn:** Während der Ansparzeit wird vor allem eine **Beitragsrückerstattung** angeboten. Sie leistet die Summe der bis zum Todeszeitpunkt eingezahlten Beiträge ohne Verzinsung an die Hinterbliebenen.

- **Leistungen im Todesfall nach Rentenbeginn:** Es werden meist Absicherungsbausteine zur Ergänzung der lebenslangen Rentenzahlungen angeboten. Die bekanntesten sind die Rentengarantiezeit und die Restguthabenerstattung.
  - **Rentengarantiezeit:** Eine Rentengarantiezeit sorgt dafür, dass die Rentenzahlung auf jeden Fall eine bestimmte Anzahl an Jahren gezahlt wird, egal ob der Versicherte noch lebt oder nicht. Die Dauer der Rentengarantiezeit (in Jahren) wird bei Vertragsschluss oder spätestens zum Rentenbeginn festgelegt. Ab letzterem beginnt die Garantiezeit zu laufen. Stirbt der Versicherte während der vereinbarten Zeit, so wird die Rentenzahlung an die Hinterbliebenen bis zum Ende der Garantiezeit fortgesetzt.
  - **Restguthabenerstattung:** Im Todesfall des Versicherten werden die bereits gezahlten Renten aufsummiert. Ist dieser Betrag geringer als die eingezahlten Beiträge, wird die Differenz an die Hinterbliebenen ausgezahlt. Ist er höher, weil die Rentenzahlung bereits lange genug läuft, ist das Guthaben rechnerisch aufgebraucht und es wird im Todesfall keine weitere Leistung mehr fällig.

5.2.3 Lösungen in der Lebensversicherung für Familie Müller

Im Fallbeispiel ist die Versorgungssituation und der Vorsorgebedarf der Familienmitglieder im Alter und bei Verlust der eigenen Arbeitskraft grundsätzlich personenbezogen zu ermitteln. Die Versorgungsansprüche von Familienmitgliedern können in die Überlegungen einbezogen werden, es ist aber möglichst davon abzusehen, die Versorgung im Alter oder bei Verlust der Arbeitskraft von einer anderen Person (insbesondere vom Lebens-/Ehepartner) abhängig zu machen. Vorsorgeplanungen in der Lebensversicherung müssen über sehr lange Zeiträume belastbar sein. Lebensumstände und Partnerschaften können sich langfristig verändern. Daher sind personenindividuelle Analysen und Problemlösungen empfehlenswert.

Todesfallschutz

Die Betrachtung des Versorgungsbedarfs von Hinterbliebenen im Todesfall erfolgt dagegen eher auf Familienebene. Eine ausreichende Todesfallabsicherung ist Familie Müller grundsätzlich zu empfehlen, um zum Beispiel mögliche Bestattungskosten abzudecken. Sollten offene Darlehensverpflichtungen in größerem Umfang bestehen, sollten auch diese im Todesfall von Herrn oder Frau Müller abgelöst werden können.

Da Horst und Ida Müller jeweils über ein eigenes Einkommen verfügen und die Kinder in Kürze ebenfalls berufstätig werden möchten, ist ein besonderer Vorsorgebedarf an dieser Stelle nicht erkennbar. Die Absicherung einer finanziellen Unterstützung für die Ausbildungs-/Studienzeit der beiden Töchter könnte aber ebenfalls berücksichtigt werden.

Als Produktlösung wäre eine Risiko-Lebensversicherung mit entsprechender Versicherungssumme zu vereinbaren. Die Höhe der Versicherungssumme kann dabei konstant oder im Zeitablauf fallend ausgestaltet sein, um eine noch offene Darlehenssumme möglichst genau abzubilden.

Horst Müller

Herr Müller erzielt bereits aktuell ein Einkommen oberhalb der Beitragsbemessungsgrenze der GRV, sodass sich für ihn besonders große Versorgungslücken im Alter oder bei Erwerbsminderung ergeben. Die Leistungen aus der GRV orientieren sich an den verdienten Entgeltpunkten des Versicherten. Diese sind jährlich nach oben durch die Beitragsbemessungsgrenze gedeckelt, für Einkommen oberhalb der BBG werden also keine Rentenansprüche erworben. Dadurch fallen das Erwerbseinkommen und der spätere Rentenanspruch prozentual noch weiter auseinander als dies bei Menschen mit geringerem Einkommen der Fall ist. Die Erhöhung seines Einkommens durch die neue Tätigkeit, verstärkt diesen Effekt weiter.

Absicherung der Arbeitskraft

Grundsätzliches Ziel sollte die Absicherung des letzten Erwerbseinkommens sein, falls Herr Müller seine Arbeitskraft verlieren sollte. Die Erwerbsminderungsrente aus der gesetzlichen Rentenversicherung kann ein Einkommensbaustein für einen solchen Fall sein, insbesondere die vollständige Erwerbsminderungsrente setzt aber ein hohes Maß an gesundheitlicher Beeinträchtigungen voraus, um Leistungen auszulösen. Gleichzeitig reicht die Leistungshöhe regelmäßig nicht zur Abdeckung der Versorgungslücke aus. Eine zusätzliche private Absicherung ist daher unerlässlich.

Sollte noch keine Absicherung bestehen, ist ein Abschluss für Herrn Müller dringend zu empfehlen, sofern dies aufgrund der Gesundheitsverhältnisse noch möglich ist. Als hochwertigste Produktlösung kommt eine Berufsunfähigkeitsversicherung in Frage. Im Alter von 45 Jahren wird der Neuabschluss bei vielen Kunden wegen durchgeführter ärztlicher Maßnahmen beziehungsweise Vorerkrankungen aber schwierig sein oder zu einem zusätzlich erhöhten Beitragsniveau führen als dies bei dem genannten Eintrittsalter ohnehin schon der Fall ist.

Besteht bereits eine Arbeitskraftabsicherung, ist zu empfehlen, diese an die neue Einkommenssituation anzupassen (durch die Übernahme der Geschäftsführung ist das Einkommen von Herrn Müller deutlich angestiegen). Falls seine Gesundheitsverhältnisse eine reguläre Erhöhung des Vertrags nicht zulassen, ist zu prüfen, ob im Rahmen von Ausbau- oder Nachversicherungsgarantien eine Erhöhung der Absicherung ohne Gesundheitsprüfung möglich ist.

Solche Ausbaugarantien sind allerdings in den meisten Fällen hinsichtlich der Höhe der versicherten Leistungen begrenzt. Herr Müller benötigt aufgrund seines hohen

Gehalts auch eine hohe Arbeitskraftabsicherung. Dies dürfte ohne Gesundheitsprüfung aus Risikogründen nur schwer möglich sein.

Alternativ oder als Ergänzung können Absicherungsmöglichkeiten in der bAV geprüft werden. Im Rahmen von Kollektivverträgen können Arbeitskraftabsicherungen oft mit vereinfachter Gesundheitsprüfung abgeschlossen werden. Als Geschäftsführer könnte Horst Müller eine entsprechende Rahmenvereinbarung mit einem Versicherer in die Wege leiten und diese Lösung, da er nicht beherrschender Gesellschafter-Geschäftsführer des Unternehmens ist, auch selbst nutzen.

Altersvorsorge

Wegen des bereits beschriebenen zu geringen Absicherungsniveaus der gesetzlichen Rentenversicherung ist Herrn Müller auch hier eine zusätzliche private Vorsorge zu empfehlen.

Bis zu seiner gesetzlichen Regelaltersgrenze von 67 Jahren steht ihm aktuell noch eine ausreichende Ansparzeit zur Verfügung, ein weiterer Aufschub der Vorsorgemaßnahmen sollte aber möglichst vermieden werden. Nur so lassen sich mit Hilfe von Zinseszinseffekten die monatlichen Sparbeträge zum Schließen der Vorsorgelücke in Grenzen halten.

Für seine finanzielle Absicherung im Alter kann Herr Müller je nach persönlichen Präferenzen unterschiedliche Vorsorgelösungen – oder einen Mix daraus – einsetzen.

- **Rentenversicherung der dritten Vorsorgeschicht:**

  Diese Produkte eignen sich vor allem aufgrund ihrer Flexibilität: Die Produktgestaltung ist weitgehend frei, angesammeltes Guthaben kann auf verschiedene Arten und zu verschiedenen Zeitpunkten verwendet beziehungsweise ausgezahlt werden. Darüber hinaus gibt es steuerliche Vorteile in der Ansparzeit und in der Auszahlungsphase gegenüber anderen flexiblen Sparformen, zum Beispiel beim Bezug einer lebenslangen Rente (Ertragsanteilbesteuerung).

- **Betriebliche Lösungen, zum Beispiel Direktversicherung:**

  Die bAV hat durch die Steuer- und Sozialversicherungsfreiheit der Beiträge beim Aufbau einer Altersversorgung grundsätzlich einen sehr guten „Wirkungsgrad" für die eingesetzten Prämien. Die vorzeitige Verwendung des vorhandenen Guthabens ist allerdings nicht möglich. Bei den späteren Leistungen steht die „echte" Altersvorsorge (das heißt die Zahlung in Rentenform) im Vordergrund.

  Außerdem ist zu beachten, dass die Attraktivität der bAV gegenüber anderen Vorsorgeformen bei einem Einkommen oberhalb der BBG reduziert ist – die Ersparnis von Sozialversicherungsbeiträgen entsteht hier nur in geringerem Ausmaß oder gar nicht.

Für in der GKV-Versicherte sind außerdem spätere Rentenzahlungen aus der bAV in der GKV beitragspflichtig. Bei Rentenzahlungen zum Beispiel aus der dritten Vorsorgeschicht oder der Basisrente ist dies nur für freiwillig Versicherte der Fall. Sofern Herr Müller also freiwillig gesetzlich krankenversichert ist und bleibt, hätte die Wahl der bAV keinen besonderen Nachteil für ihn.

- **Basisrentenversicherung:**

  Die Basisrente ermöglicht durch das hohe gesetzlich zulässige Beitragsvolumen auch die Schließung größerer Versorgungslücken. Für Kunden mit höherem Einkommen und daher hoher Steuerlast wie Herr Müller sind attraktive Steuervorteile erzielbar.

- **Riester-Rentenversicherung:**

  Um Steuervorteile zu erzielen (diese dürften im Fallbeispiel höher sein als der Zulagenanspruch) ist die Riester-Rente eine sinnvolle Ergänzung des Vorsorgeportfolios. Wegen des relativ geringen gesetzlich möglichen Beitragsvolumens können Versicherte mit höherem Einkommen durch eine Riester-Rente aber meist nur einen sehr kleinen Teil ihrer Versorgungslücke schließen.

Ida Müller

Absicherung der Arbeitskraft

Die grundsätzlichen Überlegungen zum Vorsorgebedarf und den Absicherungsmöglichkeiten bei Verlust der Arbeitskraft gelten für Frau Müller ebenso wie für Herrn Müller. Sie ist nur geringfügig jünger und ebenfalls Angestellte. Ihre berufliche Situation ändert sich aktuell nicht.

Eine Besonderheit liegt im Fall von Frau Müller in ihrer Tätigkeit als Apothekerin. Als Pflichtversicherte im Versorgungswerk der Apotheker ist sie von der Versicherungspflicht in der gesetzlichen Rentenversicherung befreit.

Berufsständische Versorgungswerke (wie in diesem Fall die Bayerische Apothekerversorgung bei der Bayerischen Versorgungskammer) bieten in der Regel ein besseres und etwas höheres Versorgungsniveau als die gesetzliche Rentenversicherung, eine vollständige Abdeckung der Versorgungslücke können sie aber ebenfalls nicht leisten. Die Versorgungswerke unterscheiden sich je nach Berufsgruppe und bei Apothekern zum Beispiel je nach Bundesland.

Ein besonderer Vorteil liegt im Fall von Frau Müller darin, dass sie über die Apothekerversorgung nicht nur gegen Erwerbsminderung, sondern gegen Berufsunfähigkeit versichert ist. Auch wenn die Leistungsvoraussetzungen nicht mit einer modernen privaten Berufsunfähigkeitsversicherung vergleichbar, sondern deutlich strenger sind, ist dies doch ein wesentlicher Vorteil gegenüber der gesetzlichen Rentenversicherung.

Das konkrete Versorgungsniveau für Frau Müller im Fall des Arbeitskraftverlustes hängt von ihren bisherigen Beitragszahlungen ab und ist den Jahresmitteilungen der Apothekerversorgung (analog zur Renteninformation der gesetzlichen Rentenversicherung) zu entnehmen.

Altersvorsorge

Auch in der Altersvorsorge gelten für Frau Müller grundsätzlich die gleichen Rahmenbedingungen wie für Herrn Müller. Die Mitgliedschaft im berufsständischen Versorgungswerk führt auch hier im Regelfall zu einem höheren Versorgungsniveau als in der gesetzlichen Rentenversicherung (bei Apothekern geht man bei gleicher Beitragszahlung von etwa 20–30 % höheren Leistungen aus), ohne dass dies eine vollständige Absicherung zur Folge hat. Die für Frau Müller aktuell erreichte und zukünftig zu erwartende Absicherung im Alter sind auch hier zunächst aus den Jahresmitteilungen abzulesen und dann in die Vorsorgeplanung einzubeziehen.

Hinsichtlich der Vorsorgelösungen für die verbleibende Vorsorgelücke gelten bei Frau Müller die gleichen Möglichkeiten wie bei Herrn Müller.

In der bAV existiert über den Arbeitgeberverband der Apotheken zudem eine Branchenlösung, die von Frau Müller genutzt werden könnte, sofern ihr Arbeitgeber Mitglied im Arbeitgeberverband ist.

Tochter Maya Müller

Absicherung der Arbeitskraft

Wie jeder Arbeitnehmer ist Maya Müller zunächst eine grundsätzliche frühzeitige Absicherung bei Verlust der Arbeitskraft zu empfehlen. Zum einen führt das niedrige Eintrittsalter zu einem dauerhaft geringeren Prämienniveau. Zum anderen umgeht Maya dadurch das Risiko, wegen einer zwischenzeitlich aufgetretenen Erkrankung in späteren Jahren vielleicht gar keine Arbeitskraftabsicherung mehr abschließen zu können (Gesundheitsprüfung).

Der ohnehin nicht ausreichende gesetzliche Schutz bei Erwerbsminderung greift für Maya zunächst noch gar nicht, da sie die allgemeine Wartezeit von fünf Jahren noch nicht erfüllt hat. Gerade in den ersten Jahren ihrer Berufstätigkeit besteht daher erhöhter Absicherungsbedarf – auch wenn die Wahrscheinlichkeit einer Berufsunfähigkeit nicht besonders hoch erscheint.

Um Verwaltungsbeamtin zu werden, wird Maya zunächst während der Ausbildung Beamtin auf Widerruf und anschließend Beamtin auf Probe. Bis zu ihrer Verbeamtung auf Lebenszeit genießt sie dabei nur sehr eingeschränkten Schutz durch ihren Dienstherrn bei Dienstunfähigkeit. Im Fall der Dienstunfähigkeit würde sie kein Ruhegehalt erhalten, sondern aus dem Dienstverhältnis entlassen und in der GRV nachversichert werden – Ausnahmen gelten bei Dienstunfällen (je nach aktuellem Beamtenstatus).

Als Lösung kann Maya Müller eine private Berufsunfähigkeits- oder Dienstunfähigkeitsversicherung abschließen. Bei der Berechnung der Rentenhöhe ist das zukünftige Versorgungsniveau als Beamtin – unter anderem abhängig von der Besoldungsstufe – zu berücksichtigen.

Der zusätzliche Abschluss eines zweiten Vertrags mit kurzer Versicherungsdauer (zum Beispiel fünf Jahre) und einer Leistungsdauer bis zum Rentenalter kann die größere Vorsorgelücke in den ersten Berufsjahren abdecken.

Altersvorsorge

Der frühzeitige Einstieg ist auch in der privaten Altersvorsorge generell zu empfehlen, sofern monatlich ein bestimmtes Budget dafür verfügbar ist.

Bei Maya Müller ist ihr angestrebter Beamtenstatus zu berücksichtigen, der zu einer besseren Versorgungssituation als bei gesetzlich Rentenversicherten führen würde.

Als Beamtenanwärterin beziehungsweise spätere Beamtin kann Maya Müller keine betriebliche Altersvorsorge nutzen. Die übrigen bei Horst Müller erläuterten Vorsorgealternativen (Rentenversicherung der dritten Schicht, Basisrente oder Riester-Rente) stehen ihr aber ebenso zur Verfügung.

Nachdem sie noch einen langen Anlagezeitraum bis zum Rentenalter zur Verfügung hat und der weitere Lebens-/Berufsweg noch nicht absehbar ist, sollte der Fokus dabei auf flexiblen Vorsorgeprodukten ohne Garantien und mit erhöhten Renditechancen durch Kapitalmarktbindung liegen.

In jedem Fall sollten die abgeschlossenen Vorsorgelösungen Ausbau-/Nachversicherungsgarantien und die Option auf dynamische Erhöhungen enthalten, um die Verträge später an einen veränderten Vorsorgebedarf anpassen zu können.

Tochter Frieda Müller

Auch bei Tochter Frieda ist der frühzeitige Einstieg in Vorsorgemaßnahmen zu empfehlen.

Absicherung der Arbeitskraft

Für die Beurteilung der Absicherung aus der GRV ist zunächst entscheidend, ob Frieda ein Arbeitseinkommen bezieht (duales Studium) oder nicht (klassisches Studium). Im Fall des dualen Studiums würde sie erste Entgeltpunkte in der GRV erwerben und außerdem Beitragsmonate für die Erfüllung der allgemeinen Wartezeit ansammeln.

In jedem Fall gilt die Empfehlung eine Arbeitskraftabsicherung (Grundfähigkeitsversicherung oder Berufsunfähigkeitsversicherung) mit zunächst geringerer Höhe zu vereinbaren. Diese sollte mit guten Ausbau-/Nachversicherungsmöglichkeiten und dynamischen Erhöhungen versehen sein. Bei der Auswahl einer Berufsunfähigkeitsversicherung gilt es speziell auf eine verbraucherfreundliche Definition des versicherten Studentenberufs zu achten.

Altersvorsorge

Der möglichst frühzeitige Einstieg in die private Altersvorsorge ist grundsätzlich immer sinnvoll. Sofern Frieda Müller als klassische Studentin kein Einkommen bezieht, muss dies aber vermutlich vorerst zurückgestellt werden.

Als duale Studentin wäre zu prüfen, ob sie dauerhaft ein freies monatliches Budget für Vorsorgezwecke erübrigen kann. Die Verfügbarkeit betrieblicher Vorsorgemodelle hängt von ihrem zukünftigen Arbeitgeber ab und kann daher aktuell nicht beurteilt werden. Alle anderen für Horst Müller (siehe oben) genannten Vorsorgelösungen würden ihr ebenfalls zur Verfügung stehen.

Zur genauen Produktausgestaltung (Fokus auf Flexibilität, Kapitalmarktbindung – dynamische Erhöhungsmöglichkeiten) gelten die bei Maya Müller gemachten Ausführungen.

Großeltern Ernst und Helene Müller

Für beide Großeltern ist aktiver Versicherungsschutz im Bereich der Arbeitskraftabsicherung nicht mehr relevant, da beide bereits im Ruhestand sind. „Echte" Altersvorsorge, das heißt der langfristige Aufbau eines späteren Alterseinkommens ist ebenfalls nicht erforderlich und auch zeitlich kaum mehr möglich. In Frage kommen hier als Beratungsansätze die Investition des angelegten Kapitals oder dessen Übertragung an Kinder oder Enkel.

Rentenversicherungen der dritten Schicht können dabei zur Kapitalübertragung auf Kinder oder Enkel genutzt werden. So können steuerliche Belastungen verringert und/oder die Zugriffsrechte auf das vorhandene Guthaben nach Wunsch und zum Beispiel ohne Beteiligung eines Notars geregelt werden.

Denkbar ist zum Beispiel die Ausgestaltung, in der Ernst oder Helene Müller als Versicherungsnehmer den Vertrag abschließen und Ida, Maya oder Frieda Müller als versicherte Person und Bezugsberechtigte eingetragen werden. Die Beitragszahlung wird von Ernst oder Helene Müller übernommen. Dabei kann es sich um höhere laufende Einzahlungen oder größere Einmalbeträge handeln.

Solange der Versicherungsnehmer lebt, hat er die Gestaltungsrechte am Vertrag und damit die Kontrolle über das eingezahlte Guthaben. Verstirbt der Versicherungsnehmer, geht der Vertrag an die versicherte Person über. Das enthaltene Guthaben ist einkommensteuerfrei, aber erbschaftsteuerpflichtig. Im Fall der Vererbung an enge Verwandte können hier allerdings hohe Freibeträge genutzt werden (für Ida Müller zum Beispiel 400.000 €, für jede der Enkelinnen jeweils 200.000 €).

Alternativ können Ida, Maya oder Frieda Müller auch direkt als Versicherungsnehmerin und versicherte Person eingetragen werden. Ernst beziehungsweise Helene Müller würden nur die Beitragszahlungen übernehmen. In diesem Fall hätten die Großeltern keine Kontrolle mehr über das eingezahlte Geld.

Die gezahlten Beträge gelten in diesem Fall als Schenkung. Für Schenkungen gelten die für den Erbfall genannten Freibeträge in gleicher Höhe, mehrere Einzelbeträge werden über einen Zeitraum von zehn Jahren zusammengerechnet. Laufen die Einzahlungen in den Versicherungsvertrag über einen längeren Zeitraum, können die schenkungsteuerlichen Freibeträge gegebenenfalls mehrfach genutzt werden. Dies kann eine spätere Erbschaftsteuerlast mindern. Verstirbt der Beitragszahler, werden nur die Einzahlungen der letzten zwölf Monate wieder dem Erbe zugerechnet.

Zu beachten ist allerdings: Sofern Pflegebedürftigkeit beim Schenkenden eintritt und dadurch Pflegekosten anfallen, können Schenkungen innerhalb der letzten zehn Jahre vor Eintritt des Pflegefalls – zumindest anteilig – durch den Sozialträger vom Empfänger der Schenkung zurückgefordert werden. Dieses Risiko sollte aufgrund des Alters von Ernst und Helene Müller und der Vorerkrankung von Ernst Müller in jedem Fall abgewogen werden.

5.3 Private Krankenversicherung

Im deutschen Grundgesetz ist verankert, dass Deutschland ein demokratischer und sozialer Bundes- und Rechtsstaat ist. Dies bedeutet, dass der Gesetzgeber sich um die soziale Gerechtigkeit und soziale Sicherheit der Bürger kümmern muss. Aus diesem Grund wurden die **fünf Säulen der Sozialversicherung** geschaffen: Die Krankenversicherung, Unfallversicherung, Rentenversicherung, Pflegeversicherung und die Arbeitslosenversicherung.

Die fünf Säulen der gesetzlichen Sozialversicherung gewähren Schutz gegen Einkommensausfall durch Krankheit, Unfall, verminderte Erwerbsfähigkeit, Alter und Arbeitslosigkeit. Außerdem tragen sie die Kosten von Pflegebedürftigkeit.

In Deutschland sind die meisten Menschen gesetzlich pflichtversichert. Mit ihren Beiträgen finanzieren sie die Leistungen der gesetzlichen Sozialversicherung fast vollständig.

Die Höhe der Beiträge hängt weitgehend vom Einkommen ab. Insgesamt machen die Beiträge etwa 40 % des Einkommens aus. Da sie, von Ausnahmen abgesehen, überwiegend zu gleichen Teilen von Arbeitgebern und Arbeitnehmern geleistet werden, entfallen auf Arbeitnehmer im Schnitt etwa 20 % des Bruttogehalts.

Wir fokussieren uns auf die erste Säule der Sozialversicherung: die Krankenversicherung.

Die Krankenversicherung ist in Deutschland eine Pflichtversicherung, das bedeutet, dass grundsätzlich jeder Mensch, der gegen Arbeitsentgelt beschäftigt ist, versicherungspflichtig ist.

Es gibt zudem noch weitere Personengruppen, die unter den Tatbestand der Versicherungspflicht fallen (siehe § 5 SGB V – Versicherungspflicht).

Allerdings gibt es Ausnahmen der Regel, denn die Krankenversicherung in Deutschland ist zweigeteilt. Es gibt die gesetzliche Krankenversicherung und die private Krankenversicherung.

Arbeitnehmer, deren Jahresarbeitsverdienst eine bestimmte Grenze (2025 = 73.800 € Jahresbruttoeinkommen) nicht übersteigt, müssen sich in der gesetzlichen Krankenversicherung versichern.

Wer mehr verdient, kann unter bestimmten Voraussetzungen in eine private Krankenversicherung wechseln. Darüber hinaus gibt es weitere Personengruppen, die in die private Krankenversicherung wechseln können (siehe § 9 SGB V – Freiwillige Versicherung).

Die private Krankenversicherung spielt seit ihrer Entstehung eine zentrale Rolle im deutschen Gesundheitssystem. Sie ergänzt die gesetzliche Krankenversicherung und bildet gemeinsam mit ihr das sogenannte duale System. Während die GKV in erster Linie auf Solidarität basiert und den Großteil der Bevölkerung absichert, bietet die PKV vor allem Selbstständigen, Beamten und gutverdienenden Angestellten eine Alternative mit individuellen Leistungs- und Beitragsgestaltungen.

In der privaten Krankenversicherung stehen die persönliche Wahlfreiheit, maßgeschneiderte Tarife und ein hohes Leistungsniveau im Mittelpunkt. Sie trägt dabei nicht nur zur Versorgung ihrer Versicherten bei, sondern entlastet durch ihre Beitragseinnahmen auch das gesamte Gesundheitssystem erheblich. Ohne die PKV wäre die Stabilität des deutschen Gesundheitswesens in seiner heutigen Form kaum vorstellbar.

Um die Bedeutung der PKV genauer zu beleuchten, werden im Folgenden die grundlegenden Aspekte der Musterbedingungen Proximus 5 wie Tarifgestaltung, Beitragskalkulation und die Abgrenzung zur GKV näher betrachtet. Auch die Herausforderungen und Perspektiven der PKV werden analysiert, um ein umfassendes Bild ihrer Rolle im Gesundheitssystem zu vermitteln.

1. Grundlagen der Privaten Krankenversicherung

Definition und Zielgruppe: individuelle Absicherung für Personen, die nicht der gesetzlichen Krankenversicherungspflicht unterliegen (zum Beispiel Selbstständige, Beamte/Beamtenanwärter, Gutverdiener, Studenten)

Rechtsgrundlage: Versicherungsvertragsgesetz (VVG) und Private Krankenversicherungsaufsicht

Abgrenzung zur Gesetzlichen Krankenversicherung (GKV):

- Individuelle Leistungswahl statt Einheitsleistungen
- Beitragshöhe abhängig von Alter, Gesundheitszustand und Tarif

2. Tarifgestaltung und Leistungen

Arten der Tarife:

- Vollversicherung: komplette Absicherung aller Krankheitskosten anhand von Kompakt- und Bausteintarifen
- Beihilfetarife: spezielle Tarife für Beamte und Beamtenanwärter
- Studententarife: leistungskonforme Ausbildungstarife

Leistungsbereiche der PKV:

- ambulante Leistungen (zum Beispiel Arztbesuche, Medikamente)
- stationäre Leistungen (zum Beispiel Krankenhausbehandlung, Wahlleistungen wie Chefarzt)
- Zahnleistungen (zum Beispiel Zahnersatz, Prophylaxe)

Besonderheiten:

- freie Arzt- und Krankenhauswahl
- Erstattung auf Basis einer Rechnung (Kostenerstattungsprinzip)
- individuelle Anpassungsmöglichkeiten

3. Vertragsabschluss und Risikoprüfung

Gesundheitsprüfung:

- Grundlage zur Risikoeinschätzung und Prämienkalkulation
- eventuelle Leistungsausschlüsse oder Risikozuschläge
- gegebenenfalls Ablehnung des gesamten Antrags

Wartezeiten: Gewisse Leistungen (zum Beispiel Zahnbehandlungen) können Wartezeiten unterliegen.

Risikoprüfung: Abhängig von Alter, Vorerkrankungen und Beruf

Optionen für Versicherungsnehmer:

- Annahmegarantie für Basistarif (ähnlich den GKV-Grundleistungen)
- Tarifwechselrecht innerhalb der PKV nach § 204 VVG

4. Beitragskalkulation und -entwicklung

Beitragsberechnung:

- abhängig von Eintrittsalter, Gesundheitszustand und Leistungsumfang
- Kapitalbildung durch Alterungsrückstellungen zur Stabilisierung der Beiträge im Alter

Beitragserhöhungen:

- abhängig von medizinischen Fortschritten, Kostensteigerungen und Sterbetafeln
- Regulierungen durch unabhängige Treuhänder

Beitragsentlastung: Möglichkeiten der Beitragsreduktion im Alter (zum Beispiel durch Tarifoptionen, Beitragsrückerstattung bei Leistungsfreiheit)

5. Unterschiede zu alternativen Modellen

Basistarif:

- Sozialtarif mit gesetzlich definierten Leistungen, ähnlich der GKV
- keine Gesundheitsprüfung

Notlagentarif: reduzierter Tarif für Versicherungsnehmer, die ihren Beitrag nicht zahlen können

6. Beratung und Bedarfsermittlung

Analyse des Kundenbedarfs: Einkommen, Lebenssituation, Beruf, familiäre Absicherung (Beispiel Familienversicherung oder freie Heilfürsorge)

Beratungsprozess:

- Erläuterung von Vorteilen und Risiken (zum Beispiel langfristige Kostenentwicklung)
- Aufklärung über Wechselmöglichkeiten und Vertragsdetails

Rechtliche Vorgaben: Dokumentationspflicht und Beratungsprotokoll gemäß Versicherungsvermittlungsverordnung (VersVermV)

7. Fachliche Herausforderungen und Praxis

Beihilfe bei Beamten: Wechselwirkungen zwischen Beihilfeanspruch und PKV-Leistungen

Versicherungsrechtliche Aspekte: Kündigung, Ruhen und Wiederaufnahme von Verträgen

Soziale Verantwortung der PKV: Umgang mit Leistungspflicht in finanziellen oder gesundheitlichen Notlagen

5.3.1 Lösungen in der Krankenversicherung für Familie Müller

Horst Müller

Herr Horst Müller hat das Ziel, seinen aktuellen Versicherungsschutz zu überprüfen und an seine individuellen Bedürfnisse anzupassen. Nachdem Herr Müller erfolgreich eine betriebliche Krankenversicherung in der Firma Meier eingeführt hat, plant er nun, auch seinen persönlichen Versicherungsschutz durch den Wechsel in die private Krankenvollversicherung zu optimieren.

Aufgrund seiner biometrischen Risiken, wie Alter, Gesundheitszustand und Lebenssituation, ist für Herrn Müller der Abschluss einer privaten Krankenvollversicherung eine geeignete Option. Ein Wechsel in die PKV bietet Herrn Müller gegenüber der GKV eine bessere Leistungsqualität.

Im Rahmen der bKV, die auch für privat Versicherte anwendbar ist, hat Herr Müller die Möglichkeit, durch die Integration einer Selbstbeteiligungsstufe seine monatlichen Beiträge zu reduzieren.

- In der ersten Selbstbeteiligungsstufe von 500 €, die ausschließlich für den ambulanten Bereich gilt, läuft der Beitrag ohne gesetzliche Alterungsrückstellungen auf 282,29 € monatlich.
- Zusätzlich umfasst die Absicherung ein Einbettzimmer und privatärztliche Behandlung im stationären Bereich für 191,09 € monatlich sowie eine erweiterte Zahnversicherung für 93,53 € monatlich.
- Unter Berücksichtigung der privaten Pflegepflichtversicherung in Höhe von 31,00 € ergibt sich ein monatlicher Gesamtbeitrag von 597,91 €.

Die private Krankenversicherung bietet zudem einen **Versicherungsschutz gegen Verdienstausfall** als Folge von Krankheit oder Unfällen an.

Die **Höhe des Krankentagegeldes** darf zusammen mit sonstigen Krankentage- und Krankengeldern das auf den Kalendertag umgerechnete, aus der beruflichen Tätigkeit herrührende Nettoeinkommen nicht übersteigen. Maßgeblich für die Berechnung des Nettoeinkommens ist der Durchschnittsverdienst der letzten zwölf Monate vor Antragstellung beziehungsweise vor Eintritt der Arbeitsunfähigkeit, sofern der Tarif keinen anderen Zeitraum vorsieht.

Herr Müller kann für den Leistungsbeginn ab dem 43. Tag eine Absicherung in 5 €-Schritten wählen (Beitragsdetails siehe Proximus – Krankentagegeld für Arbeitnehmer (KT)).

„Die Beiträge weisen ausschließlich den Tarifbeitrag aus. Der gesetzlich vorgeschriebene Beitragszuschlag in Höhe von 10 % ist nicht enthalten! Der gesetzliche Beitragszuschlag gilt für alle Tarife der substitutiven Krankenversicherung und wird gemäß

§ 149 VAG für Personen ab dem 21. Lebensjahr und dem Ende des Kalenderjahres, in dem Versicherungsnehmer sein 60. Lebensjahr vollendet, erhoben."[1]

Durch diese Optimierung profitiert Herr Müller zudem von einer vollständigen **Kostenübernahme** für Arzneimittel, ohne Zuzahlungen leisten zu müssen. Darüber hinaus ist Osteopathie zu 100 % abgedeckt. Die private Krankenversicherung gewährleistet auch eine deutlich bessere Versorgung im Krankenhaus und für Zahnersatz erhält Herr Müller eine Kostenerstattung von 85 %.

Ida Müller

Das Ziel von Ida Müller ist die Erweiterung ihres Versicherungsschutzes, um einen Schutz zu erreichen, der den Leistungen der privaten Krankenversicherung ähnlich ist.

Frau Müller ist, ebenso wie ihr Ehemann, freiwilliges Mitglied der gesetzlichen Krankenversicherung und erfüllt grundsätzlich die Voraussetzungen für eine private Krankenversicherung.

Aufgrund ihrer gesundheitlichen Rahmenbedingungen ist der Wechsel in eine PKV jedoch nicht möglich. Daher strebt sie eine verbesserte Absicherung im Rahmen ihrer GKV an.

Durch die Einführung der bKV in der gesamten Firma durch Herrn Müller wurde ein Gruppenvertrag geschaffen, der es auch Familienmitgliedern ermöglicht, sich über die bKV anzumelden und von einem erweiterten Versicherungsschutz zu profitieren.

Somit hat Ida Müller nun zu ihrer GKV noch die Erweiterung der Zusatzversicherungen durch die bKV.

Tochter Maya Müller

Für Maya Müller beginnt ein neuer Lebensabschnitt. Ihr Ziel besteht darin, eine passende Absicherung für ihre neuen Lebensumstände als Beamtenanwärterin zu erhalten.

Bislang war Maya in der Familienversicherung der GKV versichert. Mit dem Statuswechsel zu Beginn ihrer Beamtenanwärterlaufbahn entfällt die Notwendigkeit, Kündigungsfristen einzuhalten, um in die PKV wechseln zu können.

Zwar steht ihr auch der Verbleib in der GKV als Beamtenanwärterin offen, jedoch ist dieser Weg unter Berücksichtigung ihrer Rahmenbedingungen und biometrischen Risiken nicht zu empfehlen. Da Maya Müller jung, gesund und auf dem Weg in die Beamtenlaufbahn ist, bietet ihr die PKV eine bessere Versorgung zu attraktiveren Konditionen.

Die Tarifstufen der PKV werden zwischen dem Versicherer Proximus und dem Dienstherren im Verhältnis 50 % zu 50 % geteilt. Beim **Beihilfeträger** Bund erfolgt eine weitere Aufteilung in die Tarife 20 BA/BZ und 30 BA/BZ. Dies berücksichtigt, dass gege-

[1] Vgl. Proximus 5, Hinweis auf Seite 428.

benenfalls später, mit zwei oder mehr beihilfeberechtigten Kindern, 70 % der Kosten durch den Dienstherren übernommen werden und Proximus dann nur noch 30 % der Restkosten abdeckt.

Für den **ambulanten und zahnärztlichen** Bereich betragen die monatlichen Beiträge im Tarif 20 BA/BZ 36,96 € und im Tarif 30 BA/BZ 51,49 €. Zusätzlich umfasst die Absicherung eine **Kostenerstattung** für das Zweibettzimmer und privatärztliche Behandlungen mit den Tarifen 20 BS und 30 BS. Die Beiträge hierfür belaufen sich auf 9,91 € monatlich im Tarif 20 BS und 15,76 € im Tarif 30 BS.

Die **private Pflegepflichtversicherung für Beamte** (PVB) ist ebenfalls Teil der Absicherung und kostet bei Maya Müller 8,67 € monatlich. Insgesamt ergibt sich damit ein monatlicher Gesamtbeitrag von 122,79 €.

Optional kann Maya Müller ein zusätzliches **Krankenhaustagegeld** abschließen, da im Beihilferecht Bayern eine Eigenbeteiligung von 32,50 € pro Kalendertag vorgesehen ist (dies variiert je nach Bundesland). Für eine Absicherung von 5,00 € Krankenhaustagegeld würde ein zusätzlicher Beitrag von 0,59 € monatlich hinzukommen (siehe Tarifdetails in Proximus).

Die PKV bietet Beamten und Beamtenanwärtern deutlich bessere Leistungen als die GKV. Mit dieser Absicherung ist Maya Müller bestens auf ihren neuen Lebensabschnitt als Beamtenanwärterin vorbereitet.

Tochter Frieda Müller

Bei Frieda gibt es mehrere Aspekte, die bei der Absicherung berücksichtigt werden müssen.

Derzeit ist Frieda ebenso wie ihre Schwester Maya Schülerin und befindet sich in der Abiturphase. Da ihr Vater in die PKV gewechselt ist, wird geprüft, welcher Elternteil regelmäßig ein höheres Einkommen erzielt und im Monat ein Zwölftel der Jahresarbeitsentgeltgrenze überschreitet. Diese Einstufung ist erforderlich, um zu klären, wie Frieda bis zu ihrem nächsten Lebensabschnitt versichert werden muss.

Da ihr **Vater privat versichert** ist und ein **höheres Einkommen** als die Mutter hat, bestehen für Frieda zwei Optionen: Sie kann entweder freiwillig in der GKV bleiben oder in die PKV wechseln. In beiden Fällen wird ein Versicherungsbeitrag fällig.

Frieda sollte sich daher Gedanken darüber machen, wie sie ihre zukünftige Laufbahn gestalten möchte. Je nach Wahl zwischen einem klassischen Studium oder einem dualen Studium ergeben sich unterschiedliche Lösungswege.

Entscheidet sich Frieda für ein Studium an einer staatlichen oder staatlich anerkannten **Hochschule** in Deutschland, wird sie in der Regel versicherungspflichtig in der GKV. Sollte sie sich während ihres Studiums jedoch privat krankenversichern wollen, besteht die **Möglichkeit**, sich innerhalb von drei Monaten nach Studienbeginn **von der Versicherungspflicht befreien zu lassen**.

Wählt Frieda hingegen ein **duales Studium**, wird sie automatisch versicherungspflichtig in der gesetzlichen Krankenversicherung und hat in diesem Fall **keine Möglichkeit, sich privat krankenvollzuversichern**.

Großeltern Ernst und Helene Müller

Im Haushalt der Familie Müller leben auch die Großeltern, Helene und Ernst Müller. Aufgrund ihres fortgeschrittenen Alters, ihres Gesundheitszustandes und ihrer langjährigen Mitgliedschaft in der PKV ist es sinnvoll, dass beide in ihrer bestehenden PKV bleiben.

Die PKV bietet Helene und Ernst nach wie vor eine optimale Versorgung, die auf ihre individuellen Bedürfnisse abgestimmt ist. Gerade in diesem fortgeschrittenen Alter profitieren beide von den umfangreichen Leistungen der PKV, wie einer besseren stationären Versorgung, kürzeren Wartezeiten bei Fachärzten und einer flexibleren Auswahl an Behandlungsmethoden.

Die bestehende PKV ermöglicht es den beiden darüber hinaus, weiterhin von ihren alten Konditionen und der langfristig aufgebauten **Alterungsrückstellung** zu profitieren. Diese Rückstellung wirkt beitragsstabilisierend und reduziert die finanziellen Belastungen der beiden.

Mit der Beibehaltung der PKV bleiben Helene und Ernst Müller optimal abgesichert und können sich weiterhin auf eine hochwertige medizinische Versorgung verlassen.

5.4 Unfallversicherung

Eine Empfehlung für die Höher der Versicherungssumme auszusprechen ist nicht einfach, da der Bedarf gegenüber anderen Versicherungssparten weniger gut ermittelbar ist. Bei der Wahl einer Unfallversicherung ist es deshalb wichtig, auf die drei Faktoren zu achten:

- Vereinbarte Versicherungssumme: Diese Grundsumme wird bei 100%iger Invalidität ohne Progression ausgezahlt.
- Gliedertaxe: Tabelle zur Bestimmung des Invaliditätsgrads – kann je nach Versicherer abweichen, vgl. Kapitel 4.4.4.2.
- Progression: Bestimmt, um welchen Faktor sich die Auszahlung im Leistungsfall erhöht, vgl. ebenfalls Kapitel 4.4.4.2.

Um den Summenbedarf zu ermitteln, gibt es zwar mehrere Ansätze, aber keiner von ihnen ist perfekt. Es handelt sich um sogenannte Faustformeln, die zwar einen guten Anhaltspunkt bieten, aber in bestimmten Situationen an ihre Grenzen geraten.

Faustformel für die „Ermittlung einer ausreichenden Invaliditätsgrundsumme" laut Bund der Versicherten (BdV) und verbraucherzentrale.de

Alter	Bruttojahreseinkommen	
Bis 30 Jahre	6-fach	**↓ Kapitalbedarf sinkt mit zunehmendem Alter**
Bis 40 Jahre	5-fach	
Bis 50 Jahre	4-fach	

Abbildung 5.1: Ermittlung der Grundsumme (Quelle BdV und Verbraucherzentrale)

■ BEISPIEL: KAPITALBEDARF NACH ALTER

Bei 1.000 € monatlicher Auszahlung (12.000 € im Jahr) und angenommenen 2 % Zinsen müsste das Kapital im Alter von:

- 17 Jahren bei ca. 474.000 €
- 42 Jahren bei ca. 393.000 €
- 45 Jahren bei ca. 381.000 €
- 75 Jahren bei ca. 202.000 €
- 77 Jahren bei ca. 178.000 € liegen,

damit es bis zum Alter von 95 Jahren (sicherheitsorientiert) reicht.

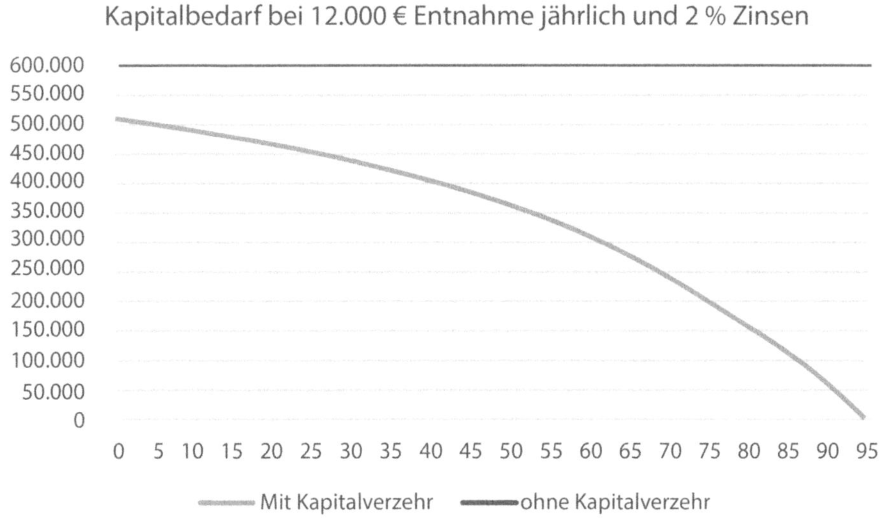

Abbildung 5.2: Kapitalbedarf bei 12.000 € Entnahme p.a.

Alternativ benötigt man ohne Kapitalverkehr 600.000 € Kapital. Bei höheren Zinsen, wird weniger und bei geringeren Zinsen entsprechend mehr Kapital benötigt. ■

Problemstellungen bei dieser Variante:

- Die Faustformel ist generell **nur für Berufstätige** anwendbar. Die Formel ist somit nicht auf Studierende, Schüler, Hausfrauen/-männer und nur bedingt auf Rentner und Arbeitssuchende anwendbar.
- Die Absicherung einer **Progression** beziehungsweise Mehrleistung wird von der Faustformel nicht berücksichtigt. Es spielt aber natürlich eine Rolle, ob eine Steigerung der Leistung bei höheren Invaliditätsgraden vereinbart wird. Insbesondere wenn eine hohe Progression/Mehrleistung vereinbart wird, kann auch eine geringere Grundsumme ausreichend sein.
- Bei geringen Einkommen beispielsweise Minijob, Ausbildungsgehalt oder Rente, kann es passieren, dass die Absicherung nicht ausreicht.
- Bei sehr hohen Einkommen kann eine über dem tatsächlichen Bedarf liegende Absicherung entstehen. Darüber hinaus haben Versicherer Höchstgrenzen. Beispielsweise sind bei Proximus maximal 750.000 € Absicherung (ohne Progression) beziehungsweise 200.000 € (mit Progression 500 %) und im Tarif 50 (ab 50 Jahren abschließbar) generell maximal 250.000 € möglich.
- Unberücksichtigt bleiben zudem,
  - ob Umbaukosten im Tarif mitversichert sind,
  - wie gut die Gliedertaxe des Tarifs ist,
  - ob eine Person einer erhöhten Gefährdung durch berufliche oder private Risiken unterliegt und
  - ob die Absicherung für jemanden zu teuer ist.

Marktuntersuchung von Stiftung Finanztest

Im Jahr 2021 hat Finanztest einen Vergleich von 112 Unfallversicherungstarifen vorgenommen. Hierbei wurden folgende Vorgaben zugrunde gelegt:

- Die Tarife leisten ab 1 % Invalidität.
- Bei einer Invalidität von 25 % werden mindestens 25.000 € geleistet.
- Bei 50 % Invalidität beträgt die Kapitalleistung mindestens 100.000 €.
- Bei Vollinvalidität zahlt der Versicherer mindestens 500.000 €.
- Die Todesfallleistung beträgt 10.000 €.

Daraus ergibt sich, dass Finanztest die Marktuntersuchung auf Basis einer Grundsumme von 100.000 € und einer Progression von 500 % vorgenommen hat.

Wenngleich Finanztest keine direkte Empfehlung ausgesprochen hat, lässt sich aus den genannten Anforderungen ableiten, dass die genannten Summen als plausibel betrachtet wurden. Eine Untersuchung mit deutlich unpassenden Summen wäre kaum zielführend. Es ist zudem anzunehmen, dass viele Leser diese Kriterien bei ihrer Entscheidungsfindung berücksichtigt haben.

Aber auch diese vorgeschlagenen Summen können nicht alle Bedarfe abbilden.

Problemstellungen bei dieser Variante:

- Für Gutverdienende oder Haushaltsvorstände können diese Summen zu niedrig sein.
- Die sonstige Versorgungssituation (bestehende Versicherungen oder andere bereits getroffene Maßnahmen) wird nicht berücksichtigt.
- Auch hier bleibt unberücksichtigt,
  - ob Umbaukosten im Tarif mitversichert sind,
  - wie gut die Gliedertaxe des Tarifs ist,
  - ob eine Person einer erhöhten Gefährdung durch berufliche oder private Risiken unterliegt und
  - ob die Absicherung für jemanden zu teuer ist.

Wesentliche Aspekte bei der Summenermittlung

Die oben genannten Beispiele sollen im Wesentlichen verdeutlichen, dass es keine perfekte Faustformel gibt.

Die Wohnsituation, die sonstige Versorgungssituation, bereits getroffene Absicherungen und viele weiteren Faktoren spielen bei der Bedarfsermittlung eine Rolle.

Die Leistungsbausteine Grundsumme, Gliedertaxe, Progression/Mehrleistung, Progressionsstaffel, Umbaukosten wirken zusammen und sollten nicht isoliert betrachtet werden.

Die Familiensituation spielt ebenfalls eine wichtige Rolle bei der Bedarfsermittlung. So ist es zum Beispiel ein Unterschied, ob eine Person allein lebt, ob ein Partner oder Kinder im Haushalt leben, ob pflegebedürftige Personen (zum Beispiel die Eltern) mit im Haushalt wohnen oder man sich regelmäßig um diese kümmert.

5.4.1 Private Unfallversicherung

Die Leistungen der Privaten Unfallversicherung sind nicht sozialversicherungspflichtig. Sie werden auch nicht auf eine Erwerbsminderungsrente (aus der GRV) angerechnet. Jedoch kann es beim Erhalt von Leistungen zur Sicherung des Lebensunterhaltes sowie Unterkunft und Heizung gemäß SGB II zu einer Anrechnung kommen.

Wenn Leistungen der GUV und der GRV zusammenfallen, gilt § 93 SGB VI:

- Ansprüche auf Renten aus der GUV (zum Beispiel Verletztenrente) und der GRV (zum Beispiel Erwerbsminderungsrente) bestehen grundsätzlich nebeneinander.
- Überschreitet die Summe beider Renten jedoch den festgelegten Grenzbetrag, wird die Rente der GRV gekürzt.
- Der **Grenzbetrag** beträgt **70 % des Jahresarbeitsverdienstes (JAV)**, der der Berechnung der Rente aus der Unfallversicherung zugrunde liegt.

Ermittlung des Jahresarbeitsverdienstes (JAV):

- Der Jahresarbeitsverdienst (JAV) wird gemäß § 82 SGB VII berechnet. Er umfasst das Arbeitsentgelt und Arbeitseinkommen des Versicherten im **letzten abgerechneten Kalenderjahr** vor dem Versicherungsfall. In begründeten Fällen kann zur realitätsnäheren Bemessung ein anderer Zeitraum herangezogen werden.
- Es gelten gemäß (§ 85 SGBV II) Mindest- und Höchstgrenzen für den JAV.
- Der Höchst-JAV begrenzt den maximal anrechenbaren Verdienst. Der Höchst-JAV beträgt mindestens das 2-fache der Bezugsgröße der alten Bundesländer, kann aber nach Abs. 2 S. 2 in der Satzung höher bestimmt werden. Er ist folglich je Träger und Branche unterschiedlich.
- Der Mindest-JAV ist abhängig vom Alter. **Für Beschäftigte und Azubis wichtig:**
  - für Versicherte zwischen 15 und unter 18 Jahren 40 % der jeweiligen Bezugsgröße
  - für Versicherte ab 18 Jahren 60 % der jeweiligen Bezugsgröße

■ BEISPIELFALL FÜR DAS ZUSAMMENWIRKEN VON GRV (ERWERBSMINDERUNGSRENTE) UND GUV (VERLETZTENRENTE)

Wer einen Arbeitsunfall oder eine Berufskrankheit hat, kann zudem auch eine Verletztenrente von der gesetzlichen Unfallversicherung bekommen, sofern auch hierfür die Voraussetzungen (Erwerbsfähigkeit von weniger als drei oder weniger als sechs Stunden am Tag) erfüllt sind.

Das Gesetz regelt in **§ 93 SGB VI (Gesetzliches Rentenversicherungsgesetz)**, wie diese beiden Rentenarten zusammentreffen, um eine Überversorgung zu vermeiden. Grundsätzlich ist die **Verletztenrente (GUV-Rente) vorrangig und wird nicht gekürzt**. Die **Erwerbsminderungsrente (GRV-Rente) kann jedoch gekürzt werden**, wenn die Summe beider Renten eine bestimmte Höchstgrenze („Gesamtrentenobergrenze") übersteigt. ■

■ BEISPIELFALL

Bruttoverdienst: 3.000 €/Monat

Erwerbsminderung: 100 % nach Arbeitsunfall

1. Jahresarbeitsverdienst (JAV)

12 Monate × 3.000 € = **36.000 € jährlich**

2. Verletztenrente (GUV)

2/3 des JAV = 2/3 × 36.000 € = 24.000 € jährlich = **2.000 € monatlich**

3. Angenommene Erwerbsminderungsrente (GRV)

900 € monatlich

4. Grenzbetrag nach § 93 Abs. 3 SGB VI

70 % des monatlichen JAV = 70 % × 3.000 € = **2.100 € monatlich**

5. Anrechnung und Kürzung

Die Summe der Renten (2.000 € GUV + 900 € GRV = 2.900 €) übersteigt den Grenzbetrag (2.100 €). Die **GRV-Rente wird gekürzt**, damit die Gesamtleistung den Grenzbetrag nicht übersteigt. Die GUV-Rente bleibt bestehen.

Verletztenrente (GUV): 2.000 €

Rest für GRV-Rente: 2.100 € (Grenzbetrag) – 2.000 € (GUV) = 100 €

Endgültige Rentenzahlung

Verletztenrente (GUV): 2.000 €

Erwerbsminderungsrente (GRV, gekürzt): 100 €

Gesamtleistung: 2.100 € monatlich

Der Versicherte erhält insgesamt 2.100 € monatlich, da die GRV-Rente gekürzt wird, um den gesetzlichen Grenzbetrag nicht zu überschreiten.

Im Beispiel wird der Grenzbetrag auf Basis des JAV berechnet und die Ansprüche an die GUV und die GRV festgestellt. Wenn der Anspruch aus der GRV zusammen mit der Verletztenrente den Grenzbetrag überschreitet, wird die Rente der GRV entsprechend gekürzt. In diesem Fall ergibt sich eine Restleistung, die in die Berechnung der endgültigen Rentenzahlung einfließt. ■

5.4.2 Lösungen in der Unfallversicherung für Familie Müller

Generell ist eine Familienunfallversicherung empfehlenswert. Im Tarifauszug auf Seite 341 Proximus 5 (AUB 2022) ist ein 15%iger Nachlass ab drei Personen in einem Vertrag geregelt. Aber es steht auch im Raum, ob die Absicherung der Gruppenunfallversicherung für Horst Müller ausreichend ist. Die Familienmitglieder können nicht in die Gruppenunfallversicherung der Meier GmbH integriert werden, da sie nicht zum versicherbaren Personenkreis gehören.

Horst Müller:

45 Jahre alt, Geschäftsführer (nicht körperlich), Einkommen oberhalb der JAEG

Laut Tarifauszug zur Gruppen-Unfallversicherung (S. 396 BB Proximus Gruppenunfall 2015) sind „Personen der Geschäfts-, Vereins- beziehungsweise Organisationsleitung sowie diesen gleichgestellte Personen“ versicherbar.

Herr Müller ist also in der Gruppen-Unfallversicherung versicherbar und profitiert dadurch beispielsweise von einer verbesserten Gliedertaxe. Somit würde er auch die Unfallrente einfacher erhalten. Eine Unfallrente im Rahmen der bUV ist für den Arbeitgeber zwar aufgrund des langjährigen Aufwands eher unüblich, jedoch durchaus möglich.

■ BEISPIELRECHNUNG:

Ein vollständig beschädigter Fuß entspricht in Proximus 5 (AUB 2022) **40 %** Invalidität (somit entsteht kein Anspruch auf Unfallrente). Derselbe Fuß würde laut verbesserter Gliedertaxe BB Proximus Gruppenunfall AUB 2015 einer Invalidität von **70 %** entsprechen. ⊠ Somit wäre ein Anspruch auf eine Unfallrente gegeben und zudem würde auch eine höhere Kapitalleistung gezahlt werden. Durch die bessere Gliedertaxe ist auch die Verdoppelung der Rente bei 90 % leichter zu erreichen. Dies ist vor allem dann wichtig, wenn er keine Berufsunfähigkeitsrente haben sollte und auch keine mehr abschließen wird.

Auch die Mitwirkungsklausel vgl. Ziffer 14 Proximus Gruppen-Unfallversicherung AUB 2015 liegt mit 40 % gegenüber 25 % höher.

Erklärung Mitwirkungsklausel:

Diese regelt, inwieweit bestehende Krankheiten oder Gebrechen (sogenannte mitwirkende Ursachen) den Leistungsanspruch bei einem Versicherungsfall mindern können. Konkret bedeutet das: Wenn eine vorbestehende Krankheit oder ein Gebrechen **mitursächlich** für den Versicherungsfall ist (zum Beispiel eine dauerhafte Invalidität), kann die Versicherung die Leistung **anteilig kürzen**. Entscheidend ist dabei der **Mitwirkungsgrad**, also der prozentuale Anteil, den die Vorerkrankung am eingetretenen Schaden hat.

Durch die verbesserte Mitwirkungsklausel hätte er im Falle der Mitwirkung einer bestehenden Beeinträchtigung bessere Chancen, die volle Leistung zu erhalten, da frühestens ab 40 % statt ab 25 % Mitwirkung gekürzt werden darf. Und selbst wenn doch eine Kürzung wegen Mitwirkung erfolgen sollte, würde er immer noch eine höhere Invalidität zugesprochen bekommen.

Proximus 5 (AUB 2022)	BB Proximus Gruppenunfall
Bein oberhalb des Knies 70 %	Bein oberhalb des Knies 80 %
zur Hälfte wegen der Mitwirkung einer Erkrankung beeinträchtigt	zur Hälfte wegen der Mitwirkung einer Erkrankung beeinträchtigt
Ergebnis: Von 70 % wird die Hälfte (50 %) gekürzt = 70 % x 50 % = 35 % Restinvalidität	Ergebnis: Von 80 % wird die Hälfte (50 %) gekürzt = 80 % x 50 % = 40 % Restinvalidität
Achtung: Kürzung bereits bei 25 % Mitwirkung!	Bei 25 % bis einschließlich 39 % volle Leistung, Kürzung erst ab 40 %

■

Henri Laurant hat Herrn Müller überzeugt! Aufgrund der deutlich besseren Leistungen ist er von der betrieblichen Lösung überzeugt. Herr Laurant weist ihn aber darauf hin, dass die Zahlung im Leistungsfall der Versteuerung (als Arbeitslohn) unterliegt.

Eine mögliche Lösung bezüglich der Gruppenzuordnung für Herrn Müller wäre ihn in Gruppe 3 (leitende Angestellte und körperlich tätige Teamleiter) zu versichern:

Falls höhere Summen gewünscht sind:

Da die **Namensnennung** in der bUV nicht gewünscht war, wäre es möglich, eine 4. Gruppe für Geschäftsführer zu gründen. Dann wäre auch eine höhere Versicherungssumme für die Gruppe wählbar, Das bedeutet jedoch auch, dass weitere Geschäftsführer ebenfalls so versichert werden müssten.

Ida Müller:

42 Jahre alt, versicherungsfrei in der GKV (Einkommen über JAEG), angestellte Apothekerin, Wunsch nach privater Krankenzusatzversicherung (wie eine privat Versicherte). Die Absicherung von Impfschäden ist ihr wichtig, da sie als Apothekerin oftmals mit erkrankten Personen in einem Raum ist und sich entsprechend impfen möchte – ebenso die Absicherung bei Schäden durch Dämpfe, Gase oder sonstige schädliche Mittel. Die Rettung von Menschenleben soll ebenfalls enthalten sein, da sie bereits einmal miterleben musste, dass eine Person vor der Apotheke einen Unfall erlitten hat. Darüber hinaus ist eine erhöhte Auszahlung bei kleineren Verletzungen gewünscht, da sie viel mit ihren Händen macht.

Als gesetzlich Krankenversicherte erhält sie nach sechs Wochen Lohnfortzahlung ein Krankengeld. Bei einem Einkommen von 74.400 € (6.200 € im Monat) läge Krankengeld bei ca. 4.340 € monatlich. Davon werden knapp 600 € für Sozialversicherungsbeiträge (Renten-, Pflege- und Arbeitslosenversicherung) abgezogen. Da Krankengeld nicht versteuert werden muss, liegt der Auszahlungsbetrag somit 3.740 € € statt sonst 4.000 € netto = 260 € Differenz.

Am besten wäre für sie die Absicherung von einem **Krankentagegeld** im Rahmen einer Krankenzusatzversicherung, da hier nicht nur Unfälle versichert sind. Sofern ihr dies gesundheitlich nicht möglich ist oder ihr der Beitrag zu hoch ist, könnte sie ein **Unfall-Tagegeld** gemäß 2.4 Proximus AUB 2022 vereinbaren. Dann hätte sie (nur bei Unfällen) eine Leistungsdauer von bis zu einem Jahr statt für längstens 182 Tage (gemäß 4.2.2 MB/KT 2009)

Wenden wir uns nun dem Unfallversicherungsbedarf von Ida Müller zu:

Leistungsart	Absicherung (Ja/Nein)	Absicherungshöhe
Grundsumme	ja	200.000 € (da Proximus nur geringe Gliedertaxe bietet)
Progression	ja	350 %
Unfallrente	ja, sofern nicht (ausreichend) über BU abgesichert	Deckung der monatlichen Kosten Vorschlag: 3.000 € (Maximum) da sie gut verdient

Leistungsart	Absicherung (Ja/Nein)	Absicherungshöhe
Unfalltagegeld	ja, wenn nicht über PKV abgesichert	1/3 der Einkommens
Krankenhaustagegeld	optional, wenn nicht über PKV abgesichert	10 €/Tag für Unterbringung; 150–200 €, wenn Wahlleistungen (Einbettzimmer, Chefarztbehandlung wichtig); gegebenenfalls Fernsehen, Internet, Besuche von Angehörigen etc.
Todesfallsumme	ja	Mind. in Höhe der Beerdigungskosten (5–10.000 €); gegebenenfalls höher, falls keine andere Absicherung und im Falle eines Kredites **Tipp:** Bei einigen Anbietern (auch Proximus AUB 2022 Ziffer 9.3) wird ein Vorschuss gezahlt, sofern eine Todesfallsumme vereinbart ist. In dem Fall in Höhe eines Jahresnetto-Einkommens sinnvoll.
Kosmetische OP	ja	25.000 € (Maximum)
Assistanceleistungen	ja	zwar familiärer Rückhalt, aber Kinder in Ausbildung, Schwiegereltern betagt und Mann als Geschäftsführer sehr eingespannt

Tabelle 5.1: Mögliche Leistungsarten und Summen Ida Müller

Töchter Maya und Frieda Müller

aktuell beide 17 Jahre alt, Schülerinnen

Die Beratung sollte auf die aktuelle Situation als Schülerinnen eingehen, aber auch schon den künftigen Bedarf im Blick haben.

Problemstellung für Vermittler:

Die zukünftige Situation lässt sich noch nicht genau vorhersagen.

An dieser Stelle können Vermittler zum Beispiel so vorgehen:

Absicherung ausschließlich anhand der aktuellen Situation und erneutes Gespräch, wenn die genaue Situation bekannt ist. Dies kann im Alltag schnell untergehen, daher ist eine Wiedervorlage wichtig!

Absicherung berücksichtigt bereits jetzt die angenommene künftige Situation. Da diese sich aber durchaus noch ändern kann (zum Beispiel durch Nichtbestehen des Abiturs, Frieda bekommt keinen Studienplatz und will ein Freiwilliges Soziales Jahr (FSJ) oder Bundesfreiwilligendienst (BFD) absolvieren, vorübergehende Arbeitslosigkeit, die Entscheidung, doch eine Ausbildung zu machen). Somit müsste auch in diesen Fällen nochmals gesprochen werden. Jedoch wäre die Absicherung mit einer hohen Wahrscheinlichkeit bereits passend, sodass nicht unbedingt nochmals Anpassungen vorgenommen werden müssten.

Einstufung in Proximus:

Beide kommen mit 17 Jahren nicht mehr in Tarif 10 (Kindertarif), denn dieser gilt „für Kinder ab Geburt bis zum vollendeten 16. Lebensjahr."

Stattdessen gilt bereits der teurere Tarif 30 (Erwachsenentarif) „für Personen vom vollendeten 16. bis zum vollendeten 67. Lebensjahr." Jedoch profitieren in Proximus beide vom Junge-Leute-Nachlass in Höhe von 20 %.

Besonderheiten Maya

Maya hat bereits eine Einstellungszusage als Verwaltungsbeamtin (Bund) der dritten Qualifikationsebene beziehungsweise des gehobenen Dienstes. Was bedeutet das für Veränderungen?

Leistungsart	Absicherung (Ja/Nein)	Absicherungshöhe
Grundsumme	ja	100.000 € (um Beitrag niedrig zu halten; Maya hat zudem keine körperliche Tätigkeit, arbeitet zwar mit den Händen, aber wäre nach 5 Jahren über Dienstherrn in der Mindestversorgung. Wenn gewünscht oder bei bestimmten Hobbys: höhere Summe, da Proximus nur geringe Gliedertaxe bietet)
Progression	ja	500 %
Unfallrente	ja, da mit 17 noch keine BU/DU möglich	Deckung der monatlichen Kosten Vorschlag: 1.000–1.500 € Anpassung, sofern BU/DU abgeschlossen wird, oder nach Ausbildung sinnvoll
Unfalltagegeld	nein, nicht erforderlich	-
Krankenhaustagegeld	wahrscheinlich nein, weil 1. Kinder unter 18 Jahren nichts zuzahlen müssen, wenn über Mutter familienversichert; 2. Maya als Beamtenanwärterin voraussichtlich über PKV abgesichert	10 €/Tag für Unterbringung; 150–200 €, wenn Wahlleistungen (Einbettzimmer, Chefarztbehandlung wichtig); gegebenenfalls Fernsehen, Internet, Besuche von Angehörigen etc.
Todesfallsumme	ja	Mind. in Höhe der Beerdigungskosten (5–10.000 €) **Tipp:** Bei Anwärtern besteht in den ersten 5 Jahren kein Anspruch auf Ruhegehalt. Daher wäre auch hier eine Vorschusszahlung (siehe Proximus AUB 2022 Ziffer 9.3) interessant.
Kosmetische OP	nein	da wahrscheinlich in PKV, nur interessant, wenn sie im Basistarif wäre
Assistanceleistungen	nein	außer sie wohnt allein; außerdem müsste sie dafür in Proximus Tarif 30 sein

Tabelle 5.2: Mögliche Leistungsarten und Summen Maya

Besonderheiten Frieda

Sie möchte klassisch oder dual studieren. Hat ihre Entscheidung Auswirkungen auf den Versicherungsbedarf?

	Klassisch	Duales Studium
Arbeitgeber	nein	ja
Sozialversicherungspflichtige Beschäftigung	nein	ja
Nebenjob möglich?	ja, bis zu 20 h/Woche: Minijob, Midijob, Werksstudentin	ja, bis max. 8 h/Woche aber unüblich
Krankenversicherung	bis 25 Jahre in der Regel über Eltern versichert (zu prüfen ist, ob gesetzlich oder privat)	selbst gesetzlich krankenversichert
Anspruch auf Erwerbsminderungsrente	nein (nicht versichert)	nein (zahlt zwar Beiträge, aber Wartezeit nicht erfüllt)
Absicherung über GUV	ja	ja
Anspruch auf Verletztengeld (Einkommensausgleich bis zu 78 Wochen) aus GUV?	gleicht das Einkommen aus, wenn bei Arbeitsunfähigkeit eine bezahlte Beschäftigung bestand	ja, max. 80 % des Jahresarbeitsverdienstes
Anspruch auf Verletztenrente aus GUV?	ja, gemäß § 85 SGB VII: • bis 18 Jahre max. 40 % der Bezugsgröße • ab 18 Jahren max. 60 % der Bezugsgröße	ja, bis max. 2/3 des Jahresarbeitsverdienstes
Gesetzlich rentenversichert?	nein	ja
Gesetzlich arbeitslosenversichert?	nein	ja

Tabelle 5.3: Unterschiede klassisches Studium oder ein Duales Studium

Ob Frieda klassisch oder dual studiert hat Auswirkungen auf den Versicherungsbedarf. Bei einem klassischen Studium hat sie kein reguläres Einkommen und ihre Versorgung bei Unfällen ist schlechter, was zu einem höheren Absicherungsbedarf im Sinne einer Unfallrente oder Kapitalleistung führt.

Eine ergänzende Unfallabsicherung macht für Frieda in beiden Fällen Sinn. Denn sie genießt keinen hohen gesetzlichen Schutz und ist zudem in ihrer Freizeit nicht gesetzlich unfallversichert.

Wie könnte Frieda gut abgesichert werden?

Sie kommt in Proximus wahrscheinlich in Gefahrengruppe A (nicht körperlich tätig).

Achtung

Es gibt auch Studiengänge mit körperlicher Tätigkeit!

Leistungsart	Absicherung (Ja/Nein)	Absicherungshöhe
Grundsumme	ja	mittel, zum Beispiel 100.000 €, da geringer Beitrag bei Studenten wichtig; zudem hat sie keine körperliche Tätigkeit. Eine deutlich kleinere Grundsumme wäre aber für einen jungen Menschen gegebenenfalls zu niedrig, da man dann selbst mit einer hohen Progression keine sehr gute Absicherung bei Vollinvalidität erreichen kann wenn gewünscht beziehungsweise bei bestimmten Hobbys: höhere Summe, da Proximus nur geringe Gliedertaxe bietet
Progression	ja	500 %
Unfallrente	ja, sofern nicht (ausreichend) über Berufsunfähigkeitsrente abgesichert. Falls ihr diese zu teuer ist, über Unfallrente	als Studentin kein Anspruch auf Erwerbsminderungsrente BU oder Grundfähigkeitsabsicherung möglich, aber begrenzt (je nach Studiengang), max. bis 2.000 € möglich; daher auch als Ergänzung zur BU denkbar Deckung der monatlichen Kosten aktuell 17 Jahre alt, daher keine BU vorhanden (Proximus bietet keine Schüler-BU o.ä.) Vorschlag daher: 1.000–1.500 € monatlich
Unfalltagegeld	nein bei Studentin; als duale Studentin (da erhält sie ein Gehalt) wäre es möglich	-

Leistungsart	Absicherung (Ja/Nein)	Absicherungshöhe
Krankenhaustagegeld	nein, weil gegebenenfalls günstiger und besser über Krankenzusatz	gegebenenfalls wichtig, falls Auslandssemester wenn gewünscht: 10 €/Tag für Unterbringung 150–200 €, wenn Wahlleistungen (Einbettzimmer, Chefarztbehandlung wichtig); gegebenenfalls Fernsehen, Internet, Besuche von Angehörigen etc.
Todesfallsumme	ja	Mind. in Höhe der Beerdigungskosten (5–10.000 €) **Tipp:** Als Studentin kein und als duale Studentin geringes Einkommen. Daher wäre auch hier eine Vorschusszahlung (siehe (auch Proximus AUB 2022 Ziffer 9.3) interessant
Kosmetische OP	ja, wenn gesetzlich versichert	25.000 €
Assistanceleistungen	nein	außer sie wohnt allein; außerdem müsste sie dafür in Proximus Tarif 30 sein

Tabelle 5.4: Mögliche Leistungsarten und Summen Frieda

Großeltern Ernst Müller und Helene Müller

77 und 75 Jahre alt

Die beiden sind zwar noch aktiv, unterliegen in ihrem Alter aber einem erhöhten Unfallrisiko mit gegebenenfalls schwerwiegenden Folgen. Gleichzeitig sinkt der Kapitalbedarf mit zunehmendem Alter.

Die gesundheitliche Situation ist zwar bei allen Familienmitgliedern zu beachten. Jedoch spielt sie erfahrungsgemäß bei Senioren eine noch größere Rolle.

Folgende Erkrankungen sind bei Proximus **nicht versicherbar**:

- Pflegebedürftigkeit (ab Pflegegrad 1)
- Psychosen
- Morbus Parkinson
- Manische Depression
- Demenz

- angeborene erhöhte Blutungsneigung (Bluter)
- Glasknochenkrankheit
- ausgeprägte Osteoporose (Knochenschwund)
- Diabetes
- Sehbeeinträchtigung von mindestens 6 Dioptrien

Der **Schlaganfall** von Ernst Müller ist also grundsätzlich annahmefähig.

Beide müssten im Tarif 50 (Seniorentarif) versichert werden, denn dieser gilt „für Rentner/Pensionäre oder gleichgestellte Senioren ab dem vollendeten 50. Lebensjahr".

Leistungsart	Absicherung (Ja/Nein)	Absicherungshöhe
Grundsumme	ja	Kapitalbedarf sinkt im Alter, jedoch ist keine Progression möglich; eine Leistungskürzung durch Vorerkrankungen ist vorstellbar. Daher 250.000 €, damit Umbaukosten finanziert sind, das Vermögen nicht sofort angegriffen werden muss und weil sich mit zunehmendem Alter die Unfallrente immer weniger lohnt.
Progression	ja	grundsätzlich empfehlenswert, aber im Tarif 50 nicht möglich

Leistungsart	Absicherung (Ja/Nein)	Absicherungshöhe
Unfallrente	nein, weil er sich für eine höhere Kapitalleistung entschieden hat; gegebenenfalls aber als ergänzende Leistung denkbar, wenn die Familie sich in Richtung Absicherung von Pflegebedürftigkeit gut schützen möchte und gleichzeitig keine ergänzende Pflegeversicherung möglich ist.	Zur Finanzierung von laufenden Kosten (wie zum Beispiel einer Haushaltshilfe) zwar sinnvoll, aber im höheren Alter kann eine einmalige Kapitalleistung zielführender sein. Denn es stellt sich die Frage, wie lange die Rente noch bezogen werden kann. Bei einer durchschnittlichen Lebenserwartung (für 1950 Geborene) von 64,6 Jahren Männer und 68,5 Jahre Frauen sind die beiden schon in einem guten Alter angekommen. Die Unfallrente leistet zudem erst ab 50 % Invalidität. Mit der Gliedertaxe in Proximus kommt man selbst ohne Abzug einer eventuellen Mitwirkung nicht so schnell auf 50 %. Zudem entfällt im Tarif 50 die Verdoppelung bei 90 % Invalidität.

Tabelle 5.5: Mögliche Leistungsarten und Summen Ernst und Helene Müller

■ BERECHNUNGSBEISPIEL

Eine weitere Alternative stellt die zusätzlich Absicherung einer lebenslangen Unfallrente dar. Dadurch ist das Risiko, dass das Kapital zu früh aufgebraucht ist (Langlebigkeitsrisiko), beseitigt und zudem ist diese Variante oftmals günstiger, als eine sehr hohe Kapitalsumme zu versichern.

	Variante A		Variante B	
Grundsumme	100.000 €	210 €	250.000 €	525 €
Rente	1.000 €	240 €	0 €	0 €
Summe Beitrag		450 € *		525 € *

* Beitrag gemäß Tarifauszug Proximus

Tabelle 5.6: Berechnungsbeispiel kleinere Grundsumme und Rente gegenüber höherer Grundsumme

■

Abwägung weiterer Leistungsarten:

Unfalltagegeld	nein, nicht sinnvoll	Im Tarif 50 nicht möglich!
Krankenhaustagegeld	nein	da privat krankenversichert nicht unbedingt benötigt; gegebenenfalls zur Absicherung von Wahlleistungen, falls nicht in PKV abgedeckt.

Todesfallsumme	ja	Mind. in Höhe der Beerdigungskosten (5–10.000 €)
Kosmetische OP	nein, wenn bereits in PKV enthalten	wenn in PKV nicht abgesichert, dann 25.000 € da das Erscheinungsbild auch im Alter nicht unwichtig ist
Assistanceleistungen	ja, obwohl beide mit der (beruflich sehr eingespannten) Familie im Haus wohnen	Sie sind beide seit 40 Jahren privat pflegeversichert. Zudem sind sie pflegepflichtversichert. Der Abschluss einer bedarfsdeckenden zusätzlichen Pflegeversicherung ist in dem Alter sehr teuer und (außer bei der gesetzlich geförderten ergänzenden Pflegeversicherung) mit Gesundheitsfragen einhergehend. Außerdem ist die Wartezeit von 5 beziehungsweise 3 Jahren zu berücksichtigen. Außerdem leistet die Pflegeversicherung erst nach Feststellung der Pflegebedürftigkeit, was quasi einer zusätzlichen Wartezeit gleichkommt. Demgegenüber sind Assistanceleistungen nur eine Kurzzeitpflege (6 Monate), aber in dieser Zeit hat die Familie die Möglichkeit, sich anders zu organisieren.

Tabelle 5.7: Mögliche weitere Leistungsarten Ernst und Helene Müller

5.5 Möglichkeiten der Kapitalanlage für Familie Müller

Die Eltern von Ida Müller stehen nun vor der Herausforderung, eine für ihre Ziele geeignete Kapitalanlage zu finden. Da das Thema „Altersvorsorge" für beide durch den Renteneintritt – der schon einige Zeit zurückliegt – nicht mehr im Vordergrund steht, werden andere Anlageziel relevanter.

Der Erlös aus dem Verkauf der Immobilie in München ist derzeit auf dem Girokonto des Ehepaares bei der Hausbank „geparkt". Eine erste Überlegung war, einen Teil des Kapitals an die Kinder und Enkelkinder zu verschenken und den verbleibenden Teil anzulegen.

Beim Thema Schenkung sollten die Müllers allerdings die Thematik **Steuer** im Auge behalten: Da das Vermögen beziehungsweise ein Teil noch zu Lebzeiten verschenkt wird, kommt gegebenenfalls auf die Beschenkten eine Steuerforderung zu. Umgehen können die Müllers dies durch die Ausnutzung der Freibeträge im Rahmen einer Schenkung:

Verwandtschaftsgrad	Höhe des Freibetrages
Verheiratete oder Verpartnerte	500.000 €
Kinder, Stiefkinder sowie Enkelkinder, deren Eltern schon gestorben sind	400.000 €
Enkelkinder, deren Eltern noch leben	200.000 €
Urenkel	100.000 €
Eltern, Großeltern, Geschwister, Nichten, Neffen, Stiefeltern, Schwiegerkinder, Schwiegereltern, Geschiedene und Getrennte sowie alle anderen	20.000 €

Tabelle 5.8: Freibeträge bei Schenkung

Je nach Verkaufserlös für die Immobilie in München steht den Müllers also eventuell noch ein höherer Geldbetrag zur Anlage zur Verfügung.

Der Berater wird, bevor er mit der Abfrage in Sachen Risikoklassen beginnt, zunächst die Anlageziele klären. Hierfür werden in der Praxis bekannte Modelle genutzt. Im Falle der Müllers zum Beispiel das magische Dreieck der Geldanlage:

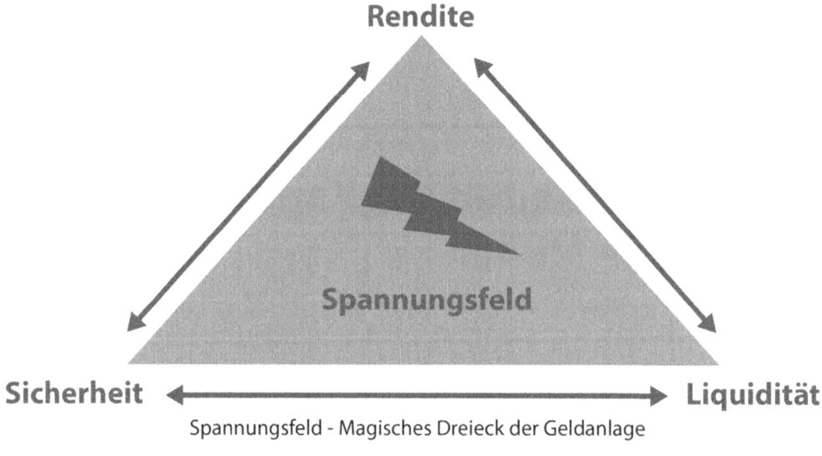

Abbildung 5.3: Magisches Dreieck der Geldanlage

Quelle: www.geldarchitekt.de/magisches-dreieck-der-geldanlage/

Wie in dem Schaubild schon zu erkennen ist, ergänzen sich die Anlageziele nicht, sondern stehen in einem Spannungsverhältnis. Soweit eine hohe **Rendite** vom Anleger erwartet wird, geht dies zu Lasten der Sicherheit (die Kapitalanlage wird spekulativer, zum Beispiel durch Aktienhandel) und auch der Liquidität (das Kapital muss langfristig angelegt werden, da hohe Renditen meist nicht kurzfristig zu erzielen sind). Wird Wert auf den **Sicherheit**saspekt gelegt, schmälert eine Garantie (zum Beispiel innerhalb von versicherungsförmigen Lösungen) Teile der Rentabilität, da das Sicherheitskapital aufgebaut beziehungsweise garantiert werden muss. Die Müllers hatten sich bereits zum Thema Kapitalanlage im Rahmen eines offenen Immobilienfonds informiert. Dies ist ein Beispiel für eine sichere Anlageform, allerdings zu Ungunsten der Liquidität, da ein „schneller" Verkauf der Immobilie oftmals nicht realisierbar ist.

Sollte die **Liquidität** höchste Priorität bei der Wahl der Kapitalanlage haben, so bieten sich die bereits genannten Sparvarianten beziehungsweise Tagesgeldkonten an. Hier besteht sogar eine Einlagensicherung des Kreditinstituts. Die schnelle Verfügbarkeit wirkt sich aber auf die Rendite aus, sodass diese Anlageformen im Vergleich zu den Alternativen (bei denen eine hohe Liquidität nicht ausschlaggebend ist) deutlich schlechter abschneiden.

Folgende Graphik könnte der Berater einsetzen, um einen ersten Produktvorschlag auf Basis der Erstanalyse auszuarbeiten:

Finanzpodukt	Rendite	Sicherheit	Liquiditat
Sparkonto	✓	✓✓✓	✓✓✓
Tagesgeld	✓	✓✓✓	✓✓✓
Festgeld	✓	✓✓✓	✓
Bausparvertrag	✓	✓✓✓	✓
Staatsanleihen	✓	✓✓✓	✓✓
Unternehmesanleihen	✓✓	✓✓	✓✓
Edelmetalle	✓✓	✓✓	✓✓
Genossenschaftsanteile	✓✓	✓✓	✓
Aktien	✓✓✓	✓	✓✓✓
Fonds & ETFs	✓✓✓	✓	✓✓✓
Immobilien	✓✓✓	✓✓	✓
P2P-Kredite	✓✓✓	✓	✓✓

Abbildung 5.4: Tabellarischer Vergleich verschiedener Finanzprodukte

Quelle: https://www.bundesbank.de/resource/blob/750756/8709a76083bd266d96f468a951991d77/472B63F073F071307366337C94F8C870/oeb2wb0102-data.png, zuletzt abgerufen im März 2025.

Im nächsten Schritt wird nun innerhalb der möglichen Produkte die **Risikoneigung** der Müllers ermittelt. Dazu werden standardisierte Fragebögen genutzt, die die bereits genannte Systematik gemäß SRRI aufgreifen. Das bedeutet beispielsweise, dass ein offener Immobilienfonds als Grundlage für die Kapitalanlage infrage kommt, sich innerhalb der einzelnen Produkte aber Verschiebungen aufgrund der Risikoklasseneinteilung ergeben können (von sicher bis spekulativ).

Die Beratung oder vielmehr die vorgeschaltete Analyse lassen sich heutzutage bereits über **KI-Modelle** abbilden. Dies bedeutet, dass durch die Verwendung der standardisierten Fragebögen ein erstes Anlageprofil erstellt werden kann. Daraus abgeleitet werden Vorschläge innerhalb der ermittelten Risikoklasse automatisiert erstellt.

Der Vorteil gegenüber der standardisierten Beratung ist der Zugriff der KI auf alle im System hinterlegten Daten. Auch eine Änderung im Risikoprofil kann schnellstens hinterlegt beziehungsweise geändert werden.

Allerdings steht der Einsatz von KI-Modellen bei der Beratung von Kapitalanlagemöglichkeiten noch ganz am Anfang und wird von vielen potenziellen Anlegern noch skeptisch gesehen, wie folgendes Zitat aus einem Artikel der FAZ vom 8.3.2024 aufzeigt:

„Mensch statt Maschine: Bei der Beratung zu Geldfragen ist die Skepsis vieler Anleger gegenüber Künstlicher Intelligenz (KI) einer Umfrage zufolge noch groß. 32 Prozent von 3038 Erwachsenen gaben in der am Freitag veröffentlichten Erhebung im Auftrag der Postbank an, sie hätten bei der Geldanlage weniger Vertrauen in eine Beratung durch KI als in eine Beratung durch einen Menschen.

Mehr als ein Viertel meint, dass die Technik auf absehbare Zeit nicht ausgereift genug sein wird, um eine gute Beratung durch KI bei der Geldanlage zu ermöglichen. Fast genauso viele sehen bei einer Finanzberatung mittels KI eine große Gefahr, manipuliert zu werden. Bei der Frage konnten die Teilnehmer mehrere der vorgegebenen Antwortmöglichkeiten auswählen“.[2]

Hier wird die Zukunft zeigen – übrigens analog der Versicherungsberatung – inwiefern KI-Modelle im ersten Schritt die Beratung ergänzen beziehungsweise ablösen.

5.6 Rechtsgrundlagen

5.6.1 Gesetzliche Grundlagen

Personenversicherungen basieren auf einer Vielzahl gesetzlicher Regelungen, die den Schutz der Versicherten gewährleisten und die rechtmäßige Durchführung der Verträge ermöglichen.

[2] faz.net/aktuell/finanzen/anleger-noch-skeptisch-gegenueber-ki-in-der-bankberatung-19572137.html, zuletzt abgerufen am 9.4.2025.

Das **Grundgesetz** (GG) bildet die Grundlage für alle weiteren gesetzlichen Regelungen in Deutschland und ist die Basis in der rechtlichen Pyramide (Rangprinzip).

Das **europäische Recht** beeinflusst den Versicherungsmarkt in der Europäischen Union. Es fördert den freien Waren- und Dienstleistungsverkehr und legt die Rahmenbedingungen für Versicherungsunternehmen fest. Das Verhältnis zwischen europäischem Recht und deutschem Recht ist bis heute nicht klar genug geklärt: Zwar genießt das europäische Recht grundsätzlich Anwendungsvorrang vor nationalem Recht (auch vor nationalem Verfassungsrecht), es steht aber nicht über unserem Grundgesetz. Zwischen der Verfassungsordnung der Bundesrepublik Deutschland und der Rechtsordnung der Europäischen Gemeinschaft besteht kein Über- oder Unterordnungsverhältnis. Die grundsätzliche Vereinbarkeit des EU-Rechts mit dem Grundgesetz ist in Artikel 23 GG (Europa-Artikel) niedergelegt. Der Europäische Gerichtshof (EuGH) hat schon früh festgestellt, dass die Rechtsordnung der Gemeinschaft ihrerseits autonom und nicht aus den Rechts- und Verfassungsordnungen der Mitgliedstaaten abgeleitet oder diesen gar untergeordnet ist.

Das **Bürgerliche Gesetzbuch** (BGB) ist ein Eckpfeiler des deutschen Zivilrechts. Es enthält beispielsweise Regelungen zu Verträgen, Haftung und Schadensersatz. Im Zusammenhang mit Versicherungen regelt das BGB beispielsweise die Anforderungen an Versicherungsverträge und die Pflichten der Vertragsparteien.

Das **Versicherungsaufsichtsgesetz** (VAG) und das **Versicherungsvertragsgesetz** (VVG) sind spezielle Gesetze, die den Versicherungsbereich regeln. Das VAG regelt die Aufsicht über die Versicherungsunternehmen, das VVG die Rechte und Pflichten der Versicherer und Versicherungsnehmer.

Die nachfolgende Tabelle zeigt eine Übersicht relevanter Kapitel und Paragrafen im Versicherungsvertragsgesetz (VVG), welche spezielle rechtliche Regelungen für die Kranken-, Unfall- und Lebensversicherung beinhalten:

Abschnitt/Kapitel	Paragrafen
Kapitel 5 VVG – Lebensversicherung	§§ 150–171
Kapitel 6 VVG – Berufsunfähigkeitsversicherung	§§ 172–177
Kapitel 7 VVG – Unfallversicherung	§§ 178–191
Kapitel 8 VVG – Krankenversicherung	§§ 192–208

Tabelle 5.9: Übersicht relevanter Paragrafen des VVG (Jens Noormann)

Neben den beschriebenen gesetzlichen Grundlagen bilden die in anderen Kapiteln genannten Gesetze, zudem eine tragende Rolle.

Zur Erinnerung: Beachten Sie bitte auch nachfolgende Gesetze:

Gesetz	Anwendungsfälle (beispielhaft)
SGB V – Krankenversicherung	• Versicherungspflicht • Versicherungsfreiheit • Beitragsbemessung • …
SGB VI – Rentenversicherung	• Altersrente • Erwerbsunfähigkeit • Todesfall • Witwenrente • soziale Sicherung Pflegeperson • …
SGB VII – Unfallversicherung	• Berufskrankheit • Arbeitsunfall • Wegeunfall • …
SGB XI – Pflegeversicherung	• Versicherungspflicht • Pflegegrade • Begutachtung (Module) • …

Tabelle 5.10: Gesetzliche Grundlagen SGB (Jens Noormann)

Gerichtsbarkeit

Sofern Versicherungsnehmer und Versicherer sich nicht einigen und durch einen ordentlichen Beschwerdeweg keine Lösung erreicht werden kann, steht es beiden Parteien frei, den Gerichtsweg zu nutzen.

In Deutschland gibt es fünf Gerichtsbarkeiten und die dazu definierte Instanz:

Gerichtsbarkeit	Gerichte
Ordentliche Gerichtsbarkeit (Zivilrecht)	Amtsgericht (AG), Landgericht (LG), Oberlandesgericht (OLG)
Arbeitsgerichtsbarkeit (Arbeitsrecht)	Arbeitsgericht (ArbG), Landesarbeitsgericht (LAG), Bundesarbeitsgericht (BAG)
Verwaltungsgerichtsbarkeit (zum Beispiel Beamtenrecht, Schulrecht, ...)	Verwaltungsgericht (VG), Oberverwaltungsgericht (OVG), Bundesverwaltungsgericht (BVerwG)
Finanzgerichtsbarkeit	Finanzgericht (FG), Bundesfinanzhof (BFH)
Sozialgerichtsbarkeit (Sozialrecht)	Sozialgericht (SG), Landessozialgericht (LSG), Bundessozialgericht (BSG)

Tabelle 5.11: Übersicht Gerichtsbarkeit (Jens Noormann)

Für **Rechtsstreitigkeiten**, die aus einem Versicherungsvertrag entstehen, ist in der Regel die „Ordentliche Gerichtsbarkeit" zuständig. Je nach Streitwert sind entweder das Amtsgericht oder das Landgericht zuständig.

Im Bereich der Pflegepflichtversicherung der privaten Krankenversicherungen ist das Sozialgericht zuständig. Hingegen fallen Rechtsstreitigkeiten einer Pflegezusatzversicherung in den Bereich der „ordentlichen Gerichtsbarkeit". Siehe dazu auch Kapitel 4.4.4.1.4 Finanzierung und rechtliche Rahmenbedingungen – Gerichtsbarkeit Pflegeversicherung.

Datenschutz

Die EU-Datenschutzgrundverordnung (DSGVO) regelt seit dem 25.5.2018 das Datenschutzrecht innerhalb der Europäischen Union. Jedes Versicherungsunternehmen muss nachweisen, dass es ein Gesamtkonzept zur Einhaltung des Datenschutzes besitzt (siehe dazu Art. 24 Abs. 1 DSGVO und Art. 99 Abs. 2 DSGVO).

In der privaten Krankenversicherung, *Unfallversicherung und der Lebensversicherung* spielt der Schutz personenbezogener Daten eine wichtige Rolle. In der Personenversicherung werden Gesundheitsdaten und damit sehr persönliche Daten der Kunden verarbeitet und gespeichert.

Speziell in der Krankenversicherung sind Diagnosen (ICD10), Gutachten und andere Berichte relevant für die Annahme von Risiken, aber auch für die Bearbeitung von Leistungsansprüchen. Durch die sehr häufige Kundenkontaktfrequenz sammeln private Krankenversicherer viele Daten, die mit den Krankheitsfällen der Versicherten zu tun haben.

Damit Daten verarbeitet werden dürfen, bedarf es vorab der Zustimmung der Versicherten. Diese erteilt der Kunde mit seiner Unterschrift bei Antragstellung. Personenbezogene Daten darf der Versicherer nur in dem erlaubten Rahmen und Umfang nach den gültigen datenschutzrechtlichen Bestimmungen, hier insbesondere der EU-Datenschutzgrundverordnung (DSGVO) und des Bundesdatenschutzgesetzes (BDSG) verarbeiten. Die Einwilligung des Kunden ist zwingend erforderlich. Mitversicherte Minderjährige müssen ab dem 16. Lebensjahr der Schweigepflicht- und Datenschutzerklärungen zustimmen.

Der Schutz der erhaltenen, verarbeiteten und gespeicherten Daten ist sehr wichtig und bedarf einer hohen Priorität. Der Verrat von Daten ist ein Verstoß gegen die gesetzlichen Vorschriften und bringt zudem einen möglichen hohen Reputationsschaden für das Unternehmen mit sich.

Datenschutzverstöße sind in der Regel dem Unternehmen als Verantwortlichem im Sinne der DSGVO anzulasten. Mitarbeitende können jedoch persönlich haftbar gemacht werden, wenn sie vorsätzlich oder fahrlässig gegen Datenschutzbestimmungen verstoßen.

Datenschutzgrundverordnung (DSGVO) und BDSG

Die DSGVO ist europaweit seit 2018 in Kraft und legt die Regeln für den Umgang mit personenbezogenen Daten fest. Die privaten Krankenversicherer, Unfallversicherer und Lebensversicherer haben die DSGVO anzuwenden, zudem die Verarbeitung von Gesundheitsdaten transparent und rechtskonform zu gestalten. Das in Deutschland gültige BDSG ergänzt die DSGVO und beinhaltet spezifische Vorgaben für den Datenschutz in Deutschland.

Die Verarbeitung von Gesundheitsdaten zur Durchführung von Gesundheitsprogrammen ist beispielsweise klar geregelt, da Gesundheitsdaten einem besonderen Schutz unterliegen, siehe dazu Art. 9 Abs. 2 DSGVO i.V.m. § 22 Abs. 1 Nr. 1 b. BDSG.

Strafrechtliche Konsequenzen bei Datenschutzverstößen

Wird gegen geltende Datenschutzvorschriften verstoßen, können strafrechtliche Konsequenzen die Folge sein. Das Strafgesetzbuch (StGB) beinhaltet entsprechende Regelungen. Geben Mitarbeitende eines Versicherers wissentlich personenbezogene Daten unbefugt weiter oder machen diese zugänglich, kann dies mit Freiheitsstrafe oder Geldstrafe bestraft werden. Auch für Unternehmen können Bußgelder (Art. 83 DSGVO) verhängt werden. Wichtig für Versicherer ist, dass neben Kunden insbesondere der Vertrieb und Mitarbeitende im Innendienst über die Vorschriften des Datenschutzes informiert werden und regelmäßig dazu Auffrischungsschulungen durchgeführt werden. Schulungen sind ein wesentlicher Bestandteil der Datenschutz-Compliance eines Versicherungsunternehmens.

Datenbereitstellung für Tochterunternehmen

Oftmals sind Unternehmen der privaten Krankenversicherung, Unfallversicherung oder Lebensversicherung Teil eines größeren Versicherungskonzerns, die für Querschnittsfunktionen Tochterunternehmen einsetzen. Um Synergien und damit eine effizientere Bearbeitung von Kundenanliegen sicherzustellen, ist es notwendig, Daten der Versicherten für die effiziente Verwaltung und bessere Serviceleistungen an Tochterunternehmen bereitzustellen. Dabei müssen die Datenschutzregeln strikt eingehalten werden, um die Rechte der Versicherten zu schützen.

Berücksichtigung des Datenschutzes bei der Verwaltung und Bearbeitung von Verträgen eigener Mitarbeiter

Der Schutz der Daten aller Mitarbeitenden, welche einen Versicherungsvertrag bei ihrem eigenen Unternehmen führen, ist mindestens genauso exakt einzuhalten, wie es auch für Kunden erfolgt.

In der Praxis wird ein spezieller Kreis von Mitarbeitenden bestimmt, welcher Zugriff auf die Vertrags- und Leistungsdaten der versicherten Mitarbeitenden hat. Lediglich dieser Personenkreis darf Verträge, Leistungs- beziehungsweise Schadendaten einsehen und Bearbeitungen vornehmen.

Allen anderen Mitarbeitenden in der Versicherung ist keinerlei Zugriff auf die Daten zu gewähren. Das Versicherungsunternehmen hat dafür zu sorgen, dass keinerlei Daten unbefugt Dritten bereitgestellt werden können.

Die Sicherstellung der Nichtzugänglichkeit mitarbeiterbezogenen Daten muss bei Eingang der Post (digital/physisch) und beim Ausgang sichergestellt werden. Daher ist für eigene Mitarbeitende eine eigene postalische Adresse einzurichten oder dafür Sorge zu tragen, dass technisch die von eigenen Mitarbeitenden erhaltenen Eingänge, beispielsweise per Mail oder App, separiert werden, sodass sie nur vom berechtigten Personenkreis eingesehen werden können.

■ **BEISPIEL**

Die Mitarbeitenden in der Proximus Versicherung können zu Sonderkonditionen Versicherungsschutz erlangen. Ilse Schmidt, Mitarbeiterin in der Abteilung Leistung, hat eine Zahnzusatzversicherung abgeschlossen. Die Bearbeitung des Antrags und möglicher Leistungen erfolgt durch eine Gruppe „Mitarbeiterverträge der Proximus", die sich nur um Kundenanliegen kümmert, die von eigenen Mitarbeitenden eingehen. Ilse Schmidt bearbeitet selbst Leistungsfälle in der Pflegeversicherung; sie kann weder in ihren eigenen Vertrag Einblick erhalten, noch hat sie Einblick in die Verträge ihrer Kollegen. ■

Datenschutzverstoß

Werden Daten von Versicherten unerlaubt weitergeleitet oder bekanntgegeben, so ist ein Verstoß gegen den Datenschutz entstanden. Wird ein Datenschutzverstoß gemeldet oder entdeckt, ist dieser unverzüglich dem internen Datenschutzbeauftragten des Unternehmens zu melden, alternativ kann auch eine direkte Meldung an die Aufsichtsbehörde erfolgen. Nach Art. 33 DSGVO ist eine Meldung möglichst binnen 72 Stunden an die Aufsichtsbehörde vorzunehmen.

Vorgänge mit Datenschutzverstoß sind derart aufzubereiten, dass klar und deutlich wird, welche Daten an wen unbefugt weitergeleitet oder zugänglich gemacht wurden, warum es zu diesem Verstoß gekommen ist, ob weitere Personen betroffen sind und wie der Zustand geheilt werden kann. Die interne Aufbereitung muss den Anforderungen der Meldedaten an die Aufsichtsbehörde gerecht werden, mindestens aber die in **Art. 33 Abs. 3 DSGVO** gelisteten Informationen beinhalten.

Wird festgestellt, dass ein systematischer Datenschutzverstoß vorliegt (damit ist gemeint, dass es sich um keinen Einzelfall handeln könnte) und aufgrund einer bestimmten Vorgabe, zum Beispiel Arbeitsanweisung, der Datenschutz gefährdet wird, ist dieser Zustand umgehend abzustellen. Die Mitarbeitenden der Versicherung sind zu sensibilisieren, dass der Datenschutz uneingeschränkt eingehalten wird.

Auskunft

Die Einholung einer Datenschutzauskunft ist **an keine Form gebunden**. Versicherten wird aufgrund der notwendigen Legitimation die schriftliche Form empfohlen.

Jedem Versicherten steht eine Auskunft über die von ihm bei einem Versicherer gespeicherten und verarbeiteten Daten zu. Diese Regelung findet sich in **Art. 15 Abs. 1 DSGVO**. Der Versicherer muss darüber hinaus Informationen über den Zweck der Verarbeitung, Datenherkunft, auch falls die Erhebung nicht vom Versicherer selbst erfolgt ist, an den Versicherten beauskunften. Dem Versicherten wird mit der Auskunft die Möglichkeit geboten, seine Betroffenenrechte ausüben zu können, die da sind:

- Berichtigung der Daten
- Löschung der Daten
- Einschränkung der Verarbeitung
- Ausübung des Widerspruchsrecht

Unternehmen sind nach **Art. 12 Abs. 3 DSGVO** verpflichtet, dass die Auskunft unverzüglich erfolgt, maximal innerhalb eines Monats nach Zugang der Anfrage.

Die Proximus Versicherungs AG hat einen Standard entwickelt, der die Inhalte definiert, die in einer Auskunft enthalten sein müssen.

Die Proximus Versicherungsgesellschaften in Deutschland geben nach Art. 15 Abs. 1 DSGVO nachfolgende Informationen an den Anfragenden:

- Zweck der Verarbeitung
- Kategorien der verarbeiteten personenbezogenen Daten
- Empfänger beziehungsweise Kategorien von Empfängern der Daten (die diese Daten bereits erhalten haben oder künftig noch erhalten werden)
- mögliche geplante Speicherdauer (kann dieser Zeitraum nicht genau definiert werden, sind die Kriterien für die Festlegung dieser Dauer mitzuteilen)
- Herkunft der Daten, soweit diese nicht bei der betroffenen Person selbst erhoben wurden
- Bestehen einer automatisierten Entscheidungsfindung einschließlich des möglichen Profiling, Art. 22 DSGVO

Im Falle der Datenübermittlung in Drittländer, also zum Beispiel außerhalb von EU-Mitgliedsstaaten, ist über die gegebenen Garantien gemäß Art. 46 DSGVO zu informieren.

Neben der erteilten Auskunft ist es wichtig, dass der Betroffene über seine Rechte informiert wird. Die Proximus Krankenversicherung AG und auch die Proximus Lebensversicherung AG haben Standards definiert, die dem gesetzlichen Anspruch entsprechen.

Hinweise auf folgende Rechte des Anfragenden zu den betroffenen personenbezogenen Daten:

- Berichtigung
- Löschung
- Einschränkung der Verarbeitung
- Widerspruchsrecht gegen die Verarbeitung
- Beschwerderecht bei einer Aufsichtsbehörde

■ FALLBEISPIEL „DAS NICHT KORREKT VERSANDTE GUTACHTEN"

Franz Fleißig ist Mitarbeiter der Proximus Krankenversicherung AG. Er arbeitet in der Abteilung Leistung – Pflegeversicherung. Am 1. April hat er das Gutachten für Frau Nina Neumann bearbeitet. Aus diesem geht eine Pflegebedürftigkeit hervor. Dieses Gutachten hat Franz versehentlich nicht an Nina Neumann geschickt, sondern an Sabine Müller. Zwischen Sabine Müller und Nina Neumann besteht kein persönliches Verhältnis, die beiden kennen sich nicht. Frau Müller ruft Herrn Fleißig an und schildert ihm, dass sie ein Gutachten einer ihr fremden Frau erhalten habe und nicht wisse, was sie damit machen solle. Auf dem Gutachten stünde die Adresse von Frau Neumann – ob sie das Gutachten direkt an Frau Neumann senden solle?

Ein Lösungsansatz in dieser Situation ist, dass Franz sich bei Frau Müller entschuldigt und im Gespräch unterstreicht, dass es sich um einen Einzelfall handelt und Datenschutz für die Proximus Krankenversicherung oberste Priorität hat. Er bittet Frau Müller um Rücksendung der gesamten Unterlagen, für die Rücksendung stellt er ihr einen frankierten Umschlag zur Verfügung. Franz Fleißig meldet umgehend seiner Teamleitung den Datenschutzverstoß, diese leitet die Meldung an den Datenschutzbeauftragten der Proximus Krankenversicherung AG weiter, damit dieser Datenschutzverstoß dokumentiert wird und Ableitungen zur Vermeidung weiterer Fälle getroffen werden können. Frau Müller hat die Möglichkeit, dass sie den Vorfall zum Beispiel an den Landesdatenschutzbeauftragten meldet.

Kommt es zu einer Verletzung des Schutzes personenbezogener Daten, muss geprüft werden, ob ein Risiko für die Rechte und Freiheiten der betroffenen Person besteht. Ist dies der Fall, ist der Vorfall gemäß Art. 33 DSGVO innerhalb von 72 Stunden der zuständigen Datenschutzaufsichtsbehörde zu melden. Besteht sogar ein hohes Risiko, ist zusätzlich die betroffene Person nach Art. 34 DSGVO unverzüglich in klarer Sprache zu informieren. ■

Schweigepflicht

Nach den allgemeinen Informationen zum Datenschutz und der Verpflichtung zu einem sparsamen, sehr sorgfältigen und verantwortungsbewussten Umgang mit zur Verfügung gestellten Daten ist in Einzelfällen eine Entbindung von der Schweigepflicht erforderlich. Dies kann beispielsweise für die Einholung von ärztlichen Auskünften oder die Kontaktaufnahme mit anderen Versicherern zur Klärung von Fragen der Vorversicherung, Doppelversicherung oder ähnlichem der Fall sein.

Im Zuge des Antragsprozesses erteilt der Kunde eine Einwilligung, dass seine Gesundheitsdaten für die Antragstellung und den Vertrag erhoben und verwendet werden dürfen. Darüber hinaus benötigt der private Krankenversicherer eine **Schweigepflichtentbindung** des Kunden, um Gesundheitsdaten oder andere relevante Daten (für den bestimmten Sachverhalt), welche nach § 203 StGB (befasst sich mit der Verletzung von Privatgeheimnissen) schützenswert sind, an andere Beteiligte weiterleiten zu dürfen.

Im Zuge des Antragsprozesses hat der Kunde durch die sogenannte Opt-in-Lösung bei der Schweigepflichtentbindung die Wahl zwischen der **pauschalen Einwilligung** (Versicherer kann zukünftig ohne Einholung einer individuellen Schweigepflichtentbindungserklärung mit Vorabinformation an den Versicherten anfragen) oder der **Einzeleinwilligung** (bei dieser muss der Versicherte vorab um eine Einwilligung bei jeglicher Anfrage kontaktiert werden), siehe dazu auch § 213 Abs. 1–4 VVG.

Ist es notwendig, dass der private Krankenversicherer Gesundheitsdaten bei Dritten (beispielhaft: wie behandelnde Ärzte, Vorversicherer oder andere Versicherungsunternehmen) erheben will, ist die Einholung (entweder vorab im Antragsprozess oder fallbezogen) einer individuellen Schweigepflichtentbindung notwendig.

Zusammenfassend ist die Risikoprüfung und auch Prüfung bei der vermuteten Anzeigepflichtverletzung die Grundlage für eine gute Bestandsstruktur. Die Kenntnis über subjektive und objektive Risikomerkmale sowie das moralische Risiko sind eine wichtige Grundlage für die Risikoeinschätzung.

Der GDV hat Verhaltensregeln aufgestellt, die den Umgang mit personenbezogenen Daten regeln. Hier ist insbesondere zum Umgang mit Gesundheitsdaten **Art. 5 Abs. 6 S. 1** der *GDV-Verhaltensregeln* bemerkenswert, dort steht: Eine Einwilligung kann schriftlich, elektronisch oder mündlich erteilt werden.

Art. 6 Besondere Kategorien personenbezogener Daten

(1) [1]Besondere Kategorien personenbezogener Daten im Sinne der EU-Datenschutz-Grundverordnung (insbesondere Angaben über die Gesundheit) werden auf gesetzlicher Grundlage (insbesondere Art. 6 i. V. m. Art. 9 Datenschutz-Grundverordnung) oder mit Einwilligung der betroffenen Personen nach Art. 5 und – soweit erforderlich – aufgrund einer Schweigepflichtentbindung erhoben und verarbeitet. [2]Eine Einwilligung muss sich ausdrücklich auf diese Daten beziehen.

Die Erklärung beziehungsweise Einwilligung der Versicherten bedarf **keiner Schriftform**, ausreichend ist vielmehr eine unmissverständlich abgegebene Willenserklärung zur Datenverarbeitung, welche in einer eindeutig bestätigenden Handlung erfolgt ist.

Erfolgt eine Anfrage bei einem ärztlichen Behandler des Versicherten, so ist der Versicherte vor einer Arztanfrage zu informieren. Versicherte haben jederzeit das Recht, eine abgegebene Einwilligung zur Datenverarbeitung zu widerrufen (Art. 7 Abs. 3 DSGVO). Darüber hinaus können sie der Einzelfallprüfung widersprechen, soweit dies auf eine unrechtmäßige Verarbeitung hinausläuft. Eine nicht erteilte Einwilligung und daraus resultierende nicht mögliche Prüfung kann zu einer Leistungsfreiheit oder Minderung der Erstattung führen.

Die **Anfrage muss zielführend gestellt werden**. Das bedeutet, dass die Kenntnis der Daten, welche abgefragt werden, für die Beurteilung des Risikos oder Einschätzung einer möglichen Leistungspflicht von Relevanz sein müssen. Weiterhin gilt, dass Daten nicht auf Vorrat eingeholt und gespeichert werden dürfen. Dabei ist zwingend zu beachten, dass bei allen zu erfassenden Daten Sparsamkeit bestehen muss, damit lediglich die Daten gespeichert und verarbeitet werden, die im Sinne des Versicherten stehen und die zur Erfüllung der Leistungspflicht von hoher Relevanz sind. Der Punkt der Datenerhebung, die damit verbundene Anfrage und Speicherung sind umstritten, da der Anlass sehr subjektiv ist.

Bei Arztanfragen und Arztberichten zwingend zu beachten ist § 18 des Gendiagnostikgesetz, das unter anderem die Nichtverwendbarkeit, die Nichtannahme und damit auch die Nichtspeicherung regelt, sofern die Versicherungssumme im Jahr nicht mehr als 30.000 € Leistung oder die einmalige Leistung nicht mehr als 300.000 € beträgt.

§ 18 Genetische Untersuchungen und Analysen im Zusammenhang mit dem Abschluss eines Versicherungsvertrags (Gendiagnostikgesetz – GenD)

(1) Der Versicherer darf von Versicherten weder vor noch nach Abschluss des Versicherungsvertrages

1. die Vornahme genetischer Untersuchungen oder Analysen verlangen oder
2. die Mitteilung von Ergebnissen oder Daten aus bereits vorgenommenen genetischen Untersuchungen oder Analysen verlangen oder solche Ergebnisse oder Daten entgegennehmen oder verwenden.

Für die Lebensversicherung, die Berufsunfähigkeitsversicherung, die Erwerbsunfähigkeitsversicherung und die Pflegerentenversicherung gilt Satz 1 Nr. 2 nicht, wenn eine Leistung von mehr als 300.000 Euro oder mehr als 30.000 Euro Jahresrente vereinbart wird.

(2) Vorerkrankungen und Erkrankungen sind anzuzeigen; insoweit sind die §§ 19 bis 22 und 47 des Versicherungsvertragsgesetzes anzuwenden.

Besondere Schweigepflichtentbindung für die Pflegeversicherung

Um eine Begutachtung und Feststellung der Pflegebedürftigkeit zu ermöglichen, bedarf es einer gesonderten Schweigepflichtentbindungserklärung. Es sind drei Schwerpunkte in der Schweigepflichtentbindungserklärung zu erkennen:

- Die Schweigepflichtentbindungserklärung ermöglicht der privaten Pflegepflichtversicherung, dass sie die **Daten** (wie Name, Geburtsdatum, Adresse, Gesundheitsdaten ...) an Medicproof, Gutachter und Pflegetrainer **weiterleiten** darf.
- Im weiteren Schritt werden mit der Schweigepflichtentbindungserklärung Gutachter legitimiert, bei Ärzten und sonstigen Angehörigen eines Gesundheitsberufs weitere **Informationen einzuholen**, sofern diese zur Begutachtung und Feststellung des Pflegegrads notwendig sind. Inkludiert wird neben der Einholung von Informationen auch die Weitergabe der Informationen und Verarbeitung an Medicproof und die private Pflegepflichtversicherung.
- Die 3. Einwilligung bevollmächtigt wiederum Medicproof, das Ergebnis der Begutachtung und damit das erstellte **Gutachten** an die private Pflegepflichtversicherung zu **übermitteln**.

Die Schweigepflichtentbindungserklärung muss vom Versicherten, der zu begutachten Person oder einer bevollmächtigten Person[3] unterschrieben werden. Möglich ist auch, dass eine digitale Zustimmung zur Schweigepflichtentbindungserklärung stattfindet, sofern die private Pflegepflichtversicherung den Pflegeantrag online anbietet. Die Schweigepflichtentbindungserklärung und die genaue Erläuterung wann, wie und an wen welche Daten übermittelt werden, sind dem Ausfüllenden stets zugäng-

3 (Voraussetzung ist, dass diese Vollmacht vom Vollmachtgeber ausgestellt wurde. Für Vollmachten gibt es keine Formerfordernis), für weitere Informationen siehe §§ 164–181 BGB.

lich zu machen. Die Schweigepflichtentbindungserklärung kann vom Unterzeichner widerrufen werden. Sofern im Krankenhaus die Aufnahme einer standardisierten Schweigepflichtentbindungserklärung, die für die Begutachtung genutzt werden kann, keinen Hinweis auf die Weitergabe und Verarbeitung der Daten an Medicproof enthält, muss die Schweigepflichtentbindungserklärung des jeweiligen Pflegeversicherers eingeholt werden.

■ BEISPIEL

Die Proximus Krankenversicherung entwickelt einen Pflegeantrag (zur Antragstellung der Leistungen aus der Pflegepflichtversicherung), der digital auf der Proximus Homepage ausgefüllt werden kann. Um sicherzugehen, dass auch der berechtigte Versicherte den Antrag ausfüllt, bedarf es der Angabe der Versicherungsnummer, Vorname und Zuname der versicherten Person oder des Versicherungsnehmers und das korrekte Geburtsdatum. Mit dieser Form der Legitimation soll sichergestellt werden, dass Unbefugten die Antragstellung nicht ermöglicht wird. ■

Proximus Krankenversicherung AG

Einwilligung in die Datenverarbeitung und

Schweigepflichtentbindungserklärung

Leistungen aus der privaten Pflegepflichtversicherung erhalte ich, wenn die Pflegebedürftigkeit im Sinne von § 1 Absatz 2 bis 10 MB/PV durch ein Gutachten gemäß § 1 Absatz 11 MB/PPV* festgestellt ist oder erneut festgestellt wird. Zu diesen Zwecken beauftragt mein privater Kranken-/Pflegeversicherer, Proximus Krankenversicherung AG (Versicherer) die Medicproof GmbH (Medicproof), die Begutachtung einem Arzt oder einer Pflegefachkraft (Gutachter) zu übertragen. Medicproof mit Sitz in Köln ist der medizinische Dienst der privaten Pflegepflichtversicherung. Der Gutachter soll insbesondere folgendes feststellen:

- den Eintritt, den Grad und die Fortdauer einer Pflegebedürftigkeit, die Eignung, Notwendigkeit und Zumutbarkeit von Maßnahmen zur Beseitigung, Minderung oder Verhütung einer Verschlimmerung der Pflegebedürftigkeit,
- die Notwendigkeit der Versorgung mit (beantragten) Hilfsmitteln sowie wohnumfeldverbessernden Maßnahmen und
- Namen, Vornamen, Geburtsdaten, Adressen und Pflegezeiten von Pflegepersonen.

Mein Versicherer kann Medicproof auch beauftragen, dass der Gutachter in einem gesonderten Gutachten Feststellungen zur Notwendigkeit der Versorgung mit (beantragten) Hilfsmitteln sowie wohnumfeldverbessernden Maßnahmen trifft. Weiterhin bietet die private Pflegepflichtversicherung gemäß§ 4 Absatz 15 MB/PPV* Pflegekurse für Angehörige und ehrenamtliche Pflegepersonen in der häuslichen Umgebung der/des Pflegebedürftigen an. Es handelt sich um eine Versicherungsleistung, die pflegenden Angehörigen und ehrenamtliche Pflegepersonen unter anderem konkrete pflegerische Fähigkeiten vermitteln soll. Auch zu diesem Zweckbeauftragt mein Versicherer Medicproof damit, die Durchführung des Pflegekurses in Form des Pflegetrainings einem Pflegetrainer von Medicproof zu übertragen. Der Pflegetrainer vermittelt dabei beispielsweise:

- Lagerungstechniken für Rücken schonendes Arbeiten oder zur Vermeidung von Druckgeschwüren,
- pflegerische Besonderheiten im Zusammenhang mit Inkontinenz und
- pflegerische Besonderheiten im Zusammenhang mit Körperpflege

Abbildung 5.5: Einwilligung Datenverarbeitung und Schweigepflichtentbindungserklärung (Jens Noormann)

Weigerung der Verarbeitung von Gesundheitsdaten durch Versicherte

Weigert sich der Versicherte, der Vereinbarung zur Datenverarbeitung zuzustimmen, ist es möglich, dass kein Vertragsverhältnis zustandekommen kann.

Es muss dem Versicherer immer ermöglicht werden, seine Leistungspflicht zu prüfen und eine Prüfung der vorvertraglichen Angaben zu ermöglichen.

5.6.2 Bereicherungsverbot

Im VVG ist im speziellen Teil – in § 200 VVG – geregelt, dass bei Zusammentreffen mehrerer Leistungspflichtiger, zum Beispiel bei Beihilfeberechtigten, die Erstattung der PKV und der zuständigen Beihilfestelle, 100 % nicht überschreiten darf.

Erfolgt eine Überzahlung seitens des Versicherers, da beispielsweise der Beihilfesatz nicht korrekt hinterlegt wurde und damit eine „Überversicherung" vorliegt, kann der Versicherer die zu viel gezahlte Erstattung zurückfordern.

■ **BEISPIELFALL – ÜBERZAHLUNG DURCH NICHT VERÄNDERTE ANPASSUNG DES BEIHILFETARIFS**

Franz Arnold ist bei der Proximus Krankenversicherung mit einer Absicherung von 50 % abgesichert. Durch eine Veränderung des Beihilfesatzes erhält Franz Arnold seit Januar 2024 einen Beihilfesatz von 70 %. Die Absicherung beträgt weiterhin 50 %. Die von Franz Arnold eingereichte Rechnung über 200 € wird mit 100 € erstattet. Die Beihilfestelle hat sich mit 140 € an der von Franz Arnold eingereichten Arztrechnung beteiligt. In Summe hat Franz Arnold damit 40 € zu viel erstattet bekommen. Die Proximus Krankenversicherung fordert die zu viel gezahlte Summe in Höhe von 40 € zurück (siehe dazu auch § 812 BGB) und stellt den Vertrag korrekt auf 50 % Erstattung um.

Nicht nur bei Beihilfe-Versicherten kann eine Überzahlung erfolgen, auch in der Kombination mit einer GKV kann es zu einer Überzahlung kommen. Auch hier gilt, dass eine Rückforderung durch die PKV erfolgen kann. ■

Es kommt oft die Frage auf, warum sich diese Regelung nicht in den Allgemeinen Versicherungsbedingungen befindet. Durch die Aufnahme des § 200 VVG im Zuge der VVG-Reform konnte sichergestellt werden, dass die Regelung für alle Versicherten gilt und nicht nur für Neuversicherte, wie es im Zuge einer AVB-Aufnahme gewesen wäre.[4]

5.7 Grundlagen der Kalkulation

Lernziel: Die wesentlichen Risiken von Finanzanlagen und Versicherungen kennen. Mathematische Grundlagen für die Berücksichtigung dieser Risiken in der Prämienkalkula-

[4] Vgl. Lorenz, Abschlussbericht der Kommission zur Reform des Versicherungsvertragsgesetzes v. 19.4.2004, S. 168 f., unter 1.3.2.4.5.3.

tion grundsätzlich verstehen. Zentrale Kalkulationsprinzipien kennen und ihre gesetzliche Grundlage aufzeigen können. Kostenarten kennen. Performance von Lebensversicherungen und von Finanzanlagen erklären können und ihre unterschiedliche Herleitung kennen. Effektivkosten erklären können. Prospektive und retrospektive Deckungsrückstellung unterscheiden können und die gesetzliche Grundlage für beide kennen. Überschussbeteiligung und Bewertungsreserven in Versicherungen kennen und typische Verwendungsarten in Lebens- und Krankenversicherungen benennen können. Ein Abkürzungsverzeichnis zu folgenden Ausführungen finden Sie unter 5.7.13.

Handlungssituation

Als Geschäftsführer ist Herr Horst Müller ein zäher Verhandlungspartner und versiert in der Kostenkalkulation. Henri Laurant erläutert ihm die Grundlagen der Kalkulation und erklärt, warum weder die Fondsgesellschaft noch die Versicherung ihm beim Preis für seine Vorsorge entgegenkommen können.

Versicherungen und Finanzanlagen sind fair und unfair zugleich. Alles hängt, wie so oft, von der Perspektive ab, die der Betrachter einnimmt. Nicht jeder profitiert gleichermaßen vom Risikoausgleich im Kollektiv.

5.7.1 Wesentliche Risiken von Finanzanlagen und Versicherungen

Versicherungen und Kapitalanlagegesellschaften haben viel gemeinsam. Beide nehmen ihren Kunden Risiken ab. Durch geschicktes Risikomanagement reduzieren sie insbesondere die übernommenen **Marktrisiken**. Dies sind

- das Zinsänderungsrisiko, bei dem es um die zutreffende Bewertung von verzinslichen Wertpapieren geht und
- das Aktienrisiko, welches die Bewertung von Unternehmensanteilen behandelt.

Bei Versicherungen kommen weitere Risiken hinzu, bei Kranken- und Lebensversicherungen sind dies vor allem **biometrische Risiken** wie

- das Langlebigkeitsrisiko, vor dem Rentenversicherungen den Versicherten schützen,
- das Sterblichkeitsrisiko, vor dem Risiko- und Kapitallebensversicherungen mit hohem Todesfallschutz schützen,
- das Invaliditäts- und das Morbiditätsrisiko, vor dem verschiedene Lebensversicherungen (zum Beispiel die Berufsunfähigkeitsversicherung) und verschiedene Krankenversicherungen (zum Beispiel die substitutive Krankenversicherung) schützen.

Das Zinsänderungsrisiko

Die Zinsstrukturkurve gibt für jede Zinsbindungsdauer *t* an, welchen Jahreszins r_t ein Investor aktuell dafür erwartet, dass er für die Zeit *t* auf sein Kapital verzichtet. Durch Investition in festverzinsliche Wertpapiere können so in der Zukunft Erträge generiert oder Verluste vermieden werden. Dabei wird die Form der Zinsstrukturkurve von den Zukunftserwartungen der Marktteilnehmer geprägt. Wenn sich die Erwartungen ändern oder sich im Zeitablauf als falsch herausstellen, manifestiert sich das Zinsänderungsrisiko. Die Finanzanlagen werden umgewertet.

Das Aktienrisiko

Auch der Wert von Aktien ist auf diese Weise unsicher. Die Annahmen zu ihrem Wert können sich ändern. Aktien sind aber noch riskanter als festverzinsliche Papiere, weil Unternehmen so vielen Einflüssen (zum Beispiel Politik, Konjunktur, Umwelt, unternehmerisches Geschick, ...) ausgesetzt sind und weil Eigentum gegenüber Verbindlichkeiten nachrangig ist: Erst werden Schulden getilgt. Nur was übrig bleibt, gehört dem Eigentümer, also dem Aktionär. Er hat dadurch höhere Chancen, trägt aber auch das Risiko des Totalverlusts. In manchen Kapitalmarktmodellen wird eine Aktie wie ein festverzinsliches Wertpapier modelliert, das mit einer „Risikoprämie" gegenüber der relativ sicheren Geldanlage für Investoren attraktiv gemacht wird.

Das Langlebigkeits- und das Sterblichkeitsrisiko

Langlebigkeit und Mortalität sind zwei Seiten derselben Medaille: Ein langes, erfülltes Leben ist erstrebenswert, aber man muss es sich leisten können. Wenn mit zunehmendem Alter die Leistungsfähigkeit und die Verdienstmöglichkeiten nachlassen, können Einkommenslücken nicht mehr durch eigene Anstrengungen kompensiert werden. Auf der anderen Seite birgt ein zu früher Tod das Risiko, dass die Hinterbliebenen ohne ausreichende Mittel zurückbleiben.

Das Invaliditäts- und das Morbiditätsrisiko

Einkommensverluste entstehen auch schon durch Krankheit und Invalidität. Dann braucht es Geld, um die Gesundheit und die eigene Leistungsfähigkeit wieder herzustellen oder um zumindest das weggefallene Einkommen zu kompensieren.

Der Wesenskern einer Versicherung ist es bekanntlich, das Risiko eines einzelnen mit einer Gemeinschaft, dem Kollektiv, zu teilen. Die Versicherung kennt oder schätzt die Wahrscheinlichkeit, mit der sich die einzelnen Risiken verwirklichen. Bei wenigen verwirklicht sich das Risiko und der Schaden wird ihnen von der Versicherung ersetzt, obwohl ihr Beitrag vergleichsweise gering war.

Durch die Umverteilung des Risikos auf viele Schultern ermöglicht es die Versicherung, für einen kleinen Preis ansonsten unerträgliche oder ruinöse Risiken einzugehen und auszuhalten.

Freilich verhindert der Abschluss einer Versicherung nicht den Eintritt des Schadensereignisses, sondern mindert nur seine finanziellen Auswirkungen.

Weil bei Versicherungen die biometrischen Risiken eine bedeutende Rolle spielen, können sie es sich leisten, weniger ausgefeilte Kapitalmarktmodelle zu verwenden als Kapitalanlagegesellschaften.

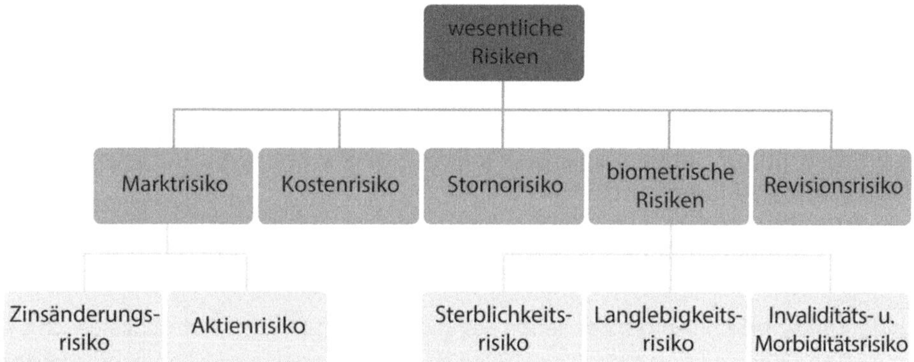

Abbildung 5.6: Wesentliche einzukalkulierende Risiken

5.7.2 Der Unterschied zwischen Netto- und Bruttoprämien

Was darf Altersvorsorge kosten? Würden Finanzgesellschaften und Versicherungen nur Marktrisiken und biometrische Risiken betrachten, wären sie schnell insolvent. Wie jedes Unternehmen müssen sie auch ihre Kosten einkalkulieren und Reserven aufbauen, um in schwierigen Marktphasen über die Runden zu kommen. Sie gehen ein kalkuliertes **Kostenrisiko** ein. Wenn die Kosten zwar korrekt veranschlagt wurden, der Vertrag aber nicht lange genug Kosteneinnahmen generiert, verwirklicht sich das **Stornorisiko**.

Bei der Kalkulation berücksichtigen die Unternehmen mehrere Rechnungsgrundlagen:

1. **Zins**
2. **Verschiedene Ausscheideursachen** (meist Tod und Storno, aber auch Invalidität und Morbidität)
3. **Kosten:** Insbesondere die Abschlusskosten, die Kosten der Vertragsverwaltung und die Regulierungskosten. Letztere decken die Aufwände, die bei der Prüfung des Leistungseintritts entstehen.
4. **Kopfschäden:** Diese Rechnungsgrundlage ist spezifisch für die Krankenversicherung. Die Kopfschäden beschreiben die im Beobachtungszeitraum auf einen Versicherten bezogenen durchschnittlichen Versicherungsleistungen. Sie sind abhän-

gig vom versicherten Tarif und vom Alter des Versicherten. Typischerweise decken die Kopfschäden damit die Aufwände für die ärztliche Versorgung, Arznei-, Heil- und Hilfsmittel. Man unterscheidet zwischen stationären, ambulanten und zahnärztlichen Kopfschäden. Diese Unterscheidung ist bei der Anrechnung von Alterungsrückstellung bei Tarifwechseln wichtig.

Der medizinische Fortschritt stellt in der Krankenversicherung das wesentliche **Revisionsrisiko** dar. In der Lebensversicherung hat man es hier eher mit gesetzlichen Änderungen und veränderter oder unerwarteter höchstrichterlicher Rechtsprechung zu tun. In der Unfallversicherung ändern sich Schadenhöhe und Schadenhäufigkeit in die eine oder anderer Richtung durch gesetzgeberische Maßnahmen, wie die Einführung einer Gurtpflicht oder einer Helmpflicht, technischen Fortschritt (zum Beispiel Airbag) und verändertes Urlaubs- und Sportverhalten (Risikosportarten).

In der **Lebensversicherung** bilden die ersten drei genannten (Zins, verschiedene Ausscheideursachen, Kosten) die wesentlichen Rechnungsgrundlagen ab.

In der **Unfallversicherung** spielt neben der Invalidisierungswahrscheinlichkeit auch der Invalidisierungsgrad und die mit der Gliedertaxe einhergehende Leistungsprogression eine entscheidende Rolle für den Wert des versicherten Risikos. Der Wert der Leistung ist, ähnlich wie in der Krankenversicherung, in jedem Leistungsfall ein anderer.

§ 2 KVAV differenziert die Rechnungsgrundlagen für die **Krankenversicherungssparte** noch etwas feiner als die obige Aufzählung und zählt auch einige Zuschläge, den Sicherheitszuschlag etwa, zu den Rechnungsgrundlagen.

Handlungssituation (Fortsetzung)

„Wo bleibt die Marge?", unterbricht Herr Müller die Ausführungen von Henri Laurant und steuert seinen eigenen industriellen Kontext bei: „Einkaufs- und Produktionskosten, Kosten für spätere Gewährleistungsansprüche, ein Sicherheitspuffer: Das alles deckt doch nur das wirklich Notwendige!" Alle seine Mitbewerber haben hier vergleichbare Voraussetzungen. Der eine oder andere ist im Einkauf vielleicht nicht so geschickt wie Herr Müller, schmeichelt er sich, und seine Mitarbeiter seien natürlich auch etwas fähiger und motivierter als bei der Konkurrenz.

„Aber die für mich wichtigste Rechnungsgrundlage ist immer noch mein Gewinn. Der muss natürlich einkalkuliert werden in den Endpreis." Und natürlich böte genau diese Marge den Spielraum für Preisverhandlungen oder temporäre Rabatte. „Wie machen das denn die Versicherer?", will er wissen.

Ein finaler Gewinnaufschlag ist in der Lebensversicherung nicht vorgesehen. In der substitutiven Krankenversicherung gibt es immerhin einen 10%igen Prämienzuschlag gem. § 149 VAG, der aber nicht verhandelbar ist und mit dem Prämienerhöhungen ab dem 65. Lebensjahr abgemildert und ab dem 80. Lebensjahr Prämien sogar gemindert werden sollen. Anstelle des Gewinnaufschlags unterscheidet man die Rechnungsgrundlagen in Grundlagen erster und zweiter Ordnung.

Rechnungsgrundlagen zweiter Ordnung sind realistisch. Sie entsprechen den tatsächlichen Verhältnissen und wurden direkt aus beobachteten Werten (das wären dann Werte dritter Ordnung), etwa der Anzahl der Verstorbenen pro 10.000 Lebenden eines Alters, abgeleitet und dann geglättet, um Ausreißer zu beseitigen.

Die Ruintheorie (ein Teilgebiet der mathematischen Stochastik) beweist, dass jedes Unternehmen früher oder später ruiniert ist, wenn es zufällige Schadensereignisse nur mit deren Erwartungswert einkalkuliert. Daher werden die realistischen Rechnungsgrundlagen mit Auf- oder Abschlägen versehen – je nachdem, was vorsichtiger erscheint. Die Wirkung solcher Auf- und Abschläge illustriert Abbildung 5.13 anhand von Sterbewahrscheinlichkeiten. Die vorsichtigeren Grundlagen sind die Rechnungsgrundlagen erster Ordnung. Aufgrund der einkalkulierten Vorsicht sind die damit berechneten Prämien und Deckungsrückstellungen auf jeden Fall ausreichend. Und ja: Durch diese Art der Kalkulation entstehen Überschüsse. Später, im Abschnitt 5.7.8 Überschussbeteiligung, wird gezeigt, dass diese Überschüsse aber nicht im Unternehmen verbleiben, sondern mithilfe eines ausgeklügelten Verfahrens an die Versicherten ausgeschüttet werden. Es bleibt dabei kein Raum für Sonderrabatte, wie sich das Herr Müller vielleicht vorstellt. Allenfalls kann ein für alle Versicherten gleicher Prämienabzug aus Überschüssen vorgenommen werden, dessen Höhe nicht garantiert werden kann.

Wie bei der Vorbereitung eines Winterspaziergangs werden bei der Prämienkalkulation die unterschiedlichen Risiken bewertet und Schicht um Schicht durch wärmende Lagen schützender Beitragskomponenten kompensiert.

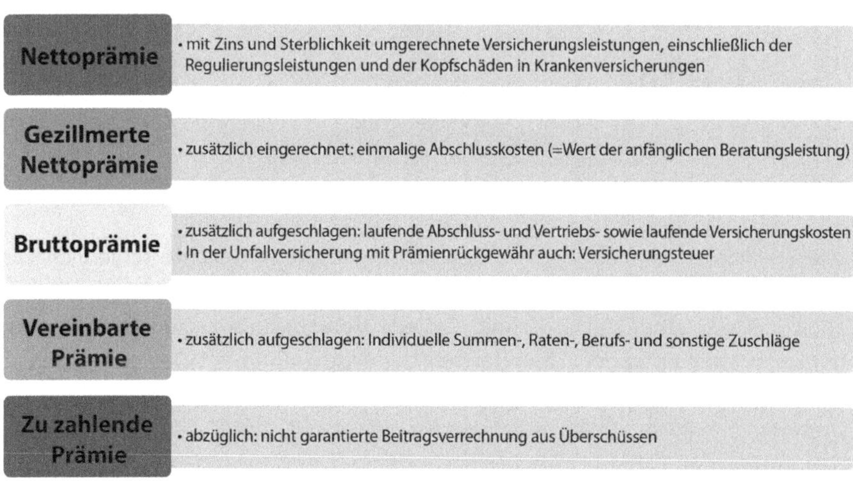

Abbildung 5.7: Von der Netto- zur Bruttoprämie und darüber hinaus

Die innerste Lage dieses Winterkostüms bilden Prämienteile für die Versicherungsleistungen einschließlich der Regulierungskosten. Das sind

- in der konventionellen Lebensversicherung die der Höhe nach fixen Erlebens- und Todesfallleistungen,
- in der fondsgebundenen Lebensversicherung die Anlagebeiträge in Fonds,
- in der Invaliditätsversicherung sowie in der Tagegeldversicherung die ebenfalls fixen Rentenleistungen (beziehungsweise die versicherten Tagegelder), deren Dauer, Häufigkeit und Eintrittswahrscheinlichkeit aber vom Zufall abhängen, und
- in der Krankenvoll- und Krankenzusatzversicherung die der Höhe nach unbekannten Gesundheitsleistungen, die zudem auch noch inflationsabhängig sind und wiederholt und unregelmäßig auftreten und deren Erkennungs- und Heilungschancen außerdem stark vom medizinischen Fortschritt abhängen.

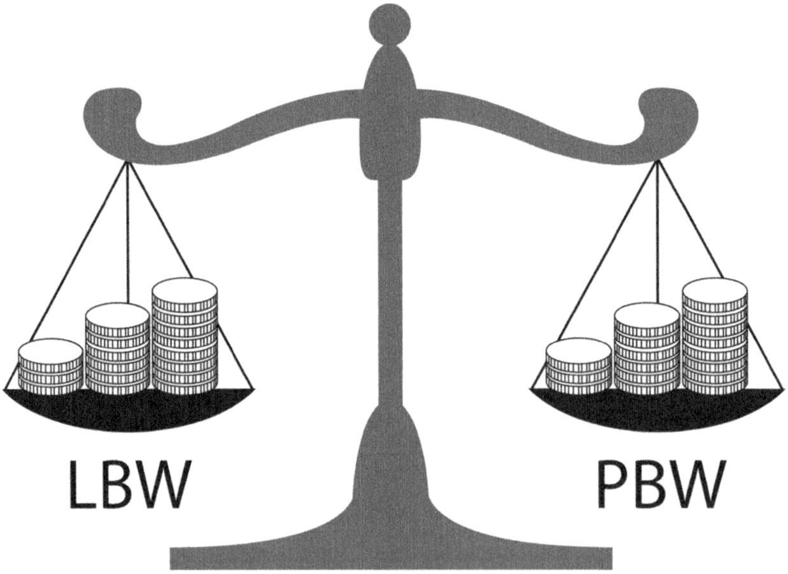

Abbildung 5.8: Leistungsbarwert (LBW) = Prämienbarwert (PBW)

All diese erwarteten Leistungen und Regulierungskosten, die unterschiedlich weit in der Zukunft liegen, werden auf den heutigen Zeitpunkt abgezinst und mit einer laufenden (oder seltener mit einer einmaligen) **Nettoprämie** abgegolten. Der Barwert der Leistungen entspricht dem Barwert der (Netto-)Prämien. Das besagt das sogenannte **Äquivalenzprinzip**. Für Lebensversicherungen ist es ebenso wie das **Vorsichtsgebot** in § 138 Abs. 1 VAG verankert; für die substitutive und sonstige Krankenversicherungen in §§ 146, 147 VAG.

Betrachtet man auch die Beratungsleistung als eine Versicherungsleistung (sie ist dann die allererste Leistung, welche die Versicherung erbringt), dann ergibt sich aus dem Äquivalenzprinzip die **gezillmerte Nettoprämie**. Sie beruht auf dem Gedanken von August Zillmer (1831–1893): Die Beratungsleistung sollte nicht vollständig im Moment der Beratung bezahlt werden, sondern kann als Zuschlag über die Laufzeit der Versicherung verteilt werden. Im Stornofall macht die Zillmerung allerdings Probleme, weil dann die Versicherung ihre Beratungsaufwendungen gegebenenfalls nicht mehr hereinholt. Es ist nicht einfach, aber aufsichtsrechtlich geboten, diese Gefahr in die Prämie mit einzukalkulieren.

Die nächste Lage bilden Prämienteile für die laufenden Vertriebs- und Verwaltungskosten. Sie erhöhen die Nettoprämie zur **Bruttoprämie**. In der Unfallversicherung mit Prämienrückgewähr (UPR) zählt auch die Versicherungsteuer in Höhe von 3,8 % der zu zahlenden Prämie zur Bruttoprämie. In anderen Unfallversicherungen beträgt die Versicherungsteuer 19 % und wird als Zuschlag auf das Versicherungsentgelt ohne die Steuer erhoben (§ 6 VersStG).

In Lebensversicherungsverträgen sind die Kosten fest mit dem Kunden vereinbart. In Krankenversicherungsverträgen können die Kostensätze bei einer Beitragsanpassung manchmal mit angepasst werden, wenn der Treuhänder dem zustimmt.

Bei Finanzanlagen in Form von Fonds sind die Verwaltungs- und Transaktionskosten der Höhe nach nicht fest vereinbart. Sie werden stattdessen laufend dem Fondsvermögen entnommen und erst im Nachhinein veröffentlicht. Der Fonds ähnelt insoweit dem Lager eines landwirtschaftlichen Kollektivs, aus dem sich sein Verwalter während des ganzen Jahres für seinen eigenen Lebensunterhalt selbst bedient und erst am Ende bei der Inventur preisgibt, welche und wie viele Waren er entnommen hat. Der Verkaufsprospekt eines Publikumsfonds muss aber Angaben darüber enthalten, welche Kosten wie oft dem Fonds entnommen werden (§ 165 Abs. 3 KAGB).

Bei der Neuemission von festverzinslichen Wertpapieren werden Kosten meist durch einen Ausgabeaufschlag erhoben.

Auf die Bruttoprämie werden abhängig vom Ergebnis der Risikoprüfung noch individuelle Zuschläge erhoben. Berufsunfähigkeitsversicherungen erheben typischerweise Berufsklassenzu- oder -abschläge (vgl. Proximus 5, S. 317), Risikoversicherungen gewähren Abschläge für bevorzugte Risiken, etwa Nichtraucher (vgl. Proximus 5, S. 315). Auch in der Unfallversicherung gibt es tarifliche Zu- und Abschläge (zum Beispiel den Gefahrengruppenzuschlag, den Mehrpersonennachlass, den Dauernachlass und den Junge-Leute-Nachlass (vgl. Proximus 5, S. 340f)). Es gibt auch Versicherungen, bei denen die Netto- und Bruttoprämie als vorfällige Jahresprämie kalkuliert wird. Möchte der Kunde dann lieber eine Monatsprämie zahlen, werden Teile der Jahresprämie für bis zu elf Monate aufgeschoben, wofür dann ein Ratenzahlungszuschlag vereinbart wird. Krankenversicherungstarife nach Art der Lebensversicherung enthalten einen

Sicherheitszuschlag (§ 7 KVAV), der dafür sorgen soll, dass nicht jede Kostensteigerung gleich zu einer Prämienanpassung führen muss. Die Bruttoprämie einschließlich all dieser Zu- und Abschläge ergibt die **vereinbarte Prämie**.

Die **zu zahlende Prämie** kann in manchen Lebensversicherungstarifen geringer sein als die vereinbarte Prämie. Das ist typischerweise in Risikolebens-, Berufs- und Erwerbsunfähigkeitsversicherungen sowie in Grundfähigkeitsversicherungen der Fall. Grund dafür sind die Sicherheits- oder Vorsichtszuschläge in den Rechnungsgrundlagen erster Ordnung. Diese Zuschläge sind in Risikolebensversicherungen recht nennenswert, weil sie anders als in der Krankenversicherung nach Vertragsschluss nicht mehr angepasst werden können. Solange sich Revisionsrisiko und Kostenrisiko nicht realisiert haben und sofern das Versicherungsunternehmen bereits genügend Puffer gebildet hat, kann es die vereinbarte Prämie durch Entnahmen aus der RfB, der Rückstellung für Beitragsrückerstattung, mindern. Proximus gewährt in der Risikolebensversicherung 30 % Nachlass aus Überschüssen (vgl. Proximus 5, S. 315).

5.7.3 Rechnungsgrundlage Zins

Der Marktzins spielt für Preis und Rendite von Kapitalmarktprodukten die entscheidende Rolle. Auch Lebens- und Krankenversicherungsprodukte – zumindest solche mit Kapitalbildung – hängen stark von ihm ab.

Das Zinsmodell von Lebens- und Krankenversicherungen

Der Tarifkalkulationen in der Lebens- und Krankenversicherung liegt zumeist ein deterministischer Zins zugrunde, noch dazu einer, der als in der Zukunft konstant angenommen wird.

Für die Grundlagen der Kalkulation von Kapitalanlagen soll uns zunächst der Zinseszinseffekt genügen. Er wird in der Tabelle 5.12 links oben kurz dargestellt. Außerdem stellt die Tabelle im rechten und im unteren Teil bereits einige Grundlagen zur Kalkulation von Versicherungen dar. Darauf kommen wir später in Tabelle5.13 zurück.

■ BEISPIELE ZUR ZINSRECHNUNG:

Bei einem Zinssatz von 1 % werden aus 10.000 € innerhalb von 70 Jahren $1{,}01^{70}$ x 10.000 € = 20.067,63 €. Ohne Zinseszinseffekt wären pro Jahr nur 100 € hinzugekommen und es hätte 100 Jahre gedauert, um den Ausgangsbetrag zu verdoppeln.

Bei einem Zinssatz von 10 % werden aus 10.000 € innerhalb von 7,25 Jahren $1{,}1^{7{,}25}$ x10.000 € = 19.957,08 €. Ohne Zinseszinseffekt wären pro Jahr 1.000 € hinzugekommen und es hätte demzufolge zehn Jahre gedauert, um den Ausgangsbetrag zu verdoppeln. ■

In diesem Beispiel fällt auf, dass der Zinseszinseffekt in beiden Fällen die Zeit für die Verdoppelung des Anlagebetrages auf etwa 70 % verkürzt hat. Das ist kein Zufall!

Wenn Sie Spaß an derlei mathematischen Spielereien haben, reduzieren Sie den Zins auf 0,1 % und auf 0,01 %. Je kleiner Sie den Zinssatz wählen, desto mehr nähert sich der grobe Schätzwert 70 % dem theoretischen Wert $ln(2)\approx69{,}31$ % für eine Verdoppelung des Ausgangsbetrags an, der sich unter der Modellannahme eines stetigen Zinses anstelle eines diskreten (zum Beispiel jährlichen) Zinses ergibt.

Welche Vor- und Nachteile haben diskrete und stetige Zinsmodelle?

Merke

Man kann eine Badewanne durch den stetigen Zulauf eines Wasserhahns füllen oder durch das diskrete mehrmalige Hinzuschütten einiger Eimer Wasser. Nimmt man statt eines Eimers einen Fingerhut, muss man öfter schütten und die Art und Weise, wie sich die Wanne füllt, ist von stetigem Zulauf praktisch nicht zu unterscheiden.

Ein diskretes Zinsmodell ist anschaulich und leicht zu erklären, so wie in Tabelle 5.12. Das Kapital wird zu bestimmten Zeitpunkten, meist monatlich oder jährlich, spontan und sprunghaft erhöht. Jeder kennt das von seinem Sparkonto. Aber diese Sprünge sind leider mathematisch schwer erklimmbare Klippen. Für den Handel zu anderen (untermonatlichen) Zeitpunkten braucht man spezielle Annahmen. Die Annahme einer stetigen Verzinsung vereinfacht viele finanzmathematische Berechnungen.

Zinsrechnung	**Wahrscheinlichkeitsrechnung**
Das Kapital K_0 zum Zeitpunkt *0* erhöht sich pro Jahr um den Zinssatz *i*. Daher beträgt das um ein Jahr aufgezinste Kapital K_1 am nächsten Jahrestag $K_1 = K_0(1+i).$ Für die nächsten Jahre gilt $K_2 = K_1(1+i) = K_0(1+i)^2.$ $K_3 = K_2(1+i) = K_0(1+i)^3.$ Allgemein lautet die Aufzinsungsformel (bei einem konstanten Jahreszins *i*) $K_m = K_0(1+i)^m.$ Stellt man diese Formel nach K_0 um, so erhält man die Abzinsungs- oder Diskontierungsformel $K_0 = \frac{K_m}{(1+i)^m}$	Ein Modellbestand von l_0 Personen baut sich gemäß einer Ausscheideordnung $q_{()}$ ab. Aus l_x Personen im Alter *x* werden $l_{x+1} = l_x(1-q_x)$ Personen im Alter *x+1*. Jede der l_x Personen hatte ein Kapital von K_x. Insgesamt besitzt das Kollektiv also $K = l_x \times K_x$ Die Ausgeschiedenen $q_x \cdot l_x$ Personen hinterlassen ihren Besitz dem verbleibenden Kollektiv. Jetzt gehört das Kollektivkapital *K* nur noch l_{x+1} Personen. Jeder Verbliebene besitzt deshalb $K_{x+1} = \frac{K}{l_{x+1}} = K_x \times \frac{l_x}{l_{x+1}}$

Wendet man die Zins- und Wahrscheinlichkeitsrechnung gleichzeitig an, ergibt sich für die

- Aufzinsung mit Vererbung um ein Jahr: $K_{m+1} = K_m(1+i) \times \frac{l_{x+m}}{l_{x+m+1}}$
- Aufzinsung mit Vererbung um n Jahre: $K_n = K_0(1+i)^n \times \frac{l_x}{l_{x+n}}$

Dabei nehmen wir an, dass die Personen im (Versicherungs)Jahr *0* das Alter *x* haben.

Die überlebenden Personen im Kollektiv profitieren von Zinserträgen und von biometrischen Erträgen (dem Vererben).

Das Diskontieren, also die umgekehrte Richtung, wird benötigt, um zukünftige Zahlungen heute zu bewerten:

- Abzinsung mit Vererbung um ein Jahr: $K_m = \frac{K_{m+1}}{(1+i)} \times \frac{l_{x+m+1}}{l_{x+m}}$
- Abzinsung mit Vererbung um n Jahre: $K_0 = \frac{K_n}{(1+i)^n} \times \frac{l_{x+n}}{l_x}$

Für den Ausdruck $D_x = \frac{l_x}{(1+i)^x}$ haben die Versicherungsmathematiker den Begriff „Diskontierte Lebende" geprägt. Er drückt wie kein Zweiter die Synthese aus Zins- und Wahrscheinlichkeitsrechnung aus. Mit diesem Ausdruck kann man die letzte Gleichung auch so schreiben:

- Abzinsung mit Vererbung um n Jahre: $K_0 = K_n \times \frac{D_{x+n}}{D_x}$

K_0 ist der Barwert einer in n Jahren fälligen Leistung der Höhe K_n.

Daneben gibt es die „Diskontierten Toten" $C_x = \frac{d_x}{(1+i)^{x+1}} = \frac{D_x}{(1+i)} - D_{x+1}$. Hierbei ist $d_x = q_x \times l_x$ die Anzahl der im Alter *x* gestorbenen Mitglieder des Modellbestands. In diesem Modell wird angenommen, dass alle Toten zeitgleich am Jahresende sterben. Die Todesfallleistung wird deshalb ein Jahr mehr abgezinst als die Leistung der Lebenden.

Mit diesen Ausdrücken und der Abzinsungsformel über n Jahre ergeben sich:

- Barwert einer Erlebensfallleistung EL_n im Jahr *n*: $BW_{EL} = EL_n \times \frac{D_{x+n}}{D_x}$
- Barwert einer Todesfallleistung TL_n im Jahr n: $BW_{TL} = TL_n \times \frac{C_{x+n}}{D_x}$

Tabelle 5.12: Grundlegende Formeln zur Zinsrechnung und zur Wahrscheinlichkeitsrechnung

In Versicherungsprodukten wird der Zins vereinfachend als konstant angenommen. Der Zinssatz i in Tabelle 5.12 stimmt in jedem Jahr überein. Eine flache Zinskurve macht die Kalkulation deutlich einfacher. Der Preis für diese Vereinfachung muss mit sehr vorsichtigen Annahmen gezahlt werden. Wie die Abbildung 5.9 illustriert, orientieren sich Lebensversicherungen dabei am Zins für 10-jährige Anlagen. Aufsichtsrechtlich galt stets ein Höchstrechnungszins in Höhe von nur 60 % eines gleitenden Durchschnitts der tatsächlich am Markt erzielbaren Zinssätze für 10-jährige Anleihen. Der 40%ige Abschlag dient der Vorsicht. Erst in den letzten Jahren, als der Zins für 10-jährige Anleihen die Talsohle erreicht hat, ist man von dieser Grundregel etwas abgewichen.

In der Lebensversicherung betrug der Höchstrechnungszins für die Berechnung der Deckungsrückstellungen bis zu 4 %. Seit dem 1.1.2022 lag er bei 0,25 % (§ 2 DeckRV) und stieg zum 1.1.2025 auf 1 %. Eine Tarifgeneration in der Lebensversicherung behält ihren Rechnungszins, selbst wenn er später für neuere Tarifgenerationen abgesenkt wird.

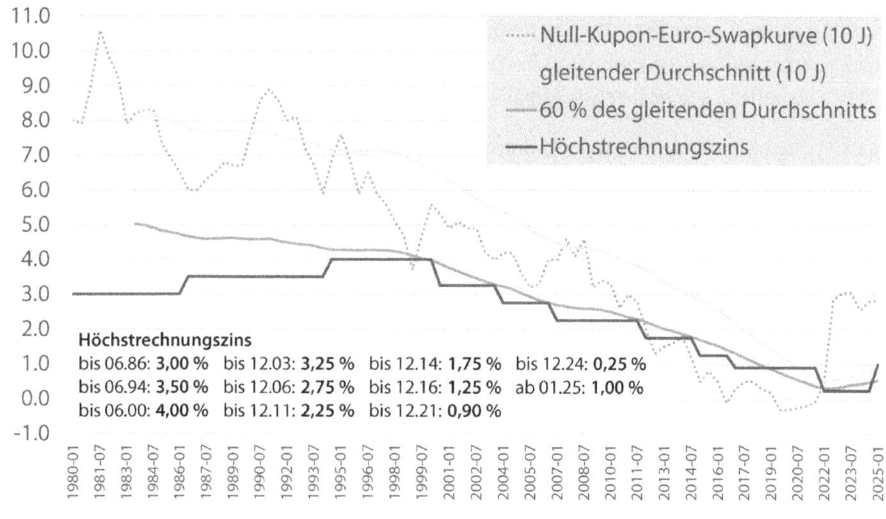

Abbildung 5.9: Herleitung des Höchstrechnungszinses in der Lebensversicherung

In der Krankenversicherung beträgt der Rechnungszins für die Prämienkalkulation und für die Berechnung der Alterungsrückstellungen seit Jahrzehnten unverändert höchstens 3,5 % (§ 4 KVAV). Ein Absenken des Rechnungszinses für die Alterungsrückstellungen macht erhebliche Probleme, weil es nicht nur die aktuelle Tarifgeneration betreffen würde, sondern auch gleich den gesamten Versichertenbestand.

Versicherungen müssen ihre Deckungsrückstellungen und Alterungsrückstellungen erhöhen, wenn der am Markt erzielbare Zins trotz aller Vorsicht nicht ausreicht, um die voraussichtlichen Verpflichtungen zu erfüllen. Das konnten sie in der Vergangenheit tun, insbesondere weil ausreichende Sicherheiten in die anderen Rechnungsgrundlagen einkalkuliert wurden.

Das Zinsmodell von Kapitalanlageprodukten

Das Zinsversprechen von Kapitalanlageprodukten orientiert sich enger am tatsächlichen Marktgeschehen. Darum ist es für Kapitalanleger sehr relevant, sich mit dem Ausfallrisiko auseinanderzusetzen. Wie groß ist also das Risiko bei Kapitalanlagegesellschaften und wie reduzieren sie es? Auf diese Fragen gibt es eine kurze Antwort: Es kommt darauf an! Nämlich darauf, welches Risiko der Emittent an den Investor überträgt: Bei sehr gut gerateten Staatsanleihen ist das Ausfallrisiko nahezu ausgeschlossen und dem verbleibenden Zinsänderungsrisiko kann durch Hedging, also durch Kauf und Verkauf von absichernden Optionen, begegnet werden. Am anderen Ende der Skala stehen hoch riskante „High Yield"-Anleihen und Junkbonds mit ihrem hohen Renditeversprechen und einem entsprechend hohen Ausfallrisiko. Zinsänderungen oder Stress an ihrem jeweiligen Absatzmarkt können solche Emittenten leicht in eine derartige Schieflage bringen, dass sie ihre Zinsversprechen nicht mehr erfüllen können und insolvent werden. Das kann sogar Staaten betreffen. Mitgliedsstaaten der EU wurden in der Vergangenheit vom Euro-Rettungsschirm vor der Zahlungsunfähigkeit bewahrt. Anleihen europäischer Mitgliedsstaaten gelten daher als besonders sicher.

Versicherungen investieren ausschließlich in Investment Grade, also gut geratete Kapitalanlagen.

Der Kapitalmarkt wird von Angebot und Nachfrage gesteuert und das jeweilige Angebot und die Nachfrage wird von den Zukunftserwartungen der Marktteilnehmer bestimmt.

Die gegenwärtigen Preise der Finanzanlagen nehmen die erwarteten zukünftigen Rückzahlungen aus den Anlagen vorweg. In der Sprache von Angebot und Nachfrage, bietet der Gläubiger (Käufer des Finanzprodukts) für die Finanzanlage gerade den Nachfragepreis, der ihm für die in Aussicht gestellten mehr oder weniger sicheren Rückzahlungen angemessen erscheint. Dies nennt man den Geld-Kurs oder den Bid-Preis. Der Schuldner (Verkäufer des Finanzprodukts) verlangt hingegen den Wert, den er seinerseits den zukünftigen Rückzahlungen und ihrer Eintrittswahrscheinlichkeit beimisst. Dies nennt man den Brief-Kurs oder den Ask-Preis. Die Differenz zwischen den beiden ist der **Spread**. Der Spread ist also ein Maß dafür, wie weit die Erwartungen zwischen der Angebots- und der Nachfrageseite auseinanderliegen. Da der Verkäufer seine Leistungen erst in der Zukunft erbringen muss, wird er ihren Wert auf den heutigen Termin nicht nur abzinsen, sondern auch mit einem Aufschlag versehen, der sein Änderungsrisiko abbilden soll. Der Aufschlag kompensiert die Gefahr, dass er wegen einer Absenkung der Zinskurve daran scheitern könnte, mit dem Erlös aus dem Wertpapierverkauf ausreichende Zinserträge zu generieren, um die Schulden aus dem Wertpapierverkauf zu bedienen. Sieht der Schuldner hingegen sogar die Chance eines Anstiegs der Zinskurve, könnte er sich anstelle des Aufschlags einen Preisabschlag leisten. Die Chance eines Zinsanstiegs könnte auch die Argumentation des Gläubigers sein, wenn er mit seinem Gebot unter den Barwert der zukünftigen Rückzahlungen zurückbleibt. Dann wäre es nämlich für ihn besser, noch ein wenig zu warten und erst in der Zukunft die dann besseren Zinsen einzukaufen.

Der Spread ist umso größer, je unterschiedlicher Gläubiger und Schuldner das Risiko einschätzen, wie sich die Zinskurve während der Laufzeit des festverzinslichen Wertpapiers ändern wird.

Durch Zeitablauf realisiert sich das Zinsänderungsrisiko und entweder der Gläubiger oder der Schuldner profitiert davon. Er macht Spekulationsgewinne. Sei es durch Glück oder sei es aufgrund außergewöhnlicher Marktexpertise, kann der Investor eine Anlage erwerben, die mehr Erträge abwirft oder stärker im Wert steigt, als zum Kaufzeitpunkt zu erwarten war – oder zumindest mehr als der Verkäufer erwartet hat. So ein Glück und so eine Expertise sind selten, weshalb der Finanzberater permanent die Kapitalmärkte nach günstigen Gelegenheiten absucht.

Handlungssituation (Fortsetzung)

Herrn Müller interessiert die Möglichkeit, durch vorausschauendes Investieren Gewinne am Kapitalmarkt zu erzielen. Seine Frau, Apothekerin, trägt ihre Ansicht vor, dass wegen der permanenten Bedrohung durch Pandemien im Gesundheitssektor Gewinne möglich sein müssten. Herr Müller sieht wegen weltweiter Konflikte Chancen im Verteidigungssektor. Es entsteht eine kurze Diskussion, bei der es auch um moralische, soziale sowie Nachhaltigkeitsaspekte geht. Es gibt zwar tatsächlich wissenschaftliche Ansätze für eine Gemeinwohl-Ökonomie, der Kalkulation liegen aber, so erklärt Henri Laurant überzeugend, ausschließlich finanzrationale Überlegungen zugrunde.

In einem vollkommenen Markt haben die Marktteilnehmer keine Präferenzen und keinen Informationsvorsprung vor anderen. Alle Marktteilnehmer schätzen die zukünftigen Risiken gleich ein und wissen das auch übereinander. Alle Marktteilnehmer verfolgen ausschließlich wirtschaftliche Interessen. Sie handeln als **Homo oeconomicus**. Den vollkommenen Markt gibt es nicht wirklich. Er ist nur ein Erklärmodell, das dabei hilft, Zusammenhänge zu begreifen.

In einem unvollkommenen Kapitalmarkt, bei dem Käufer und Verkäufer unterschiedliche Erwartungen an die Zukunft haben und unterschiedliche Interessen verfolgen, können **Arbitragegewinne** gemacht werden. Arbitragegewinne entstehen, wenn jemand einem anderen gegen Geld ein Risiko abnimmt und an jemand anderen weitergibt, der es für harmloser hält. Moderne Kapitalmärkte sind derart transparent, dass

Arbitrage praktisch ausgeschlossen ist. Sie kennen vielleicht den Ausspruch „There's no free lunch.", mit dem die Arbitragefreiheit gern charakterisiert wird?

Auch wenn Arbitragegewinne ausgeschlossen sind, bleiben **Spekulationsgewinne** immer noch möglich. Die Spekulationsgewinne werden im vollkommenen Markt durch zufällige Änderungen der Zinskurve verursacht und nicht dadurch, dass jemand die Zukunft besser kannte als andere. Angebotspreis und Nachfragepreis stimmen wegen der Arbitragefreiheit überein. Für jedes Kapitalmarktprodukt, auch für Geschäfte, die heute vereinbart und erst in der Zukunft ausgeführt werden (Futures), steht der Gleichgewichtspreis fest und ist allen bekannt. Dasselbe gilt für Optionen, also für Geschäfte, die ein Recht einräumen, ein zukünftiges Geschäft auszuführen oder es bleiben zu lassen, wenn es sich nicht lohnt. Futures und Optionen sind hochriskante Geschäfte über die Zukunft. Sie können hohe Erträge abwerfen, aber auch unbegrenzt hohe Verluste, die den anfänglichen Kapitaleinsatz weit übersteigen können. Ein Leerverkauf etwa ist das Versprechen, zu einem vereinbaren Zeitpunkt in der Zukunft ein Gut zu einem heute vereinbarten Preis (dem Strike-Preis) zur Verfügung zu stellen, ohne dass der Verkäufer dieses Gut heute bereits besitzt. Er muss es notfalls – koste es, was es wolle – beschaffen und zum vergleichsweise niedrigen Strike-Preis dem Inhaber der Option überlassen. Andererseits kann er den Optionspreis des Leerverkaufs komplett als Gewinn einstreichen, wenn der Käufer der Option von seinem zukünftigen Kaufrecht keinen Gebrauch macht. Leerverkäufer brauchen Nerven aus Stahl und müssen über genügend Ressourcen verfügen, um notfalls die hohen Verluste tragen zu können. Seine Altersvorsorge sollte man dafür nicht aufs Spiel setzen. Bei der Finanzberatung zu Futures und Optionen müssen diese hohen Risiken unbedingt angesprochen und gegebenenfalls erläutert werden.

Fischer Black, Myron Samuel Scholes sowie Robert C. Merton haben 1973 ein Kapitalmarktmodell zur Optionspreisbewertung vorgeschlagen: das Black-Scholes-Modell[5]. Sie wurden 1997 dafür mit dem Nobelpreis für Wirtschaftswissenschaften ausgezeichnet. Dieses Modell erklärt die beobachteten realen Marktpreise von Optionen durch Annahmen zur Wahrscheinlichkeit von zukünftigen Änderungen der Zinskurve. Es ermöglicht damit Aussagen darüber, für wie wahrscheinlich die Marktteilnehmer Änderungen der aktuellen Zinskurve halten und in welche Richtung diese Änderungen vermutlich gehen werden. Es ermöglicht auch Preise von Optionen vorherzusagen, die der Kalibrierung des Modells gar nicht zugrunde gelegen haben. Das Modell hat sich dabei als äußerst verlässlich herausgestellt.

Letztlich liegt eine Variante dieses Modells auch der Risikobewertung von Altersvorsorgeprodukten und Versicherungsanlageprodukten zugrunde. Es dient auch dazu,

5 Vgl. Black/Scholes 1973: Fischer Black, Myron Scholes: The Pricing of Options and Corporate Liabilities, in: Journal of Political Economy, Band 81, Nr. 3, 1973, ISSN 0022-3808, S. 637–654; Merton 1973: Robert C. Merton: Theory of Rational Option Pricing, in: The Bell Journal of Economics and Management Science, Band 4, Nr. 1, 1973, ISSN 0005-8556, S. 141–183.

die Effektivkosten von deutschen Versicherungsanlageprodukten in deren Basisinformationsblatt zu bestimmen. Darauf geht der Abschnitt Effektivkosten im Kapitel 5.7.5 genauer ein.

5.7.4 Rechnungsgrundlage Ausscheideordnung

Die Ausscheideordnung beschreibt die Wahrscheinlichkeit eines *x*-Jährigen, sein Kollektiv durch eine bestimmte Ausscheideursache zu verlassen bevor er *x+1* wird. Meist geht es dabei um das Absterben aus dem Kollektiv der lebenden Versicherten (man spricht dann von einer Sterbetafel: q_x) oder um das Kollektiv der Berufsfähigen (das nennt man eine Invalidisierungstafel: i_x).

So betrug 1999 die Wahrscheinlichkeit dafür, dass ein Neugeborener Junge starb, 0,3439 % (siehe Tabelle 5.13). Eine Versicherung mit 300 Neugeborenen muss also damit rechnen, dass etwa einer davon stirbt; vielleicht aber auch keiner oder 2. Mit 100.000 Neugeborenen kann sie ziemlich sicher sein, dass 344 davon sterben; jedenfalls ist es so gut wie ausgeschlossen, dass keiner stirbt oder gleich doppelt so viele. Je mehr Versicherte sie hat, desto sicherer kann sie sein, dass die Erwartungen ziemlich genau eintreffen. Das besagt das **Gesetz der großen Zahlen**. Es ist die wissenschaftliche Grundlage dafür, dass es sich für die Beteiligten lohnt, mehrere gleichartige Risiken zu einem Kollektiv zu bündeln.

Und noch einen Nutzen hat das Gesetz der großen Zahlen: Woher weiß man überhaupt, dass die Sterbewahrscheinlichkeit eines Neugeborenen 0,3439 % beträgt? Dies weiß man deshalb so präzise, weil man eine große Zahl von gleichartigen Risiken statistisch untersucht hat. Die Präzision einer Schätzung steigt mit der Anzahl der statistisch untersuchen Verwirklichungen des Risikos. Auch das besagt das Gesetz der großen Zahlen.

Scheidet ein Versicherter aus einem Kollektiv aus, so tritt er einem anderen Kollektiv bei, in dem er dann endgültig verbleibt oder das er mitunter auch wieder verlassen kann. Ein Invalide wird mit der Wahrscheinlichkeit rx wieder berufsfähig. Dies ist die Reaktivierungstafel. Abbildung 5.10 illustriert diese Übergänge für den Fall einer selbstständigen Berufsunfähigkeitsversicherung. Für den Tod eines Aktiven werden meist geringere Wahrscheinlichkeiten unterstellt als für den Tod eines Invaliden, was hier durch den oberen Index *a* beziehungsweise *i* unterschieden wird.

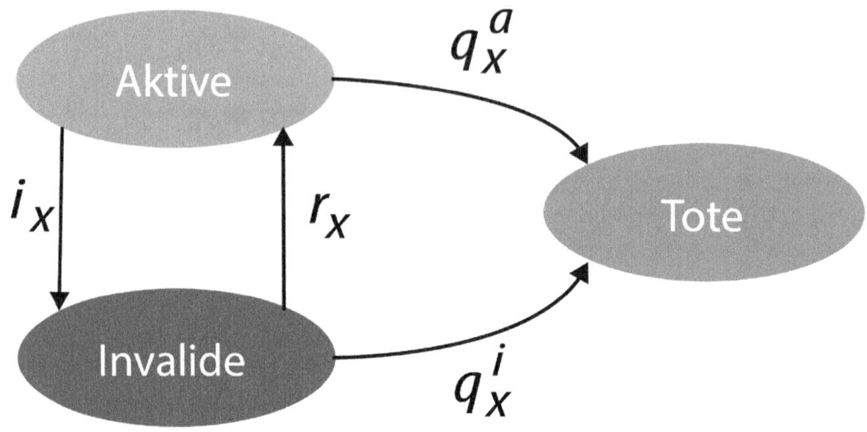

Abbildung 5.10: Übergangs- und Ausscheidewahrscheinlichkeiten einer Berufsunfähigkeitsversicherung

Abbildung 5.11 stellt den komplexeren Fall einer betrieblichen Altersversorgung mit Invaliditäts- und Hinterbliebenenschutz dar. Für den Invaliditäts- und Hinterbliebenenschutz spielt es oft eine Rolle, ob der Versicherte bei Eintritt des Schadenfalls noch aktiv oder bereits ausgeschieden ist. Darum sind die entsprechenden Verbindungen gepunktet (das heißt für Ausgeschiedene meist kein Anspruch) beziehungsweise punkt-gestrichelt (Anspruch je nach Vorgeschichte) dargestellt. Welche Ansprüche im Einzelfall bestehen, ergibt sich aus der **Pensionsordnung** des Unternehmens. Auch wenn der Name es suggeriert: Die Pensionsordnung ist keine Ausscheideordnung!

Ob im dargestellten Beispiel ein Mitarbeiter einen Hinterbliebenen hinterlässt, kann wahlweise kollektiv mithilfe von Verheiratungswahrscheinlichkeiten einkalkuliert werden oder für jeden Beschäftigten individuell. Macht man es individuell, so muss der Arbeitgeber in dem Moment die Pensionsrückstellungen erhöhen, in dem sein Mitarbeiter heiratet.

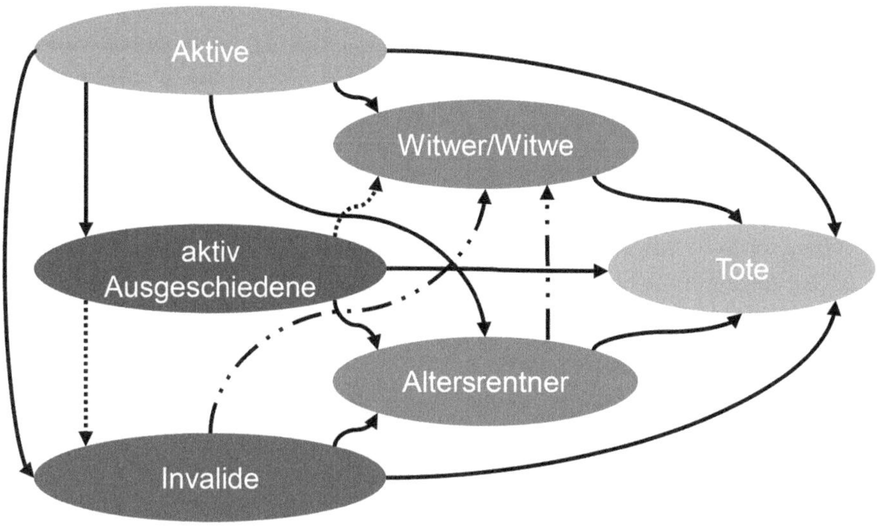

Abbildung 5.11: Übergänge einer betrieblichen Altersversorgung mit Invaliditäts- und Hinterbliebenenschutz

In der Krankenversicherung arbeitet man nicht mit derart vielen unterschiedlichen Kollektiven. Wie Abbildung 5.12 illustriert, unterscheidet man dort nur die Versicherten und die (durch Tod qx oder Storno wx) Ausgeschiedenen. Tote und Stornierende, die in die GKV wechseln, vererben in der Regel ihre Alterungsrückstellungen dem Kollektiv. Tarifwechselnde behalten gem. § 204 VAG ihre Alterungsrückstellung, soweit der Leistungsumfang im neuen Tarif erhalten bleibt, oder nehmen bei einem Anbieterwechsel zumindest den Übertragungswert mit. Darum ist es wichtig, den Ausscheidegrund zu unterscheiden. Lebende verbleiben in ihrem Kollektiv, verursachen dort aber alljährlich einen Kopfschaden K_x.

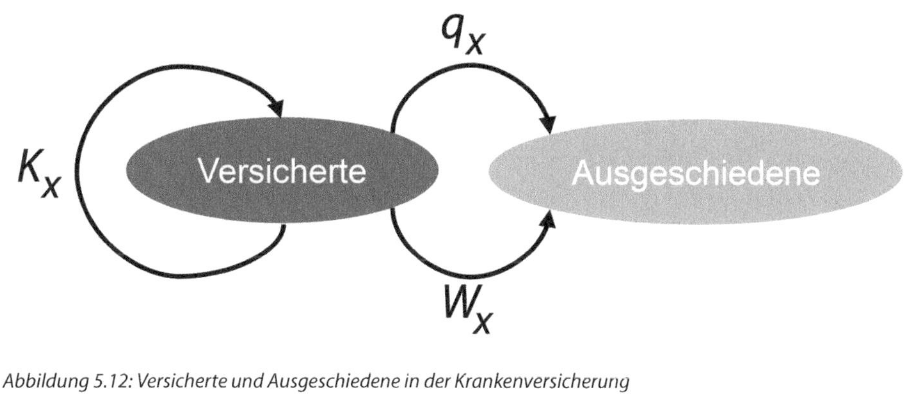

Abbildung 5.12: Versicherte und Ausgeschiedene in der Krankenversicherung

Der Kopfschaden K_x ist nur in der Krankenversicherung eine Rechnungsgrundlage. Seine Höhe ist vom Leistungsumfang des Tarifs abhängig sowie vom Alter und vom Geschlecht der versicherten Person. Dass manche Personen gesünder sind als andere, spielt für die Kopfschäden keine Rolle; sie repräsentieren die durchschnittlichen Krankheitskosten einer Altersgruppe. Infolge des Unisex-Urteils des EuGH[6] dürfen seit dem 21.12.2012 keine geschlechtsabhängigen Neutarife mehr kalkuliert werden. Das betrifft zunächst „nur" die Prämien und die Leistungen (Art. 5 Abs. 1 der Richtlinie 2004/113/EG). Seitdem werden die bestehenden geschlechtsspezifischen Unterschiede in den Kopfschäden vollständig nivelliert. Zuvor gab es bereits einen kalkulatorischen Ausgleich für die Kosten der Schwangerschaft und Mutterschaft, der natürlich in den Alttarifen beibehalten werden muss (§ 27 Abs. 3 und 4 KVAV).

Je nach Verwendungszweck werden Ausscheideordnungen zweiter Ordnung erhöht oder verringert, um vorsichtiger zu sein. Die Deutsche Aktuarvereinigung e. V. (DAV) überprüft regelmäßig, ob die von ihr vorgeschlagenen Tafeln noch ausreichend Sicherheiten enthalten. Sie greift dazu auf umfangreiches Datenmaterial von Erst- und Rückversicherungsunternehmen zurück und beurteilt die Präzision ihrer Schätzungen mit statistischen Methoden, die auf dem Gesetz der großen Zahlen beruhen. Rückversicherungsunternehmen helfen ihren Kunden mitunter, unternehmensindividuelle Abweichungen von den veröffentlichten DAV-Tafeln herzuleiten.

Abbildung 5.13 vergleicht die Rententafel DAV2004R mit der Todesfalltafel DAV2008T. Die Todesfalltafel wird bei Versicherungen mit erheblichem Todesfallschutz eingesetzt. Sie muss also die Gefahr eines frühzeitigen Todes überschätzen. Dementsprechend sind von 100.000 Neugeborenen im Geburtsjahr 1999 bis zum Alter von 100 Jahren praktisch alle gestorben. Die Rententafel wird hingegen bei Tarifen mit hoher Erlebensfallleistung eingesetzt, also typischerweise bei Verrentungstarifen. Hier erleben zahlreiche der 1999 Neugeborenen das Alter von 121 Jahren. Bei einer Rententafel wird typischerweise umso mehr Lebenserwartung einkalkuliert, je später die Person geboren wurde. In 2024 Geborene leben unter der DAV2004R-Tafel also noch länger.

[6] Vgl. EuGH, Urteil v. 1.3.2011 – C-236/09.

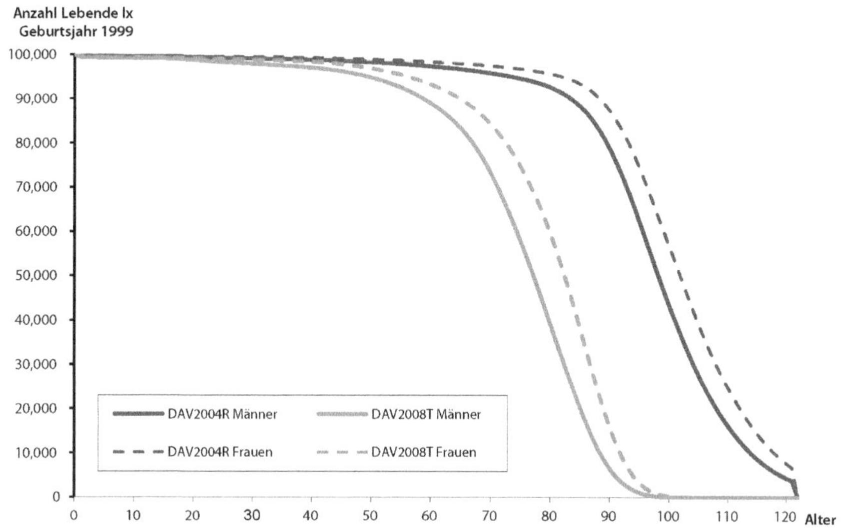

Abbildung 5.13: Sterbeordnungen für Erlebensfall- (R) und Todesfallversicherungen (T) für Männer und Frauen

Man sieht im Vergleich der Tafeln auch, dass mehr Frauen als Männer überleben. Das führt mit zunehmendem Alter zu einer „Natürlichen Entmischung" des Bestandes. Diese illustriert Abbildung 5.14. Im dargestellten Fall sind von den ursprünglich 100.000 Personen bis zum Rentenalter von 67 Jahren schon einige verstorben. Der Startbestand war so zusammengesetzt, dass nun genauso viele Männer wie Frauen das Rentenalter erreichen. Aufgrund der Langlebigkeit von Frauen sinkt der Männeranteil bis zum Alter von 121 Jahren aber auf 36 % ab. Man muss also für die auch in der Lebensversicherung vorgeschriebene Unisex-Kalkulation in Erlebensfall-Tarifen vorsichtshalber von einem geringeren Männeranteil ausgehen, als man ihn aktuell im eigenen Bestand vorfindet. Im Sinne der Vorsicht könnte man Rententarife nur mithilfe der Frauensterblichkeit kalkulieren und Tarife mit Todesfallcharakter nur mithilfe der Männersterblichkeit.

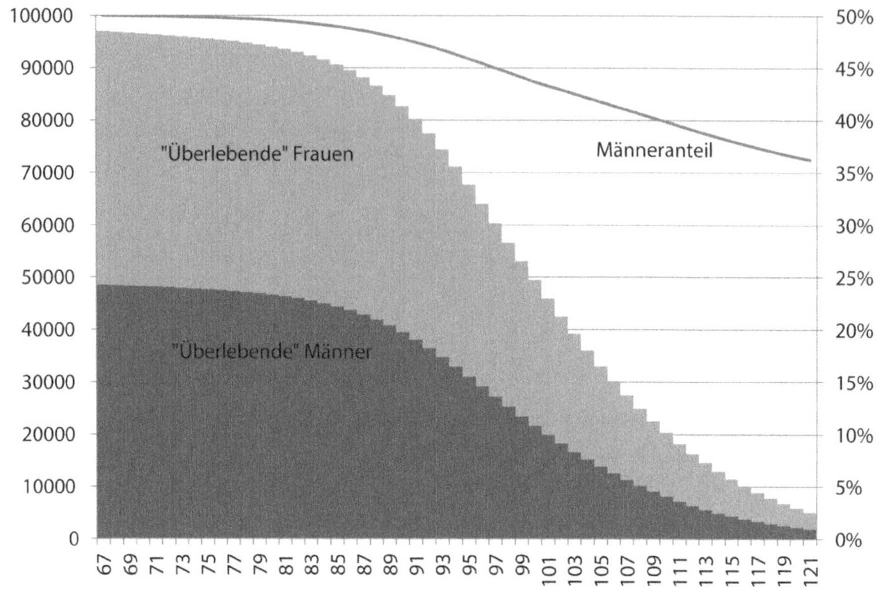

Abbildung 5.14: Natürliche Entmischung

Zur Vereinfachung der Kalkulation werden die beiden Rechnungsgrundlagen „Sterblichkeit" und „Zins" zu Diskontierten Lebenden D_x und Diskontierten Toten C_x verbunden. Das Vorgehen dabei wurde in Tabelle 5.12 skizziert.

Tabelle 5.13 zeigt beispielhaft, wie diese Berechnungen konkret durchgeführt werden.

Alter x	q_x	l_x	d_x	D_x	C_x
0	0,003439	100.000,0	343,9	100.000,0	340,5
1	0,000307	99.656,1	30,6	98.669,4	30,0
...	...	...	...	...	...
52	0,000845	98.088,3	82,9	58.466,3	48,9
53	0,000889	98.005,4	87,1	57.838,5	50,9
54	0,000930	97.918,3	91,0	57.215,0	52,7
...	...	...	...	...	...
90	0,036237	78.375,8	2.840,1	32.008,0	1.148,4
91	0,041530	75.535,8	3.137,0	30.542,7	1.255,9
92	0,046927	72.398,8	3.397,5	28.984,4	1.346,7
93	0,052298	69.001,3	3.608,6	27.350,8	1.416,2
94	0,057487	65.392,7	3.759,3	25.663,8	1.460,7
...	...	...	...	...	...
121	1,000000	3.743,3	3.743,3	1.123,0	1.111,9

Tabelle 5.13: Diskontierte Lebende Dx und Tote Cx für 1999 geborene Männer bei Zins 1 % und Tafel DAV 2004 R

Der Tabelle liegt ein Anfangsbestand von 100.000 Männern zugrunde, die alle im Jahr 1999 geboren wurden. Aufgrund der höheren Säuglingssterblichkeit sterben im Geburtsjahr 343,9 Babys, sodass nur noch 99.656,1 das Alter 1 erreichen. Im nächsten Jahr sterben nur noch 30,6 Einjährige. Erst im höheren Alter von beispielsweise 90 Jahren sterben nennenswert viele Personen. Das sieht man auch am Verlauf der Kurve „DAV 2004 R Männer" in Abbildung 5.13.

Wenn jeder noch Lebende an seinem Geburtstag einen Euro zahlt (zum Beispiel alle 98.088,3 Männer im Alter von 52 Jahren), so ist dieser Betrag bei ihrer Geburt $D_{52} = 98.088{,}3\text{ €}/1{,}01^{52} = 58.466{,}3\text{ €}$ wert gewesen. Dabei wurde ein Rechnungszins von 1 % angenommen. Diesen Betrag nennt man „Diskontierte Lebende".

Erhält jeder der im Alter von 52 Jahren verstorbenen 82,9 Personen ein Jahr nach dem letzten Geburtstag einen Euro, so waren diese 82,9 € bei ihrer Geburt $C_{52} = 82{,}9\text{ €}/1{,}01^{53} = 48{,}9\text{ €}$ wert. Diesen Betrag nennt man „Diskontierte Tote"

Mit diskontierten Lebenden und Toten lassen sich die Barwerte der Prämien (der Höhe 1 €) und die Barwerte der Leistungen (der Höhe 1 €) sehr einfach aufaddieren. Das Äquivalenzprinzip ermöglicht es dann mit einem Dreisatz die Prämie für eine beliebige Leistung zu bestimmen.

5.7.5 Rechnungsgrundlage Kosten

Die dritte wichtige Rechnungsgrundlage sind die Kosten. Während Zins und Sterblichkeit weitgehend marktgegeben sind und allenfalls durch geschickte Kapitalanlage und Risikoprüfung vom Unternehmen beeinflusst werden können, kann das Unternehmen bei den Kosten beweisen, wie effizient es die Verträge abschließen und verwalten kann. Unterschiedlich teure Vertriebe und der Automatisierungsgrad im Innendienst haben hier einen großen Einfluss.

Versicherungen und Fonds müssen über ihre Kosten je nach Produktart im Basisinformationsblatt, im Produktinformationsblatt oder im Altersvorsorge-Produktinformationsblatt informieren (vgl. Tabelle 5.14).

Produkt	Informationsblatt	Empfänger	Rechtsgrundlage
Verpackte Anlageprodukte für Kleinanleger und Versicherungsanlageprodukte	Basisinformationsblatt (BIB)	Verbraucher	§ 164 Abs. 1 KAGB und § 4 VVG-InfoV i.V.m. Verordnung (EU) 1286/2014 (PRIIP)
Altersvorsorge- und Basisrentenverträge	Altersvorsorge-Produktinformationsblatt (AltvPIB)	Versicherungsnehmer	§ 7 AltZertG

Produkt	Informationsblatt	Empfänger	Rechtsgrundlage
Alle anderen Lebens- und Krankenversicherungen	Informationsblatt zu Versicherungsprodukten (IPID)	Verbraucher	§ 4 VVG-InfoV und Durchführungsverordnung (EU) 2017/1469
Betriebliche Altersversorgung	Formlose Informationen gem. § 234n VAG	Versorgungsanwärter	§ 144 VAG, § 234n VAG und Richtlinie (EU) 2016/2341 (EbAV II)

Tabelle 5.14: Informationspflichten zu Kosten

Handlungssituation (Fortsetzung)

Herr und Frau Müller wissen beide um den Einfluss der Produktionskosten auf die Preise. Sie suchen also einen Versicherer oder eine Kapitalanlagemöglichkeit mit geringen Kosten. Und gerne wären sie auch bereit dazu, die Kosten ihres Anbieters gering zu halten, indem sie beispielsweise am Lastschriftverfahren teilnehmen und für Korrespondenz das Kundenportal nutzen. Sie fragen, welche Rabatte dadurch möglich sind. Henri Laurant erläutert ihnen, wie Versicherungen und Fonds ihre Kosten in die Produkte einkalkulieren und dass dabei individuelle Vergünstigungen nicht gewährt werden können.

Intuitiv ist jedem klar, was Kosten sind. Oft wird der Begriff synonym zu Aufwand gebraucht. Betriebswirtschaftlich ist das nicht ganz richtig. Dort bezeichnet Aufwand die Minderung des Nettovermögens innerhalb einer Abrechnungsperiode. Kosten hingegen sind der während einer Periode entstehende Werteverzehr, der bei der Erstellung der Betriebsleistungen entsteht.[7]

Fast alle Aufwände sind betrieblich bedingt und sind damit zugleich Kosten. Es gibt jedoch auch Aufwände, die keine Kosten sind (zum Beispiel Spenden, Gewerbesteuerzahlungen, Verluste durch Maschinenbruch, Spesen und betrieblich nicht notwendige Beteiligungen), und Kosten, die keine Aufwände sind (zum Beispiel kalkulatorische Abschreibungen, die über die tatsächlichen Wertminderungen hinausgehen, Opportunitätskosten oder kalkulatorischer Unternehmerlohn). Der kalkulatorische Unternehmerlohn darf nach Auffassung der Finanzaufsichtsbehörde übrigens nicht in den Beitrag eingerechnet werden, da eine Versicherungsgesellschaft über die gebotene Vorsicht hinaus ohne planmäßige Gewinne kalkulieren soll.

Die Kosten werden als Kostenanteil in den Beitrag einkalkuliert. Im Zusammenhang der Beitragszerlegung ist der Kostenanteil daher ein Ertrag und soll die tatsächlichen Kosten decken. Das Äquivalenzprinzip aus § 138 Abs. 1 VAG schließt auch die Kosten mit ein.

7 Vgl. Wöhe: Einführung in die Allgemeine Betriebswirtschaftslehre, 28. Auflage, Verlag Franz Vahlen GmbH, München 2023.

In den allermeisten Fällen sollen die kalkulatorischen Kosten die tatsächlichen Kosten derselben Periode überdecken. Diese Kosten sind in Tabelle 5.15 aufgeführt. Man unterscheidet Abschluss- und Vertriebskosten von den übrigen Kosten, hauptsächlich den Verwaltungskosten.

<table>
<tr><th>tatsächliche Abschluss- und Vertriebskosten</th><th colspan="2">einkalkuliert als</th><th>tatsächliche übrige Kosten, Verwaltungskosten</th></tr>
<tr><td>... sind (meist) einmalige vor und bis zum Vertragsabschluss anfallende Aufwände.</td><td></td><td></td><td>... sind (meist) einmalige vor und bis zum Vertragsabschluss anfallende Aufwände.</td></tr>
<tr><td>Abschlusskosten entstehen typischerweise bevor und wenn der Vertrag abgeschlossen wird:
• Provisionen
• Antragsbearbeitung, Policierung
• Ärztliche Untersuchungen, Berichte
• Herstellung von Druckstücken (Antragsformularen, Tarifunterlagen, Versicherungsbedingungen, Werbematerial)</td><td rowspan="2">kalkulatorische Abschluss- und Vertriebskosten</td><td rowspan="2">übrige Kosten,
insbesondere kalkulatorische Verwaltungskosten</td><td rowspan="2">• In-/Exkasso
• Schriftwechsel mit Versicherungsnehmern
• Vertragsänderungen
• Leistungsbearbeitung
• Laufende Vertragsverwaltung
• Bestandserhaltungsmaßnahmen
• Kosten für die Datenverarbeitung
• Ausfertigung von Druckstücken
• Buchhaltung/Jahresabschluss
• Rechnungslegung und andere allgemeine Aufwendungen des Versicherers</td></tr>
<tr><td>Vertriebskosten entstehen unabhängig vom konkreten Vertragsabschluss, allein schon dadurch, dass Abschlüsse ermöglicht werden:
• Verkaufsfördermaßnahmen, Vertriebswettbewerbe
• Laufende Gehälter in Außendienst
• Vertriebsunterstützung, Schulungsmaßnahmen
• Antrags- und Risikoprüfung
• Marketing
• Vertrieblich genutzte Geschäftsräume</td></tr>
<tr><th>kalkulatorische Abschluss- und Vertriebskosten</th><th colspan="2"></th><th>kalkulatorische übrige Kosten, Verwaltungskosten</th></tr>
<tr><td>• (Vereinbarte) Beitragssumme
• Früher meist: Versicherungssumme</td><td colspan="2">übliche Bezugsgrößen</td><td>• Stückkosten (haben keine Bezugsgröße)
• Jahresbeitrag oder gezahlter Beitrag
• (Vereinbarte) Beitragssumme
• Fondsgebundenes und/oder konventionelles Deckungskapital</td></tr>
<tr><td>... müssen gemäß VVG-InfoV in der Lebens- und Krankenversicherung als Gesamtbetrag mitgeteilt werden.</td><td colspan="2">Informationspflichten</td><td>... müssen gemäß VVG-InfoV als Anteil der Jahresprämie unter Angabe der Laufzeit mitgeteilt werden, die Verwaltungskosten als Davon-Anteil der übrigen Kosten.</td></tr>
</table>

Tabelle 5.15: Abschluss-, Vertriebs- und Verwaltungskosten

Das Unternehmen ist bestrebt, die Kosten eines Vertrags so einzukalkulieren, dass der Vertrag während seiner Laufzeit die Aufwände trägt, die er für Vertrieb und Verwaltung verursacht – nach Möglichkeit sogar dann, wenn der Vertrag anders verläuft als bei Abschluss geplant. Daher orientiert es die einkalkulierten Kosten an den tatsächlichen Aufwänden der unterschiedlichen Geschäftsvorfälle. Dies ist das **Verursachungsprinzip**. Aber nicht alle Aufwände lassen sich so eindeutig bestimmten Vorgängen zuordnen. Die Gemeinkosten werden daher unterschiedlichen Bezugsgrößen zugeschlüsselt, und zwar so, dass sie im Durchschnitt gedeckt sind. Dies ist das **Durchschnittsprinzip**. Das dritte wichtige Verteilungsprinzip hierbei ist das **Tragfähigkeitsprinzip**, bei dem Kostenträger mit hohen Erträgen mehr Kosten übernehmen, als sie eigentlich verursachen. Tabelle 5.15 stellt verschiedene typische Kostenbemessungsgrößen dar.

Ganz entgegen der intuitiven Vorstellung sind kalkulatorische Kosten aus Unternehmenssicht deshalb etwas Gutes: Sie sorgen für Kostengewinne, wenn sie die tatsächlichen Aufwände der Periode übersteigen.

Abschluss- und Vertriebskosten

Bis 1994 waren in der Lebensversicherung Abschlussprovisionen von 35 ‰ der Versicherungssumme möglich. Abschlussprovisionen werden heute typischerweise in Promille der vereinbarten Beitragssumme gezahlt. Bis 2014 durfte ein Lebensversicherer maximal 40 ‰ der Beitragssumme zillmern. Seit 2014 sind es nur noch 25 ‰ (§ 4 Abs. 1 DeckRV). In der Krankenversicherung gibt es ein vergleichbares Verbot (§ 8 Abs. 3 KVAV).

Kapitalanlageprodukte, zum Beispiel Fonds, ähneln in Bezug auf Abschlusskosten den Einmalbeitragsprodukten. Abschlussaufwände werden als Ausgabeaufschlag erhoben. In das Nettoinventarvermögen des Fonds fließt letztlich nur der Anlagebetrag ohne den Ausgabeaufschlag.

Amortisationskosten

Werden höhere Abschlussprovisionen gezahlt als in derselben Periode einkalkuliert, finanziert das Unternehmen einzelvertraglich diese Provision vor. Die vorfinanzierten Aufwände werden dann erst in späteren Perioden durch die sogenannten Amortisationskosten eingenommen. Das Unternehmen geht im Storno- oder Todesfall des Versicherungsnehmers das Risiko ein, mit den Amortisationskosten nicht die vollen Abschlussaufwände zu tilgen. In der Lebensversicherung war es darum lange Zeit üblich, wenigstens im Stornofall die noch ausstehenden kalkulierten Amortisationskosten als einmaligen Stornoabschlag vom Rückkaufswert einzubehalten. Spätestens mit dem am 1.1.2008 neugefassten § 169 Abs. 5 VVG war Lebensversicherern diese Praxis explizit verboten.

Bei den kalkulierten Amortisationskosten handelt es sich teilweise um Opportunitätskosten und teilweise um tatsächliche Kosten aus vergangenen Perioden. **Opportunitätskosten** sind fiktive Kosten, die den Kapitalgebern dadurch entstehen, dass ihr Kapital gebunden ist, somit anderweitig investiert und dort sogar untergehen kann. Gleichwohl müssen sie einkalkuliert werden. Durch den Zeitversatz und die mögliche Uneinbringlichkeit im Stornofall, sind die Amortisationskosten höher als die nicht gedeckten Abschlusskosten. Nicht nur Verbraucher und Verbraucherschutzorganisationen, sondern auch die Versicherungsaufsicht stehen hohen Abschlussaufwendungen, wie sie durch die anfängliche Vergütung der Beitragssumme entstehen können, kritisch gegenüber. Umstritten ist, wie Amortisationskosten über die Laufzeit verteilt werden dürfen.[8]

Verträge gegen Einmalbeitrag haben das Vorfinanzierungsproblem nicht. Hier kann der Abschlussaufwand sofort und in voller Höhe dem Beitrag entnommen werden.

Kapitalanlageprodukte wie Fonds ähneln in Bezug auf Abschlusskostentilgung den Einmalbeitragsprodukten der Lebensversicherung. Abschlussvergütungen werden als Ausgabeaufschlag erhoben. In das Nettoanlagevermögen des Fonds fließt anschließend nur der Anlagebetrag ohne den Ausgabeaufschlag.

Verwaltungskosten

In Lebens- und Krankenversicherungen werden zu Vertragsbeginn die Kosten für die gesamte Laufzeit verbindlich vereinbart. Entsprechend vorsichtig müssen sie bemessen sein.

In der Krankenversicherung können im Falle einer Beitragsanpassung nicht nur die medizinischen Kosten (also die Kopfschäden), sondern auch die Verwaltungskosten der Versicherung angepasst werden. Weil nicht bekannt ist, wie lange es bis zur nächsten Anpassung noch dauert, muss man auch hier Vorsicht walten lassen. Außerdem ist gemäß § 155 VAG eine Beitragserhöhung nur insoweit zulässig, als die höheren Kosten bei der Erst- oder Neukalkulation von einem ordentlichen und gewissenhaften Aktuar nicht hätten erkannt werden müssen. Ob in der Zukunft Effizienzsteigerungen durch Automatisierung die Gehaltssteigerungen in der Verwaltung ausgleichen werden, dürfte zumindest umstritten sein. Also ist auch in Bezug auf Kosten Vorsicht angezeigt.

In **verpackten Kapitalanlageprodukten** (meist als PRIP abgekürzt) werden die Kosten nicht ex ante verbindlich vereinbart, sondern ex post dem Nettoanlagevermögen belastet. Die Kosten können also in jedem Jahr absolut und relativ eine andere Höhe haben. Im Basisinformationsblatt weist das PRIP retrospektiv die Verwaltungskosten aus, die im letzten Jahr je Anteil (in Prozent) beziehungsweise je 10.000 € Anlagebetrag (als Absolutbetrag) angefallen sind.

[8] Vgl. OLG Dresden, 8.6.2021, Az. 4 U 2159/20.

Werden Fonds in Lebensversicherungen als Anlageoption integriert, so müssen die Fondskosten zusammen mit den Versicherungskosten im Zuge der Beratung vorvertraglich mitgeteilt werden.

- Für **steuerlich geförderte Produkte** (zertifizierte Altersvorsorgeprodukte und Basisversicherungen) muss der Versicherer für seine eigenen und für die Kosten des Fonds geradestehen. Er vereinbart daher eine großzügige Kostenobergrenze für die eingebundenen Fonds. § 7c AltZertG ermöglicht es für zertifizierte Produkte, die vorvertragliche Kostenvereinbarung während der Laufzeit anzupassen, falls der Fonds selbst diese vorsichtigen Maximalkosten überschreitet. Im direkten Kostenvergleich zwischen zertifizierten Versicherungsprodukten und Fonds lässt die vorsichtige Kostenvereinbarung das Versicherungsprodukt oft schlechter aussehen als es in Wirklichkeit ist.
- Für **Versicherungsanlageprodukte** (meist als VAP oder IBIP abgekürzt) gemäß PRIIP-Verordnung müssen die Fondskosten ebenfalls im Kostenausweis integriert, der Höhe nach aber nicht garantiert werden. Der Kostenausweis erfolgt gemeinsam im Basisinformationsblatt des Versicherungsprodukts. Alternativ darf der Versicherer darauf hinweisen, dass die Fondskosten in den mitgeteilten Kosten noch nicht enthalten sind, wenn die Fondskosten von den Versicherungskosten separiert werden können. In Hybridversicherungen und in Tarifen mit Überschussbeteiligung sind Versicherungs- und Fondskosten praktisch untrennbar, weil der Fondsanteil und seine Zusammensetzung sich beständig ändern und weil gegebenenfalls Überschüsse auf das Fondsvermögen mit anderen Kosten verrechnet werden.

Transaktionskosten

Durch einen Zeitversatz von bis zu drei Tagen zwischen Zufluss des Geldes und Abrechnung des Kaufes kann der Fonds zusätzliche Erträge (oder auch Verluste) machen. Der Investor kauft (oder verkauft) seinen Anteil am Fondsvermögen als Katze im Sack, weil der Anteilspreis erst frühestens am Abend der Order bestimmt wird, oder, wenn er die Cut-Off-Time des Fonds oder der eigenen Bank verpasst hat, vielleicht auch erst am nächsten oder übernächsten Tag. In der Zeit zwischen Zugang des investierten Kapitals und Abrechnung der Order beziehungsweise in der Zeit zwischen Zugang der Verkaufsorder und Abrechnung des Verkaufs verändert sich fortwährend der Nettoinventarwert des Fonds und damit eigentlich auch der Anteilspreis. Da der Abrechnungspreis erst abends bestimmt wird, macht der Fonds in der Zwischenzeit Gewinne oder Verluste. Sie machen zusammen mit tatsächlichen Ordergebühren des Fonds die Transaktionskosten aus, die der Fonds retrospektiv und gemittelt über die vergangenen drei Jahre in seinem Basisinformationsblatt ausweisen muss. Wird in volatilen Marktphasen das Anlagevermögen des Fonds häufig umgewälzt, sind die Transaktionskosten naturgemäß höher.

Im Basisinformationsblatt von Lebensversicherungen sind die Transaktionskosten der Gesellschaft und gegebenenfalls auch die Transaktionskosten von eingebundenen Fonds ebenfalls ausgewiesen. Dabei muss die Gesellschaft berücksichtigen, dass sie sich einzelvertraglich aus dem Sicherungsvermögen der Gesellschaft und unterschiedlichen Fonds zusammensetzen können.

Performance Fee/Erfolgsgebühren

Einige Fonds, zum Beispiel Proximus Cash Invest (Proximus 5, S. 505 in Ziffer 11), sehen eine erfolgsabhängige Vergütung für das Fondsmanagement vor, wenn es die selbstgesteckten Ziele (seine Benchmark oder seinen Vergleichsindex) übertrifft. Diese Erfolgsgebühr mindert die Rendite des Fonds. In der Fondsberatung sollte idealerweise die Benchmark des Fonds erläutert werden, damit der Investor beurteilen kann, ob ihm eine Belohnung für ihr Überschreiten angemessen erscheint.

Versicherungen erheben keine Erfolgsgebühr und müssen sie deshalb auch nicht ausweisen.

In fondsgebundene Basisversicherungen und in Altersvorsorgeversicherungen dürfen Fonds mit Performance Fee nicht eingebunden werden. Für Versicherungsanlageprodukte gilt dieses Verbot nicht; sie müssen die Performance Fee von gegebenenfalls eingebundenen Anlageoptionen mit den Verwaltungskosten aggregiert ausweisen.

Effektivkosten

Handlungssituation (Fortsetzung)
Herrn und Frau Müller ist etwas schwindelig geworden, nachdem ihnen alle unterschiedlichen Kostenarten und deren Bemessungsgrößen erläutert wurden. Sie hätten gerne eine zusammenfassende Kostengröße, auch um die verschiedenen Angebote miteinander vergleichen zu können. Henri Laurant erklärt ihnen deshalb ausführlich, was Effektivkosten sind und wie sie berechnet werden.

„Effektivkosten", so erklärt es die BaFin, „geben an, wie stark die jährliche Rendite eines Versicherungsanlageprodukts durch die insgesamt anfallenden Kosten gemindert wird. Nach § 2 Absatz 1 Nr. 9 Verordnung über Informationspflichten bei Versicherungsverträgen (VVG-Informationspflichtenverordnung – VVG-InfoV) müssen Lebensversicherer ihre Kunden vor Vertragsabschluss über die Höhe der Effektivkosten ihres individuellen Vertrags informieren. Ferner müssen die Effektivkosten eines Mustervertrags im Basisinformationsblatt nach der PRIIPs-Verordnung genannt werden. Dieses Informationsblatt müssen die Lebensversicherer auf ihrer Internetseite veröffentlichen und den Versicherungsnehmern vor Vertragsabschluss zur Verfügung stellen."[9]

Altersvorsorgeprodukte und Basisversicherungen haben eine vergleichbare Informationspflicht aus § 7 Abs. 1 Nr. 10 AltZertG i.V.m. § 8 Nr. 3 AltvPIBV.

Seit dem 1.1.2023 müssen auch Fonds ein Basisinformationsblatt mit Renditeminderung (Reduction in Yield, RIY) veröffentlichen. Davor bestand die Pflicht, Wesentliche Anlegerinformationen (KIID, Key Investor Information Document) zu veröffentlichen, für die Proximus 5 noch einige Beispiele enthält (zum Beispiel Proximus 5, S. 474). Das Basisinformationsblatt heißt im Englischen KID (Key Information Document) und die offensichtliche Namensähnlichkeit ist sicherlich beabsichtigt.

Krankenversicherungen und Lebensversicherungen mit Risikocharakter haben keine vergleichbare Informationspflicht, weil bei ihnen die Kapitalanlage nicht im Vordergrund steht.

Um die Effektivkosten zu bestimmen, muss man zunächst die Renditen des Vertrags mit und ohne Kosten berechnen. Die Differenz beider Renditen ist die Renditeminderung, die auch als Effektivkosten bezeichnet wird. Die Verwaltungskosten von Kapitalanlageprodukten werden typischerweise auf das Fondsvermögen bezogen. Sie sind also solche RIY-Kennzahlen. Auch die Inflation wirkt wie eine RIY: Sie reduziert den Wert der Vermögen um einen jährlichen Prozentsatz.

5.7.6 Performance Messung und Effektivkostenberechnung

Die mögliche Ablaufleistung beziehungsweise das Verrentungskapital ist ein wichtiges Beratungskriterium in Lebensversicherungen.

Seriöserweise muss man in fondsgebundenen Versicherungen alle Hochrechnungen hinterfragen, die von einer gleichbleibend hohen, konstanten Nettoverzinsung ausgehen. In Wirklichkeit schwanken Kurse. Schwankende Kurse fressen in fondsgebundenen Versicherungen mit Garantie Rendite, weil der Versicherer sich gegen die Schwankungen absichert: Entweder indem er Garantien einkauft oder indem er mithilfe eines vereinbarten Umschichtungsverfahrens die vom Kunden gewünschten freien Fonds abstößt, um in sicherere Anlagen zu investieren, sobald die Erreichung der Garantie gefährdet scheint.

[9] Vgl. „Wenn Lebensversicherungen zu viel kosten" in BaFin Journal 3/22, S. 12 ff.

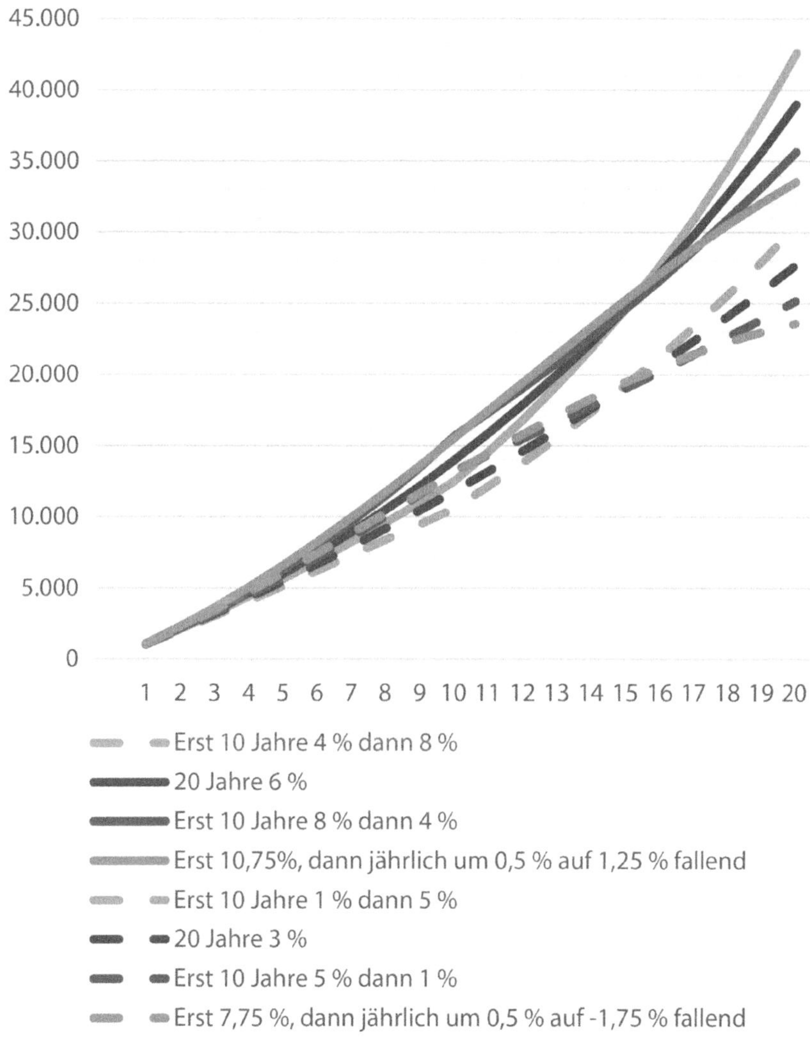

Abbildung 5.15: Unterschiedliche Wertverläufe trotz gleicher mittlerer Rendite

Auch in fondsgebundenen Versicherungen ohne Garantie macht es einen Unterschied, ob die durchschnittliche Rendite von beispielsweise 6 % dadurch erreicht wird, dass zehn Jahre 4 % und weitere zehn Jahre 8 % erreicht werden, oder umgekehrt. In Abbildung 5.15 werden aus 1.000 € Jahresbeitrag nach 20 Jahren im ersten Fall 42.602 € und im zweiten Fall nur 35.645 €. Die Hochrechnung mit konstanten 6 % ergibt 38.993 €. Wie man an der Ablaufleistung von nur 33.544 € des vierten Beispiels sieht, kommt es vor allem darauf an, welche Rendite gegen Ende des Vertrags erzielt wird, wenn also viel Kapital vorhanden ist. Kapitalanleger, die sich zu Beginn ihres Fondssparplans oder Versicherungsanlagevertrags große Mühe bei der Fondsauswahl geben, dann aber jahrelang die Performance ihres gewählten Fonds aus den Augen verlieren, benötigen deshalb hin und wieder Unterstützung.

Die durchgehend gezeichneten Beispiele in Abbildung 5.15 wurden allesamt ohne Berücksichtigung etwaiger Kosten berechnet. Falls man nun einen teuren Fonds mit 1,5 % Fondskosten unterstellt und auch der Versicherer noch 1,5 % Renditeminderung beiträgt, sinken die möglichen Ablaufleistungen der vier Beispiele auf 23.592 € bis 30.419 € ab. Es macht also einen großen Unterschied, ob man mithilfe der Ablaufleistungen vor (durchgehende Linien) oder nach Kosten (gestrichelte Linien) berät. Gänzlich unseriös wäre es, Ablaufleistungen vor Kosten mit Ablaufleistungen nach Kosten von Mitbewerbern zu vergleichen.

Nehmen wir an, von den 1.000 € Jahresbeitrag würden in jedem Jahr 1,5 % (also 15 €) für Verwaltungskosten verwendet und in den ersten fünf Jahren zusätzlich noch je 5 ‰ der Beitragssumme (also 100 €) für Abschlusskosten. Für die eigentliche Kapitalanlage stehen also fünf Jahre je 885 € und danach 15 Jahre 985 € zur Verfügung. Bei 6 % Rendite (vor Kosten) werden daraus 36.975,82 €, wie der geneigte Leser mit einer kleinen Tabelle leicht nachrechnen kann. Denselben Endwert erreicht man, wenn ein jährlicher Anlagebetrag von 1.000 € mit 5,54 % verzinst wird. Die Kosten (in Höhe von mindestens 1,5 % des Beitrags) reduzieren in diesem Beispiel eine 6%ige Vorkosten-Rendite um 0,46 Prozentpunkte auf 5,54 %. Die Effektivkosten betragen in dem Beispiel also 0,46 %. Sie wären mit 0,42 % unwesentlich geringer gewesen, wenn wir dieselbe Berechnung ausgehend von einer Vorkosten-Rendite von 3 % angestellt hätten. Selbst bei einer miserablen Vorkosten-Rendite von 0,00 % hätten sich relativ stabile Effektivkosten von 0,39 % ergeben. Die Effektivkosten sind, wie das Beispiel zeigt, ziemlich robust gegen Änderungen des Renditeniveaus. Die Halbierung des Niveaus und sogar der völlige Wegfall von Rendite hat die Effektivkosten nahezu unverändert gelassen. Diese Robustheit empfiehlt sie für einen Produktvergleich auf Kostenbasis.

Konventionelle Lebensversicherungen und Krankenversicherungen arbeiten mit dem Sicherungsvermögen des Unternehmens und erzielen – zumindest nach Überschussbeteiligung – eine sehr schwankungsarme Gesamtrendite. Darum schreibt § 154 VVG für konventionelle Lebensversicherungen nicht nur eine, sondern sogar drei normierte Modellrechnungen vor, wenn die Versicherung eine Überschussbeteiligung gewährt: Die Modellrechnungen sollen gem. § 2 Abs. 2 VVG-InfoV mit dem 1,67-Fachen des Höchstrechnungszinses erfolgen, sowie mit einem 1 Prozentpunkt höherem und niedrigerem Zinssatz. Es ist sicher kein Zufall, dass der Faktor 1,67 den Sicherheitsabschlag von 40 % bei der Herleitung eines vorsichtigen Höchstrechnungszinses gerade wieder ausgleicht (1,67*60 % ≈ 100 %). Die mittlere normierte Modellrechnung basiert also auf realistischen Kapitalmarktrenditen für 10-jährige festverzinsliche Wertpapiere.

Seit dem 1.1.2025 werden diese Modellrechnungen wegen des gestiegenen Höchstrechnungszinses mit 0,67 %, 1,67 % und 2,67 % durchgeführt. Die Normierung macht unterschiedliche Angebote vergleichbar.

Zusätzlich können auch individuelle Hochrechnungen dargestellt werden. Typischerweise beruhen diese auf dem aktuellen Stand der Überschussbeteiligung oder auf einstellbaren Szenarien der verwendeten Vergleichssoftware. Wurden bei Abschluss bezifferte Angaben zur möglichen Entwicklung der Überschussbeteiligung gemacht, dann muss gem. § 155 Abs. 3 VVG während der Vertragsdauer alljährlich auf Abweichungen der tatsächlichen Überschussentwicklung hingewiesen werden.

Performance und Effektivkosten von Altersvorsorgeprodukten und Basisversicherungen

Für zertifizierte Altersvorsorgeprodukte und Basisversicherungen hat sich das BMF im Einvernehmen mit der BaFin und wichtigen Verbänden einen Kompromiss zwischen der normierten Hochrechnung einer konventionellen Versicherung mit einem konstanten Zins gem. § 154 VVG und der eigentlich notwendigen Berücksichtigung einer Vielzahl möglicher zukünftiger Kapitalmarktentwicklungen ausgedacht: Zertifizierte Produkte müssen vor ihrem Vertrieb von der Produktinformationsstelle Altersvorsorge (PIA) klassifiziert werden. Dabei werden sie einer Chance-Risiko-Klasse (CRK) zugeordnet und die Klassifizierung wird alljährlich überprüft. Die Klassifizierungskriterien und die Beschreibungen der Klassen sind einheitlich vorgegeben.[10]

CRK 1	Das Produkt bietet eine sichere Anlage durch eine bis zum Beginn der Auszahlungsphase festgelegte garantierte (Mindest-)Verzinsung oder an einen Referenzzins gekoppelte Verzinsung mit niedrigen Ertragschancen. Das unwiderruflich gebildete Kapital nach Abzug der Kosten steigt in der Ansparphase fortwährend an. Der Anbieter gibt eine Beitragserhaltungszusage.
CRK 2	Das Produkt bietet eine sicherheitsorientierte Anlage mit begrenzten Ertragschancen. Der Anbieter gibt eine Beitragserhaltungszusage.
CRK 3	Das Produkt bietet eine ausgewogene Anlage mit moderaten Ertragschancen. Gibt der Anbieter keine Beitragserhaltungszusage, so besteht ein moderates Verlustrisiko.
CRK 4	Das Produkt bietet eine renditeorientierte Anlage mit höheren Ertragschancen. Gibt der Anbieter keine Beitragserhaltungszusage, so besteht ein höheres Verlustrisiko.
CRK 5	Das Produkt bietet eine chancenorientierte Anlage mit hohen Ertragschancen. Gibt der Anbieter keine Beitragserhaltungszusage, so besteht ein hohes Verlustrisiko.

Für die Klassifizierung betrachtet die PIA in jedem Jahr 10.000 mögliche Kapitalmarktentwicklungen und rechnet für jede einen Vertrag mit der Laufzeit 12, 20, 30 und 40 Jahre hoch. Welche 10.000 Kapitalmarktpfade das sind, ist nicht öffentlich zugänglich. Bekannt ist aber, dass die PIA den Kapitalmarkt alljährlich überprüft und die Parameter ihres Kapitalmarktmodells so anpasst, dass es wieder die Markterwartung an kurzfristi-

[10] Vgl. BMF Schreiben vom 14.3.2019, IV C PIA – S 2220-a/16/10003 :004, BStBl 2019 I S. 230.

ge Zinsen und an langfristige Zinsen trifft. Das stochastische Modell basiert auf dem eingangs bereits beschrieben Black-Scholes-Modell zur Optionspreisbewertung.

Die PIA untersucht, wie die zu klassifizierenden Produkte sich in ihrem Kapitalmarktmodell verhalten. Sie betrachtet Verträge gegen laufenden Beitrag mit 100 € Monatsbeitrag und Einmalbeitragsverträge mit entsprechend hohem Einlösungsbeitrag. Die Einordnung eines Vertrags zu einer Klasse kann daher von der Laufzeit und von der Beitragszahlungsweise abhängen. Ein einmal abgeschlossener Vertrag behält seine Chance-Risiko-Klasse während seiner gesamten Laufzeit bei. Nach ihr richten sich die vier Hochrechnungsszenarien, die für das Produkt anzufertigen sind. Sie sind in § 10 AltvPIBV vorgegeben und bringen zum Ausdruck, dass mit höherer CRK sowohl höhere Chancen als auch höhere Risiken einhergehen. Die CRK 5 beispielsweise deckt einen Renditebereich von -2 % bis 8 % ab. Produkte mit dieser CRK können also durchaus lukrativ sein, aber auch Verluste bescheren. Eine seriöse Beratung muss auf beides hinweisen und darf sich nicht nur auf die Chancen beschränken.

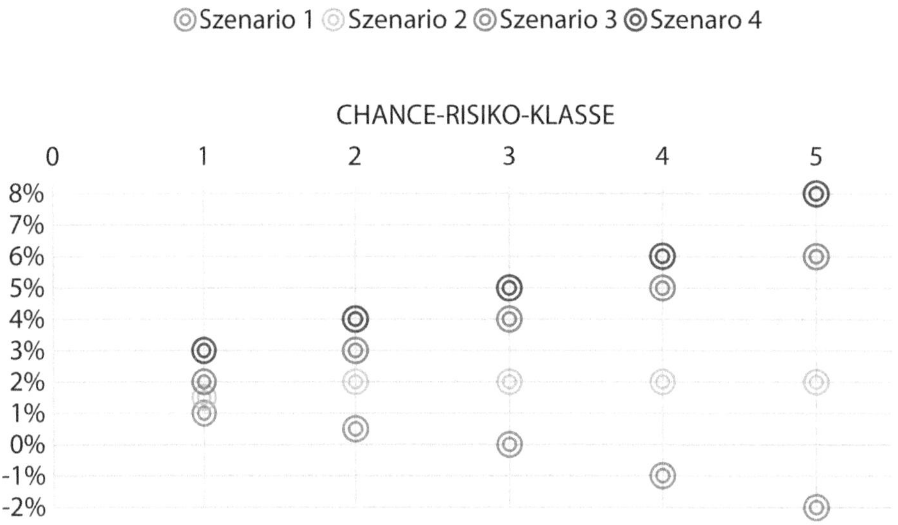

Abbildung 5.16: Darzustellende Szenarien der Chance-Risiko-Klassen

In jedem dieser Szenarien entwickeln sich die Kosten unterschiedlich. Es muss die Berechnungsmethodik „vor Kosten" angewendet werden: Die angesetzte pessimistische Rendite von -2 % in der CRK 5 verringert sich also noch weiter um Versicherungs- und Fondskosten. Für die Effektivkostenberechnung wird in jeder CRK das Effektivkostenszenario herangezogen, das derzeit dem Szenario 3 entspricht.

Zu jeder Laufzeit 12, 20, 30 und 40 Jahre, und zu jeder Zahlweise veröffentlicht der Produkthersteller ein Muster-PIB. Sofern im Produkt unterschiedliche Anlageoptionen gewählt werden können, muss für das Muster-PIB die teuerste gewählt werden. Auf diese Weise stehen die Unternehmen unter Druck, allzu teure Fonds gar nicht erst anzubieten.

Bei einem konkreten Vertragsangebot stellt der Anbieter dem Interessenten ein individuelles PIB nach amtlichem Muster zur Verfügung. Dabei wird der vereinbarte Beitrag, eine Dynamikvereinbarung und die gewählte Anlageoption berücksichtigt. Bei Altersvorsorgeverträgen fließen auch die Zulagen ein, auf die voraussichtlich Anspruch besteht. Eine Reihe der vorvertraglich mitgeteilten Informationen muss gem. § 7a AltZertG jährlich aktualisiert und dem Kunden mitgeteilt werden.

Performance und Effektivkosten von Versicherungsanlageprodukten

VAP müssen aufgrund von direkt anwendbarem EU-Recht kein PIB, sondern ein BIB erstellen. Darin wird das Produkt keiner CRK, sondern einem Gesamtrisikoindikator (Summary Risk Indicator, SRI) von 1 bis 7 zugeordnet. Der europäische Verordnungsgeber schreibt im BIB folgenden Textbaustein vor, um diese SRI-Klassen zu beschreiben: „Wir haben dieses Produkt auf einer Skala von 1 bis 7 in die Risikoklasse [1/2/3/4/5/6/7] eingestuft, wobei [1 der niedrigsten/2 einer niedrigen/3 einer mittelniedrigen/4 einer mittleren/5 einer mittelhohen/6 der zweithöchsten/7 der höchsten] Risikoklasse entspricht."[11]

Das **Basisinformationsblatt** braucht nicht individuell erzeugt zu werden; es genügt, ein Muster-BIB mit 10.000 € Einmalbeitrag beziehungsweise 1.000 € Jahresbeitrag für die empfohlene Haltedauer des Produkts auf der Unternehmens-Website zu veröffentlichen und vorvertraglich auszuhändigen. Auf Empfehlung des GDV werden analog zum Altersvorsorge-PIB häufig nicht nur eine, sondern die Haltedauern 12, 20, 30 und 40 Jahre dargestellt. Das Basisinformationsblatt kann als generisches BIB für alle Anlageoptionen gesamtheitlich oder einzeln für jede Anlageoption veröffentlicht werden, falls das Produkt mehrere Anlageoptionen vorsieht. Solche Produkte bezeichnet man als **Multioptionsprodukte** (MOP). Bei einem generischen BIB können die verallgemeinernden Performanceangaben entfallen und die Kostenangaben sowie die Angabe der SRI-Klasse als Bereichsangabe erfolgen.

§ 2 VVG-InfoV schließt die entstandene Informationslücke zur üblichen vertragsindividuellen Information: Die in Betracht kommenden vertraglichen Rückkaufswerte müssen aufgrund von Abs. 1 Ziffer 4 mitgeteilt werden. Freiwillig berechnen die Unternehmen daneben auch gern die möglichen Ablaufwerte und Verrentungskapitale.

Bei der individuellen Effektivkostenberechnung muss dasselbe Vorgehen wie für den Gesamtkostenindikator im BIB verwendet werden, jetzt aber mit den vertragsindividuellen Parametern. Die jährliche Wertentwicklung der Kostenanteile für die biometrische Komponente sind dabei grundsätzlich aus dem BIB zu übernehmen.

---

[11] DelV (EU) 2017/653 EN, 8.3.2017, Anhang III, Ziffer 7.

Die Berechnungsvorschriften für die Performance werden in der PRIIP-Verordnung grob und genauer in der DelV (EU) 2017/653 vorgegeben. Wegen der langen empfohlenen Haltedauern und um eine Vergleichbarkeit zu zertifizierten Produkten herzustellen, geht Deutschland einen Sonderweg: Wir berechnen die Performance mit einem ähnlichen Modell wie die PIA. Alljährlich prüft die Deutsche Aktuarvereinigung, ob die von der PIA verwendeten Kapitalmarktparameter auch zur Performancemessung von Versicherungsanlageprodukten geeignet sind und nicht nur zur Klassifizierung. Dann nämlich verteilen sich die 10.000 Wertentwicklungen der zertifizierten Produkte so ähnlich wie diejenigen der Versicherungsanlageprodukte.

Wie bei zertifizierten Produkten sollen vier unterschiedliche Wertentwicklungen dargestellt werden: eine optimistische, eine mittlere, eine pessimistische und schließlich noch eine besonders gestresste Wertentwicklung. Zudem wird auf Basis einer besonders pessimistischen Wertentwicklung der Gesamtrisikoindikator bestimmt:

- Das optimistische Szenario repräsentiert die 9.000. Wertentwicklung, wenn man die Ablaufwerte der Größe nach sortiert. Mathematiker nennen dies das 90. Perzentil einer Verteilung. Das heißt also, dass es bei der Untersuchung von 10.000 zufälligen Möglichkeiten immer noch 1.000 gibt, die noch besser performt haben als das optimistische Szenario.
- Das mittlere Szenario repräsentiert die 5.000. (ebenso sortierte) Wertentwicklung. Mathematiker nennen dies das 50. Perzentil oder den Median einer Verteilung.
- Das pessimistische Szenario repräsentiert die 1.000. (ebenso sortierte) Wertentwicklung. Mathematiker nennen dies das 10. Perzentil der Verteilung.
- Für die Berechnung des Gesamtrisikoindikators spielt die 250. (so sortierte) Wertentwicklung eine Rolle. Es gibt also nur noch 249 Wertentwicklungen, die zu noch schlechteren Ablaufwerten geführt haben. Aus der Höhe dieses schlechten Ablaufwertes wird abgeschätzt, wie volatil das der Simulation zugrunde liegende Versicherungsanlageprodukt wohl gewesen sein mag. Ihm wird dann eine Zahl von 1 bis 7 zugeordnet: der Gesamtrisikoindikator.
- Dem Stressszenario liegt eine weitere Simulationsrechnung mit anderen, pessimistischeren Modellparametern zugrunde. Bei dieser Simulationsrechnung wird für die Haltedauer 1 Jahr das erste und für alle anderen Haltedauern das fünfte Perzentil verwendet.

Für die Effektivkostenberechnung ist im BIB von Versicherungsanlageprodukten keine risikoklassenabhängige Wertentwicklung vorgeschrieben. Stattdessen muss die Wertentwicklung verwendet werden, die im mittleren Szenario beobachtet wurde.

Wenn für die vertragsindividuellen Informationspflichten die Wertentwicklung im mittleren Szenario nicht sinnvoll abgeschätzt werden kann, dürfen die Effektivkosten ersatzweise mit einer Wertentwicklung von 3 % bestimmt werden. Das ist dann dieselbe Wertentwicklung, die in zertifizierten Produkten der CRK 2 verwendet wird.

Past Performance und Gesamtkostenquote von Kapitalanlageprodukten

Zehntausend mögliche zukünftige Kapitalmarktentwicklungen geben Auskunft darüber, wie ein Versicherungsanlageprodukt in Zukunft performt. Bei OGAW- und AIF-Kapitalmarktprodukten ist nur ein Kapitalmarktpfad relevant: Derjenige, den der Fonds tatsächlich während seiner um fünf Jahre verlängerten empfohlenen Haltedauer durchlaufen hat. Man spricht bei der Performance von Kapitalanlageprodukten deshalb von **Past Performance**. Die Vergangenheit wird geschätzt, wenn der Fonds noch nicht lange genug existiert. Auch für empfohlene Haltedauern unter einem Jahr sieht die delegierte Verordnung (EU) 2017/653 in Anhang IV und VIII Besonderheiten vor.

Da es praktisch ausgeschlossen ist, dass sich die Vergangenheit in Zukunft genauso wiederholt, ist der vorgeschriebene Warnhinweis bei der grafischen Darstellung der Performance im BIB während der letzten fünf oder zehn Jahre wirklich wichtig: **„Die Wertentwicklung in der Vergangenheit ist kein zuverlässiger Indikator für die Wertentwicklung in der Zukunft. Die Märkte könnten sich künftig völlig anders entwickeln. Anhand des Diagramms können Sie bewerten, wie der Fonds in der Vergangenheit verwaltet wurde."**[12]

Die Verlängerung der empfohlenen Haltedauer um fünf Jahre (zu je ca. 250 Handelstagen) bewirkt, dass nun etwa 5*250 = 1.250 überlappende Zeiträume von der Dauer der empfohlenen Haltedauer beobachtet werden können. Auch hier markiert das 50. Perzentil das mittlere Szenario. Das optimistische Szenario ist jedoch die beste im betrachteten Zeitraum je beobachtete Wertentwicklung (nicht das 90. Perzentil wie bei Versicherungsanlageprodukten). Für das pessimistische Szenario werden zusätzlich noch alle historischen Zeiträume hinzugenommen, die höchstens so lang sind wie die empfohlene Haltedauer, mindestens ein Jahr dauerten und am Beobachtungszeitpunkt enden. Das sind bei einer empfohlenen Haltedauer von drei Jahren also noch einmal etwa 500 Zeiträume zusätzlich zu den 1.250. Die schlechteste Wertentwicklung in all diesen Zeiträumen markiert das pessimistische Szenario (nicht das 10. Perzentil).

Zusätzlich zum pessimistischen Szenario wird auch bei Kapitalanlageprodukten ein Stressszenario bestimmt, das nicht besser verlaufen darf als das pessimistische Szenario.

Die Gesamtkostenquote von Investmentfonds wird mithilfe der Wiederanlageprämisse bestimmt. Ausschüttungen werden reinvestiert und Kosten, würden sie nicht erhoben, rentieren sich genauso wie das Nettoanlagevermögen des Fonds im mittleren Szenario. Neben den laufenden Kosten fließen auch die (maximalen) einmaligen Kosten in die Gesamtkostenquote ein. Transaktionskosten sind allerdings nicht enthalten.

[12] Siehe (EU) 2017/653 Anhang VIII, Ziffer 9, in der Fassung vom 1.1.2023.

5.7.7 Deckungskapital und Alterungsrückstellung

Handlungssituation (Fortsetzung)
Als Henri Laurant die unterschiedlichen Teile des Basisinformationsblatts erläutert, fällt Herrn und Frau Müller auf, dass die Rendite bei einem Rückkauf nach einem Jahr oder nach der halben empfohlenen Haltedauer geringer ist als nach der vollen Haltedauer. In Versicherungsanlageprodukten mit Garantie haben sie zudem ein weiteres Szenario, das Garantieszenario, entdeckt. Welche Werte werden dort dargestellt?

Herr Laurant erinnert noch einmal an das Äquivalenzprinzip und erklärt, dass § 341f Abs. 1 HGB wann immer möglich die prospektive Methode vorschreibt. Das Äquivalenzprinzip gilt demnach nicht nur bei Abschluss der Versicherung, sondern prospektiv während der gesamten Laufzeit. Der Versicherer muss jederzeit über Rückstellungen verfügen, die zusammen mit den zukünftigen Beiträgen ausreichen, die zu erwartenden künftigen Verpflichtungen zu decken (Abbildung 5.17). Das gilt sowohl auf Unternehmensebene als auch einzelvertraglich. Auf Unternehmensebene bildet das Unternehmen dazu die Deckungsrückstellung gem. § 341f HGB in seiner Bilanz. Weil in der Krankenversicherung diese Rückstellung immer für die hohen Krankheitsaufwendungen im fortgeschrittenen Alter verwendet wird, heißt die Rückstellung dort Alterungsrückstellung (§ 146 Abs. 1 Nr. 2 VAG und § 8 KVAV).

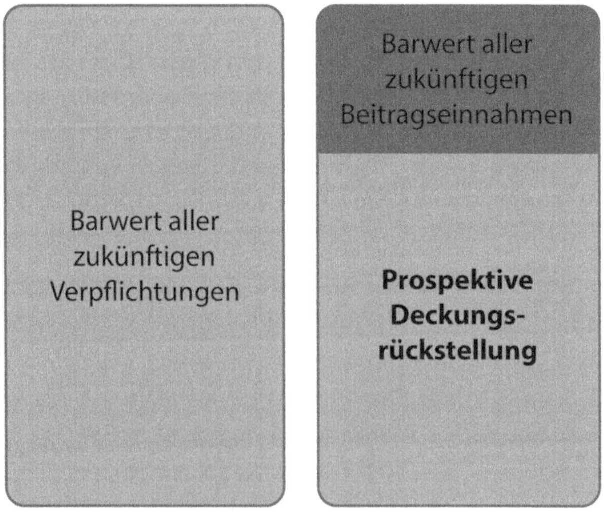

Abbildung 5.17: Prospektive Deckungsrückstellung

Einzelvertraglich wird der Posten auch oft als Deckungskapital bezeichnet, jedenfalls dann, wenn man damit den Rückkaufswert gem. § 169 VVG meint. Das Deckungskapital wird immer mit den Rechnungsgrundlagen der Beitragskalkulation berechnet. Die Deckungsrückstellung muss hingegen aufgestockt werden, wenn sich die Rechnungsgrundlagen der Beitragskalkulation als nicht ausreichend herausgestellt haben. Das war während der Niedrigzinsphase der Fall, als Zinszusatzreserven als Teil der Deckungsrückstellung aufgebaut werden mussten.

In der Krankenversicherung verlangt § 3 KVAV, dass die Rechnungsgrundlagen der Prämienkalkulation mit den Rechnungsgrundlagen der Alterungsrückstellung übereinstimmen. Gleichzeitig verhindert diese Regelung, dass skrupellose Versicherer die Prämien von verkaufsoffenen Tarifen auf Kosten des Bestands reduzieren. Das Tarifwechselrecht gem. § 204 VVG verhindert entsprechend, dass der Versicherer einen Tarif für das Neugeschäft schließt und mit praktisch gleichem Leistungsumfang zu günstigeren Prämien wieder auflegt.

Nur wenn es anders nicht geht, darf statt der prospektiven die retrospektive Methode angewendet werden. Abbildung 5.18 veranschaulicht den retrospektiven einzelvertraglichen Aufbau des Deckungskapitals von einer Versicherungsperiode zur nächsten: Alle Beiträge landen auf einem Kundenkonto, auch garantierte Zinserträge oder Kursgewinne und Vererbungskomponenten, welche die Versicherungsgemeinschaft dem Vertrag vermacht. Dem Kundenkonto werden zu den vereinbarten Zeitpunkten vereinbarte Abschluss- und Verwaltungskosten in der vereinbarten Höhe entnommen. Der Versicherer riskiert sein eigenes Kapital, wenn das so aufgebaute Guthaben nicht für die vereinbarte Versicherungsleistung ausreicht. In diesem Fall werden auch noch (biometrische) Risikobeiträge entnommen, und zwar in einer Höhe, welche die Wahrscheinlichkeit einbezieht, dass der Versicherungsfall eintritt. In fondsgebundenen Versicherungen tritt an die Stelle der Verzinsung die Wertentwicklung der Fonds.

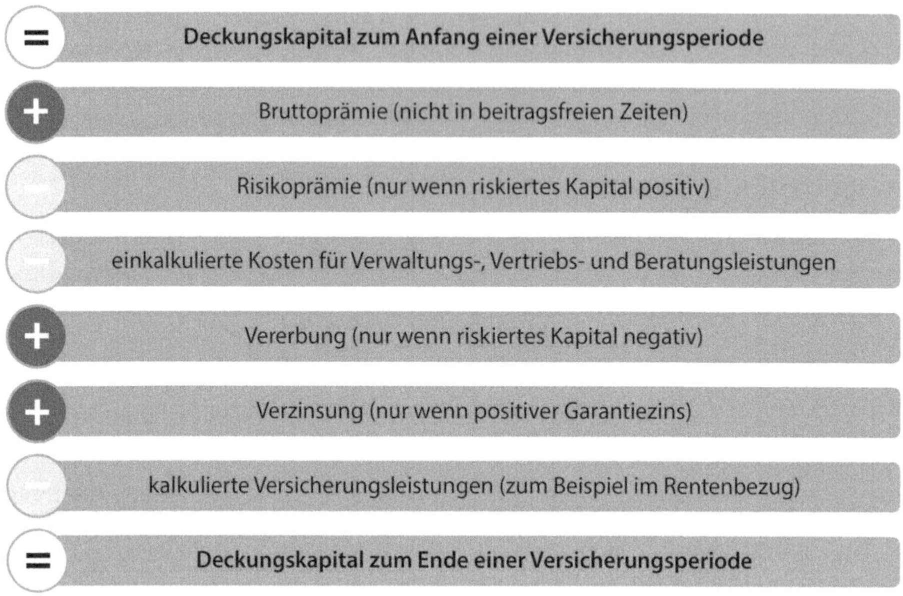

Abbildung 5.18: Bilanzgleichung für den retrospektiven Aufbau von Deckungsrückstellung

Weil sich die Verpflichtungen bei Eintritt des Versicherungsfalls sprunghaft erhöhen und in manchen Versicherungen dann auch die Beitragszahlungspflicht erlischt, springt das Deckungskapital in die Höhe. Das passiert beispielsweise, wenn die beitragsfreie Fortführung der Versicherung bei Eintritt der Berufsunfähigkeit (BUZ) oder bei Tod des Beitragszahlers (Termfix-Versicherungen) vereinbart wurde. Die Versicherung stockt das erforderliche Deckungskapital auf und finanziert diese Leistung aus den Risikoprämien gleichartiger, nicht leistungspflichtiger Versicherungen.

Das Deckungskapital hängt davon ab, mit welchen Rechnungsgrundlagen (Rechnungszins, Ausscheideordnung) es berechnet wird: Je höher der Rechnungszins, desto weniger Deckungskapital ist nötig, um die Leistungen aufzubauen.

Da in fondsgebundenen Versicherungen der Wert der zukünftigen Versicherungsleistung nicht feststeht, muss gemäß § 341f HGB bei diesen Versicherungen die retrospektive Methode angewendet werden. Das Kundenkonto wird typischerweise in Fondsanteilen geführt, sodass alle Zuführungen und Entnahmen vor Verbuchung in Anteile umgerechnet werden müssen. Der Rückkaufswert ist gemäß § 169 Abs. 4 VVG bei fondsgebundenen Versicherungen der Zeitwert der zum Rückkaufszeitpunkt auf dem Kundenkonto vorhandenen Fondsanteile.

Weil der Versicherungsgedanke im Vordergrund steht, ist nicht jede Versicherung in vollem Maße rückkaufsfähig. Versicherungen können nur funktionieren, wenn hinsichtlich des Risikos ein Informationsgleichgewicht besteht. Das Ungleichgewicht wird als subjektives Risiko bezeichnet.

Die einzelvertragliche Alterungsrückstellung ist nicht rückkaufsfähig; wäre sie es, dann könnte sich ein Arbeitnehmer auf diese Weise den Arbeitgeberzuschuss zu seiner Krankenversicherung auszahlen lassen. Außerdem könnte aufgrund des Informationsungleichgewichts ein totkranker Versicherter unmittelbar vor seinem Ableben noch die Alterungsrückstellung abrufen, die für gleichalte, durchschnittlich gesunde Mitversicherte noch bis zu deren Lebensende reichen würde.

Immerhin wird ein Teil der Alterungsrückstellung einer substitutiven Krankenversicherung gemäß § 146 Abs. 1 Nr. 4 und 5 VAG

- bei einem unternehmensinternen Tarifwechsel in einen Tarif mit gleichartigem Versicherungsschutz angerechnet, insbesondere auch bei einem Wechsel in den Standardtarif,
- in den Basistarif bei einem anderen PKV-Unternehmen übertragen.

Die Gleichartigkeit des Versicherungsschutzes richtet sich nach § 12 KVAV: Man unterscheidet: 1. ambulante Heilbehandlung, 2. stationäre Heilbehandlung, 3. Zahnbehandlung und -ersatz, 4. Krankenhaustagegeld, 5. Krankentagegeld, 6. Kurtagegeld und Kostenerstattung für Kuren sowie 7. Pflegekosten und -tagegeld.

Die vollständige Alterungsrückstellung wird bei Fortsetzung des Versicherungsverhältnisses gemäß § 207 VVG auf den neuen Vertrag übertragen, wenn er von einer der versicherten Personen übernommen wird.

Demgegenüber sind viele kapitalbildende Lebensversicherungen rückkaufsfähig. Der Rückkaufswert und zugeteilte Überschussanteile werden im Falle einer Kündigung zumindest soweit ausgezahlt, wie Leistungen bei Eintritt des Versicherungsfalls gewiss sind (§ 169 Abs. 1 VVG). Während der ersten fünf Vertragsjahre muss dabei der Mindestrückkaufswert gem. § 169 Abs. 2 VVG erreicht werden. Bei der Umwandlung in eine prämienfreie Versicherung werden der Rückkaufswert und zugeteilte Überschussanteile vollständig angerechnet. Der Versicherer darf davon in beiden Fällen (Kündigung und Betragsfreistellung) einen angemessenen vereinbarten und bezifferten Abzug einbehalten (§ 169 Abs. 6 VVG).

In Basisrentenversicherungen ist jede Kapitalisierbarkeit ausgeschlossen, damit sie den Charakter der sozialen Rentenversicherung behalten und steuerliche Vorteile nutzen können. In Altersvorsorgeverträgen ist der Rückkauf möglich, widerspricht aber dem Förderzweck. Er stellt darum eine schädliche Verwendung (§ 93 EStG) dar, die dazu führt, dass die steuerliche Förderung, also die Zulagen, anteilig zurückgezahlt werden muss. Die Berechnung dieses Anteils ist aufwändig und erfordert zudem eine Kommunikation mit der zentralen Zulagenstelle für Altersvermögen beim BZSt. Erst danach kann bestimmt werden, welcher Teil des gebildeten Kapitals ausgezahlt wird und welcher Teil der Zulagenstelle zurückzuerstatten ist.

Das gebildete Kapital wird zum Beispiel in folgenden Fällen übertragen:

- bei der (unschädlichen) Übertragung eines Altersvorsorgevermögens auf einen neuen Anbieter (§ 3 Nr. 55c EStG),
- bei der Übertragung einer versicherungsförmigen unverfallbaren Anwartschaft oder laufender Leistungen (§ 4 BetrAVG).

Bei einem Wechsel des Versicherungsnehmers wird der gesamte Vertrag und mithin auch die gesamte einzelvertragliche Deckungsrückstellung übertragen. Steuerlich wird das als Schenkung betrachtet. Hohe Freibeträge begünstigen die Schenkung einer Lebensversicherung von Eltern oder Großeltern zugunsten deren Kinder bzw. Enkel. Einen besonderen Versicherungsnehmerwechsel regelt § 170 VVG: Das Eintrittsrecht des Bezugsberechtigten, wenn der bisherige Versicherungsnehmer zum Beispiel wegen Arrest, Zwangsvollstreckung oder Insolvenz ausfällt.

Die Auszahlung des Rückkaufswertes ist aufgrund des subjektiven Risikos besonders in Kapitalversicherungen ohne oder mit nur geringer Todesfallleistung ein Problem: Weiß der Versicherungsnehmer um seinen bevorstehenden Tod, wird er die Police lieber zurückkaufen wollen als ohne nennenswerte Leistung zu versterben. Schließlich hat die Versicherung aufgrund des Äquivalenzprinzips ein hohes Deckungskapital aufgebaut, um für den Erlebensfall, zum Beispiel die bald bevorstehende Rente, ausreichende Mittel zur Verfügung zu haben. War jedoch kein Hinterbliebenenschutz eingeschlossen, verfallen diese Mittel im Todesfall zugunsten der Versichertengemeinschaft. Die Möglichkeit dieser Einnahmen war von Anfang an einkalkuliert worden. § 169 Abs 2 VVG sieht deshalb vor, die Auszahlung des Rückkaufswertes auf die im Versicherungsfall vereinbarte Versicherungsleistung zu begrenzen und den Rest für eine prämienfreie Versicherung zu verwenden.

Handlungssituation (Fortsetzung)

Die Ausführungen zur Alterungsrückstellung veranlassen Herrn Müller zu einer besorgten Nachfrage: Seine Tochter Frieda will möglicherweise vor Studienbeginn für ein Jahr als Au-pair-Mädchen ins außereuropäische Ausland, vielleicht entschließt sie sich auch während des Studiums für ein oder zwei Auslandssemester in den USA über den DAAD. Sie benötigt dann einen ausreichenden Krankenversicherungsschutz, aber sowohl die GKV als auch der angebotene PKV-Tarif der Proximus Versicherung AG bieten keinen oder nur zu kurzen Schutz. Für einen ergänzenden Versicherungsschutz möchte er aber keine Alterungsrückstellungen aufbauen, die noch dazu ersatzlos verfallen würden, wenn mit dem Auslandsaufenthalt der Vertrag beendet wird. Er bittet um Rat.

Henri Laurant kann Herrn Müller beruhigen. Während des Auslandsaufenthaltes kann Friedas PKV-Vertrag in eine günstige Anwartschaft umgewandelt werden. Sie erhält sich dadurch das Recht, ohne erneute Gesundheitsprüfung den Vertrag wieder aufleben zu lassen (kleine Anwartschaft) oder sogar weitere Alterungsrückstellungen ohne bestehenden Versicherungsschutz aufzubauen (große Anwartschaft). Für ihren Auslandsaufenthalt kann bei einem anderen Versicherer als der Proximus Versicherung AG eine Auslandskrankenversicherung nach Art der Schadenversicherung abgeschlossen werden. Eine Versicherung nach Art der Schadenversicherung baut keine Alterungsrückstellungen auf und erstattet in manchen Fällen bedingungsgemäß oder aus Kulanz einen Teil der Prämie zurück, falls der Auslandsaufenthalt vorzeitig enden sollte. Es gibt vielfältige Angebote, welche sich typischerweise nach dem Alter des Reisenden und zum Teil nach dem Zielland unterscheiden. Die USA ist für ihre umfangreichen medizinischen Leistungen, aber auch für hohe Kosten bekannt. Vergleichbare Angebote nach Art der Schadenversicherung gibt es auch für Ausländer, die beispielsweise als Erntehelfer vorübergehenden Krankenversicherungsschutz in Deutschland benötigen.

5.7.8 Überschussbeteiligung

Die vorsichtige Kalkulation der Rechnungsgrundlagen Zins, Ausscheideordnungen und Kosten sorgt dafür, das der Versicherer Überschüsse erwirtschaftet. § 7 KVAV schreibt in der Krankenversicherung nach Art der Lebensversicherung zudem einen mindestens 5%igen Sicherheitszuschlag vor.

Bei Finanzanlagen gibt es keine Überschussbeteiligung, aber eben auch keine verbindlichen Vereinbarungen zu den Rechnungsgrundlagen.

Wenn ein Unternehmen Gewinne macht und diese Gewinne thesauriert, erhöht es damit normalerweise seine Rücklagen und muss auf diese Erhöhung Körperschaft- und Gewerbesteuern abführen. Falls es die Gewinne in Form von Dividenden ausschüttet, wird stattdessen eine Kapitalertragsteuer fällig.

Bei der Überschussbeteiligung ist das anders. Soweit Versicherungsnehmer Anspruch auf eine Überschussbeteiligung haben (was in Lebens- und Krankenversicherungen meist der Fall ist), bildet das Versicherungsunternehmen keine Rücklagen, sondern Rückstellungen oder Verbindlichkeiten, wenn es die Überschüsse im Unternehmen parkt. Die in der Rückstellung für Beitragsrückerstattung (RfB) so geparkten Werte stehen bedingt oder unbedingt den Versicherten zu. Überschüsse, die sowohl im Todes- als auch im Erlebensfall ausgezahlt werden, gelten bilanztechnisch als Verbindlichkeit. Rückstellungen werden nur unter bestimmten Voraussetzungen fällig, typischerweise beim Eintritt des Versicherungsfalls. Spätestens wenn der Versicherungsfall eintritt, wird aus der Rückstellung eine Verbindlichkeit. Das gilt für Deckungs- und Alterungsrückstellungen und genauso auch für die Rückstellung für Beitragsrückerstattung.

Die Verbindlichkeiten und Rückstellungen sind bilanztechnisch Fremdkapital, Rücklagen sind hingegen Eigenkapital. Solange sich das Eigenkapital nicht erhöht, werden auch keine Gewinnsteuern fällig. Das Unternehmen spart also Gewinnsteuern, wenn es Kunden an den Überschüssen beteiligt. Aber es ist damit auch nicht mehr Eigentümer der Gewinne, sondern „nur noch" deren Verwalter.

Abbildung 5.19 illustriert, welche unterschiedlichen Überschüsse entstehen und dass sie entweder direkt verwendet, in der RfB geparkt, thesauriert oder ausgeschüttet werden.

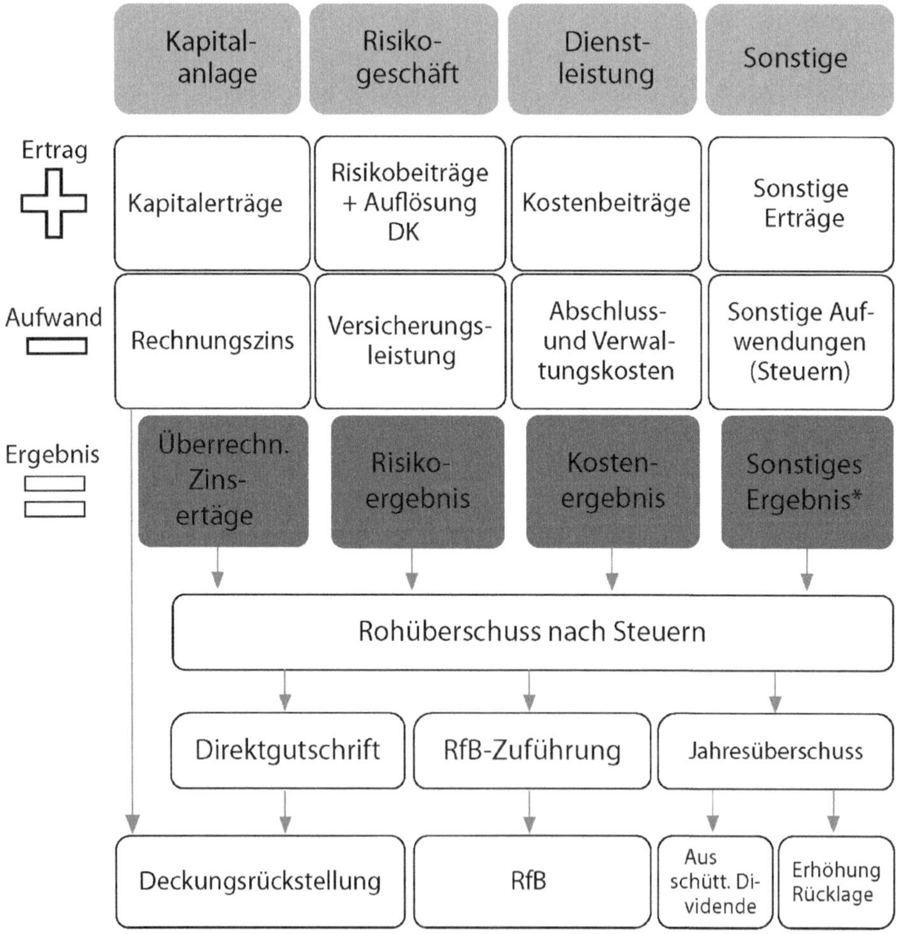

Abbildung 5.19: Ergebnisermittlung und Ergebnisverwendung

Beteiligung am Überschuss und an Bewertungsreserven in der Lebensversicherung

Lebensversicherungen sind grundsätzlich am Überschuss und bei Beendigung des Vertrags an den dann bestehenden Bewertungsreserven jeweils nach einem verursachungsorientierten Verfahren zu beteiligen, es sei denn, die Überschussbeteiligung wäre durch ausdrückliche Vereinbarung ausgeschlossen (§ 153 Abs. 1 VVG). Die Proximus Lebensversicherung macht von der Ausschlussmöglichkeit in ihrer Unfalltod-Zusatzversicherung in Ziffer 7 Gebrauch (Proximus 5, S. 304). All ihre anderen Lebensversicherungstarife beteiligen die Versicherungsnehmer am Überschuss und beschreiben ihr verursachungsorientiertes Vorgehen dabei (zum Beispiel Ziffer 2 „Wie erfolgt die Überschussbeteiligung?" der Basis-Rentenversicherung, Proximus 5, S. 174).

Die aufsichtsrechtliche Grundlage der Überschussermittlung ist § 139 VAG. Sie wird für Lebensversicherungen von der MindZV flankiert.

§ 4 Abs. 1 MindZV lautet:

„Zur Sicherstellung einer ausreichenden Mindestzuführung zur Rückstellung für Beitragsrückerstattung müssen die überschussberechtigten Versicherungsverträge angemessen beteiligt werden, 1. am Kapitalanlageergebnis [...], 2. am Risikoergebnis [...] und 3. am übrigen Ergebnis [...]. Alt- und Neubestand werden dabei getrennt betrachtet."

Es ist mit einer Ausnahme nicht vorgesehen, die Ergebnisse untereinander zu verrechnen. Lediglich ein negatives Kapitalanlageergebnis darf durch andere Ergebnisquellen ausgeglichen werden. Am Kapitalanlageergebnis und am Risikoergebnis muss der Versicherungsnehmer zu mindestens 90 %, am übrigen Ergebnis zu mindestens 50 % beteiligt werden. In Abbildung 5.19 ist das übrige Ergebnis in Kostenergebnis und sonstiges Ergebnis zerlegt worden, um klarzustellen, dass diese beiden Quellen getrennt ermittelt werden. Sie werden zum Übrigen Ergebnis zusammengefasst und dürfen sich dabei ausgleichen. Die Beteiligung erfolgt durch direkte Gutschrift oder über den Umweg der RfB. Beträge, die einmal in der RfB gelandet sind, dürfen sie ohne Zustimmung der BaFin nur noch als Ausschüttungen oder Gutschriften an Versicherungsnehmer verlassen.

Kapitalerträge: Der Versicherungsnehmer ist zu mindestens 90 % an den Kapitalerträgen zu beteiligen. Aufwände beim Kapitalanlagenmanagement, zum Beispiel Depotgebühren und Gehälter der Kapitalmanager, dürfen vorher abgezogen werden. Die 90 % müssen für den garantierten Rechnungszins und für andere erforderliche Erhöhungen der Deckungsrückstellung (Stichwort: Zinszusatzreserve) reichen. Falls danach noch Kapitalerträge übrigbleiben, erhöhen sie die RfB oder kommen den Versicherungsnehmern als Direktgutschrift zugute. In der Niedrigzinsphase wurden stille Reserven realisiert, um für ein ausgeglichenes Kapitalanlageergebnis zu sorgen.

Risikoergebnis: Der Versicherer erhält Risikoprämien, die so kalkuliert sind, dass sie zusammen mit dem freiwerdenden Deckungskapital der laufenden oder endenden Verträge für die Leistungen reichen sollen. Ob die Rechnung im zurückliegenden Geschäftsjahr aufgegangen ist, zeigt das Risikoergebnis.

Am positiven Risikoergebnis ist der Versicherungsnehmer zu 90 % zu beteiligen. Ein negatives Risikoergebnis geht vollständig zulasten des Versicherers und kann nicht mit positiven anderen Ergebnissen verrechnet werden.

Kostenergebnis: Der mit den Prämien eingenommene Kostenanteil wurde so kalkuliert, dass er die tatsächlichen Abschluss-, Verwaltungs- und Schadenregulierungskosten deckt. Die Differenz zwischen kalkulierten und tatsächlichen Kosten im vergangenen Geschäftsjahr ist das Kostenergebnis.

Überschussverwendung		Vor- und Nachteile, Besonderheiten
Während der Aufschubzeit	Bonussystem	Erhöhung der Versicherungssumme in der Risiko- und Kapitalversicherung (Todesfallbonus); Erhöhung der versicherten Rente in der BU/EU-Versicherung (Bonusrente). Der zugeteilte Überschuss erhöht das Deckungskapital des Vertrags.
	Verzinsliche Ansammlung	Bildung eines rückkaufsfähigen Überschussguthabens (Verbindlichkeit), das im Todes- und im Erlebensfall fällig wird.
	Schlussgewinnanwartschaft	Schlussgewinnanwartschaft ist nicht oder nur anteilig rückkaufsfähig und kann vor Ablauf der Versicherung auch als Solvenzmittel verwendet werden. Dafür baut sie sich gewöhnlich schneller auf als das verzinslich angesammelte Überschussguthaben.
	Beitragsreduktion/Beitragsverrechnung	Ermäßigung des Zahlbeitrags. Der vereinbarte Beitrag bleibt unverändert hoch, wird aber zum Teil aus Überschüssen finanziert. Typische Überschussverwendung für Risikoüberschüsse in Risiko- und BU/EU-Tarifen. Nur anwendbar bei beitragspflichtigen Verträgen.
	Barausschüttung	Auszahlung der Zuteilung an den Versicherungsnehmer. Oft gewünscht bei arbeitgeberfinanzierter bAV; Nachteil in Schicht 3: volle Ertragsbesteuerung bei früher Leistung.
	Abkürzung der Versicherungsdauer	Vorverlegung des Ablauftermins und damit der Fälligkeit der Erlebensfallleistung; bei vorzeitigem Todesfall keine Zusatzleistung aus der Überschussbeteiligung, daher heute selten verwendet, eher: Abrufklausel.

Überschussverwendung		Vor- und Nachteile, Besonderheiten
Während des Rentenbezugs	Progressive Rente/Dynamikrente/Volldynamische Rente	Die jährliche Zuteilung erhöht die garantierte Rente.
	Degressive Rente	Die jährliche Zuteilung wird in der Regel in zwölf Monatsraten bar ausgeschüttet. Die Zuteilung sinkt meist mit dem Deckungskapital, darum fällt die Rente jedes Jahr etwas niedriger aus, sinkt aber nicht unter die anfänglich garantierte Rente.
	Konstante Rente/Teildynamische Rente	Anfänglich wird eine Rente garantiert. Zusätzlich wird aus den erwarteten zukünftigen Überschüssen eine Zusatzrente berechnet. Diese kann nicht garantiert werden.

Tabelle 5.16: Alternative Überschussverwendungen

Ein wachsendes Neugeschäft führt zu einem negativen Kostenergebnis, weil Beiträge zunächst für den Aufbau der Mindestrückkaufswerte benötigt werden und der Versicherer solange die Abschlussprovisionen vorfinanzieren muss. Bei der Interpretation von hohen Kostenquoten wird das häufig übersehen.

Sonstiges Ergebnis: Erträge aus Stornoabzügen bei Beitragsfreistellungen und Rückkäufen, auch ein positives Rückversicherungsergebnis, fließen ins sonstige Ergebnis. Fällige Steuern wirken ergebnismindernd.

Übriges Ergebnis: Das Kostenergebnis und das sonstige Ergebnis bilden zusammen das übrige Ergebnis. Ein positives übriges Ergebnis ist ein Verdienst des Versicherers, der durch effiziente Prozesse seine Kosten niedrig hält. Am übrigen Ergebnis ist der Versicherungsnehmer deshalb nur zu 50 % zu beteiligen.

Ein negatives übriges Ergebnis kann nicht mit positiven anderen Ergebnissen verrechnet werden.

Die Kapitalerträge, das Risikoergebnis und das übrige Ergebnis sowie die Aufteilung dieser Beträge auf Rechnungszins, Zuführung zur RfB und Direktgutschrift sollen Lebensversicherungsunternehmen nach § 15 MindZV alljährlich spätestens neun Monate nach Schluss des Geschäftsjahres veröffentlichen. Dies gilt nicht für Pensionskassen.

Die Ergebnisanteile, die nicht den Versicherungsnehmern als RfB-Zuführungen oder als Direktgutschrift zugutekommen, werden als Gewinnrücklage thesauriert oder bei Aktiengesellschaften als Dividende ausgeschüttet.

Aus der RfB müssen die Überschüsse zeitnah entnommen und verwendet werden. Die überschussberechtigten Verträge sind dazu Bestandsgruppen (je nach Versicherungsart) und Gewinnverbänden (je nach garantiertem Zinsniveau und verwendeter Tafel) zugeordnet. Auf diese Weise werden verursachungsorientiert geringere Überschüsse zugeteilt, wenn der Vertrag bereits ein hohes Zinsgarantieniveau hat oder die in die Tafel vor Jahren eingerechneten Sicherheiten inzwischen aufgebraucht sind. Versicherungsnehmer können ihren Vertragsunterlagen entnehmen, welchem Gewinnverband sie angehören. Sie können alsdann alljährlich dem Geschäftsbericht oder einer Anlage dazu entnehmen, in welchem Umfang ihr Gewinnverband im kommenden Geschäftsjahr am Überschuss beteiligt wird. Es ist eine der wichtigsten Aufgaben des verantwortlichen Aktuars in der Lebensversicherung, dem Vorstand eine angemessene Überschussdeklaration vorzuschlagen und zu erläutern (§ 141 Abs. 5 Nr. 4 VAG).

Die zugeteilten Überschüsse können auf vielfältige Arten im Vertrag verwendet werden. Tabelle 5.16 stellt die wichtigsten dar. Über die tariflich vorgesehenen Überschussverwendungen wird meist bereits während der Produktentwicklung entschieden. Die Überschussverwendung hängt auch davon ab, in welcher Vertragsphase sich die Versicherung befindet, ob sie beitragspflichtig oder beitragsfrei in der Aufschubzeit ist oder bereits im Leistungsbezug. Für den Rentenbezug gibt es mehrere Überschussverwendungsalternativen. Der Versicherungsnehmer muss sich spätestens zum Rentenbeginn entscheiden.

Bekanntlich sind alle Bilanzpositionen vorsichtig bewertet, die Aktivposten also eher zu niedrig und die Passivposten eher etwas zu hoch. Daraus folgt, dass auf der Aktivseite, insbesondere bei den Kapitalanlagen, möglicherweise stille Reserven versteckt sind. Das gilt ganz besonders in Niedrigzinsphasen, wenn die hochverzinslichen Wertpapiere im Besitz der Versicherungen im Kurs gestiegen sind, aber aufgrund des Niederstwertprinzips weiterhin nur mit dem Anschaffungskurs in der Bilanz stehen. Das Bundesverfassungsgericht urteilte am 26.7.2005 (1 BvR 80/95), dass der Gesetzgeber eine Regelung schaffen müsse, wie die Lebensversicherungskunden angemessen an den Bewertungsreserven zu beteiligen seien. Das ist mit § 153 VVG geschehen. Mindestens jährlich ermittelt nun der Versicherer die Bewertungsreserven in Kapitalanlagen von überschussberechtigten Verträgen und ordnet diese Reserven rechnerisch zu. Falls der Vertrag endet oder in den Rentenbezug geht, wird die Hälfte des ihm zugeordneten Betrags mit ausgezahlt beziehungsweise verrentet. Eine vollständige Beteiligung an den Bewertungsreserven wäre nicht gerechtfertigt, weil der Versicherer bereits das Risiko des Wertverlusts komplett allein trägt. Eine Beteiligung an den festverzinslichen Bewertungsreserven ist gem. § 139 VAG ausgeschlossen, soweit anhand des Sicherungsbedarfs absehbar ist, dass sie in den nächsten Jahren als Zinszusatzreserve benötigt werden könnten.

Überschussbeteiligung in der Krankenversicherung

In der nach Art der Lebensversicherung betriebenen Krankenversicherung, insbesondere also in der substitutiven Krankenversicherung, ist die Beteiligung am Überschuss vorgeschrieben (§ 151 Abs. 2 VAG). Anders wäre ein so einseitiger Eingriff in das Vertragsverhältnis, wie er bei einer Beitragsanpassung erfolgt, nicht zu rechtfertigen. Der RfB ist mindestens 80 % des Überschusses zuzuführen (§ 22 KVAV). Direkt gutgeschriebene Überzinsen nach § 150 Abs. 1 VAG mindern den Zuführungssatz.

Die Überschussquellen liegen, wie in der Lebensversicherung, im Risiko-, Kosten- und Kapitalanlageergebnis; es kommt jedoch noch der mindestens 5%ige Sicherheitszuschlag nach § 7 KVAV hinzu.

Überzinsen dienen zum Großteil dazu, Beitragserhöhungen ab dem Alter von 65 Jahren abzumildern oder ab dem Alter von 80 Jahren Beiträge sogar abzusenken. Die Überzinsen unterstützen so den 10%igen Prämienzuschlag zur gezillmerten Bruttoprämie in der substitutiven Krankenversicherung gemäß § 149 VAG. Natürlich können auch die anderen Ergebnisquellen entsprechend verwendet werden. Oft werden sie aber ganz im Wortsinne der RfB verwendet, um erfolgsabhängig Beiträge zurückzuerstatten, insbesondere solchen Versicherten, die zum Unternehmenserfolg beigetragen haben, indem sie gesund geblieben sind oder darauf verzichtet haben, ihre geringfügigen Rechnungen einzureichen. Eine solche Überschussverwendung motiviert Versicherte dazu, Rechnungen zu sammeln, um anhand der deklarierten Höhe der Rückerstattung zu entscheiden, ob sich eher die Leistungserstattung oder die teilweise Beitragsrückerstattung für sie lohnt. In jedem Fall vereinfacht die gesammelte Einreichung die Schadenregulierung.

5.7.9 Antiselektion: Innovationstreiber oder Risiko?

Versicherer differenzieren Risiken, um attraktiven Gruppen, die gute Risiken darstellen, wettbewerbsfähige Preise bieten zu können. Da auch andere Versicherer dies anstreben, ist eine immer genauere Differenzierung notwendig. Ohne diese Differenzierung droht Antiselektion bei Versicherern, die sich dieser Marktdifferenzierung entziehen.

Kunden mit hohem Risiko können von günstigen Tarifen profitieren, während risikoärmere Kunden abwandern. Dies führt zu einem Ungleichgewicht, bei dem die Schadenaufwendungen die Prämieneinnahmen übersteigen. Eine unzureichende Differenzierung kann dazu führen, dass ein Versicherer überwiegend risikoreiche Kunden versichert, was seine finanzielle Stabilität gefährdet.

■ **BEISPIEL**

<table>
<tr><th></th><th>Versicherer 1</th><th>Versicherer 2</th></tr>
<tr><td>Preis für GG A</td><td rowspan="2">100 €
(Einheitspreis)</td><td>50 €</td></tr>
<tr><td>Preis für GG B</td><td>150 €</td></tr>
</table>

Während Versicherer 1 einen Einheitspreis von 100 € für alle Kunden anbietet, verlangt Versicherer 2 für gleich viele risikoarme Kunden (Gefahrengruppe A) 50 € und für risikoreiche Kunden (Gefahrengruppe B) 150 € (im Mittel also auch 100 €). Wegen des Preisunterschieds werden Kunden der Gruppe A von Versicherer 1 zu Versicherer 2 wechseln. Umgekehrt wandern Kunden der Gruppe B vom differenzierenden Versicherer 2 zum Einheitsversicherer 1 ab. Dadurch bleibt Versicherer 1 hauptsächlich mit risikoreichen Kunden der Gruppe B zurück, deren Prämien nicht ausreichen, um die Schäden zu decken. Das wird das Unternehmen in Schwierigkeiten bringen und dazu zwingen, genau wie Versicherer 2 seine Produkte zu differenzieren. ■

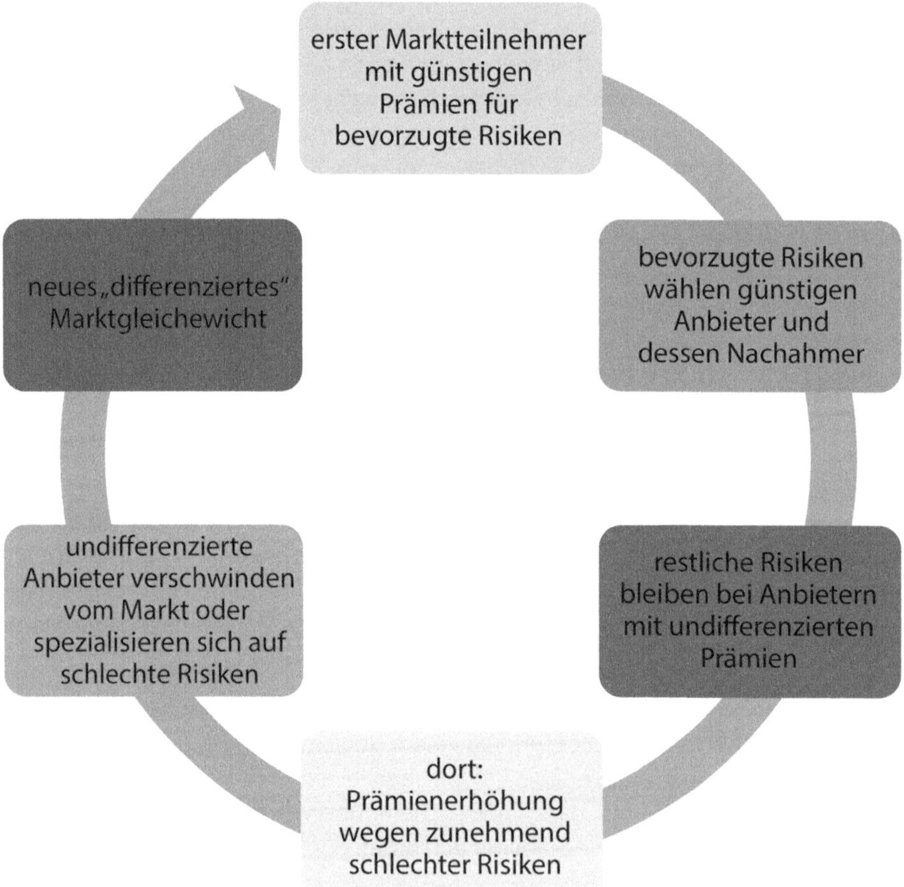

Abbildung 5.20: Marktdifferenzierung durch Antiselektion

Problematisch wird diese Art der Innovation durch Antiselektion für Versicherungsunternehmen, wenn Bestandskunden verlustfrei wechseln können, die Unternehmen ihre Preise bei ihren verbleibenden Bestandskunden aber nicht anpassen können. Lebensversicherer haben – anders als Krankenversicherungen – keine Beitragsanpassungsklausel und sie können – anders als Schadenversicherer – die Verträge auch nicht einfach zum Ende des Versicherungsjahres auslaufen lassen. Freilich tun sich auch Krankenversicherungen und Schadenversicherungen mit Beitragserhöhungen schwer, denn sie möchten ihre Kunden weiter an sich binden. Im Notfall können sie aber Beitragserhöhungen durchsetzen oder das verlustträchtige Geschäft abstoßen.

Aus kalkulatorischer Sicht ist die fortwährende Marktdifferenzierung problematisch, denn durch die immer kleiner werdenden Teilbestände kann das Gesetz der großen Zahlen nicht mehr angewendet werden. Am Ende steht eine sehr individuelle Kalkulation mit hohen Sicherheitszuschlägen und eine politisch nicht gewollte Situation, in der manche Gruppen sich ihren Versicherungsschutz nicht mehr leisten können.

5.7.10 Zusammenfassung: Grundlagen der Kalkulation

In diesem Abschnitt zu Grundlagen der Kalkulation haben Sie einen Einblick in die Tätigkeiten eines Aktuars bei der Produktgestaltung und -pflege von Lebens- und Krankenversicherungen erhalten. Sie haben das Black-Scholes-Modell zur Optionspreisbewertung kennengelernt und wissen nun, wie außerordentlich sensitiv Optionspreise auf die Veränderung von Zinserwartungen reagieren und warum das so ist. Sie kennen die diskrete und die stetige Verzinsung und den Einfluss der Zinskurve auf den Kurs von festverzinslichen Wertpapieren.

Das Marktrisiko (Zinsänderungs- und das Aktienrisiko) ist das Risiko, welches sowohl Versicherungen als auch Finanzprodukte im Blick behalten müssen. Daneben gibt es weitere Risiken. Kranken- und Lebensversicherungen modellieren vor allen die biometrischen Risiken mithilfe von Ausscheideordnungen erster und zweiter Ordnung. Sie kennen das Gesetz der großen Zahlen und das Vorsichtsprinzip. Aufgrund der einkalkulierten Vorsicht in den Tafeln erster Ordnung entstehen Risikoüberschüsse. An diesen und an den anderen Ergebnissen werden Versicherungsnehmer verursachungsorientiert beteiligt.

Die Versicherungsprämie wird als Netto- und als Bruttoprämie mithilfe des Äquivalenzprinzips bestimmt. Dasselbe Prinzip liegt auch der Berechnung der prospektiven Deckungsrückstellung zugrunde. Fonds und Fondsgebundene Versicherungen werden eher retrospektiv bewertet. Die Krankenversicherung nach Art der Lebensversicherung bildet Alterungsrückstellungen, die Krankenversicherung nach Art der Schadenversicherung nicht.

Sie können erklären, wozu die Alterungsrückstellungen und Deckungsrückstellungen dienen, wissen, dass es sich dabei grundsätzlich um dieselbe handelsrechtliche Bilanzposition handelt und können erklären, warum sie einzelvertraglich manchmal zurückgekauft werden können, manchmal nur teilweise angerechnet oder übertragen werden und manchmal zugunsten des Kollektivs verfallen. Sie können für alle diese Fälle Beispiele aufzählen.

Bei der Beratung und im Basisinformationsblatt muss über die Kosten informiert werden. Mit den Effektivkosten (auch RIY und Gesamtkostenquote) steht Ihnen eine Kennzahl zur Verfügung, mit der unterschiedliche kapitalbildende Produkte miteinander verglichen werden können. Sie kennen die Performance vor und nach Kosten, die für die Berechnung der RIY benötigt werden und Sie können sich kritisch mit den Annahmen auseinandersetzen, die für die Berechnung dieser Renditen in unterschiedlichen Lebensversicherungen und in Finanzanlageprodukten vorausgesetzt werden.

5.7.11 Besonderheiten in der Kalkulation bei der PKV

Die private Krankenversicherung kalkuliert nach individuellen Kriterien und basiert auf einem langfristigen Vorsorgekonzept, das Alterungsrückstellungen und individuelle Risikobewertung einbezieht.

Beitragskalkulation

In der PKV werden die Beiträge nach dem Äquivalenzprinzip berechnet. Dabei muss ein gleichaltriges Kollektiv über die gesamte Versicherungszeit durch die Beitragseinnahmen alle erwarteten Leistungen decken. Der Beitrag wird zu Versicherungsbeginn festgelegt und bleibt unabhängig von späteren Gesundheitsverschlechterungen eines Einzelnen unverändert. Individuelle Beitragserhöhungen aufgrund von Erkrankungen gibt es nicht, da die Versichertengemeinschaft die Kosten trägt.

Einige Faktoren der Beitragsberechnung sind:

- Umfang der versicherten Leistungen,
- Alter,
- Gesundheitszustand bei Versicherungsbeginn,
- Geschlecht,
- gegebenenfalls berufliche Tätigkeit.

Beitragsanpassungen

In der PKV können Versicherer bei dauerhaften Veränderungen der Kalkulationsgrundlagen bestehende Verträge anpassen. Dies betrifft ebenso Beiträge, Selbstbehalte und Risikozuschläge, sofern vereinbart.

Jährlich werden für jeden Tarif die tatsächlichen Versicherungsleistungen und Sterbewahrscheinlichkeiten mit den kalkulierten Werten verglichen. Überschreiten die Abweichungen einen festgelegten Schwellenwert in Prozent, erfolgt eine Überprüfung und gegebenenfalls eine Anpassung der Beiträge gemäß § 203 VVG und § 155 VAG.

Neben den Leistungen und Sterbewahrscheinlichkeiten werden auch andere Rechnungsgrundlagen wie Verwaltungskosten überprüft.

Treuhänderverfahren

Das Treuhänderverfahren ist eine im Versicherungsvertragsgesetz verankerte Regelung des deutschen Rechts, die es Krankenversicherungsgesellschaften ermöglicht, Vertragsbedingungen einseitig zu ändern, wenn sich die Verhältnisse des Gesundheitswesens dauerhaft ändern und dies zur Wahrung der Belange der Versicherungsnehmer erforderlich erscheint (§ 203 Abs. 3 VVG). Dabei erfolgt die Zustimmung nicht durch den Versicherungsnehmer, sondern durch einen unabhängigen Treuhänder, der von der Versicherung beauftragt wird. Dieser entscheidet stellvertretend über die Genehmigung der Änderungen. Der Versicherungsnehmer hat keinen direkten Einfluss auf die Anpassungen des Vertrags. Eine Bedingungsänderung ohne Treuhändermitwirkung ist nur für unwirksam erklärte Klauseln zulässig (§ 203 Abs. 4 VVG). Sollte eine Beitragserhöhung greifen, hat die PKV die Pflicht, ihre Mitglieder rechtzeitig über die Erhöhung oder Anpassung zu informieren. Dabei muss gem. § 6 Abs. 2 VVG-InfoV auf die Möglichkeit des Tarifwechsels hingewiesen werden. Nach Erhalt dieser Mitteilung steht es den Versicherten frei, den gesamten Vertrag zu kündigen. Handelt es sich nur um eine teilweise Beitragserhöhung, reicht es aus, den entsprechenden Bereich zu kündigen.

Eine Kündigung der PKV ist allerdings immer mit Teil- oder Gesamtverlusten von Alterungsrückstellungen einhergehend und sollte gut überprüft werden.

5.7.12 Besonderheiten in der Kalkulation bei der privaten Unfallversicherung

Handlungssituation
Im Rahmen von betrieblichen Absicherungskonzepten stehen Vermittlern auch mit sogenannten Underwritern – also Personen, die Risiken im Auftrag von Versicherungen einschätzen und bewerten – in Kontakt. Um eine gute Zusammenarbeit zu ermöglichen, ist ein gegenseitiges Verständnis wichtig. Hierzu hilft es, sich mit den kalkulatorischen Grundlagen in der Unfallversicherung zu befassen.

Grundprinzip der Prämienkalkulation

Die Prämienkalkulation in der Versicherung basiert auf dem Gesetz der großen Zahlen (vgl. Abschnitt 5.7.4):

Die relative Häufigkeit mit der ein Zufallsereignis eintritt, nähert sich seiner rechnerischen Wahrscheinlichkeit immer weiter an, je häufiger ein Zufallsexperiment durchgeführt wird.[13]

Datenqualität entscheidend für die Kalkulation: Je mehr relevante Daten verfügbar sind, desto präziser wird die Risikobewertung und damit die Prämienhöhe. Dies führt zu einer Normalisierung der Ergebnisse und reduziert Schwankungen. Um eine präzise und stabile Kalkulation zu erreichen, sind umfassende Datenquellen wie Unternehmensdaten und Statistiken von Berufsgenossenschaften sowie staatlichen Institutionen entscheidend.

Unterschiedliche Kalkulationsarten

Im Unterschied zur Lebens- und Krankheitskostenvollversicherung wird die Risiko-Unfallversicherung (reine Risikoabdeckung) **nach Art der Schadensversicherung** kalkuliert. Sofern es sich hingegen um eine Unfallversicherung mit Beitrags-/Prämienrückgewähr handelt, gilt für den **Sparanteil wiederum die Kalkulation nach Art der Lebensversicherung**. Man könnte hier also von einer Mischform sprechen.

Kalkulation nach Art der Lebensversicherung: Hierbei wird ein Teil der Beiträge in den frühen Vertragsjahren für spätere höhere Gesundheitskosten angespart. Dies basiert auf dem Äquivalenzprinzip, bei dem Beiträge und Leistungen über die gesamte Versicherungsdauer ausgeglichen werden. Alterungsrückstellungen dienen dazu, in späteren Jahren gestiegene Krankheitskosten zu decken.

Kalkulation nach Art der Schadenversicherung: Diese Tarife bilden keine Alterungsrückstellungen. Beiträge richten sich rein nach aktuellem Bedarf, was zu Beitragssprüngen im Alter führen kann.

[13] Vgl. https://wirtschaftslexikon.gabler.de/definition/gesetz-der-grossen-zahlen-52147/version-275296.

Aufbau der Prämie

Zunächst wird die Nettoprämie ermittelt. Dies geschieht wie folgt:

1. Risikoprämie
Deckt das versicherte Risiko ab (ca. 50 bis 80 % der Gesamtprämie).

2. Sicherheitszuschlag
Dient als Reserve für unerwartete Schwankungen.

3. Kostenteil
Deckt die int. Kosten des Versicherers, wie Verwaltung und Vertrieb.

4. Gewinnzuschlag
Sichert die Unternehmensprofitabilität.

5. Schadenregulierungsaufwand
Umfasst die Kosten für die Bearbeitung und Regulierung von Schäden.

6. Sparanteil
Bei Unfallversicherung mit Prämienrückgewähr (UPR).

Abbildung 5.21: Berechnung der Nettoprämie

Danach wird die Bruttoprämie (zu zahlender Betrag) folgendermaßen berechnet:

Nettoprämie
\+ risikobezogene Zuschläge
\- risikobezogene Abschläge
\+ Ratenzahlungszuschlag
\- Personen-/Familiennachlass
\- Dauernachlass
\+ Versicherungssteuer
= **Bruttoprämie**

Abbildung 5.22: Berechnung der Bruttoprämie

Risikoanteil

Der Risikoanteil bezieht sich auf den Anteil der Prämie, der zur Absicherung des zu versichernden Risikos benötigt wird. Es ist entscheidend, dass die Kalkulationsgrundlagen korrekt interpretiert und anschließend präzise kalkuliert werden.

Der Versicherer ermittelt den Schadenserwartungswert auf Basis der vorhandenen Daten. Dabei werden folgende Faktoren berücksichtigt:

- **Schadenhäufigkeit**: Anzahl der Schadenfälle/Gesamtzahl aller Risiken
- **Absoluter Schadenaufwand**: Gesamtsumme aller Leistungen inklusive Rückstellungen
- **Durchschnittliche Schadenhöhe**: durchschnittliche Summe der Leistungen/Anzahl aller Schadenfälle

■ BEISPIELAUFGABE

Zur Kalkulation der Beiträge (pro Jahr) in der Unfallversicherung sind folgende Ausgangswerte gegeben:

- Geplanter Bestand: 100.000 Versicherte
- Durchschnittliche Versicherungssumme: 150.000 €
- Schadenfrequenz: 4,1 pro 1.000 Risiken (pro Jahr)
- Durchschnittlicher Schaden: 10.000 € (pro Jahr)

Wie hoch ist der Schadenerwartungswert?

4,1 x 100 = 410 Versicherungsfälle im Bestand

410 x 10.000 € = **4.100.000 €**

Schadenerwartungswert pro Versicherter Person:

4.100.000 €/100.000 Versicherte = **41,00 €**

Schadenhöhe pro € Versicherungssumme und Jahr:

41EUR/150.000 € = 0,2733 ‰ ■

Der Risikoteil berücksichtigt sowohl objektive als auch subjektive Risiken, wie Alter, Beruf, Gesundheitszustand, zusätzliche Unfallversicherungen und das Verhältnis von Versicherungssumme zu Einkommen.

Sicherheitszuschlag

Der Sicherheitszuschlag ist der zentrale Bestandteil der Prämienkalkulation. Er berücksichtigt das versicherungstechnische Risiko (welches eine Abweichung vom kollektiven zum geschätzten Erwartungswert darstellt). Er bietet somit zusätzliche finanzielle Stabilität und gleicht Abweichungen vom erwarteten Risiko aus. Ursachen von Abweichungen:

- **Zufallsrisiko:** zufällig hohe Anzahl betroffener versicherter Personen in der Versicherungsperiode

- **Kumul-/Katastrophenrisiko:** große Unfallereignisse (zum Beispiel Flugzeugabsturz)
- **Änderungsrisiko (auch Revisionsrisiko):** unvorhergesehene Änderungen (zum Beispiel neue Sportarten, Gesetzesänderungen, wirtschaftliche Entwicklungen)
- **Irrtumsrisiko:** falsche Berechnungsgrundlagen (Fehlkalkulation zum Beispiel aufgrund fehlerhafter Daten oder Modellfehler, moralischem Risiko oder adverser Selektion)

Das versicherungstechnische Risiko (siehe Abschnitt 5.7.2) unterliegt ständigen Veränderungen, die das Eintrittsrisiko und die Schadenhöhe beeinflussen. Das Tragen von Helmen bei Radfahrern hat die Anzahl der Unfälle reduziert. Verändertes Urlaubs- und Sportverhalten hat jedoch zu höheren Unfallzahlen geführt.

Maßnahmen zur Eindämmung des versicherungstechnischen Risikos:

- Differenzierte Produktgestaltung und Tarifierung (zum Beispiel Ausweitung der Ausschlüsse für unfallreiche Sportarten, Einführung von Selbstbehalten)
- Restriktive Zeichnungspolitik (Aufnahme nur guter Risiken, zum Beispiel Erweiterung der nicht versicherbaren Berufsgruppen)
- Bildung von Rückstellungen (Schwankungsrückstellungen)
- Bildung freier Rücklagen
- Bildung großer Bestände (Gesetz der großen Zahlen) > Minimierung des Zufallsrisikos
- Erhöhung der Rückversicherungsanteile

Die folgende Abbildung zeigt den Zusammenhang zwischen den verschiedenen Kostenblöcken und den entsprechenden Prämienkomponenten auf:

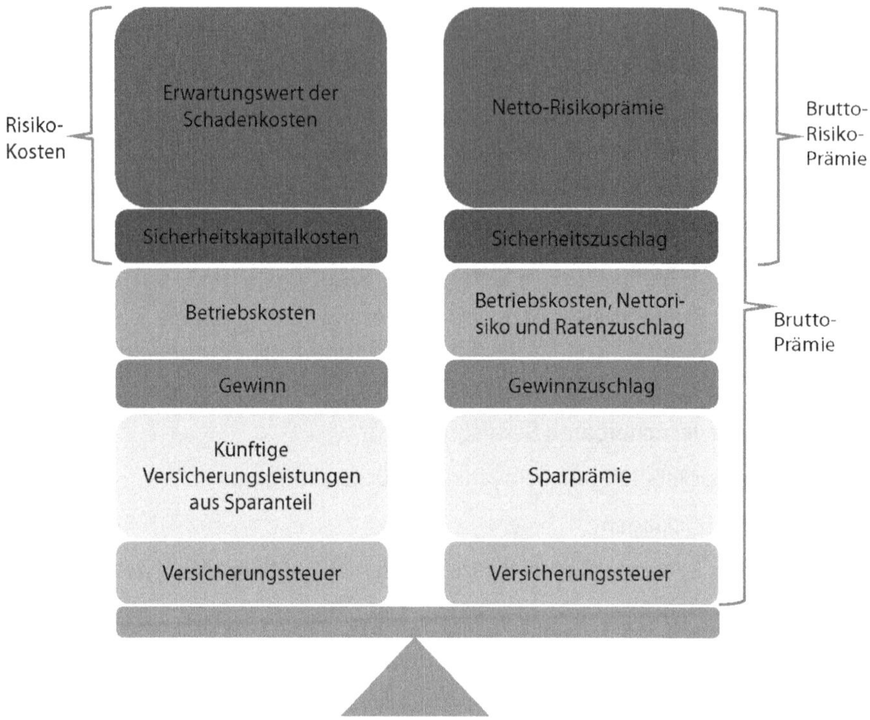

Abbildung 5.23: Grundlagen der Kalkulation von Versicherungsprodukten in der Schaden- und Unfallversicherung, in Anlehnung an Radtke, M. (2008)

Weitere Prämienbestandteile

Zusätzlich zur Risikoprämie deckt der Kostenteil die Betriebs- und Verwaltungskosten, einschließlich der Rückversicherung, während der Gewinnzuschlag die Profitabilität sicherstellt. Bei der Unfallversicherung mit Prämienrückgewähr (UPR) kommt ein Sparanteil hinzu. Der Gewinnzuschlag hat jedoch in den letzten Jahren an Bedeutung verloren, da die Versicherer sich im verstärkten Wettbewerb stärker behaupten müssen und daher ihre Prämien realistischer kalkulieren.

Dafür nutzen Versicherer zunehmend eine differenzierte Politik von Zu- oder Abschlägen, je nachdem, ob das Risiko ober- oder unterhalb der Bruttorisikoprämie im Kollektiv liegt beziehungsweise ob ein Kunde ein gewünschtes Verhalten zeigt, wie beispielsweise jährliche Zahlungen oder den Abschluss eines Mehrjahres-/ Mehrpersonenvertrags.

■ BEISPIELE GEMÄSS PROXIMUS:

Zuschläge	Abschläge/Nachlässe
Gefahrengruppenzuschlag	Mehrpersonen-/Familiennachlass
Ratenzahlungszuschlag	Dauernachlass
	Junge-Leute-Nachlass

Darstellung Zu- und Abschläge je Gefahrengruppe in Proximus:

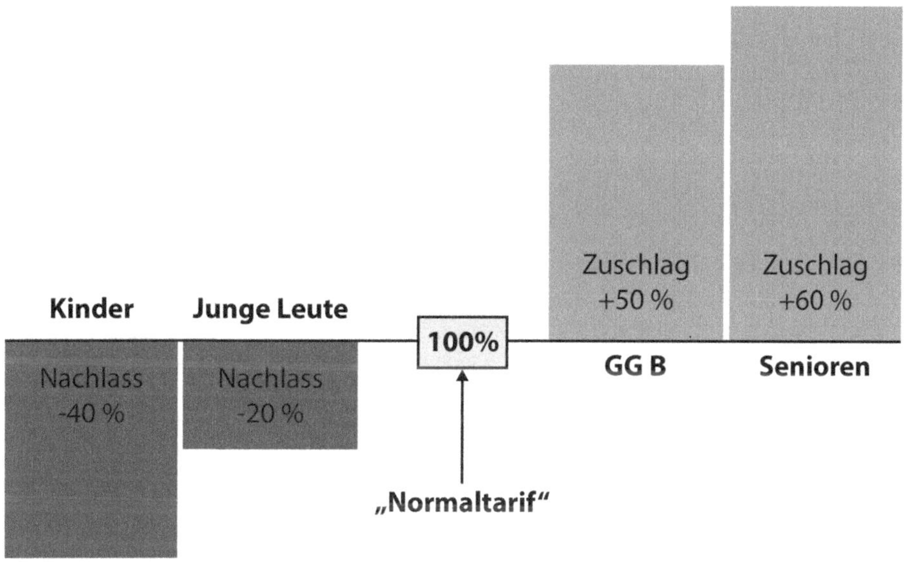

Abbildung 5.24: Proximus Zu- und Abschläge gemäß Tarifauszug S. 342 Proximus 5

■

Denkbar sind darüber hinaus selbstverständlich auch weitere Zu- oder Abschläge.

Zum Beispiel ein Papierlosnachlass für Kunden, die ihre Verträge komplett digital verwalten, Nachlässe aufgrund von Schadenfreiheit, Mehrvertragsnachlässe usw.

Auch die Gefahrengruppen (GG) selbst werden mittlerweile von einigen Versicherern noch stärker differenziert. Ähnlich wie in der Berufsunfähigkeitsversicherung werden besonders attraktive GG noch stärker rabattiert. Im Gegenzug werden versicherbare, aber riskantere Gruppen mit stärkeren Zuschlägen versehen.

Kinder (Tarif 10)	Junge Leute (Tarif 30)	GG A (Tarif 30)	GG B (Tarif 30)	Senioren (Tarif 50)
Babys/Kleinkinder	zum Beispiel 18–30 Jahre	A niedrig, zum Beispiel Hausfrauen/-männer	B niedrig, zum Beispiel Baustoffherstellung Chemie	Ab 65 Jahren
zum Beispiel 7–14 Jahre		A mittel, zum Beispiel Verkaufspersonal	B mittel, zum Beispiel Maschinen- und Anlagenführer	Ab 70 Jahren
zum Beispiel 14–17 Jahre		A hoch, zum Beispiel Arbeitssuchende/ Vorruheständler	B hoch, zum Beispiel Bauhaupt- und Nebengewerbe	Ab 75 Jahren

Versicherer differenzieren Risiken, um attraktiven Gruppen, die gute Risiken darstellen, wettbewerbsfähige Preise bieten zu können. Da auch andere Versicherer dies anstreben, ist eine immer genauere Differenzierung notwendig. Ohne diese Differenzierung droht **Antiselektion** (Vgl. Kapitel 2.3.9.)

Beispiel für Antiselektionsrisiko in der Unfallversicherung: Kunden mit hohem Risiko könnten von günstigen Tarifen profitieren, während risikoärmere Kunden abwandern. Dies führt zu einem Ungleichgewicht, bei dem die Schadenaufwendungen die Prämieneinnahmen übersteigen. Eine unzureichende Differenzierung kann dazu führen, dass ein Versicherer überwiegend risikoreiche Kunden versichert, was seine finanzielle Stabilität gefährdet.

■ BEISPIEL:

	Versicherer 1	Versicherer 2
Preis für GG A	100 € (Einheitspreis)	50 €
Preis für GG B		200 €

■

Wenn Versicherer 1 einen Einheitspreis von 100 € für alle Kunden anbietet, während Versicherer 2 für risikoarme Kunden (Gefahrengruppe A) 50 € und für risikoreiche Kunden (Gefahrengruppe B) 200 € verlangt, werden Kunden der Gruppe A zu Versicherer 2 wechseln. Dadurch bleibt Versicherer 1 hauptsächlich mit risikoreichen Kunden der Gruppe B, deren Prämien nicht ausreichen, um die Schäden zu decken, was das Unternehmen in Schwierigkeiten bringen kann.

Überschussquellen

Überschüsse können aus verschiedenen Quellen entstehen. Im Risikoteil ergibt sich ein Überschuss, wenn die tatsächliche Eintrittswahrscheinlichkeit geringer ist als kalkuliert, was zugunsten des Versicherers ausfällt. Der Sicherheitszuschlag wird zur Risikoabsicherung verwendet. Falls er nicht benötigt wird, weil die Risikokalkulation korrekt war, entsteht hier ebenfalls ein Überschuss. Werden die Betriebskosten des Unternehmens reduziert, führt dies ebenfalls zu einem positiven Überschusseffekt. Der einkalkulierte Gewinn stellt schließlich einen weiteren Überschuss für das Unternehmen dar.

Überschussverwendung

Überschüsse können auf unterschiedliche Weise genutzt werden. Der Kunde kann beispielsweise durch eine abhängige Überschussbeteiligung eine Rückerstattung erhalten, sofern dies im Tarif vorgesehen ist. Alternativ kann der Überschuss auch im Unternehmen verbleiben. Überschüsse, die im Inland erzielt werden, können als Rücklage für den aktuellen Tarif verwendet werden.

Sollten Überschüsse dauerhaft entstehen, können diese in der zukünftigen Kalkulation berücksichtigt werden. Überschüsse können den Gewinn steigern und bei Aktiengesellschaften als Dividenden an die Eigentümer ausgeschüttet werden.

Rückversicherung

Die Rückversicherung spielt bei der privaten Unfallversicherung (PUV) nur noch eine untergeordnete Rolle. Meist werden hohe Invaliditätssummen abgesichert. Sie kommt insbesondere bei speziellen beruflichen oder sportlichen Risiken sowie bei erweiterten Gliedertaxen zum Einsatz.

Für die Rückversicherung von Risiken sind die Bestandsgröße und die Zusammensetzung des Bestands entscheidend. In solchen Fällen geht es um die Summenexzedentenversicherung, bei welcher der über eine vereinbarte Höchstsumme hinausgehende Teil rückversichert wird. In der Gruppenversicherung ist aufgrund der Vielzahl von Risiken in einem Vertrag häufig eine Summen- oder Schadenexzedentenversicherung erforderlich.

Die Kosten der Rückversicherung werden in die Kalkulation des Erstversicherers einbezogen, da sie zusätzliche Aufwendungen für den Versicherer darstellen. Durch die Festlegung von Höchstsummen, beispielsweise bei der Invalidität, kann ein Versicherer zudem eine Rückversicherung umgehen, indem er seine Summen begrenzt und damit sein Risiko selbst deckelt.

Hinweis

Mehr zum Thema Rückversicherung erfahren Sie in Kapitel 6!

Kalkulation der Unfallversicherung mit garantierter Prämienrückgewähr

Bei einer Unfallversicherung mit Prämienrückgewähr (UPR) erhält der Kunde am Ende der Vertragslaufzeit einen festgelegten Anteil (beispielsweise 80 %) der Prämie zurück.

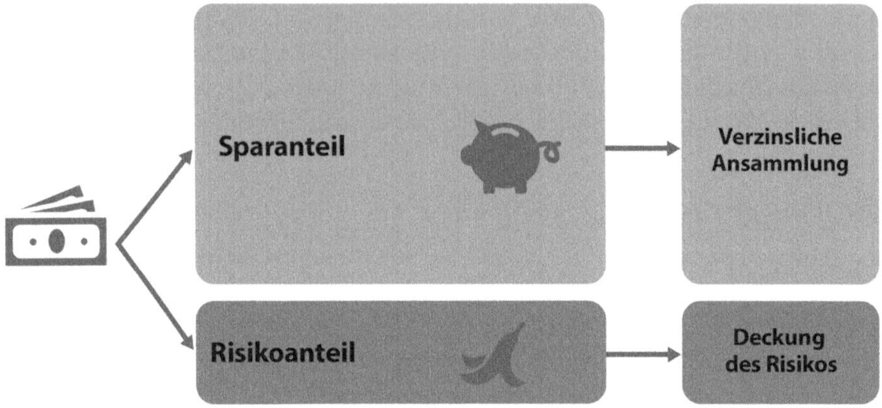

Abbildung 5.25: Vereinfachte Darstellung der Beitragsverteilung einer UBR beziehungsweise UPR

Die Bedingungen dafür können je nach Versicherer variieren. Im Falle einer vorzeitigen Kündigung des Vertrags vor Ablauf der Laufzeit wird, ähnlich wie bei Lebensversicherungen, ein Rückkaufswert ausgezahlt.

Jahr	Σ Einzahlung	Rückkaufswert	Zins
1	1.080,00 €	972,00 €	0,00 €
2	2.160,00 €	1.963,44 €	19,44 €
3	3.240,00 €	2.974,71 €	59,49 €
4	4.320,00 €	4.006,20 €	80,12 €
5	5.400,00 €	5.058,33 €	101,17 €
6	6.480,00 €	6.131,49 €	122,63 €
7	7.560,00 €	7.226,12 €	144,52 €
8	8.640,00 €	8.342,65 €	166,85 €
9	9.720,00 €	9.481,50 €	189,63 €
10	10.800,00 €	10.643,13 €	212,86 €
11	11.880,00 €	11.827,99 €	236,56 €
12	12.960,00 €	13.036,55 €	260,73 €
13	14.040,00 €	14.269,28 €	285,39 €
14	15.120,00 €	15.526,67 €	310,53 €
15	16.200,00 €	16.809,20 €	336,18 €

Abbildung 5.26: Beispielhafte Darstellung des Verlaufs einer UBR beziehungsweise UPR

Für die Beitragsberechnung sind, neben den Versicherungssummen, Faktoren wie das Eintrittsalter, der Rechnungszins und die Laufzeit relevant. Der Beitrag setzt sich zusammen aus dem Unfallrisikobeitrag, dem Sterblichkeitsrisikobeitrag, dem Sparbeitrag sowie Kosten und Versicherungssteuer. In der Regel wird auch ein Zuschlag für Ratenzahlung einberechnet.

Nicht erstattungsfähig sind der Ratenzahlungszuschlag sowie die Versicherungssteuer. Unfallergebnisse, die vor Ablauf des Vertrags eintreten, haben keinen Einfluss auf die Prämienrückgewähr.

Der Beitrag wird unter Einbeziehung eines Rechnungszinses berechnet. Falls ein Überschuss erwirtschaftet wird, erhält der Versicherungsnehmer eine entsprechende Überschussbeteiligung.

Bei der Prämienkalkulation für die Unfallversicherung mit Prämienrückgewähr wird die Versicherungssteuer von 3,8 % erhoben.

Ergänzende Aspekte

Für eine fundierte Prämienkalkulation sind qualitative Faktoren entscheidend:

- **Datenqualität:** Aktualität, Relevanz und Homogenität der Daten sind wesentlich
- **Risikomodelle:** Die Wahl des richtigen statistischen Modells und die differenzierte Betrachtung nach Alter, Beruf und Sportarten steigern die Präzision
- **Wettbewerb:** Der Wettbewerbsdruck beeinflusst die Gestaltung von Prämien und Gewinnzuschlägen

Zusammenfassung
Wie bei jeder Prämienberechnung gilt auch für Unfalltarife das Gesetz der großen Zahl. Die Prämie setzt sich aus den Anteilen für Risiko, Sicherheit und Kosten zusammen. Überschüsse können bei der Kalkulation berücksichtigt werden. Bei einer Unfallversicherung mit garantierter Prämienrückgewähr wird zusätzlich ein Sparanteil in die Berechnung aufgenommen.

5.7.13 Abkürzungen

AIF	Alternativer Investmentfonds
AltvPIBV	Verordnung zum Produktinformationsblatt und zu weiteren Informationspflichten bei zertifizierten Altersvorsorge- und Basisrentenverträgen nach dem Altersvorsorgeverträge-Zertifizierungsgesetz (Altersvorsorge-Produktinformationsblattverordnung
AltZertG	Gesetz über die Zertifizierung von Altersvorsorge- und Basisrentenverträgen
BetrAVG	Gesetz zur Verbesserung der betrieblichen Altersversorgung, Betriebsrentengesetz
BIB	Basisinformationsblatt

BZSt	Bundeszentralamt für Steuern
CRK	Chance-Risiko-Klasse
DAAD	Deutscher Akademischer Austauschdienst
DAV	Deutsche Aktuarvereinigung e.V.
DeckRV	Verordnung über Rechnungsgrundlagen für die Deckungsrückstellungen
EStG	Einkommensteuergesetz
EuGH	Europäischer Gerichtshof
GDV	Gesamtverband der Deutschen Versicherungswirtschaft
GKV	Gesetzliche Krankenversicherung
GuV	Gewinn- und Verlustrechnung
HGB	Handelsgesetzbuch
IBIP	Insurance-based Investment Product, s. VAP
KAGB	Kapitalanlagegesetzbuch
KID	Key Information Document, s. BIB
KIID	Key Investor Information Document
KVAV	Verordnung betreffend die Aufsicht über die Geschäftstätigkeit in der privaten Krankenversicherung
MindZV	Verordnung über die Mindestbeitragsrückerstattung in der Lebensversicherung, Mindestzuführungsverordnung
MOP	Multi-Option-Product, VAP mit mehreren alternativen Anlageoptionen
OGAW	Organismus für gemeinsame Anlagen in Wertpapieren
PIA	Produktinformationsstelle Altersvorsorge gGmbH
PIB	Produktinformationsblatt
PKV	Private Krankenversicherung
PKV-Verband	Verband der Privaten Krankenversicherung e.V.
PRIP	Packaged Retail Investment Product, Verpacktes Kapitalanlageprodukt gemäß PRIIP Verordnung, meist ein Fonds
PRIIP	VERORDNUNG (EU) Nr. 1286/2014 DES EUROPÄISCHEN PARLAMENTS UND DES RATES vom 26. November 2014 über Basisinformationsblätter für verpackte Anlageprodukte für Kleinanleger und Versicherungsanlageprodukte (PRIIP) engl.: REGULATION (EU) No 1286/2014 OF THE EUROPEAN PARLIAMENT AND OF THE COUNCIL of 26 November 2014 on key information documents for packaged retail and insurance-based investment products (PRIIPs)
RfB	Rückstellung für Beitragsrückerstattung
RIY	Reduction in Yield, Renditeminderung
SRI	Summary Risk Indicator

VAG	Gesetz über die Beaufsichtigung der Versicherungsunternehmen
VAP	Versicherungsanlageprodukt (gem. PRIIP Verordnung)
VVG	Gesetz über den Versicherungsvertrag

6 Bedeutung von Mit- und Rückversicherung

6.1 Rückversicherung

Die Rückversicherung ist ein Mechanismus, bei dem ein Erstversicherer (auch Zedent genannt) Risiken, die er von seinen Versicherungsnehmern übernommen hat, ganz oder teilweise an einen Rückversicherer (auch Zessionar genannt) weitergibt. Diese Praxis dient der finanziellen Absicherung des Erstversicherers und ermöglicht es ihm, auch große oder außergewöhnliche Risiken zu versichern, ohne die Stabilität des Unternehmens zu gefährden. Der Rückversicherer tritt dabei als „Versicherer des Versicherers" auf und übernimmt gegen eine Prämie Teile der Risikodeckung und der Schadenzahlungen. Die Rückversicherung ermöglicht es dem Erstversicherer, seine Risikotragfähigkeit zu erhöhen, größere Versicherungsvolumina zu übernehmen und Schwankungen in der Schadenbelastung zu glätten.

Rechtliche Grundlagen der Rückversicherung

Das Rückversicherungsgeschäft wird in Deutschland durch das Versicherungsaufsichtsgesetz (VAG) reguliert. Das VAG stellt sicher, dass die Rückversicherer über ausreichende finanzielle Mittel verfügen, um ihre Verpflichtungen gegenüber den Erstversicherern erfüllen zu können. Es legt Anforderungen an die Solvabilität, das Risikomanagement und die Eigenmittel fest, die Rückversicherer vorhalten müssen, um für unvorhergesehene Großschäden gewappnet zu sein.

Rückversicherer unterliegen in Deutschland der Aufsicht durch die Bundesanstalt für Finanzdienstleistungsaufsicht (BaFin), die ihre finanzielle Stabilität, Transparenz und Geschäftspraktiken überwacht. Das VAG regelt auch die Anforderungen an die Rückstellungen der Rückversicherer, um sicherzustellen, dass diese im Schadensfall ausreichend finanzielle Mittel zur Verfügung stellen können.

Die Rückversicherungsverträge selbst sind weitgehend frei verhandelbar und werden häufig international abgeschlossen, da die großen Rückversicherer weltweit tätig sind. Diese Verträge unterliegen jedoch den allgemeinen Vertragsgrundsätzen des Bürgerlichen Gesetzbuches und speziellen Regelungen des Versicherungsaufsichtsgesetzes zum Schutz der Interessen der Vertragspartner.

Abgrenzung zum Erstversicherer

Der Erstversicherer schließt direkt Verträge mit Privatpersonen oder Unternehmen ab und bietet ihnen Versicherungsschutz gegen bestimmte Risiken. Der Rückversicherer hingegen schließt keine Verträge mit Endkunden ab, sondern tritt ausschließlich als Partner des Erstversicherers auf, um dessen Risiken zu mindern. Die Aufgabe des Rückversicherers besteht darin, Risiken zu übernehmen, die für den Erstversicherer zu groß sind, um sie allein zu tragen. Während der Erstversicherer in der Regel kleinere, häufiger auftretende Schäden deckt, spezialisiert sich der Rückversicherer auf die Deckung von Großschäden oder ungewöhnlichen Risikokumulationen, die den Erstversicherer überfordern könnten.

Vertragsarten der Rückversicherung

Rückversicherungsverträge lassen sich in verschiedene Arten einteilen, die sich in ihrer Struktur und dem Grad des Risikotransfers unterscheiden:

- **Obligatorische (vertragliche) Rückversicherung:** Bei dieser Vertragsform verpflichtet sich der Rückversicherer, alle vom Erstversicherer gezeichneten Risiken innerhalb eines bestimmten Rahmens zu übernehmen. Der Vorteil dieser Form liegt in der Planungssicherheit für beide Parteien, da der Erstversicherer weiß, dass er für alle relevanten Risiken Rückversicherungsschutz hat. Die Risikoübernahme erfolgt ohne erneute Prüfung durch den Rückversicherer, was den administrativen Aufwand beider Parteien reduziert.
- **Fakultative Rückversicherung:** Im Gegensatz zur obligatorischen Rückversicherung werden bei der fakultativen Rückversicherung einzelne Risiken individuell geprüft und bewertet. Der Erstversicherer bietet dem Rückversicherer bestimmte Risiken zur Rückdeckung an und der Rückversicherer kann entscheiden, ob und zu welchen Bedingungen er diese übernimmt. Dies bietet Flexibilität, erfordert aber detaillierte Vereinbarungen für jedes einzelne Risiko.

Nach versicherungstechnischen Kriterien wird die Rückversicherung weiter unterteilt in

- **Proportionale Rückversicherung:** Bei dieser Vertragsform teilen sich Erst- und Rückversicherer anteilig die Prämien und Schäden. Es gibt zwei Hauptarten:
    - **Quotenrückversicherung:** Der Rückversicherer erhält einen festen Prozentsatz der Prämien und ist im gleichen Verhältnis an allen Schäden beteiligt. Diese einfache und transparente Methode ermöglicht eine klare Verteilung der finanziellen Lasten.
    - **Exzedentenrückversicherung:** Der Erstversicherer trägt die Schäden bis zu einer festgelegten Grenze (Selbstbehalt), der Rückversicherer die darüber hinausgehenden Schäden. Diese Form wird häufig genutzt, um den Erstversicherer vor außergewöhnlich hohen Schadens-Leistungen zu schützen.

- **Nichtproportionale Rückversicherung:** Hier steht der Schutz vor außergewöhnlich hohen Schadens-Leistungen, die den vereinbarten Selbstbehalt übersteigen, im Vordergrund. Die wichtigsten Arten sind:
  - **Exzedentenrückversicherung:** Sie deckt Schäden, die den Selbstbehalt des Erstversicherers übersteigen, bis zu einem vereinbarten Höchstbetrag.
  - **Stop-Loss-Rückversicherung:** Diese spezielle Form der Rückversicherung greift, wenn die kumulierten Schäden eines Jahres eine bestimmte Grenze überschreiten. Der Rückversicherer übernimmt dann alle darüber hinausgehenden Schäden. Diese Form der Rückversicherung ist vor allem für den Fall von Ereignissen sinnvoll, die eine Vielzahl von Schäden verursachen, wie zum Beispiel Naturkatastrophen.

Verhältnis zwischen Erst- und Rückversicherer

Das Verhältnis zwischen Erst- und Rückversicherer ist durch eine enge und oft langjährige Partnerschaft geprägt. Der Rückversicherer unterstützt den Erstversicherer nicht nur durch die Übernahme von Risiken, sondern auch durch Beratungs- und Betreuungsleistungen. Diese Zusammenarbeit ermöglicht es dem Erstversicherer, seine Geschäftstätigkeit auszuweiten und größere Risiken zu übernehmen, ohne seine finanzielle Stabilität zu gefährden. In der Praxis übernimmt der Rückversicherer häufig auch administrative Aufgaben wie Schadenregulierung und Risikoprüfung, wodurch der Erstversicherer Ressourcen einsparen und seine operative Effizienz steigern kann.

Die Beziehung zwischen den beiden Parteien wird in Rückversicherungsverträgen detailliert geregelt. Diese Verträge legen fest, welche Risiken rückversichert werden, wie Prämien und Schäden verteilt werden und welche Verpflichtungen beide Parteien übernehmen. Ein wesentlicher Aspekt dieser Zusammenarbeit ist das Vertrauen, das durch eine transparente und faire Abwicklung der Rückversicherungsverträge aufgebaut wird.

Unterstützungsmöglichkeiten der Rückversicherer für die Erstversicherer

Rückversicherer bieten eine breite Palette von Dienstleistungen an, die über die reine Risikoübernahme hinausgehen und den Erstversicherer in verschiedenen Bereichen unterstützen:

- **Produktentwicklung:** Rückversicherer verfügen über umfangreiche Daten und Expertise, die sie in die Entwicklung neuer Versicherungsprodukte einbringen können. Sie unterstützen den Erstversicherer bei der Prämienkalkulation, der Definition von Risikoselektionskriterien und der Ausarbeitung von Vertragsbedingungen für neue Produkte. Diese Zusammenarbeit ermöglicht es den Erstversicherern, innovative und wettbewerbsfähige Produkte auf den Markt zu bringen.

- **Underwriting und Risikomanagement:** Rückversicherer stellen Erstversicherern moderne Tools und Expertensysteme zur Verfügung, die sie bei der Risikoprüfung und -selektion unterstützen. Die Systeme, wie MIRA von Munich Re oder Magnum von Swiss Re, helfen den Underwritern der Erstversicherer, fundierte Entscheidungen zu treffen und komplexe Risiken präzise einzuschätzen.
- **Aus- und Weiterbildung:** Rückversicherer bieten Schulungen und Workshops für Mitarbeiter von Erstversicherern an, um deren Fähigkeiten im Risikomanagement und in der Schadenregulierung zu verbessern. Diese Schulungen helfen den Erstversicherern, ihre internen Prozesse zu optimieren und die Qualität ihrer Dienstleistungen zu verbessern.
- **Schadenforschung und Sanierungsmaßnahmen:** Rückversicherer sind häufig in die Schadenforschung und -analyse eingebunden und liefern dem Erstversicherer wertvolle Erkenntnisse über die Ursachen von Großschäden. Sie unterstützen auch bei der Entwicklung und Umsetzung von Sanierungsmaßnahmen, um zukünftige Schäden zu vermeiden oder zu minimieren.
- **Technologische und administrative Unterstützung:** Rückversicherer bieten technologische Lösungen wie automatisierte Risikoprüfungsprogramme und digitale Plattformen an, die den Erstversicherer bei der effizienten Bearbeitung von Anträgen und Schäden unterstützen. Diese Tools verbessern die Effizienz der Geschäftsprozesse und senken die Kosten für den Erstversicherer.
- **Langfristige Partnerschaft und strategische Beratung:** Rückversicherer bieten langfristige Partnerschaften an, in denen sie den Erstversicherer kontinuierlich bei der Anpassung seiner Geschäftsstrategie unterstützen. Sie helfen, den Risikoverlauf zu beobachten, die Zeichnungspolitik anzupassen und das Portefeuille zu optimieren.

Mit diesem umfassenden Service tragen die Rückversicherer wesentlich dazu bei, die Wettbewerbsfähigkeit und Stabilität der Erstversicherer zu stärken und sie in die Lage zu versetzen, auch in einem volatilen Marktumfeld erfolgreich zu agieren.

6.2 Expertentools („Manuals“)

Expertentools, auch Manuals genannt, sind spezialisierte digitale Plattformen, die von Rückversicherern wie Munich Re bereitgestellt werden, um Erstversicherer bei der Einschätzung und Risikoprüfung von Versicherungsanträgen zu unterstützen. Diese Tools sind in der Lage, komplexe medizinische, finanzielle und versicherungstechnische Daten zu verarbeiten und standardisierte, evidenzbasierte Risikoeinschätzungen zu liefern. Sie sind besonders wertvoll, weil sie umfangreiche Datenbanken mit aktuellen Informationen und Expertenwissen kombinieren und so eine präzise und konsistente Risikobewertung ermöglichen.

■ **BEISPIEL**

MIRA (Medical Information and Risk Assessment) ist ein solches Expertentool, das von der Munich Re entwickelt wurde. Es dient speziell der Unterstützung im Bereich der Lebens- und Krankenversicherung. MIRA bietet eine umfassende Datenbank, die ständig aktualisiert wird, um die neuesten medizinischen Erkenntnisse und Forschungsergebnisse zu integrieren. Es unterstützt Underwriter bei der Risikoanalyse, indem es Leitlinien für die Einschätzung von Gesundheitsrisiken bereitstellt und fundierte Entscheidungen ermöglicht. Darüber hinaus bietet MIRA klare Handlungsempfehlungen und Entscheidungshilfen, die den gesamten Underwriting-Prozess beschleunigen und vereinfachen. ■

Welche Dienstleistungen können Erstversicherer nutzen?

Expertentools wie MIRA bieten eine Vielzahl von Dienstleistungen, die speziell auf die Bedürfnisse von Erstversicherern zugeschnitten sind:

- **Risikoeinschätzung und -bewertung:** Diese Tools liefern detaillierte, standardisierte Risikobewertungen. Sie berücksichtigen zahlreiche Faktoren wie Gesundheitszustand, Krankheitsgeschichte und demografische Merkmale. Durch die Nutzung umfangreicher Datenbanken und Algorithmen ermöglichen diese Instrumente eine präzise und konsistente Bewertung komplexer Versicherungsrisiken.
- **Medizinische und finanzielle Berechnungen:** MIRA bietet umfassende Informationen zu medizinischen und finanziellen Risiken, die für die Risikoprüfung entscheidend sind. Es enthält Informationen über Krankheiten, Medikamente, Laborwerte, medizinische Verfahren und deren Auswirkungen auf die Risikobewertung. Diese Berechnungen helfen, die Prämien für Versicherungspolicen angemessen zu kalkulieren.
- **Unterstützung bei der Antragsprüfung:** Die Tools bieten dynamische Fragebögen und automatisierte Entscheidungsprozesse, die den Underwritern die Bearbeitung von Anträgen erleichtern. Sie reduzieren den manuellen Aufwand erheblich und stellen sicher, dass alle relevanten Informationen erfasst werden.
- **Automatisierung und Effizienzsteigerung:** Durch den Einsatz der Tools können Erstversicherer den gesamten Antragsprozess effizienter gestalten. Die automatisierten Prozesse ermöglichen schnellere Entscheidungen, was wiederum die Policierungszeit verkürzt und die Kundenzufriedenheit erhöht.
- **Anpassungsfähigkeit:** Viele dieser Tools sind modular aufgebaut und können an die spezifischen Bedürfnisse und Richtlinien eines Erstversicherers angepasst werden. Dies bedeutet, dass sie flexibel genug sind, um verschiedene Versicherungsprodukte und -kategorien abzudecken.

Vor- und Nachteile für einen Erstversicherer, der solche Tools einsetzt

Vorteile	Nachteile
Expertentools wie MIRA ermöglichen eine rasche Risikobewertung, wodurch Anträge schneller bearbeitet und Policen schneller ausgegeben werden können.	Die Einführung solcher Systeme kann teuer sein, da Kosten für Lizenzen, Updates und Mitarbeiterschulungen anfallen.
Die Verwendung von Expertentools sorgt für eine einheitliche und nachvollziehbare Risikobewertung, wodurch subjektive Fehlentscheidungen minimiert werden.	Die starke Abhängigkeit von automatisierten Systemen kann dazu führen, dass menschliche Fachkenntnisse abnehmen und das Urteilsvermögen der Underwriter eingeschränkt wird.
Diese Tools bieten tiefe Einblicke in Risikoprofile und ermöglichen eine detaillierte Analyse von Geschäftsprozessen, was strategische Entscheidungen unterstützt.	Standardisierte Prozesse lassen wenig Raum für individuelle Kulanzentscheidungen, die in speziellen Fällen erforderlich sein könnten.
Die Automatisierung reduziert den Bedarf an manueller Arbeit und senkt langfristig die operativen Kosten.	Die digitale Verarbeitung sensibler Daten erfordert hohe Sicherheitsstandards, um Datenschutzverletzungen zu verhindern.
MIRA bietet eine detaillierte und umfassende Datenbank, die eine fundierte und tiefgehende Risikoprüfung ermöglicht.	Die Abhängigkeit von automatisierten Tools kann dazu führen, dass wertvolles Fachwissen und Erfahrungen der Mitarbeiter verloren gehen.
Die Nutzung von Expertentools kann die Effizienz und Präzision der Entscheidungsprozesse verbessern, was zu einem Wettbewerbsvorteil führen kann.	Die Möglichkeit, die Ergebnisse durch mehrfaches Testen verschiedener Eingaben zu beeinflussen (Ergebnisvarianz), kann das System anfällig für Manipulation machen.

Tabelle 6.1: Vor- und Nachteile eines Tool-Einsatzes

Wie wird sich die technische Entwicklung der Werkzeuge, insbesondere im Hinblick auf KI, fortsetzen?

Die technische Entwicklung von Expertentools wird in Zukunft stark durch den Einsatz von Künstlicher Intelligenz (KI) und maschinellem Lernen geprägt sein. KI hat das Potenzial, die Effizienz und Genauigkeit dieser Werkzeuge erheblich zu verbessern, da sie in der Lage ist, riesige Datenmengen in Echtzeit zu analysieren und Muster zu erkennen, die menschlichen Analysten möglicherweise entgehen. Diese Fähigkeiten werden noch genauere und individuellere Risikobewertungen ermöglichen.

Künftige KI-gestützte Tools könnten in der Lage sein, komplexe Risikoprofile besser zu verstehen und auf der Grundlage historischer Daten Vorhersagen über künftige Schadensfälle zu treffen. Durch maschinelles Lernen können sich diese Systeme kontinuierlich verbessern, indem sie aus früheren Entscheidungen lernen und sich an neue Daten und Bedingungen anpassen. Dies könnte sich insbesondere in Bereichen wie der Lebens- und Krankenversicherung als revolutionär erweisen, in denen die Genauigkeit und Schnelligkeit der Risikoprüfung von entscheidender Bedeutung sind.

Darüber hinaus wird die Integration von Natural Language Processing (NLP) in Expertentools die Benutzerfreundlichkeit erheblich verbessern. Diese Technologie ermöglicht es den Tools, natürliche Sprache zu verstehen und zu verarbeiten, wodurch die Interaktion mit den Nutzern intuitiver und effizienter wird. Dies könnte dazu führen, dass die Tools in zunehmendem Maße in der Lage sind, mit den Underwritern auf eine menschenähnlichere Weise zu kommunizieren und ihre Bedürfnisse besser zu verstehen.

Ein weiterer wichtiger Aspekt wird die Integration von KI in die dynamische Risikobewertung sein. Dies bedeutet, dass die Tools in der Lage sein werden, sich schnell an Veränderungen im Marktumfeld anzupassen, wie zum Beispiel an neue medizinische Erkenntnisse oder regulatorische Anforderungen. Diese Anpassungsfähigkeit ermöglicht es den Erstversicherern, ihre Produkte und Dienstleistungen kontinuierlich zu optimieren und auf neue Herausforderungen zu reagieren.

Gleichzeitig bringt die fortschreitende Automatisierung auch Herausforderungen mit sich. Datenschutz und ethische Fragen gewinnen an Bedeutung, da KI-Systeme mit sensiblen Daten arbeiten. Es wird notwendig sein, transparente und nachvollziehbare Entscheidungsprozesse zu gewährleisten, um das Vertrauen in diese Technologien zu stärken. Auch die Frage, wie menschliche Expertise in einer zunehmend automatisierten Welt erhalten und gefördert werden kann, wird eine zentrale Rolle spielen.

Insgesamt wird die Weiterentwicklung von Expertentools durch den Einsatz von KI zu einer noch höheren Effizienz und Präzision in der Risikoprüfung und Schadenbewertung führen. Erstversicherer, die diese Technologien nutzen, werden in der Lage sein, ihre Geschäftsprozesse zu optimieren, die Kundenzufriedenheit zu erhöhen und sich in einem zunehmend wettbewerbsintensiven Markt besser zu positionieren.

6.3 Mitversicherung

Struktur

Die Mitversicherung ist eine Form der Risikoteilung, bei der mehrere Versicherungsunternehmen gemeinsam ein einzelnes Risiko decken. Jedes beteiligte Versicherungsunternehmen übernimmt einen festgelegten Anteil am Gesamtrisiko und ist für diesen Anteil entsprechend verantwortlich. Die Koordination erfolgt häufig durch einen führenden Versicherer, der als zentraler Ansprechpartner fungiert und administrative Aufgaben wie Vertragsverwaltung und Schadenabwicklung übernimmt. Diese Führungsfunktion erleichtert die Kommunikation und Abwicklung zwischen dem Versicherungsnehmer und den beteiligten Versicherern.

Man unterscheidet zwischen offener und verdeckter Mitversicherung. Bei der **offenen Mitversicherung** sind die Anteile der einzelnen Versicherer und deren Identität dem

Versicherungsnehmer bekannt. Jeder Versicherer tritt mit seinem Anteil direkt gegenüber dem Versicherungsnehmer auf. Bei der **verdeckten Mitversicherung** hingegen bleiben die Anteile der einzelnen Versicherer dem Versicherungsnehmer verborgen. Hier tritt ein Versicherer als alleiniger Vertragspartner auf und verteilt das Risiko intern auf weitere Versicherer.

Die vertraglichen Vereinbarungen innerhalb einer Mitversicherung können individuell gestaltet werden, um den spezifischen Anforderungen des versicherten Risikos gerecht zu werden. Die Aufteilung der Prämien und eventuellen Schadenzahlungen erfolgt proportional zu den übernommenen Risikoanteilen. Diese Struktur ermöglicht eine effiziente und effektive Risikostreuung, die sowohl den Versicherern als auch den Versicherungsnehmern zugutekommt.

Rechtliche Grundlagen der Mitversicherung

Rechtsgrundlage der Mitversicherung ist das Bürgerliche Gesetzbuch, insbesondere die §§ 778 ff. BGB, die Regelungen zur Mitversicherung und zum Innenverhältnis der beteiligten Versicherer enthalten. Die beteiligten Versicherer schließen untereinander einen Konsortialvertrag, der die Rechte und Pflichten sowie die Haftungsanteile der einzelnen Versicherer im Einzelnen regelt. Dieser Vertrag stellt eine Gesellschaft bürgerlichen Rechts (GbR) gemäß §§ 705 ff. BGB dar und regelt die gemeinsame Risikotragung und Schadenabwicklung.

Im Verhältnis zum Versicherungsnehmer begründet der Mitversicherungsvertrag ein Gesamtschuldverhältnis gemäß § 421 BGB, sofern dies vertraglich vereinbart wurde. In diesem Fall kann der Versicherungsnehmer jeden Versicherer auf die gesamte Leistung in Anspruch nehmen, wobei der in Anspruch genommene Versicherer einen Innenausgleichsanspruch gegen die anderen beteiligten Versicherer hat. Alternativ kann auch eine Teilschuld vereinbart werden, bei der jeder Versicherer nur für seinen Anteil haftet.

Die Schadenregulierung und die Kommunikation mit dem Versicherungsnehmer werden häufig durch eine Leitklausel im Vertrag geregelt. Diese Klausel bestimmt den führenden Versicherer und legt dessen Befugnisse hinsichtlich der rechtlichen Abwicklung von Schadenfällen und der Vertretung der Mitversicherer fest. Darüber hinaus unterliegen Mitversicherungsverträge den allgemeinen versicherungsrechtlichen Bestimmungen des Versicherungsvertragsgesetzes, das die Rechte und Pflichten der Vertragsparteien sowie die Grundsätze des Versicherungswesens regelt.

Warum wird eine Mitversicherung abgeschlossen?

Mitversicherungen werden in erster Linie zur Deckung von Groß- oder Spezialrisiken abgeschlossen, die ein einzelnes Versicherungsunternehmen nicht allein tragen kann oder will. Durch die Verteilung des Risikos auf mehrere Versicherer kann eine höhere Deckungssumme erreicht werden, ohne die finanzielle Stabilität eines einzelnen

Unternehmens zu gefährden. Diese Risikostreuung erhöht die Sicherheit und Zuverlässigkeit der Versicherungslösung sowohl für die Versicherer als auch für die Versicherungsnehmer.

Ein weiterer Grund für die Bildung einer Mitversicherung ist die Diversifizierung des Risikoprofils der beteiligten Versicherer. Durch die Beteiligung an unterschiedlichen Risiken können die Versicherer ihr Portfolio optimieren und das Gesamtrisiko ihres Geschäfts reduzieren. Darüber hinaus ermöglicht die Zusammenarbeit mehrerer Versicherer den Austausch von Fachwissen und Expertise, was insbesondere bei komplexen oder neuartigen Risiken von Vorteil ist.

Aus Sicht des Versicherungsnehmers bietet die Mitversicherung den Vorteil eines umfassenden und individuell angepassten Versicherungsschutzes. Insbesondere bei Großprojekten oder Spezialrisiken kann so ein maßgeschneiderter Versicherungsschutz gewährleistet werden, der auf die spezifischen Bedürfnisse und Anforderungen zugeschnitten ist. Darüber hinaus profitiert der Versicherungsnehmer von der Finanzkraft und Stabilität mehrerer Versicherer, was die Verlässlichkeit der Schadenregulierung erhöht.

■ BEISPIEL

Ein anschauliches Beispiel für die Anwendung der Mitversicherung ist der Risikoschutz der Belegschaft eines Industriekonzerns. Durch die Bildung eines Mitversicherungskonsortiums beteiligen sich mehrere Versicherer an der Risikoübernahme, wobei jeder einen bestimmten Prozentsatz des Gesamtrisikos trägt. Ein federführender Versicherer koordiniert dabei die Vertragsgestaltung, das Prämienmanagement und die Schadenabwicklung, wodurch ein effizienter und effektiver Versicherungsschutz gewährleistet wird. ■

6.4 Versicherungskonsortium

Struktur

Ein Versicherungskonsortium ist ein Zusammenschluss mehrerer Versicherungsunternehmen, die eine auf die gemeinsame Deckung eines Großrisikos gerichtete befristete Zusammenarbeit eingehen. Jedes beteiligte Unternehmen bleibt rechtlich und wirtschaftlich selbständig, trägt aber einen festgelegten Anteil des Risikos. Der Konsortialführer, oft das größte oder erfahrenste Unternehmen, übernimmt die Führung und die administrativen Aufgaben wie Prämienverwaltung und Schadenregulierung. Die Konsortialpartner teilen sowohl das Risiko als auch die Prämieneinnahmen entsprechend ihrer Beteiligung.

Rechtliche Grundlagen des Versicherungskonsortiums

Grundlage für die Bildung eines Versicherungskonsortiums ist in der Regel eine Gesellschaft bürgerlichen Rechts (GbR), die nach den §§ 705 ff. BGB geregelt ist. Der Zusammenschluss erfolgt durch einen Konsortialvertrag, der die Rechte und Pflichten der beteiligten Versicherer im Einzelnen regelt. In diesem Vertrag werden unter anderem die Anteile der beteiligten Unternehmen, die Bedingungen der Risikoteilung, die Verteilung der Prämien sowie die Aufgabenverteilung innerhalb des Konsortiums geregelt.

Warum wird es gebildet?

Ein Versicherungskonsortium wird in erster Linie gebildet, um die finanzielle Belastung bei der Deckung von Großrisiken auf mehrere Versicherer zu verteilen. Solche Risiken können für ein einzelnes Unternehmen zu hoch sein, um sie allein zu tragen, was zu einer zu großen finanziellen Unsicherheit führen würde. Durch die Bündelung der Ressourcen und die Verteilung des Risikos auf mehrere Versicherer wird nicht nur die finanzielle Stabilität gewahrt, sondern es können auch größere Projekte versichert werden, die sonst nicht versicherbar wären. Darüber hinaus ermöglicht das Konsortium den Versicherern, den Anforderungen großer und komplexer Risiken durch das gebündelte Know-how besser gerecht zu werden.

■ BEISPIEL

Ein klassisches Beispiel für ein Versicherungskonsortium ist die Versicherung von Großprojekten, wie z. B. der Bau eines internationalen Flughafens. Bei einem solchen Projekt sind die zu versichernden Risiken wie mögliche Bauverzögerungen, Unfälle oder Naturkatastrophen so groß, dass ein einzelner Versicherer diese Last nicht allein tragen könnte. Deshalb schließen sich mehrere Versicherer zusammen, um das Risiko auf mehrere Schultern zu verteilen. Ein weiteres Beispiel ist die Versicherung von Großveranstaltungen wie den Olympischen Spielen, bei denen erhebliche Haftungsrisiken bestehen, die gemeinsam getragen werden müssen. ■

7 Leistungsfälle

7.1 Der Versicherungsfall in der Lebensversicherung

Moderne Lebens- und Rentenversicherungstarife bieten Versicherungsschutz für eine Vielzahl von Risiken. So kann der Versicherungsnehmer in Abhängigkeit vom gewählten Tarif und ergänzenden Zusatztarifen Versicherungsschutz zur Absicherung des Hinterbliebenenrisikos, aber auch für den Fall einer längeren Arbeits- und Berufsunfähigkeit, für einen Verlust von Grundfähigkeiten, für eine flankierende Absicherung von schweren Krankheiten und des Pflegefallrisikos vereinbaren.

Bei Eintritt des Versicherungsfalls schlägt die Stunde der Wahrheit. Nunmehr werden, zu einem aus Kundensicht strategisch höchst ungünstigen Zeitpunkt, tarifliche Schwächen offengelegt, Beratungsfehler und Unterlassungssünden des Vermittlers aufgedeckt, Verstöße des Versicherungsnehmers gegen die vorvertragliche Anzeigepflicht bei Abschluss des Versicherungsvertrags sichtbar, aber auch die Qualität der Bearbeitung von Versicherungsfällen durch den Lebensversicherer auf den Prüfstand gestellt.

7.1.1 Der Leistungsantrag

Ein Anspruch auf Versicherungsleistungen kann dem Versicherer formlos angezeigt werden. Allerdings kann die Bearbeitungsdauer in den meisten Fällen verkürzt werden, wenn dem Versicherer bei der Anzeige des Versicherungsfalls bereits erste Informationen übermittelt werden. Vor allem bei einem Antrag auf Leistungen wegen Berufsunfähigkeit sollte dem Versicherer der zuletzt ausgeübte Beruf der versicherten Person und auch die Ursache der Berufsunfähigkeit mitgeteilt werden, sodass der Versicherer einen auf die berufliche Tätigkeit und die den Leistungsfall begründende Erkrankung beziehungsweise das Unfallereignis abgestellten Fragebogen generieren und versenden kann.

Bei einem Antrag auf Leistungen wegen Todes, Arbeits-, Berufs- oder Erwerbsunfähigkeit, schwerer Krankheit oder dem Verlust einer versicherten Grundfähigkeit liegt die Beweislast beim Versicherungsnehmer beziehungsweise bei der versicherten Person. Allerdings hat der Gesetzgeber auch den Versicherern eine Verpflichtung aufgegeben. So muss ein Versicherungsfall binnen **Monatsfrist** bearbeitet und reguliert werden.[1]

[1] § 14 Abs. 2 S. 1 VVG.

Dieser vom Gesetzgeber normierte Zeitrahmen kann vor allem bei einem Versicherungsfall wegen Berufs- oder Erwerbsunfähigkeit der versicherten Person regelmäßig nicht eingehalten werden,[2] da vom Versicherer in vielen Fällen für eine abschließende Bearbeitung und Einschätzung seiner Leistungspflicht Auskünfte bei den behandelnden Ärzten eingeholt und unter Umständen auch medizinische Gutachten in Auftrag gegeben werden müssen. Der **Fristenlauf wird gehemmt**, wenn der Versicherer weitere Informationen einholen muss und den Versicherungsnehmer hierüber in Kenntnis setzt. Sofern die vorgenannte Frist allerdings ohne eine erkennbare Reaktion des Versicherers verstreicht, kann der Versicherungsnehmer eine Abschlagszahlung in Höhe der vom Versicherer voraussichtlich für den Zeitraum ab Eintritt der Berufsunfähigkeit bis zur Geltendmachung der Forderung zu erbringenden Leistung einfordern.[3]

Erhebung personenbezogener Daten

Wenn ein Versicherungsnehmer oder eine bezugsberechtigte (versicherte) Person Leistungen wegen Arbeits-, Berufs- oder Erwerbsunfähigkeit, Pflegebedürftigkeit, dem Verlust einer Grundfähigkeit oder Todes beantragt, prüft der Lebensversicherer die Erfüllung der Leistungsvoraussetzungen und – zeitlich befristet – auch die wahrheitsgemäße Beantwortung der Antragsfragen bei Abschluss des Versicherungsvertrags (vorvertragliche Anzeigepflicht).

Sowohl bei der Prüfung der Leistungsvoraussetzungen als auch der Erfüllung der vorvertraglichen Anzeigepflicht beziehungsweise eines eventuellen Verstoßes gegen die vorvertragliche Anzeigepflicht müssen die Versicherer regelmäßig personenbezogene und damit sehr sensible Daten und Informationen zu der beziehungsweise über die versicherte(n) Person einholen. Der Gesetzgeber räumt in diesem Zusammenhang die Erhebung personenbezogener Daten ausdrücklich im Versicherungsvertragsgesetz ein, hat aber das Recht der Versicherer zur Datenerhebung an Auflagen geknüpft. So hat der Gesetzgeber normiert, dass

- der Versicherer personenbezogene Gesundheitsdaten nur bei Ärzten, Krankenhäusern und sonstigen Krankenanstalten, Pflegeheimen und Pflegepersonen, anderen Personenversicherern, gesetzlichen Krankenkassen, Berufsgenossenschaften und Behörden erheben darf, soweit dies für die Beurteilung des zu versichernden Risikos oder der Leistungspflicht des Versicherers erforderlich ist.
- Zwingende Voraussetzung für die Erhebung personenbezogener Daten ist die ausdrückliche Zustimmung des Versicherungsnehmers beziehungsweise der versicherten Person.[4]

---

2 In 2021 betrug die durchschnittliche Bearbeitungsdauer für einen Antrag auf Leistungen wegen Berufsunfähigkeit 96 Tage; GDV Gesamtverband der Versicherer e.V., 7 Fakten zur Berufsunfähigkeitsversicherung, 22. August 2023, https://www.gdv.de/gdv/themen/leben/7-fakten-zur-berufsunfaehigkeitsversicherung-34338#:~:text=Im%20Mittel%20lagen%202021 %20zwischen,Unterlagen%20zur%20Verfügung%20zu%20stellen, zuletzt abgerufen am 15. April 2025.

3 § 14 Abs. 2 VVG.

4 § 213 Abs. 1 VVG.

Für die Erhebung personenbezogener Daten kann der Versicherungsnehmer (oder dessen Vertreter) seine Zustimmung pauschal erteilen; der Versicherer muss den Versicherungsnehmer (oder dessen Vertreter) von jeder Datenerhebung (zum Beispiel einer Arztanfrage) informieren.

Hinweis

Sofern die versicherte Person noch minderjährig ist, kann ein Vertreter – i.d.R. ist dies ein Elternteil oder anderer Erziehungsberechtigter – die erforderliche Zustimmung zur Datenerhebung erklären.

Der Versicherungsnehmer beziehungsweise die versicherte Person kann dabei jeder Datenerhebung jederzeit formlos widersprechen.[5] Der **Widerspruch** muss dem Versicherer unverzüglich erklärt werden,[6] da der Versicherer bis zum Zeitpunkt des Widerspruchs erhobene Daten verwenden darf.[7] Alternativ kann der Versicherungsnehmer beziehungsweise die versicherte Person vom Versicherer auch verlangen, dass für jede Anfrage im Einzelfall seine Zustimmung eingeholt werden muss.[8] Der Versicherer muss den Versicherungsnehmer beziehungsweise die versicherte Person über seine beziehungsweise ihre Rechte aufklären.[9]

Die vorvertragliche Anzeigepflicht

Mit der Reform des Versicherungsvertragsgesetzes zum 1. Januar 2008[10] hatte der Gesetzgeber die vorvertragliche Anzeigepflicht neu gefasst. Während der Versicherungsnehmer beziehungsweise die zu versichernde Person bei Abschluss eines Versicherungsvertrags vor dem 1. Januar 2008 dem Versicherer alle ihm beziehungsweise ihr bekannten Umstände, die für die Übernahme des zu versichernden Risikos erheblich waren, anzeigen musste,[11] hat der Gesetzgeber die vorvertragliche Anzeigepflicht seit dem 1. Januar 2008 auf die wahrheitsgemäße Beantwortung der vom Versicherer in Schriftform vorgelegten Fragen beschränkt.[12] Allerdings haben vor allem die Kranken- und Lebensversicherer als Reaktion auf die Änderung der vorvertraglichen Anzeigepflicht ihre Fragenkataloge in den Anträgen neu gefasst und Vermittler und Kunden sollten die Antragsfragen sehr genau lesen und gewissenhaft beantworten. So macht es einen großen Unterschied, ob ein Lebens- oder Krankenversicherer in seinem Antrag die Frage nach „Krankheiten, Funktionsstörungen und Beschwerden des Versicherungsnehmers beziehungsweise der zu versichernden Person" stellt oder die

5 § 213 Abs. 2 S. 2 2. HS VVG. Art. 7 Abs. 3 S. 1 DSGVO.
6 Muschner in Rüffer/Halbach/Schimikowski, Versicherungsvertragsgesetz, 4. Aufl. 2020, § 213, Rn. 40;
7 Heyers in Schwintowski/Brömmelmeyer/Ebers, Praxiskommentar zum Versicherungsvertragsgesetz, 4. Aufl. 2021, § 213, Rn. 31. Art. 7 Abs. 3 S. 2 DSGVO.
8 § 213 Abs. 3 VVG.
9 § 213 Abs. 4 VVG.
10 Vgl. Gesetz zur Reform des Versicherungsvertragsrechts, BGBl. I 2007, 2631.
11 § 16 Abs. 1 VVG a.F.
12 § 19 Abs. 1 VVG.

Anzeige von „Krankheiten, Beschwerden und Funktionsstörungen, aufgrund derer der Versicherungsnehmer beziehungsweise die versicherte Person ärztlich beraten und/ oder behandelt wurde," einfordert.

Black Box Patientenakte

Bei Abschluss eines Vorsorgevertrags zur Absicherung der Arbeitskraft oder auch einer Risiko-Lebensversicherung beantworten die meisten Kunden die Antragsfragen des Versicherers nach bestem Wissen und Gewissen. Allerdings muss der Wissensstand des Antragstellers beziehungsweise der zu versichernden Person zu Diagnosen und Vorerkrankungen nicht identisch sein mit den Aufzeichnungen des behandelnden Arztes, sodass vor Abschluss (zum Beispiel einer Berufsunfähigkeitsversicherung), spätestens jedoch vor der Beantragung von Versicherungsleistungen, die Patientenakte des Hausarztes eingesehen werden sollte.

Immer wieder kommt es vor, dass Ärzte eine Einsichtnahme in die Patientenakte mit dem Hinweis auf den Datenschutz verweigern. Dieses nichtige Abwehrargument kann in den meisten Fällen schnell entkräftet werden, da der Gesetzgeber das Recht des Patienten auf Einsichtnahme in die Patientenakte im Bürgerlichen Gesetzbuch normiert hat. Nur im begründeten Ausnahmefall, zum Beispiel wenn eine Kenntnis des Patienten von Aufzeichnungen des Arztes dem weiteren Behandlungserfolg entgegenstehen würden, kann vom Arzt eine Einsichtnahme in die Patientenakte begründet verweigert werden.[13]

■ **BEISPIEL**

Die Kenntnis von einer nach Einschätzung des Arztes bestehenden Suizidgefährdung des Patienten sollte diesem sicherlich nicht schriftlich eröffnet werden. ■

Der Patient kann vom Arzt auch eine elektronische Abschrift oder eine Kopie der Patientenakte verlangen; die dafür anfallenden Kosten hat der Patient dem Arzt zu erstatten.[14] Mit seinem Urteil vom 26. Oktober 2023 hatte der Europäische Gerichtshof allerdings entschieden, dass dem Patienten die erste Kopie der Patientenakte unentgeltlich zur Verfügung gestellt werden muss.[15]

Alternativ oder zusätzlich können Mitglieder der gesetzlichen Krankenversicherung bei der zuständigen Krankenkasse auch eine Liste der Abrechnungsdiagnosen sowie eine Aufstellung der ärztlich festgestellten Arbeitsunfähigkeitszeiten gebührenfrei anfordern. Bei der Auskunft der gesetzlichen Krankenkassen ist jedoch zu beachten,

---

13 § 630g Abs. 1 BGB.

14 § 630g Abs. 2 BGB, Anmerkung: Die vom Patienten zu erstattenden Kosten beschränken sich auf die Sachkosten für Kopien, Datenträger, etc. Eine Abrechnung der Sachkosten auf der Grundlage von § 7 JVEG wird angeraten. Zimmermann, Was tun, wenn der Patient seine Behandlungsunterlagen haben will?, DeutschesArztPortal, 10. August 2023, https://www.deutschesarztportal.de/abrechnung/detail/was-tun-wenn-der-patient-seine-behandlungsunterlagen-haben-will-die-rechtslage-ist-unklar, zuletzt abgerufen am 15. April 2025.

15 Vgl. EuGH vom 26.10.2023, C-307/22.

dass die Diagnosen der letzten drei bis neun Monate vor dem Abruf der Auskunft von den Krankenkassen zumeist noch nicht oder nur lückenhaft erfasst wurden.

Hinweis

Versicherte der PKV finden die Diagnosen auf den Rechnungen der behandelnden Ärzte, Zahnärzte und Kliniken.

Der Verstoß gegen die vorvertragliche Anzeigepflicht

Ein Verstoß gegen die vorvertragliche Anzeigepflicht kann vom Versicherer sanktioniert werden. Dabei ist nach der Schwere des Verstoßes zu unterscheiden:

- fahrlässige Verletzung der vorvertraglichen Anzeigepflicht
- grob fahrlässige Verletzung der vorvertraglichen Anzeigepflicht
- vorsätzliche Verletzung der vorvertraglichen Anzeigepflicht
- arglistige Verletzung der vorvertraglichen Anzeigepflicht

In diesem Zusammenhang ist zu beachten, dass nicht nur falsche oder unzureichende Angaben zu Vorerkrankungen den Tatbestand der vorvertraglichen Anzeigepflichtverletzung erfüllen. Auch falsche Angaben zur beruflichen Tätigkeit, zur Einkommenssituation, zu Auslandsaufenthalten und Freizeitaktivitäten verletzen die vorvertragliche Anzeigepflicht des Antragstellers und können vom Versicherer sanktioniert werden.

Sanktionen durch den Versicherer

Die Art der Sanktionierung einer Verletzung der vorvertraglichen Anzeigepflicht durch den Versicherer ist abhängig von der Schwere des Verstoßes. Sofern der Versicherungsnehmer die vorvertragliche Anzeigepflicht grob fahrlässig oder sogar vorsätzlich verletzt hat, kann der Versicherer den **Rücktritt** vom Vertrag erklären.[16] Für den Fall einer fahrlässigen Verletzung der vorvertraglichen Anzeigepflicht räumt der Gesetzgeber dem Versicherer das Recht der **Vertragskündigung** mit Monatsfrist ein.[17] Allerdings hat der Gesetzgeber das Recht des Versicherers zum Vertragsrücktritt im Fall der grob fahrlässigen Anzeigepflichtverletzung beziehungsweise dessen Kündigungsrecht im Fall der fahrlässigen Anzeigepflichtverletzung ausgeschlossen, wenn der Versicherer in Kenntnis der nicht angezeigten Umstände den Vertrag zu anderen Bedingungen, zum Beispiel mit einem Leistungsausschluss für bestehende Erkrankungen und/oder einem Beitragszuschlag für das erhöhte Risiko, geschlossen hätte. In diesem Fall treten die geänderten Bedingungen rückwirkend in Kraft.[18]

16 § 19 Abs. 2 VVG.
17 § 19 Abs. 3 VVG.
18 § 19 Abs. 4 VVG.

Hinweis

Sofern die vorvertragliche Anzeigepflichtverletzung nicht vom Versicherungsnehmer zu vertreten ist, werden die geänderten Bedingungen erst ab der laufenden Periode Vertragsbestandteil.

Für den Fall, dass der Versicherer einen Leistungsausschluss erklärt oder sich der Beitrag um mehr als 10 % erhöht, kann der Versicherungsnehmer das Vertragsverhältnis innerhalb eines Monats nach Erhalt der Mitteilung des Versicherers kündigen.[19]

Das Recht des Versicherers auf einen Vertragsrücktritt beziehungsweise zur Kündigung des Versicherungsvertrags aufgrund einer (grob) fahrlässigen vorvertraglichen Anzeigepflichtverletzung durch den Versicherungsnehmer erlischt nach Ablauf von fünf Jahren nach Vertragsabschluss. Sofern der Versicherungsnehmer die Anzeigepflicht vorsätzlich oder arglistig verletzt hat, verlängert sich die Frist auf zehn Jahre.[20] Allerdings muss eine Vertragskündigung oder ein Rücktritt vom Vertrag durch den Versicherer aufgrund einer Verletzung der vorvertraglichen Anzeigepflicht nicht zwingend bedeuten, dass der Versicherungsnehmer beziehungsweise die versicherte Person im Schadenfall leer ausgeht. So ist der Versicherer auch im Fall eines erklärten Rücktritts beziehungsweise einer Vertragskündigung zur Leistung verpflichtet, wenn der Verstoß gegen die vorvertragliche Anzeigepflicht in keinem kausalen Bezug zu dem die Leistung begründenden Ereignis steht.[21]

■ **BEISPIEL**

Versicherungsnehmer Moritz Wagner hatte beim Abschluss seiner Berufsunfähigkeitsversicherung seine Depressionen und eine psychotherapeutische Behandlung über mehrere Monate nicht angegeben. Nach einem schweren Schlaganfall, der eine halbseitige Körperlähmung zur Folge hat, stellt der Versicherungsnehmer einen Antrag auf Leistungen wegen Berufsunfähigkeit. Im Rahmen der Leistungsprüfung deckt der Lebensversicherer die vorsätzliche Anzeigepflichtverletzung auf und erklärt den Rücktritt vom Versicherungsvertrag. Nachdem eine bedingungsgemäße Berufsunfähigkeit, deren Ursache in keinem kausalen Bezug zu den verschwiegenen Depressionen und der nicht angezeigten psychotherapeutischen Behandlung steht, nachgewiesen werden kann, erklärt der Versicherer seine Leistungspflicht. ■

Im Fall einer arglistigen Verletzung der vorvertraglichen Anzeigepflicht durch den Versicherungsnehmer besteht keine Leistungspflicht des Versicherers.[22] Immer wieder „pokern" Kunden mit der Verjährung eines Verstoßes gegen die vorvertragliche Anzeigepflicht. Das OLG Braunschweig hatte mit seinem Urteil vom 11. September 2023 in einem Streitfall die 10-Jahres-Frist gekippt. Der als Polizeibeamter tätige Versicherungsnehmer hatte im August 2008 eine Berufsunfähigkeitsversicherung beantragt, die zum 1. September 2008 zustande kam. Im Antrag hatte der Versicherungsnehmer trotz dezidierter Fragen des Versicherers nach psychischen Erkrankungen und ärzt-

19 § 19 Abs. 6 VVG.
20 § 21 Abs. 3 VVG.
21 § 21 Abs. 2 VVG.
22 § 21 Abs. 2 S. 2 VVG.

lichen Behandlungen durch Psychotherapeuten und/oder Psychiater eine bereits im Oktober 2005 gestellte ADHS-Diagnose und eine ärztlich verordnete Medikation sowie aufgetretene Depressionen verschwiegen. Aufgrund seiner Erkrankungen versetzte der Dienstherr den Beamten mit Wirkung 31. Oktober 2017 in den vorgezogenen Ruhestand. Mit Datum 3. September 2018 stellte der Versicherungsnehmer, vertreten durch einen Anwalt, einen Antrag auf Leistungen wegen Berufsunfähigkeit, der von dem Lebensversicherer abgelehnt wurde.

Mit seiner Klage verfolgte der Versicherungsnehmer die Durchsetzung seines Leistungsanspruchs. Das OLG Braunschweig verneinte einen Leistungsanspruch des Versicherungsnehmers und begründete seine Entscheidung damit, dass der Versicherungsnehmer gezielt das Recht des Versicherers auf Anfechtung des Versicherungsvertrags wegen arglistiger Täuschung vereitelt hatte, indem er den bereits eingetretenen Versicherungsfall erst nach Ablauf der zehnjährigen Anfechtungsfrist[23] gestellt hatte. Das Gericht bestätigte das Leistungsverweigerungsrecht des Versicherers.[24]

Meldung einer Gefahrerhöhung

Während die vorvertragliche Anzeigepflicht regelmäßig im Fokus des Vermittlers steht, wird die Verpflichtung zur Anzeige einer Gefahrerhöhung oftmals nicht geprüft und beachtet. Der Gesetzgeber hat im VVG normiert, dass der Versicherungsnehmer nach Abgabe seiner Vertragserklärung ohne Einwilligung des Versicherers keine Gefahrerhöhung vornehmen oder deren Vornahme durch einen Dritten gestatten darf.[25] Sofern ein Lebensversicherer den Versicherungsnehmer zur Anzeige einer Gefahrerhöhung verpflichten will, muss er dies in seinen AVB erklären und die anzeigepflichtigen Gefahren konkret benennen.[26]

Zu beachten ist in diesem Zusammenhang auch der Hinweis im Proximus.

In diesem Tarif wird zwischen Nichtrauchern und Rauchern unterschieden. Nichtraucher ist, wer in den letzten zwölf Monaten vor Vertragsabschluss weder Zigaretten noch Zigarren, Pfeife oder sonstigen Tabak unter Feuer konsumiert hat und auch künftig nicht beabsichtigt zu rauchen.

Wird die versicherte Person nach Abschluss Raucher, sind Sie – neben der versicherten Person – dazu verpflichtet, uns unverzüglich darüber zu informieren, damit eine Einstufung nach dem Rauchertarif mit dem erforderlichen Beitrag erfolgen kann.[27]

Auch nach den AVB der meisten Lebensversicherer ist der Versicherungsnehmer einer Risiko-Lebensversicherung, der aufgrund eines Verzichts auf einen Nikotinkonsum nach „Nichtrauchertarifen“ zu vergünstigten Konditionen versichert wurde, dazu ver-

---

23 § 124 Abs. 3 BGB.
24 OLG Braunschweig v. 11.9.2023, 11 U 316/21.
25 § 23 Abs. 1 VVG.
26 § 158 Abs. 1 VVG.
27 Proximus, Allgemeine Bedingungen für die Nichtraucher- und Raucher-Risiko-Lebensversicherung, Kap. 1.2 und 1.3.

pflichtet, eine Änderung seines Rauchverhaltens, das heißt einen Wechsel vom Nichtraucher zum Raucher, dem Versicherer proaktiv anzuzeigen. Der Begriff des Nikotinkonsums wird dabei von einigen Gesellschaften sehr weit gefasst und im Bedingungswerk einer Gesellschaft wird auch der Konsum von Kautabak als anzeigepflichtige Gefahrerhöhung benannt. Zwischenzeitlich findet das Kriterium Nikotinkonsum bei einigen Lebensversicherern auch bei der Berechnung des Beitrags für eine Berufsunfähigkeitsversicherung Berücksichtigung.

Hinweis zu „Nichtrauchertarifen"

Bei der Tarifierung unter Berücksichtigung des Nikotinkonsums unterscheiden einige Lebensversicherer nicht nur zwischen Rauchern und Nichtrauchern, sondern berücksichtigen auch die Dauer einer durchgehenden Nikotinabstinenz. So können sich Versicherungsnehmer, die mehr als zehn Jahre kein Nikotin konsumiert haben eine besonders günstige Prämie sichern, während bei einer Nikotinabstinenz von mehr als einem Jahr (aber weniger als zehn Jahren) eine höhere und für Raucher eine deutlich höhere Prämie kalkuliert wird.

Nachdem die Prämienunterschiede von „Rauchertarifen" und „Nichtrauchertarifen" im Fall der Risiko-Lebensversicherung sehr hoch sind (Nichtrauchertarife können bis zu 70 % billiger sein als Rauchertarife), mag dies den einen oder anderen Kunden dazu motivieren, dem blauen Dunst im Interesse eines kostengünstigeren Versicherungsvertrags für einige Monate abzuschwören. Stellt ein Lebensversicherer, der in seinen AVB eine Änderung des Raucherstatus vom Nichtraucher zum Raucher nach Versicherungsbeginn als meldepflichtige Gefahrerhöhung benennt, im Rahmen der Leistungsprüfung einen Verstoß gegen die Meldepflicht fest, kann er diesen sanktionieren. Dabei muss auch im Fall der unterlassenen Meldung einer Gefahrerhöhung zwischen einem fahrlässigen, grob fahrlässigen und vorsätzlichen Verstoß unterschieden werden.

Verstößt der Versicherungsnehmer gegen seine Pflicht zur Meldung einer Gefahrerhöhung, kann der Versicherer das Vertragsverhältnis innerhalb eines Monats im Fall einer grob fahrlässigen und vorsätzlichen Pflichtverletzung fristlos und im Fall eines fahrlässigen Verstoßes mit Monatsfrist kündigen.[28] Alternativ kann der Versicherer die erhöhte Gefahr aus dem Versicherungsschutz ausschließen oder das Vertragsverhältnis gegen die Zahlung einer höheren Prämie fortführen. Schließt der Versicherer die erhöhte Gefahr vom Versicherungsschutz aus oder erhöht der Versicherer die Prämie aufgrund des Risikos um mehr als 10 %, hat der Versicherungsnehmer das Recht das Vertragsverhältnis innerhalb eines Monats nach Zugang der Mitteilung des Versicherers zu kündigen.[29]

Erhält der Versicherer von einem vorsätzlichen Verstoß des Versicherungsnehmers gegen die Verpflichtung zur Meldung einer Gefahrerhöhung nach Eintritt des Versiche-

[28] § 24 Abs. 1 VVG.
[29] § 25 Abs. 1 und 2 VVG.

rungsfalls Kenntnis, ist er von der Leistung frei. Sofern der Versicherungsnehmer seine Meldepflicht grob fahrlässig verletzt hat, kann der Versicherer seine Leistung kürzen[30] wie das nachfolgende Beispiel verdeutlichen soll:[31]

■ **BEISPIEL**

Versicherungsnehmer Moritz Wagner hatte für sich eine Risiko-Lebensversicherung zur Absicherung einer Immobilienfinanzierung mit einer Versicherungssumme von 400.000 € abgeschlossen:

Eintrittsalter 40 Jahre, Versicherungsdauer 20 Jahre, Beitragszahlungsdauer 20 Jahre.

Zum Zeitpunkt des Vertrags war Herr Wagner Nichtraucher. Der Tarifbeitrag betrug 66,87 €/Monat. Hätte Herr Wagner den Versicherungsschutz nach einem Rauchertarif beantragt, wäre der Tarifbeitrag mit 193,01 € deutlich höher gewesen. Zwei Jahre nach dem Vertragsabschluss hatte der Versicherungsnehmer seine Nikotinabstinenz aufgegeben; die Änderung seines Raucherstatus und die damit verbundene Gefahrerhöhung hatte er dem Lebensversicherer nicht angezeigt. Sechs Jahre später verstirbt Herr Wagner an einem Lungenkarzinom.

Die bezugsberechtigte Ehefrau legte auf Anfrage des Lebensversicherers alle ärztlichen Berichte, aus denen auch der Nikotinkonsum des Versicherungsnehmers ersichtlich war, vor. Aufgrund des grob fahrlässigen Verstoßes gegen die Verpflichtung zur Meldung einer Gefahrerhöhung kürzte die Gesellschaft die Versicherungssumme im Verhältnis Nichtraucher-Raucher-Beitrag:

400.000 € x (66,87 €: 193,01 €) = 138.583,49 € ■

Das Recht des Versicherers auf Leistungsverweigerung beziehungsweise -kürzung entfällt, wenn die verschwiegene Gefahrerhöhung in keinem kausalen Zusammenhang zu dem Versicherungsfall steht oder die Frist für eine mögliche Vertragskündigung durch den Versicherer abgelaufen ist.[32] Im vorgestellten Beispiel hätte die hinterbliebene Ehefrau Anspruch auf die volle Versicherungsleistung gehabt, wenn der Versicherungsnehmer beispielsweise durch einen Autounfall ums Leben gekommen wäre.

Antrag auf Leistungen wegen Todes

Die Absicherung des Hinterbliebenenrisikos kann bei freier Gestaltung der Bezugsberechtigung wahlweise über eine Risiko- oder eine Kapital-Lebensversicherung der Versorgungsschicht 3 und (flankierend) mit einer Hinterbliebenen-Zusatzversicherung erfolgen. Sofern die Absicherung von Hinterbliebenen mit einem Versicherungsvertrag der Versorgungsschicht 1 erfolgen soll, können nur Ehegatten und eingetragene Lebenspartner als begünstigte Personen benannt werden.[33] Dieser Personenkreis erweitert sich im Fall einer Absicherung des Todesfallrisikos mit einer Hinterbliebenen-Zusatzversicherung um Kinder im Sinne von § 32 EStG.

---

30 § 26 Abs. 1 VVG.

31 Siehe auch: Proximus, Allgemeine Bedingungen für die Nichtraucher- und Raucher-Risiko-Lebensversicherung, Kap. 1.4.

32 § 26 Abs. 3 VVG.

33 Anmerkung: Der Gesetzgeber schließt für Versicherungsverträge der Versorgungsschicht 1 eine Vererbung aus. Der Versicherungsnehmer kann aber mit dem Versicherer vereinbaren, dass im Todesfall vor Rentenbeginn das angesparte und im Fall des Todes nach Rentenbeginn das um die ausbezahlten Tarifrenten geminderte Altersvorsorgekapital auf einen zertifizierten Vorsorgevertrag des Ehegatten oder eingetragenen Lebenspartners übertragen wird.

Auch bei der Zusage von Leistungen zur Absicherung von Hinterbliebenen im Rahmen einer bAV ist der eingeschränkte Hinterbliebenenbegriff zu beachten.

Eingeschränkter Hinterbliebenenbegriff

Der eingeschränkte Hinterbliebenenbegriff umfasst Ehegatten und eingetragene Lebenspartner/-innen sowie Kinder im Sinne von § 32 EStG.

Anmerkung: Der eingeschränkte Hinterbliebenenbegriff gilt nicht für Direktversicherungen nach § 40b EStG a.F.

Allerdings kann unter bestimmten Voraussetzungen auch ein Bezugsrecht für Lebensgefährten vereinbart werden.[34] Andere Personen können im Todesfall mit einem angemessenen Sterbegeld begünstigt werden.[35] Im Gegensatz zur bAV kann für Versicherungsverträge der Versorgungsschicht 1 ein Bezugsrecht für Dritte in Höhe eines angemessenen Sterbegelds nicht vereinbart werden.[36]

Bei der Einrichtung einer Risiko-Lebensversicherung der Versorgungsschicht 3 sollte aus steuerlichen Gründen regelmäßig die im Todesfall begünstigte Person als Versicherungsnehmer und Beitragszahler eingesetzt werden, sodass die Versicherungsleistung im Todesfall der versicherten Person steuerfrei vereinnahmt werden kann.

Hinweis

Sofern die Beitragszahlung nicht vom Versicherungsnehmer, sondern von der versicherten Person übernommen wird, ist die bis zum Eintritt des Versicherungsfalls aufgelaufene Beitragssumme als Schenkung des Versicherungsnehmers zu versteuern.[37]

In einem mit dem Tod der versicherten Person begründeten Versicherungsfall muss der Versicherungsnehmer für die Begründung des Leistungsanspruchs folgende Unterlagen beim Versicherer einreichen:

- Versicherungsschein,
- eine amtliche Sterbeurkunde mit Angabe von Alter und Geburtsort der versicherten Person,

[34] Vgl. BMF, Steuerliche Förderung der betrieblichen Altersversorgung, Schreiben IV C 5 S 2333/19/10008:017: 2021/0770982 vom 12.8.2021. Meissner, Hinterbliebenenversorgung: Rechtssichere Umsetzung in der Praxis, in: Meissner/Schrehardt, Kompass für die Beratungspraxis, Band 8, Karlsruhe, Verlag Versicherungswirtschaft, 2023.

[35] Vgl. BMF, Steuerliche Förderung der betrieblichen Altersversorgung, Schreiben IV C 5 S 2333/19/10008:017: 2021/0770982 vom 12.8.2021, Rn. 5. Anmerkung: Die Finanzverwaltung definiert nicht, was unter einem angemessenen Sterbegeld zu verstehen ist. Allerdings kann Bezug auf § 2 Abs. 1 KStDV genommen werden, wo das zulässige Sterbegeld mit 7.669 € beziffert wird. Von der BaFin wurde das angemessene Sterbegeld im Sinne von § 150 Abs. 4 VVG mit 8.000 € beziffert. BaFin, Schreiben vom 3.8.2005.

[36] BZSt, Kommentar zum Altersvorsorgeverträge-Zertifizierungsgesetz i.d.F. 6.2024, § 2, Abs. 1, Rn. 28, https://www.bzst.de/SharedDocs/Downloads/DE/Zertifizierungsstelle/Kommentar_AltZertG_202406.html?nn=83638, zuletzt abgerufen am 15. April 2025.

[37] BFH vom 22.10.2014, II R 26/13.

- eine ausführliche ärztliche oder amtliche Bescheinigung über die Todesursache. Aus der Bescheinigung müssen sich Beginn und Verlauf der Krankheit, die zum Tod der versicherten Person geführt hat, ergeben.[38]

Hinweis

Sofern der Versicherungsschutz für den Todesfall mit einer Kapital-Lebensversicherung abgebildet wurde, müssen die gleichen Unterlagen im Versicherungsfall eingereicht werden.

Der Lebensversicherer kann zur (Über-)Prüfung seiner Leistungspflicht und der vorvertraglichen Anzeigepflicht bei den behandelnden Ärzten, dem gesetzlichen Krankenversicherer der versicherten Person, bei anderen Personenversicherern usw. Auskünfte einholen.[39] Hierzu ist es erforderlich, dass die versicherte Person ihre Zustimmung zur Erhebung personenbezogener Daten im Versicherungsfall bereits zu Lebzeiten erklärt hat.[40] So wird ein Lebensversicherer für den Fall, dass die versicherte Person innerhalb von zehn Jahren nach Antragstellung verstirbt, regelmäßig bei den behandelnden Ärzten und gegebenenfalls auch beim Krankenversicherer der versicherten Person Auskünfte einholen. Sofern der Versicherer für diese Anfragen nicht legitimiert wurde, kann dieser seine Leistungspflicht unter Umständen nicht abschließend prüfen und die Versicherungsleistung kommt nicht zur Auszahlung.

Der Gesetzgeber hat den Rechtsanspruch des Patienten auf Einsichtnahme in die ärztliche Patientenakte normiert.[41]

Hinweis

Die Einsichtnahme kann vom Arzt nur in begründeten Einzelfällen, zum Beispiel wenn wichtige therapeutische Gründe entgegenstehen, verweigert werden.

Viele Risiko-Lebensversicherung werden allerdings mit der Personenidentität von Versicherungsnehmer und versicherter Person eingerichtet, was die Frage aufwirft, wer den Lebensversicherer im Versicherungsfall zur Erhebung personenbezogener Gesundheitsdaten ermächtigen kann. Der Gesetzgeber räumt im BGB das Recht von Erben auf Einsicht in die Patientenakte zur Klärung vermögensrechtlicher Fragen und Interessen ein. Auch Angehörige haben demnach das Recht die Patientenakte einzusehen, soweit sie immaterielle Interessen geltend machen. Allerdings obliegt es dem behandelnden Arzt abzuwägen, ob die Einsichtnahme in die Patientenakte durch Angehörige dem Willen des Patienten entsprechen würde.[42] In diesem Zusammenhang

---

[38] Gesamtverband der Deutschen Versicherungswirtschaft, § 7 Abs. 2 Allgemeine Bedingungen für die Risiko-Lebensversicherung i.d.F. 28. April 2021, https://www.gdv.de/resource/blob/6324/235f9bb24c3e1acfed0d6b7b9f34312f/allgemeine-bedingungen-fur-die-risikolebensversicherung-data.pdf, zuletzt abgerufen am 15. April 2025. Siehe auch: Proximus, Allgemeine Bedingungen für die Nichtraucher- und Raucher-Risiko-Lebensversicherung, Kap. 7.2.

[39] Siehe auch: Proximus, Allgemeine Bedingungen für die Nichtraucher- und Raucher-Risiko-Lebensversicherung, Kap. 7.3.

[40] § 213 Abs. 2 S. 1 VVG.

[41] § 630g Abs. 1 BGB.

[42] § 630g Abs. 3 BGB.

ist zu beachten, dass die ärztliche Schweigepflicht über den Tod des Patienten hinausreicht. Wenn der Arzt davon ausgehen muss, dass einer Einsichtnahme von Angehörigen in die Patientenakte eines verstorbenen Familienmitglieds der ausdrückliche oder mutmaßliche Wille des Verstorbenen entgegensteht, ist diese zu verweigern.[43] Sofern der Arzt Angehörigen die Einsichtnahme in die Patientenakte verweigert, muss er die Gründe für seine Entscheidung offenlegen.[44]

Antrag auf Leistungen wegen Berufsunfähigkeit

Nachdem jeder Berufsunfähigkeit regelmäßig eine zumeist längere Arbeitsunfähigkeit vorausgeht, sollte der Vermittler immer die Absicherung des Arbeitsunfähigkeitsrisikos seines Kunden hinterfragen. In der Alltagspraxis zeigt sich, dass die Vorsorgeberatung zur Absicherung der Arbeitskraft von vielen Vermittler mit der Beratung zu und dem Abschluss von einer Berufsunfähigkeitsversicherung gleichgesetzt wird; ein Kardinalsfehler, der im Versicherungsfall den Vermittler in große Erklärungsnöte führen kann.

Im Jahr 2019 waren 95 % aller Arbeitnehmer und 59 % aller Selbstständigen Mitglied einer GKV. Dabei unterlagen 95 % der gesetzlich versicherten Arbeitnehmer der Versicherungspflicht, während 5 % eine freiwillige GKV-Mitgliedschaft unterhielten.[45] Im Fall einer über die Entgeltfortzahlung des Arbeitgebers hinausreichenden Arbeitsunfähigkeit haben Arbeitnehmer einen Anspruch auf Krankengeld,[46] der sich mit 70 % des durchschnittlichen Bruttoeinkommens beziehungsweise mit maximal 90 % des durchschnittlichen Nettoeinkommens bemisst.[47]

Hinweis

Freiberufler und Selbstständige haben keinen Anspruch auf Krankengeld, können aber auf eine Absicherung gegen Mehrbeitrag mit einer Wahlerklärung optieren.[48]

Für freiwillig in der GKV versicherte Arbeitnehmer berechnet sich der Anspruch auf Krankengeld mit 70 % der jeweils gültigen Beitragsbemessungsgrenze[49] und führt damit zu einer oftmals hohen finanziellen Deckungslücke beim Bezug von Krankengeld. Vor allem Versicherungsmakler sehen sich als Sachwalter ihres Kunden in dieser Situation regelmäßig mit dem Vorwurf einer unzureichenden Beratung konfrontiert.

43 VG Freiburg vom 29.10.2015, 6 K 2245/14; VG Karlsruhe vom 9.11.2017, 2 K 7229/16.
44 OLG Karlsruhe vom 14.8.2019, 7 U 238/18.
45 Statistisches Bundesamt, Krankenversicherungsschutz, https://www.destatis.de/DE/Themen/Arbeit/Arbeitsmarkt/Qualitaet-Arbeit/Dimension-2/krankenversicherungsschutz.html#:~:text= 88 %20 %25 %20der%20Erwerbstätigen%20sind%20gesetzlich%20versichert&text=Von%20den%20Arbeitnehmern%20sind%20fast,freiwillige%20Mitglieder%20einer%20gesetzlichen%20Krankenversicherung, zuletzt abgerufen am 15. April 2025.
46 § 44 Abs. 1 SGB V.
47 § 47 Abs. 1 S. 1 und 2 SGB V.
48 § 44 Abs. 2 S. 1 Nr. 2 SGB V
49 § 47 Abs. 6 SGB V.

■ **BEISPIEL**

Versicherungsmakler M. hatte seinem Kunden B., einem Prokuristen in einem mittelständischen Unternehmen, eine Berufsunfähigkeitsversicherung mit einer BU-Rente von 2.750 €/Monat vermittelt. Zwei Jahre später wurde der Kunde infolge schwerer Depressionen arbeitsunfähig. Nach Ablauf der Entgeltfortzahlung des Arbeitgebers erhielt Herr B. als freiwillig versichertes GKV-Mitglied Krankengeld. Die Deckungslücke gegenüber dem Nettoeinkommen des Kunden betrug etwas mehr als 50 %. Aufgrund der hohen Deckungslücke konfrontierte der Kunde den Versicherungsmakler mit dem Vorwurf einer unzureichenden Beratung. Hiergegen wendete der Versicherungsmakler ein, dass ihm die Einkommenssituation des Kunden, und damit eine finanzielle Deckungslücke beim Bezug von Krankengeld, nicht bekannt gewesen sei. Diese Schutzbehauptung konnte jedoch unstrittig widerlegt werden. So musste der Kunde beim Abschluss der Berufsunfähigkeitsversicherung aufgrund der Höhe der beantragten BU-Rente im Antrag Angaben zu seinem Bruttoeinkommen in den letzten drei Jahren vor Vertragsabschluss machen. Diese Einkommensangaben hatte der Versicherungsmakler im Antrag aufgenommen und somit nachweislich Kenntnis von der Einkommenssituation seines Kunden erlangt. ■

Bereits bei der Anmeldung eines Antrags auf Leistungen wegen Berufsunfähigkeit können wichtige Weichenstellungen vorgenommen werden, mit denen unnötige Rückfragen des Versicherers vermieden und die Bearbeitungsdauer abgekürzt werden können (Angabe zur zuletzt ausgeübten Berufstätigkeit und Berufsstatus – vgl. Abschnitt Leistungsantrag). Einige Lebensversicherer bieten auch ein Telefoninterview mit dem Antragsteller an. In diesem Telefonat können vom zuständigen Leistungssachbearbeiter wichtige Informationen zur ursächlichen Erkrankung beziehungsweise zum ursächlichen Unfall eingeholt werden. Bereits zu diesem frühen Zeitpunkt kann dann entschieden werden, ob und in welchem Umfang weitere Auskünfte, zum Beispiel Arztanfragen, eingeholt werden müssen.

Ein Antrag auf Leistungen wegen Berufsunfähigkeit sollte niemals voreilig gestellt werden. Vielmehr sollten im Vorfeld alle erforderlichen Unterlagen zusammengestellt und der Fragebogen des Versicherers gewissenhaft ausgefüllt werden. In vielen Fällen finden sich in den Fragenbogen der Versicherer nur sehr pauschale Angaben des Antragstellers, die dann wiederum zu Rückfragen des zuständigen Sachbearbeiters führen. So ist beispielsweise die Beantwortung der Frage nach der vor der Erkrankung ausgeübten Tätigkeit mit „Verwaltungsangestellter" oder „Schreiner" vollkommen unzureichend. Diesen Berufsangaben kann der Leistungssachbearbeiter nicht entnehmen, ob die versicherte Person als Verwaltungsangestellter lediglich einfache Verwaltungstätigkeiten ausgeübt oder als Führungskraft Personal- und/oder Budgetverantwortung übernommen hatte. Aus der Berufsangabe Schreiner ist nicht ersichtlich, ob die versicherte Person als Bau-, Möbel- oder Kunstschreiner, als Geselle oder als Meister tätig war. Auch die Frage nach den Rahmenbedingungen der beruflichen Tätigkeit sollte sehr genau beantwortet werden. Musste die versicherte Person nur in einer Werkstatt oder auch auf Baustellen, und damit unter verschiedenen Witterungsverhältnissen, arbeiten? Welche Gewichte mussten von der versicherten Person bewegt werden? Mussten Arbeiten über Kopf und/oder in Zwangshaltungen ausgeführt werden? Auch Fragen zu den beruflichen Teiltätigkeiten müssen gewissenhaft beantwortet werden. Nicht in allen Fällen können die gewünschten Angaben zu den Teiltätigkeiten bezogen auf einen Arbeitstag gemacht werden. So wird beispielsweise der Arbeitsalltag einer Intensivkrankenschwester in der Notfallaufnahme einer Universitätsklinik maßgeblich vom Patientenaufkommen und der Schwere der Erkrankungen beziehungsweise der Verletzungen bestimmt. In diesen Fällen können von der versicherten Person die Angaben zu den beruflichen Teiltätigkeiten auch unter Berücksichtigung einer Arbeitswoche gemacht werden.

Einem Antrag auf Leistungen wegen Berufsunfähigkeit sollten vom Antragsteller qualifizierte und aussagekräftige Unterlagen (in Kopie) beigefügt werden. Auch im Proximus werden Informationen und Unterlagen gelistet, die für die Bearbeitung eines Antrags auf Leistungen wegen Berufsunfähigkeit dem Lebensversicherer eingereicht werden sollten[50]

- Arzt-, Operations-, Klinikentlassungs- und Rehaberichte
- Angaben zu weiteren geplanten medizinischen Behandlungen
- Medikamentenplan
- Kurze Darstellung des schulischen und beruflichen Werdegangs
- Aus- und Weiterbildungsbildungsnachweise
- Angaben zum Versicherungsschutz bei anderen Lebensversicherern
- Benennung des zuständigen Sozialversicherungsträgers und der Sozialversicherungsnummer
- Angaben zu geplanten Aus-, Umschulungs- und/oder Weiterbildungsmaßnahmen für eine Rückkehr in das Berufsleben
- Angaben zu einer neu aufgenommenen Berufstätigkeit (Arbeitszeit, -einkommen)
- Nachweise zur Einkommenssituation in den letzten drei Kalenderjahren vor Eintritt der Berufsunfähigkeit (Lohnsteuerbescheinigungen, Einkommensteuerbescheide, betriebswirtschaftliche Auswertungen, Bilanzen)
- Bankverbindung

  Sofern die Auszahlung der Versicherungsleistung nicht an den Versicherungsnehmer erfolgen soll, ist der Versicherer zu einer Prüfung nach dem Gesetz über das Aufspüren von Gewinnen aus schweren Straftaten (Geldwäschegesetz) verpflichtet.
- Steueridentifikationsnummer

50 Proximus, Allgemeine Bedingungen für die Berufsunfähigkeitsversicherung, Kap. 7.1.1 – 7.1.7. Anmerkung: Nicht alle im Proximus gelisteten Unterlagen werden im Praxisalltag auch wirklich benötigt. So wird von den Lebensversicherern ein Zeugnis über den Tag der Geburt der versicherten Person regelmäßig nicht angefordert.

Schnellauslöser schwere Krankheit

In den Versicherungsbedingungen moderner BU-Premiumtarife werden auch schwere Krankheiten als Schnellauslöser benannt. So kann mit dem Nachweis einer Krebserkrankung, eines Herzinfarkts oder eines Schlaganfalls[51] in vielen Fällen eine verkürzte Leistungsprüfung angestoßen werden. Die Versicherer beschränken sich in diesen Fällen auf die Prüfung der medizinischen Leistungsvoraussetzungen; eine bedingungsgemäße Berufsunfähigkeit muss dem Versicherer also nicht nachgewiesen werden.

Hinweis

Das Recht des Lebensversicherers auf eine Überprüfung der vorvertraglichen Anzeigepflicht bleibt hiervon unberührt.

Stellt man die Leistungsvoraussetzungen der Gesellschaften jedoch gegenüber, so finden sich signifikante Unterschiede wie das nachfolgende Beispiel für den Schnellauslöser Krebserkrankung verdeutlichen soll:

Auszug aus den AVB der X Lebensversicherung

Krebs im Sinne dieser Bedingungen ist ein bösartiges Zellwachstum (zum Beispiel Tumor), das durch unkontrolliertes Wachstum sowie das Eindringen in anderes Gewebe mit Tendenz zur Metastasenbildung gekennzeichnet ist, und mindestens das Stadium II erreicht hat. Unter den Begriff Krebs fallen auch die Tumorformen des Blutes, der blutbildenden Organe und des Lymphsystems, zum Beispiel Leukämie, Lymphome und Morbus Hodgkin. Bei Leukämien besteht eine Leistungspflicht unabhängig vom Stadium nur, wenn diese eine Anämie verursacht haben.

Die Einstufung des Krebses mindestens in das Stadium II muss

- entsprechend der „TNM Klassifikation maligner Tumoren" der International Union Against Cancer (UICC), oder
- bei Hirntumoren entsprechend der Klassifikation der Weltgesundheitsorganisation (WHO), oder
- bei Lymphomen entsprechend der Ann-Arbor-Klassifikation,

nach dem jeweils im September 2018 gültigen Stand, erfolgt sein.

Auszug aus den AVB der Y Lebensversicherung

Krebs im Sinne der Vorschussregelung liegt vor, wenn bei der versicherten Person ein bösartiger Tumor (Krebs, Blutkrebs) diagnostiziert wurde und ein Onkologe einen der folgenden Punkte bestätigt:

- Die versicherte Person hat wegen Krebs bereits mit einer Chemotherapie oder einer Strahlentherapie begonnen oder diese steht unmittelbar bevor.

51 Anmerkung: In den AVB der verschiedenen Anbieter werden teilweise weitere Erkrankungen, zum Beispiel eine eingeschränkte Lungenfunktion oder ein Verlust des Sehvermögens, als Schnellauslöser benannt.

- Bei der versicherten Person wurde eine operative Behandlung der Krebserkrankung durchgeführt und aufgrund der Krebserkrankung ist eine der folgenden Voraussetzungen zusätzlich gegeben:
  - eine Chemotherapie oder eine Strahlentherapie wurde begonnen oder steht unmittelbar bevor
  - der operativen Behandlung wird sich eine voraussichtlich sechs Monate ununterbrochen andauernde vollständige Arbeitsunfähigkeit anschließen.
- Die versicherte Person befindet sich wegen der Schwere der Krebserkrankung in einer palliativen Therapie (keine heilende, sondern nur lindernde Behandlung möglich).

Während sich die Leistungsvoraussetzungen in den AVB von Lebensversicherer X den meisten Kunden nicht erschließen werden, sind die in den AVB von Lebensversicherer Y benannten Leistungsvoraussetzungen auch für einen Kunden ohne einschlägige Fachkenntnisse verständlich.

Schnellauslöser Dienstunfähigkeit

Einige Lebensversicherer bieten für Beamte und Soldaten Berufsunfähigkeitsversicherungen mit einer Dienstunfähigkeitsklausel an. Diese Klausel sieht vor, dass ein leistungspflichtiger Versicherungsfall nicht nur mit einer bedingungsgemäßen Berufsunfähigkeit, sondern auch mit der Entlassung des Beamten/Soldaten aus dem Dienstverhältnis infolge Dienstunfähigkeit oder mit einer Versetzung des Beamten/Soldaten in den vorzeitigen Ruhestand infolge Dienstunfähigkeit begründet werden kann. Dabei ist allerdings zu beachten, dass es „die" Dienstunfähigkeitsklausel nicht gibt, wie die nachfolgenden Beispiele verdeutlichen sollen:

Auszug aus den AVB der X Lebensversicherung

Der Beamte kann mit seinem Leistungsantrag eine amtsärztliche Bescheinigung über seine Dienstunfähigkeit vorlegen.

Auszug aus den AVB der Y Lebensversicherung

Werden vor Vollendung des 46. Lebensjahres der versicherten Person Leistungen wegen Berufsunfähigkeit beantragt, gilt bei Beamten des öffentlichen Dienstes die Versetzung in den Ruhestand wegen allgemeiner Dienstunfähigkeit beziehungsweise die Entlassung wegen allgemeiner Dienstunfähigkeit als Berufsunfähigkeit.

Auszug aus den AVB der Z Lebensversicherung

Berufsunfähigkeit liegt bei einem Beamten auf Lebenszeit auch vor, wenn dieser aus gesundheitlichen Gründen in den Ruhestand versetzt wird. Die Versetzungsverfügung und das dieser Verfügung zugrunde liegende ärztliche Gutachten sind vorzulegen.

Bei der Prüfung der Tarifbedingungen ist darauf zu achten, dass die Entscheidung über die Entlassung[52] oder die Versetzung des Beamten in den vorzeitigen Ruhestand infolge Dienstunfähigkeit durch den Dienstherrn für den privaten Lebensversicherer eine bindende Wirkung entfaltet. Nach den AVB der X Lebensversicherung kann ein dienstunfähiger Beamter dem Versicherer mit seinem Leistungsantrag auch den Nachweis über seine Versetzung in den vorzeitigen Ruhestand vorlegen. Der Versicherer ist allerdings an die Entscheidung des Dienstherrn des Beamten nicht gebunden.[53] Auch im Fall einer bindenden Wirkung der Entscheidung des Dienstherrn über die Entlassung oder die Versetzung des Beamten in den vorzeitigen Ruhestand infolge Dienstunfähigkeit bleibt das Recht des Versicherers auf eine Prüfung der vorvertraglichen Anzeigepflicht der versicherten Person unberührt.

Bei der Prüfung von Dienstunfähigkeitsklauseln ist auf die genaue Formulierung der Leistungsvoraussetzungen zu achten. So war in einem dem Bundesgerichtshof zur Entscheidung vorgelegten Versicherungsfall der Lebensversicherer in eine medizinische Prüfung der von einem Amtsarzt festgestellten Dienstunfähigkeit eines in den vorzeitigen Ruhestand versetzten Beamten eingetreten. Der Versicherungsnehmer hatte gegen die Überprüfung der amtsärztlich festgestellten Dienstunfähigkeit durch den Lebensversicherer geklagt und darauf hingewiesen, dass nach den Versicherungsbedingungen ein leistungspflichtiger Versicherungsfall mit „der Unfähigkeit des Beamten infolge eines körperlichen Gebrechens oder wegen der Schwäche seiner körperlichen oder geistigen Kräfte zur Erfüllung seiner Dienstpflichten dauernd unfähig ist und dazu wegen allgemeiner Dienstunfähigkeit in den Ruhestand versetzt oder entlassen worden ist." begründet werden kann.

Der Bundesgerichtshof bestätigt das Recht des Lebensversicherers auf eine Überprüfung der amtsärztlich festgestellten Dienstunfähigkeit, da nach den AVB für die Begründung des Versicherungsfalls sowohl eine Dienstunfähigkeit als auch eine vorzeitige Versetzung in den Ruhestand beziehungsweise eine Entlassung des Beamten aus dem Dienstverhältnis nachgewiesen werden mussten.[54]

Vergleicht man die streitgegenständlichen AVB mit der im Proximus benannten Definition einer leistungspflichtigen Dienstunfähigkeit, so zeigt sich, dass ein Leistungsanspruch eines Beamten mit der Erfüllung einer einstufigen Leistungsvoraussetzung begründet werden kann:

„Ist die versicherte Person Beamter des öffentlichen Dienstes, so gilt sie als vollständig berufsunfähig, wenn sie – vor Erreichen der gesetzlich vorgesehenen Altersgrenze – aufgrund eines amtsärztlichen Zeugnisses, wegen allgemeiner Dienstunfähigkeit entlas-

52 Anmerkung: Beamte auf Probe und Beamte auf Widerruf können im Fall der Dienstunfähigkeit aus dem Dienstverhältnis entlassen werden.

53 Schrehardt/Buddecke/Schneidemann, Das Dienstunfähigkeitsrisiko von Beamten II, in: Meissner/Schrehardt, Der Kompass für die Beratungspraxis Band 14, Karlsruhe, Verlag Versicherungswirtschaft, 2023.

54 BGH v. 31.5.2023, IV ZR 58/22.

sen beziehungsweise wegen allgemeiner Dienstunfähigkeit in den Ruhestand versetzt wird."[55]

Schnellauslöser Tätigkeitsverbot nach § 31 IfSG

Auch ein behördlich angeordnetes, berufliches Tätigkeitsverbot nach § 31 Infektionsschutzgesetz kann einen leistungspflichtigen Versicherungsfall begründen. Die Corona-Pandemie und die von den Behörden verhängten Betriebsschließungen sind noch gut in der kollektiven Erinnerung verortet. Hotels, Restaurants, Fitnesscenter und andere Einrichtungen und Unternehmen mussten ihren Betrieb vorübergehend im Interesse einer Eindämmung der Pandemie einstellen. Viele Inhaber von geschlossenen Unternehmen wurden mit hohen und oftmals existenzgefährdenden Einkommenseinbußen konfrontiert. Allerdings konnten die Voraussetzungen für einen Rentenbezug aus der Berufsunfähigkeitsversicherung während der Corona-Pandemie in vielen Fällen nicht nachgewiesen werden, da mit dem behördlich angeordneten Lockdown der verpflichtende Zeitraum von sechs Monaten nicht erfüllt wurde.

Ein Versicherer hat die Messlatte für einen leistungspflichtigen Versicherungsfall mit einer Lockerung der Leistungsvoraussetzungen abgesenkt. Nach den AVB der Gesellschaft besteht eine leistungspflichtige Berufsunfähigkeit der versicherten Person auch dann, wenn eine ärztlich festgestellte Infektion vorliegt, die die Fähigkeit zur Ausübung ihrer beruflichen Tätigkeit einschränkt und durch den Hygieneplan eines staatlich anerkannten Hygienikers belegt wird, dass von der versicherten Person eine Infektionsgefahr ausgeht. Dabei muss die versicherte Person gegenüber dem Zustand vor Eintritt der Infektionsgefahr mindestens zu 50 % in ihrer beruflichen Tätigkeit eingeschränkt sein und sie darf diese auch nicht ausüben. Allerdings muss auch in diesem Fall die Einschränkung für mindestens sechs Monate bestehen.

Schnellauslöser Pflegebedürftigkeit

In den AVB für Berufsunfähigkeitsversicherungen der Versorgungsschicht 3 wird regelmäßig auch eine Pflegebedürftigkeit der versicherten Person als Leistungsauslöser benannt. Auch in den Versicherungsbedingungen für Berufsunfähigkeits-Zusatzversicherungen, die in Verbindung mit einer Basis-Rentenversicherung abgeschlossen werden, darf eine Pflegebedürftigkeit des Versicherungsnehmers als Leistungsauslöser zur Begründung eines Versicherungsfalls benannt werden. Die Vereinbarung einer zusätzlichen Leistung für den Fall der Pflegebedürftigkeit ist für Versicherungsverträge der Versorgungsschicht 1 jedoch nicht zulässig.[56] Allerdings gilt auch in diesem Fall der Grundsatz „keine Regel ohne Ausnahme". So kann der produktgebende Lebensversicherer in seinen AVB für die Basis-Rentenversicherung die Zahlung einer erhöh-

[55] Proximus, Allgemeine Bedingungen für die Berufsunfähigkeitsversicherung Kap. 2.9.
[56] Bundeszentralamt für Steuern, Kommentar zum Altersvorsorgeverträge-Zertifizierungsgesetz in der Fassung 6.2024, § 2 Abs. 1, Rn. 18.

ten Altersrente im Fall einer bedingungsgemäßen Pflegebedürftigkeit des Versicherungsnehmers zusagen.[57]

Eine Zusage von Leistungen wegen Pflegebedürftigkeit im Rahmen einer betrieblichen Altersversorgung ist nicht zulässig. Der Gesetzgeber führt im Betriebsrentengesetz in abschließender Aufzählung aus, dass der Arbeitgeber seinem Arbeitnehmer Leistungen wegen Alters, Invalidität oder zur Hinterbliebenenversorgung zusagen darf.[58] Der versuchte Spagat eines Autors, Leistungen des Arbeitgebers infolge einer Pflegebedürftigkeit des versorgungsberechtigten Arbeitnehmers als betriebliche Altersrenten zu qualifizieren,[59] erscheint in diesem Zusammenhang sehr gewagt.

Der Begriff der Pflegebedürftigkeit

Sofern ein Lebensversicherer den Schnellauslöser Pflegebedürftigkeit in seinen AVB für die Berufsunfähigkeitsversicherung benennt, sollten sowohl die Definition der Pflegebedürftigkeit als auch die Leistungsvoraussetzungen im Versicherungsfall vom Vermittler kritisch hinterfragt werden. Im Proximus wird eine mindestens sechsmonatige Pflegebedürftigkeit der versicherten Person als möglicher Leistungsauslöser benannt. Die Beurteilung und die Einstufung einer Pflegebedürftigkeit der versicherten Person stellt im Proximus auf einen ADL-Katalog[60] mit den sechs Kriterien

- Fortbewegen im Zimmer
- An- und Auskleiden
- Aufstehen und Zubettgehen
- Einnehmen von Mahlzeiten und Getränken
- Waschen, Kämmen oder Rasieren und
- Verrichten der Notdurft

ab. Sofern die versicherte Person einer der vorgenannten Alltagsfähigkeit nur mit Unterstützung durch eine dritte Person oder gar nicht bewältigen kann, zählt dies als ein ADL-Punkt.[61] An dieser Stelle muss allerdings ergänzt werden, dass es „den" ADL-Katalog auf dem deutschen Versicherungsmarkt nicht gibt. Vielmehr finden sich in den AVB der verschiedenen Lebensversicherer ADL-Kataloge mit vier, fünf, sechs und neun Kriterien. In diesem Zusammenhang ist anzumerken, dass ADL-Kataloge mit vier, fünf oder sechs ADL-Kriterien seit dem 1. Januar 2017 für die Beurteilung und Einstufung einer Pflegebedürftigkeit nur noch als bedingt geeignet bezeichnet werden können, da nur Kriterien benannt werden, die auf die Einschränkung oder den Verlust von motorischen Alltagsfähigkeiten abstellen.

---

57 Bundeszentralamt für Steuern, Kommentar zum Altersvorsorgeverträge-Zertifizierungsgesetz in der Fassung 6.2024, § 2 Abs. 1, Rn. 10.
58 § 1 Abs. 1 S. 1 BetrAVG.
59 Birk, Leistungen der betrieblichen Altersversorgung auch bei Pflegebedürftigkeit?, BetrAV 2008, 43.
60 Anmerkung: ADL = Activities of Daily Living.
61 Proximus, Allgemeine Bedingungen für die Berufsunfähigkeitsversicherung Kap. 2.5 – 2.6.

Mit dem Zweiten Pflegestärkungsgesetz hatte der Gesetzgeber den Begriff der Pflegebedürftigkeit im Sozialrecht neu definiert und bei den Kriterien für die Beurteilung und Einstufung der Pflegebedürftigkeit eines Versicherten auch dessen intellektuelle Fähigkeiten, seine Sozialkompetenz, usw. berücksichtigt.[62] Innovative Lebensversicherer hatten nach Inkrafttreten des Zweiten Pflegestärkungsgesetzes einen ADL-Katalog mit neun ADL-Kriterien entwickelt. Dabei wurden die sechs motorischen Kriterien um drei intellektuelle Prüfkriterien ergänzt:

- Kommunizieren
- Denkvermögen
- Umgang mit Emotionen

Mit einem Neun-Punkte-ADL-Katalog können der seit dem 1. Januar 2017 gültige sozialrechtliche Begriff der Pflegebedürftigkeit und die vom Gesetzgeber im Sozialgesetzbuch XI benannten Beurteilungs- und Bewertungskriterien besser nachgezeichnet werden.[63] Einige Lebensversicherer räumen in ihren AVB einen Leistungsanspruch auch ein, wenn eine Pflegebedürftigkeit der versicherten Person mit dem Bescheid der zuständigen Pflegekasse nachgewiesen werden kann; ein Leistungsanspruch besteht in diesem Fall regelmäßig bei Nachweis einer Pflegebedürftigkeit mit Grad 2.

Das Risiko der Pflegebedürftigkeit ist bei Kunden und den meisten Vermittlern gleichermaßen unbeliebt. Ungeachtet emotionaler Barrieren sollte der Vermittler eine qualifizierte Absicherung des Pflegefallrisikos in jedem Fall im Fokus seiner Beratung behalten. So bezifferte das Bundesministerium für Gesundheit die Anzahl der Leistungsempfänger der sozialen und privaten Pflegepflichtversicherung zum 31. Dezember 2024 mit 6,02 Millionen[64] Über 1,27 Million der Leistungsempfänger der Pflegeversicherung waren Kinder, Jugendliche und Erwachsene, die ihr 65. Lebensjahr noch nicht vollendet hatten.[65]

Schnellauslöser Bezug einer Rente wegen voller Erwerbsminderung

In den Versicherungsbedingungen führender Gesellschaften wird auch der Bezug einer zeitlich unbefristeten Rente wegen voller Erwerbsminderung[66] als Schnellauslöser für die Begründung einer Leistungspflicht benannt. Auch dieser Schnellauslöser bedarf einer kritischen Betrachtung. So wird von den Gesellschaften ein Nachweis

---

62 Zweites Gesetz zur Stärkung der pflegerischen Versorgung und zur Änderung weiterer Vorschriften BGBl. I 2015, 2424.

63 Schrehardt, Das Zweite Pflegestärkungsgesetz – Ein sozialrechtlicher Paradigmenwechsel?, DStR 2016, 5, 253; Schrehardt, Das Pflegefallrisiko – Ein Ratgeber für die Versicherungs- und Vorsorgeberatung, 2. Aufl., 2022.

64 Bundesministerium für Gesundheit, Zahlen und Fakten zur Pflegeversicherung, 21. August 2025, https://www.bundesgesundheitsministerium.de/fileadmin/Dateien/3_Downloads/Statistiken/Pflegeversicherung/Zahlen_und_Fakten/Zahlen-Fakten_Pflegeversicherung.pdf.

65 Bundesministerium für Gesundheit, Soziale Pflegeversicherung – Leistungsempfänger nach Altersgruppen und Pflegegraden am 31. Dezember 2024, https://www.bundesgesundheitsministerium.de/fileadmin/Dateien/3_Downloads/Statistiken/Pflegeversicherung/Leistungsempfaenger/2024_Leistungsempfaenger-nach-Altersgruppen-und-Pflegegraden-insgesamt.pdf.

66 § 43 Abs. 2 SGB VI.

über den unbefristeten Rentenanspruch gefordert. Allerdings wird der Anspruch auf eine Rente wegen Erwerbsminderung von den Trägern der Rentenversicherung in den meisten Fällen zeitlich befristet,[67] sodass der Anspruch auf eine Rente wegen Berufsunfähigkeit in diesen Fällen mit dem Bescheid eines Rentenversicherungsträgers nicht begründet werden kann.

Hinweis

Der zeitliche Anspruch auf eine Rente wegen Erwerbsminderung kann vom Rentenversicherungsträger auf maximal drei Jahre befristet werden. Allerdings ist eine wiederholte Befristung des Rentenanspruchs (maximal dreimalige Befristung auf in der Summe neun Jahre) möglich.

Sofern ein Versicherter, dem eine Rente wegen teilweiser Erwerbsminderung zuerkannt wurde, kein Arbeitsplatz mit einer reduzierten Arbeitszeit auf dem allgemeinen Arbeitsmarkt vermittelt werden kann, hat dieser einen Anspruch auf eine Rente wegen voller Erwerbsminderung aufgrund des verschlossenen Arbeitsmarkts („Arbeitsmarktrente"). Mit dem Bezug einer „Arbeitsmarktrente" werden allerdings die Voraussetzungen für eine leistungspflichtige Berufsunfähigkeit nicht erfüllt, da nach den Leistungsvoraussetzungen der Lebensversicherer die Rente wegen voller Erwerbsminderung aus medizinischen Gründen gewährt werden muss.

Zu beachten ist ferner, dass neben dem Nachweis des Bezugs einer zeitlichen unbefristeten Rente wegen voller Erwerbsminderung regelmäßig weitere, in Abhängigkeit von der gewählten Gesellschaft beziehungsweise des gewählten Tarifs unterschiedliche Leistungsvoraussetzungen von der versicherten Person erfüllt werden müssen. So machen einige Versicherer die verkürzte Begründung des Leistungsanspruchs von einer Mindestvertragsdauer (zum Beispiel zehn Jahre) und/oder von einem Mindestalter der versicherten Person bei Eintritt der vollen Erwerbsminderung (zum Beispiel dem vollendeten 55. Lebensjahr) abhängig. Auch das Recht des Versicherers auf die Prüfung einer möglichen Verletzung der vorvertraglichen Anzeigepflicht bleibt unberührt.

Wechselwirkungen BU-Rente und Krankentagegeld

Vor einem Antrag auf Leistungen wegen Berufsunfähigkeit sollte immer die Absicherung der versicherten Person für den Fall der Arbeitsunfähigkeit hinterfragt werden. Sofern die versicherte Person aus einer privaten Krankentagegeldversicherung Leistungen erhalten hat, kann ein rückwirkendes Leistungsanerkenntnis des Lebensversicherers und die Auszahlung der BU-Rente zu einer Rückforderung von Krankentagegeld durch den privaten Krankenversicherer führen. Hierzu ist es erforderlich die „Sonstigen Beendigungsgründe" in den AVB des Krankenversicherers zu prüfen.

Der Verband der privaten Krankenversicherung listet in seinen Musterbedingungen folgende Beendigungsgründe:

- Wegfall einer im Tarif bestimmten Voraussetzung für die Versicherungsfähigkeit;

[67] § 102 Abs. 2 SGB VI.

- Berufsunfähigkeit der versicherten Person;
- Bezug der Altersrente;
- Vollendung des 65. Lebensjahres;
- Tod der versicherten Person;
- Verlegung des gewöhnlichen Aufenthalts in einen Staat, der nicht Mitgliedsstaat der Europäischen und nicht Vertragsstaat des europäischen Wirtschaftsraums ist.[68]

Der PKV Verband hat den Begriff der Berufsunfähigkeit in den Musterbedingungen wie folgt definiert:

„Berufsunfähigkeit liegt vor, wenn die versicherte Person nach medizinischem Befund im bisher ausgeübten Beruf auf nicht absehbare Zeit mehr als 50 % erwerbsunfähig ist."[69]

Diese Definition der Berufsunfähigkeit weicht von der Auslegung einer leistungspflichtigen Berufsunfähigkeit in den AVB der Lebensversicherer ab.

Hinweis

Auch der Gesetzgeber weist in der VVG-Informationspflichtenverordnung ausdrücklich darauf hin, dass der Begriff der Berufsunfähigkeit in der Krankentagegeldversicherung anders definiert wird als in der Lebensversicherung.[70]

Mit seinem Urteil vom 30. Juni 2010 hatte der Bundesgerichtshof ausgeführt, dass ein privater Krankenversicherer, sofern er die Krankentagegeldversicherung wegen Berufsunfähigkeit der versicherten Person beenden will, das Vorliegen einer Berufsunfähigkeit im Sinne seiner Versicherungsbedingungen nachweisen muss.[71] In der Folge hatten viele privaten Krankenversicherer ihre AVB geändert und den Bezug einer BU-Rente, einer EU-Rente oder auch einer Rente wegen teilweiser oder voller Erwerbsminderung einer Berufsunfähigkeit im Sinne der Musterbedingungen gleichgestellt.

Auszug aus den AVB der X Krankenversicherung

Ein Fall der Berufsunfähigkeit im Sinne von § 15 Abs. 1 b) MB/KT 2009 liegt auch vor, wenn die versicherte Person eine Berufsunfähigkeitsrente oder eine Rente wegen voller oder teilweiser Erwerbsminderung bei Unfähigkeit des Versicherten, mehr als vier Stunden kalendertäglich erwerbstätig zu sein, bezieht beziehungsweise beanspruchen kann.

68 § 15 Abs. 1 MB/KT 2009 i.d.F. 6.2024.
69 § 15 Abs. 1 b) MB/KT 2009 i.d.F. 6.2024.
70 § 2 Abs. 4 S. 2 VVG-InfoV.
71 BGH vom 30.6.2010, IV ZR 163/09.

Die Änderung der AVB für die Krankentagegeldversicherung hat dazu geführt,[72] dass private Krankenversicherer im Fall eines rückwirkenden Anerkenntnisses einer leistungspflichtigen Berufsunfähigkeit durch einen Lebensversicherer die Krankentagegeldversicherung beenden, den Krankentagegeldanspruch der versicherten Person neu berechnen und das überzahlte Krankentagegeld zurückfordern. Vor allem für Kunden mit einer substitutiven Krankentagegeldversicherung führt die Rückforderung von Krankentagegeld regelmäßig zu finanziellen Nachteilen, da die versicherten BU-Renten regelmäßig niedriger sind als das versicherte Krankentagegeld. Das Recht der privaten Krankenversicherer auf Rückforderung von Krankentagegeld im Fall einer rückwirkenden Zahlung einer BU-Rente, ist dabei weder als überraschende[73] noch den Kunden unangemessene Vertragsklausel[74] zu bewerten.[75]

Antrag auf Leistungen wegen Arbeitsunfähigkeit

Mit modernen Premium-BU-Tarifen kann auch das Risiko einer längeren Arbeitsunfähigkeit (optional) in Verbindung mit einer selbstständigen oder einer Berufsunfähigkeits-Zusatzversicherung der Versorgungsschicht 3 abgesichert werden.[76] Umgangsprachlich wird dieser ergänzende Versicherungsschutz als „Gelbe-Schein-Klausel" bezeichnet. Dieser Begriff impliziert, dass es nur eine „Gelbe-Schein-Klausel" auf dem Versicherungsmarkt gibt; das Gegenteil ist vielmehr der Fall. So finden sich in den AVB der verschiedenen Anbieter wichtige Unterschiede, die vor allem auch im Versicherungsfall zwingend zu beachten sind. Folgende Punkte müssen geprüft werden:

- Wie definiert der Versicherer eine leistungspflichtige Arbeitsunfähigkeit?
- Welche Leistungsvoraussetzungen benennt der Versicherer in seinen AVB?
- Welche Tarifleistung kommt im Versicherungsfall zur Auszahlung?
- Welche maximale Leistungsdauer räumt der Versicherer im Versicherungsfall ein?
- Begrenzt der Versicherer die Gesamtleistungsdauer für mit einer Arbeitsunfähigkeit begründete Versicherungsfälle während der Vertragsdauer?
- Prüft der Versicherer im Fall eines mit einer Arbeitsunfähigkeit der versicherten Person begründeten Leistungsfalls parallel eine mögliche Berufsunfähigkeit?
- Substituiert der Versicherer im Fall einer bedingungsgemäßen Berufsunfähigkeit rückwirkend die aufgrund von Arbeitsunfähigkeit ausbezahlten Leistungen durch eine Leistungszahlung wegen Berufsunfähigkeit?

---

72 Anmerkung: Nicht alle privaten Krankenversicherer setzen den Bezug einer BU-Rente oder einer Rente wegen voller Erwerbsminderung einer Berufsunfähigkeit im Sinne von § 15 Abs. 1 b) MB/KT 2009 gleich. Einige wenige Gesellschaften behalten sich die Prüfung einer Berufsunfähigkeit im Sinne der Musterbedingungen vor.

73 § 305c BGB

74 § 307 Abs. 2 BGB.

75 OLG Schleswig vom 14.3.2016, 16 U 124/15.

76 Anmerkung: Eine Absicherung des Arbeitsunfähigkeitsrisikos in Verbindung mit einer Basis-Rentenversicherung, einer zulagengeförderten Rentenversicherung oder einer betrieblichen Altersversorgung ist nicht möglich. § 10 Abs. 1 Nr. 2 b) EStG; § 2 Abs. 1 und 1a AltZertG; BMF, Schreiben IV C 5 – S 2333/18/10005: 2019/0136608, 19. Februar 2019.

Der Begriff der Arbeitsunfähigkeit

Der Begriff der Arbeitsunfähigkeit wird im Sozial- und Zivilrecht unterschiedlich definiert. Stellt man die Definition der Arbeitsunfähigkeit im Sinne der GKV der Definition in den Musterbedingungen für die Krankentagegeldversicherung gegenüber, so ist festzuhalten, dass der Begriff der Arbeitsunfähigkeit im Sozialrecht weiter ausgelegt wird als in den MB/KT 2009. Nach der AU-Richtlinie liegt eine Arbeitsunfähigkeit des Versicherten vor, wenn dieser die zuletzt ausgeübte Tätigkeit nicht mehr oder nur unter der Gefahr einer Verschlimmerung seiner Erkrankung oder Unfallverletzung ausüben kann.[77] Eine leistungspflichtige Arbeitsunfähigkeit liegt allerdings auch für die Dauer einer Wiedereingliederung des Versicherten vor.[78] Die Zahlung von Krankengeld für die Dauer einer Wiedereingliederung ist vor allem für Arbeitnehmer wichtig, da das Bundesarbeitsgericht bereits 1992 einen (anteiligen) Anspruch auf Entgeltzahlung durch den Arbeitgeber während einer Wiedereingliederung verneint hatte.[79]

Im Gegensatz dazu begründet sich nach den Musterbedingungen für die Krankentagegeldversicherung ein Leistungsanspruch des Versicherten nur im Fall einer vollständigen Arbeitsunfähigkeit.[80] Ein Anspruch auf Krankentagegeld für die Dauer einer Wiedereingliederung bestand nach den MB/KT 2009 nicht, sofern der private Krankenversicherer die Definition der Arbeitsunfähigkeit aus den MB/KT 2009 ohne eine Erweiterung in seine Versicherungsbedingungen übernommen hat.[81] Mit der letzten Überarbeitung der MB/KT 2009 im Juni 2024 hat der PKV Verband folgende ergänzende Erklärung in die MB/KT 2009 aufgenommen:

„Können zuvor arbeitsunfähige Versicherte nach ärztlicher Feststellung ihre bisherige Tätigkeit teilweise verrichten und durch eine stufenweise Wiederaufnahme ihrer Tätigkeit voraussichtlich wieder besser in das Erwerbsleben eingegliedert werden, so besteht während der Wiedereingliederung ein Anspruch auf Krankentagegeld, sofern der Tarif oder die Tarifbedingungen dies vorsehen."[82]

Nachdem die Musterbedingungen für die Krankentagegeldversicherung weder einen zwingenden noch einen halbzwingenden Charakter entfalten und letztlich eine Empfehlung des PKV Verbands an die Unternehmen der privaten Krankenversicherung darstellen, können die privaten Krankenversicherer in ihren AVB inhaltlich von den MB/KT 2009 abweichen. Viele private Krankenversicherer räumen auch heute noch einen Anspruch auf Krankentagegeld nur bei Nachweis einer vollständigen Arbeitsunfähigkeit der versicherten Person ein.

---

77 § 2 Abs. 1 Richtlinie des Gemeinsamen Bundesausschusses über die Beurteilung der Arbeitsunfähigkeit und die Maßnahmen zur stufenweisen Wiedereingliederung nach § 92 Abs. 1 S. 2 Nr. 7 SGB V (AU-Richtlinie) i.d.F. vom 21.2.2024.

78 § 2 Abs. 2 Richtlinie des Gemeinsamen Bundesausschusses über die Beurteilung der Arbeitsunfähigkeit und die Maßnahmen zur stufenweisen Wiedereingliederung nach § 92 Abs. 1 S. 2 Nr. 7 SGB V (AU-Richtlinie) i.d.F. vom 21.2.2024.

79 BAG v. 29.1.1992, 5 AZR 37/91. Ein Anspruch auf eine (anteilige) Entgeltzahlung während einer Wiedereingliederung kann allerdings arbeits- oder tarifvertraglich geregelt werden.

80 § 1 Abs. 3 MB/KT 2009 i.d.F. 11.2022.

81 BGH vom 11.3.2015, IV ZR 54/14.

82 § 1 Abs. 3 S. 2 MB/KT 2009 i.d.F. 6.2024.

In ihren Versicherungsbedingungen für die Berufsunfähigkeitsversicherung lehnen sich einige Gesellschaften an die **sozialrechtliche Definition der Arbeitsunfähigkeit** an und räumen eine (zeitlich befristete) Leistungszahlung auch für die Dauer einer Wiedereingliederungsmaßnahme ein. Allerdings gibt es auch Gesellschaften, die in ihren AVB auf eine Definition der Arbeitsunfähigkeit verzichten und für die Zahlung einer Versicherungsleistung einen Nachweis der Arbeitsunfähigkeit i.S. des Entgeltfortzahlungsgesetzes fordern (Gelber Schein)[83] Nachdem der Gesetzgeber nach zweimaliger Verschiebung mit Wirkung zum 1. Januar 2023 ein elektronisches Verfahren für die Meldung der Arbeitsunfähigkeit eingeführt hatte,[84] stellte sich die Frage nach der Notwendigkeit einer Neufassung von Versicherungsbedingungen nach denen die versicherte Person dem Lebensversicherer ihre Arbeitsunfähigkeit mit einer Bescheinigung nach § 5 Abs. 1 Entgeltfortzahlungsgesetz nachweisen kann. Eine Änderung der Versicherungsbedingungen ist nicht erforderlich, da der Gesetzgeber im Sozialgesetzbuch IV die Aushändigung eines „Gelben Scheins" an GKV-Versicherte aufgrund des hohen Beweiswertes normiert hat.[85]

Leistungsvoraussetzungen

Voraussetzung für einen Anspruch auf Leistungen wegen Arbeitsunfähigkeit ist der Nachweis einer zusammenhängenden Arbeitsunfähigkeit von mindestens sechs Monaten Dauer. Einige Gesellschaften räumen einen Leistungsanspruch bereits nach einer drei- oder viermonatigen Arbeitsunfähigkeit der versicherten Person ein, wenn der behandelnde Facharzt eine weitere Arbeitsunfähigkeit von mindestens drei beziehungsweise zwei Monaten testiert. Die Bescheinigung der Arbeitsunfähigkeit muss nach den AVB der Gesellschaften in der Regel mindestens einmal durch einen Facharzt erfolgen. Für die Alltagspraxis sichert eine derartige Regelung in den AVB dem Versicherungsnehmer beziehungsweise der versicherten Person keinen erkennbaren Vorteil. So darf der behandelnde Arzt die Dauer einer Arbeitsunfähigkeit für maximal zwei Wochen und nur in begründeten Ausnahmefällen für vier Wochen testieren.[86]

Leistungsdauer

Die Dauer des Anspruchs auf Leistungen wegen Arbeitsunfähigkeit wird von den Lebensversicherern mit zwölf bis 36 Monaten sehr unterschiedlich geregelt. Diese maximale Leistungsdauer gilt dabei nach den AVB der meisten Gesellschaften nicht nur für den einzelnen Versicherungsfall, sondern begrenzt gleichzeitig den maximalen Leistungsanspruch für alle mit einer Arbeitsunfähigkeit der versicherten Person begrün-

83 § 5 Abs. 1 EntgFG.

84 Art. 11 Nr. 3 Drittes Gesetz zur Entlastung insbesondere der mittelständischen Wirtschaft von Bürokratie, BGBL. I 2019, 1746; Art. 4b Gesetz zur Verlängerung von Sonderregelungen im Zusammenhang mit der COVID-19-Pandemie beim Kurzarbeitergeld und anderer Leistungen, BGBl. I 2022, 482.

85 § 109 Abs. 1 S. 4 SGB IV.

86 § 5 Abs. 4 S. 1 und 2 Richtlinie des Gemeinsamen Bundesausschusses über die Beurteilung der Arbeitsunfähigkeit und die Maßnahmen zur stufenweisen Wiedereingliederung nach § 92 Abs. 1 S. 2 Nr. 7 SGB V (AU-Richtlinie) in der Fassung vom 21.2.2024.

deten Versicherungsfälle während der vertraglich vereinbarten Versicherungsdauer. Einzelne Versicherer kaprizieren sich in ihren AVB auf eine zeitliche Begrenzung ihrer Leistungspflicht für den einzelnen Versicherungsfall, verzichten aber auf eine zeitliche Leistungsobergrenze für die Summe mehrerer Versicherungsfälle während der Vertragslaufzeit.

Tarifleistung

Vor einem Antrag auf Leistungen wegen Arbeitsunfähigkeit sollte der Vermittler immer die versicherte Tarifleistung prüfen. Während einige Gesellschaften in ihren AVB eine eigenständige Tarifleistung für den Fall einer bedingungsgemäßen Arbeitsunfähigkeit benennen, erhält die versicherte Person nach den Bedingungswerken anderer Versicherer die versicherte Berufsunfähigkeitsrente – zeitlich befristet – auch im Fall der Arbeitsunfähigkeit.

Sofern der Lebensversicherer im Fall einer bedingungsgemäßen Arbeitsunfähigkeit (zeitlich befristet) die versicherte Berufsunfähigkeitsrente ausbezahlt oder im Fall eines rückwirkenden Anerkenntnisses der Berufsunfähigkeit der versicherten Person bereits ausbezahlte Leistungen wegen Arbeitsunfähigkeit gegen die Berufsunfähigkeitsrente substituiert, besteht das Risiko einer Rückforderung von Krankentagegeld durch den privaten Krankenversicherer. Das OLG Hamm hatte hierzu entschieden, dass auch der infolge einer Arbeitsunfähigkeit der versicherten Person erfolgte Bezug einer Berufsunfähigkeitsrente zur Beendigung der Krankentagegeldversicherung führt, wenn der private Krankenversicherer in seinen AVB den Bezug einer Berufsunfähigkeitsrente einer Berufsunfähigkeit im Sinne von § 15 Abs. 1 b) MB/KT 2009 gleichsetzt.[87] Bei der Prüfung der Versicherungsbedingungen sollte somit immer die vom Versicherer für den Fall der Arbeitsunfähigkeit benannte Tarifleistung kritisch hinterfragt werden. Führende Gesellschaften weisen in ihren Bedingungswerken für den Fall einer bedingungsgemäßen Arbeitsunfähigkeit der versicherten Person mit einer Arbeitsunfähigkeitsrente eine eigenständige Tarifleistung aus.

Antrag auf Leistungen wegen Pflegebedürftigkeit

Sofern ein Anspruch auf die Auszahlung einer versicherten Berufsunfähigkeitsrente mit einer Pflegebedürftigkeit der versicherten Person begründet werden soll, gilt es im ersten Schritt die von dem Lebensversicherer geforderten Leistungsvoraussetzungen zu prüfen. Die meisten Gesellschaften benennen in ihren Bedingungswerken einen ADL-Katalog als Grundlage für den Nachweis einer bedingungsgemäßen Pflegebedürftigkeit der versicherten Person. Dabei sollte im ersten Schritt der ADL-Katalog (vier, fünf, sechs oder neun ADL-Kriterien?) und die für eine Leistungsbegründung erforderliche Anzahl von ADL-Punkten hinterfragt werden.

[87] OLG Hamm vom 10.2.2016, 20 U 204/15.

Einige Gesellschaften räumen den Nachweis einer leistungspflichtigen Pflegebedürftigkeit der versicherten Person auch mit der Vorlage des Bewilligungsbescheids der für den Versicherten zuständigen Pflegekasse ein. In diesem Zusammenhang gilt es zu prüfen, mit welchem Pflegegrad ein Anspruch auf Leistungen wegen Berufsunfähigkeit geltend gemacht werden kann und ob der Bescheid der Pflegekasse für den Lebensversicherer eine bindende Wirkung hat.

Andere Gesellschaften räumen in ihren AVB ein, dass die Pflegebedürftigkeit der versicherten Person sowohl auf der Grundlage von ADL-Kriterien als auch mit dem Bescheid der zuständigen Pflegekasse nachgewiesen werden kann. In diesem Zusammenhang ist es von Vorteil, wenn der Versicherer in seinen AVB eine „Best-of-Both-Regelung“ erklärt hat, das heißt eine Pflegebedürftigkeit der versicherten Person kann parallel auf der Grundlage von ADL- als auch sozialrechtlichen Kriterien geprüft werden und das aus Kundensicht bessere Ergebnis (also der höhere Pflegegrad) wird von dem Lebensversicherer für seine Leistungsentscheidung berücksichtigt. Im Fall der Berufsunfähigkeitsversicherung muss für einen Leistungsanspruch regelmäßig eine Pflegebedürftigkeit mit Grad 2 nachgewiesen werden.

Vor allem Lebensversicherer, die für eine Beurteilung und Einstufung einer Pflegebedürftigkeit der versicherten Person einen ADL-Katalog mit vier, fünf oder sechs Kriterien benennen, räumen einen Leistungsanspruch auch im Fall einer demenziellen beziehungsweise seelischen Erkrankung oder einer Bettlägerigkeit der versicherten Person ein.

Proximus führt hierzu wie folgt aus:

Unabhängig von der Bewertung aufgrund der Punktetabelle zahlen wir 70 % der vereinbarten Berufsunfähigkeitsrente, wenn die versicherte Person wegen einer seelischen Erkrankung oder einer geistigen Behinderung sich oder andere gefährdet und deshalb täglicher Beaufsichtigung bedarf.

Unabhängig von der Bewertung aufgrund der Punktetabelle zahlen wir 100 % der vereinbarten Berufsunfähigkeitsrente, wenn die versicherte Person dauernd bettlägerig ist und nicht ohne Hilfe einer anderen Person aufstehen kann oder wenn die versicherte Person der Bewahrung bedarf.

Bewahrung liegt vor, wenn die versicherte Person wegen einer seelischen Erkrankung oder geistigen Behinderung sich oder andere in hohem Maße gefährdet und deshalb nicht ohne ständige Beaufsichtigung bei Tag und Nacht versorgt werden kann.[88]

In den AVB vieler Lebensversicherer finden sich allerdings abweichende Leistungsvoraussetzungen. Danach stellt ein Leistungsanspruch auf den Nachweis einer mittelschweren oder schweren Demenzerkrankung der versicherten Person ab. Für die

88 Proximus, Versicherungsbedingungen und Tarife, Allgemeine Bedingungen für die Berufsunfähigkeitsversicherung, Kap. 2.7.

Einstufung einer demenziellen Erkrankung der versicherten Person wird von vielen Gesellschaften die Global Deterioration Scale nach Reisberg,[89] der Mini-Mental-Status-Test[90] oder auch der DemTect-Test[91] benannt.

Antrag auf Leistungen wegen Erwerbsunfähigkeit

Der Erwerbsunfähigkeitsversicherung kommt heute in den meisten Vermittlerbüros neben ihrer Überschwester Berufsunfähigkeitsversicherung nur noch die Rolle des Mauerblümchens zu. Allerdings kann nicht für alle Kunden eine bedarfsgerechte Absicherung der Arbeitskraft mit einer Berufsunfähigkeitsversicherung abgebildet werden. Eine nachteilige Berufsgruppeneinstufung oder auch Annahmerichtlinien, die nur den Abschluss eines eingeschränkten Versicherungsschutzes[92] einräumen, machen unter Umständen die Prüfung von alternativen Versicherungslösungen erforderlich.

Der Begriff der Erwerbsunfähigkeit wird von den verschiedenen Anbietern teilweise unterschiedlich definiert. Die meisten Gesellschaften lehnen sich mit ihrer Definition der Erwerbsunfähigkeit an den sozialrechtlichen Begriff der vollständigen Erwerbsminderung an, das heißt, ein leistungspflichtiger Versicherungsfall begründet sich mit der Unfähigkeit der versicherten Person, für mehr als drei Stunden täglich irgendeine Erwerbstätigkeit auf dem deutschen Arbeitsmarkt auszuüben. Bei der Beurteilung einer bedingungsgemäßen Erwerbsunfähigkeit werden

- die Verhältnisse auf dem Arbeitsmarkt, insbesondere die Verfügbarkeit von Arbeitsplätzen,
- die zuletzt ausgeübte berufliche Tätigkeit,
- die bisherigen Lebens- und Einkommensverhältnisse und
- der Bescheid eines Sozialversicherungsträgers

regelmäßig nicht berücksichtigt.

Allerdings gibt es auch einen Anbieter, der für einen leistungspflichtigen Versicherungsfall den Nachweis fordert, dass der Versicherungsnehmer aus medizinischen Gründen außerstande ist, für mehr als eine Stunde täglich irgendeiner Erwerbstätigkeit auf dem deutschen Arbeitsmarkt nachzugehen. Auch beim Beurteilungs-/Prognosezeitraum finden sich in den AVB der Gesellschaften wichtige Unterschiede. Während die meisten Anbieter von Erwerbsunfähigkeitsversicherungen in ihren AVB einen Beurteilungs-/Pro-

---

[89] Reisberg/Ferris/de Leon/Crook, The Global Deterioration Scale für assessment of primary degenerative dementia, American Journal of Psychiatry, 1982, 139(9), 1136.

[90] Folstein/Folstein/McHugh, Mini-Mental State. A practical method for grading the state of patients for the clinician, Journal of Psychiatric Research, 1975, 12, 189.

[91] Kalbe/Kessler/Calabrese/Smith/Passmore/Brand/Bullock, DemTect: a new, sensitive cognitive screening test to support the diagnosis of mild cognitive impairment and early dementia, International Journal of Geriatric Psychiatry, 2004, 19, 136.

[92] Anmerkung: Für einige, zumeist handwerkliche Berufe deckeln die Gesellschaften die versicherbare BU-Rente und/oder bieten den Versicherungsschutz zum Beispiel nur bis zum vollendeten 55. oder 60. Lebensjahr des Antragstellers an.

gnosezeitraum von sechs Monaten benennen, stellt ein Versicherer seine Leistungsprüfung auf einen Beurteilungs-/Prognosezeitraum von drei Jahren ab.

In einigen Bedingungswerken wird eine weitere Leistungsvoraussetzung benannt. Danach muss für die versicherte Person nicht nur eine bedingungsgemäße Erwerbsunfähigkeit nachgewiesen werden, sondern die versicherte Person darf aus einer Erwerbstätigkeit höchstens ein Erwerbseinkommen in Höhe der monatlichen Grenze für geringfügige Beschäftigung erzielen.[93]

Antrag auf Leistungen wegen Erwerbsminderung

Neben der Erwerbsunfähigkeitsversicherung wird in Deutschland auch eine private Erwerbsminderungsversicherung angeboten, mit der wahlweise nur das Risiko der vollen Erwerbsminderung und alternativ sowohl das Risiko einer teilweisen als auch einer vollen Erwerbsminderung abgesichert werden kann. Bei den Leistungsvoraussetzungen hat sich der Anbieter an die sozialrechtlichen Voraussetzungen für den Bezug einer Rente wegen teilweiser und voller Erwerbsminderung angelehnt. So liegt eine teilweise Erwerbsminderung im sozialrechtlichen Sinn vor, wenn der Versicherte infolge Krankheit oder Behinderung auf nicht absehbare Zeit außerstande ist, unter den üblichen Bedingungen des allgemeinen Arbeitsmarktes mindestens sechs Stunden täglich erwerbstätig zu sein.[94] Sinkt die Leistungsfähigkeit des Versicherten auf unter drei Stunden täglich ab, so liegt eine volle Erwerbsminderung vor.[95]

Abweichend von den sozialrechtlichen Grundlagen benennt der Lebensversicherer für die Beurteilung einer teilweisen beziehungsweise vollen Erwerbsminderung einen konkreten Zeitraum von sechs Monaten. Der Nachweis einer teilweisen oder vollen Erwerbsminderung kann von dem Versicherungsnehmer mit dem Rentenbescheid eines Trägers der gesetzlichen Rentenversicherung geführt werden.

Sofern der Versicherungsnehmer sowohl das Risiko der teilweisen als auch der vollen Erwerbsminderung versichert hat, umfasst der Versicherungsschutz auch den Anspruch auf eine Rente wegen voller Erwerbsminderung für die Dauer des Bezugs einer Arbeitsmarktrente des Rentenversicherungsträgers. So haben Versicherte der gesetzlichen Rentenversicherung im Fall einer anerkannten teilweisen Erwerbsminderung bei einem verschlossenen Arbeitsmarkt Anspruch auf eine Rente wegen voller Erwerbsminderung.[96] Der Bezug einer Arbeitsmarktrente kann dem Versicherer mit einem Bescheid des Rentenversicherungsträgers nachgewiesen werden.

---

93 § 8 Abs. 1a SGB IV. Anmerkung: In 2025 beträgt die Höchstgrenze für ein Einkommen aus geringfügiger Beschäftigung 556 €/Monat. BMAS, Bekanntmachung der Geringfügigkeitsgrenze nach § 8 Abs. 1a des Vierten Buches Sozialgesetzbuch vom 30.11.2023, BAnz AT 7.12.2023 B1.

94 § 43 Abs. 1 S. 2 SGB VI.

95 § 43 Abs. 2 S. 2 SGB VI.

96 § 43 Nr. 4.6 Rechtsportal der Deutschen Rentenversicherung.

Antrag auf Leistungen wegen Verlust einer Grundfähigkeit

Im Gegensatz zur Berufsunfähigkeitsversicherung begründet sich im Fall der Grundfähigkeitenversicherung ein leistungspflichtiger Versicherungsfall nicht mit einem (anteiligen) Verlust der beruflichen Leistungsfähigkeit, sondern mit dem (teilweisen) Verlust einer versicherten Grundfähigkeit. In Abhängigkeit vom gewählten Tarif kann ein Leistungsanspruch auch im Fall einer Arbeitsunfähigkeit, einer Pflegebedürftigkeit oder auch bei Eintritt einer schweren psychischen Erkrankung der versicherten Person bestehen.[97]

Bei den versicherten Grundfähigkeiten kann zwischen

- motorischen Grundfähigkeiten (zum Beispiel Gehen, Treppensteigen, Heben und Tragen)
- feinmotorischen Grundfähigkeiten (zum Beispiel Gebrauch einer Hand, Greifen und Halten)
- sensorischen Grundfähigkeiten (zum Beispiel Sehen, Hören, Schmecken)
- intellektuellen Grundfähigkeiten (zum Beispiel Orientierung in Zeit und Raum, Gedächtnisleistungen) und
- sonstigen Grundfähigkeiten (zum Beispiel Nutzung des öffentlichen Personennah- und -fernverkehrs, Autofahren)

unterschieden werden. Im ersten Schritt der Tarifbewertung sollte der Vermittler immer prüfen, ob der Lebensversicherer in seinen AVB Grundfähigkeitenkataloge benennt. Einige Gesellschaften unterscheiden in ihren Bedingungswerken zwischen „A-Grundfähigkeiten" und „B-Grundfähigkeiten". Sofern der Versicherungsnehmer beziehungsweise die versicherte Person den Verlust einer „A-Grundfähigkeit" (hierzu zählt beispielsweise die Grundfähigkeit Sehen) nachweisen kann, besteht ein Anspruch auf die Auszahlung der versicherten Grundfähigkeitenrente. Im Fall von „B-Grundfähigkeiten" kann ein leistungspflichtiger Versicherungsfall – in Abhängigkeit vom gewählten Tarif – nur mit dem gleichzeitigen Verlust von zwei oder drei Grundfähigkeiten begründet werden.[98]

Während die Voraussetzungen für die Anerkennung einer leistungspflichtigen Berufsunfähigkeit in den Versicherungsbedingungen führender Lebensversicherer weitgehend gleichlautend geregelt werden, finden sich in den AVB der verschiedenen Anbieter von Grundfähigkeitenversicherungen teilweise sehr unterschiedliche Leis-

---

97 Proximus, Versicherungsbedingungen und Tarife, Allgemeine Bedingungen für die Grundfähigkeitenversicherung, Kap. 1.1.

98 Anmerkung: Für eine ausführliche vergleichende Darstellung von Leistungsvoraussetzungen der Grundfähigkeitenversicherung siehe Schrehardt, Die Grundfähigkeitenversicherung – Ein Leitfaden für Vermittler, Verlag Versicherungswirtschaft Karlsruhe, 2020.

tungsvoraussetzungen. Dies soll an einem exemplarischen Beispiel für die versicherte Grundfähigkeit Sehen verdeutlicht werden:

Für die Begründung eines Verlustes der Grundfähigkeit Sehen muss entweder eine signifikante Minderung der Sehkraft (Visus) oder eine erhebliche Einschränkung des Gesichtsfelds nachgewiesen werden. Nach Proximus liegt ein bedingungsgemäßer Verlust der Grundfähigkeit Sehen vor, wenn die versicherte Person entweder

- auf beiden Augen einen maximalen Visus von 0,05[99] hat oder
- das Gesichtsfeld des leistungsstärkeren Auges auf höchstens 15 Grad in alle Richtungen eingeschränkt ist.[100]

Ein Versicherungsfall kann somit entweder mit einem reduzierten Visus oder einem eingeschränkten Gesichtsfeld der versicherten Person begründet werden, das heißt es wird eine einstufige Leistungsbegründung in den AVB gefordert. In der Vergangenheit hatte ein Versicherer in seinen AVB als Leistungsvoraussetzung den medizinischen Nachweis eines auf 0,02 reduzierten Visus oder eine Einschränkung des Gesichtsfelds auf 15 Grad, jeweils bezogen auf das leistungsstärkere Auge, und einen damit begründeten Anspruch auf eine Rente wegen teilweiser Erwerbsminderung gefordert (zweistufige Leistungsvoraussetzung).

Im nächsten Schritt sollte der Vermittler die von der versicherter Person einzusetzenden Hilfsmittel und verpflichtende medizinische Maßnahmen prüfen. Die nachfolgenden Auszüge aus den AVB von zwei Gesellschaften verdeutlichen die Unterschiede:

Auszug aus den AVB von X Lebensversicherer

Der Verlust der Grundfähigkeit Sehen liegt vor, wenn die versicherte Person nicht mehr sehen kann. Das bedeutet, dass das Restsehvermögen (Visus) auf dem leistungsfähigeren Auge nur noch 0,05 (entspricht dem Snellen-Wert 3/60) beträgt oder das horizontale Gesichtsfeld auf dem leistungsfähigeren Auge höchstens 15 Grad vom Zentrum besteht (maximal 30 Grad für beide Augen).

Ein Verlust der Grundfähigkeit Sehen liegt nicht vor, wenn die Einschränkung durch die Verwendung zumutbarer Hilfsmittel ausgeglichen werden kann. Zumutbare Hilfsmittel sind Sehhilfen, wie zum Beispiel Brille oder Kontaktlinsen.

[99] Anmerkung: Der Visus eines Menschen mit einer Sehkraft von 100 % beträgt 1,0. Bei einem auf 0,05 eingeschränkten Visus beträgt die Sehkraft des Patienten nur noch 5 %.

[100] Proximus, Versicherungsbedingungen und Tarife, Allgemeine Bedingungen für die Grundfähigkeitenversicherung, Kap. 2.2.1.

Auszug aus den AVB der Y Lebensversicherung

Der hochgradige Verlust der Sehfähigkeit liegt vor, wenn die versicherte Person nur noch ein sehr geringes Restsehvermögen hat oder an einer starken Einschränkung des Gesichtsfelds leidet. Folgende Leistungskriterien bezogen auf das bessere und voll korrigierte Auge, müssen erfüllt sein:

- Restsehvermögen von höchstens 3/60 beziehungsweise 0,05

oder

- Einschränkung des Gesichtsfelds auf < 15 Grad Abstand vom Zentrum, also Gesamtgesichtsfeld < 30 Grad.

Diese Einschränkungen dürfen nach aktuellem medizinischen Wissenstand nicht durch Brillen, Kontaktlinsen oder andere medizinische Maßnahmen (ohne Vollnarkose) behebbar beziehungsweise verbesserbar sein.

Auch wenn die Leistungsvoraussetzungen für einen Verlust der versicherten Grundfähigkeit Sehen in den AVB der beiden Versicherer auf den ersten Blick identisch erscheinen, gibt es einen wichtigen Unterschied. Während Versicherer X die versicherte Person nur zur Verwendung von Sehhilfen verpflichtet, benennt Versicherer Y in seinen Bedingungen als zusätzliche Leistungsvoraussetzung auch die verpflichtende Durchführung „anderer medizinischer Maßnahmen ohne Vollnarkose". Nachdem die meisten operativen Eingriffe am Auge unter Lokalanästhesie durchgeführt werden, hat die versicherte Person keinen Anspruch auf die vereinbarte Rentenleistung, wenn sie nicht einen möglichen, unter Umständen risikobehafteten chirurgischen Eingriff an dem betroffenen Auge durchführen lässt.[101] Die Unterschiede bei den Leistungsvoraussetzungen für den Verlust von versicherten Grundfähigkeiten erfordern eine sehr genaue Prüfung der Versicherungsbedingungen.

Antrag auf Leistungen wegen schwerer Erkrankung

Moderne Premium-BU-Tarife sehen die Möglichkeit einer Absicherung von ausgewählten schweren Krankheiten mit einer Dread-Disease-Option oder -Zusatzversicherung vor. Dieser zusätzliche Versicherungsschutz beinhaltet eine einmalige Kapitalleistung bei Eintritt einer versicherten Krankheit. Für die Begründung eines Leistungsanspruchs sind dabei nur die medizinischen Leistungsvoraussetzungen zu erfüllen; der Nachweis einer bedingungsgemäßen Berufsunfähigkeit muss nicht geführt werden. Sofern die versicherte Krankheit zur Berufsunfähigkeit der versicherten Person führt, kommt sowohl die versicherte Kapitalleistung als auch die vertraglich vereinbarte BU-Rente zur Auszahlung.

[101] Schrehardt, Grundfähigkeitenversicherung – Vertriebsleitfaden für Vermittler, Karlsruhe, Verlag Versicherungswirtschaft, 2020.

7.1.2 Das Leistungsanerkenntnis des Lebensversicherers

Mit der Reform des Versicherungsvertragsgesetzes zum 1. Januar 2008[102] hatte der Gesetzgeber ein eigenes Kapitel für die Berufsunfähigkeitsversicherung in das VVG aufgenommen.[103] In diesem Zusammenhang hatte der Gesetzgeber auch das Leistungsanerkenntnis des Lebensversicherers normiert. So kann seit dem 1. Januar 2008 ein Leistungsanerkenntnis wegen Berufsunfähigkeit nur noch einmal zeitlich befristet werden. Der Versicherer ist dabei an seine Leistungszusage gebunden, das heißt, auch im Fall eines Fortfalls der Leistungsvoraussetzungen muss der Versicherer die Leistungszahlung für den zugesagten Zeitraum erbringen.[104] Diese Rechtsnorm hat der Gesetzgeber halbzwingend normiert, d.h. die Lebensversicherer dürfen in ihren AVB inhaltlich von dieser Rechtsnorm nicht zum Nachteil des Versicherungsnehmers abweichen.[105] Es steht den Versicherungsgesellschaften jedoch frei, den Versicherungsnehmer in ihren AVB, zum Beispiel mit einem generellen Verzicht auf ein zeitlich befristetes Leistungsanerkenntnis, besserzustellen.

Sofern der Versicherer seine Leistungspflicht zeitlich befristet erklärt hat, endet der Leistungsanspruch zum Ablauf der erklärten Frist. Unter der Maßgabe, dass sich der Gesundheitszustand der versicherten Person nicht gebessert und die infolge einer Erkrankung oder eines Unfalls bestehenden Einschränkungen bei der beruflichen Tätigkeit auch weiterhin ärztlich nachgewiesen werden können, kann ein weiterer Antrag auf Leistungen wegen Berufsunfähigkeit gestellt werden. Die Beweislast liegt dabei wiederum beim Antragsteller.

Immer wieder wird die Forderung nach einem generellen Verzicht auf die zeitliche Befristung eines Leistungsanerkenntnisses gleichermaßen engagiert wie polemisch diskutiert. Von vielen Vermittlern wird ein durch den Lebensversicherer erklärter Verzicht auf die Möglichkeit der zeitlichen Befristung eines Leistungsanerkenntnisses als eine Besserstellung des Versicherungsnehmers bewertet. Gegen diese Einschätzung spricht, dass in Versicherungsfällen, in denen eine Berufsunfähigkeit des Versicherungsnehmers vermutet, aber nicht abschließend bewertet werden kann, oftmals vom dem Versicherer ein zeitlich befristetes Leistungsanerkenntnis erklärt und damit der versicherten Person eine temporäre Leistungszahlung gesichert wird.

7.1.3 Das Nachprüfungsverfahren

Sofern ein Lebensversicherer ein zeitlich unbefristetes Leistungsanerkenntnis erklärt hat, kommt es zu einer Umkehr der Beweislast. Während bei einem Antrag auf Leis-

[102] Gesetz zur Reform des Versicherungsvertragsrechts, BGBl. I 2007, 2631.
[103] §§ 172–177 VVG.
[104] § 173 Abs. 2 VVG.
[105] § 175 VVG.

tungen wegen Berufsunfähigkeit der Versicherungsnehmer den Nachweis einer bedingungsgemäßen Berufsunfähigkeit führen muss, obliegt dem Lebensversicherer die Verpflichtung den Fortfall der Leistungsvoraussetzungen nachzuweisen. In der Alltagspraxis überprüfen die Lebensversicherer in regelmäßigen, zumeist einjährigen Intervallen, ob der Versicherungsnehmer die Voraussetzungen für einen fortlaufenden Rentenbezug noch erfüllt. Im Rahmen des Nachprüfungsverfahrens kann der Versicherer beim Versicherungsnehmer medizinische und Einkommensnachweise für die Überprüfung der Leistungsvoraussetzungen anfordern. Der Versicherungsnehmer ist dabei gegenüber dem Versicherer zur Auskunft verpflichtet.[106] Ein Fortfall der Leistungsvoraussetzungen kann beispielsweise vorliegen, wenn der Versicherungsnehmer nach einer beruflichen Umschulung eine andere Berufstätigkeit aufnimmt.

Unter der Voraussetzung, dass der Lebensversicherer den Fortfall der Voraussetzungen für eine fortlaufende Leistungszahlung nachweisen kann und dies dem Versicherungsnehmer beziehungsweise der versicherten Person schriftlich dargelegt hat, endet die Leistungsverpflichtung des Versicherers frühestens drei Monate nach Zugang der Erklärung.[107] In diesem Zusammenhang ist zu beachten, dass der Gesetzgeber auch die Rechtsnorm des § 174 VVG halbzwingend normiert hat, das heißt ein Lebensversicherer darf nicht zum Nachteil des Versicherungsnehmers beziehungsweise der versicherten Person von der Regelung des § 174 VVG abweichen.[108] Der Versicherer könnte aber in seinen AVB eine, zum Beispiel auf sechs Monate verlängerte Nachleistungsdauer erklären.

7.1.4 Finanzielle Unterstützung bei der beruflichen Reintegration

In den meisten Fällen erhalten die Betroffenen Leistungen wegen Berufsunfähigkeit über einen Zeitraum von sechs bis sieben Jahren. Die meisten Versicherten streben die Rückkehr in ein aktives Erwerbsleben an, was unter Umständen von den Lebensversicherern finanziell mit einer Wiedereingliederungshilfe unterstützt wird. Bei der Wiedereingliederungshilfe handelt es sich um eine einmalige Kapitalleistung, die sich meistens mit sechs monatlichen Berufsunfähigkeitsrenten bemisst. Allerdings wird der Auszahlungsbetrag von den meisten Gesellschaften summenmäßig gedeckelt.

Die Zahlung einer Wiedereingliederungshilfe machen die Lebensversicherer von zum Teil sehr unterschiedlichen Voraussetzungen abhängig. So fordern einige Gesellschaften den Nachweis einer (staatlich anerkannten) Umschulungsmaßnahme, während andere Versicherer die Zahlung einer Wiedereingliederungshilfe auch für den Fall der Wiederaufnahme der Berufstätigkeit, die der Versicherte vor Eintritt der Berufsunfä-

[106] § 31 Abs. 1 VVG.
[107] § 174 Abs. 2 VVG.
[108] § 175 VVG.

higkeit ausgeübt hatte, ausloben. Der Anspruch auf eine Wiedereingliederungshilfe kann von weiteren Leistungsvoraussetzungen, wie einer in den AVB definierten Restversicherungsdauer, dem Bezug von Leistungen wegen Berufsunfähigkeit über einen Mindestzeitraum von zum Beispiel drei Jahren, usw. abhängig sein.[109]

Bei Auszahlung einer Wiedereingliederungshilfe an den Versicherungsnehmer oder die versicherte Person sollte der Vermittler einen möglichen Verrechnungsanspruch mit laufenden Rentenleistungen für den Fall einer erneuten Berufsunfähigkeit des Leistungsempfängers prüfen. So räumen sich die Lebensversicherer regelmäßig das Recht der Verrechnung von laufenden Rentenleistungen mit einer ausbezahlten Wiedereingliederungshilfe ein, wenn der Versicherungsnehmer beziehungsweise die versicherte Person innerhalb von sechs Monaten nach Auszahlung der Wiedereingliederungshilfe erneut Leistungen wegen Berufsunfähigkeit erhält. Einige Gesellschaften benennen den Zeitraum für eine mögliche Verrechnung von laufenden Rentenzahlungen mit einer Wiedereingliederungshilfe in ihren AVB mit zwölf Monaten.

7.1.5 Finanzielle Unterstützung bei der Umorganisation des Unternehmens

Bei einem Antrag eines freiberuflich oder selbstständig tätigen Versicherungsnehmers auf Leistungen wegen Berufsunfähigkeit können die Lebensversicherer eine mögliche Umorganisation des Unternehmens des Versicherungsnehmers prüfen. So kann in manchen Fällen, zum Beispiel mit der Einstellung eines Meisters im Handwerk oder mit einer Umverteilung von Aufgaben, das Unternehmen des Versicherungsnehmers beziehungsweise der versicherten Person fortgeführt werden. Für den Fall einer möglichen und wirtschaftlich sinnvollen Umorganisation des Unternehmens erklären die Lebensversicherer in den AVB von Versicherungsverträgen der Versorgungsschicht 3 regelmäßig den Anspruch auf eine Umorganisationshilfe, die sich zumeist mit sechs monatlichen BU-Renten bemisst. Allerdings wird die Kapitalleistung von den meisten Gesellschaften mit einem Höchstbetrag gedeckelt.

In der Alltagspraxis kommt der Umorganisation von Unternehmen nur eine untergeordnete Bedeutung zu. Dies begründet sich einerseits mit der verpflichtenden Beweisführung durch den Versicherer und andererseits mit der in vielen Bedingungswerken erklärten Einschränkung der Prüfung einer betrieblichen Umorganisation auf Unternehmen mit zum Beispiel einer Mindestgröße der Belegschaft. Erste Lebensversicherer haben zwischenzeitlich bereits einen generellen Verzicht auf die Prüfung der Umorganisation von Unternehmen erklärt.

---

[109] Schrehardt/Tretter, Einmal berufsunfähig, immer berufsunfähig?, in: Meissner/Schrehardt, Kompass für die Beratungspraxis, Band 8, Karlsruhe, Verlag Versicherungswirtschaft, 2022.

7.1.6 Steuerrechtliche Behandlung von Leistungszahlungen

Bereits bei der Vorsorgeberatung zur Absicherung der Arbeitskraft sollte der Vermittler auch die steuer- und sozialrechtliche Behandlung von Versicherungsleistungen ansprechen und bei der Bemessung des Vorsorgebedarfs auch berücksichtigen. Die Besteuerung von Leistungszahlungen ist dabei von mehreren Faktoren abhängig. So sind für die Bemessung der Steuerschuld in Abhängigkeit von der für die Abbildung des Versicherungsschutzes gewählten Versorgungsschicht die Dauer der Leistungszahlung, das Alter der versicherten Person beziehungsweise das Kalenderjahr bei Eintritt des Versicherungsfalls, die Modalitäten der Leistungszahlung (Kapital- oder Rentenzahlung) und die zur Auszahlung kommende Tarifleistung für die Bemessung der Steuerschuld entscheidend.

Leistungszahlungen aus einem Versicherungsvertrag der Versorgungsschicht 3

Renten wegen Berufsunfähigkeit, Erwerbsunfähigkeit, Erwerbsminderung[110] oder dem Verlust einer Grundfähigkeit werden in den meisten Fällen zeitlich befristet, maximal bis zum vollendeten 67. Lebensjahr der versicherten Person, ausbezahlt. Zeitlich befristete Rentenleistungen aus einem Versicherungsvertrag der Versorgungsschicht 3 sind mit dem von der Dauer der maximalen Leistungszahlung abhängigen Ertragsanteil steuerbar.[111] Sofern der Versicherer seine Leistungspflicht nur zeitlich befristet anerkennt,[112] hat dies auf die Ermittlung des steuerpflichtigen Ertragsanteils keinen Einfluss.[113] Stellt der Versicherer die Leistungszahlung nach Ablauf eines zeitlich befristeten Anerkenntnisses oder aufgrund des Fortfalls der Leistungsvoraussetzung[114] ein, kann der Steuerpflichtige eine Änderung seines Einkommensteuerbescheids wegen Änderung der Besteuerungsgrundlagen beantragen.[115]

Besteht aus dem Versicherungsvertrag ein lebenslanger Anspruch auf eine Berufsunfähigkeitsrente,[116] so sind die Renten mit dem altersabhängigen Ertragsanteil steuerbar. Dabei ermittelt sich der steuerpflichtige Ertragsanteil in Abhängigkeit vom vollendeten Lebensjahr der versicherten Person bei Beginn der Rentenzahlung.[117]

Im Gegensatz zu Rentenzahlungen können Kapitalleistungen (zum Beispiel Sofortleistung bei erstmaligem Eintritt einer Berufsunfähigkeit, Reha-, Umorganisations- und

[110] Anmerkung: Renten wegen teilweiser oder voller Erwerbsminderung, die von einem Träger der gesetzlichen Rentenversicherung ausbezahlt werden, zählen zu den Leistungszahlungen der Versorgungsschicht 1. Dies gilt auch für Berufsunfähigkeitsrenten, die ein Versicherter von einem berufsständischen Versorgungswerk erhält.

[111] § 55 Abs. 2 EStDV.

[112] § 173 Abs. 2 VVG.

[113] BFH vom 26.3.2005, X R 17/04.

[114] § 174 Abs. 1 VVG.

[115] § 175 Abs. 1 AO.

[116] Anmerkung: Einige Gesellschaften räumen einen Anspruch auf eine lebenslange Rentenzahlung ein, wenn die Berufsunfähigkeit vor einem in den AVB benannten Höchstalter der versicherten Person eintritt oder der Versicherungsfall mit einer bedingungsgemäßen Pflegebedürftigkeit der versicherten Person begründet wird.

[117] § 22 Nr. 1 S. S. 3 a) bb) EStG.

Wiedereingliederungshilfen) aus einem Versicherungsvertrag der Versorgungsschicht 3 vom Versicherungsnehmer steuerfrei vereinnahmt werden. Für den Fall, dass die Kapitalleistung nicht an den Versicherungsnehmer (Beitragszahler) sondern an die versicherte Person zur Auszahlung kommt, sind die bis zum Eintritt des Versicherungsfalls aufgewendeten Beitragszahlungen in Summe als Schenkung zu bewerten und steuerbar.[118]

Leistungszahlungen aus einem Versicherungsvertrag der Versorgungsschicht 2

Der Gesetzgeber räumt im Betriebsrentengesetz eine Zusage des Arbeitgebers von Leistungen wegen Invalidität ein.[119] Nachdem der Gesetzgeber den Begriff der Invalidität im Betriebsrentengesetz nicht weiter ausführt, sollte der Arbeitgeber in seiner Versorgungszusage beziehungsweise Versorgungsordnung den Begriff der Invalidität definieren. Dabei besteht weitgehende Gestaltungsfreiheit, das heißt, die Invalidität im Sinne des Betriebsrentengesetzes kann als teilweise oder volle Erwerbsminderung im sozialrechtlichen Sinn,[120] aber auch als Berufs- oder Erwerbsunfähigkeit in Anlehnung an die AVB der privaten Lebensversicherer definiert werden.[121] Auch die Absicherung des Verlusts einer Grundfähigkeit erfüllt die Voraussetzung für die Absicherung des biometrischen Risikos der Invalidität.[122]

Sofern Leistungen wegen Berufsunfähigkeit, Erwerbsunfähigkeit oder aufgrund des Verlusts einer Grundfähigkeit aus einer bAV zur Auszahlung kommen, erfolgt die steuerrechtliche Bewertung unter Berücksichtigung des gewählten Durchführungsweges.[123] Leistungszahlungen aus einer Direktversicherung, Pensionskassen- oder Pensionsfondsversorgung nach § 3 Nr. 63 EStG sind im Leistungsfall von dem Versorgungsberechtigten voll nachgelagert zu versteuern.[124] Rentenförmige Versorgungsleistungen aus Direktversicherungen und Pensionskassenversorgungen nach § 40b EStG a.F. sind mit dem von der Dauer der Leistungszahlung abhängigen Ertragsanteil steuerbar.[125] Versorgungsleistungen wegen Invalidität, die aus einer über die Durchführungswege Pensionszusage oder Unterstützungskasse abgebildetem bAV zur Auszahlung kommen, unterliegen ebenfalls der voll nachgelagerten Besteuerung. Dabei mindert sich das steuerpflichtige Einkommen allerdings um einen in Abhängig-

118 BFH vom 22.10.2014, II R 26/13.

119 § 1 Abs. 1 S. 1 BetrAVG

120 § 43 Abs. 1 und 2 SGB VI.

121 Schrehardt, Absicherung des Berufsunfähigkeitsrisikos in der betrieblichen Altersversorgung in Meissner/Schrehardt, Kompass für die Beratungspraxis, Band 3, Karlsruhe, Verlag Versicherungswirtschaft, 2021.

122 BMF, Betriebliche Altersversorgung: Versicherung bei Arbeitsunfähigkeit und Grundfähigkeitenversicherung, Schreiben IV C 5 – S 2333/18/10005' 2019/0136008, 19.2.2019; Schrehardt, Neue bAV-Option: Die Grundfähigkeiten-Direktversicherung in Meissner, Praxishandbuch Betriebliche Altersversorgung, 2019.

123 Anmerkung: Das Risiko der Berufsunfähigkeit kann auch in Verbindung mit einer Rentenversicherung nach § 10a EStG („Riester-Rente") abgesichert werden. Nachdem für die Absicherung des BU-Risikos aber maximal nur 20 % des Gesamtbeitrages aufgewendet werden dürfen (§ 1 Abs. 1 S. S. 1 Nr. 3 AltZertG), wird diese Form der Risikoabsicherung im Beratungsalltag regelmäßig nicht angeboten.

124 § 22 Nr. 5 EStG.

125 § 55 Abs. 2 EStDV.

keit vom Jahr des Versorgungsbeginns prozentual zu bemessenden und mit einem Höchstbetrag gedeckelten Versorgungsfreibetrag.[126]

Leistungszahlungen aus einem Versicherungsvertrag der Versorgungsschicht 1

Die Berechnung des steuerpflichtigen Anteils einer aus einem Versicherungsvertrag der Versorgungsschicht 1 ausbezahlten BU-Rente erfolgt unter Berücksichtigung des im Jahr des ersten Rentenbezugs gültigen Besteuerungsanteils.[127] Dabei ist allerdings zu beachten, dass die Berechnung des steuerfreien Anteils der Rente auf den Rentenbezug eines vollen Kalenderjahrs abzustellen ist. Sofern der Rentenbezug unterjährig einsetzt, sind für die Berechnung des steuerfreien Anteils der Rente die Leistungsbezüge des folgenden Kalenderjahres zu berücksichtigen; eine aufgrund vertraglicher Vereinbarung garantierte Rentensteigerung darf dabei berücksichtigt werden.[128] Mit dem nachfolgenden Beispiel wird die Berechnung des steuerfreien Anteils erläutert.

■ **BEISPIEL**

Versicherungsnehmer Rolf Schuster erhält aufgrund schwerer Erkrankung aus seiner Basis-Rentenversicherung mit Berufsunfähigkeits-Zusatzversicherung ab 1. Juli 2024 eine monatliche BU-Rente von 2.000 €. Mit dem Versicherer hatte Herr Schuster eine garantierte Rentenerhöhung von 3 % ab dem zweiten Jahr der Leistungszahlung vereinbart. Der steuerfreie Anteil der Rente ermittelt sich wie folgt:

Schritt 1: Ermittlung des Besteuerungsanteils im Jahr des ersten Rentenbezugs

Im Veranlagungszeitraum 2024 beträgt der Besteuerungsanteil 83 %.

Schritt 2: Ermittlung der Jahresrente für ein volles Kalenderjahr (2025):

BU-Rente 2.000 €/Monat vom 1.1.2025 – 30.6.2025 =	12.000 €
BU-Rente 2.060 €/Monat vom 1.7.2025 – 31.12.2025 =	12.360 €
BU-Jahresrente in 2025	24.360 €

Schritt 3: Ermittlung des steuerfreien Anteils

Jahresrente x 83 % = steuerpflichtiger Anteil (abgerundet)	20.218,00 €
Jahresente – steuerpflichtiger Anteil = steuerfreier Anteil	4,142,00 €

■

Für die Dauer des Bezugs der Berufsunfähigkeitsrente wird der steuerfreie Anteil fortlaufend mit 4.142,00 € berücksichtigt, das heißt, jede weitere Rentenerhöhung ist in vollem Umfang steuerpflichtig.

[126] § 19 Abs. 1 und 2 EStG

[127] § 22 Nr. 1 S. 3 a) aa) EStG.

[128] BMF, Gesetz zur Neuordnung der einkommensteuerrechtlichen Behandlung von Altersvorsorgeaufwendungen und Altersbezügen – Alterseinkünftegesetz (AltEinkG) mit Änderungen durch die Jahressteuergesetze 2007 und 2008, Schreiben IV C 8 – S 2222/07/0003: 2008/0017104 vom 30.1.2008, Rn. 125.

Hinweis

Die Finanzbehörden runden steuerfreie beziehungsweise steuerpflichtige Beträge zugunsten des Steuerpflichtigen auf volle Eurobeträge auf beziehungsweise ab.[129]

Anmerkung

Natürlich muss der Versicherungsnehmer auch die in 2024 bezogenen BU-Rente versteuern. Der steuerfreie Anteil ist aber immer auf der Grundlage einer vollen Jahresrente zu ermitteln.

Nachdem Leistungen aus einer Basis-Rentenversicherung beziehungsweise aus Zusatzversicherungen, die in Verbindung mit einer Basis-Rentenversicherung abgeschlossen wurden, nur rentenförmig ausbezahlt werden dürfen,[130] entfällt eine Betrachtung von kapitalförmigen Leistungszahlungen wie zum Beispiel einer Sofortleistung beim erstmaligen Eintritt einer Berufsunfähigkeit, einer Umorganisations- oder Wiedereingliederungshilfe. Ein Ausnahmetatbestand ist nur mit der Abfindung von Kleinbetragsrenten[131] gegeben. So kann beispielsweise eine BU-Rente bei Eintritt des Versicherungsfalls in 2025 abgefunden werden, wenn die laufende Rente nicht höher als 37,45 €/Monat ist.[132]

7.1.7 Sozialrechtliche Behandlung von Leistungszahlungen

Bei der sozialrechtlichen Beurteilung von Berufsunfähigkeitsrenten muss nach dem Krankenversicherungsstatus des Versicherungsnehmers differenziert werden. Sofern der Versicherungsnehmer pflichtversichertes Mitglied der GKV ist, zum Beispiel aufgrund der Beantragung oder des Bezugs einer Rente wegen Erwerbsminderung,[133] muss die Berufsunfähigkeitsrente aus einem privaten Versicherungsvertrag regelmäßig nicht verbeitragt werden. Wenn der Versicherungsnehmer allerdings freiwilliges Mitglied der GKV ist, zum Beispiel aufgrund des alleinigen Bezugs einer Berufsunfähigkeitsrente aus einem Versicherungsvertrag der Versorgungsschicht 1 oder 3, müssen auf die Rente Beiträge zur gesetzlichen Kranken- und zur sozialen Pflegeversicherung abgeführt werden.[134]

Bezieht ein in der gesetzlichen Krankenversicherung versicherter Versorgungsberechtigter eine Rente wegen Invalidität (Berufsunfähigkeit) aus einer betrieblichen Alters-

[129] § 32a Abs. 1 S. 6 EStG.

[130] § 10 Abs. 1 Nr. 2 b) aa) EStG.

[131] BMF, Einkommensteuerrechtliche Behandlung von Vorsorgeaufwendungen, Schreiben IV C 3 – S 2221/16/10001:004: 2017/0392623 vom 24.5.2017, Rn. 34. Kleinbetragsrenten sind monatliche Renten, die nicht höher als 1 % der monatlichen Bezugsgröße nach § 18 SGB IV sind.

[132] Die monatliche Bezugsgröße (West) nach § 18 SGB IV beträgt in 2025 € 3.745,00. § 1 Verordnung über maßgebende Rechengrößen der Sozialversicherung für 2025, BGBl. I 2024, Nr. 365.

[133] § 5 Abs. 1 Nr. 11 und § 186 Abs. 9 SGB V.

[134] § 240 SGB V. GKV-Spitzenverband, Katalog von Einnahmen und deren beitragsrechtliche Bewertung nach § 240 SGB V vom 20.3.2020. BSG vom 6.9.2001, B 12 KR 14/00 R.

versorgung, so müssen hierauf Beiträge zur gesetzlichen Kranken- und zur sozialen Pflegeversicherung abgeführt werden.[135]

7.2 Der Versicherungsfall in der Krankenversicherung

In der privaten Krankenvoll- und -zusatzversicherung reicht der Kunde Rechnungen ein, die er von einem Leistungserbringer erhält. Ein Leistungserbringer ist beispielsweise ein Arzt, Zahnarzt, Krankenhaus, Heilpraktiker, Psychologe und weitere Leistungserbringer, die qualifizierte Leistungen im Bereich Gesundheit erbringen.

Diese Rechnungen werden von dem jeweiligen privaten Krankenversicherer geprüft. Die Bearbeitung der Leistungen ist das Herzstück der Krankenversicherung, da sie im „Moment der Wahrheit" leistet und auf der anderen Seite auch auf die Ausgabensituation achten muss. Denn, übersteigen die Leistungsausgaben die Kalkulation, so kann es zu Beitragsanpassungen kommen. Es ist generell sorgsam mit den Beitragseinnahmen der Versicherten umzugehen, um Beitragsanpassungen zu mindern oder gar zu verhindern.

In der Abbildung sind die vertraglichen Beziehungen dargestellt. Anders als es in der GKV geregelt ist, tritt der privatversicherte Kunde (Versicherungsnehmer oder versicherte Person) in Vorleistung und rechnet mit dem Leistungserbringer direkt ab. Die Erstattung der Proximus Krankenversicherung erfolgt tariflich an Maximilian Müller. Sollte Maximilian Müller beihilfeberechtigt sein, so würde die Beihilfe zum Beispiel 70 % des Rechnungsbetrags übernehmen, die Proximus Krankenversicherung die restlichen 30 %. (Der Versicherungsnehmer ist verpflichtet eine Änderung der Beihilfe anzuzeigen, damit es beispielsweise nicht zu einer Überzahlung (Bereicherung) kommen kann).

Es gibt zudem Konstellationen, in den die PKV Direktabrechnungen vornehmen kann, wenn beispielsweisebeispielsweise eine Kostenzusage seitens der Privaten Krankenversicherung direkt an das Krankenhaus erfolgt (Kostenübernahmeerklärung) oder der Versicherer im Zuge von Kooperationen seinen Versicherten die Direktabrechnung, zum Beispiel mit Apotheken, anbietet.

[135] § 229 Abs. 1 S. 1 Nr. 5 SGB V.

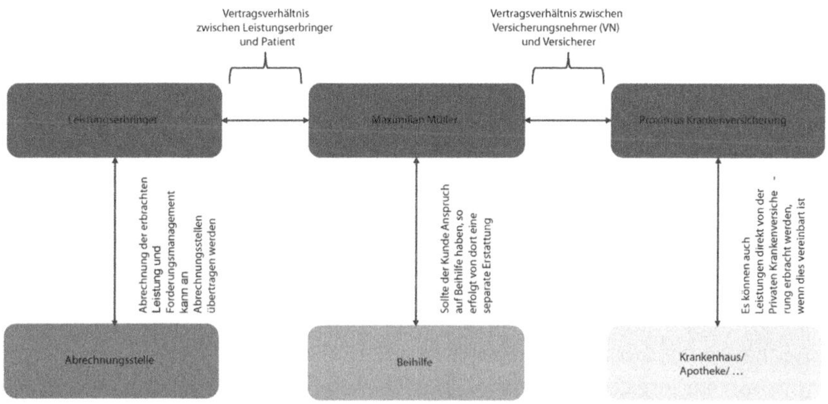

Abbildung 7.1: Vertragsverhältnisse in der PKV (Jens Noormann)

Um den Privat- oder Zusatzversicherten eine schnelle Erstattung der eingereichten Rechnungen zu ermöglichen, setzen viele Krankenversicherungsunternehmen auf automatisierte Verarbeitung oder ziehen zur Bearbeitung künstliche Intelligenz heran.

■ BEISPIEL VERSICHERUNGSFALL IN DER PKV/PRIVATEN PFLEGEPFLICHT-VERSICHERUNG

Familie Müller bespricht mit dem Außendienstmitarbeiter der Proximus Krankenversicherung folgendes Beispiel:

Der Vater verunglückt schwer mit seinem Fahrrad, indem er in die Straßenbahnschienen gerät. Aufgrund der Schwere der Verletzungen entstehen umfangreiche Behandlungskosten, die sowohl Krankenhausaufenthalte und ärztliche Versorgung als auch Hilfsmittel wie Gehhilfen und Heilmittel wie Physiotherapie umfassen. Zusätzlich besucht ihn seine Ehefrau täglich im Krankenhaus, wodurch weitere Kosten, insbesondere Park- und Fahrtkosten, entstehen.

Nach Abschluss der Akutversorgung ist anschließend eine mehrwöchige Rehabilitation geplant, um den Gesundheitszustand nahezu wieder so herzustellen, wie er vor dem Unfall war. Gleichzeitig beschäftigt die Familie Müller die Frage, welche weiteren Leistungen zur Verfügung stehen könnten, falls der Vater infolge seiner Verletzungen länger als sechs Monate pflegebedürftig bleiben sollte (Achtung: Pflegebedürftigkeit liegt nur dann vor, wenn dauerhaft – also voraussichtlich mindestens sechs Monate – Unterstützung bei alltäglichen Aktivitäten benötigt wird). In solch einem Szenario bestünde die Möglichkeit, zusätzliche Pflegeleistungen durch die private Pflegepflichtversicherung in Anspruch zu nehmen. Sofern noch eine Pflegezusatzversicherung besteht, könnte auch aus diesem Tarif eine Leistungspflicht der Proximus Krankenversicherung bestehen.

Der Außendienstmitarbeiter der Proximus Krankenversicherung erläutert die mögliche Erstattung:

Die aufgrund des Unfalls entstandenen Behandlungskosten werden bei der Proximus Krankenversicherung eingereicht. Rechnungen werden gemäß den aktuellen Gebührenordnungen, wie beispielsweise der Gebührenordnung für Ärzte (GOÄ), von den Ärzten oder der Abrechnungsstelle berechnet und in Rechnung gestellt. Diese Gebührenordnungen stellen die Grundlage für die Berechnung der Leistungen dar. In der Leistungsbearbeitung der Proximus werden die eingereichten Rechnungen teilweise automatisiert und teilweise manuell bearbeitet und die Leistungspflicht und der tarifliche Umfang geprüft. Wichtig ist, dass immer die medizinische Notwendigkeit vorliegen muss, was in vorliegendem Beispiel nicht fraglich ist. Neben der medizinischen Notwendigkeit ist es auch von hoher Relevanz, dass die Behandlungsmethoden anerkannt sind. Neben medizinisch notwendigen Behandlungen sind auch Vorsorgeuntersuchungen versichert, siehe dazu unter anderem Prävention. ■

Bevor ein Einstieg in die versicherungsrechtliche Prüfung erfolgt, sollten regulatorische Maßnahmen beachtet werden, die aus Sicht der Verwendung von Informationstechnologien relevant sind und insbesondere bei der Verwendung und Verarbeitung gesundheitsbezogener Daten eine hohe Priorität haben.

Warum schauen wir uns diesen Bereich vorab an? Die Bearbeitung und damit die Regulierung von eingereichten Versicherungsfällen in der privaten Kranken- und Pflegeversicherung wird zunehmend digitaler, sodass der Anteil der manuellen Bearbeitung immer mehr abnimmt und künftig weiter abnehmen wird.

7.2.1 Künstliche Intelligenz und DORA

Künstliche Intelligenz

Künstliche Intelligenz (KI) oder international Artifical Intelligence (AI) genannt, ist in der Bearbeitung immer mehr präsent und wird in den nächsten Jahren einen sehr großen Einfluss auf die Bearbeitung in der PKV nehmen, zudem aber auch Maßnahmen an der Kundenschnittstelle kreieren, die präventiv Leistungsausgaben senken werden und vor allem das Gesundheitsbewusstsein stärken werden. Künstliche Intelligenz wird dazu beitragen, dass Therapien gezielter angewendet werden können und Erkenntnisse aus Behandlungen, Rechnungstellung, Krankheitsverläufen und andere Muster, wie beispielsweise Erkennung bestimmter Diagnosen in Altersklassen oder in Bezug auf Vorläuferdiagnosen, erkannt werden können.

Künstliche Intelligenz kann gewinnbringend eingesetzt werden, wenn es Daten erhält, diese Daten stammen im Gesundheitswesen von den Versicherten. Die Gesundheitsdaten unterliegen strengen Bestimmungen hinsichtlich des Umgangs. Im Kapitel Datenschutz wird gezielt auf die strengen Vorschriften eingegangen. Um neue Technologien zu nutzen, gleichzeitig aber auch die regulatorischen und ethischen Anforderungen zu beachten und zu wahren, ist es notwendig, dass sich alle Beteiligten Gedanken machen, wie mit KI umgegangen wird und der Einsatz an der Kundenschnittstelle erfolgt.

Wird der Leistungsbearbeitungsprozess stark digitalisiert und mit künstlicher Intelligenz angereichert, so können Prüfprozesse schlanker gestaltet werden, Kunden erhalten schneller ihre zustehende tarifliche Erstattung und es kann eine gezielte Prüfung der Rechnungen erfolgen, die auffällig sind.

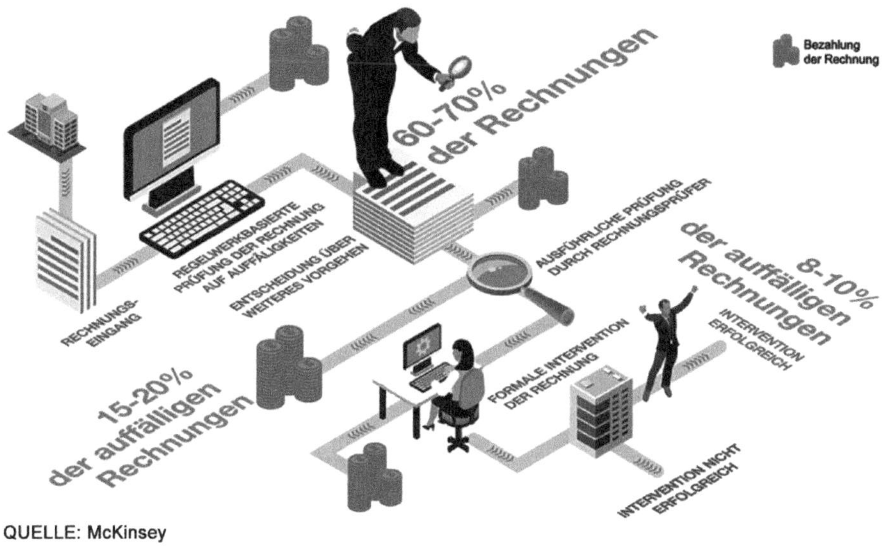

Abbildung 7.2: McKinsey „Künstliche Intelligenz in der Krankenversicherung"

Um die Leistungsausgaben zu steuern, bedarf es einer gezielten Steuerung von eingereichten Belegen, welche nicht versicherte Leistungen beinhalten oder auch Sachverhalte, welche gebührenrechtlich zu beanstanden sind.

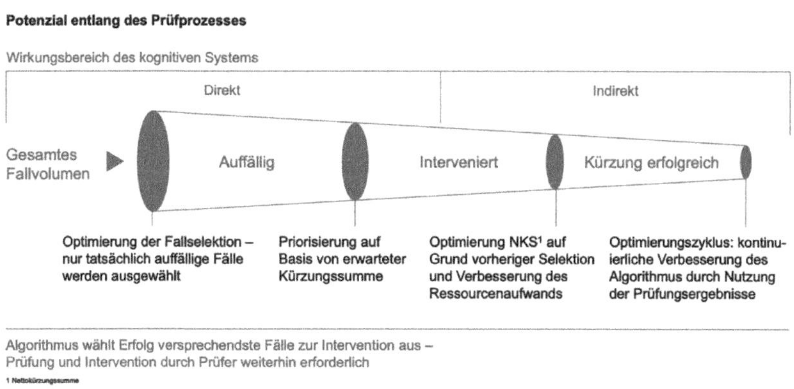

Abbildung 7.3: McKinsey „Künstliche Intelligenz in der Krankenversicherung"

Durch den kontinuierlichen Einsatz von künstlicher Intelligenz kommt es zu einem permanenten Lernen der technischen Systeme. Daneben können Erkenntnisse aus der (teil-)automatisierten Arbeit den Mitarbeitenden in Wissensdatenbanken zur Verfügung gestellt werden.

Die nachfolgend skizzierten Ansätze sollten beachtet werden, wenn Lösungen im KI-Umfeld eingeführt werden:

1. Transparenz und Nachvollziehbarkeit

- **Wie wird sichergestellt, dass Entscheidungen, welche automatisiert oder mit KI-Unterstützung erstellt wurden, den Versicherten einfach und nachvollziehbar erklärt werden?** Abrechnungsschreiben sollten klare und einfach zu verstehende Informationen beinhalten.
- **Welche Informationen erhalten die Mitarbeitenden zum Beispiel zu den Entscheidungen, um bei Nachfragen auskunftsbereit zu sein?** Auch hier ist es wichtig, dass Mitarbeitende klare und nachvollziehbare Informationen erhalten, um auskunftsbereit zu sein.

2. Diskriminierungsfreiheit und Fairness

- **Kann es vorkommen, dass bestimmte Personengruppen durch KI-Entscheidungen benachteiligt werden?** Es muss sichergestellt sein, dass KI keine Differenzierungen vornimmt, beispielsweise zwischen Geschlechtern oder Altersklassen.
- **Wie können Halluzinationen in den Entscheidungen vermieden werden, um qualitativ hochwertige Entscheidungen zu gewährleisten?** Je nach Kalibrierung kann es vorkommen, dass künstliche Intelligenz Entscheidungen trifft, die nicht vorgesehen sind.

3. Datenschutz und Datensicherheit

- **Wie werden sensible Gesundheitsdaten geschützt?** Es muss sichergestellt sein, dass verarbeitete Daten auf sicheren Servern gespeichert und verarbeitet werden. Datensätze und Herkunft (genauer Bezug zu Personen) sind voneinander getrennt und werden durch einen bestimmten Schlüssel zusammengeführt, um dann ein Ergebnis zu liefern.
- **Welche gesetzlichen Vorgaben (zum Beispiel DSGVO) müssen beim KI-Einsatz beachtet werden?** Mit dem Einsatz von künstlicher Intelligenz sind die Vorschriften der DSGVO uneingeschränkt einzuhalten.

4. Verantwortung und Haftung

- **Wer haftet, wenn die KI eine fehlerhafte Entscheidung trifft, die zu finanziellen Nachteilen für Versicherte führt?** Hier bedarf es einer Haftungsregelung, insbesondere wenn externe Partner in den Prozess einbezogen werden. Der Versicherer haftet gegenüber seinem Versicherten.

- **Wie kann eine Kombination aus Mensch und KI gestaltet werden, um Risiken zu minimieren?** Künstliche Intelligenz kann im Zuge der Bearbeitung Lösungsansätze vorschlagen, die von Mitarbeitenden angenommen oder verworfen werden.

5. Akzeptanz und Vertrauen

- **Wie kann der Einsatz von KI das Vertrauen der Versicherten in das Versicherungssystem erzeugen?** In dem die vorab genannten Grundsätze mindestens beachtet werden und dem Kunden transparent der Einsatz von künstlicher Intelligenz vorgestellt wird.

DORA

Künstliche Intelligenz und die Verarbeitung von Gesundheitsdaten sind ein komplexes Thema. Hier ist der strenge Datenschutz zu beachten, sodass sichergestellt ist, dass bei der Zusammenarbeit mit künstlichen Intelligenzen und Cloud-Lösungen kein unberechtigter Abgang von Daten erfolgt. Die Entwicklung der für die Zukunft notwendigen teil- bis vollautomatisierten und KI gestützten Leistungsregulierungen unterliegen gesetzlichen Vorgaben und sind derzeit (Stand: Januar 2025) noch teilweise in Findung.

Neben den bereits bestehenden regulatorischen Anforderungen müssen alle Versicherungsunternehmen die EU-Verordnung DORA[136] (Digital Operational Resilience Act) beachten. Diese am 14. Dezember 2022 durch das Europäische Parlament verabschiedete Verordnung soll die digitale operationale Resilienz im Finanzsektor stärken und präventive Maßnahmen zur Abwehr von Risiken ergreifen, die aus der zunehmenden IT-Nutzung resultieren. Ein Beispiel ist das Risiko eines Cyberangriffs, bei dem DORA Maßnahmen vorgibt, um Schäden und Folgerisiken zu minimieren.

Die folgenden drei Punkte skizzieren Zielrichtung und Zweck der Verordnung:

1. **IKT (Informations- und Kommunikationstechnologie)-Risikomanagement etablieren**: Unternehmen müssen ein umfassendes System zur Identifizierung, Bewertung und Minderung von IT-Risiken implementieren. Dieses System soll auch regelmäßige Tests zur digitalen Resilienz umfassen.
2. **Meldepflicht für IT-Vorfälle einhalten**: Schwerwiegende Cybervorfälle oder IT-Ausfälle müssen systematisch dokumentiert und den zuständigen Behörden gemeldet werden, um eine schnelle Reaktion zu ermöglichen.
3. **IT-Drittanbieter kontrollieren**: Verträge mit externen IT-Dienstleistern müssen klare Sicherheitsvorgaben enthalten. Zudem sind regelmäßige Audits und Notfallpläne zur Minimierung von Ausfallrisiken verpflichtend.

---

[136] Verordnung (EU) 2022/2554 des Europäischen Parlaments und des Rates vom 14. Dezember 2022.

Unternehmen der PKV sind aufgrund dieser Verordnung verpflichtet, ihre IT-Systeme kontinuierlich zu überwachen, Unregelmäßigkeiten zu beheben (zum Beispiel durch regelmäßige Updates der Bearbeitungssysteme) und interne Tests zur Systemstabilität durchzuführen. Schwerwiegende Vorfälle müssen an die zuständigen Behörden gemeldet werden. Unabhängig davon sind Verstöße gegen den Datenschutz oder die unbefugte Abwanderung von sensiblen Daten weiterhin den Datenschutzbehörden zu melden. DORA ergänzt die bisherigen Vorschriften und ermöglicht eine verbindlichere Umsetzung von Sicherheitsmaßnahmen zum Schutz von Daten und der Stabilität vorhandener IT-Systeme.

7.2.2 Einstieg in die Leistungsbearbeitung – Versicherungsfall

In den einzelnen Allgemeinen Versicherungsbedingungen finden sich Definitionen des Versicherungsfalls. Grundlage ist in der Krankheitskostenversicherung und der Krankentagegeldversicherung die medizinische notwendige Heilbehandlung, die aufgrund von Krankheit oder Unfall erfolgt. In der Krankentagegeldversicherung muss zusätzlich eine Arbeitsunfähigkeit eingetreten sein. In der Pflegepflichtversicherung muss zudem eine Pflegebedürftigkeit vorliegen. Die Grundlage für Leistungen in der Pflegezusatzversicherung ist ebenso abhängig von einer bestehenden Pflegebedürftigkeit.

AVB	Definition Versicherungsfall
MB/KK (§ 1 Abs. 2 MB/KK)	Medizinisch notwendige Heilbehandlung infolge von Krankheit oder Unfallfolgen
MB/KT (§ 1 Abs. 2 MB/KT)	Medizinisch notwendige Heilbehandlung infolge von Krankheit oder Unfallfolgen, durch die Arbeitsunfähigkeit ärztlich festgestellt wurde
MB/PPV (§ 1 Abs. 2 MB/PPV)	Feststellung der Pflegebedürftigkeit einer versicherten Person, voraussichtlich dauerhaft (mindestens sechs Monate)

7.2.3 Einstieg in die Leistungsbearbeitung – Rechnungsprüfung

Die Grundlage jeder Leistungserstattung in der PKV ist das Vorliegen eines Versicherungsfalls (siehe vorhergehende Tabelle). Laut § 1 Abs. 2 MB/KK ist ein Versicherungsfall gegeben, wenn eine versicherte Person aufgrund einer Krankheit oder Unfallfolge medizinisch notwendige Behandlungen erhält. Der Versicherungsfall beginnt mit dem Start der Behandlung und endet, sobald keine medizinische Notwendigkeit zur Weiterbehandlung mehr besteht. Tritt während der laufenden Behandlung eine neue Krankheit oder Unfallfolge hinzu, die unabhängig von der ursprünglichen Erkrankung ist, entsteht ein neuer Versicherungsfall.

Nach Eintritt eines Versicherungsfalls erstellt der Leistungserbringer (zum Beispiel Arzt, Therapeut oder Krankenhaus) eine Rechnung (Liquidation) für seine erbrachten Leistungen. Diese Rechnung wird bei der Proximus Krankenversicherung durch das Leistungsmanagement geprüft.

Bei der Prüfung der eingereichten Rechnung werden folgende Punkte besonders beachtet:

1. Medizinische Notwendigkeit

Die Behandlung muss medizinisch notwendig sein (§ 1 Abs. 2 MB/KK). Medizinisch notwendig sind Behandlungen, die geeignet sind, den Gesundheitszustand zu verbessern, eine Verschlechterung zu verhindern, Symptome zu lindern oder Erkrankungen frühzeitig zu erkennen und vorzubeugen.

- Beispiel für eine **nicht** medizinisch notwendige Leistung:

  Kosmetische Operationen, die hauptsächlich der Ästhetik dienen, werden meist nicht erstattet.

- Beispiel für eine medizinisch notwendige Leistung:

  Bei akuten Schmerzen, wie etwa Schulterbeschwerden, sind Untersuchungen (zum Beispiel Röntgen) oder therapeutische Maßnahmen medizinisch notwendig und somit erstattungsfähig.

Ausgewählte Urteile zur Thematik Erstattungsfähigkeit von Leistungen in der PKV:

Kurzbeschreibung	Urteil
Savir-Therapie ist keine von der Schulmedizin überwiegend anerkannte Behandlungsmethode	AG Dresden, Urteil vom 20.12.2023 – 109 C 5344/21 (nicht rechtskräftig)
Keine Einholung eines zahnärztlichen Sachverständigengutachtens bei fehlendem Bestreiten sowohl der medizinischen Notwendigkeit der Behandlungen als auch der Vornahme der Abrechnung nach der Gebührenordnung	LG Koblenz, Beschluss vom 25.9.2024 – 14 S 1/24 (nicht rechtskräftig)
Übermaßversorgung bei einem Hörgerät	AG Bensheim, Urteil vom 16.5.2024 – 6 C 193/22 (nicht rechtskräftig)
Aufwendungen für ein Hilfsmittel übersteigen das medizinisch notwendige Maß im Sinne von § 5 Abs. 2 S. 1 MB/KK 2009, wenn das Hilfsmittel zusätzliche, nicht benötigte Funktionen oder Ausstattungsmerkmale aufweist	BGH, Urteil vom 22.4.2015 – IV ZR 419/13

Tabelle 7.1: Erstattungsfähigkeit von Leistungen in der PKV, ausgewählte Urteile

2. Präventive Maßnahmen (Vorsorge)

Vorsorgeuntersuchungen und vorbeugende Maßnahmen wie eine professionelle Zahnreinigung sind ebenfalls erstattungsfähig, obwohl sie nicht auf eine bestehende Krankheit abzielen. Diese Leistungen helfen jedoch, Krankheiten vorzubeugen oder frühzeitig zu entdecken (vgl. § 1 Abs. 2 (b) MB/KK).

3. Schwangerschaft und Entbindung

Leistungen im Zusammenhang mit Schwangerschaft und Entbindung sind ausdrücklich versichert und somit ebenfalls erstattungsfähig (§ 1 Abs. 2 a) MB/KK).

4. Umfang des Versicherungsschutzes

Der genaue Umfang des Versicherungsschutzes ergibt sich aus

- dem Versicherungsschein,
- schriftlichen Zusatzvereinbarungen zwischen Versicherer und Versichertem (umfassen beispielsweise individuelle Leistungsausschlüsse oder Leistungsreduzierungen. Diese können insbesondere bei einem Tarifwechsel gemäß § 204 VVG vereinbart werden. Bei einem Tarifwechsel, zum Beispiel von einem Basisschutz in einen Premium-Schutz, kommt es oft zu Leistungsausschlüssen, weil der Versicherte Vorerkrankungen hat, die im neuen Zieltarif nicht mitversichert werden (können)),
- den Allgemeinen Versicherungsbedingungen (AVB einschließlich Musterbedingungen mit Anhang sowie Tarif- und Tarifbedingungen)
- und den gesetzlichen Vorschriften.
- Das Versicherungsverhältnis unterliegt ausschließlich deutschem Recht, daher sind neben den Allgemeinen Versicherungs- und Tarifbedingungen, auch beispielsweise das VVG, BGB, ... anzuwenden.

Standardmäßig umfasst der Versicherungsschutz die Heilbehandlung innerhalb Europas. Auf Wunsch und durch eine besondere Vereinbarung kann der Schutz jedoch auch auf Länder außerhalb Europas erweitert werden, wobei hier besondere Regelungen gemäß § 15 Abs. 3 MB/KK gelten können. Bei kurzfristigen Aufenthalten außerhalb Europas besteht automatisch Versicherungsschutz für den ersten Monat. Falls während dieses Aufenthalts eine medizinisch notwendige Behandlung erforderlich wird, die einen längeren Aufenthalt notwendig macht, verlängert sich der Versicherungsschutz automatisch für den Zeitraum, in dem eine Rückreise aus medizinischen Gründen nicht möglich ist, jedoch maximal für weitere zwei Monate.

Verlegt eine versicherte Person ihren gewöhnlichen Wohnsitz dauerhaft in ein anderes Land der Europäischen Union oder in einen Staat, der dem Abkommen über den Europäischen Wirtschaftsraum (EWR) angehört, bleibt der Versicherungsschutz erhalten. Allerdings sind die Leistungen des Versicherers dabei auf jene beschränkt, die auch bei einem Wohnsitz in Deutschland zu erbringen wären. Dies bedeutet, dass gegebenenfalls landesspezifische Mehrkosten, die über den deutschen Standard hinausgehen, nicht erstattet werden.

5. Gebührenrechtliche Sachverhalte

Die Leistungsbearbeitung umfasst insbesondere die Prüfung eingereichter Rechnungen im Hinblick auf gebührenrechtliche Vorgaben. Diese Prüfung ist zentraler Bestandteil der Bearbeitung. Es gilt zu beachten, dass die Berechenbarkeit einer Leistung durch den behandelnden Arzt oder Zahnarzt nicht zwangsläufig bedeutet, dass diese Leistung im gleichen Umfang auch erstattungsfähig ist.

Ärztliche Leistungen werden nach der Gebührenordnung für Ärzte (GOÄ) abgerechnet, zahnärztliche Leistungen entsprechend nach der Gebührenordnung für Zahnärzte (GOZ). Weitere Gebührenverzeichnisse sind zum Beispiel das Gebührenverzeichnis für Heilpraktiker (GebüH), das Gebührenverzeichnis für Psychotherapeuten (GOP), das Gebührenverzeichnis für Heilmittel und die Fallpauschalen nach dem DRG-System. Alle Gebührenordnungen stellen ein strukturiertes Leistungsverzeichnis dar, wobei jeder einzelnen Leistung eine spezifische Gebührennummer zugeordnet ist.

■ BEISPIEL: GEBÜHRENORDNUNG FÜR ÄRZTE (GOÄ)

Beispielsweise trägt die ärztliche Beratung die Gebührennummer 1 der GOÄ und ist dort mit einem Grundbetrag von 4,66 € hinterlegt (einfacher Satz). Üblicherweise erfolgt eine Berechnung nach dem sogenannten Regelhöchstsatz, der dem 2,3-Fachen des einfachen Satzes entspricht. Für eine normale Beratung ergibt sich daher ein Honorar von 10,72 €.

GOÄ-Nummer	Beschreibung	Einfacher Satz	2,3-facher Satz (Regelhöchstsatz)
1	Beratung	4,66 €	10,72 €

Die in einer ärztlichen Rechnung (Liquidation) angegebenen Gebührenziffern werden grundsätzlich mit einem Multiplikationsfaktor versehen. Dieser Faktor hängt ab von Umfang, Schwierigkeit, Zeitaufwand sowie besonderen Umständen, die eine aufwendigere Behandlung rechtfertigen. In der Regel wird der 2,3-fache Satz in Rechnung gestellt. Wenn eine ärztliche Leistung besonders aufwendig oder komplex ist, kann der Arzt den Faktor bis zum 3,5-fachen Satz anheben.

Sollte aufgrund besonders hoher Anforderungen an die Beratung oder Behandlung ein Satz über dem 3,5-fachen Faktor angesetzt werden, ist dafür eine schriftliche Honorarvereinbarung zwischen Arzt und Patient zwingend erforderlich. ■

Tarifliche Beschränkungen

Private Krankenversicherungsunternehmen begrenzen in ihren Tarifen regelmäßig die Höhe der erstattungsfähigen Aufwendungen. Tarife mit geringerem Leistungsumfang beschränken die Erstattung häufig auf den 1,8-fachen Satz der Gebührenordnung für Ärzte (GOÄ). Hochwertigere Tarife wie Premiumtarife ermöglichen dagegen auch Erstattungen über dem 3,5-fachen Satz, sofern eine individuelle Honorarvereinbarung nach § 2 GOÄ abgeschlossen wurde.

Die Allgemeinen Versicherungsbedingungen legen oft fest, dass bei Überschreitung des 3,5-fachen Satzes die Rechnung vorab zur Prüfung bei der Versicherung eingereicht werden muss. Eine Kürzung oder Ablehnung der Erstattung kann erfolgen, wenn die medizinische Notwendigkeit der Behandlung nicht ausreichend belegt oder nachvollziehbar dargestellt ist. Grundlage hierfür ist § 1 Abs. 2 GOÄ, wonach nur solche ärztlichen Leistungen berechnet werden dürfen, „die medizinisch notwendig sind und zum Zweck der Krankenbehandlung erbracht werden".

Zur Definition dieses Begriffs hat der BGH in seinem Urteil vom 12. März 2003 – IV ZR 278/01 festgestellt, dass eine Heilbehandlungsmaßnahme nach objektiven medizinischen Befunden und wissenschaftlichen Erkenntnissen im Zeitpunkt der Behandlung als medizinisch notwendig anzusehen ist, wenn eine wissenschaftlich anerkannte Behandlungsmethode zur Verfügung steht, die geeignet ist, die Krankheit zu heilen oder zu lindern.

6. Anerkannte Behandlungsmethoden

Nicht jede vom Leistungserbringer durchgeführte Behandlung ist versichert. Die privaten Krankenversicherungen erkennen Behandlungsmethoden, also durchgeführte Maßnahmen des Leistungserbringers an, wenn sie aus schulmedizinischer Sicht sinnvoll sind. So ist beispielsweise die Savir-Therapie, die angeblich zur Verbesserung der Sehleistung bei grünem Star führen soll, überwiegend nicht von der Schulmedizin anerkannt und daher nicht erstattungsfähig. Die Erfolgsaussichten solcher Therapien werden als gering eingestuft. Verständlich ist, dass es oftmals zwischen den privaten Krankenversicherungen, Patienten und Leistungserbringern zu Diskussionen kommt, dass Leistungen, die vermeintlich helfen doch erstattet werden sollten. Im Sinne der Beitragsstabilität ist jedoch nicht jede Leistung zu erstatten, die einen Behandlungserfolg versprechen könnte.

Neben den versicherten Leistungen, welche in den Versicherungs- und Tarifbedingungen aufgeführt sind, ist hier auch § 192 Abs. 1 VVG zu nennen. Dort ist beschrieben, dass medizinisch notwendige Heilbehandlungen erstattungsfähig sind.

Die privaten Krankenversicherungen sind führend im Vergleich zur GKV und fördern sehr innovative und teilweise kostenintensive Behandlungsmethoden. Hier ist es wichtig, dass insbesondere bei Abschluss eines Krankenversicherungsvertrags die Kunden umfassend informiert werden, damit nicht der Eindruck entsteht, dass jede berechnete Leistung auch erstattet werden kann.

7. Leistungsarten (auszugsweise)

Leistungsart	Beispiel
• Ambulante Leistungen	
• Arztrechnungen	Besuch beim Hausarzt
• Hilfsmittel	Unterarmgehstützen
• Heilmittel	Krankengymnastik
• Zahnarzt	Zahnersatz
• Arzneimittel	Schmerzmittel werden aus der Apotheke bezogen
• …	
Stationäre Leistungen	
• Krankenhaus	Operation im Krankenhaus, zum Beispiel Entfernung Blinddarm
• …	
Pflegeleistungen	
• Pflegeleistungen	Pflegegeld
• Pflegehilfsmittel	Badewannenlifter
• …	
Barleistungen	
• Krankenhaustagegeld	Bei einem Krankenhausaufenthalt wird je Tag ein Tagegeld gezahlt
• Krankentagegeld	Bei einer Arbeitsunfähigkeit wird je Tag ein Tagegeld gezahlt
• Pflegetagegeld	Bei einer Pflegebedürftigkeit wird je Tag ein Tagegeld gezahlt
• …	

Tabelle 7.2: Leistungsarten

Quelle: Eigene Darstellung Jens Noormann

In 4.4.3.1 Pflegepflichtversicherung und 1.2.2.2 Leistungen der gesetzlichen Krankenversicherung nach SGB V befindet sich eine Beschreibung der Leistungen.

Für private Krankenversicherungen ist es von elementarer Bedeutung, dass Ausgaben (für Leistungen) den korrekten Leistungsarten zugeordnet werden. Durch die korrekte Zuordnung ist gewährleistet, dass in den Tarifen Veränderungen der Ausgaben erkannt werden können, die zu Beitragssteigerungen führen könnten.

Um möglichen Beitragssteigerungen entgegenzuwirken, ist ein gutes Leistungs- und Gesundheitsmanagement wichtig, damit Ausgaben minimiert werden und vor allem durch die gezielte Inanspruchnahme von Vorsorgeleistungen, Krankheiten erst gar nicht oder nicht schwerwiegend entstehen.

7.2.4 Leistungsbearbeitung betriebliche Krankenversicherung

Die Bearbeitung von eingereichten Rechnungen in der bKV erfolgt analog der normalen Bearbeitung. Nur, dass der Versicherungsnehmer das Unternehmen ist und die versicherte Person der Mitarbeiter oder Familienmitglieder (je nach Konstellation) – damit geht die Leistungsberechtigung an den Arbeitnehmenden über.

In den meisten bKV ist ein Eintritt ohne Gesundheitsprüfung und Wartezeit möglich. Damit würde in diesen Konstellationen eine Prüfung der Anzeigepflicht entfallen.

Die Abrechnung und auch Details zu erbrachten Leistungen werden an die versicherte Person kommuniziert. Aus Datenschutzgründen dürfen diese Informationen nicht an den Arbeitgeber übermittelt werden.

Der anhaltende Boom in der bKV wird zu mehr Versicherten und einem erhöhten Aufkommen an Leistungsfällen führen.

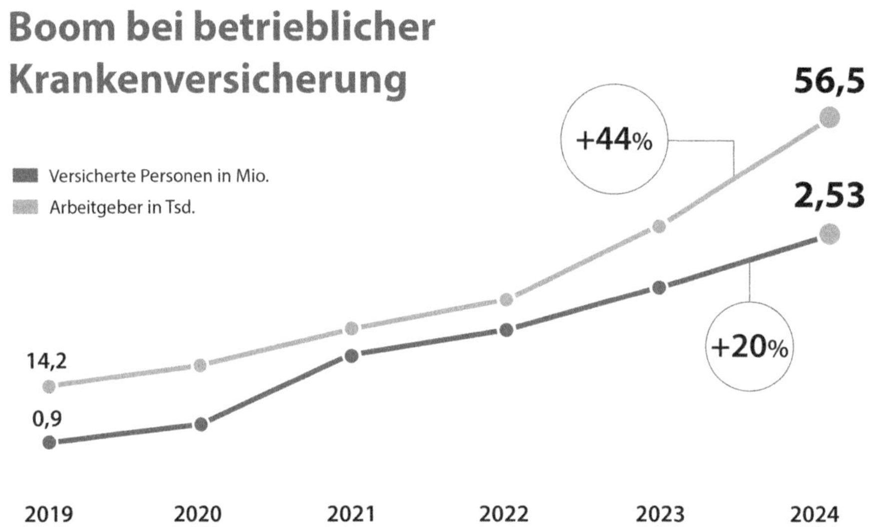

Abbildung 7.4: Boom bei betrieblicher Krankenversicherung

Quelle: PKV-Verband I https://www.pkv.de/positionen/betriebliche-krankenversicherung/#25-02_Boom_bei_betrieblicher_Krankenversicherung_3zu2_0071-070225.jpg

7.2.5 Prüfung Anzeigepflicht

Wenn in den ersten Versicherungsjahren Leistungen beansprucht werden, kann es im Rahmen der Leistungsbearbeitung erforderlich sein, zu prüfen, ob der Versicherte bei Antragstellung seiner Anzeigepflicht ordnungsgemäß nachgekommen ist. Diese Prüfung gewinnt stark an Bedeutung, wenn sich in der Bearbeitung eingereichter Rechnungen Hinweise auf Vorerkrankungen oder Behandlungen zeigen, die im Antrag nicht aufgeführt wurden.

An dieser Stelle gehen wir noch einmal zurück zum **Zeitpunkt der Antragstellung** in der PKV – also zu dem Moment, in dem die Gesundheitsfragen beantwortet wurden.

Hinweis

Grundlage für die folgenden Ausführungen sind unter anderem die Hinweise der BaFin vom 15. November 2016 zur Gestaltung und Bewertung von Gesundheitsfragen in der Krankenversicherung.

Versicherungsunternehmen sind in der Formulierung ihrer Gesundheitsfragen im Antrag weitgehend frei. Je konkreter und klarer eine Frage gestellt ist – beispielsweise zu bestimmten Krankheitsbildern oder exakt eingegrenzten Körperbereichen – desto geringer ist die Gefahr, dass Antragstellende unbeabsichtigt etwas übersehen.

■ **BEISPIEL FÜR EINE SOLCHE TRANSPARENTE FRAGE LAUTET:**

„Haben oder hatten Sie in den letzten fünf Jahren Erkrankungen oder Beschwerden im Bereich Herz, Kreislauf oder Gefäße, wie etwa Bluthochdruck, Infarkt oder Venenerkrankungen?" ■

Wesentlich schwieriger wird es, wenn Gesundheitsfragen sehr allgemein gehalten sind und keine Eingrenzung vornehmen.

■ **BEISPIEL DAFÜR IST DIE FRAGE:**

„Erfolgten in den letzten drei Jahren ambulante Behandlungen, Medikamentenverordnungen, Untersuchungen oder Beratungen?" ■

Hier entsteht ein erhebliches Risiko, dass Antragstellende – trotz ehrlicher Beantwortung – nicht an alle Ereignisse zurückdenken oder deren Relevanz nicht richtig einschätzen können.

Kommt es also zu der nachweisbaren Erkenntnis, dass der Antragsteller beispielsweise die Angabe der Tabletten gegen Heuschnupfen vergessen hat, die allerdings nicht ärztlich verordnet wurden, so kann das dazu führen, dass der Versicherer trotzdem leisten muss, da dem Antragsteller nicht die Kenntnis unterstellt werden darf, dass er von dem bloßen Bezug der nicht verordneten Medikamente eine risikorelevante Angabe verschwiegen haben könnte – insbesondere dann nicht, wenn nach Maßgabe des § 19 VVG keine vorsätzliche oder grob fahrlässige Verletzung der vorvertraglichen Anzeigepflicht vorliegt.

In solchen Fällen ist es empfehlenswert, sich vor Ausfüllen des Antrags eine Übersicht der in Frage kommenden Behandlungen erstellen zu lassen – etwa durch die bisherige Krankenversicherung oder durch die behandelnden Ärzte. Diese sogenannte Behandlungsliste erleichtert eine vollständige und korrekte Beantwortung der Gesundheitsfragen. Bei Unsicherheit kann es sinnvoll sein, diese Liste dem Antrag beizufügen, um Transparenz zu schaffen und spätere Missverständnisse zu vermeiden.

7.2.6 Folgen einer Anzeigepflichtverletzung – Verschuldensgrade

Von bewusst bis unverschuldet – es hängt vom Grad des Verschuldens des Versicherungsnehmers ab, ob und mit welchen Gestaltungsrechten der Versicherer den Vertrag gegebenenfalls beenden oder anpassen kann.

Nachfolgend sind Sanktionen je Verschuldensgrad für Zusatzversicherung, Krankenvoll- und Pflegeversicherung beschrieben.

7.2.6.1 Arglistige Täuschung

Arglist ist eine besondere Unterform des Vorsatzes, die mit einer gezielten Täuschungsabsicht verbunden ist (§ 123 BGB). Arglist ist oft schwerer nachzuweisen als einfacher Vorsatz, da die gezielte Absicht durch den Versicherer nachgewiesen werden muss.

Sanktionsmöglichkeiten

Anfechtung

Bei arglistiger Täuschung kann der Versicherer den Vertrag nach § 22 VVG in Verbindung mit den dazu geltenden Regelungen im BGB (§§ 123, 142 BGB) **anfechten**. Das bedeutet, dass der Vertrag von Anfang an nichtig ist.

Die Voraussetzungen und Folgen der Arglistanfechtung richten sich nach dem BGB. Die Sondervorschriften des VVG gelten im Grundsatz nicht.

Rücktritt

Der Versicherer kann statt der Anfechtung wahlweise auch nach § 19 Abs. 2 VVG vom Vertrag zurücktreten. Das bedeutet, dass die jeweils erbrachten Leistungen zurückgewährt werden müssen.

Leistungspflicht

Da der Versicherungsnehmer arglistig gehandelt hat, muss der Versicherer die Versicherungsleistung nicht erfüllen. Das ist in § 21 Abs. 2 S. 2 VVG geregelt.

Leistungspflichtig bleibt der Versicherer nur, wenn sich die Verletzung der Anzeigepflicht auf einen Umstand bezieht, der weder für den Eintritt des Versicherungsfalls noch für die Feststellung oder den Umfang der Leistungspflicht ursächlich ist.

Der Versicherungsnehmer muss umgekehrt **empfangene Leistungen zurückerstatten**, wenn sie auf einem Versicherungsfall beruhen, für den der verschwiegene Gefahrumstand ursächlich geworden ist.

Bis die Rücktritts- oder Anfechtungserklärung wirksam wird, behält der Versicherer den Anspruch auf die Prämie (§ 39 Abs. 1 S. 2 VVG – dies ist bei der Anfechtung eine Sonderregelung zu den allgemeinen Folgen einer Anfechtung nach §§ 142, 812 BGB).

Besonderheit zur Weiterversicherung im Basistarif

Wegen der Pflicht zur Versicherung besteht für die Versicherer ein Kontrahierungszwang im Bereich der privaten Krankenversicherung. Der Versicherungsnehmer muss also in den Basistarif aufgenommen werden.

Mit Ausnahme des Versicherers, der den Vertrag wegen arglistiger Täuschung angefochten hatte, ist jedes private Versicherungsunternehmen verpflichtet, den Versicherungsnehmer im Basistarif zu versichern.[137] [138]

Siehe dazu auch Urteile: LSG Nordrhein-Westfalen (L 5 KR 258/12 ER vom 3.9.2012) und SG Dresden (S 18 KR 156/12 ER vom 14.5.2012)

7.2.6.2 Vorsatz

Wenn ein Versicherungsnehmer seine **Anzeigepflicht vorsätzlich** verletzt, hat das ebenfalls weitreichende Folgen. Vorsatz (§ 276 Abs. 1 S. 1 BGB) ist das Wissen und Wollen des Erfolgs im Bewusstsein der Rechts- oder Pflichtwidrigkeit.

Sanktionsmöglichkeiten

Rücktritt

Bei einer vorsätzlichen Pflichtverletzung kann der Versicherer nach § 19 Abs. 2 VVG vom Vertrag zurücktreten. Der Rücktritt hebt den Vertrag rückwirkend auf.

Das Rücktrittsrecht des Versicherers ist lediglich ausgeschlossen, wenn der Versicherungsnehmer die Anzeigepflicht weder vorsätzlich noch grob fahrlässig verletzt hat (§ 19 Abs. 3 S. 1 VVG). Den Nachweis muss der Versicherungsnehmer führen. Er muss sich entlasten und behaupten und beweisen, dass er allenfalls einfach fahrlässig gehandelt hat – beispielsweise, weil er bestimmte missverständlich oder mehrdeutig formulierte Fragen tatsächlich missverstanden hat.

[137] Vgl. BaFin, BaFinJournal 4/2024, S. 52.
[138] Vgl. https://www.bundesgesundheitsministerium.de/service/begriffe-von-a-z/b/basistarif-in-der-privaten-krankenversicherung.html, zuletzt abgerufen am 8. September 2025.

Leistungspflicht

In der Regel besteht nach § 21 Abs. 2 VVG keine Leistungspflicht des Versicherers. Der Versicherungsnehmer kann jedoch (wie bereits oben ausgeführt) nachweisen, dass der verschwiegene Umstand nicht kausal für den Versicherungsfall war – eine Beweislast, die oft schwer zu erfüllen ist.

Gegenmaßnahmen des Versicherungsnehmers

Falls der Versicherer sein Rücktrittsrecht nutzt, steht dem Versicherungsnehmer nach § 205 Abs. 5 VVG das Recht zur Gegenkündigung zu, mit dem er den Vertrag ebenfalls beenden kann.

7.2.6.3 Grobe Fahrlässigkeit

Fahrlässig handelt, wer die im Verkehr erforderliche Sorgfalt außer Acht lässt (§ 276 Abs. 2 BGB). Im Gegensatz zum Vorsatz wird bei diesem Verschuldensgrad die Folge des Handelns nicht willensmäßig herbeigeführt. Es bedarf der Vermeidbarkeit sowie der Voraussehbarkeit des rechts- beziehungsweise pflichtwidrigen Erfolges.

Eine gesetzliche Definition für grobe Fahrlässigkeit gibt es nicht. Sie wird immer in jenen Fällen angenommen, in denen die im Verkehr erforderliche Sorgfalt von einer Person in sehr hohem Maße außer Acht gelassen worden ist. Auch, wenn naheliegende Überlegungen nicht angestellt worden sind, wird von grober Fahrlässigkeit gesprochen.

Der Versicherungsnehmer braucht nur ihm bekannte Gefahrumstände anzuzeigen. Maßgeblich ist der Kenntnisstand, der sich für den Versicherungsnehmer zum Zeitpunkt der Beantwortung der Gesundheitsfragen durch Eigenbeobachtung und durch ärztliche Diagnose und Therapie ergibt. Das Erinnerungsvermögen des Versicherungsnehmers wird mithilfe des Fahrlässigkeitsmaßstabs normativ festgelegt: Er kann sich nicht darauf berufen, einen Umstand vergessen zu haben, an den er sich bei zumutbarer Anstrengung seines Gedächtnisses hätte erinnern können – beispielsweise an einen Kuraufenthalt, der erst wenige Monate zurückliegt. Eine grobe Fahrlässigkeit liegt regelmäßig vor, wenn sich der Versicherungsnehmer über präzise Fragen hinwegsetzt.

Bei den Gestaltungsrechten nach einer fahrlässigen Anzeigepflichtverletzung sind zwei Varianten zu unterscheiden, je nachdem, ob der Versicherer den Vertrag bei Kenntnis der verschwiegenen Umstände abgeschlossen hätte. Zu prüfen ist also, ob der verschwiegene Umstand ein *vertragshindernder oder ein vertragsändernder* Umstand war.

7.2.6.3.1 Grobe Fahrlässigkeit – Variante 1

Zunächst ist denkbar, dass der Versicherer den Vertrag bei Kenntnis der verschwiegenen Umstände **nie abgeschlossen hätte**.

Beispielsweise handelt es sich für den Versicherer um einen relevanten Gefahrumstand, wenn in den Annahmerichtlinien geregelt ist, dass bei vorhandenen psychischen Erkrankungen innerhalb von einem definierten Zeitraum vor Vertragsbeginn, das Vertragsverhältnis nicht zustande kommen würde.

Die Fallkonstellation greift, wenn der Versicherer den Vertrag weder damals noch später, auch nicht zu anderen Bedingungen, geschlossen hätte, hätte er den Gefahrumstand gekannt – typischerweise bei erheblich erhöhtem Risiko.

Sanktionsmöglichkeiten

Der Versicherer kann grundsätzlich vorgehen wie bei einer vorsätzlichen Verletzung der Anzeigepflicht, es gibt aber weitere Voraussetzungen für einen wirksamen Rücktritt.

Rücktritt

Der Versicherer kann gemäß § 19 Abs. 2 VVG vom Vertrag zurücktreten, was zur rückwirkenden Aufhebung und Rückabwicklung des Vertrags führt. Insoweit gelten die gleichen Voraussetzungen wie bei der vorsätzlichen Verletzung.

Anders als bei vorsätzlicher Anzeigepflichtverletzung gilt aber:

Das Rücktrittsrecht wegen grob fahrlässiger Nichtanzeige erheblicher Gefahrumstände ist gemäß § 19 Abs. 4 S. 1 VVG mangels Kausalität ausgeschlossen, wenn der Versicherer den Vertrag auch bei Kenntnis der nicht angezeigten Umstände, wenn auch zu anderen Bedingungen, geschlossen hätte. Der Versicherer kann also nur zurücktreten, wenn er den Vertrag nachweislich ohne Kenntnis der verschwiegenen Umstände gar nicht erst abgeschlossen hätte (§ 19 Abs. 4 S. 1 VVG).

Der Rücktritt führt allerdings nicht dazu, dass der Versicherungsnehmer ohne Krankenversicherungsschutz dasteht. Vielmehr erfolgt ein möglicher Übergang in den Basistarif, allerdings ist der bisherige Versicherer nicht zur Annahme verpflichtet.[139]

Leistungspflicht

Nach § 21 Abs. 2 S. 2 VVG ist der Versicherer grundsätzlich von der Leistungspflicht befreit. Der Versicherungsnehmer kann jedoch den sogenannten Kausalitätsgegenbeweis erbringen, indem er nachweist, dass der verschwiegene Umstand für den eingetretenen Schaden nicht kausal war. Gelingt ihm dieser Nachweis, muss der Versicherer trotz grober Fahrlässigkeit leisten.

139 Vgl. https://www.bundesgesundheitsministerium.de/service/begriffe-von-a-z/b/basistarif-in-der-privaten-krankenversicherung.html am 8. September 2025

Schutzrechte des Versicherungsnehmers

Gegenkündigungsrecht

Nutzt der Versicherer sein Rücktrittsrecht oder zieht er lediglich eine Änderung der Vertrags- beziehungsweise Tarifkonstellation in Betracht, steht dem Versicherungsnehmer nach § 205 Abs. 5 VVG das Recht zur Gegenkündigung zu. So kann er den Vertrag vollständig beenden, wenn ihm eine Teildeckung nicht ausreicht.

7.2.6.3.2 Grobe Fahrlässigkeit – Variante 2

In dieser Variante hätte der Versicherer den Vertrag bei Kenntnis der verschwiegenen Umstände doch abgeschlossen, allerdings zu anderen Konditionen.

Das wäre zum Beispiel der Fall, wenn aufgrund einer Vorerkrankung höhere Beiträge (durch einen erhobenen Risikozuschlag) oder bestimmte Leistungsausschlüsse (zum Beispiel keine Leistungen für Versorgung mit Hörgeräten) vereinbart worden wären.

Sanktionsmöglichkeiten

Der Versicherer kann in diesem Fall nicht zurücktreten (§ 19 Abs. 4 S. 1 VVG).

Vertragsanpassungsrecht

Der Versicherer hat das Recht den Vertrag rückwirkend zum Zeitpunkt des Vertragsschlusses anzupassen (§ 19 Abs. 4 S. 2 VVG).

Beispielsweise kann er den nicht angezeigten Gefahrumstand vom Versicherungsschutz ausschließen oder den Beitrag durch einen Risikozuschlag erhöhen.

Dies ist deutlich milder als ein kompletter Rücktritt vom Vertrag.

Leistungspflicht

Im Unterschied zur 1. Fallvariante bleibt der Versicherer hier jedoch zur Leistung verpflichtet. § 21 Abs. 2 VVG ist hier nicht anwendbar – der Versicherer kann also nicht vollständig auf Leistungserbringung verzichten. Der Versicherungsschutz bleibt während der Vertragsanpassung erhalten.

Welche Schutzrechte gibt es für den Versicherungsnehmer?

Gegenkündigungsrecht

Der Versicherungsnehmer ist nicht schutzlos: Erhöht sich die Prämie um mehr als 10 % oder schließt der Versicherer den Gefahrumstand aus, kann der Versicherungsnehmer nach § 19 Abs. 6 VVG innerhalb von einem Monat kündigen. Dies schützt ihn vor unverhältnismäßigen Vertragsänderungen.

Besonderheiten in speziellen Tarifkonstellationen:

Besonderheiten bei Pflichtversicherungen

Bei Pflichtversicherungen – wie der Krankheitskostenvollversicherung nach § 193 Abs. 3 VVG und der Pflegepflichtversicherung – sind Änderungen möglich, dürfen aber das gesetzlich vorgeschriebene Schutzniveau nach § 193 Abs. 3 VVG nicht unterschreiten.

Die Gegenkündigung des Versicherungsnehmers ist nur mit Nachweis einer lückenlosen Anschlussversicherung zulässig (§ 205 Abs. 6 VVG). Dies verhindert, dass Personen unversichert bleiben.

Besonderheiten beim Basistarif

Hier gelten besondere Schutzbestimmungen: Leistungsausschlüsse und Risikozuschläge sind grundsätzlich unzulässig.[140]

Praktische Auswirkungen – auch in der Regulierung von Leistungen in der Krankenversicherung

Diese Variante 2 zeigt den konstruktiven Umgang mit grob fahrlässigen Anzeigepflichtverletzungen: Statt den Vertrag komplett zu beenden, wird er an die tatsächlichen Risiken angepasst. Der Versicherungsnehmer behält seinen Schutz, muss aber risikoadäquate Konditionen (entweder Risikozuschlag oder Leistungsausschluss) akzeptieren oder kann bei unzumutbaren Änderungen selbst kündigen.

Wenn ein Versicherer aufgrund einer Anzeigepflichtverletzung Leistungsausschlüsse vereinbaren möchte, reicht es nicht aus, diese einfach nur zu benennen. Aus praktischen Gründen ist es ratsam, solche Ausschlüsse präzise und eindeutig zu formulieren, damit für den Versicherungsnehmer klar erkennbar ist, welche Leistungen genau nicht mehr versichert sind und auch die Leistungsregulierung einfacher vorgenommen werden kann.

Praktisches Beispiel: Anstatt zu schreiben „Ausschluss otologischer[141] Versorgungsleistungen" sollte der Ausschluss präzise lauten: „Ausgeschlossen sind alle Leistungen für Hörgeräte, deren Anpassung, Reparatur und Wartung sowie die Versorgung mit Cochlea-Implantaten einschließlich der damit verbundenen Nachsorge."

Diese Transparenz schützt Versicherungsnehmer davor, später überrascht zu werden, wenn eine Leistung abgelehnt wird. Gleichzeitig hilft es dem Versicherer, da ein klar formulierter Ausschluss auch rechtssicher anwendbar ist und Streitigkeiten vermeidet.

---

[140] Vgl. https://www.bundesgesundheitsministerium.de/service/begriffe-von-a-z/b/basistarif-in-der-privaten-krankenversicherung.html, zuletzt abgerufen am 8. September 2025.

[141] Otologisch = Ohrenheilkunde betreffender.

Versicherungsnehmer befinden sich oft in einer schwierigen Situation: Sie haben einen Fehler gemacht und müssen nun Konsequenzen tragen. Umso wichtiger ist es, dass sie zumindest genau verstehen können, was diese Konsequenzen bedeuten. Ein transparenter Leistungsausschluss gibt ihnen die Möglichkeit, eine informierte Entscheidung darüber zu treffen, ob sie die Vertragsänderung akzeptieren oder von ihrem Kündigungsrecht Gebrauch machen möchten. Obwohl das Kündigungsrecht oftmals nicht angewendet werden kann, da ein anderer Versicherer vermutlich das Risiko nicht annehmen würde.

7.2.6.4 Leichte Fahrlässigkeit

Grundsätzlich reagiert das Versicherungsrecht bei leichten, also einfach fahrlässigen, Anzeigepflichtverletzungen deutlich milder als bei Vorsatz oder grober Fahrlässigkeit.

Der leicht fahrlässig handelnde Versicherungsnehmer hat seine Pflichten zwar verletzt – aber ohne schweres Verschulden. Häufig geschieht dies aus Versehen.

Typische Konstellationen sind etwa, dass eine Frage im Antrag unbeabsichtigt übersehen wurde, ihre Tragweite nicht vollständig erkannt oder frühere Behandlungen als weniger wichtig eingeschätzt wurden. In der Praxis ist dabei auch zu prüfen, ob der Versicherer möglicherweise nachfragen hätte müssen, falls ihm die gemachten Angaben unklar oder unvollständig erschienen.

Auch hier sind zwei Varianten zu unterscheiden, je nachdem, ob der Versicherer den Vertrag bei Kenntnis der verschwiegenen Umstände abgeschlossen hätte.

7.2.6.4.1 Leichte Fahrlässigkeit – Variante 1

Zunächst betrachten wir wieder den Fall, dass der **Versicherer den Vertrag bei Kenntnis der verschwiegenen Umstände nie abgeschlossen hätte**. Ob der Vertrag tatsächlich nicht zustande gekommen wäre, hängt stets von den jeweiligen Annahmerichtlinien und der individuellen Situation ab.

Wichtig zu beachten:

Bei leicht fahrlässigen Pflichtverletzungen geht es regelmäßig zugleich nicht um schwere Erkrankungen, sondern um Situationen, in denen der Versicherungsnehmer einen Umstand aus einem nachvollziehbaren Versehen nicht angegeben hat – etwa eine kurzfristige Allergiebehandlung, eine frühere Magenschleimhautreizung oder eine vergessene ambulante Physiotherapie. Eine schwerwiegende Erkrankung wie ein Herzinfarkt, die dem Antragsteller bekannt sein muss, wird nicht mehr als leicht fahrlässig gewertet – in solchen Fällen liegt in der Regel grobe Fahrlässigkeit oder Vorsatz vor.

Sanktionsmöglichkeiten

Der Versicherer kann in diesem Fall nicht zurücktreten, weil das Verhalten des Versicherungsnehmers als nur geringfügig fahrlässig eingestuft wird.

Kündigungsrecht

Der **Versicherer kann aber nach § 19 Abs. 3 S. 2 VVG kündigen,** mit Ausnahme der substitutiven Krankenversicherung. Durch die Kündigung wird der Vertrag mit **Wirkung für die Zukunft**, also nicht rückwirkend zum Vertragsabschluss, aufgelöst. Die Kündigung muss schriftlich erfolgen und innerhalb eines Monats ab Kenntnis ausgesprochen werden.

Leistungspflicht

Alle bis zum Wirksamwerden der Kündigung entstandenen Versicherungsfälle sind weiterhin vollständig gedeckt. Der Versicherer muss also leisten, solange der Vertrag formell besteht.

Welche Schutzrechte gibt es für den Versicherungsnehmer?

Gegenkündigungsrecht (§ 205 Abs. 5 VVG)

Kündigt der Versicherer nur einzelne Teile eines Vertrags – etwa eine Zusatzversicherung (Krankentagegeld) –, kann der Versicherungsnehmer den gesamten Vertrag beenden, wenn ihm eine Teildeckung nicht genügt. Das sichert ihm die Möglichkeit, den Vertrag in seiner Gesamtheit zu beenden. Er kann den Versicherungsschutz dann alternativ, sofern möglich, bei einem anderen Versicherer platzieren.

Ausnahme „leichte Fahrlässigkeit" für Pflichtversicherungen (§ 206 Abs. 1 S. 1 VVG)

In der substitutiven Krankenvollversicherung und in der Pflegepflichtversicherung **ist eine Kündigung allerdings ausgeschlossen** (§ 206 Abs. 1 S. 1 VVG). Der Grund: Der Versicherungsschutz darf hier nicht durch Vertragskündigungen entfallen, da es sich um gesetzlich vorgeschriebene Versicherungen handelt.

Zusatzversicherungen

Bei freiwilligen Zusatzversicherungen – etwa Krankentagegeld oder Zahnzusatz – ist eine Kündigung durch den Versicherer hingegen, wie beschrieben, möglich. Rechtlich fragwürdig ist jedoch, ob der Kündigungsschutz aus der Pflichtversicherung nicht auch auf eng verbundene Zusatzbausteine erstreckt werden sollte, um den Gesamtschutz des Versicherten zu erhalten.

7.2.6.4.2 Leichte Fahrlässigkeit – Variante 2

In dieser Variante hätte der Versicherer den Vertrag **bei Kenntnis der verschwiegenen Umstände doch abgeschlossen**, allerdings zu anderen Konditionen.

Das bedeutet, dass beispielsweise ein Prämienzuschlag verlangt worden wäre oder bestimmte Leistungen ausgeschlossen worden wären.

Auch hier liegt nur ein geringfügiges Verschulden des Versicherungsnehmers vor, etwa wenn er eine frühere ambulante Behandlung oder eine medikamentöse Therapie irrtümlich für nicht relevant gehalten oder eine Frage falsch eingeschätzt hat. Dabei ist zusätzlich zu berücksichtigen, ob dem Versicherer möglicherweise selbst Anlass gegeben war, nachzufragen.

Sanktionsmöglichkeiten

Das Kündigungsrecht ist in diesem Fall ausgeschlossen (§ 19 Abs. 4 S. 1 VVG).

Vertragsanpassungsrecht

Der Versicherer hat nach § 19 Abs. 4 S. 2 VVG das Recht den Vertrag rückwirkend zum Vertragsschluss anzupassen.

In der Praxis bedeutet dies meist moderate Prämienzuschläge oder klar definierte Leistungsausschlüsse.

Leistungspflicht

Die Leistungspflicht bleibt vollständig erhalten, da § 21 Abs. 2 VVG bei einem Vertragsänderungsverlangen nicht zur Anwendung kommt. Allerdings entsteht hier ein praktischer Wertungswiderspruch: Vereinbarte Leistungsausschlüsse greifen auch dann, wenn der verschwiegene Umstand keine ursächliche Rolle für den Versicherungsfall gespielt hat.

Welche Schutzrechte gibt es für den Versicherungsnehmer?

Gegenkündigungsrecht (§ 19 Abs. 6 VVG)

Falls der Versicherer wesentliche Änderungen verlangt – etwa Leistungsausschlüsse oder eine Prämienerhöhung von mehr als 10 % –, darf der Versicherungsnehmer den gesamten Vertrag kündigen. Diese Regelung schützt ihn davor, erheblich schlechter gestellt zu werden als ursprünglich vorgesehen.

Besonderheiten

Besonderheiten bei Pflichtversicherungen

Auch bei Pflichtversicherungen (insbesondere substitutive Krankenvollversicherung und Pflegepflichtversicherung – § 193 Abs. 3 VVG, § 205 Abs. 6 VVG) sind Vertragsänderungen grundsätzlich zulässig. Allerdings dürfen diese Änderungen nicht dazu führen, dass das gesetzliche Mindestniveau des Versicherungsschutzes unterschritten wird. Eine Gegenkündigung des Versicherungsnehmers ist hier nur dann möglich, wenn er eine lückenlose Anschlussversicherung nachweisen kann. Damit wird verhindert, dass der Versicherungsnehmer in eine unversicherte Situation gerät.

Obwohl Vertragsänderungen bei der substitutiven Krankenvollversicherung zulässig sind, muss besonders sorgfältig geprüft werden, ob der Umfang der nachträglichen Änderungen nicht gegen das gesetzliche Schutzniveau verstößt.

Es greift der allgemeine Kündigungsschutz aus § 206 Abs. 1 S. 1 VVG.

Besonderheiten beim Basistarif

Im Basistarif gelten besonders strenge Schutzregeln. Vertragsänderungen, die zu Leistungsausschlüssen und Risikozuschlägen führen, sind nicht zulässig[142], da das Leistungsniveau des Basistarifs zwingend gesetzlich garantiert ist (siehe unter anderem auch § 152 VAG).

Praktische Auswirkungen – insbesondere für die Leistungsregulierung

Auch diese Variante der leichtfahrlässigen Anzeigepflichtverletzung verdeutlicht die differenzierte Haltung des Versicherungsrechts: Statt drastischer Maßnahmen wie Vertragskündigung oder Rücktritt, liegt der Fokus auf einer maßvollen Anpassung der Konditionen an das tatsächliche Risiko.

7.2.6.5 Ohne eigenes Verschulden

Eine unverschuldete vorvertragliche Anzeigepflichtverletzung bleibt im Bereich der Krankenversicherung sanktionslos.

Denn hat der Versicherungsnehmer die Anzeigepflichtverletzung nicht zu vertreten, also weder vorsätzlich noch fahrlässig gehandelt (§ 276 Abs. 1 S. 1 BGB), kommt auch eine Vertragsanpassung nach § 19 Abs. 4 VVG nicht in Betracht. Das ist in § 194 Abs. 1 S. 3 VVG geregelt.

7.2.6.6 Fristen für die Sanktionsmöglichkeiten des Versicherers in der Krankenvollversicherung

Der Versicherer muss den Rücktritt, die Kündigung oder Vertragsanpassung innerhalb eines Monats nach seiner Kenntnis von der Verletzung schriftlich geltend machen.

Diese Gestaltungsrechte sind bei der Krankenversicherung innerhalb von drei Jahren nach Vertragsabschluss geltend zu machen (§ 194 Abs. 1 S. 4 VVG, abweichend zu § 21 Abs. 3 VVG). Bei Vorsatz oder Arglist verlängert sich diese Verjährungsfrist auf zehn Jahre (§ 21 Abs. 3 VVG, bei Arglist auch nach § 124 Abs. 3 BGB).

Die Anfechtung wegen arglistiger Täuschung muss innerhalb eines Jahres nach Kenntnis der Umstände geltend gemacht werden (§ 124 BGB).

---

[142] Vgl. https://www.bundesgesundheitsministerium.de/service/begriffe-von-a-z/b/basistarif-in-der-privaten-krankenversicherung.html, zuletzt abgerufen am 8. September 2025.

7.2.7 Einschränkung der Leistungspflicht

In den Allgemeinen Versicherungsbedingungen gibt es Einschränkungen der Leistungspflicht. Das bedeutet, dass gewisse Ereignisse keine Leistungspflicht und damit keine tarifliche Erstattung auslösen. Diese Regelung findet sich in § 5 der AVB für Krankheitskosten- und Krankenhaustagegeldversicherung.

So besteht unter anderem **keine Leistungspflicht**:

- bei Krankheiten und deren Folgen, Unfällen und deren Folgen sowie Todesfällen, die durch Kriegsereignisse verursacht wurden oder als Wehrdienstbeschädigung anerkannt sind, sofern sie nicht ausdrücklich in den Versicherungsschutz eingeschlossen wurden,
- bei vorsätzlich herbeigeführten Krankheiten und Unfällen einschließlich deren Folgen,
- bei Entziehungsmaßnahmen, einschließlich Entziehungskuren,
- für Behandlungen durch Ärzte, Zahnärzte, Heilpraktiker oder Krankenanstalten, deren Rechnungen der Versicherer aus wichtigem Grund von der Erstattung ausgeschlossen hat – vorausgesetzt, der Versicherungsfall tritt nach der entsprechenden Mitteilung ein. Ist zum Zeitpunkt der Mitteilung ein Versicherungsfall bereits anhängig, besteht keine Leistungspflicht mehr für Aufwendungen, die nach Ablauf von drei Monaten entstehen,
- für Kur- und Sanatoriumsbehandlungen sowie Rehabilitationsmaßnahmen der gesetzlichen Rehabilitationsträger, sofern der Tarif nichts Abweichendes regelt,
- für ambulante Heilbehandlungen in einem Heilbad oder Kurort. Eine Ausnahme gilt, wenn die versicherte Person dort ihren Wohnsitz hat oder die Behandlung wegen einer während des Aufenthalts akut aufgetretenen Erkrankung oder eines Unfalls erforderlich wird,
- für Behandlungen durch Ehegatten, Lebenspartner gemäß Lebenspartnerschaftsgesetz (in der bis zum 22. Dezember 2018 geltenden Fassung), Eltern oder Kinder. Nachgewiesene Sachkosten werden jedoch tarifgemäß erstattet,
- für Unterbringungen, die allein durch Pflegebedürftigkeit oder Verwahrung bedingt sind.

7.2.8 Auszahlung der Versicherungsleistungen

In den Allgemeinen Versicherungsbedingungen (§ 6 MB/KK) ist ferner bestimmt, dass der Versicherer zur Leistung nur verpflichtet ist, wenn alle erforderlichen Nachweise erbracht wurden und diese dem Versicherer vorliegen. Die Prüfung der Leistungspflicht und mögliche Erstattung erfolgt standardmäßig nach Vorlage der Rechnungsbelege durch den Kunden. Auch eine telefonische Information über Höhe, Umfang und Art der Behandlung ist möglich. Werden beispielsweise Hilfsmittel bezogen, so wird neben der Rechnung des Sanitätshauses eine Verordnung vom Arzt benötigt, damit die Leistungspflicht geprüft und eine Leistung erbracht werden kann. Jeder Versicherer ist jedoch frei und kann auf die Vorlage einzelner Nachweise verzichten.

In Verbindung mit § 9 der MB/KK (Obliegenheiten) kann der Versicherer erweiterte Auskünfte verlangen vom Versicherten oder der versicherten Person, wenn die Prüfung der Leistungspflicht auf Grundlage der vorliegenden Unterlagen nicht erfolgen kann. Kommt der Versicherungsnehmer oder die versicherte Person dieser Obliegenheit nicht nach, kann der private Krankenversicherer nach § 10 der MB/KK leistungsfrei sein.

Werden Rechnungen in Fremdwährung eingereicht, so wird der aktuelle Tageskurs angesetzt, der zum Eingangstag bei der PKV bestand.

7.3 Der Versicherungsfall in der Unfallversicherung

Im Bereich der Unfallversicherung kann es sehr unterschiedlich gelagerte Leistungsfälle geben. Die Schadenbearbeitung kann recht einfach sein, wenn die versicherte Person unfallbedingt im Krankenhaus war und nur Kranhaustagegeld auszuzahlen ist. Mitunter ist die Leistungsbearbeitung jedoch sehr aufwendig, komplex und kann sich über mehrere Jahre hinziehen.

7.3.1 Formelle Leistungsprüfung in der Unfallversicherung

Um eine effiziente Schadenbearbeitung zu gewährleisten, erfolgt zunächst eine Prüfung, ob für die geschädigte Person zum Zeitpunkt des Unfalls ein Vertrag bestand, ob der Anspruchsteller zum Erhalt einer Leistung berechtigt ist und ob der Vertrag bezahlt ist. Sollte dies nicht der Fall sein, besteht für den Versicherer keine Leistungspflicht und eine vertiefte Prüfung ist nicht erforderlich. Dies nennt man auch formelle Prüfung (§ 179 VVG).

Darüber hinaus sollte sichergestellt sein, dass alle erforderlichen Dokumente und Informationen vorliegen, um die Berechtigung des Leistungsanspruchs zu überprüfen. Dieser Schritt ist entscheidend, um zu bestimmen, ob der Versicherer in die materielle Leistungsprüfung übergehen kann. Die wichtigsten Elemente der formellen Leistungsprüfung umfassen:

- **Unfallmeldung:** Nach einem Unfall ist der Versicherungsnehmer verpflichtet, den Unfall innerhalb von 24 Monaten zu melden. Die Unfallmeldung sollte eine detaillierte Beschreibung des Unfallhergangs, der beteiligten Personen sowie der erlittenen Verletzungen enthalten. Diese Angaben sind entscheidend, um die Umstände des Unfalls nachzuvollziehen und die Voraussetzung für den Versicherungsschutz zu prüfen.
- **Fristwahrung:** Für die Invalidität, die schriftliche Bescheinigung und die Geltendmachung bei der Versicherung gelten Fristen (in Proximus AUB 2022 Ziffer 2.1.1.2 sind für alle drei Anforderungen 24 Monate festgeschrieben). Andernfalls erfolgt keine Leistung. Unfalltod: Führt der Unfall zum Tod der versicherten Person, so ist dies innerhalb von 48 Stunden zu melden.
- **Ärztliche Atteste:** Diese dienen dazu, den Gesundheitszustand des Versicherten zu dokumentieren. Ärztliche Atteste müssen die Art und Schwere der Verletzungen, den Heilungsverlauf sowie mögliche langfristige Beeinträchtigungen beschreiben. Sie sind von zentraler Bedeutung in der formellen Prüfung, da sie Aufschluss darüber geben, ob die Verletzungen tatsächlich durch den Unfall verursacht wurden und in welchem Umfang der Versicherer zur Leistung verpflichtet ist.
- **Polizeiberichte:** In Fällen, in denen der Unfall von der Polizei aufgenommen wurde, ist der Polizeibericht ein wichtiges Dokument, das den Unfallhergang objektiv und unabhängig darstellt. Dieser Bericht kann dazu beitragen, strittige Punkte zu klären und den Unfallhergang zu bestätigen.
- **Weitere Nachweise:** In komplexeren Fällen können zusätzliche Belege wie Gutachten von Sachverständigen, Berichte über durchgeführte Rehabilitationsmaßnahmen oder andere relevante Dokumente erforderlich sein. Diese Nachweise sind besonders wichtig, wenn der Unfallhergang oder die Unfallfolgen nicht eindeutig sind oder Zweifel an der Kausalität zwischen Unfall und Verletzung bestehen.

7.3.2 Gesetzliche und vertragliche Obliegenheiten (vorvertragliche Anzeigepflicht)

Obliegenheiten sind spezielle Pflichten, die der Versicherte erfüllen muss, um den Versicherungsschutz aufrechtzuerhalten und den Leistungsanspruch sicherzustellen. Diese Pflichten sind sowohl vertraglich als auch gesetzlich geregelt und betreffen sowohl die Zeit vor Abschluss des Versicherungsvertrags als auch die Zeit nach Eintritt eines Versicherungsfalls.

- **Arztbesuch und Befolgung der Anordnungen:** Nach einem Unfall muss der Versicherte unverzüglich einen Arzt konsultieren und dessen Anweisungen befolgen, um den Heilungsverlauf zu sichern und spätere Komplikationen zu vermeiden (AUB 2022, 7.1).

- **Wahrheitsgemäße Auskunftspflicht:** Alle Informationen, die vom Versicherer angefordert werden, müssen unverzüglich und wahrheitsgemäß zur Verfügung gestellt werden (AUB 2022, 7.2). Diese Obliegenheit ist von zentraler Bedeutung, da falsche oder unvollständige Angaben die Prüfung des Leistungsanspruchs erheblich erschweren oder gar unmöglich machen können.
- **Wahrheitsgemäße und vollständige Angaben:** Der Versicherte muss sämtliche Informationen, die der Versicherer anfordert, unverzüglich, vollständig und wahrheitsgemäß zur Verfügung stellen (AUB 2022, Ziffer 7.2). Unvollständige oder falsche Angaben können den Leistungsanspruch gefährden und zu einer Ablehnung der Leistungen führen.
- **Mitwirkung bei medizinischen Untersuchungen:** Der Versicherer kann verlangen, dass sich der Versicherte von einem beauftragten Arzt untersuchen lässt, um die Leistungspflicht zu überprüfen (AUB 2022, 7.3). Der Versicherte ist verpflichtet, dieser Anforderung nachzukommen. Der Versicherer trägt die Kosten für die Untersuchung sowie einen möglichen Verdienstausfall des Versicherten.
- **Erlaubnis zur Informationsbeschaffung:** Der Versicherte muss es dem Versicherer ermöglichen, notwendige Informationen von Ärzten, Versicherern, Versicherungsträgern und Behörden einzuholen, die für die Prüfung der Leistungspflicht relevant sind (AUB 2022, 7.4). Diese Regelung stellt sicher, dass alle relevanten Informationen zur Verfügung stehen, um eine faire und fundierte Entscheidung über den Leistungsanspruch zu treffen.
- **Meldung im Todesfall:** Sollte der Unfall zum Tod des Versicherten führen, muss dies dem Versicherer innerhalb von 48 Stunden gemeldet werden, damit der Versicherer gegebenenfalls. eine Obduktion durch einen beauftragten Arzt veranlassen kann, um die Todesursache und die Leistungspflicht zu klären (AUB 2022, 7.5). Diese Maßnahme ist besonders wichtig, um sicherzustellen, dass die Todesursache im Zusammenhang mit dem Unfall steht und der Versicherer seine Leistungspflicht korrekt erfüllen kann.

Konsequenzen bei Obliegenheitsverletzung

Die Nichteinhaltung der Obliegenheiten kann schwerwiegende Folgen für den Versicherten haben:

- **Verlust des Versicherungsschutzes:** Bei vorsätzlicher Verletzung einer Obliegenheit verliert der Versicherte seinen Versicherungsschutz (AUB 2022, 8). Dies bedeutet, dass der Versicherer keine Leistungen erbringen muss, selbst wenn der Versicherungsfall eintritt. Diese Regelung ist besonders streng, da sie sicherstellen soll, dass der Versicherte seine Pflichten ernst nimmt und aktiv an der Schadensbearbeitung mitwirkt.

- **Leistungskürzung bei grober Fahrlässigkeit:** Wenn der Versicherte eine Obliegenheit grob fahrlässig verletzt, kann der Versicherer die Leistung im Verhältnis zur Schwere des Verschuldens kürzen. Diese Kürzung ist jedoch nur zulässig, wenn der Versicherer den Versicherten zuvor schriftlich auf diese Rechtsfolgen hingewiesen hat (AUB 2022, 8). Dies dient als Schutzmechanismus für den Versicherten, der über die Konsequenzen seines Handelns informiert sein muss.

7.3.3 Materielle Leistungsprüfung in der Unfallversicherung

Nach der formellen Prüfung folgt die materielle Leistungsprüfung, bei der der Unfallhergang und die daraus resultierenden Schäden detailliert untersucht werden. Diese Prüfung ist entscheidend, um festzustellen, ob und in welchem Umfang der Versicherer zur Leistung verpflichtet ist. Wesentliche Schritte umfassen:

Deckungsumfang: Liegt ein versicherter Unfall im Sinne der Bedingungen vor?

1. **Unfallbegriff § 178 Abs. 2 VVG:** Handelt es sich um ein plötzlich von außen auf den Körper einwirkendes Ereignis, das zu einer Gesundheitsschädigung führt?
2. **Erweiterter Unfallbegriff beziehungsweise Unfall-Fiktion:** Inklusion von spezifischen Fällen laut der Versicherungsbedingungen (einem Unfall gleichgestellte Ereignisse). In Proximus (AUB 2022) sind dies insbesondere:
   - 1.4.1 erhöhte Kraftanstrengung
   - 1.4.2 Oberschenkelhalsbruch
   - 1.4.3 Zeckenstiche
   - 1.4.4 Impfschäden
   - 1.4.5 Rettung von Menschenleben
   - 1.4.6 Tauchen
   - 1.4.7 Erfrieren, Ertrinken oder Ersticken
   - 1.4.8 Dämpfe, Gase oder sonstige schädliche Mittel
3. **Kausalität** (auch „Ursache-Wirkungs-Prinzip" genannt)

   Ist der Unfall der ursächliche Grund der Gesundheitsschädigung?

   Ein Unfall lässt sich in zwei Phasen einteilen:

   Die erste Phase ist die Ursache, die zweite Phase ist die Wirkung. Unter Ursache ist jede Bedingung zu verstehen, die nicht weggedacht werden kann, ohne dass damit ein bestimmter Erfolg wegfallen würde.

Merke

Nur wenn ein kausaler Zusammenhang zwischen dem Unfall und den Verletzungen besteht, ist der Versicherer zur Zahlung verpflichtet.

■ BEISPIEL

Ein Unfall wird durch einen Schlaganfall oder Herzinfarkt beziehungsweise eine andere Bewusstseinsstörung ausgelöst. Zwar liegt ein Unfall vor, aber die Ursache hierfür war die ein körperinnerer Vorgang. Und somit keine plötzlich von außen auf den Körper einwirkendes Ereignis. Ohne die Bewusstseinsstörung, wäre der Unfall nicht eingetreten (Kausalität). ■

4. **Ausschlüsse** (in Proximus AUB 2022):

4.1 Pflegebedürftige mit einem Pflegegrad 4 oder höher

- 5.1.1 Unfälle durch Bewusstseinsstörungen, zum Beispiel durch:
  - Schlaganfälle
  - epileptische oder andere Krampfanfälle
  - gesundheitliche Beeinträchtigungen
  - Einnahme von Medikamenten
  - Konsum von Alkohol (unwiderlegbar ab bestimmten Promillegrenzen), Drogen oder sonstigen Mitteln
- 5.1.2 Unfälle bei vorsätzlicher Straftat
- 5.1.3 Unfälle durch Kriegs- oder Bürgerkriegsereignisse (Ausnahme: Überraschend während Auslandsreise), Ausschluss bei:
  - Reisen in Länder mit bestehendem Krieg
  - Aktiver Teilnahme am Krieg
  - Unfällen durch atomare, biologische oder chemische Waffen
- 5.1.4 Unfälle bei Nutzung von Luftfahrzeugen als:
  - Führer eines Luftfahrzeugs oder Luftsportgeräts
  - Besatzungsmitglied eines Luftfahrzeugs
  - Ausübung beruflicher Tätigkeiten mit Luftfahrzeugen
- 5.1.5 Unfälle bei Teilnahme an Rennen mit Motorfahrzeugen
- 5.1.6 Unfälle durch Kernenergie
- 5.2.1 Schäden an Bandscheiben, Blutungen aus inneren Organen und Gehirnblutungen (Ausnahme: überwiegende Unfallursache)
- 5.2.2 Gesundheitsschäden durch Strahlen (zum Beispiel bei regelmäßiger Handhabung von Röntgen- und Laserapparaten)

- 5.2.3 Gesundheitsschäden durch Heilmaßnahmen oder Eingriffe (Ausnahme: unfallbedingte Maßnahmen)
- 5.2.4 Infektionen, Ausnahme: Infektionen durch:
  - Tollwut oder Wundstarrkrampf
  - Unfallverletzungen
  - unfallbedingte Heilmaßnahmen
- 5.2.5 Vergiftungen durch Einnahme fester oder flüssiger Stoffe, Ausnahme: Kinder unter 10 Jahren (außer durch Nahrungsmittel)
- 5.2.6 krankhafte Störungen durch psychische Reaktionen (auch durch Unfälle verursacht)
- 5.2.7 Bauch- oder Unterleibsbrüche (Ausnahme: Durch gewaltsame Einwirkung von außen verursacht und versichert)

1. Leistungshöhe: Wie hoch ist die zu leistende Zahlung?

Die Höhe der Leistung ist abhängig von den abgeschlossenen Versicherungsleistungen und den vereinbarten Versicherungssummen, sowie eventuellen leistungsmindernden Umständen.

- **Die Invaliditätsleistung:** Die Leistungsarten Grundsumme, Progression/Mehrleistung sowie die Unfallrente sind abhängig vom Grad der Invalidität. Dieser bemisst sich üblicherweise anhand der Gliedertaxe (siehe Proximus 2.1.2.2.1). Es gibt jedoch auch Körperteile und Organe, die nicht in der Gliedertaxe aufgeführt sind. Hierfür gilt folgendes: Der Invaliditätsgrad wird nach dem Umfang der **Beeinträchtigung der normalen körperlichen oder geistigen Leistungsfähigkeit** insgesamt bestimmt, wobei die Bemessung **ausschließlich nach medizinischen Kriterien** im Vergleich zu einer durchschnittlichen Person gleichen Alters und Geschlechts erfolgt.

■ BERECHNUNGSBEISPIEL:

Invaliditätsgrad gemäß Gliedertaxe (100 %) x Grundsumme (100.000 €) mit Progressionsstaffel (350 %)

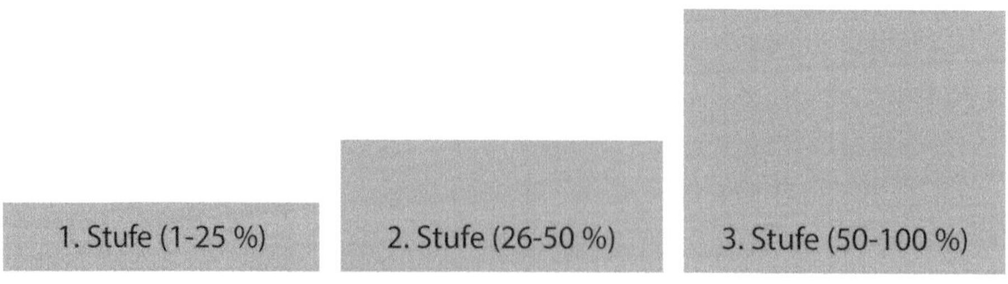

→ 1. Stufe für den Teil: 1–25 % = 25 % +

→ 2. Stufe für den Teil: 26–50 % = (25 x 3) = 75 % +

→ 3. Stufe für den Teil: 51–100 % = (50 x 5) = 250 %

→ Berechnung der Gesamtinvalidität: 25 % + 75 % + 250 % = 350 %

→ Multiplikation mit der Grundsumme: 350 % x 100.000 € = **350.000 €** ■

Bei Teilverlust beziehungsweise teilweiser Gebrauchsunfähigkeit (siehe Proximus AUB 2022 Ziffer 2.1.2.2.1): „Bei Teilverlust oder teilweiser Funktionsbeeinträchtigung gilt der entsprechende Teil der genannten Invaliditätsgrade.

■ BEISPIEL

Ist ein Arm vollständig funktionsunfähig, ergibt das einen Invaliditätsgrad von 70 %. Ist er um ein Zehntel in seiner Funktion beeinträchtigt, ergibt das einen Invaliditätsgrad von 7 % (= ein Zehntel von 70 %). ■

1. **Leistungsminderung bei Minderung bei Vorinvalidität:**

   Vorinvalidität liegt vor, wenn betroffene Körperteile oder Sinnesorgane bereits vor dem Unfall dauerhaft beeinträchtigt waren. Der **Invaliditätsgrad** wird dann um die Vorinvalidität gemindert.

■ BEISPIEL

Ist ein Arm vollständig funktionsunfähig (70 % Invaliditätsgrad) und war er bereits vor dem Unfall zu 10 % beeinträchtigt, wird die Vorinvalidität (7 %) abgezogen, sodass der neue Invaliditätsgrad 63 % beträgt. ■

2. **Mitwirkungsklausel:**

   Krankheiten oder Gebrechen können die Unfallfolgen beeinflussen und zu einer Leistungsminderung führen. Die Regelungen in Proximus AUB 2002 lauten wie folgt:

   - (3.2.1) Bei Invaliditätsleistung und Unfallrente wird der Invaliditätsgrad entsprechend dem Mitwirkungsanteil verringert.
   - (3.2.2) Keine Minderung erfolgt, wenn der Mitwirkungsanteil weniger als 25 % beträgt.
   - Bei Todesfallleistung und anderen Leistungen (soweit nicht anders bestimmt) wird die Leistung entsprechend gemindert.

■ BERECHNUNGSBEISPIEL MITWIRKUNG:

Wegen einer unfallbedingten Oberschenkelhalsfraktur erleidet der VN einen bleibenden Schäden mit einem erheblichen Dauerschaden des Bewegungsapparates. Hierfür ist auch die während der Behandlung diagnostizierte Osteoporose mitverantwortlich.

- Grundsumme: 100.000 €
- Progression: 225 %
- (≤ 25 % = einfach, > 25 % aber ≤ 50 % = zweifach, > 50 % = dreifach)

- Mitwirkungsklausel gemäß Proximus AUB 2022 Ziffer 3.2 „ab 25 %"
- Invaliditätsgrad laut Gutachten 40 %
- Mitwirkungsanteil Osteoporose 90 %

Berechnung: Invalidität laut Gutachten 40 %:

- hiervon entfallen jedoch 90 % auf die mitwirkende Osteoporose
- 90 % von 40 % werden gekürzt (40 % x 90 % = 36 %)
- Von 40 % Invalidität werden also 36 % abgezogen (40 % – 36 %)
- *Alternative Berechnung: 40 % x 10 % – da 10 % übrig bleiben.*
- Übrig bleiben **4 % Invalidität** ■

Berechnungsschritte der Invalidität zusammengefasst:

Jedes betroffene Körperteil/Sinnesorgan sollte einzeln berechnet werden. Denn es kann sein, dass bei einem Körperteil oder Sinnesorgan eine Vorinvalidität oder Mitwirkung abgezogen werden muss und bei einem anderen nicht.

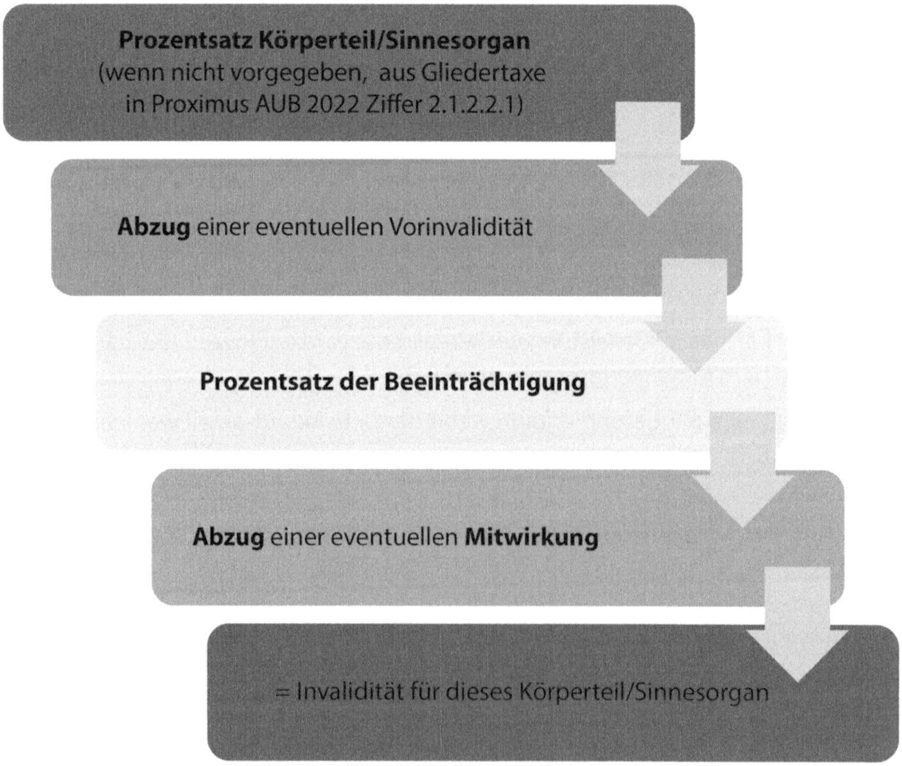

Abbildung 7.5: Prozess der Leistungsminderung für ein Körperteil/Sinnesorgan

Im Anschluss werden dann alle betroffenen Körperbereiche addiert, um die Gesamtinvalidität zu erhalten.

■ BEISPIEL: GESAMTBERECHNUNG

Körperbereich 1 (rechter Arm):

- Arm unterhalb Ellenbogengelenk (60 %) Somit wären 60 % Invalidität das Maximum was man *ohne Kürzungen* erhalten könnte.
- Von den 60 % müssen aber 50% Vorinvalidität abgezogen werden. Wichtig: Gerechnet wird nicht 60 % - 50 %, sondern: 50 % (die Hälfte) von 60 % werden gekürzt. Demnach bleibt die andere Hälfte der 60 % übrig. Die Rechnung lautet daher: 60 % x 50 % (bzw. 60 % x 0,5) = 30 %. Folglich sind nun 30 % das neue Maximum nach Abzug der Vorinvalidität.
- Doch der verbleibende Teil des Armes ist nicht zu 100 % eingeschränkt, sondern nur zu 80 %. Somit berechnen wir 80 % Schädigung von den 30 %: 30 % x 80 % (bzw. 0,8) = 24 %. Folglich sind nun 24 % das neue Maximum.
- Zuletzt wird noch die Mitwirkung abgezogen. Von den noch übrigen 24 % entfallen 25 % auf eine Erkrankung. Somit müssen von der Invalidität nun noch 25 % Mitwirkung abgezogen werden. Folglich bleiben 75 % von 24 % übrig: 24 % x 75 % (bzw. 0,75) = 18 % Invalidität

\+

Körperbereich 2 (linkes Bein):

Bei dem Unfall wurde auch das Kreuzband verletzt. Es liegt keine Vorschädigung oder Mitwirkung vor. Laut ärztlichem Gutachten beträgt die Verletzung hierfür 10 % Invalidität

\+

Körperbereich 3 (rechtes Bein):

Zudem wurde auch das Bein über der Mitte des Oberschenkels (70 %) zu 100 % beschädigt.
Auch hierfür hat keine Vorinvalidität und keine Vorerkrankung vorgelegen.
Somit ergeben sich: 70 % Invalidität

=

Gesamtrechnung:

Körperbereich 1 (18 %) + Körperbereich 2 (10 %) + Körperbereich 3 (70 %)
= 98 % Gesamtinvalidität

Abbildung 7.6: Ablauf einer Invaliditätsberechnung

■

Nun, da wir die Gesamtinvalidität wissen, können wir die Auszahlungssumme berechnen. Dazu gehen wir in Schritten vor!

■ **RECHENBEISPIEL:**

Grundsumme 200.000 € und 225 % Progression:

Wir haben 98 % (Guthaben), die wir ausgeben können:

- 25 % davon müssen wir in Stufe 1,
- 25 % in Stufe 2,
- und die restlichen 48 % in Stufe 3 einzahlen

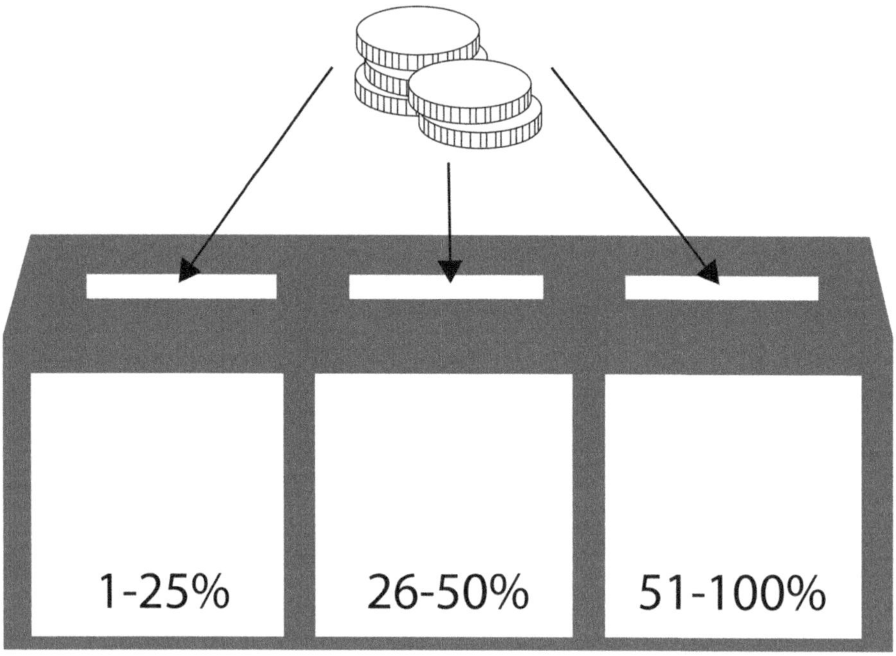

Abbildung 7.7: Verteilung der Invalidität in Stufen

1. Schritt: Für den Teil 1–25 % Invalidität greift die einfache Leistung

   → 1–25 % = 25 % x 1 = **25 %**

2. Schritt: Für den Teil 26-50 % Invalidität greift die 2-fache Leistung

   → 26–50 % = 25 % x 2 = **50 %**

3. Schritt: Für den Teil 51-98 % Invalidität greift die 3-fache Leistung

   → 51–98 % = 48 % x 3 = **144 %**

4. Schritt: Nun rechnen wir die Ergebnisse aus Schritt 1, 2 und 3 zusammen

   25 % (Schritt 1) + 50 % (Schritt 2) + 144 % (Schritt 3) = **219 %**

5. Schritt: Die Grundsumme wird mit dem errechneten Prozentsatz von 219 % multipliziert:

   200.000 € x 219 % = **438.000 €** ■

3. **Neubemessung des Invaliditätsgrads:** Ändert sich der Gesundheitszustand nach dem Unfall, kann von beiden Seiten, innerhalb des festgelegten Zeitraums gefordert werden (in Proximus AUB 2022 innerhalb von drei Jahren nach dem Unfall, bei Kindern bis 14 Jahre innerhalb von fünf Jahren), die Invalidität neu zu bemessen.

Berechnungsgrundlage der weiteren Leistungsarten:

Nicht jede Leistungsart bezieht sich auf den Invaliditätsgrad. Stattdessen wird auf unterschiedliche Grundlagen Bezug genommen:

- **Krankenhaustagegeld:** Berechnung auf Basis der Tage, die unfallbedingt im Krankenhaus verbracht wurden, maximal drei Jahre, oder sieben Tage bei ambulanten chirurgischen Operationen.
- **Soforthilfe:** Berechnung aus der Versicherungssumme und festgelegten Prozentsätzen, **maximal 100 %**, mehrere Verletzungen an einem Körperteil gelten als eine Verletzung.
- **Unfalltagegeld:** Abhängig von der Beeinträchtigung der Arbeitsfähigkeit und der vereinbarten Versicherungssumme, gestaffelt nach dem Grad der Beeinträchtigung, **maximal ein Jahr**.
- **Todesfallleistung:** Auszahlung der Versicherungssumme, wenn die versicherte Person innerhalb eines Jahres nach dem Unfall stirbt.
- **Kosmetische Operationen:** Kostenübernahme (nach Abschluss der Heilbehandlung) bei unfallbedingter Beeinträchtigung des äußeren Erscheinungsbilds, begrenzt auf die Versicherungssumme.
- **Such-, Bergungs- oder Rettungseinsätze:** Ersatz der nachgewiesenen Kosten bis zu 25.000 € pro Unfall.
- **Hilfs- und Pflegeleistungen:** Leistungen bei unfallbedingter Hilfsbedürftigkeit in Höhe des individuellen Bedarfs an Hilfs- und Pflegeleistungen aus Art und Umfang der Hilfsbedürftigkeit.

7.3.4 Einfluss richterlicher Entscheidungen auf formelle und materielle Leistung

Richterliche Entscheidungen setzen wesentliche Rahmenbedingungen für die Anwendung des Rechts. Dies ist besonders wichtig, da Gesetze häufig unbestimmte Rechtsbegriffe verwenden, deren genaue Bedeutung durch die Rechtsprechung konkretisiert werden muss. Beispielsweise ist die Definition eines Unfalls im engeren Sinne oft erst durch Gerichtsentscheidungen eindeutig festgelegt.

■ AM BEISPIEL

§ 178 Abs. 2 S. 1 VVG: „Ein Unfall liegt vor, wenn die versicherte Person durch ein plötzlich von außen auf ihren Körper wirkendes Ereignis unfreiwillig eine Gesundheitsschädigung erleidet."

Das Gesetz liefert keine genaue Definition der Begriffe „plötzlich", „von außen" oder „Ereignis", was in der Praxis zu Abgrenzungsschwierigkeiten führen kann. ■

Was zählt nicht als „Ereignis"?

Geringfügige Verletzungen zählen nicht als Ereignis:

■ BEISPIEL

Ein Insektenstich: Versicherungsschutz in der Unfallversicherung besteht nur, wenn Krankheitserreger durch eine nicht geringfügige Verletzung in den Körper gelangen. Das Landgericht Dortmund (Az. 2 O 459/12) entschied, dass selbst bei einer schweren Infektion, die zu einer Amputation führte, kein Anspruch auf Leistungen bestand, weil die ursprüngliche Wunde als geringfügig eingestuft wurde. ■

Was bedeutet „von außen"?

■ BEISPIEL

Der BGH entschied am 6. Dezember 2017 (Az. IV ZR 23/16), dass „äußere Einwirkung" in der privaten Unfallversicherung bedeutet, dass der Schadensfall durch eine äußere Ursache, wie etwa einen physischen Stoß, ausgelöst werden muss. Eine innere Ursache, wie eine Krankheit, reicht nicht aus. ■

■BEISPIEL

Unfälle durch Eigenbewegungen: Solche Unfälle sind nicht durch die Unfallversicherung abgedeckt (Kammergericht Berlin, Urteil aus dem Jahr 2014 – Az. 6 U 54/14). ■

Was versteht man unter „auf den Körper"?

■ BEISPIEL

Das OLG Hamm urteilte am 16. Juni 2009 (Az. 20 U 133/08), dass die Einwirkung auf den Körper im physischen Sinne zu verstehen ist. Ein Unfall muss zu einer physischen Verletzung oder Beeinträchtigung führen, um unter den Versicherungsschutz zu fallen. ■

Was ist eine „Gesundheitsschädigung"?

■ BEISPIEL

Der BGH entschied am 23. Januar 2008 (Az.: IV ZR 47/07), dass der Begriff der „Gesundheitsschädigung" weit auszulegen ist. Es genügt, wenn der Unfall eine Verschlimmerung eines bestehenden Gesundheitszustands verursacht. ■

Richterliche Entscheidungen haben zudem erheblichen Einfluss auf die Auslegung und Anwendung der Allgemeinen Unfallversicherungsbedingungen (AUB) und die Bewertung von Leistungsansprüchen. Diese Entscheidungen prägen die Praxis der Versicherer und führen häufig zu Anpassungen der Prüfverfahren.

- **Alkoholbedingter Unfall:** Trotz einer Blutalkoholkonzentration von 1,05 Promille kann ein Versicherungsnehmer Anspruch auf Leistungen haben (OLG Hamm, Urteil vom 18.12.2019 – Az. 20 U 97/19).
- **Mitwirkung an der Schadensaufklärung:** Der Versicherer bleibt unter bestimmten Umständen leistungspflichtig, auch wenn der Versicherte nicht an der Schadensaufklärung mitwirkt (BGH, Urteil vom 11.5.2005 – Az. IV ZR 44/04).
- **Fristablauf zur ärztlichen Feststellung der Invalidität:** Kein Anspruch auf Leistungen, wenn die Frist zur ärztlichen Invaliditätsfeststellung von 24 Monaten verpasst wurde, sofern der Versicherer seine Hinweispflicht erfüllt hat (OLG Saarbrücken, Urteil vom 18.10.2023 – Az. 5 U 41/23).
- **Mitwirkung von Gebrechen:** Altersentsprechende Verschleißerscheinungen gelten nicht als Gebrechen, was die Beweislast beim Versicherer belässt (OLG Hamm, Urteil vom 14.3.2018 – Az. 20 U 172/17).
- **Bemessung des Invaliditätsgrads bei Mehrfachverletzungen:** Ein einheitlicher Invaliditätsgrad muss festgelegt werden; eine Addition der Beeinträchtigungen ist unzulässig (OLG Hamm, Urteil vom 23.1.2019 – Az. 20 U 146/18).
- **Leistungsausschluss bei Bewusstseinsstörungen:** Unfälle durch Geistes- oder Bewusstseinsstörungen sind vom Versicherungsschutz ausgeschlossen (OLG München, Urteil vom 13.3.2019 – Az. 10 U 2134/18).
- **Einholung eines Gutachtens**: Ein Antrag auf ein Sachverständigengutachten muss gewährt werden, um das rechtliche Gehör zu wahren (OLG Nürnberg, Urteil aus dem Jahr 2021 – Az. 8 U 1139/21).
- **Individuelle Bewertung des Invaliditätsgrads**: Die Bemessung sollte individuell und nicht pauschal erfolgen, basierend auf den tatsächlichen Beeinträchtigungen (LG Krefeld, Urteil aus dem Jahr 2021 – Az. 2 O 170/19).
- **Kausalität von Blutverdünnern:** Die Schädigung durch einen Sturz in Verbindung mit Blutverdünnern kann die Leistungspflicht des Versicherers ausschließen (OLG Koblenz, Urteil vom 16.3.2007 – Az. 10 U 1238/05).
- **Suizidversuch und Unfallversicherung:** Bei Suizidversuchen muss die Versicherung nachweisen, dass es sich um ein freiwilliges Ereignis handelt, um von der Leistungspflicht befreit zu sein (LG Wiesbaden, Beschluss vom 30.4.2010 – Az. 7 O 215/09)
- **Sportliche Tätigkeit nach Unfall:** Fortgesetzte sportliche Aktivität nach einem Unfall kann die Geltendmachung weiterer Langzeitschäden verhindern (OLG Frankfurt, Beschluss vom 26.7.2006 – Az. 7 U 222/05).
- **Fristversäumnis bei Invaliditätsrente:** Wird die Frist zur Feststellung der Invalidität versäumt, entfällt der Anspruch auf Invaliditätsrente (OLG Frankfurt, Beschluss vom 8.5.2003 – Az. 3 U 136/02).

- Bewertung des Invaliditätsgrads bei Versteifung: Ein steifes Schultergelenk wird nicht mit einem Armverlust gleichgesetzt; die Leistung erfolgt nach dem tatsächlichen Invaliditätsgrad (OLG Frankfurt, Beschluss vom 5.9.2001 – Az. 7 U 180/00).

Diese Urteile verdeutlichen die zentrale Rolle der Rechtsprechung bei der praktischen Anwendung der Unfallversicherungsbedingungen. Versicherer müssen diese Entscheidungen in ihre Prüfverfahren integrieren, um sicherzustellen, dass die Ansprüche der Versicherten korrekt und rechtssicher bearbeitet werden.

Die Liste der relevanten Urteile ist umfangreich und wird ständig erweitert. Es ist wichtig, im Schadensfall zu prüfen, ob es bereits einschlägige Urteile gibt und welche Aussagen diese treffen. Dies spart Zeit, Kosten und kann im besten Fall einen Gerichtsprozess verhindern.

Hinweis

Eine Hilfestellung, um sich einen Überblick zu verschaffen, bieten hierzu Rechtskommentare zum Beispiel:

- Praxiskommentar zum Versicherungsvertragsgesetz, Schwintowski/Brömmelmeyer/Ebers
- VVG, Looschelders/Pohlmann
- Münchener Kommentar Versicherungsvertragsgesetz, Langheid/Wandt
- Versicherungsvertragsgesetz, Prölss/Martin

Diese verdichten die Informationen und ordnen Urteile im Kontext ein. Im Zweifelsfall sollte dennoch auf eine anwaltliche Beratung zurückgegriffen werden.

7.4 Serviceleistungen im Leistungsfall

7.4.1 Serviceleistungen im Bereich Lebensversicherung und bAV

Die Lebensversicherung und die bAV sind wesentliche Bausteine zur finanziellen Absicherung im Alter, bei Invalidität oder im Todesfall. Die Versicherungsunternehmen bieten dabei eine Vielzahl von Serviceleistungen an, die über die reine finanzielle Auszahlung hinausgehen und eine umfassende Betreuung sicherstellen.

1. Serviceleistungen der Lebensversicherung:

Die Lebensversicherung ist sowohl für die individuelle Vorsorge als auch für die Absicherung von Hinterbliebenen von großer Bedeutung. Neben den klassischen Versicherungsleistungen bieten Lebensversicherer weitere Dienstleistungen an, die die Verwaltung und Inanspruchnahme der Versicherung erleichtern:

Vertragsmanagement und Flexibilität: Versicherungsnehmer können oft flexibel Anpassungen wie Beitragsänderungen, Vertragsverlängerungen oder Kapitalauszahlungen vornehmen. Viele Versicherer bieten Online-Portale an, die einen transparenten Überblick über den Vertragsstatus und die Anpassungsmöglichkeiten geben.

Beratung und Unterstützung: Eine umfassende Beratung zu den verschiedenen Tarifen, zu Steuervorteilen und zur Kombination von Lebensversicherungen mit anderen Vorsorgeprodukten gehört zum Service. Viele Versicherer bieten zudem persönliche Ansprechpartner und digitale Beratungsdienste an, die eine einfache Kommunikation ermöglichen.

Schnelle Leistungsabwicklung: Im Leistungsfall, zum Beispiel bei Tod der versicherten Person oder bei Vertragsende, wird eine rasche Abwicklung der Ansprüche gewährleistet. Dazu gehört unter anderem die Bereitstellung standardisierter Antragsformulare und die digitale Übermittlung der benötigten Dokumente.

Nachhaltigkeitsorientierte Kapitalanlagen: Lebensversicherer bieten zunehmend nachhaltige Anlagemöglichkeiten für das Versicherungsvermögen an. Diese orientieren sich an ESG-Kriterien (Environmental, Social, Governance) und tragen dazu bei, dass Versicherte in ökologisch und sozial verantwortliche Projekte investieren können.

Digitale und mobile Services: Versicherungsunternehmen entwickeln Apps und digitale Lösungen, mit denen Versicherte nicht nur ihre Verträge verwalten, sondern auch Leistungen beantragen, Beiträge anpassen und Beratungstermine vereinbaren können. Solche Services erhöhen die Nutzerfreundlichkeit und Transparenz von Lebensversicherungen.

2. Services für die betriebliche Altersversorgung:

Die bAV ist eine zentrale Säule des deutschen Rentensystems und ermöglicht Arbeitnehmenden, über ihren Arbeitgeber zusätzliche Rentenansprüche aufzubauen. Die angebotenen Services konzentrieren sich auf folgende Bereiche:

Gestaltung und Einrichtung der bAV: Arbeitgeber werden bei der Auswahl der Durchführungswege (Direktzusage, Pensionsfonds, Pensionskasse etc.) und der Vertragsgestaltung umfassend unterstützt. Die Einführung von bAV-Systemen wird von Versicherern häufig in Zusammenarbeit mit spezialisierten Beratungsdienstleistern begleitet.

Administrative Services: Versicherer übernehmen administrative Tätigkeiten wie die Verwaltung von Beitragsanpassungen, die Dokumentation von Vertragsänderungen und die Abwicklung von Leistungsfällen sowie die Verwaltung und Abwicklung von Betriebsrentnern.

Informations- und Bildungsangebote: Versicherer bieten Schulungen an, um Arbeitnehmende über die Vorteile und Funktionsweise der bAV zu informieren. Damit soll die Akzeptanz und Nutzung von bAV-Angeboten erhöht werden.

Rechts- und Steuerberatung: Die komplexen steuer- und sozialversicherungsrechtlichen Aspekte der bAV erfordern spezialisierte Beratungsleistungen, die Versicherer ihren Kunden meist gegen Honorar bereitstellen.

Portale und digitale Lösungen: Moderne bAV-Systeme beinhalten digitale Portale, die eine einfache Verwaltung der bAV-Verträge ermöglichen. Hierüber können sowohl Arbeitgeber als auch Arbeitnehmende digital Beiträge überprüfen, Anpassungen vornehmen und Leistungsansprüche geltend machen.

Hinweis auf das Kapitel über Assistance-Leistungen:

Eine ausführliche Darstellung der Assistance-Leistungen, die in Lebens- und Berufsunfähigkeitsversicherungen sowie in der betrieblichen Altersversorgung enthalten sein können, findet sich im separaten Artikel zu Assistance-Leistungen. Diese erweitern das klassische Leistungsportfolio um zusätzliche Unterstützungsangebote, zum Beispiel im Bereich des Gesundheitsmanagements und der Krisenintervention.

7.4.2 Serviceleistungen im Bereich Krankenversicherung

Im Vergleich zur Schadenversicherung ist die Steuerung von Leistungsfällen in der Kranken- und Pflegeversicherung individueller und sensibler zu gestalten.

Gesundheit ist ein wichtiges und persönliches Gut eines jeden Menschen. Gesundheit hat viel mit Vertrauen zu tun. Zudem gibt es Menschen, die ungern über Gesundheit sprechen oder sich mit ihr auseinandersetzen wollen.

Die Verhinderung, Früherkennung von Krankheiten und Minderung (Prävention) eines schlimmeren Verlaufs ist eines der Ziele des Gesundheitsmanagements.

Prävention ist insbesondere im Umfeld der Kranken- und Pflegeversicherung ein wichtiger Baustein, um das Leben bei bester Gesundheit gestalten zu können. Produkte in der Krankenversicherung können und sollten Elemente des Gesundheitsmanagements beinhalten, um Gesundheit zu fördern und auch Leistungsausgaben beeinflussen zu können.

Versicherte erkennen oftmals den Mehrwert und die Sinnhaftigkeit der Gesundheitsprogramme nicht, insbesondere jüngere Versicherte legen nicht ausreichend Wert auf Vorsorgeprogramme und erkennen nicht immer den Sinn einer gesünderen Lebensführung. Um Gesundheitsprogramme in den Alltag der Versicherten zu implementieren, damit auch erlebbarer zu machen, ist es wichtig, dass Versicherer über Sinn, Mehrwert und erhöhte Lebensqualität aufklären, die bei einer guten Umsetzung, durch Versicherte, eines Gesundheitsmanagement erzielt werden können.

Maßnahmen des Gesundheitsmanagements

- **Bewegungsprogramme:** diese können auch digital unterstützt werden
- **Ernährungsprogramme:** diese zielen auf eine gesündere und damit auch ausgewogenere Ernährung ab
- **Stressprävention:** zum Beispiel durch digitale Achtsamkeitsübungen, Vermittlung oder Bonifizierung der Teilnahme an Yoga-Kursen
- **Nutzung von Gesundheits-Apps**: die zum Beispiel Schritte zählen, Bewegungen analysieren und damit unter anderem über den Ansatz von Gamification zu mehr Bewegung führen
- **Programme zur Begleitung von chronisch Erkrankten** (auch **Disease-Management-Programme** genannt), zum Beispiel bei Herz-Kreislauf, Diabetes, Chronisch obstruktive Lungenerkrankung (COPD), ...
- ...

Bewegungsmangel als Hauptursache für Krankheiten

Um die Notwendigkeit von Gesundheits-Apps aufzuzeigen, sei die Folgewirkung mangelnder Bewegung zu nennen, hierdurch werden beispielsweise Krankheiten im Bereich Herz-Kreislauf, Diabetes, Bluthochdruck, Psychische Erkrankungen und Krebs gefördert.

Bonusprogramme

Sehr umstritten ist die Implementierung von Bonusprogrammen, die das individuelle Verhalten von Versicherten honoriert. So könnten unter anderem Beitragsrückerstattungen in die Tarife integriert werden, die einen guten BMI (BMI = Verhältnis zwischen Körpergröße und Körpergewicht) honorieren, der im Bereich zwischen 18,5 und 25 liegt. Ob die Heranziehung des BMI sinnvoll ist, das wird sehr unterschiedlich betrachtet, insbesondere auch die Verwendung dieser Daten.

Telemedizin

Unter Telemedizin wird die digitale Konsultation eines Arztes verstanden, der dann zum Beispiel per Videocall eine Einschätzung zu einer Erkrankung vornehmen und Therapievorschläge unterbreiten kann. Der Bereich der Telemedizin wird sich in den nächsten Jahren, unter anderem durch den Einsatz von Künstlicher Intelligenz weiter entwickeln und dafür sorgen, dass auch in Regionen mit einer ärztlichen Unterversorgung eine einfache und schnelle medizinische Beratung erfolgen kann.

Engagement des PKV-Verbands

Der PKV-Verband engagiert sich begleitend zu den individuellen Angeboten der privaten Krankenversicherung im Bereich Prävention und Aufklärung. Weitere Informationen finden sich unter: https://www.pkv.de/positionen/praeventionsengagement/pkv-praeventionsengagement-unsere-projekte/

Leistungsmanagement durch digitale Services etablieren

Um den Erstattungsprozess für Versicherte schnell und unkompliziert zu gestalten, nutzen private Krankenversicherungen Apps, mit denen zum Beispiel Rechnungen oder Krankmeldungen (für Krankentagegeld-Tarife) eingereicht werden können, Telemedizin in Anspruch genommen werden kann und weitere individuelle Services genutzt werden können.

Steuerung von Versicherten durch Einsatz von digitalen Services

Um Versicherten nach Inanspruchnahme von medizinischen Leistungen eine einfache Abrechnung zu ermöglichen, nutzen private Krankenversicherer digitale Einreichmöglichkeiten, hierfür können Apps genutzt werden oder über Kundenportale beispielsweise Rechnungen, Verordnungen, Fragebögen usw. eingereicht werden. Die Einreichung ist nicht nur aus Kundensicht effizient und kundenfreundlich, sondern unterstützt Versicherer auch, ihre Prozesse einfacher aufzubauen, die zur Verfügung stehenden Arbeitskapazitäten sinnvoller zu nutzen und durch (Teil-)Automatisierungen Abrechnungen automatisiert erstellen zu lassen.

Auf einigen Abrechnungen, welche für Leistungserbringer erstellt werden, finden sich QR-Codes. Diese QR-Codes können mit den Apps der privaten Krankenversicherer teilweise ausgelesen werden und ermöglichen die Übertragung strukturierter Daten, die in den Systemen der privaten Krankenversicherer direkt verarbeitet werden können. Durch diese direkte Übertragung in die Abrechnungssysteme kann eine automatisierte Bearbeitung der Rechnung erfolgen oder eine Anarbeitung, die für wenig Nacharbeit bei den Mitarbeitenden der privaten Krankenversicherer führt.

Gesundheitsmanagement und digitale Services im Aspekt von Ratings

Rating-Agenturen bewerten die Gesundheitsservices der privaten Krankenversicherer, da diese als fixer Bestandteil des Produkts gesehen werden und einen Mehrwert bringen, der für Versicherte idealerweise in allen Lebens- und Gesundheitsphasen sinnvoll ist.

Ökosystem als Rundum-Sorglos-Lösung

Private Krankenversicherer inkludieren oftmals mehrere Lösungen, wie Telemedizin, Einreicher-App, Gesundheitsangebote und weitere Leistungen, in einer App, um damit Versicherten Services aus einer Hand anzubieten, die aufeinander abgestimmt sind.

Elektronische Patientenakte (EPA)

Gesetzliche Krankenversicherungen sind gesetzlich verpflichtet, die elektronische Patientenakte zur Verfügung zu stellen (§ 342 SGB V).

Für Versicherte der PKV besteht kein rechtlicher Anspruch auf eine Bereitstellung der elektronischen Patientenakte. Die privaten Krankenversicherer sind jedoch sehr bemüht, für Versicherte auch eine elektronische Patientenakte anzubieten. Diese Akte vereint Gesundheitsberichte, welche von Ärzten und Krankenhäusern bereitgestellt werden können.

7.4.3 Serviceleistungen im Bereich der Unfallversicherung

Serviceleistungen spielen eine zunehmende Rolle im Prozess der Schadensregulierung. Dies gilt umso mehr in einem wettbewerbsintensiven Umfeld (Verdrängungsmarkt), welches inzwischen auch im Unfallversicherungsmarkt herrsch. Insofern ist es für die Anbieter wichtig, sich positiv vom Wettbewerb abzugrenzen (Differenzierungsstrategie). Dies ist insbesondere wichtig, da die Margen in der Unfallversicherung aufgrund besserer Leistungen bei gleichzeitig niedrigeren Preisen unter Druck stehen. Deshalb kann es für Versicherer sehr interessant sein, sich mit zusätzlichen Services zu positionieren.

Was sicherlich von vielen Kunden erwartet wird, ist, dass es eine Schadenhotline gibt, an die man sich zum Zwecke der Schadenmeldung sowie bei Fragen wenden kann. Darüber hinaus ist bekannt, dass Versicherer sogenannte Assistanceleistungen (oder auch Hilfs- und Pflegeleistungen) anbieten. Doch das Spektrum möglicher Services ist mittlerweile sehr weitreichend geworden. Nachfolgend ein Auszug von möglichen Services:

Reha-Management:

- **Individuelle Therapieplanung:** Koordination aller notwendigen Rehabilitationsmaßnahmen wie Physiotherapie, Ergotherapie, und psychologische Betreuung
- **Antragsunterstützung:** Hilfe bei der Beantragung von Reha-Leistungen bei Renten- oder Krankenversicherungen
- **Hilfsmittelversorgung:** Unterstützung bei der Beschaffung und Nutzung von Prothesen, Rollatoren und anderen technischen Hilfsmitteln

Kranken- und Rücktransport:

- **Krankentransport:** Organisation von Krankentransporten vom Unfallort zum nächstgelegenen Krankenhaus oder zu Spezialkliniken
- **Rücktransport aus dem Ausland:** Planung und Durchführung von medizinischen Rückführungen nach Deutschland bei Unfällen im Ausland

Assistenzleistungen (Haushalts- und Alltagshilfe)

- **Haushaltshilfe:** Bereitstellung von Haushaltshilfen, die den Alltag nach einem Unfall erleichtern sowie Waschen der Wäsche, Wohnungsreinigung, Erledigung von

Einkäufen, Versorgung von Haustieren, Pflegen von Pflanzen, Fahrten (zum Beispiel zu Ärzten, Physiotherapie, Behörden etc.)

- **Nachhilfeunterricht:** Organisation von Privatlehrern für Schüler, die aufgrund eines Unfalls nicht am regulären Unterricht teilnehmen können.

Beratung und Unterstützung

- **Arztservice:** Vermittlung geeigneter Fachärzte und Unterstützung bei der Einholung einer fundierten Zweitmeinung für optimale Behandlungsergebnisse
- **Spezialisierte Beratung:** individuelle Beratung für Familien mit schwerstverletzten Kindern, einschließlich der Organisation maßgeschneiderter Pflegelösungen
- **Psychologische Unterstützung:** therapeutische Betreuung für den Versicherten und seine Angehörigen, um emotionale Herausforderungen nach einem Unfall zu bewältigen
- **Pflegehilfsmittel:** Unterstützung bei Auswahl und Beschaffung von Pflegehilfsmitteln, die den Alltag erleichtern
- **Sonderpflegeeinrichtungen:** Beratung und Vermittlung spezialisierter Einrichtungen für Schwerstverletzte
- **Unterstützung gegenüber Pflegekassen und MDK:** Hilfe bei der Kommunikation mit Pflegekassen und dem Medizinischen Dienst der Krankenversicherungen (MDK), um Ansprüche durchzusetzen
- **Individuelle Lösungen:** maßgeschneiderte Unterstützung, einschließlich Organisation spezieller Unterbringung bei besonderen Pflegeanforderungen
- **Pflegeplanung:** umfassende Unterstützung bei der Planung, inklusive Beratung zu Pflegeeinrichtungen und Kostenvergleichen
- **Vermittlungsservice:** Vermittlung und Koordination von qualifiziertem Pflegepersonal für häusliche Unterstützung
- **Organisation von Besuchen:** Organisation von Besuchen durch Angehörige, einschließlich Transport und Unterkunftsplanung
- **Pflegeempfehlungen:** Beratung zum Pflegeumfang in den Bereichen Grund-, Behandlungs-, aktivierender und Betreuungspflege

Digitale Services von einer Schaden-App bis hin zu einer digitalen Gesundheitsplattform (eHealth-Ökosystem)

- **Zugriff auf Versicherungsdaten:** jederzeitiger Zugriff auf relevante Daten
- **Dokumentenaustausch:** Bereitstellung einer App für den sicheren und datenschutzkonformen Austausch von Dokumenten

- **Echtzeit-Kommunikation:** Informationen und Beratungen über den Ablauf der Leistungsbearbeitung sowie über die voraussichtliche Dauer der Bearbeitung. Anzeige des Bearbeitungsstatus sowie Hinweise auf Fristen, benötigte Unterlagen (und gegebenenfalls Angebot von zusätzlichen Services)
- **Gegebenenfalls Unterstützung (Tipps):** um schnell wieder gesund zu werden (gegebenenfalls. KI-unterstützt): Kunde macht Foto beziehungsweise beschreibt Situation
- **Gegebenenfalls. Instant-Support:** direkte Weiterleitung an passende Dienstleister, sofortige Terminvereinbarung bei einem geeigneten Kooperationsarzt, sowie Weitergabe von Informationen
- **Dokumentationshilfe:** Unterstützung der Versicherten bei der korrekten Einreichung der notwendigen Dokumente und Nachweise
- **Vernetzung mit Hilfsmittelherstellern:** Integration von smarten Hilfsmitteln in den Rehabilitationsprozess
- **Chatbots:** Automatisierung von häufig gestellten Fragen und schneller Kundensupport
- **Schnittstellen:** Integration verschiedener Systeme und Geräte (zum Beispiel Fitness-Tracker, medizinische Geräte).
- **Telemedizinische Erstversorgung:** Ersteinschätzung des Verletzungsausmaßes durch einen Arzt per Videochat oder gar komplett KI-gestützt (zum Beispiel Beurteilung der Verletzung aufgrund von Fotos)
- **Virtuelle Reha-Übungen:** Durchführung von Rehabilitationsübungen unter Anleitung eines Therapeuten per Video

Tipp

Siehe 4.4.2.4 Leistungsumfang Krankenkostenversicherung

Präventive Maßnahmen

- **Gesundheitskurse:** Teilnahme an Kursen zur Unfallverhütung und Gesundheitsförderung
- **Beratung zu Sicherheitsmaßnahmen:** individuelle Beratung zur Vermeidung von Unfällen im Alltag und Beruf

Durch eine Kombination genannter beziehungsweise weiterer Services kann das Kundenerlebnis im Schadensfall deutlich verbessert werden. Gleichzeitig lassen sich Kosten sparen, wenn Kunden proaktiv, beispielsweise über eine App, informiert werden, anstatt bei der Versicherung anrufen zu müssen. Doch die mittlerweile zahlreichen Services müssen auch in die Wahrnehmung der Kunden gelangen, damit sie ihr volles Potenzial entfalten können. Dies stellt in der Praxis häufig noch eine Herausforderung dar.

7.5 Betrugsindikatoren, Prävention und Aufdeckung von Missbrauchsfällen

7.5.1 Betrug in der Privaten Krankenversicherung

Versicherungsbetrug oder gar gezielter systematischer gewerbsmäßiger Betrug verursacht einen hohen Schaden in der deutschen Versicherungswirtschaft. Laut einem Bericht des Gesamtverbands der Versicherer (GDV) verursacht Versicherungsbetrug jährlich einen Schaden von über 6 Milliarden €. Von diesen 6 Milliarden € entfällt etwa die Hälfte auf die KFZ-Versicherung.[143]

Betrug in der PKV ist ein ernstzunehmendes Thema, das verschiedene Beteiligte betrifft. Es ist wichtig, dass Betrug gezielt verhindert, erkannt und ohne Toleranz geahndet wird. Betrug ist nicht auf eine Zielgruppe zu beschränken.

Betrug erkennen

Die Differenzierung der „Täter", die diesen Betrug ausüben, ist wichtig, um effektive Präventions- und Aufdeckungsstrategien zu entwickeln. Private Krankenversicherungen müssen sowohl interne Kontrollmechanismen stärken als auch das Bewusstsein bei Kunden und Vermittlern schärfen. Transparente Prozesse und regelmäßige Schulungen können dazu beitragen, das Vertrauen in das System zu erhalten und Betrug nachhaltig zu reduzieren.

Um dem Wandel von der manuellen hin zu automatisierter Bearbeitung Rechnung zu tragen, ist es wichtig, dass die privaten Krankenversicherungsunternehmen Betrugserkennung in ihre Abrechnungssysteme integrieren und im Regulierungsprozess erkannt wird, ob eine Rechnung oder bestimmte Fallkonstellation auffällig ist und somit an einen Mitarbeitenden ausgesteuert werden muss.

So kann mittels Künstlicher Intelligenz zum Beispiel erkannt werden, ob der Aufbau einer Rechnung auffällige Kennzeichen beinhaltet.

Null-Toleranz

Es ist wichtig, dass bei Betrugsfällen die Unternehmen keine Toleranz walten lassen, um die Taten nicht zu verharmlosen. Denn der Schaden geht zulasten des gesamten Versichertenbestands und ist ohne Zweifel eine Straftat, welche nicht toleriert werden darf.

---

[143] Vgl. https://www.gdv.de/gdv/medien/medieninformationen/versicherungsbetrug-verursacht-schaeden-von-ueber-sechs-milliarden-euro-im-jahr-176852?utm, zuletzt abgerufen am 23. April 2025.

Betrug liegt vor, wenn jemand eine andere Person absichtlich täuscht, um sich selbst oder jemand anderem einen Vorteil zu verschaffen. Dabei werden falsche Angaben gemacht oder wichtige Informationen verschwiegen, sodass das Opfer einen Schaden erleidet. Das Ziel ist immer, sich einen ungerechtfertigten finanziellen oder materiellen Vorteil zu sichern. Siehe auch § 263 StGB.

Regelmäßige Aufklärung von Mitarbeitenden im Innen- und Außendienst sind wichtig, um Betrug abzuwehren, zu erkennen und deutlich auf die Konsequenzen hinzuweisen.

Im Folgenden werden die unterschiedlichen Betrugsformen von Kunden, Vermittlern und Mitarbeitern dargestellt:

Betrug seitens des Kunden

Kunden könnten versuchen, sich unrechtmäßig Leistungen von der PKV zu erschleichen. Häufige Methoden könnten sein:

1. **Falschangaben bei Vertragsabschluss:**

   Kunden geben gezielt unzutreffende Informationen zu ihrem Gesundheitszustand oder bestehenden Vorerkrankungen an, um günstigere Beiträge oder bessere Leistungen zu erhalten.

■ BEISPIEL

Frau M. hat im Sommer einen HIV-Test in Spanien durchführen lassen, das Ergebnis war positiv. Sie hat den Test bewusst in Spanien durchführen lassen, da er aus ihrer Sicht nicht aktenkundig in Deutschland ist.

In Sorge um ihre weitere Versorgung und weil sie den Schutz der PKV genießen will, hat sie sich entschlossen, bei der Proximus Krankenversicherung den besten Versicherungsschutz – insbesondere mit einem hohen Krankentagegeld – abzuschließen. Frau M. ist insbesondere an dem Komfort eines Einbettzimmers im Krankenhaus und der Chefarztbehandlung gelegen, vor allem, weil die HIV-Erkrankung gegebenenfalls stationäre Aufenthalte erfordern könnte.

Frau M. schließt eine Heilkostenvollversicherung bei der Proximus Krankenversicherung AG ab. Die Gesundheitsangaben im Antrag beantwortet sie nicht wahrheitsgemäß.

Warum könnte Frau M. in diesem Fallbeispiel **Betrug gemäß § 263 StGB** unterstellt werden?

Zum einen handelt es sich um eine **Täuschung**, denn Frau M. hat angegeben, dass keine HIV-Infektion festgestellt wurde. Zudem wurde der Versicherer in einen **Irrtum** versetzt, da die Proximus Krankenversicherung davon ausgeht, dass Frau Müller nicht HIV positiv ist. Es handelt sich um den Abschluss eines Versicherungsvertrags (**Vermögensverfügung**), der aktiv vorgenommen wird. Der Proximus Krankenversicherung wird voraussichtlich ein **Vermögensschaden** entstehen, in dem Versicherungsleistungen ausgezahlt werden, die normalerweise nicht angefallen wären, wenn die Angaben wahrheitsgemäß erfolgt wären.

Frau M. handelt zudem vorsätzlich, in der Absicht, sich rechtswidrig einen **Vermögensvorteil** zu verschaffen.

Mögliche Rechtsfolge:

Der Versicherer kann sich vom Vertrag lösen (Rücktritt gemäß § 19 Abs. 2 VVG oder Anfechtung nach § 22 VVG). ■

Die nachfolgende Abbildung zeigt die Gesundheitsfragen, welche von Versicherten im Antrag wahrheitsgemäß ausgefüllt werden müssen. Hier ist insbesondere die Mitwirkung des Vermittlers wichtig, um auf die korrekten Angaben hinzuwirken.

Für bereits versicherte Personen brauchen Gesundheitsstörungen und Behandlungen in den letzten 5 Jahren, die durch anlässlich eines bestehenden Versicherungsvertrages eingereichte Rechnungen oder ärztliche Bescheinigungen lückenlos bekannt sind, nicht angegeben zu werden.

		Person 1 nein ▼	Person 1 ja ▼	Person 2 nein ▼	Person 2 ja ▼
1	Hat in den letzten 5 Jahren ein Krankenhaus-, Heilstätten-, Kur- oder Sanatoriumsaufenthalt stattgefunden?	○	○	○	○
2	Haben in den letzten 5 Jahren Operationen (auch ambulant) stattgefunden?	○	○	○	○
3	Wurde in den letzten 5 Jahren eine Psychotherapie oder Suchtbehandlung durchgeführt?	○	○	○	○
4	Bestanden in den letzten 3 Jahren oder bestehen gegenwärtig Krankheiten, Beschwerden, Unfallfolgen, sonstige Gesundheitsstörungen oder haben Untersuchungen/Behandlungen stattgefunden?	○	○	○	○
5	Werden Arzneimittel (z. B. Tabletten, Salben) angewendet? Wenn ja, welche und aufgrund welcher Diagnose?	○	○	○	○
6	Ist eine ambulante/stationäre Behandlung oder Untersuchung angeraten oder beabsichtigt?	○	○	○	○
7	Wurde jemals eine HIV-Infektion festgestellt (z. B. durch einen AIDS-Test)?	○	○	○	○
8	Besteht eine Fehlsichtigkeit von 8 Dioptrien oder mehr?	○	○	○	○
9	Besteht ein körperlicher/organischer Fehler, ein chronisches Leiden, eine Wehrdienstbeschädigung, eine Minderung der Erwerbsfähigkeit/Grad der Behinderung? Wenn ja, bitte Bescheid beifügen.	○	○	○	○
10	Größe und Gewicht cm/kg				

Abbildung 7.8: Proximus Antrag Krankenversicherung

Die privaten Krankenversicherer können das HIS nicht nutzen.

Versicherer (zum Beispiel auch Kraftfahrtversicherer) können das Hinweis- und Informationssystem (HIS) der deutschen Versicherungswirtschaft ebenso nutzen, denn das HIS bietet die Möglichkeit, dass Versicherer dort Informationen abfragen, wenn beispielsweise

betrügerisches Verhalten des Antragstellers vermutet wird, sowohl bei Antrag auf Abschluss eines Versicherungsvertrags oder

betrügerisches Verhalten im Rahmen der Leistungsbearbeitung.

Wenn der Verdacht auf Versicherungsbetrug besteht, ist somit eine Abfrage und Meldung von Daten möglich. Versicherte müssen nicht einwilligen, dass Daten übertragen oder abgefragt werden, da die Speicherung, Verwendung und Verarbeitung durch die DSGVO legitimiert ist. Grundlagen der Meldung und Verarbeitung finden sich in Art. 6 Abs. 1 f DSGVO. Die Auskunftsrechte finden sich in Art. 15 DSGVO.

2. **Einreichen gefälschter Rechnungen:**

   Es werden manipulierte oder komplett fingierte Rechnungen für medizinische Behandlungen eingereicht, die entweder gar nicht stattgefunden haben oder erhöhte Beträge aufweisen.

■ BEISPIEL

Herr M. reicht Rechnungen ein, die er selbst erstellt hat. Als Vorlage nutzte er die Abrechnungen seiner Ehefrau, die ebenfalls privat versichert ist.

In diesem Fallbeispiel liegt Betrug (§ 263 StGB) und zugleich eine Urkundenfälschung (§ 267 StGB) vor.

Mögliche Rechtsfolge:

- Außerordentliche Kündigung, § 314 BGB.
- Strafrechtliche Konsequenzen ■

3. **Doppelte Leistungsinanspruchnahme**

   Kunden beantragen dieselben Leistungen mehrfach oder nutzen verschiedene Policen, um mehrfach Erstattungen zu erhalten (bewusste Doppelversicherung).

■ BEISPIEL

Frau M. reicht bei der Proximus Krankenversicherung AG Rechnungen für die Auslandsbehandlung (ärztliche Behandlung Spanien) ein. Die identische Rechnung reicht sie ebenso bei der Auslandsreisekrankenversicherung ihrer Kreditkartenfirma ein.

Mögliche Rechtsfolge:

- In diesem Fallbeispiel ist eine Doppelversicherung zu prüfen und das Bereicherungsverbot nach § 200 VVG.
- Strafrechtliche Konsequenzen, sofern systematisches Vorgehen vorliegt. ■

Betrug vom Vermittler:

Vermittler, wie Versicherungsmakler oder -agenten, können ebenfalls betrügerische Praktiken anwenden, um persönliche Vorteile zu erzielen.

■ BEISPIEL

Vermittler G. der Proximus Krankenversicherung schließt zum Jahresende Pflegezusatzversicherungen ab, die er auf Kundennamen abschließt und die Erstbeiträge mittels Überweisung über andere nicht namentlich mit ihm verbundene Personen zahlen lässt. Er hat diese Verträge abgeschlossen, um eine bestimmte Prämie zu erhalten. Nach Auszahlung der Geschäftsplan-Prämie werden die Verträge mangels Zahlung storniert.

Mögliche Rechtsfolgen:

- Kündigung des Vermittlervertrags
- Strafrechtliche Konsequenzen (Strafanzeige durch Versicherer wegen Betrug) ■

Betrug von Mitarbeitern:

Auch Mitarbeiter der Krankenversicherungsgesellschaften können betrügerische Handlungen begehen:

1. **Datenmanipulation**

   Mitarbeiter verändern Kundendaten oder Leistungsansprüche, um sich selbst oder Dritten finanzielle Vorteile zu verschaffen.

■ BEISPIEL

Mitarbeiter Z. ändert in einem Krankenversicherungsvertrag die Kontodaten ab und verwendet die Daten seiner Partnerin. Die Abrechnungen zu diesem Vertrag lässt er nicht an den Kunden versenden (Unterdrückung der Abrechnung).

Mögliche Rechtsfolgen:

- Arbeitsrechtliche Konsequenzen (außerordentliche Kündigung)
- Strafrechtliche Konsequenzen (Strafanzeige durch Versicherer) ■

2. **Bestechung und Korruption**

   Mitarbeiter nehmen Leistungen (Geldzahlungen) an, um bestimmte Entscheidungen zugunsten von Vermittler oder Kunden zu beeinflussen, beispielsweise Zusage von Leistungsansprüchen, welche nicht vom vertraglichen Umfang gedeckt sind.

■ BEISPIEL

Mitarbeiter Z. erhält von Frau M. eine Zahlung über 5.000 € damit dieser die weitere Prüfung des Betrugs einstellt und aus den Akten löscht.

Mögliche Rechtsfolgen:

- Kündigung Heilkostenvollversicherung aus wichtigem Grund, § 314 BGB
- Arbeitsrechtliche Konsequenzen (außerordentliche Kündigung)
- Strafrechtliche Konsequenzen (Strafanzeige durch Versicherer) ■

3. **Missbrauch von Zugriffsrechten**

   Unbefugter Zugriff auf sensible Kundendaten wird genutzt, um Informationen zu stehlen oder für betrügerische Aktivitäten zu verwenden.

■ **BEISPIEL**

Mitarbeiter Z. nutzt Kontodaten von Kunden, die er im Zuge der Bearbeitung in eine Datei kopiert hat, um diese für einen gezielten Missbrauch auf Internetplattformen zu nutzen, unter anderem zum Verkauf über das Darknet.

Mögliche Rechtsfolgen:

- Arbeitsrechtliche Konsequenzen (außerordentliche Kündigung)
- Bewusster Datenschutzverstoß (siehe dazu auch DSGVO)
- Strafrechtliche Konsequenzen (Strafanzeige durch Versicherer) ■

7.5.2 Betrugsindikatoren in der Unfallversicherung

In der Unfallversicherung gibt es verschiedene **Indizien**, die auf einen möglichen Betrug hinweisen können. Dies sind beispielsweise:

- Der Unfall fand kurz nach Vertragsabschluss oder nach einer Summenerhöhung statt.
- Widersprüche oder Ungereimtheiten in den Schilderungen des Unfallhergangs.
- Auffällig häufige Schadensmeldungen durch den Versicherten innerhalb kurzer Zeit.
- Der Unfall hat angeblich keine Zeugen, obwohl er in einer belebten Gegend stattgefunden haben soll.
- Unterschiede in den Angaben des Versicherten über den Unfallhergang oder zwischen Zeugen und dem Versicherten.
- Verletzungen, die nicht zum beschriebenen Unfallhergang passen.
- Abschluss der Versicherung kurz vor dem Unfall mit auffällig hohen Versicherungssummen.
- Sehr rasches Einreichen von Leistungsansprüchen nach einem Unfall, oft ohne vollständige Dokumentation.
- Kein oder ein auffällig spät eingereichter ärztlicher Befund zu den gemeldeten Verletzungen.
- Der Versicherte hat Kontakt zu Personen, die in der Vergangenheit wegen Versicherungsbetrugs auffällig wurden.
- Der Versicherte hat bereits ähnliche Vorfälle oder Verletzungen in der Vergangenheit gemeldet.
- Der Versicherte drängt auf eine ungewöhnlich schnelle und unbürokratische Abwicklung der Leistungen.
- Der Versicherte kündigt den Vertrag kurz nach der Geltendmachung eines Schadens.

Prävention und Aufdeckung von Missbrauchsfällen:

- **Datenanalyse und Mustererkennung:** Einsatz von speziellen Softwaretools und KI zur Analyse und Erkennung von auffälligen Mustern in Schadensmeldungen.
- **Interne Kontrollsysteme:** Etablierung von Prozessen, die Verdachtsfälle frühzeitig identifizieren.
- **Zusammenarbeit mit Ermittlungsbehörden:** Kooperation mit Polizei und Staatsanwaltschaft bei Verdacht auf Betrug.
- **Sensibilisierung und Schulung der Mitarbeiter:** Regelmäßige Schulungen zu aktuellen Betrugsmaschen und Indikatoren.
- **Präventive Beratung von Kunden:** Aufklärung der Versicherten über die Konsequenzen von Betrugsversuchen.
- **Gründliche Antragsprüfung (zum Beispiel):**
  - **Überprüfung des Antragsstellers auf frühere Versicherungsbetrugsfälle:** Analyse der Versicherungshistorie des Antragstellers auf bekannte Auffälligkeiten oder Betrugsversuche.
  - **Abgleich mit dem Bedarf der Person(en):** Prüfung, ob die gewählten Summen dem tatsächlichen Bedarf entsprechen.
  - **Abfrage von Vorversicherung und Vorschäden:** Die Schadenhäufigkeit und die vorherige Versicherung geben mitunter Aufschluss über das bisherige Verhalten (von der Vorversicherung gekündigt, häufige Unfälle)
  - **Vertiefte Prüfung des Antrags bei hohen Versicherungssummen:** Genauere Überprüfung von Anträgen, die eine außergewöhnlich hohe Versicherungssumme beinhalten, um Missbrauch vorzubeugen.
  - **Analyse der Datenhistorie des Antragstellers:** Überprüfung der bisherigen Versicherungsgeschichte des Antragstellers, um mögliche frühere Betrugsversuche zu identifizieren.
  - **Direkte Rücksprache mit dem Antragsteller:** Durchführung persönlicher Gespräche mit dem Antragsteller, um zusätzliche Informationen zu erhalten und Unklarheiten zu klären.
  - **Überprüfung der medizinischen Situation vor Vertragsabschluss:** Beurteilung der gesundheitlichen Voraussetzungen des Antragstellers, um das Risiko korrekt einschätzen zu können.
  - **Überwachung von Fälligkeitsfristen und Abschlussdatum:** Sicherstellung, dass die Einhaltung relevanter Fristen und das Abschlussdatum vor Versicherungsbeginn korrekt dokumentiert sind, um mögliche Manipulationen zu verhindern.

Maßnahmen zur Bekämpfung von Betrug im Rahmen der Leistungsbearbeitung:

1. **Einsatz von Software und KI zur Betrugsverfolgung:** Implementierung von speziellen Programmen, die verdächtige Muster in Schadensmeldungen erkennen können.
2. **Prüfschema:** Entwicklung und regelmäßige Anpassung eines verpflichtenden Schemas für eine qualitative Prüfung der Fälle.
3. **Festlegung von Toleranzgrenzen für Schadensmeldungen:** Einführung von Obergrenzen, ab denen Schadensmeldungen einer besonders gründlichen Überprüfung unterzogen werden.
4. **Intensive Mitarbeiterschulungen:** Regelmäßige, umfassende interne und externe Schulungen aller relevanten Mitarbeiter, um die Sensibilität für Betrugsversuche zu erhöhen.
5. **Zusammenarbeit mit anderen Versicherungen und Behörden:** Informationsaustausch und Kooperation mit anderen Versicherungsgesellschaften. In Kooperation mit der Polizei, gesetzlichen Unfallversicherungsträgern etc. können Erkenntnisse gewonnen und plausibilisiert werden.
6. **Austausch mit anderen Schadenabteilungen:** Insbesondere bei übergreifenden Fällen. Bei einer Unfallmeldung mit Krankenhausaufenthalt, müsste auch die Krankenversicherung davon wissen.
7. **Beauftragung externer Detekteien:** Einsatz von spezialisierten Detekteien, um verdächtige Schadensfälle vor Ort zu untersuchen.
8. **Spezialisten:** Aufbau von spezialisierten Teams, die sich ausschließlich auf die Erkennung und Untersuchung von Betrugsfällen konzentrieren.

7.6 Rechte Dritter

7.6.1 Rechte Dritter in der Lebensversicherung

Dritte in der Lebensversicherung

Dritte in der Lebensversicherung sind Personen oder Institutionen, die keine direkte Vertragsparteien (Versicherungsnehmerin oder Versicherer) sind, aber Rechtsansprüche oder Zugriffsmöglichkeiten auf die Versicherungsleistungen oder Vertragsrechte erlangen können.

■ **BEISPIELE**

Kreditinstitute, Ehegatten, Insolvenzverwalter oder Gläubiger ■

Die Rechtsstellung und die Befugnisse dieser Dritten richten sich nach den spezifischen Regelungen des VVG, des BGB sowie weiterer einschlägiger Rechtsnormen.

Rechtsgrundlage: Zu den einschlägigen gesetzlichen Bestimmungen zählen insbesondere

- Abtretung: §§ 398 ff. BGB
- Verpfändung: §§ 1273 ff. BGB
- Pfändung: §§ 829 ff. ZPO
- Insolvenz: §§ 129 ff. InsO
- Versicherungsvertragsrecht: §§ 159, 160 VVG

Abtretung

Abtretung ist die rechtsgeschäftliche Übertragung von Ansprüchen aus einem Lebensversicherungsvertrag durch den Berechtigten auf einen Dritten.

Rechtsgrundlage: Gemäß §§ 398 ff. BGB können Ansprüche aus einem Versicherungsvertrag abgetreten werden, soweit der Vertrag dies nicht ausschließt.

Voraussetzungen: Die Zustimmung des Versicherers ist erforderlich, wenn der Versicherungsvertrag dies vorsieht (§ 159 Abs. 1 VVG).

Einschränkungen: Nicht abtretbar sind Leistungen, die nach § 850b Abs. 1 ZPO unpfändbar sind, wie zum Beispiel Berufsunfähigkeitsrenten.

Verfahren: Die Abtretung wird erst wirksam, wenn sie dem Versicherer angezeigt und von diesem zur Kenntnis genommen worden ist (§ 159 Abs. 2 VVG).

Verpfändung

Die Verpfändung dient der Sicherung von Ansprüchen aus Lebensversicherungsverträgen.

Rechtsgrundlage: Die Verpfändung ist in den §§ 1273 ff. BGB geregelt.

Voraussetzungen: Die Verpfändung muss dem Versicherer schriftlich angezeigt werden. Die Verpfändung wird mit Zugang der Anzeige wirksam (§ 130 BGB).

Besonderheiten: Die Verpfändung wirkt nur bis zur Höhe der gesicherten Forderung. Nach Befriedigung der Forderung erlischt die Verpfändung automatisch.

Pfändung

Lebensversicherungen können im Rahmen der Zwangsvollstreckung gepfändet werden, allerdings unter strengen gesetzlichen Voraussetzungen.

Rechtsgrundlage: Die einschlägigen Vorschriften finden sich in den §§ 829 ff. ZPO sowie speziell für Altersvorsorgeprodukte in § 851c ZPO.

Unpfändbare Leistungen: Altersvorsorgeprodukte können unpfändbar sein, wenn sie gesetzlich anerkannt und zur Sicherung des Lebensunterhalts bestimmt sind.

Pfändungs- und Überweisungsbeschluss (PfüB): Ein wirksamer PfüB ist Voraussetzung für die Geltendmachung der Ansprüche durch Gläubiger.

Insolvenz

Insolvenzverfahren betreffen Lebensversicherungen unterschiedlich, je nachdem, ob es sich um eine Verbraucherinsolvenz oder eine Unternehmensinsolvenz handelt.

Verbraucherinsolvenz

Rechtsgrundlage: Die Verbraucherinsolvenz richtet sich nach den Vorschriften der Insolvenzordnung (InsO), insbesondere den §§ 304 ff. InsO.

Schutz der Altersvorsorge: Nach § 36 Abs. 1 InsO sind Lebensversicherungen, die der Altersvorsorge dienen, unpfändbar und gehören nicht zur Insolvenzmasse.

Rückkaufswert: Der Rückkaufswert kann zur Insolvenzmasse gehören, wenn keine Unpfändbarkeit vorliegt.

Unternehmensinsolvenz

Rechtsgrundlage: Insolvenzverfahren über das Vermögen von Unternehmen sind in den §§ 11 ff. InsO geregelt und dienen der Befriedigung der Gläubiger durch Verwertung des Vermögens.

Insolvenzverwalter: Er übernimmt die Verwaltung der Versicherungsverträge und entscheidet über deren Fortführung oder Verwertung (§ 80 InsO).

Betriebliche Altersversorgung: Verträge, die der bAV dienen, unterliegen dem besonderen Schutz des Betriebsrentengesetzes (BetrAVG).

Liquidation

Die Liquidation eines Unternehmens hat Auswirkungen auf bestehende Lebensversicherungsverträge.

Rechtsgrundlage: Neben den Vorschriften des GmbHG und des AktG gelten für Lebensversicherungsverträge die Vorschriften des VVG.

Abwicklung: Versicherungsverträge können zur Befriedigung von Gläubigeransprüchen veräußert oder gekündigt werden.

Besonderheiten: Verträge der bAV unterliegen dem Schutz des BetrAVG und können nur eingeschränkt verwertet werden.

Weitere relevante Aspekte

- **Sicherungsabtretung:** Die Abtretung erfolgt häufig zur Besicherung von Krediten. Im Leistungsfall zahlt der Versicherer bis zur Höhe der gesicherten Forderung an die Bank.
- **Erbfall:** Abtretungen und Verpfändungen bleiben auch nach dem Tod der versicherten Person bestehen, sofern nichts anderes vereinbart wurde.
- **Versicherungsvertragsgesetz:** Das VVG regelt die Voraussetzungen für Abtretung, Verpfändung und Pfändung, insbesondere in § 159 VVG, um die Rechte aller Beteiligten zu sichern.

Fazit

Die rechtlichen Regelungen zu den Rechten Dritter in der Lebensversicherung sind komplex und erfordern eine genaue Beachtung der gesetzlichen Vorgaben. Sowohl Versicherungsnehmer*innen als auch potenzielle Dritte müssen sich der rechtlichen Grenzen und Möglichkeiten bewusst sein, um Konflikte zu vermeiden und Rechtssicherheit zu gewährleisten.

7.6.2 Rechte Dritter in der Unfallversicherung

Direktanspruch: Grundsätzlich steht die Versicherungsleistung dem Versicherungsnehmer zu, wobei dies bei der bUV in der Regel die Firma ist. Es kann jedoch ein Direktanspruch vereinbart werden, wodurch die Mitarbeiter direkt Ansprüche bei der Versicherung geltend machen können.

Bezugsberechtigte im Todesfall: In Unfallversicherungsverträgen kann der Versicherungsnehmer eine oder mehrere Personen als Bezugsberechtigte im Todesfall benennen. Diese Personen erhalten im Versicherungsfall, wie beispielsweise im Todesfall, die vereinbarte Todesfallsumme ausgezahlt und können direkt Ansprüche bei der Versicherung geltend machen. Falls keine bezugsberechtigte Person eingetragen ist, wird die Leistung gemäß der gesetzlichen Erbfolge an die Erben ausgezahlt.

Ansprüche bei anderen Leistungen: Sollte eine Person vor der Auszahlung einer anderen Leistung (zum Beispiel Krankenhaustagegeld) versterben, steht die Leistung grundsätzlich den Erben zu.

Besonderheiten bei der Unfallversicherung mit Beitragsrückgewähr (UPR): Bei einer Unfallversicherung mit Beitragsrückgewähr kann der rückgewährfähige Betrag beispielsweise bei Unterhaltsverpflichtungen, Privatinsolvenz, Scheidung oder im Falle des Bezugs von Sozialleistungen als Vermögen angerechnet oder gepfändet werden.

Vollmacht und Betreuungsurkunde: Im Falle einer Vollmacht oder bei gerichtlich bestellten Betreuern können die Inhaber der Vollmacht beziehungsweise der Betreuungsurkunde Ansprüche auf Leistungen erheben.

8 Regressmöglichkeiten, Regressverzicht

8.1 Regressmöglichkeiten Krankenversicherung

Werden Leistungen aus der privaten Kranken- oder Pflegeversicherung erbracht und ist der Eintritt des Versicherungsfalles (siehe hierzu § 1 Abs. 1 und 2 MB/KK 2009) nicht durch ein nach den Allgemeinen Versicherungsbedingungen versichertes Ereignis herbeigeführt worden, beispielsweise ein Verkehrsunfall, bei dem der Schädiger unseren Versicherten verletzt hat und das Verschulden bei ihm liegt, kann die PKV Regress nehmen. Der Regress wird gegenüber demjenigen geltend gemacht, der den Versicherungsfall herbeigeführt hat.

Regress

Ein Regress ist ein rechtlicher Anspruch, den eine Versicherung gegen einen Schädiger oder eine andere Versicherung geltend machen kann, wenn sie für einen Schaden aufgekommen ist, den der Schädiger verursacht hat. Der Zweck des Regresses ist, die Versicherung zu entlasten und den Schädiger oder dessen Versicherung zur Verantwortung zu ziehen.

Wie können private Krankenversicherungen Regress nehmen?

Private Krankenversicherungen können Regress nehmen, wenn sie für die Heilbehandlungskosten ihrer Versicherten aufkommen, die durch einen Unfall, Krankheit oder andere schädigende Ereignisse entstanden sind, die ein anderer verursacht hat. Die private Krankenversicherung kann dann von dem Schädiger oder dessen Haftpflichtversicherung die Erstattung der Kosten verlangen. Handelt es sich um einen Arbeitsunfall kann ein Regress bei der zuständigen Berufsgenossenschaft angemeldet werden. Dabei muss die PKV nachweisen, dass der Schädiger für den Schaden verantwortlich ist und dass die Kosten angemessen und notwendig waren.

■ BEISPIELE FÜR EINEN REGRESSFALL

Der Unfallverursacher Lutz Unglücklich fährt die versicherte Corinna Baier an, die bei einer PKV versichert ist. Corinna Baier erleidet einen komplizierten Bruch, der eine Operation und eine längere Rehabilitation erfordert. Die PKV von Corinna Baier übernimmt die Kosten für die Behandlung, die sich auf 20.000 € belaufen. Die PKV von Corinna Baier kann nun Regress bei der Haftpflichtversicherung von Lutz Unglücklich nehmen, die für den Schaden haftet, den Lutz Unglücklich verursacht hat.

Die PKV von Corinna Baier muss auch die Verjährungsfristen einhalten, die für Regressansprüche gelten. (s. auch § 86 VVG, §§ 195, 199 BGB).

Regressforderungen entfallen, wenn Schädiger und Geschädigte in einer häuslichen Gemeinschaft leben.[1] ■

■ **BEISPIEL FÜR EINEN WEGEUNFALL, DER ÜBER DIE BERUFSGENOSSENSCHAFT VERSICHERT IST**

Lutz Unglücklich war mit dem Fahrrad auf dem Weg zur Arbeit, als ihm von dem Autofahrer Max Eilig die Vorfahrt genommen wurde. Die Fahrradfahrt auf direktem Weg zur Arbeit gilt als eine versicherte Tätigkeit im Sinne des SGB VII. Somit hat Lutz Unglücklich einen Arbeitsunfall erlitten. Er hat daher einen Anspruch auf Leistungen der GUV. Diese Leistungen umfassen zum Beispiel die ärztliche Behandlung, die Krankengeldzahlung, die berufliche Wiedereingliederung und die Rentenzahlung. Die GUV wiederum kann Schadensersatz von Max Eilig oder dessen Haftpflichtversicherung fordern.

Allerdings kann Lutz Unglücklich – da der Unfall auf einem versicherten Weg im Sinne des § 8 Abs. 2 Nr. 1 SGB VII erfolgt ist -nur die Leistungen der GUV beanspruchen und nicht direkt Schadensersatz von Max Eilig beziehungsweise seiner Haftpflichtversicherung verlangen (siehe zur Regressforderung der Berufsgenossenschaft auch § 116 SGB X).

Sofern die PKV Leistungen erbringt, zum Beispiel für die stationäre Heilbehandlung, kann sie diese mittels einer Regressforderung bei der Berufsgenossenschaft einfordern.

Wird ein Krankenhaustagegeld gezahlt, greift § 86 VVG nicht. ■

8.2 Regressmöglichkeiten in der Unfallversicherung

8.2.1 Gesetzliche Unfallversicherung

Regress in der GUV bezeichnet den Rückgriff des Versicherers auf den Verantwortlichen, um die durch einen Versicherungsfall entstandenen Kosten zurückzufordern. Dies ist ein gängiges Verfahren, das in den §§ 104–111 des SGB VII gesetzlich geregelt ist. Diese Paragraphen behandeln die Haftung von Unternehmern, im Betrieb tätigen Personen und Dritten bei Arbeitsunfällen und Berufskrankheiten. Das Ziel dieser Bestimmungen ist es, einerseits den finanziellen Schutz der Unternehmer sicherzustellen und andererseits grob fahrlässiges oder vorsätzliches Verhalten angemessen zu sanktionieren.

1 Wilke, Hans Joachim, Fortmann, Michael, Handbuch zur privaten Haftpflichtversicherung, Karlsruhe, Verlag Versicherungswirtschaft, 2022, Rn. 1566.

Pflichtverletzungen gegen Unfallverhütungsvorschriften

Kommt es zu einer Pflichtverletzung in Bezug auf Unfallverhütungsvorschriften, die einen Schaden verursacht, greift zugunsten des Geschädigten eine **Beweislastumkehr** gemäß § 280 BGB. Diese Beweislastumkehr tritt insbesondere dann in Kraft, wenn der Schaden aus dem Verantwortungsbereich des Schädigers entstanden ist und Anzeichen einer Sorgfaltspflichtverletzung vorliegen. In Fällen, in denen spezifische Unfallverhütungsvorschriften missachtet wurden, ist es für den Schädiger besonders schwer, den Gegenbeweis zu erbringen.

Relevante Vorschriften umfassen beispielsweise Maßnahmen wie das Entfernen oder Abdecken brennbarer Stoffe, das Abdichten von Öffnungen, das Einrichten von Brandwachen sowie die Bereitstellung von Feuerlöscheinrichtungen. Diese Vorschriften sind im DGUV-Regelwerk verankert. Bei vertraglichen Ansprüchen gilt ebenfalls die Beweislastumkehr zugunsten des Geschädigten nach § 280 Abs. 1 S. 2 BGB. Auch ein Organisationsverschulden, etwa durch die Betriebsleitung, kann relevant sein, wenn erforderliche Sicherheitsmaßnahmen nicht ausreichend kommuniziert oder überwacht wurden.

Überschreiten der Höchstarbeitszeit

Die Höchstarbeitszeit ist durch §§ 3 ff. Arbeitszeitgesetz (ArbZG) geregelt. Wird diese überschritten, steigt das Unfallrisiko, insbesondere durch Ermüdung des Arbeitnehmers. Führt eine solche Überschreitung zu einem Arbeitsunfall und wird nachgewiesen, dass der Arbeitgeber die gesetzlichen Vorgaben vorsätzlich oder grob fahrlässig missachtet hat, kann die gesetzliche Unfallversicherung Regressansprüche geltend machen. Diese Möglichkeit ist im SGB VII, insbesondere in den §§ 110 und 111, festgelegt. Eine Überschreitung der Höchstarbeitszeit kann in diesem Zusammenhang als grobe Fahrlässigkeit gewertet werden.

Haftungsbeschränkungen für Unternehmer und Beschäftigte

§ 104 SGB VII – Haftung der Unternehmer: Unternehmer haften für Personenschäden durch Arbeitsunfälle oder Berufskrankheiten nur bei vorsätzlicher Herbeiführung oder bei Unfällen auf bestimmten versicherten Wegen (zum Beispiel Arbeitsweg). Ein Forderungsübergang auf den Unfallversicherungsträger ist ausgeschlossen und verbleibende Ersatzansprüche werden um bereits erhaltene Leistungen der Unfallversicherung gekürzt.

§ 105 SGB VII – Haftung anderer im Betrieb tätiger Personen: Diese Regelung erweitert die Haftungsbeschränkungen auf andere im Betrieb tätige Personen, die ebenfalls nur bei Vorsatz oder bei Unfällen auf bestimmten versicherten Wegen haften. Die Haftung gilt auch für nicht versicherte Unternehmer und ist auf den zivilrechtlichen Schadensersatzanspruch begrenzt.

§ 106 SGB VII – Haftung anderer Personen: Die Haftungsbeschränkungen der §§ 104 und 105 gelten auch für bestimmte Gruppen von Versicherten, wie Betriebsangehörige oder Pflegepersonen, die innerhalb eines Unternehmens oder einer Pflegebeziehung tätig sind. Diese Regelungen greifen auch bei der Zusammenarbeit mehrerer Unternehmen in Unglücksfällen oder bei gemeinsamen betrieblichen Tätigkeiten.

Haftung gegenüber den Sozialversicherungsträgern

§ 110 SGB VII – Haftung bei Vorsatz oder grober Fahrlässigkeit: Personen, deren Haftung nach den §§ 104–107 SGB VII beschränkt ist, haften gegenüber den Sozialversicherungsträgern, wenn sie einen Versicherungsfall vorsätzlich oder grob fahrlässig herbeigeführt haben. Die Haftung ist jedoch auf die Höhe des zivilrechtlichen Schadensersatzanspruchs begrenzt. Bei Schwarzarbeit haften Unternehmer für die Kosten, die den Unfallversicherungsträgern infolge von Versicherungsfällen entstehen, wenn Sozialversicherungsbeiträge nicht korrekt entrichtet wurden.

Definition der groben Fahrlässigkeit: Grobe Fahrlässigkeit liegt vor, wenn die erforderliche Sorgfalt in besonders schwerem Maße verletzt wird, beispielsweise durch das Ignorieren offensichtlicher Risiken, die jedem einleuchten müssten (vgl. § 45 Abs. 2 Nr. 3 SGB X). Typische Beispiele sind Verstöße gegen Unfallverhütungsvorschriften, wie unzureichende Sicherungen bei Arbeiten in großer Höhe. Ob grobe Fahrlässigkeit vorliegt, wird im Einzelfall durch die Rechtsprechung geprüft.

§ 111 SGB VII – Haftung des Unternehmens: Vertretungsberechtigte Organe, Gesellschafter oder gesetzliche Vertreter eines Unternehmens haften gemäß § 110 SGB VII, wenn sie den Versicherungsfall vorsätzlich oder grob fahrlässig verursachen. Diese Haftung erstreckt sich auch auf das Vermögen des Unternehmens, insbesondere bei Vereinen.

Regressansprüche und Schadensersatz

Schadensersatz von Unternehmern: Unternehmer, die vorsätzlich oder grob fahrlässig handeln oder notwendige Schutzmaßnahmen unterlassen, können von der Berufsgenossenschaft in Regress genommen werden und sind verpflichtet, Schadensersatz zu leisten.

Schadensersatz von Dritten: Verursacht ein Dritter (eine Person außerhalb des Unternehmens) einen Arbeits- oder Wegeunfall, kann die Berufsgenossenschaft Regressansprüche geltend machen, um ihre Aufwendungen zu decken. Diese Regressforderungen tragen dazu bei, die Beiträge der Mitglieder zu senken, indem sichergestellt wird, dass der tatsächliche Verursacher des Schadens zur Verantwortung gezogen wird.

8.2.2 Private Unfallversicherung

Grobe Fahrlässigkeit: Seit der Reform des Versicherungsvertragsgesetzes 2008 ist der Versicherer berechtigt, seine Leistung zu kürzen, wenn der Versicherungsnehmer den Versicherungsfall grob fahrlässig herbeigeführt hat (vgl. § 81 Abs. 2 VVG). Die Höhe der Kürzung richtet sich nach der Schwere des Verschuldens und führt zu einer sogenannten Quotelung. Diese Regelung ersetzt das frühere Alles-oder-nichts-Prinzip, bei dem der Versicherer oft von der Leistungspflicht befreit war, wenn grobe Fahrlässigkeit vorlag. Gerichtsentscheidungen zur Bemessung der Quotelung sind vielfältig und reichen von keiner Kürzung bis zur vollständigen Leistungsfreiheit, wobei die Umstände des Einzelfalls gründlich abgewogen werden.

8.2.3 Ausgleichspflichten anderer Leistungsträger

Hat der Versicherte mehrere Versicherungen für dasselbe Risiko abgeschlossen, kann der Versicherer im Falle von versicherten Kosten (zum Beispiel Bergungs-, Rettungs- oder Transportkosten) seine Zahlungen kürzen oder den Ausgleich bei anderen Versicherern suchen.

§ 78 VVG – Haftung bei Mehrfachversicherungen

Wenn mehrere Versicherungen dasselbe Risiko abdecken und die Gesamtsumme der Entschädigungen den tatsächlichen Schaden übersteigt, haften die Versicherer als **Gesamtschuldner**. Der Versicherungsnehmer kann jedoch insgesamt nur den tatsächlichen Schaden ersetzt verlangen.

Die Versicherer müssen im Verhältnis zueinander entsprechend ihrer jeweiligen vertraglichen Verpflichtungen Ausgleich leisten. Ein Ausgleichsanspruch nach ausländischem Recht besteht nur, wenn dieses einen solchen Anspruch vorsieht.

Wurde die Mehrfachversicherung in der Absicht abgeschlossen, einen **unrechtmäßigen Vermögensvorteil** zu erlangen, so ist jeder in dieser Absicht geschlossene Vertrag nichtig. Der Versicherer hat in diesem Fall Anspruch auf die Prämie bis zur Kenntnis der **Nichtigkeit**.

Subsidiärer Schutz:

In den Versicherungsbedingungen – so auch in Proximus – findet sich für Bergungs-, Rettungs- und Transportkosten, kosmetische Operationen und Zahnersatz die Formulierung: „Wir erstatten nachgewiesene und nicht von Dritten übernommene Kosten." Damit ist ein sogenannter subsidiärer Schutz gemeint. Die Versicherung leistet also nachrangig für die übrig gebliebenen, „nicht von Dritten", also von anderer Stelle bereits übernommene, Kosten. In der Praxis muss hier ein Nachweis seitens der versicherten Person erfolgen, dass andere Kostenträger (zumeist die Krankenkasse) die Leistung ganz oder teilweise verweigert.

8.3 Richterliche Entscheidungen

Es kann zwischen Versicherten und Versicherer zu unterschiedlichen Auffassungen kommen, die sich nicht durch eine normale Beschwerde, Reklamation, Ombudsmann- oder BaFin-Beschwerde beheben lassen. In diesen Fällen kommt es gelegentlich dazu, dass Versicherte oder Versicherer ein gerichtliches Verfahren einleiten.

Vorweg sei erwähnt, dass für eine kunden- und damit verbraucherorientierten Kundenkommunikation eine transparente und auf Augenhöhe geführte Kommunikation erfolgen sollte.

8.3.1 Schlichtung Ombudsmann oder BaFin

Sollten Unklarheiten zwischen Versicherten und Versicherer bestehen, die nicht einfach behoben werden können, hat der Versicherer Versicherte darüber zu informieren, dass sich diese zur Schlichtung an den Ombudsmann oder an die BaFin wenden können.

Versicherte können ein Verfahren beim Ombudsmann oder bei der BaFin nur dann einreichen, wenn noch kein Rechtsweg beschritten wurde.

8.3.2 Gerichtliches Verfahren

Können sich Versicherung und Versicherungsnehmer nicht einigen, so kann Klage eingereicht werden.

In der privaten Krankenversicherung erfolgt die Einreichung einer Klage bei dem zuständigen Amtsgericht (Streitwert bis 5.000 €) oder beim Landgericht (Streitwert über 5.000 €), siehe auch § 23 Gerichtsverfassungsgesetz (GVG). Das zuständige Amtsgericht oder Landgericht kann abhängig vom Wohnort des Versicherten sein (siehe unter anderem § 215 VVG). Versicherungsnehmer haben damit ein Wahlrecht beim Gerichtsstand, sie können am Sitz der Versicherung klagen oder an ihrem Wohnsitz (zuständiges Gericht im jeweiligen Bezirk). Neben der Regelung im VVG findet sich beispielsweise auch eine Klarstellung dazu in den Allgemeinen Versicherungsbedingungen, hier § 17 im Bedingungsteil MB/KK 2009 oder in § 16 der Allgemeinen Versicherungsbedingungen für die Rentenversicherung.

Die Klageschrift wird in der Regel von einem Juristen mit Kenntnis im Versicherungsrecht formuliert, kann aber auch vom Versicherten selbst ohne Anwalt verfasst werden, sofern die Klage beim Amtsgericht eingerichtet wird (§ 78 Zivilprozessordnung (ZPO). Ab dem Landgericht besteht nach § 78 ZPO Anwaltspflicht.

Die Klageschrift beinhaltet

- den Sachverhalt,
- eine Begründung, auf welcher Grundlage die Klage eingereicht wird,
- welche Erstattung oder Entscheidung (zum Beispiel Kostenzusage) seitens des Klägers erwartet wird,
- Beweismittel (zum Beispiel Rechnungsbeleg) sowie
- Angaben zur Kostenverteilung (Wer trägt die Kosten des Verfahrens?). Der Kläger beantragt meist, dass die beklagte Partei die Kosten zu tragen hat.

Dem Beklagten, in unserem Beispiel der Proximus Krankenversicherung AG, wird durch das Amtsgericht die Klage zugestellt. Das Amtsgericht gibt der Proximus Krankenversicherung AG eine angemessen Frist, in der sie auf die Klage reagieren kann.

Eine erhaltene Klageschrift ist aufmerksam zu lesen, die vorgetragenen Argumente des Klägers sorgsam zu prüfen und dann zu erwidern. In einem juristischen Verfahren stellt die Klageerwiderung ein formelles Mittel für den Beklagten dar, auf die Vorwürfe des Klägers zu reagieren und eigene Ansprüche geltend zu machen. Sie ist ein wesentlicher Bestandteil des schriftlichen Vorverfahrens und sollte präzise formuliert sein, um die Rechtsposition des Beklagten effektiv zu verteidigen.

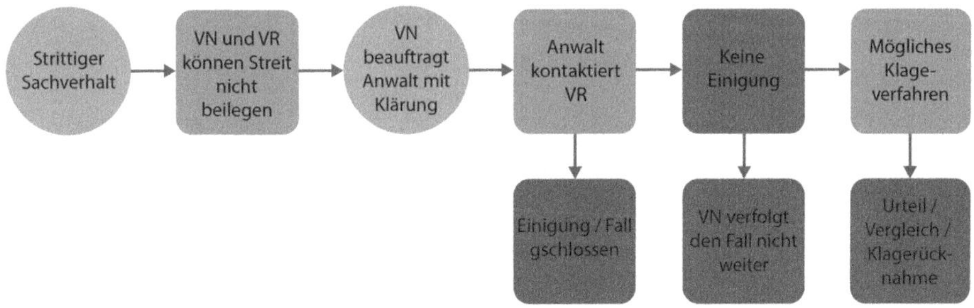

Abbildung 8.1: Schema (außer-)gerichtliches Verfahren in Kurzdarstellung (Jens Noormann)

Die Klageschrift (Deckblatt) kann wie folgt aussehen:

Klage wegen nicht gezahlter Versicherungsleistungen

An das
Amtsgericht
Infanteriestr. 8
80325 München

Klage

Ernst Müller, Artur-Franz-Platz 3, 80802 München

- Kläger -

Prozessbevollmächtigte: RAe Hofbacher & Hofmüller, München

gegen

die Proximus Krankenversicherung AG, vertreten durch den Vorstand, dieser vertreten durch die Vorsitzende Sabine Roth, Prinzenstr. 2, 80802 München

- Beklagte -

wegen Versicherungsleistung.

Schadennummer Kranken 2024-98765412
Streitwert: 4.689 Euro

Anträge:

1. Die Beklagte wird verurteilt, an den Kläger 4.500 Euro nebst 5%-Punkten über den Basiszinssatz seit dem 1.2.2024 zu zahlen.
2. Die in Verbindung mit dem notwendigen Hilfsmittel Verbrauchskosten jährlich in Höhe von 189,00 Euro im Voraus zu erstatten.

Gründe:
Gegenstand der Klage sind Leistungsansprüche des Klägers aus einer bei der Beklagten bestehenden Krankheitskostenvollversicherung. Die Beklagte hat ihre Leistung bisher gänzlich verweigert, da sie das Hilfsmittel als nicht versicherte Leistung ablehnt.

Abbildung 8.2: Muster einer Klageschrift – Deckblatt (Jens Noormann)

Nach der Klageerwiderung erfolgt die Prüfung durch das Gericht und es kann zu einer Verhandlung kommen. Es kann zwischen den Parteien jederzeit, bis zum rechtskräftigen Abschluss des Verfahrens, ein Vergleich vereinbart werden. Damit würde das weitere gerichtliche Verfahren hinfällig und es würde kein Urteil gesprochen werden.

Kommt es zu einer Verhandlung mit einer abschließenden Urteilsverkündung, so könnte in diesem Beispiel die Proximus Krankenversicherung AG verpflichtet werden, die eingeklagte Erstattung ganz oder teilweise zu erstatten. Nach Urteilsverkündung kann eine Berufung erfolgen. Dazu sind bestimmte Kriterien notwendig, beispielsweise-. dass eine Partei mit einem Streitwert von mehr als 600 € den Prozess verloren hat. Bei einem Streitwert unter 600 € kann das Gericht eine Berufung zulassen. Nach Urteilsverkündung durch das Amtsgericht würde dann das Landgericht den Fall aufnehmen.

Kommt es zu einer Verhandlung mit anschließender Urteilsverkündung, so könnte in diesem Beispiel die Proximus Krankenversicherung AG verpflichtet werden, die eingeklagten Kosten ganz oder teilweise zu erstatten.

Nach der Verkündung des Urteils kann gegebenenfalls Berufung eingelegt werden. Dazu sind bestimmte Kriterien notwendig, beispielsweise, dass eine Partei durch den Urteilstenor mit mehr als 600 € beschwert ist. Die Berufungsfrist beträgt **einen Monat** (§ 517 ZPO) ab der Zustellung des Urteils.

Bei einem Streitwert unter 600 € wird das Gericht eine Berufung nur ausnahmsweise, insbesondere bei allgemeiner Bedeutung der Rechtsfragen, zulassen.

Nach den Urteilsverkündung durch das Amtsgericht würde dann das Landgericht (nach § 72 Abs. 1 GVG) den Fall aufnehmen, beziehungsweise die jeweilige Berufungsinstanz.

Das Berufungs-Schema ist wie folgt:

Urteil von	Rechtsmittel Berufung kann angefochten werden bei
Amtsgericht	Landgericht (siehe auch § 72 Abs. 1 GVG)
Landgericht	Oberlandesgericht (siehe auch § 119 Abs. Nr. 2 GVG)
Oberlandesgericht	Bundesgerichtshof (siehe auch § 133 GVG)

Tabelle 8.1: Berufungs-Schema Urteil (Jens Noormann)

Entscheidungen des Bundesgerichtshofs

Der Bundesgerichtshof fällt richtungsweisende Urteile, welche für gleichgelagerte oder ähnliche Fallkonstellationen eine starke Verbindlichkeit erzeugen.

Ein Beispiel für ein solches Urteil ist die Entscheidung vom 18.9.2024 (Az. IV ZR 436/22), in der der BGH die Zulässigkeit bestimmter Regelungen zur Beteiligung von Versicherungsnehmern an Überschüssen in Rentenversicherungen bestätigte.

Auf der Seite des Bundesgerichtshof (bundesgerichtshof.de – navigieren Sie zu Suchen – dann dort zu Entscheidungen) können Sie nach Urteilen suchen, die für die Versicherungsunternehmen von Relevanz sind.

Anwendbarkeit und Berücksichtigung von Urteilen

Für Versicherungsnehmer und Versicherer ist es von elementarer Bedeutung, dass Verträge eine hohe Rechtssicherheit aufweisen und Vereinbarungen lebenslang verbindlich sind, um einen zuverlässigen Versicherungsschutz zu gewährleisten. Aus Sicht der Versicherer ist es unerlässlich, dass die Bedingungen valide sind, da der kalkulierte Beitrag sowohl zugesagte als auch nicht zugesagte Versicherungsfälle berücksichtigt.

Urteile des Bundesgerichtshofs sowie anderer Gerichte sind sorgfältig zu prüfen. Dabei sind mögliche Auswirkungen auf den bestehenden Bestand und das Neugeschäft zu berücksichtigen. Rechtsrisiken sind zu minimieren und die Bedingungen für das Neugeschäft vorsorglich anzupassen. Bedingungen, die zu Ungunsten des Versicherten vereinbart wurden, sind gegebenenfalls anzupassen.

9 Nachhaltigkeit

9.1 Aspekte der Nachhaltigkeit

9.1.1 Nachhaltigkeit in der Versicherungswirtschaft

Nachhaltigkeit spielt eine zunehmend wichtige Rolle in der Versicherungswirtschaft, da Versicherungsunternehmen die Auswirkungen von Umwelt-, Sozial- und Governance-Risiken (ESG) sowohl auf ihre eigenen Geschäftsmodelle als auch auf die Risiken, die sie abdecken, berücksichtigen müssen. In den letzten Jahren ist der Druck auf Versicherer, nachhaltiger zu agieren, gestiegen – sowohl von Seiten der Regulierungsbehörden als auch von den Kunden, Investoren und der Gesellschaft im Allgemeinen.

Wesentliche Aspekte der Nachhaltigkeit in der Versicherungswirtschaft

Integration von ESG-Kriterien: Versicherungsunternehmen berücksichtigen zunehmend ESG-Kriterien bei der Risikobewertung, der Kapitalanlage und in ihren Produkten. ESG umfasst Umweltfaktoren (zum Beispiel Klimawandel), soziale Aspekte (zum Beispiel Arbeitsrechte) und Governance-Aspekte (zum Beispiel Unternehmensführung und Transparenz). Diese Kriterien helfen Investoren und Kunden Entscheidungen zu treffen, die nicht nur finanzielle Aspekte, sondern auch positive soziale und ökologische Auswirkungen berücksichtigen.

- **Umweltfaktoren (E)**: Versicherer müssen die Auswirkungen des Klimawandels auf ihre Risiken verstehen, sowohl im Hinblick auf Schäden durch Naturkatastrophen als auch auf die Auswirkungen von Umweltrisiken auf Unternehmen und deren Geschäftstätigkeiten.
- **Soziale Faktoren (S)**: Dazu gehören unter anderem die Behandlung von Mitarbeitern und die Verantwortung gegenüber den Kunden wie auch das Engagement für die Gesellschaft.
- **Governance (G)**: Es geht um die Qualität der Unternehmensführung, die Transparenz und die ethische Verantwortung im Geschäftsbetrieb.

	ESG	
Environment (Umweltbezogene Aspekte)	Social (Soziale Verantwortung)	Governance (Gute Unternehmensführung)

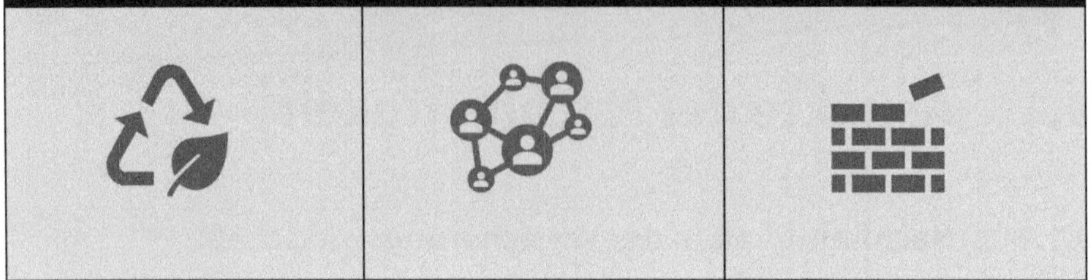

Klima	Mitarbeiter	Risiko-/Reputationsmanagement
Ressourcen schonen	Gesundheit und Sicherheit	Aufsichtsstrukturen
Wasser	Demograph. Wandel	Compliance
Artenvielfalt	Ernährungssicherheit	Korruption

Abbildung 9.1: In Anlehnung an Gabler Wirtschaftslexikon

Durch die Berücksichtigung dieser ESG-Kriterien entstehen immer mehr nachhaltige Versicherungsprodukte, wie etwa Versicherungen für erneuerbare Energien oder Mikroversicherungen für benachteiligte Bevölkerungsgruppen. Zusätzlich fördert die Integration von ESG-Kriterien in Anlageentscheidungen nachhaltige Investitionen, sichert langfristige Renditen und vermeidet Investitionen in umstrittene Geschäftsbereiche.

Regulatorische Anforderungen und Transparenz

Die Nachhaltigkeitsvorschriften für die Versicherungswirtschaft sind hauptsächlich europäisch geregelt:

1. **EU-Taxonomieverordnung**

   Die EU-Taxonomieverordnung ist ein Regelwerk der Europäischen Union, das darauf abzielt, einheitliche Kriterien zur Klassifikation von „nachhaltigen" wirtschaftlichen Aktivitäten zu schaffen. Ihr Hauptziel ist es, Investitionen in Projekte und Aktivitäten zu lenken, die umweltfreundlich und nachhaltig sind, und somit einen Beitrag zur Umsetzung der EU-Klimaziele und der Agenda 2030 für nachhaltige Entwicklung zu leisten.

   Die Verordnung wurde am 18.6.2020 verabschiedet und ist Teil des „Green Deal" der EU. Sie definiert, was als nachhaltig angesehen wird, und legt Kriterien fest, die Unternehmen, Finanzinstitute und Investoren dazu anregen sollen, in umweltfreundliche und nachhaltige Aktivitäten zu investieren.

   In der Verordnung werden sechs Umweltziele genannt, die für die Klassifizierung von Wirtschaftstätigkeiten maßgeblich sind.

1. **Klimaschutz:** Reduktion von Treibhausgasemissionen
2. **Anpassung an den Klimawandel:** Minimierung der Klimawandelauswirkungen
3. **Nachhaltige Nutzung und Schutz von Wasser- und Meeresressourcen:** Erhaltung von Wasserökosystemen
4. **Übergang zur Kreislaufwirtschaft:** Förderung von Recycling und Ressourceneffizienz
5. **Vermeidung und Verminderung der Umweltverschmutzung:** Reduktion von Schadstoffen
6. **Schutz und Wiederherstellung der Biodiversität und der Ökosysteme:** Erhaltung natürlicher Lebensräume

Anhand der Klassifizierungssystematik gilt eine Wirtschaftstätigkeit als ökologisch nachhaltig, wenn sie

- einen wesentlichen Beitrag zu einem Umweltziel leistet,
- keine erhebliche Beeinträchtigung anderer Umweltziele verursacht,
- soziale Mindestschutzstandards einhält, und
- technische Bewertungskriterien erfüllt, wie in den Delegierten Verordnungen festgelegt.

2. **EU-Offenlegungspflichten zur Nachhaltigkeit (SFDR)**

Die **Sustainable Finance Disclosure Regulation (SFDR)** ist eine Verordnung der Europäischen Union, die darauf abzielt, die Transparenz und Vergleichbarkeit von nachhaltigen Investitionen zu erhöhen. Sie wurde eingeführt, um den Übergang zu einer nachhaltigeren Wirtschaft zu fördern, indem sie Finanzmarktteilnehmer (einschließlich Versicherer, Banken, Vermögensverwalter und Pensionsfonds) dazu verpflichtet, Informationen zu den Nachhaltigkeitsrisiken und Auswirkungen ihrer Finanzprodukte offenzulegen. Die SFDR ist ein zentraler Bestandteil des EU-Green Deals. Spezifische Anforderungen der Verordnung sind unter anderem:

EU-Offenlegungspflichten: Versicherer müssen offenlegen, wie sie ESG-Faktoren in ihre Geschäftsstrategien integrieren und welche Auswirkungen dies auf ihre Risikomanagement- und Investitionsstrategien hat. Sie müssen darlegen, wie ihre Produkte und Dienstleistungen zur nachhaltigen Entwicklung beitragen.

Nachhaltigkeitsberichterstattung: Viele Versicherungsunternehmen haben bereits begonnen, Nachhaltigkeitsberichte zu veröffentlichen, in denen sie ihre Fortschritte bei der Umsetzung von ESG-Zielen darlegen.

Die **ESG-Abfragepflicht** ist besonders relevant für Versicherungsmakler und -berater, die ihren Kunden nachhaltige Finanzprodukte empfehlen. Sie verpflichtet diese, die **Nachhaltigkeitspräferenzen** der Kunden zu ermitteln und sicherzustellen, dass diese bei der Auswahl von Produkten berücksichtigt werden.

3. **Lieferkettensorgfaltspflichtengesetz (LkSG)**

   Das Lieferkettensorgfaltspflichtengesetz ist seit dem 1.1.2023 in Kraft und verpflichtet Versicherungsunternehmen, ihre nachhaltigen Praktiken offenzulegen und in ihre Geschäftsstrategien zu integrieren. Das LkSG wird durch spezifische Anforderungen der BaFin unterstützt.

Sustainable Development Goals (SDGs)

Die Sustainable Development Goals (SDGs), auch bekannt als **Ziele für nachhaltige Entwicklung**, wurden 2015 von den Vereinten Nationen verabschiedet. Diese 17 globalen Ziele sollen bis 2030 zur Beseitigung von Armut, Bekämpfung der Ungleichheit und zum Schutz des Planeten beitragen. Für den Versicherungssektor bieten die SDGs eine wertvolle Orientierung, wie er zur Erreichung dieser globalen Ziele beitragen kann.

Der Versicherungssektor hat die Chance, eine führende Rolle bei der Erreichung der Sustainable Development Goals (SDGs) zu übernehmen. Beispielsweise durch die Entwicklung von grünen Versicherungsprodukten, die Förderung von nachhaltigen Investitionen, die Unterstützung von klimafreundlichen Geschäftspraktiken und den aktiven Beitrag zu sozialer Gerechtigkeit und Inklusion können Versicherer nicht nur ihre Geschäftsstrategie auf die SDGs ausrichten, sondern auch einen positiven Einfluss auf die Gesellschaft und die Umwelt ausüben. Es ist ein entscheidender Moment für den Sektor, um seine Verantwortung im Hinblick auf nachhaltige Entwicklung zu erkennen und proaktiv zu handeln. Versicherungsunternehmen können durch die Integration der SDGs in ihre Geschäftsmodelle konkrete Nachhaltigkeitsziele wie beispielsweise saubere Energie (SDG 7) oder verantwortungsvollen Konsum (SDG 12) verfolgen. Die SDGs bieten somit eine zielgerichtete Basis für die Umsetzung von ESG-Praktiken.

Abbildung 9.2: SDG: Sustainable Development Goals (Vgl. https://sdgs.un.org/goals)

Nachhaltigkeit und Kundenbindung

Immer mehr Kunden bevorzugen Versicherer, die sich für Nachhaltigkeit und verantwortungsvolles Handeln einsetzen. Vor allem jüngere Generationen legen großen Wert auf die **nachhaltige Ausrichtung von Unternehmen**, mit denen sie Geschäftsbeziehungen eingehen. Versicherer reagieren darauf, indem sie

- nachhaltige Produkte und Dienstleistungen anbieten,
- transparente Informationen über die Nachhaltigkeitsinitiativen bereitstellen und
- Unternehmen durch ESG-Strategien als langfristig stabile Partner positionieren.

Fazit
Versicherer sind zunehmend verpflichtet, ihre Nachhaltigkeitsstrategien und nachhaltigen Produkte transparent offenzulegen sowie ihre Kunden entsprechend zu informieren und zu beraten. Dies erfordert eine kontinuierliche Überprüfung der bestehenden Produkte und Prozesse, um gezielte Maßnahmen zur Verbesserung der Nachhaltigkeit zu entwickeln. Eine zentrale Rolle spielen dabei die ESG-Kriterien (Umwelt, Soziales und Unternehmensführung), die helfen, Risiken frühzeitig zu erkennen und effektiv zu managen.

Versicherungsunternehmen müssen sich außerdem auf neue regulatorische Anforderungen wie den Europäischen Green Deal (EGD) und die Corporate Sustainability Reporting Directive (CSRD) einstellen. Diese fordern nachhaltige Geschäftsstrategien und verpflichten Unternehmen zu einer umfassenderen Berichterstattung über ihre Nachhaltigkeitsleistungen. In diesem Kontext bewerten Versicherer Unternehmen zunehmend nach ihrer ESG-Konformität. Unternehmen, die diese Anforderungen nicht erfüllen, könnten mit reduzierten Deckungskapazitäten oder sogar mit dem Ausschluss von Versicherungsleistungen konfrontiert werden.[1]

Dieser ganzheitliche Ansatz zeigt, dass Nachhaltigkeit in der Versicherungsbranche nicht nur eine gesetzliche Verpflichtung darstellt, sondern auch eine strategische Notwendigkeit für langfristigen Erfolg ist.

9.1.2 Herausforderungen für Vermittler

Die Herausforderungen für Versicherungsvermittler sind vielschichtig und betreffen sowohl die Strategie als auch die Praktiken bei der Vermittlung von Versicherungsprodukten. Versicherungsvermittler spielen eine zentrale Rolle, da sie die Schnittstelle zwischen Versicherungsunternehmen und Kunden bilden und somit die Auswahl von Produkten beeinflussen können. In einer Welt, die zunehmend Wert auf Nachhaltigkeit und soziale Verantwortung legt, gewinnen Versicherungsvermittler an Bedeutung, wenn es darum geht, nachhaltige Versicherungsprodukte und -lösungen zu fördern und ihren Kunden transparente und verantwortungsvolle Optionen anzubieten.

Durch die neuen gesetzlichen Anforderungen, die sich aus den Delegierten Verordnungen (EU) 2017/2359, IDD, MiFID II und SFDR ergeben, sind Vermittler dazu verpflichtet, bei der Beratung zu Versicherungsanlageprodukten auch die ESG- beziehungsweise Nachhaltigkeitspräferenzen der Kunden zu berücksichtigen.

Dies liegt im Wesentlichen daran, dass Versicherer, die Versicherungsanlageprodukte konzipieren und vertreiben, den Anforderungen der SFDR (Verordnung über nachhaltigkeitsbezogene Offenlegungspflichten) und den Delegierten Änderungsverordnungen zu den IDD-Verordnungen entsprechen müssen. Dies umfasst die Veröffentlichung einer Nachhaltigkeitsstrategie, die Einrichtung eines einheitlichen Produktgenehmigungsverfahrens und die Befragung der Kunden nach ihren Nachhaltigkeitspräferenzen bei Versicherungsanlageprodukten. Diese Präferenzen sind in die Geeignetheitsprüfung gemäß § 7c VVG einzubeziehen, optional auch für andere Lebensversicherungen.

Wenn die Befragung beispielsweise ergibt, dass nachhaltige Anlagen gewünscht sind, müssen diese Präferenzen bei den Lösungsvorschlägen berücksichtigt werden. Es ist zu **dokumentieren**, ob die Wünsche im Rahmen der Produktauswahl bestmöglich be-

1 WTW MarktSpot Report Q3-2024.

rücksichtigt wurden oder warum dies gegebenenfalls nicht möglich war. Dies kann zum Beispiel der Fall sein, wenn ein Kunde sich für ein renditestärkeres Produkt anstelle einer ESG-konformen aber weniger renditestarken Lösung entschieden hat.

Hinweis

Auch wenn die Berücksichtigung von ESG-Kriterien in anderen Versicherungssparten nicht verpflichtend ist, kann dies als Wettbewerbsvorteil genutzt werden. Mittlerweile gibt es zunehmend Angebote, die auch in anderen Versicherungssparten nachhaltige Lösungen bieten.

Herausforderungen einer nachhaltigen Beratung

Die Integration von Nachhaltigkeit in die Beratungspraxis erfordert ein vertieftes Verständnis der ESG-Kriterien. Versicherungsvermittler müssen sich deshalb mit ESG-Themen beschäftigen, um ihren Kunden die Hintergründe erklären, Fragen beantworten und sie entsprechend beraten zu können. Im Zuge einer nachhaltigen Beratung kommen deshalb verschiedene Herausforderungen auf die Vermittler zu:

Vielzahl an ESG-Kriterien: Es kann herausfordernd sein, die vielfältigen Nachhaltigkeitsaspekte (Umwelt, soziale Verantwortung, Unternehmensführung) in einem integrierten Beratungskonzept zu berücksichtigen und gleichzeitig die Wünsche der Kunden zu erfüllen. Zudem werden die ESG-Kriterien von Versicherungsunternehmen in unterschiedlichem Maße berücksichtigt. Versicherungsvermittler müssen daher in der Lage sein, die Nachhaltigkeitsstrategie und -auswirkungen der Versicherungsprodukte, die sie verkaufen, genau zu bewerten und verständlich zu kommunizieren. Dies erfordert einen höheren **Zeitaufwand.** Auch die schriftliche **Dokumentation** der ESG-Präferenzen der Kunden ist zeitaufwendig, aber notwendig, um Haftungsrisiken zu vermeiden.

Kundenspezifische Beratung: Kunden haben unterschiedliche Nachhaltigkeitspräferenzen und ein individuelles Verständnis von Nachhaltigkeit. Versicherungsvermittler müssen in der Lage sein, die Erwartungen der Kunden zu erkennen und passende nachhaltige Produkte anzubieten, was eine sehr individuelle und gut informierte Beratung erfordert.

Fehlende nachhaltige Produkte: Ein weiteres Problem ist, dass nicht alle Versicherungsunternehmen nachhaltige Produkte in ausreichendem Maße anbieten. So gibt es insbesondere im Bereich der Lebens- und Sachversicherungen derzeit nur eine begrenzte Auswahl an Produkten, die vollständig nachhaltige Merkmale aufweisen. Dies erschwert es den Versicherungsvermittlern, passende Lösungen für die Kunden anzubieten, die auf nachhaltige Praktiken setzen.

Kundenerwartungen und Bewusstsein für Nachhaltigkeit: Versicherungsvermittler müssen ihre Kunden nicht nur über die Verfügbarkeit nachhaltiger Produkte informieren, sondern auch die Vorteile der Nachhaltigkeit erklären, um deren Interesse zu wecken und den Wert nachhaltiger Produkte zu vermitteln. Das kann besonders schwierig sein, wenn Nachhaltigkeit nicht unmittelbar als finanzieller Vorteil erkennbar ist.

Versicherungsmakler: Versicherungsmakler, die Versicherungsanlageprodukte vertreiben, müssen ihre Nachhaltigkeitsstrategien seit dem 10.3.2021 online veröffentlichen und regelmäßig aktualisieren. Seit dem 2.8.2022 sind sie zudem verpflichtet, bei der Beratung zu Versicherungsanlageprodukten der dritten Schicht die Nachhaltigkeitspräferenzen der Kunden zu erfragen – zusätzlich zu Zielen, Risikotragfähigkeit, Kenntnissen, Erfahrungen und Risikobereitschaft.

Vertiefung

Einige Experten vertreten die Auffassung, dass die Pflicht zur Nachhaltigkeitsberichterstattung auch für **Versicherungsvertreter** gilt. Sie argumentieren, dass Versicherungsvertreter nach § 2 Abs. 10 VVG als Vermittler von Versicherungsverträgen anzusehen sind und daher unter die Definition des „Versicherungsmaklers" in der TVO fallen.[2] 50 % der Makler und 80 % der Vertreter führen jedoch laut Strukturanalyse 2022/2023 des Bundesverband Deutscher Versicherungskaufleute (BVK) noch keine Befragung zu Nachhaltigkeitspräferenzen durch.

Hinweis

Versicherungsvermittler, die **keine Versicherungsanlageprodukte** vertreiben beziehungsweise Kunden nicht zu diesem Thema beraten, haben **keine Pflicht** dazu. Dennoch könnten Kunden Wert auf nachhaltige Produkte legen und danach fragen. Es ist daher sinnvoll, dass Vermittler die Kundenwünsche erfragen und passende nachhaltige Produkte empfehlen können, um diese strukturiert zu berücksichtigen und die Kundenbeziehung zu stärken. Zudem plant die EU eine entsprechende Vorgabe, damit auch diese Vermittler gesetzlich verpflichtet werden, Nachhaltigkeitskriterien zu berücksichtigen. Deshalb ist es sinnvoll, sich frühzeitig mit Nachhaltigkeitsthemen auseinanderzusetzen.

Da es bei der Beratung zu Nicht-Versicherungsanlageprodukten aktuell keine Pflicht zur Berücksichtigung von Nachhaltigkeitskriterien gibt, haben hierfür auch nicht alle Anbieter entsprechende Beratungsprozesse etabliert. Versicherungsvertreter sind zudem an die Vorgaben und Unterlagen ihrer Versicherer gebunden. Makler wiederum legen großen Wert auf haftungssichere Materialien, die aber mitunter aber noch keine Nachhaltigkeitsaspekte berücksichtigen.

Es gibt jedoch bereits nachhaltige Angebote wie die von ECOreporter zertifizierte Gruppen-Unfallversicherung der VRK oder die nachhaltigen Lösungen der Waldenburger und NV Versicherung. Kunden mit Nachhaltigkeitspräferenzen können so ge-

[2] Vgl. Zeitschrift Versicherungswirtschaft Heute, Ausgabe 03/2023.

zielt angesprochen werden. Vermittler wie Greensurance® setzen bereits auf Nachhaltigkeit, um Kunden zu gewinnen.

9.2 Nachhaltigkeitsaspekte bei der Analyse und Bewertung berücksichtigen

Vermittler streben eine standardisierte Befragung an, die auf viele Themenbereiche angewendet werden kann. Unterschiedliche Beratungsprozesse für denselben Kunden sind nicht zielführend und können Verwirrung stiften. Daher spricht nichts dagegen, die ESG-Abfrage standardmäßig in die Beratung aufzunehmen und sich so von Konkurrenten abzuheben. Bereits in der Basiserfassung für Gewerbekunden sollte gefragt werden, ob Nachhaltigkeitsthemen relevant sind. In der vertiefenden Befragung kann dann auf die Besonderheiten und Möglichkeiten eingegangen werden. Doppelungen sollten hierbei vermieden werden, damit Kunden dieselben Fragen nicht mehrmals beantworten müssen. Kapitalanlagewünsche sind beispielsweise für alle Sparten relevant. Die ESG-Fragen zur Sparte fokussieren daher auf die ergänzenden Aspekte:

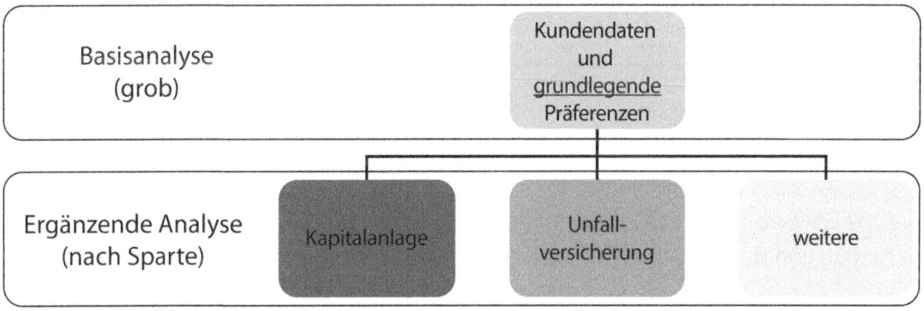

Abbildung 9.3: Möglicher Ablauf einer ESG-Analyse im Unternehmen

Auszug aus Basisanalyse:

Thema	gewünscht
Kapitalanlage nur in nachhaltige Investments	[] ja [] nein
Nachhaltigkeitsberatung für den Betrieb	[] ja [] nein

Thema	gewünscht
Vertragsunterlagen rein digital	☐ ja ☐ nein
Lastschrift statt Rechnung	☐ ja ☐ nein
Umweltneutrale Schadensregulierung (Kompensation von CO2-Emmisionen)	☐ ja ☐ nein

Eine spezifische Abfrage zur Unfallversicherung könnte zum Beispiel so aussehen:

Thema	gewünscht
Unterstützung bei Verringerung betrieblicher Unfallquellen	☐ ja ☐ nein
Unterstützung bei Arbeitsplatzumgestaltung nach Unfall	☐ ja ☐ nein
Übernahme von Mehrkosten durch klimaneutralen Umbau von Wohnung und Kfz nach einem schweren Unfall	☐ ja ☐ nein
Hilfe in sozialen Notlagen: Angebote zur Unterstützung von Mitarbeitern und deren Familien in sozialen Notlagen, wie zum Beispiel finanzielle Unterstützung, Beratungsdienste oder psychologische Betreuung	☐ ja ☐ nein
Mehrleistung bei Arbeitsunfähigkeit aufgrund eines versicherten Unfallereignisses Erstattung nachgewiesener Kosten für Lebensmittel (Mindeststandart: EU-BIO-Siegel), Naturkosmetik und Körperpflege durch regionale Erzeuger	☐ ja ☐ nein
Gedenkbaum im Todesfall Pflanzung eines Gedenkbaumes am Wunschort alternativ Spende an eine Umweltorganisation	☐ ja ☐ nein
Unterstützung bei Mobilitätseinschränkungen Erstattung der Anschaffung eines Elektro-Rollstuhls. 10 % der Invaliditätsleistung, bis maximal 15.000 €.	☐ ja ☐ nein

Welche ESG-Abfrage sinnvoll ist, hängt in den Sparten, in denen es nicht Pflicht ist, sicherlich von den Angeboten ab. Es ergibt wenig Sinn, wenn die Kunden ankreuzen, dass Sie an etwas interessiert sind, wenn man das später überhaupt nicht im Portfolio hat. Daher sollte im Vorfeld geprüft werden, welche Nachhaltigkeitsaspekte man selbst beziehungsweise die verbundenen Versicherungsanbieter darstellen können, bevor bei den Kunden Erwartungen geweckt werden, die später nicht erfüllt werden können. Während nachhaltige Kapitalanlagen mittlerweile bei vielen Versicherern verbreitet sind (siehe Basisanalyse), ist dies bei anderen Nachhaltigkeitsaspekten noch nicht flächendeckend der Fall.

9.2.1 Aspekte der Nachhaltigkeit in der bAV

ESG-Ziele und nachhaltiges Investment in der bAV

Die Berücksichtigung von ESG-Zielen (Environmental, Social, Governance) in der bAV hat in den letzten Jahren erheblich an Bedeutung gewonnen. Dies ist eine Reaktion auf den wachsenden gesellschaftlichen Druck und regulatorische Anforderungen, die eine verantwortungsvolle und nachhaltige Kapitalanlage fordern.

Regulatorische Anforderungen: Mit der EU-Taxonomie und der Sustainable Finance Disclosure Regulation (SFDR) wurden Rahmenwerke geschaffen, die bAV-Träger verpflichten, ESG-Kriterien in ihre Anlageentscheidungen zu integrieren und diese transparent offenzulegen. Die EU-Taxonomie definiert, welche wirtschaftlichen Aktivitäten als ökologisch nachhaltig gelten, während die SFDR von Finanzmarktakteuren verlangt, Nachhaltigkeitsrisiken offenzulegen und deren Auswirkungen auf Anlageprodukte zu bewerten.

Nachhaltige Anlagestrategien: Pensionskassen, Pensionsfonds und andere Anbieter betrieblicher Altersvorsorge müssen ihre Anlagestrategien an ESG-Kriterien anpassen. Das bedeutet, dass beispielsweise Unternehmen, die stark in fossile Brennstoffe investieren oder schlechte Arbeitsbedingungen haben, aus den Anlageportfolios ausgeschlossen werden können. Stattdessen wird in Unternehmen investiert, die hohe Standards in den Bereichen Umweltschutz, soziale Verantwortung und Unternehmensführung einhalten.

Langfristige Vorteile: Die Integration von ESG-Kriterien wird nicht nur als Beitrag zur Erreichung globaler Klimaziele gesehen, sondern auch als Mittel zur Risikominderung und Verbesserung des Risiko-Rendite-Profils von bAV-Investments. Nachhaltige Unternehmen gelten häufig als langfristig stabiler und weniger anfällig für Skandale oder gesetzliche Restriktionen, was sich positiv auf die Wertentwicklung von bAV-Investments auswirken kann.

Herausforderungen und Umsetzung: Die Umsetzung von ESG-Kriterien in der bAV ist jedoch komplex und stellt Pensionskassen vor Herausforderungen. Dazu gehören die Identifikation geeigneter ESG-konformer Investments, die Überprüfung der Einhaltung der ESG-Kriterien und die Notwendigkeit, Mitarbeiter und Begünstigte über diese neuen Ansätze zu informieren und sie davon zu überzeugen. Trotz dieser Herausforderungen bieten nachhaltige Kapitalanlagen erhebliche Chancen für die langfristige Sicherung der Altersvorsorge.

Anspruch auf betriebliche Altersvorsorge (bAV)

Der Anspruch auf eine bAV ist in Deutschland gesetzlich geregelt und basiert auf dem Betriebsrentengesetz (BetrAVG). Dieses Gesetz stellt sicher, dass Angestellte unter bestimmten Bedingungen ein Recht auf eine bAV haben, insbesondere durch die Möglichkeit der Entgeltumwandlung.

Recht auf Entgeltumwandlung: Nach § 1a BetrAVG haben Arbeitnehmende das Recht, einen Teil ihres Bruttogehalts in eine bAV umzuwandeln. Dies bedeutet, dass der Arbeitgeber verpflichtet ist, eine entsprechende bAV-Lösung anzubieten, wenn der Arbeitnehmende dies verlangt. Der umgewandelte Teil des Gehalts fließt direkt in die bAV und ist bis zu bestimmten Grenzen steuer- und sozialabgabenfrei.

Verpflichtender Arbeitgeberzuschuss: Ab dem 1.1.2019 sind Arbeitgeber verpflichtet, bei Entgeltumwandlung in eine Direktversicherung, eine Pensionskasse oder einen Pensionsfonds einen Zuschuss von mindestens 15 % des umgewandelten Entgelts zu leisten. Dieser Zuschuss soll die bAV für Arbeitnehmende attraktiver machen und die staatlich geförderte Altersvorsorge stärken.

Förderung durch das BRSG: Mit dem 2018 in Kraft getretenen BRSG wurden wichtige Neuerungen eingeführt, um die Verbreitung der bAV insbesondere in kleinen und mittleren Unternehmen (KMU) zu fördern. Dazu gehören steuerliche Anreize für Arbeitgeber, die Geringverdienern eine bAV anbieten, und die Einführung des Sozialpartnermodells, mit dem reine Beitragszusagen ohne Haftung des Arbeitgebers angeboten werden können.

Verbreitung und Nutzung: Trotz dieser gesetzlichen Regelungen ist die Verbreitung der bAV je nach Branche und Unternehmensgröße sehr unterschiedlich. Während in Großunternehmen bAV-Angebote weit verbreitet sind, bleibt die Nutzung in KMU häufig hinter den Erwartungen zurück. Dies ist zum Teil auf die administrativen Herausforderungen und finanziellen Belastungen zurückzuführen, die mit der Einrichtung und Verwaltung einer bAV verbunden sind.

Zukunftsperspektiven: Angesichts der demografischen Entwicklung und der Herausforderungen für das gesetzliche Rentensystem ist davon auszugehen, dass die Bedeutung der bAV weiter zunehmen wird. Es ist davon auszugehen, dass zukünftige politische Maßnahmen darauf abzielen werden, die Verbreitung der bAV weiter zu fördern und die Rahmenbedingungen für Angestellten und Arbeitgeber zu verbessern.

Gleichbehandlungsgesetz und bAV

Das Allgemeine Gleichbehandlungsgesetz (AGG) spielt bei der Ausgestaltung der bAV eine zentrale Rolle, da es Diskriminierungen am Arbeitsplatz und damit auch in der betrieblichen Altersversorgung verhindern soll.

Anwendungsbereich des AGG: Das AGG schützt Arbeitnehmende vor Benachteiligungen aus Gründen der Rasse oder wegen der ethnischen Herkunft, des Geschlechts, der Religion oder Weltanschauung, einer Behinderung, des Alters oder der sexuellen Identität. Diese Schutzkriterien gelten auch für die bAV, das heißt alle Arbeitnehmende müssen unabhängig von diesen Merkmalen einen gleichberechtigten Zugang zu bAV-Angeboten haben.

Gleichbehandlung in der bAV: Arbeitgeber müssen sicherstellen, dass bAV-Leistungen diskriminierungsfrei ausgestaltet sind. So dürfen beispielsweise keine unterschiedlichen bAV-Regelungen für Männer und Frauen gelten und keine Altersgrenzen eingeführt werden, die bestimmte Altersgruppen von der Teilnahme an der bAV ausschließen. Ebenso dürfen Teilzeitbeschäftigte beim Zugang zur bAV nicht schlechter gestellt werden als Vollzeitbeschäftigte.

Rechtsfolgen bei Verstößen: Verstöße gegen das AGG können erhebliche rechtliche Konsequenzen nach sich ziehen. Arbeitnehmende, die sich diskriminiert fühlen, können vor Gericht gehen und Arbeitgeber, die gegen das AGG verstoßen, können zu Schadensersatz verurteilt werden. Für Unternehmen ist es daher wichtig, ihre bAV-Regelungen regelmäßig auf AGG-Konformität zu überprüfen.

Gute Praxis: Um Risiken zu minimieren, sollten Unternehmen eine transparente und einheitliche bAV-Regelung einführen, die für alle Beschäftigten gleichermaßen gilt. Darüber hinaus sollten Schulungen und Sensibilisierungsmaßnahmen durchgeführt werden, um sicherzustellen, dass das AGG im Unternehmen verstanden und eingehalten wird.

Herausforderungen und Chancen: Die Einhaltung des AGG in der bAV kann für Unternehmen eine Herausforderung darstellen, insbesondere bei komplexen oder gewachsenen bAV-Strukturen. Das AGG bietet aber auch die Chance, eine faire und transparente bAV-Kultur im Unternehmen zu etablieren, die das Vertrauen und die Zufriedenheit der Beschäftigten stärkt.

Fazit

Die Themen ESG-Ziele, bAV-Recht und AGG sind entscheidende Faktoren für die Ausgestaltung der betrieblichen Altersversorgung in Deutschland. Die Integration von ESG-Kriterien wird zunehmend zur Pflicht, denn nachhaltige Kapitalanlagen sind nicht nur ökologisch und sozial sinnvoll, sondern auch ökonomisch vorteilhaft. Der gesetzliche Anspruch auf bAV und der verpflichtende Arbeitgeberzuschuss stärken die Verbreitung der bAV, während das Allgemeine Gleichbehandlungsgesetz sicherstellt, dass alle Arbeitnehmenden gleichermaßen von der bAV profitieren können. Unternehmen müssen diese Rahmenbedingungen sorgfältig beachten, um sowohl rechtliche Risiken zu minimieren als auch ihre Attraktivität als Arbeitgeber zu steigern.

9.2.2 Aspekte der Nachhaltigkeit in der bKV

Im Folgenden finden Sie eine Übersicht, wie der Nachhaltigkeitsaspekt im Rahmen der bKV beachtet werden kann:

Environmental (Umwelt)

Im Rahmen der bKV können **nachhaltige Produkte und Gesundheitsdienstleistungen** angeboten werden, die umweltfreundlich gestaltet sind. Dies kann durch die Förderung von Präventionsmaßnahmen erreicht werden, die Ressourcen schonen, beispielsweise digitale Gesundheitsangebote oder Telemedizin, die den ökologischen Fußabdruck durch reduzierte Reisetätigkeit der Versicherten senken.

Social (Soziales)

Eine bKV fördert aktiv die Gesundheit der Mitarbeiter durch präventive Maßnahmen, regelmäßige Gesundheitschecks und eine umfassende medizinische Versorgung. Diese Präventionsstrategie reduziert nicht nur die Häufigkeit und Schwere von Erkrankungen, sondern trägt langfristig zur Stabilisierung der Belegschaft und des Gesundheitssystems bei. Die **langfristige Gesundheit** und das **Wohlbefinden der Mitarbeitenden** tragen zur sozialen Nachhaltigkeit bei. Unternehmen, die eine bKV anbieten, investieren in ihre Mitarbeitenden und schaffen ein gesünderes und zufriedeneres Arbeitsumfeld: Gesunde Angestellte sind produktiver, kreativer und weniger anfällig für Burnout oder langwierige Krankheiten, die das soziale Gesundheitssystem ausgleichen müsste. Aus einer nachhaltigen Perspektive bedeutet dies, dass das Unternehmen langfristig von einer gesunden und motivierten Belegschaft profitiert, die weniger krankheitsbedingte Ausfallzeiten verursacht und somit zur Kontinuität und Effizienz im Unternehmen beiträgt. Zudem gewähren diese Unternehmen einen Zugang zu qualitativ hochwertiger Gesundheitsversorgung für alle Angestellten, unabhängig von deren sozialem oder wirtschaftlichem Hintergrund und tragen damit dazu bei, **soziale Ungleichheiten** im Zugang zur Gesundheitsversorgung zu **verringern**. Nachhaltig agierende Unternehmen erkennen, dass ihre **Verantwortung** über die bloße Erfüllung von Geschäftszielen hinausgeht und auch die Förderung des Wohlergehens ihrer Mitarbeiter und ihrer Familien umfasst. Dieser Ansatz stärkt die soziale Nachhaltigkeit des Unternehmens und fördert ein positives gesellschaftliches Ansehen.

Governance (Unternehmensführung)

Unternehmen, die eine bKV anbieten, können ihre Verpflichtung zur Nachhaltigkeit durch transparente und **verantwortungsvolle Unternehmensführung** unterstreichen. Dies umfasst eine klare Kommunikation der Vorteile der bKV sowie die Einbeziehung von ESG-Kriterien bei der Auswahl von Versicherungsanbietern.

Werteorientiertes Handeln bedeutet, dass ein Unternehmen seine Entscheidungen und Strategien auf ethische Grundsätze und langfristige Werte stützt. Die Einführung einer bKV ist ein klares Zeichen dafür, dass das Unternehmen seine Angestellten als wertvolle Ressourcen ansieht und ihre Gesundheit und ihr Wohlbefinden als zentrale Unternehmenswerte betrachtet. Nachhaltigkeit bedeutet hier, dass das Unternehmen nicht nur kurzfristige Gewinne anstrebt, sondern auch langfristig in die Gesundheit und Zufriedenheit seiner Angestellten investiert. Ein werteorientiertes Handeln fördert Vertrauen und Loyalität unter den Mitarbeitenden, was wiederum zur Stabilität und langfristigen Erfolg des Unternehmens beiträgt.

Zu einer verantwortungsvollen Unternehmensführung gehört auch die **finanzielle Nachhaltigkeit**. Auf den ersten Blick scheint eine bKV eine zusätzliche finanzielle Belastung für das Unternehmen zu sein. Doch langfristig betrachtet fördert sie die finanzielle Nachhaltigkeit des Unternehmens. Durch die Reduzierung von krankheitsbedingten Ausfällen und die Förderung einer gesünderen Belegschaft können die direkten und indirekten Kosten, die mit Krankheit und Abwesenheit verbunden sind, erheblich gesenkt werden. Zudem bietet die bKV einen Wettbewerbsvorteil bei der Rekrutierung und Bindung von Talenten, was die Kosten für die Gewinnung und Schulung neuer Angestellten reduziert. Auch durch die Bündelung von Versicherungsleistungen im Rahmen von Gruppenverträgen können Kosten optimiert werden, was zu einer effizienteren Nutzung der Unternehmensressourcen führt.

Fazit

Durch die Integration von ESG-Kriterien in die bKV kann ein Unternehmen nicht nur die Gesundheit und das Wohlbefinden seiner Mitarbeiter fördern, sondern auch einen wichtigen Beitrag zur Nachhaltigkeit leisten. Dies stärkt die Position des Unternehmens als verantwortungsbewusster Arbeitgeber. Eine nachhaltige bKV trägt dazu bei, das Unternehmen als sozial verantwortungsbewusst und mitarbeiterorientiert darzustellen. In einer Zeit, in der Verbraucher und Geschäftspartner zunehmend Wert auf ethisches Verhalten und soziale Verantwortung legen, kann eine starke bKV das Image des Unternehmens erheblich verbessern. Ein positives Image unterstützt nicht nur die Kundenbindung und -gewinnung, sondern fördert auch die Attraktivität des Unternehmens als Arbeitgeber. Dies trägt zur langfristigen Positionierung des Unternehmens als verantwortungsvoller und nachhaltiger Akteur in der Wirtschaft bei.

9.2.3 Aspekte der Nachhaltigkeit in der bUV

Die **betriebliche Unfallversicherung (bUV)** spielt eine zentrale Rolle beim Schutz von Mitarbeitenden vor Arbeitsunfällen und berufsbedingten Gesundheitsrisiken. In diesem Kontext können die **ESG-Kriterien** ebenfalls integriert werden, um sowohl den ökologischen als auch den sozialen und governance-bezogenen Aspekten von Unternehmen gerecht zu werden.

Environmental (Umwelt)

Die Umsetzung der Umweltaspekte in der betrieblichen Unfallversicherung bezieht sich nicht direkt auf den Versicherungsschutz selbst, sondern eher auf die Umwelteinflüsse und die Verantwortung des Unternehmens hinsichtlich seiner Nachhaltigkeitsstrategien.

Beispielsweise können Unternehmen, die eine **nachhaltige Arbeitsumgebung** schaffen, das Risiko von Arbeitsunfällen reduzieren. Dies umfasst die Minimierung von Gefahren durch den Einsatz von umweltfreundlichen Materialien, den Ersatz von gefährlichen Stoffen und die Förderung von umweltbewussten Arbeitsmethoden.

Arbeitgeber können Energieeffizienz- und **Sicherheitsmaßnahmen** in den Arbeitsplatz integrieren, beispielsweise die Optimierung der Beleuchtung und Belüftung sowie den sicheren Umgang mit Maschinen.

Social (Soziales)

Der **soziale** Aspekt spielt eine große Rolle in der betrieblichen Unfallversicherung, da der Schutz der Mitarbeitenden und deren Wohlergehen im Mittelpunkt steht. Hier sind einige Beispiele:

Sicherheits- und Gesundheitsschutzprogramme zur Arbeitssicherheit und Unfallprävention können die Mitarbeitenden schützen und gleichzeitig eine Kultur des Wohlbefindens fördern. Mithilfe von Schulungen, Sicherheitsrichtlinien und regelmäßige Audits, können potenzielle Risiken erkannt und minimiert werden.

Governance (Unternehmensführung)

Die Governance-Aspekte in der bUV beziehen sich auf die Art und Weise, wie Unternehmen ihre Unfallversicherungsrichtlinien und Sicherheitspraktiken gestalten und umsetzen. Hierzu gehören beispielsweise eine **transparente Unfall- und Schadensberichterstattung**: Unternehmen sollten sicherstellen, dass Unfälle ordnungsgemäß gemeldet und dokumentiert werden. Eine transparente Berichterstattung, sowohl intern als auch gegenüber externen Aufsichtsbehörden, ist wichtig, um die Verantwortlichkeit zu gewährleisten und Risiken in der Zukunft zu minimieren. Auch regelmäßige Risikoanalysen sowie die Einhaltung von Vorschriften zur Arbeitssicherheit dienen der Prävention von Unfällen. Darüber hinaus könnten Arbeitgeber **präventive Maßnah-**

men entwickeln, die über die gesetzlich vorgeschriebenen Sicherheitsvorkehrungen hinausgehen, etwa durch Investitionen in hochwertige Schutzmaßnahmen oder die Einführung neuer Technologien, die Unfälle verhindern können.

Fazit

Die Umsetzung von ESG-Kriterien in der **betrieblichen Unfallversicherung** bedeutet, dass Unternehmen über den klassischen Versicherungsschutz hinausgehen und auch in Prävention und nachhaltige Arbeitsumgebungen investieren. Dabei sind nicht nur die direkten Versicherungsleistungen wichtig, sondern auch die allgemeinen Maßnahmen zur Unfallverhütung.

9.3 Nachhaltigkeitsaspekte bei Kundenlösungen

9.3.1 Private Kapitalanlagen und ESG-Richtlinien

Die bereits aus den Vorsorgeprodukten bekannten Richtlinien des ESG beziehungsweise deren Umsetzung gelten auch für die Produkte außerhalb einer versicherungsförmigen Lösung zur Kapitalanlage.

Mit Hilfe von ESG-Kriterien können unter anderem Unternehmen oder Finanzproduktanbieter hinsichtlich der drei Aspekte Umwelt, Soziales und Unternehmensführung bewertet werden. Die Umsetzung beziehungsweise Bewertung wird von Nachhaltigkeitsratingagenturen gemessen und mit Hilfe verschiedener Kennzahlensysteme vergleichbar gemacht. Ein Beispiel dafür ist der sogenannte ESG-Score.

Von der Systematik ähnelt die Bewertung einer Finanzanlage auf Basis von ESG-Kriterien der in der Lebensmittelbranche im Bereich der Biokennzeichnung. Allerdings gibt es in der Finanzbranche noch kein einheitliches System zur Bewertung beziehungsweise Kennzeichnung von nachhaltigen Anlagen. Die Umsetzung der ESG-Richtlinien sollte eine Basis dafür bilden.

Der ESG-Ansatz bietet über die üblichen Informationen einer Kapitalanlage hinaus zusätzliche Hintergründe zur umfassenden Beurteilung seitens der Anleger. Dies betrifft nicht nur den Umweltaspekt, sondern auch Klima- und Ressourcenschutz.

Entwickelt wurden die ESG-Richtlinie im Übrigen durch die Vereinten Nationen in Zusammenarbeit mit Investmentgesellschaften Die Grundlage bilden hier sechs Prinzipien, die in den Investmentprozess im Rahmen von IS-Kriterien einfließen sollen. Die Investorenorganisation hat sich verpflichtet, die beschlossenen PRI-Maßnahmen

(Principles for Responsible Investment) zu beachten und in zukünftige Produktentwicklungen einfließen zu lassen.

Da die Prüfung der Nachhaltigkeit einer Vermögensanlage durch den Anleger oftmals schwierig bis unmöglich ist, ist ein genauerer Blick in die entsprechenden Unterlagen des Anbieters notwendig. Hier lassen sich Kriterien auf Basis dreier verschiedener Aspekte analysieren:

- Die Basis bilden Negativ- oder Ausschlusskriterien, die Unternehmen ausklammern. So zum Beispiel einen Invest in die Rüstungsproduktion.
- ESG-Kriterien spielen vorrangig bei Fragen zur ökologischen oder sozialen Unternehmensführung eine Rolle.
- An der „Spitze" der Bewertungsskala stehen dann Investments mit einem besonderen Nachhaltigkeitsaspekt.

Zielsetzung dieser Unternehmen ist die Erzielung von Renditen unter der Einhaltung von Umweltaspekten. Die Wirkung der eingeleiteten Maßnahmen ist bei diesen Unternehmen konkret messbar und geht über das „Versprechen" einer nachhaltigen Unternehmensführung deutlich hinaus.

Diese Vorgaben gelten jedoch derzeit **nur für Versicherungsanlageprodukte**. Wenn die Befragung ergibt, dass nachhaltige Anlagen gewünscht sind, müssen diese Präferenzen bei den Lösungsvorschlägen berücksichtigt werden. Es ist zu dokumentieren, ob die Wünsche im Rahmen der Produktauswahl bestmöglich berücksichtigt wurden oder warum dies gegebenenfalls nicht möglich war – zum Beispiel, wenn ein Kunde sich für ein renditestärkeres Produkt anstelle einer ESG-konformen, aber weniger renditestarken Lösung entschieden hat.

Auch wenn die Berücksichtigung von ESG-Kriterien in anderen Versicherungssparten nicht verpflichtend ist, kann dies als Wettbewerbsvorteil genutzt werden. Mittlerweile gibt es zunehmend Angebote, die auch in anderen Versicherungssparten nachhaltige Lösungen bieten.

Dies liegt im Wesentlichen daran, dass Versicherer, die Versicherungsanlageprodukte konzipieren und vertreiben, den Anforderungen der SFDR (Verordnung über nachhaltigkeitsbezogene Offenlegungspflichten) und den Delegierten Änderungsverordnungen zu den IDD-Verordnungen entsprechen müssen. Dies umfasst die Veröffentlichung einer Nachhaltigkeitsstrategie, die Einrichtung eines einheitlichen Produktgenehmigungsverfahrens und die Befragung der Kunden nach ihren Nachhaltigkeitspräferenzen bei Versicherungsanlageprodukten. Diese Präferenzen sind in die Geeignetheitsprüfung gemäß § 7c VVG einzubeziehen, optional auch für andere Lebensversicherungen.

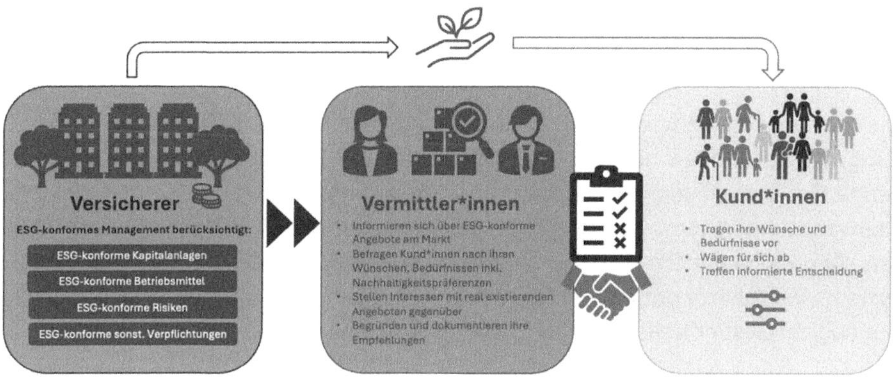

Abbildung 9.4: ESG-Kette (in Anlehnung an Beenken, M., Bornhorn, H., Linnenbrink, L., Mörchel, J., 2023)

Diese Vorgaben ermöglichen eine differenzierte Marktauswahl und eine gezielte Präsentation nachhaltiger Optionen. Kunden, die bei Versicherungsanlageprodukten auf Nachhaltigkeit achten, sind vermutlich auch in anderen Bereichen an nachhaltigen Lösungen interessiert. Allerdings fehlt es weiterhin an rechtssicheren Vorgaben zur Nachhaltigkeit, was die Auswahl und Beratung geeigneter Produkte erschwert. In solchen Fällen sollten Kunden über das verfügbare Angebot informiert und die Auswahl angepasst werden. Eine sorgfältige Dokumentation ist erforderlich, um Falschberatung und Haftungsrisiken zu vermeiden.[3]

9.3.2 Krankenversicherung

Private Krankenversicherung

Nachhaltigkeitsaspekte in der PKV können aus mehreren Perspektiven analysiert werden. Dabei stehen das Wohl der Versicherten und die Verantwortung des Versicherungsunternehmens gegenüber gesellschaftlichen Werten und nachhaltigem Handeln im Vordergrund. Im Folgenden werden die wichtigsten Aspekte näher erläutert, um zu verdeutlichen, wie jeder einzelne einen nachhaltigen Beitrag sowohl zum Unternehmen als auch zu seinen Versicherten leistet.

[3] Beenken, M., Bornhorn, H., Linnenbrink, L., Mörchel, J., Nachhaltigkeit und Versicherungen aus Kundensicht, Dortmund, Fachhochschule Dortmund, Fachbereich Wirtschaft, Forschungsstelle Risikomanagement, Versicherungsregulierung und Vertrieb, 2023, https://doi.org/10.26205/opus-3336, zuletzt abgerufen am 24.4.2025.

Wie können die Nachhaltigkeitsaspekte bei Kundenlösungen umgesetzt werden?

Gesundheit und Wohlbefinden der Versicherungsnehmer

Die Privaten Krankenversicherungen spielen eine proaktive Rolle bei der Unterstützung der Gesundheit und des Wohlbefindens ihrer Versicherten, indem sie umfassende Gesundheitsdienstleistungen und Vorsorgeuntersuchungen anbieten. Diese Dienstleistungen verringern nicht nur das Auftreten und die Schwere von Krankheiten, sondern verringern auch die langfristige Belastung des öffentlichen Gesundheitssystems. Versicherte profitieren von rechtzeitigen Behandlungen und einem besseren Zugang zur Gesundheitsversorgung, was ihre Lebensqualität steigert.

Aus Nachhaltigkeitsperspektive fördert dieser Ansatz langfristige positive Gesundheitsergebnisse und ermöglicht es den Menschen, ein erfülltes Leben zu führen, wodurch ihre Abhängigkeit von Notfalldiensten und staatlichen Ressourcen verringert wird.

Ethische und wertebasierte Entscheidungsfindung

Wertebasierte Entscheidungsfindung in der PKV bedeutet, dass Versicherer ihre Strategien auf ethischen Grundsätzen und langfristigen Werten aufbauen. Das Angebot privater Krankenversicherungen mit Schwerpunkt auf qualitativ hochwertiger Krankenversicherung spiegelt die Verpflichtung des Versicherers wider, Versicherungsnehmer als wertvolle Partner und nicht als bloße Einnahmequellen zu behandeln. Nachhaltigkeit bedeutet hier, dass Versicherer langfristig in die Gesundheit und das Wohlbefinden ihrer Kunden investieren, anstatt kurzfristige Gewinne in den Vordergrund zu stellen. Dieser ethische Ansatz fördert Vertrauen und Loyalität unter den Versicherungsnehmern und trägt zu einem stabilen und widerstandsfähigen Kundenstamm bei, der das Engagement des Unternehmens für nachhaltiges Wachstum schätzt.

Finanzielle Nachhaltigkeit und langfristiger Wert

Während die Bereitstellung einer hochwertigen Krankenversicherung kostspielig erscheinen mag, profitieren private Versicherungsunternehmen finanziell von der Förderung von Gesundheits- und Vorsorgeprogrammen, die die Schadensfälle im Laufe der Zeit reduzieren. Indem sie sich auf Prävention und frühzeitiges Eingreifen konzentrieren, können Versicherer die Häufigkeit und die Kosten großer Schadensfälle minimieren und so ihre finanzielle Nachhaltigkeit verbessern.

Darüber hinaus profitieren diese Unternehmen von einer verbesserten Kundenbindung, da die Kunden den proaktiven Ansatz zum Gesundheitsmanagement schätzen. In einem wettbewerbsintensiven Markt verschaffen sich Versicherer, die Nachhaltigkeit in ihr Kernangebot integrieren, einen strategischen Vorteil und ziehen Kunden an, die langfristige Vorteile gegenüber kurzfristigen Einsparungen schätzen. Diese finanzielle Weitsicht unterstützt den effizienten Einsatz von Ressourcen, der für einen nachhaltigen Betrieb unerlässlich ist.

Soziale Verantwortung des Unternehmens

Was viele Menschen in Deutschland nicht wissen, ist, dass die Privaten Krankenversicherer eine große soziale Verantwortung gegenüber ihren Versicherten und der Gesellschaft in Deutschland tragen.

Indem sie zugängliche und gerechte Gesundheitslösungen anbieten, tragen private Versicherer dazu bei, Ungleichheiten im Gesundheitswesen zu verringern. Versicherer, die nachhaltige Praktiken priorisieren, erkennen an, dass ihre Rolle über den Profit hinausgeht und das Wohlergehen ihrer Kunden und der Gesellschaft als Ganzes umfasst.

Durch faire und integrative Richtlinien fördern Unternehmen die soziale Gerechtigkeit und unterstützen eine widerstandsfähige Gesundheitslandschaft, die allen gesellschaftlichen Schichten zugutekommt. Dieses Engagement stärkt das soziale Nachhaltigkeitsprofil des Versicherers und unterstreicht sein Engagement für ethische Geschäftspraktiken.

Zudem gibt es mehrere Studien, die zu dem Schluss kommen, dass durch die höheren Arzthonorare, die PKV entrichten, die GKV mit ca. zwölf Milliarden € jährlich subventioniert wird.

Zusammenfassend kann gesagt werden, dass Nachhaltigkeit in den Kundenlösungen der PKV mehr als nur den Zugang zu Gesundheitsleistungen bedeutet. Sie umfasst eine ganzheitliche Verantwortung für die Gesundheit der Versicherten und die ethische Positionierung des Unternehmens in der Gesellschaft. Durch präventive Gesundheitsprogramme und eine wertebasierte Kundenorientierung fördert die PKV das Wohlbefinden der Kunden und stärkt die langfristige Stabilität des Gesundheitssystems.

Betriebliche Krankenversicherung

Auf die Nachhaltigkeit der betrieblichen Krankenversicherung wurde unter 9.2.2 Aspekte der Nachhaltigkeit in der bKV ausführlich berichtet.

9.3.3 Unfallversicherung

In Ergänzung zu Kapitel 9.2.3 wird bei den Kundenlösungen für Privatkunden Wert darauf gelegt, den Kundenwünschen bestmöglich zu entsprechen.

Im Rahmen der Unfallversicherung sind beispielsweise möglich

- Nachhaltige Kapitalanlage (insbesondere bei der UPR)
- CO_2-Kompensationen durch die Versicherung
- transparente und Nachhaltige Lieferketten sowie Kooperationen

- papierlose Zahlung sowie Antrags- und Vertragsverwaltung
- nachhaltigkeitsorientierte Schadenregulierung (zum Beispiel Bio-Produkte, Erinnerungsbaum etc.)

Sofern nachhaltige Produkte vom Kunden gewünscht sind, sind entsprechende Angebote in die Marktanalyse mit einzubeziehen. Doch schnell zeigt sich in der Praxis, dass die Kunden immer mehrere Zielen gleichzeitig haben:

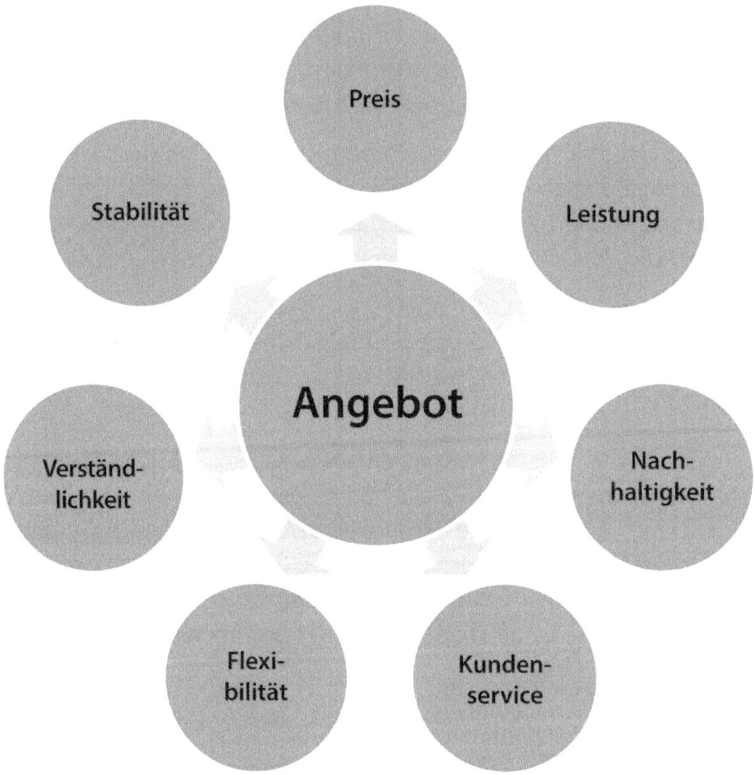

Abbildung 9.5: Konkurrierende Ziele von Kunden im Hinblick auf Versicherungen

Zum Beispiel könnte das nachhaltigste Produkt gleichzeitig auch das teuerste sein. Hier sollten Kunden unterstützt werden, abzuwägen, was ihnen wichtiger ist. Dies geht durch Priorisierung von Zielen. Wenn einem Kunden der Preis, die Leistung oder bestimmte andere Merkmale wichtiger sind als die Nachhaltigkeitsaspekte, sollte dies entsprechend dokumentiert werden.

Gleichzeitig sollte auch darauf hingewiesen werden, wenn keine nachhaltigen Angebote möglich sind. Deckt ein Produkt den Bedarf des Kunden am besten, berücksichtigt aber keine Nachhaltigkeitsaspekte, sollte dies mitgeteilt und entsprechend dokumentiert werden.

9.4 Nachhaltigkeitsaspekte bei der Leistungsbearbeitung

Die Nachhaltige Schadensregulierung ist noch nicht bei allen Versicherern flächendeckend im Einsatz. Gleichwohl gibt es bereits einige interessante Ansätze, mit denen sich die Schadenregulierung deutlich nachhaltiger gestalten lässt.

9.4.1 Krankenversicherung

- **Ressourcenschonende Heil- und Hilfsmittelversorgung**: Fokus auf Reparatur von Prothesen oder Hilfsmitteln statt Neuproduktion.[4]
- **Digitale Prozesse**: papierlose Leistungsabrechnung und eGA (elektronische Gesundheitsakte) senken Material- und Energieverbrauch.[5]
- **Gesundheitsförderung**: Prävention (zum Beispiel Bonusprogramme für nachhaltige Lebensstile) mindert Folgekosten und Ressourceneinsatz.[6]

9.4.2 Pflegeversicherung

- **Nachhaltige Pflegehilfsmittel**: Reparatur, Wiederaufbereitung oder Sharing-Modelle (zum Beispiel Rollstühle, Pflegebetten) statt Neuanschaffung.[7]
- **Energieeffiziente Wohnraumanpassungen**: Förderung barrierefreier Umbauten mit energiearmen Technologien(„build back better"-Ansatz).[8]
- **Digitalisierte Pflegegutachten**: Vermeidung unnötiger Anfahrten reduziert CO_2-Ausstoß.[9]

---

4 Vgl. Horváth 2022, https://www.horvath-partners.com/de/media-center/artikel/nachhaltigkeitsaspekte-im-schadenmanagement-erfolgreich-umsetzen, zuletzt abgerufen am 19.8.2025.

5 Vgl. Versicherungsmagazin 2023, https://www.versicherungsmagazin.de/rubriken/branche/nachhaltige-schadenregulierung-geben-und-nehmen-3431183.html, zuletzt abgerufen am 19.8.2025.

6 Vgl. gruen-versichert.de, https://www.gruen-versichert.de/mehrleistungen-nachhaltiger-schadenersatz/, zuletzt abgerufen am 19.8.2025.

7 Vgl. GDV 2023, https://www.gdv.de/gdv/themen/schaden-unfall/vds-6038-nachhaltigkeitsziele-sanierung-sachschaeden-181936, zuletzt abgerufen am 19.8.2025.

8 Vgl. GDV 2023, https://www.gdv.de/gdv/themen/schaden-unfall/vds-6038-nachhaltigkeitsziele-sanierung-sachschaeden-181936, zuletzt abgerufen am 19.8.2025.

9 Vgl. Horváth 2022, https://www.horvath-partners.com/de/media-center/artikel/nachhaltigkeitsaspekte-im-schadenmanagement-erfolgreich-umsetzen, zuletzt abgerufen am 19.8.2025.

9.4.3 Lebensversicherung

- **Nachhaltige Kapitalanlage** in ESG-konforme Projekte zur Absicherung langfristiger Leistungsversprechen.[10]
- **Ökologisch optimierte Leistungsprozesse**: vollständig digitale Leistungsprüfung, Vermeidung von Papierakten.[11]
- **Soziale Nachhaltigkeit**: Absicherung von Hinterbliebenen durch faire und transparente Leistungsbearbeitung.[12]

9.4.4 Unfallversicherung

- **Nachhaltige Schadensanierung**: Reparatur von Hilfsmitteln, Nutzung regionaler Handwerksbetriebe und nachhaltiger Materialien.[13]
- **Mehrleistungen bei nachhaltigem Schadenersatz**: Versicherer übernehmen Zusatzkosten für ökologische Materialien oder energiesparende Lösungen.[14]
- **ESG-konforme Unfalltarife**: Waldenburger und Greensurance bieten Policen, die Schadensregulierung mit Umweltprojekten (zum Beispiel Aufforstung) koppeln.[15]
- **„Build back better"-Prinzip**: Wiederaufbau oder Anpassung nach Unfall mit höherer Energieeffizienz und Barrierefreiheit.[16]

Integration von Nachhaltigkeitsaspekten

Die Integration von Nachhaltigkeitsaspekten in die Leistungsbearbeitung ist ein entscheidender Schritt, um die ökologischen und sozialen Auswirkungen im Versicherungswesen zu minimieren. Insbesondere in der Unfallversicherung gibt es zahlreiche Möglichkeiten, nachhaltige Praktiken umzusetzen, die sowohl der Umwelt als auch den Versicherten zugutekommen. Dieses Kapitel beleuchtet verschiedene Ansätze

---

10 Vgl. Bayerische 2023, https://www.google.com/url?sa=t&source=web&rct=j&opi=89978449&url=https://www.diebayerische.de/dam/jcr:24451c01-b283-4e16-8f9a-8f8d95a6ec41/333964_highlightblatt_nachhaltigkeit_sachversicherungen.pdf&ved=2ahUKEwif9aKl4I6PAxVg7bslHT2xPHAQFnoECBoQAQ&usg=AOvVaw1xyhddysmRcH5qrExF3HFN, zuletzt abgerufen am 19.8.2025.

11 Vgl. Horváth 2022, https://www.horvath-partners.com/de/media-center/artikel/nachhaltigkeitsaspekte-im-schadenmanagement-erfolgreich-umsetzen, zuletzt abgerufen am 19.8.2025.

12 Vgl. Versicherungsmagazin 2023, https://www.versicherungsmagazin.de/rubriken/branche/nachhaltige-schadenregulierung-geben-und-nehmen-3431183.html, zuletzt abgerufen am 19.8.2025.

13 Vgl. GDV 2023, https://www.gdv.de/gdv/themen/schaden-unfall/vds-6038-nachhaltigkeitsziele-sanierung-sachschaeden-181936, zuletzt abgerufen am 19.8.2025.

14 Vgl. gruen-versichert.de, https://www.gruen-versichert.de/mehrleistungen-nachhaltiger-schadenersatz/, zuletzt abgerufen am 19.8.2025.

15 Vgl. Waldenburger ESG 2022, https://www.google.com/url?sa=t&source=web&rct=j&opi=89978449&url=https://calc.waldenburger.com/TR/dl/ESG-ZB-UNFA-1.pdf&ved=2ahUKEwif9aKl4I6PAxVg7bslHT2xPHAQFnoECCAQAQ&usg=AOvVaw06B582jzpC6vot7aq55N6K, zuletzt abgerufen am 19.8.2025; Greensurance 2023, https://www.greensurance.de/unfallversicherung/, zuletzt abgerufen am 19.8.2025.

16 Vgl. GDV 2023, https://www.gdv.de/gdv/themen/schaden-unfall/vds-6038-nachhaltigkeitsziele-sanierung-sachschaeden-181936, zuletzt abgerufen am 19.8.2025.

und Best Practices, die Versicherungsunternehmen ergreifen können, um ihre Prozesse umweltfreundlicher und sozial verantwortlicher zu gestalten.

Digitale Schadenbearbeitung

Eine der effektivsten Maßnahmen zur Reduzierung des ökologischen Fußabdrucks ist die vollständige Digitalisierung der Schadenbearbeitung. Dies umfasst beispielsweise:

- **Digitale Schadenunterlagen:** Anstatt physische Dokumente einzureichen, können Versicherte ihre Schadenunterlagen digital über eine App hochladen. Dies reduziert den Papierverbrauch erheblich und beschleunigt den Bearbeitungsprozess.
- **Virtuelle Beratung:** Anstelle von Vor-Ort-Besuchen bei Ärzten oder Gutachtern kann die Beratung und Schadensbegutachtung per Video erfolgen. Dies minimiert die Notwendigkeit von Reisen, was sowohl CO_2-Emissionen als auch Kosten reduziert.

Umweltneutrale Schadensregulierung

Versicherungsunternehmen können ihre CO_2-Emissionen im Rahmen der Schadensregulierung kompensieren. Dies kann zum Beispiel durch die folgenden Maßnahmen erfolgen:

- **CO_2-Kompensation:** Für jede Schadensregulierung, die unvermeidbare Emissionen verursacht, können Versicherer Kompensationsprojekte unterstützen, die dazu beitragen, die erzeugten Emissionen auszugleichen.
- **Nachhaltige Reparaturpraktiken:** Wo immer möglich, sollten Versicherungen auf die Reparatur von Gegenständen statt auf den Austausch setzen, um Materialverbrauch und Emissionen zu minimieren. Dies gilt insbesondere im Bereich der Kfz-Versicherung, wo die Reparatur von Fahrzeugteilen oft umweltfreundlicher ist als deren Austausch.

Klimaneutraler Umbau

Nach einem schweren Unfall kann der Umbau von Wohnräumen oder Fahrzeugen erforderlich sein, um den neuen Bedürfnissen des Versicherten gerecht zu werden. Versicherungen könnten hier die Mehrkosten übernehmen, die durch die Verwendung klimaneutraler Materialien und Technologien entstehen:

- **Klimaneutrale Umbauten:** Unterstützung bei der Auswahl von umweltfreundlichen Baumaterialien und energieeffizienten Technologien für den Umbau von Wohnungen oder Fahrzeugen
- **Förderung erneuerbarer Energien:** Beratung zu Finanzierung von Maßnahmen zur Integration erneuerbarer Energien in den Haushalt des Versicherten

Soziale Verantwortung und Unterstützung

Neben den ökologischen Aspekten spielt auch die soziale Verantwortung eine wichtige Rolle in der nachhaltigen Leistungsbearbeitung:

- **Unterstützung in sozialen Notlagen:** Versicherer könnten Angebote zur Unterstützung von Versicherten und deren Familien in sozialen Notlagen einführen, einschließlich finanzieller Unterstützung, Beratungsdiensten und psychologischer Betreuung.
- **Erweiterte Leistungen bei Arbeitsunfähigkeit:** Um die finanzielle Belastung nach einem Unfall zu lindern, könnten Versicherer zusätzliche Leistungen bei längerer Arbeitsunfähigkeit gewähren.

Nachhaltige Produkte und Dienstleistungen

Ein weiteres Element nachhaltiger Versicherungsleistungen umfasst die Unterstützung und Förderung von ökologisch nachhaltigen Lebensweisen:

- **Erstattung nachhaltiger Konsumgüter:** Versicherer könnten nachgewiesene Kosten für umweltfreundliche Lebensmittel und Naturkosmetik erstatten, die mindestens den EU-BIO-Standards entsprechen.
- **Gedenkbaum im Todesfall:** Als Teil der emotionalen Unterstützung und Nachhaltigkeitsstrategie könnten Versicherer im Todesfall eines Versicherten die Pflanzung eines Gedenkbaumes anbieten oder alternativ eine Spende an eine Umweltorganisation tätigen.

Unterstützung bei Mobilitätseinschränkungen

Nach einem Unfall, der zu Mobilitätseinschränkungen führt, können Versicherer die Anschaffung umweltfreundlicher Mobilitätshilfen unterstützen:

- **Erstattung für Elektro-Rollstühle:** Versicherer könnten die Anschaffung eines Elektro-Rollstuhls fördern, der den CO_2-Ausstoß im Vergleich zu herkömmlichen Mobilitätshilfen reduziert.

Diese Maßnahmen bieten nicht nur einen klaren Nutzen für die Umwelt, sondern können auch die Kundenzufriedenheit steigern, indem sie den Versicherten zeigen, dass ihr Versicherer Verantwortung für die Umwelt und das soziale Wohl übernimmt.